권별주삶

아가페 주삶

• 주야로 묵상하는 삶 •

누가복음(하)

JN421438

주삶의 정신 1

'주삶'은 에티오피아 내시에게
말씀을 해석해 준 빌립 집사의 역할을 하기 원합니다.

말씀을 올바르게 깨닫기 위해서는 빌립과 같은 신령한 조력자가 필요합니다.
이제 주삶은 '객관적이고 정확한 절별 해설'을 통해
그리스도인의 매일 말씀묵상을 돕고자 합니다.

주삶의 정신 2

'묵상'은 하루 중 가장 방해받지 않는
귀중한 시간에 하는 것입니다.
그리고 깨달은 말씀을 종일 생각하는 것입니다.

진정한 그리스도인이 되기 위해서는 묵상한 말씀을 늘 되새겨야 합니다.
그것이 주야로 묵상하는 삶이며, '주삶'의 정신입니다.

주삶의 정신 3

'오늘 말씀묵상을 하지 않으면 밥을 먹지 않겠다.'
참된 성도는 굳은 결심의 소유자여야 합니다.

매일 말씀묵상을 하지 않으면 영혼이 병들고 성장하지 않기 때문입니다.
일주일에 한두 끼만 먹는 사람이
건강한 삶을 살 수 없는 것과 마찬가지 이치입니다.

Contents

해설 집필자 소개

김일승 목사_ 누가복음

· 서울대학교 졸업(B.A)
· 총신대학교 신학대학원 졸업(M.Div.)
· 미국 Gordon–Conwell Theological Seminary 졸업(성경신학 Th.M.)
· 미국 Southwestern Baptist Theological Seminary(목회학 D.Min.)
· 하늘사랑교회 담임목사

김건일 목사_ GBS 및 해설서

· 침례신학대학교 신학대학원(신학 M.Div.)
· Southwestern Baptist Theological Seminary(신약학 Th.M.)
· Southwestern Baptist Theological Seminary(신약학 Ph.D.) 과정 중
· 뿌리깊은교회 협동목사

권별주삶

아가페

주삶

• 주야로 묵상하는 삶 •

누가복음(하)

AGAPE
[주]아가페출판사

아가페

주삶 단체 활용법

「권별주삶」의 특징

- 「**권별주삶**」은 가족, 교회 소그룹, 직장 신우회 등 각종 성경공부 모임에 활용하면 좋습니다.
- 「**권별주삶**」은 날짜에 구애받지 않는 5일 동안의 개인 묵상과 1일의 주간성경공부(GBS)로 구성되어 있습니다.

「권별주삶」의 단체 활용법

➤ 5일 동안 개인적으로 묵상하고, 1주일에 1회씩 모여 GBS 모임을 가지면 좋습니다.

- 주중 첫날부터 5일째까지 개인묵상 시간을 통해 말씀을 묵상하고, 6일째는 지난 5일간 주신 메시지를 거듭 기억하며 복습합니다.
- 7일째 주간성경공부 모임에서, 한 주 동안 묵상한 말씀을 삶에 적용하고 체험과 깨달음을 서로 공유합니다.

➤ 단체 성경공부 모임의 말씀묵상을 하면서 아래의 구체적인 활용법을 따라하세요.

예) 토요일이나 주일에 GBS 모임을 할 경우

1주차	GBS	2주차	GBS	3주차	GBS	…	6주차	GBS
월, 화, 수, 목, 금 01~05회	1	월, 화, 수, 목, 금 06~10회	2	월, 화, 수, 목, 금 11~15회	3	…	월, 화, 수, 목, 금 26~30회	6

예) 금요일에 GBS 모임을 할 경우

1주차	GBS	2주차	GBS	3주차	GBS	…	6주차	GBS
토, 월, 화, 수, 목 01~05회	1	토, 월, 화, 수, 목 06~10회	2	토, 월, 화, 수, 목 11~15회	3	…	토, 월, 화, 수, 목 26~30회	6

「**권별주삶**」은 각종 성경공부 모임의 계획에 맞춰 차별화 된 스케줄 구성이 가능합니다.

아가페 주삶 개인 활용법

「권별주삶」의 특징

• 「권별주삶」은 날짜가 특정되지 않아 순차적으로 깊이 있는 말씀묵상이 가능합니다.

• 「권별주삶」은 개인별 맞춤 스케줄에 따라 시간을 활용함으로써, 하나님의 말씀을 거듭 상고하고 깊이 체험할 수 있게 도와줍니다.

「권별주삶」의 개인 활용법

➤ 아래 「권별주삶」의 개인 활용법을 따라 꾸준히 묵상하면서 하나님과 동행하세요.

• 먼저 묵상을 시작하는 날짜를 기록합니다. 개인 스케줄에 맞춰 날짜와 관계없이 성경을 이어서 빠짐없이 묵상할 수 있습니다.

• 주중 첫날부터 5일째까지 개인묵상 시간을 통해 말씀을 묵상하고, 6일째는 지난 5일간 주신 메시지를 거듭 기억하며 복습합니다.

• 7일째 주간성경공부 모임에서, 한 주 동안 묵상한 말씀을 삶에 적용하고 체험과 깨달음을 서로 공유합니다.

• 교훈과 묵상한 것을 메모합니다. 묵상과 적용이 「권별주삶」의 깊이 있는 해설과 곁들여져 말씀을 더욱 쉽게 이해하는 나만의 묵상노트가 됩니다.

• 「권별 주삶」 시리즈를 권별로 모아두세요. 성경의 문맥을 살려 그 자체로 말씀을 쉽게 이해하게 해주는 훌륭한 성경해설서로 활용할 수 있습니다.

*** 「권별주삶」을**

나만의 묵상노트이자 성경해설서로 만든다는 목표를 가지고 꾸준히 하면,
하나님과의 친밀한 교제 안에서 변화된 자신을 체험할 수 있습니다.

아가페 주삶 20

개인 말씀묵상 활용법

1 날짜 기록

묵상한 날짜를 기록합니다.

2 찬양과 기도

먼저 찬양한 후, 성령님의 도우심을 구하는 기도를 드립니다.

3 본문요약

'본문요약'을 읽고 흐름을 파악합니다.

4 개역개정성경 읽기

성경 본문을 정독합니다.

□ 묵상 체크

46 월 일

회개에 대한 촉구

누가복음 13:1-9 • 새찬송 250장 | 통일 182장

• 말씀묵상 전에 성령님의 인도하심을 구하는 기도를 드리십시오.

본문요약 | 제물을 바치다 죽임을 당한 갈릴리 사람들과 실로암 망대가 무너져 죽은 사람들을 보며 자신은 죄 없다 생각하는 자들에게, 예수님은 그들 또한 회개하지 않으면 망하게 됨을 선포하신다. 또 예수님은 '무화과나무 비유'를 통해 열매 맺지 않은 자들을 향한 긍휼을 보이시며 심판이 오기 전에 회개할 것을 촉구하신다.

1 그때 마침 두어 사람이 와서 빌라도가 어떤 갈릴리 사람들의 피를 그들의 제물에 섞은 일로 예수께 아뢰니
2 대답하여 이르시되 너희는 이 갈릴리 사람들이 이같이 해 받으므로 다른 모든 갈릴리 사람보다 죄가 더 있는 줄 아느냐
3 너희에게 이르노니 아니라 너희도 만일 회개하지 아니하면 다 이와 같이 망하리라
4 또 실로암에서 망대가 무너져 치어 죽은 열여덟 사람이 예루살렘에 거한 다른 모든 사람보다 [1]죄가 더 있는 줄 아느냐
5 너희에게 이르노니 아니라 너희도 만일 회개하지 아니하면 다 이와 같이 망하리라
6 이에 비유로 말씀하시되 한 사람이 포도원에 무화과나무를 심은 것이 있더니 와서 그 열매를 구하였으나 얻지 못한지라
7 포도원지기에게 이르되 내가 삼 년을 와서 이 무화과나무에서 열매를 구하되 얻지 못하니 찍어 버리라 어찌 땅만 버리게 하겠느냐
8 대답하여 이르되 주인이여 금년에도 그대로 두소서 내가 두루 파고 거름을 주리니
9 이후에 만일 열매가 열면 좋거니와 그렇지 않으면 찍어 버리소서 하였다 하시니라

1) 헬. 빚진 것이

1. 본문에 나타난 예수님은 어떤 분이십니까?

2. 오늘 하나님께서 나에게 주신 깨달음은 무엇입니까?

3. 말씀을 어떻게 내 삶에 구체적으로 적용해야 합니까?

12

7 묵상과 적용

'묵상과 적용' 질문을 통해 깨달은 말씀과 적용한 내용을 적습니다.

'말씀묵상'은

말씀과 기도를 통해 날마다 하나님의 음성에 귀 기울이고 그 음성을 따라 살아가고자 하는 그리스도인을 위한 경건의 시간입니다. '말씀묵상'은 하루 중 가장 귀중한 시간에 아무도 방해하지 않는 곳에서 해야 합니다. 그리고 깨달은 말씀을 주야로 묵상하는 것입니다.

절별 해설

1 빌라도가 어떤 갈릴리 사람들의 피를 그들의 제물에 섞은 일로 예수께 아뢰니 수십만 명이 예루살렘에 모이는 유월절과 같은 때는 폭동이 일어나기 쉽기 때문에, 로마 군대가 진압하는 과정에서 사람들을 죽인 경우가 있었다. 당시에 예루살렘에 유월절을 지키고 제물을 바치기 위해 왔던 갈릴리 사람들이 성전 근처에서 로마 군대에 의해 죽임을 당하는 사건이 발생했을 것이다. 예수님이 '시대의 징조'(12:56)에 대해서 말씀하시자, 사람들은 이 사건이 앞으로 임할 심판을 보여주는 징조인가를 물은 것이다.

2 다른 모든 갈릴리 사람보다 죄가 더 있는 줄 아느냐 당시 유대인들은 이 땅에서의 불행이나 사고가 개인적 죄악의 직접적인 결과라고 생각했다(요 9:2). 그러나 예수님은 이런 종교적 편견을 잘못된 것이라고 말씀하신다.

3 너희도 만일 회개하지 아니하면 다 이와 같이 망하리라 예수님은 불행하게 죽임을 당한 자들뿐만 아니라 아무런 불행을 당하지 않은 자들도 모두 죄인임을 지적하신다. 불행을 겪지 않은 자들이 자신들은 의롭기 때문이라고 생각하는 착각을 지적하신 것이다.

4 실로암에서 망대가 무너져 '실로암'은 기혼 샘으로부터 흘러온 물을 저장하는 예루살렘 남동쪽 성벽 근처의 저수지였다. 예수님은 당시에 발생한 사고가 개인적 죄악의 결과라고 오해
하는 자들에게 그것이 사실이 아님을

6 한 사람이 포도원에 무화과나무를 심
열매를 구하였으나 얻지 못한지라 '열
백성에게 나타나야 하는 삶의 결과를
는 것은 이전의 삶의 태도와 방법을
로 살아가는 자가 되었다는 것이기 때
가 나타나야 한다. 그러나 이스라엘 백
개의 열매들이 나타나지 않았다.

7 포도원지기 예수님이 스스로를 비유
무'는 이스라엘 백성을 뜻한다(호 9:10
과나무를 찍어 버리려는 것은 하나님이
라엘 백성을 심판하려고 하심을 의미
이스라엘 백성은 종말에 심판을 받는

8 주인이여 금년에도 그대로 두소서 내
리니 '주인'은 하나님을, '포도원지기'는
다. 하나님이 이스라엘 백성을 심판하
그들을 향한 하나님의 인내와 긍휼을

쉬운성경

1 어떤 사람들이 예수님께 와서, 빌라도가 갈릴리 사람들을 죽여 그 피가 저희의 드릴 희생 제물과 뒤범벅이 되었다는 소식을 전해 주었습니다.

2 예수님께서는 그들에게 대답하셨습니다. "너희는 이 갈릴리 사람들이 이런 고난을 당했다고 해서 다른 갈릴리 사람들보다 더 큰 죄인이라고 생각하느냐?

3 그렇지 않다. 내가 너희에게 말한다. 너희도 회개하지 않으면 이와 같이 망할 것이다.

4 또 실로암 탑이 무너져 죽은 열여덟 명의 사람들이 예루살렘에 사는 다른 모든 사람보다 더 악한 죄인이라고 생각하느냐?

5 그렇지 않다! 내가 너희에게 말한다. 너희도 회개하지 않으면 이와 같이 망할 것이다."

6 예수님께서 이런 비유를 말씀하셨습니다. "어떤 사람이 무화과나무 한 그루를 자신의 포도밭에 심었다. 그는 이 나무에

5 쉬운성경 읽기

쉬운성경을 정독하며
본문을 대조합니다.

6 절별 해설

'절별 해설'을 참고하며 읽습니다.

8 저자의 묵상

절별 해설 집필자가 묵상 후
전하는 메시지입니다.

내리지 않게 하심을 말한다. 이는 예수님이 유대인들의 심판이 아닌 구원을 위해 애쓰심을 보여준다.

9 예수님의 구원 사역에도 불구하고 회개하기를 거부함으로 열매를 맺지 못하는 자들은 영원한 심판에 처하게 됨을 보여준다.

저자의 묵상

성도들 가운데도 인과응보 사상에 깊이 물들어 있는 사람들이 있다. 교회 안에서 인과응보는 율법주의와 기복주의로 나타난다. 하나님이 원하시는 종교적 행위를 열심히 하면 복을 받고, 열심히 하지 않으면 저주를 받는다는 생각이다. 어떤 사람들은 자신과 주변 사람들을 이런 관점에서 바라보면서, 세상적으로 성공하고 문제가 없는 사람은 하나님의 축복을 받은 자라고 여긴다. 반대로 세상에서 어려움을 겪는 사람은 잘못한 것에 대한 하나님의 저주를 받았다고 생각한다. 이런 생각은 성경과는 관계없는 세속적이고 인간적인 추측에 불과하다. 또한 인과응보 사상은 세상에서도 잘 이루어지지 않는다.

하나님은 인과응보가 아니라 늘 은혜로 반응하시는 분이다. 그리고 우리가 그 은혜에 감사하며 또한 다른 사람들에게도 은혜로 반응하기를 바라시는 분이다. 인과응보에서 벗어나기 위해서는 세상적 성공이 축복이 아니라 예수님이 가장 큰 축복임을 먼저 믿어야 한다.

무릎 기도 하나님, 세상적 성공을 하나님의 복으로 오해하고 살았던 것을 회개합니다. 예수님이 하나님께서 주신 가장 큰 선물이며 축복임을 믿게 하소서.

9 무릎 기도

'무릎 기도'로 기도합니다.

10

한글과 영어 본문(ESV)
대조를 통해
본문의 바른 뜻을
파악할 수 있습니다.

ESV - Luke 13

1 There were some present at that very time who told him about the Galileans whose blood Pilate had mingled with their sacrifices.
2 And he answered them, "Do you think that these Galileans were worse sinners than all the other Galileans, because they suffered in this way?
3 No, I tell you; but unless you repent, you will all likewise perish.
4 Or those eighteen on whom the tower in Siloam fell and killed them: do you think that they were worse offenders than all the others who lived in Jerusalem?
5 No, I tell you; but unless you repent, you will all likewise perish."
6 And he told this parable: "A man had a fig tree planted in his vineyard, and he came seeking fruit on it and found none.
7 And he said to the vinedresser, 'Look, for three years now I have come seeking fruit on this fig tree, and I find none. Cut it down. Why should it use up the ground?'
8 And he answered him, 'Sir, let it alone this year also, until I dig around it and put on manure.
9 Then if it should bear fruit next year, well and good; but if not, you can cut it down.'"

1 mingle with··· ···와 섞다 sacrifice 제물 2 suffer 벌 받다 3 repent 회개하다 likewise 이와 같이 perish 멸망하다 4 offender 죄인 6 fig 무화과 7 vinedresser 포도원지기 use up··· ···을 쓸모없게 하다 8 let··· alone ···을 그대로 두다 dig 땅을 파다 manure 거름 9 bear fruit 열매를 맺다

14

아가페 주삶20

단체 활용법 – 소그룹·구역예배

1

주중에 전 구성원이 개인적으로 매일 말씀을 묵상하고, 1주일에 1회씩 모여 GBS 교재 부분을 가지고 나눕니다.

2

GBS를 시작할 때 지난 한 주간 개인 묵상을 통해 깨달은 것이나 삶에 적용한 일이 있으면 한 사람씩 돌아가며 나눕니다.

구역예배, 청년부 성경공부, 직장 신우회 등 각종 성경공부 모임에 활용하면 좋습니다.

주간 그룹성경공부 • GBS

1주차 (45회~50회)

외식하는 자들아

사도행전 13:10–17 | 새찬송 214장 • 통일 349장

주간 말씀묵상 나눔

지난 한 주간 말씀을 묵상한 것이나 삶에 적용한 것이 있으면 돌아가며 간단히 나누어 봅시다.

• 오늘의 성경공부 목표

나의 신앙생활 가운데 위선적인 모습이 있지는 않은지 살피도록 합니다.

10 예수께서 안식일에 한 회당에서 가르치
실 때에
11 열여덟 해 동안이나 귀신 들려 앓으며 꼬
부라져 조금도 펴지 못하는 한 여자가 있
더라
12 예수께서 보시고 불러 이르시되 여자여
네가 네 병에서 놓였다 하시고
13 안수하시니 여자가 곧 펴고 하나님께 영
광을 돌리는지라
14 회당장이 예수께서 안식일에 병 고치시
는 것을 분 내어 무리에게 이르되 일할
날이 엿새가 있으니 그 동안에 와서 고침
을 받을 것이요 안식일에는 하지 말 것이
니라 하거늘
15 주께서 대답하여 이르시되 외식하는 자
들아 너희가 각각 안식일에 자기의 소나
나귀를 외양간에서 풀어내어 이끌고 가
서 물을 먹이지 아니하느냐
16 그러면 열여덟 해 동안 사탄에게 매인 바
된 이 아브라함의 딸을 안식일에 이 매임
에서 푸는 것이 합당하지 아니하냐
17 예수께서 이 말씀을 하시매 모든 반대하
는 자들은 부끄러워하고 온 무리는 그가
하시는 모든 영광스러운 일을 기뻐하니
라

165

'말씀묵상'은

말씀과 기도를 통해 날마다 하나님의 음성에 귀 기울이고 그 음성을 따라 살아가고자 하는 그리스도인을 위한 경건의 시간입니다. '말씀묵상'은 하루 중 가장 귀중한 시간에 아무도 방해하지 않는 곳에서 해야 합니다. 그리고 깨달은 말씀을 주야로 묵상하는 것입니다.

• **함께 읽어보기**

'내로남불', '내가 하면 로맨스, 남이 하면 불륜'이라는 말의 앞 글자를 따서 만든 신조어입니다. 요즘 매스컴이나 SNS에서 종종 볼 수 있는 이 말은, 상대방의 특정한 행동에 대해서는 맹렬히 비난하다가, 자신이 그와 똑같은 행동을 했을 때는 관대한 기준을 적용하는 사람을 가리킬 때 사용됩니다. 오늘 본문에는 예수님께서 안식일에 병을 고치신 사건이 기록되어 있습니다. 회당장과 몇몇 사람들은 안식일에 관한 율법의 조항에 근거하여 예수님의 행동을 비난했습니다. 그러나 예수님은 그들이 가지고 있던 '내로남불'의 태도를 지적하시면서, 이렇게 책망하십니다. "외식하는 자들아!"(15절) 본문 말씀을 살펴보며 성경이 말하는 "외식"이 무엇인지 함께 배워보도록 합시다.

도입 질문

1 그리스도인들이 신앙생활 중에 알게 모르게 저지르는 "외식"에는 어떤 것들이 있을까요?

함께 나누기

2 예수님이 안식일에 한 회당에서

3 예수님이 병든 그 여자에게 하

166

3

GBS 순서에 따라 리더가 진행하며, 각자 묵상을 통해 느낀 것과 깨달은 것을 나눕니다.

4 예수님이 안식일에 병을 고쳤다는 소식을 들은 회당장이 분을 내며 했던 말은 무엇입니까? 14절

5 예수님은 안식일에 병을 고친 일을 반대하던 사람들은 가리켜 어떤 자들이라고 불렀습니까? 15절

6 안식일에 병을 고친 일을 반대하던 사람들이 행동이 "외식"인 이유는 무엇입니까? 15–16절

7 예수님께서 대답하신 말씀을 들은 사람들의 반응은 어떠했습니까? 17절

8 신약성경의 복음서를 살펴보면 예수님께서 안식일에 병자를 고치신 사건이 여러 번 기록되어 있습니다(막 1:21–28, 요 5:8–10, 요 9:13). 당시 유대 종교 지도자들이 안식일에 병을 고치는 것에 반대한다는 것을 예수님도 잘 아셨습니다. 그러나 예수님은 많은 사람이 보는 앞에서 아무런 거리낌 없이 안식일에 병을 고치셨습니다. 예수님이 유대의 종교 지도자들과 백성들에게 주시고자 했던 교훈은 무엇일까요? 각자의 생각을 나누어 봅시다.

9 오늘 성경공부를 통해 나누고 싶거나 깨달은 것이 있으면 이야기해 봅시다.

167

"복 있는 사람은
악인들의 꾀를 따르지 아니하며
죄인들의 길에 서지 아니하며
오만한 자들의 자리에 앉지 아니하고
오직 여호와의 율법을 즐거워하여
그의 율법을 주야로 묵상하는도다"

- 시편 1:1-2 -

46~90days

누가복음을 묵상하기 전에

저자 및 기록 시기

이 책과 사도행전은 동일 인물에 의해서 기록되었다. 책 자체에 저자의 이름이 나오지는 않지만, 초대교회로부터 19세기까지 이 책이 누가에 의해서 기록되었다는 사실이 의심받은 적은 전혀 없었다. 사도행전에서 '우리'라고 표현한 부분(행 16:10-17; 20:5-21:18; 27:1-28:16)은 저자가 바울과 함께 선교여행을 했음을 보여준다. 바울과 동행했던 사람들 중에서, 바울의 '사랑하는 친구이며 의사'(골 4:14)였고, 바울의 '동역자'(몬 1:24)인 이방인 누가만이 이 책의 저자가 되기에 적합하다. 누가는 예수님을 직접 목격한 사람이 아니었지만(눅 1:2), 사도들을 통해 복음에 대해 전해 들은 것을 정확하게 기록했다.

누가는 이 책을 AD 60-63년경에 로마에서 기록한 것으로 추정된다. 누가는 AD 50년 중반쯤에 기록된 마가복음을 상당 부분 참고한 것으로 여겨지며, 바울이 로마에서 순교당한 AD 66년 이전에 누가복음과 사도행전을 기록했다.

기록 목적과 역사적 배경

누가는 복음이 유대인이나 이방인들 모두를 위한 것임을 독자들에게 알리기 위해 이 책을 기록했다. 누가는 예수님이 구약에 예언된 대로 이 땅에 오신 메시아로서의 삶, 죽음, 부활을 통해 하나님의 구원을 모든 자들에게 베푸셨음을 보여주길 원했다. 또한 누가는 독자로 하여금 구전으로 전해진 기독교 전통이 진실한 것임을 증거하길 원했다. 누가는 하나님의 아들을 믿는 모든 자들에게 주시는 약속된 성령을 받아 구원을 얻게 됨이 확실한 것임을 가르치길 원했다.

누가가 이 책들을 기록한 때는 예수님의 죽음과 부활이 일어난 지 30여 년이 지난 시기였다. 따라서 예수님과 복음에 관한 많은 사실들을 직접 목격했던 증인들이 나이가 들고 죽으면서 이것들을 정확한 기록으로 남길 필요성이 대두되었다. 특히 복음이 이방으로까지 널리 퍼지면서, 이방인들이 예수님과 복음에 관해 말로 전해 들은 것이 확실한 것임을 가르칠 필요가 있었다.

주요 내용

누가는 다른 복음서들과는 달리 예수님이 태어나시기 전에 천사가 세례 요한의 출생과 메시아의 잉태를 마리아에게 고지하는 내용을 자세히 기록한다. 또한 누가는 당시의 통치자들의 이름과 그 연대를 기록함으로써 예수님이 언제 태어나셨는지를 정확하게 보여주고자 한다. 인자로 오신 예수님은 연약하고 불쌍한 사람들과 함께하시면서 그들의 병을 치료하시고, 귀신을 쫓으시며, 그들에게 말씀을 가르치셨다. 예수님은 결국 유대 종교지도자들에 의해서 십자가에 못 박혀 죽으셨지만, 삼 일 만에 살아나셔서 제자들에게 자신을 보이셨다. 예수님은 이로써 자신이 구약에 예언된 메시아로 이 땅에 오셔서 인간의 죄를 위해 죽으시고 죽음을 이기시고 부활하신 하나님이심을 증거하셨다.

특징

누가복음의 첫 번째 특징은 이방인이 이방인을 위해 기록한 복음서라는 점이다. 이방인이었던 누가는 다른 복음서의 저자들보다도 복음이 유대인이나 이방인이나 차별 없이 모든 인간을 향해 주어진 우주적 메시지임을 강조한다.

두 번째 특징으로, 누가는 예수님이 가난한 자, 병든 자, 소외된 자들을 위해 인간으로 오신 하나님이심을 강조한다. 예를 들어, 누가복음에는 다른 복음서에는 등장하지 않는 13명의 여성이 등장한다. 고대 사회에서 무시되던 여성들이 누가복음에서는 예수님 주변에서 중요한 역할을 감당하는 것으로 묘사된다.

세 번째 특징으로, 누가는 성령과 기도에 대한 강조를 많이 한다. 누가는 예수님이 성령으로 사역하셨음을 반복해서 기록하고 있다. 또한 예수님이 홀로 기도하신 장면을 다른 복음서보다 더 많이 기록하고 있다. 이것은 제자들에게 기도를 통해 성령의 능력을 받아야 예수님과 같이 사역할 수 있음을 모범으로 제시하려는 의도다.

단락 구분

1. 서언(1:1–4)
2. 세례 요한과 예수님의 출생 기록(1:5–2:52)
3. 예수님의 사역 준비(3:1–4:15)
4. 예수님의 갈릴리 사역(4:16–9:50)
5. 예루살렘으로의 여정(9:51–21:38)
6. 예수님의 수난과 죽음(22:1–23:56)
7. 예수님의 부활(24:1–53)

□ 묵상 체크

46

월 일

회개에 대한 촉구

누가복음 13:1-9 • 새찬송 250장 | 통일 182장

• 말씀묵상 전에 성령님의 인도하심을 구하는 기도를 드리십시오.

본문요약 | 제물을 바치다 죽임을 당한 갈릴리 사람들과 실로암 망대가 무너져 죽은 사람들을 보며 자신은 죄 없다 생각하는 자들에게, 예수님은 그들 또한 회개하지 않으면 망하게 됨을 선포하신다. 또 예수님은 '무화과나무 비유'를 통해 열매 맺지 않은 자들을 향한 긍휼을 보이시며 심판이 오기 전에 회개할 것을 촉구하신다.

1 그때 마침 두어 사람이 와서 빌라도가 어
떤 갈릴리 사람들의 피를 그들의 제물에
섞은 일로 예수께 아뢰니
2 대답하여 이르시되 너희는 이 갈릴리 사
람들이 이같이 해 받으므로 다른 모든 갈
릴리 사람보다 죄가 더 있는 줄 아느냐
3 너희에게 이르노니 아니라 너희도 만일
회개하지 아니하면 다 이와 같이 망하리
라
4 또 실로암에서 망대가 무너져 치어 죽은
열여덟 사람이 예루살렘에 거한 다른 모
든 사람보다 [1]죄가 더 있는 줄 아느냐
5 너희에게 이르노니 아니라 너희도 만일
회개하지 아니하면 다 이와 같이 망하리
라
6 이에 비유로 말씀하시되 한 사람이 포도
원에 무화과나무를 심은 것이 있더니 와
서 그 열매를 구하였으나 얻지 못한지라
7 포도원지기에게 이르되 내가 삼 년을 와
서 이 무화과나무에서 열매를 구하되 얻
지 못하니 찍어 버리라 어찌 땅만 버리게
하겠느냐
8 대답하여 이르되 주인이여 금년에도 그대
로 두소서 내가 두루 파고 거름을 주리니
9 이후에 만일 열매가 열면 좋거니와 그렇
지 않으면 찍어 버리소서 하였다 하시니
라

1) 헬, 빚진 것이

1. 본문에 나타난 예수님은 어떤 분이십니까?

2. 오늘 하나님께서 나에게 주신 깨달음은 무엇입니까?

3. 말씀을 어떻게 내 삶에 구체적으로 적용해야 합니까?

절별 해설

1 빌라도가 어떤 갈릴리 사람들의 피를 그들의 제물에 섞은 일로 예수께 아뢰니 수십만 명이 예루살렘에 모이는 유월절과 같은 때는 폭동이 일어나기 쉽기 때문에, 로마 군대가 진압하는 과정에서 사람들을 죽인 경우가 있었다. 당시에 예루살렘에 유월절을 지키고 제물을 바치기 위해 왔던 갈릴리 사람들이 성전 근처에서 로마 군대에 의해 죽임을 당하는 사건이 발생했을 것이다. 예수님이 '시대의 징조'(12:56)에 대해서 말씀하시자, 사람들은 이 사건이 앞으로 임할 심판을 보여주는 징조인가를 물은 것이다.

2 다른 모든 갈릴리 사람보다 죄가 더 있는 줄 아느냐 당시 유대인들은 이 땅에서의 불행이나 사고가 개인적 죄악의 직접적인 결과라고 생각했다(요 9:2). 그러나 예수님은 이런 종교적 편견을 잘못된 것이라고 말씀하신다.

3 너희도 만일 회개하지 아니하면 다 이와 같이 망하리라 예수님은 불행하게 죽임을 당한 자들뿐만 아니라 아무런 불행을 당하지 않은 자들도 모두 죄인임을 지적하신다. 불행을 겪지 않은 자들이 자신들은 의롭기 때문이라고 생각하는 착각을 지적하신 것이다.

4 실로암에서 망대가 무너져 '실로암'은 기혼 샘으로부터 흘러온 물을 저장하는 예루살렘 남동쪽 성벽 근처의 저수지였다. 예수님은 당시에 발생한 사고가 개인적 죄악의 결과라고 오해하는 자들에게 그것이 사실이 아님을 다시 강조하신다.

6 한 사람이 포도원에 무화과나무를 심은 것이 있더니 와서 그 열매를 구하였으나 얻지 못한지라 '열매'는 회개한 하나님의 백성에게 나타나야 하는 삶의 결과를 비유한다(3:8). 회개했다는 것은 이전의 삶의 태도와 방법을 버리고 하나님의 말씀대로 살아가는 자가 되었다는 것이기 때문에, 그에 합당한 결과가 나타나야 한다. 그러나 이스라엘 백성들로부터는 이런 회개의 열매들이 나타나지 않았다.

7 포도원지기 예수님이 스스로를 비유하신 것이다. '무화과나무'는 이스라엘 백성을 뜻한다(호 9:10; 미 7:1; 렘 8:13). 무화과나무를 찍어 버리려는 것은 하나님이 열매 맺지 못하는 이스라엘 백성을 심판하려고 하심을 의미한다. 즉, 회개하지 않는 이스라엘 백성은 종말에 심판을 받는다는 것이다.

8 주인이여 금년에도 그대로 두소서 내가 두루 파고 거름을 주리니 '주인'은 하나님을, '포도원지기'는 예수님 자신을 상징한다. 하나님이 이스라엘 백성을 심판하려 하셨을 때, 예수님이 그들을 향한 하나님의 인내와 긍휼을 중보하여 당장은 심판이

쉬운성경

1 어떤 사람들이 예수님께 와서, 빌라도가 갈릴리 사람들을 죽여 그 피가 저희의 드릴 희생 제물과 뒤범벅이 되었다는 소식을 전해 주었습니다.

2 예수님께서는 그들에게 대답하셨습니다. "너희는 이 갈릴리 사람들이 이런 고난을 당했다고 해서 다른 갈릴리 사람들보다 더 큰 죄인이라고 생각하느냐?

3 그렇지 않다. 내가 너희에게 말한다. 너희도 회개하지 않으면 이와 같이 망할 것이다.

4 또 실로암 탑이 무너져 죽은 열여덟 명의 사람들이 예루살렘에 사는 다른 모든 사람보다 더 악한 죄인이라고 생각하느냐?

5 그렇지 않다! 내가 너희에게 말한다. 너희도 회개하지 않으면 이와 같이 망할 것이다."

6 예수님께서 이런 비유를 말씀하셨습니다. "어떤 사람이 무화과나무 한 그루를 자신의 포도밭에 심었다. 그는 이 나무에서 열매를 얻으려고 왔으나 아무것도 찾지 못했다.

7 그 사람이 포도원을 돌보는 종에게 말했다. '내가 삼 년 동안, 이 무화과나무에서 열매를 찾았는데, 아무것도 찾을 수 없었다. 이 나무를 찍어 버려라. 무엇 때문에 땅만 차지하게 하느냐?'

8 종이 주인에게 대답했다. '주인님, 올해만 그냥 놔두십시오. 제가 나무 주위에 고랑을 파고 거름을 주겠습니다.

9 만일 내년에 열매를 맺으면 놔두시고, 열매를 맺지 못한다면 베어 버리십시오.'"

내리지 않게 하심을 말한다. 이는 예수님이 유대인들의 심판이 아닌 구원을 위해 애쓰심을 보여준다.

9 예수님의 구원 사역에도 불구하고 회개하기를 거부함으로 열매를 맺지 못하는 자들은 영원한 심판에 처하게 됨을 보여준다.

저자의 묵상

성도들 가운데도 인과응보 사상에 깊이 물들어 있는 사람들이 있다. 교회 안에서 인과응보는 율법주의와 기복주의로 나타난다. 하나님이 원하시는 종교적 행위를 열심히 하면 복을 받고, 열심히 하지 않으면 저주를 받는다는 생각이다. 어떤 사람들은 자신과 주변 사람들을 이런 관점에서 바라보면서, 세상적으로 성공하고 문제가 없는 사람은 하나님의 축복을 받은 자라고 여긴다. 반대로 세상에서 어려움을 겪는 사람은 잘못한 것에 대한 하나님의 저주를 받았다고 생각한다. 이런 생각은 성경과는 관계없는 세속적이고 인간적인 추측에 불과하다. 또한 인과응보 사상은 세상에서도 잘 이루어지지 않는다.

하나님은 인과응보가 아니라 늘 은혜로 반응하시는 분이다. 그리고 우리가 그 은혜에 감사하며 또한 다른 사람들에게도 은혜로 반응하기를 바라시는 분이다. 인과응보에서 벗어나기 위해서는 세상적 성공이 축복이 아니라 예수님이 가장 큰 축복임을 먼저 믿어야 한다.

무릎 기도 하나님, 세상적 성공을 하나님의 복으로 오해하고 살았던 것을 회개합니다. 예수님이 하나님께서 주신 가장 큰 선물이며 축복임을 믿게 하소서.

ESV - Luke 13

1 There were some present at that very time who told him about the Galileans whose blood Pilate had mingled with their sacrifices.
2 And he answered them, "Do you think that these Galileans were worse sinners than all the other Galileans, because they suffered in this way?
3 No, I tell you; but unless you repent, you will all likewise perish.
4 Or those eighteen on whom the tower in Siloam fell and killed them: do you think that they were worse offenders than all the others who lived in Jerusalem?
5 No, I tell you; but unless you repent, you will all likewise perish."
6 And he told this parable: "A man had a fig tree planted in his vineyard, and he came seeking fruit on it and found none.
7 And he said to the vinedresser, 'Look, for three years now I have come seeking fruit on this fig tree, and I find none. Cut it down. Why should it use up the ground?'
8 And he answered him, 'Sir, let it alone this year also, until I dig around it and put on manure.
9 Then if it should bear fruit next year, well and good; but if not, you can cut it down.'"

1 mingle with… …와 섞다 sacrifice 제물 2 suffer 벌 받다 3 repent 회개하다 likewise 이와 같이 perish 멸망하다 4 offender 죄인 6 fig 무화과 7 vinedresser 포도원지기 use up… …을 쓸모없게 하다 8 let… alone …을 그대로 두다 dig 땅을 파다 manure 거름 9 bear fruit 열매를 맺다

47 안식일에 귀신 들린 여자를 고치신 예수님

월 일

누가복음 13:10-21 • 새찬송 251장 | 통일 137장

• 말씀묵상 전에 성령님의 인도하심을 구하는 기도를 드리십시오.

본문요약 I 예수님이 안식일에 회당에서 가르치시다가 귀신 들려 허리를 펴지 못하는 한 여자를 보시고 안수하여 고쳐 주신다. 이에 회당장은 안식일에 일을 했다고 예수님을 비난하나, 예수님은 회당장의 외식을 책망하신다. 예수님은 하나님 나라를 겨자씨와 누룩으로 비유해 말씀하신다.

10 예수께서 안식일에 한 회당에서 가르치실
때에
11 열여덟 해 동안이나 귀신 들려 앓으며 꼬
부라져 조금도 펴지 못하는 한 여자가 있
더라
12 예수께서 보시고 불러 이르시되 여자여
네가 네 병에서 놓였다 하시고
13 안수하시니 여자가 곧 펴고 하나님께 영
광을 돌리는지라
14 회당장이 예수께서 안식일에 병 고치시는
것을 분 내어 무리에게 이르되 일할 날이
엿새가 있으니 그 동안에 와서 고침을 받
을 것이요 안식일에는 하지 말 것이니라
하거늘
15 주께서 대답하여 이르시되 외식하는 자들
아 너희가 각각 안식일에 자기의 소나 나
귀를 외양간에서 풀어내어 이끌고 가서
물을 먹이지 아니하느냐
16 그러면 열여덟 해 동안 사탄에게 매인 바
된 이 아브라함의 딸을 안식일에 이 매임
에서 푸는 것이 합당하지 아니하냐
17 예수께서 이 말씀을 하시매 모든 반대하
는 자들은 부끄러워하고 온 무리는 그가
하시는 모든 영광스러운 일을 기뻐하니라
18 그러므로 예수께서 이르시되 하나님의 나
라가 무엇과 같을까 내가 무엇으로 비교
할까
19 마치 사람이 자기 채소밭에 갖다 심은 겨
자씨 한 알 같으니 자라 나무가 되어 공중
의 새들이 그 가지에 깃들였느니라
20 또 이르시되 내가 하나님의 나라를 무엇
으로 비교할까
21 마치 여자가 가루 서 말 속에 갖다 넣어 전
부 부풀게 한 누룩과 같으니라 하셨더라

1. 본문에 나타난 예수님은 어떤 분이십니까?

2. 오늘 하나님께서 나에게 주신 깨달음은 무엇입니까?

3. 말씀을 어떻게 내 삶에 구체적으로 적용해야 합니까?

절별 해설

10 안식일에 한 회당에서 이곳의 '안식일'은 이제 벌어질 종교지도자들과의 갈등을 위한 시간적 배경으로, 이 사건이 안식일에 벌어졌기 때문에 문제가 된 것임을 보여준다.

11 열여덟 해 동안이나 귀신 들려 앓으며 꼬부라져 조금도 펴지 못하는 한 여자가 있더라 누가는 이 여자의 심각하고 비참한 상황을 자세하게 묘사한다. 여기서 '귀신'이라고 번역된 단어는 원어적으로 '영'을 번역한 것으로 '악한 영'(evil spirit)을 의미한다. 이것은 영이 인간의 정신과 육체를 통제하는 가장 근원적인 영역이기 때문에, 악한 영에게 이 영역의 지배권을 빼앗기면 인간 전 존재가 지배당해 파괴됨을 보여준다.

13 안수하시니 예수님이 이 여자에게 안수하신 것은 두 가지 이유 때문이다. 첫째, 희생 제물로 바쳐지는 짐승에게 죄를 전가하듯이, 예수님이 병자의 병을 대신 담당하심을 의미한다(레 4:4; 사 53:4-5). 둘째, 성령의 능력을 전이시켜서 병을 낫게 하기 위한 목적이다(행 19:6).

14 회당장이 예수께서 안식일에 병 고치시는 것을 분 내어 회당장이 화를 낸 표면적인 이유는, 예수님이 안식일에 일하는 것을 금한 율법을 깨트리셨기 때문이다. 그러나 근원적인 이유는, 예수님의 권세가 드러남으로 그를 비롯한 종교지도자들의 권세가 떨어졌기 때문이다.

15 외식하는 자들아 유대인들은 안식일에 가축들에게 풀과 물을 먹이기 위해서 노동과 여행에 관한 율법에 예외적인 조항을 두었다. 예수님은 종교지도자들이 가축에 대해서도 율법에 예외를 두면서 사람에 대해서는 정죄하는 태도를 책망하신 것이다.

16 안식일에 이 매임에서 푸는 것이 합당하지 아니하냐 이것은 율법을 지키기 위해 율법의 정신인 이웃 사랑을 깨트리는 자들의 외식을 드러내기 위한 말씀이다.

18-19 하나님의 나라가 무엇과 같을까 … 마치 사람이 자기 채소밭에 갖다 심은 겨자씨 한 알 같으니 하나님 나라의 확장성을 비유한 것이다. 하나님 나라는 처음에는 보이지 않을 정도로 미약하게 시작하나 나중에는 큰 영향력을 미치게 된다는 것이다.

21 전부 부풀게 한 누룩과 같으니라 겨자씨는 하나님 나라의 외적 영향력의 확장을, 누룩은 하나님 나라의 내적 영향력의 은밀한 확산을 비유한다.

쉬운성경

10 예수님께서 안식일에 어느 한 회당에서 가르치고 계셨습니다.

11 거기에 십팔 년 동안, 병마에 시달린 여자가 있었습니다. 그는 허리가 굽어서 몸을 조금도 펼 수 없었습니다.

12 예수님께서 그 여자를 보시고 가까이 불러 말씀하셨습니다. "여자여, 네가 병에서 해방되었다."

13 예수님께서 그에게 손을 얹으시자, 그 즉시 여인이 똑바로 일어서서 하나님을 찬양하였습니다.

14 예수님께서 안식일에 병을 고치셨기 때문에 회당장이 화가 나서 사람들에게 말했습니다. "일하는 날이 육 일이 있습니다. 이런 날에 와서 병을 치료받으시오. 안식일에는 안 됩니다."

15 주님께서 대답하셨습니다. "위선자들아! 너희는 안식일에 소나 나귀를 외양간에서 풀어내어 끌고 가서 물을 마시게 하지 않느냐?

16 그런데 이 여자는 아브라함의 딸로서 십팔 년 동안, 사탄에 매여 있었다. 안식일에 이 사람의 매임을 풀어 주어야 하지 않겠느냐?"

17 예수님께서 이 말씀을 하시자, 예수님을 반대하던 사람들이 모두 부끄러워했고, 모든 사람들은 예수님께서 행하신 영광스러운 일을 보고 기뻐했습니다.

18 예수님께서 말씀하셨습니다. "하나님 나라는 무엇과 같으며 무엇에 비교할 수 있을까?

19 하나님 나라는 어떤 사람이 자신의 밭에 가지고 가서 뿌린 겨자씨와 같다. 그 씨가 자라고 나무가 되어서, 공중의 새들이 그 가지에 둥지를 틀었다."

20 예수님께서 또 말씀하셨습니다. "하나님 나라를 무엇에 비교할 수 있을까?

21 하나님 나라는 마치 누룩과 같다. 어떤 여자가 이것을 가져다가 밀가루 세 말*에 섞으니 전체가 부풀게 되었다."

* 13:21 (그)'사톤'. 3사톤은 약 22ℓ에 해당된다.

저자의 묵상

인간의 영이 더러운 영을 통해 사탄의 지배를 받게 되면 정신과 육체에 그 영향력이 나타난다. 영적 영향력이 강할수록 정신과 육체를 통해 드러나는 모습도 강하다. 한 여자가 18년 동안이나 허리가 굽어서 몸을 조금도 펴지 못하는 상태는, 사탄이 이 여자를 얼마나 강하게 지배하는지를 보여준다. 그러나 아무리 강한 사탄의 지배 아래 있는 자라도, 예수님이 '네가 네 병에서 놓였다'라고 선포하시는 말씀 한마디에 자유를 얻었다. 그 여자의 영을 지배하던 더러운 영이 예수님의 말씀의 권세로 쫓겨나서 그녀의 육신에까지 자유가 찾아온 것이다.

영적으로 자유를 얻어야 정신과 육체에도 변화가 찾아온다. 인간의 영이 자유를 얻는 유일한 길은 예수님의 권세를 통한 방법이다. 그렇기 때문에 우리는 사탄의 권세를 깨트리실 수 있는 예수님의 권세를 믿고 그것을 선포해야 한다. 우리가 예수 이름의 권세를 믿고 선포할 때 사탄에게 매인 자들이 자유케 되는 놀라운 일들이 일어나게 될 것이다.

무릎 기도 하나님, 사람들의 정신과 육체를 지배하는 사탄의 영향력을 두려워하지 않게 하소서. 예수 이름의 권세가 사탄의 권세를 넉넉히 이길 수 있음을 믿고 선포하게 하소서.

ESV - Luke 13

10 Now he was teaching in one of the synagogues on the Sabbath.
11 And behold, there was a woman who had had a disabling spirit for eighteen years. She was bent over and could not fully straighten herself.
12 When Jesus saw her, he called her over and said to her, "Woman, you are freed from your disability."
13 And he laid his hands on her, and immediately she was made straight, and she glorified God.
14 But the ruler of the synagogue, indignant because Jesus had healed on the Sabbath, said to the people, "There are six days in which work ought to be done. Come on those days and be healed, and not on the Sabbath day."
15 Then the Lord answered him, "You hypocrites! Does not each of you on the Sabbath untie his ox or his donkey from the manger and lead it away to water it?
16 And ought not this woman, a daughter of Abraham whom Satan bound for eighteen years, be loosed from this bond on the Sabbath day?"
17 As he said these things, all his adversaries were put to shame, and all the people rejoiced at all the glorious things that were done by him.
18 He said therefore, "What is the kingdom of God like? And to what shall I compare it?
19 It is like a grain of mustard seed that a man took and sowed in his garden, and it grew and became a tree, and the birds of the air made nests in its branches."
20 And again he said, "To what shall I compare the kingdom of God?
21 It is like leaven that a woman took and hid in three measures of flour, until it was all leavened."

10 synagogue 회당 Sabbath 안식일 11 disable 불구로 만들다 bend over 허리를 굽히다 straighten oneself 허리를 펴다 14 indignant 분개한 15 manger 여물통, 구유 lead… away …을 끌고 가다 16 bind 매다 bond 구속, 속박 17 adversary 적 be put to shame 망신을 당하다 rejoice at… …을 기뻐하다 18 compare 비교하다 19 mustard seed 겨자씨 sow 뿌리다, 심다 21 leaven 누룩; 발효시키다

48 좁은 문으로 들어가라

월 일

누가복음 13:22-35 • 새찬송 191장 | 통일 427장

• 말씀묵상 전에 성령님의 인도하심을 구하는 기도를 드리십시오.

본문요약 | 예수님은 좁은 문으로 들어가기를 힘쓰라고 말씀하신다. 좁은 문이 한번 닫히면 다시 열리지 않으며, 문이 닫힌 후에는 들어갈 기회가 없다. 또 예수님은 헤롯의 협박에도 불구하고 예정된 때까지 사역을 계속하겠다고 하시며 예루살렘에 대한 비통함을 말씀하신다.

22 예수께서 각 성 각 마을로 다니사 가르치
시며 예루살렘으로 여행하시더니
23 어떤 사람이 여짜오되 주여 구원을 받는
자가 적으니이까 그들에게 이르시되
24 좁은 문으로 들어가기를 힘쓰라 내가 너
희에게 이르노니 들어가기를 구하여도 못
하는 자가 많으리라
25 집주인이 일어나 문을 한 번 닫은 후에 너
희가 밖에 서서 문을 두드리며 주여 열어
주소서 하면 그가 대답하여 이르되 나는
너희가 어디에서 온 자인지 알지 못하노
라 하리니
26 그때에 너희가 말하되 우리는 주 앞에서
먹고 마셨으며 주는 또한 우리의 길거리
에서 가르치셨나이다 하나
27 그가 너희에게 말하여 이르되 나는 너희
가 어디에서 왔는지 알지 못하노라 행악
하는 모든 자들아 나를 떠나가라 하리라
28 너희가 아브라함과 이삭과 야곱과 모든
선지자는 하나님 나라에 있고 오직 너희
는 밖에 쫓겨난 것을 볼 때에 거기서 슬피
울며 이를 갈리라
29 사람들이 동서남북으로부터 와서 하나님
의 나라 잔치에 [1]참여하리니
30 보라 나중 된 자로서 먼저 될 자도 있고
먼저 된 자로서 나중 될 자도 있느니라 하
시더라
31 곧 그때에 어떤 바리새인들이 나아와서
이르되 나가서 여기를 떠나소서 헤롯이
당신을 죽이고자 하나이다
32 이르시되 너희는 가서 저 여우에게 이르
되 오늘과 내일은 내가 귀신을 쫓아내며
병을 고치다가 제삼 일에는 [2]완전하여지
리라 하라
33 그러나 오늘과 내일과 모레는 내가 갈 길
을 가야 하리니 선지자가 예루살렘 밖에
서는 죽는 법이 없느니라
34 예루살렘아 예루살렘아 선지자들을 죽이
고 네게 파송된 자들을 돌로 치는 자여 암
탉이 제 새끼를 날개 아래에 모음같이 내
가 너희의 자녀를 모으려 한 일이 몇 번이
냐 그러나 너희가 원하지 아니하였도다
35 보라 너희 집이 황폐하여 버린 바 되리라
내가 너희에게 이르노니 너희가 주의 이
름으로 오시는 이를 찬송하리로다 할 때
까지는 나를 보지 못하리라 하시니라

1) 5:29 난하주를 보라 2) 또는 완전히 이루리라

1. 오늘 하나님께서 나에게 주신 깨달음은 무엇입니까?

2. 말씀을 어떻게 내 삶에 구체적으로 적용해야 합니까?

절별 해설

22 예수께서 각 성 각 마을로 다니사 가르치시며 예루살렘으로 여행하시더니 예루살렘은 예수님과 종교지도자들 사이의 갈등이 극에 달하여 결국 예수님이 죽임을 당하시는 곳이다. 누가는 예수님의 예루살렘으로의 여행을 다시 언급함으로, 예수님이 거기서 죽임을 당하는 것이 하나님 계획에 의한 필연적인 과정임을 보여준다(9:51).

24 좁은 문으로 들어가기를 힘쓰라 '좁은 문'은 하나님의 임재와 축복으로 나아가기 위한 '의'를 비유한다. '힘쓰라'는 것은 좁은 문을 선택하기 위한 힘든 노력과 싸움이 따름을 보여준다.

25 주여 열어 주소서 집주인은 하나님 나라의 주인이신 하나님을 비유한다. 하나님을 '주여'(주인님_쉬운성경)라고 부르는 것으로 보아 이들은 유대인들을 비유한다.

26 우리는 주 앞에서 먹고 마셨으며 주는 또한 우리의 길거리에서 가르치셨나이다 이들이 집주인과 식사한 것이 참된 인격적인 교제라는 증거가 없고, 길에서 배운 대로 따라 순종하였는지는 드러나지 않는다. 바리새인들은 예수님을 시험하기 위해 식사 초대를 했고, 약점을 잡기 위해 길에서 예수님의 말씀을 들었다.

29 사람들이 동서남북으로부터 와서 하나님의 나라 잔치에 참여하리니 하늘나라에서 벌어진 종말론적인 잔치에는, 혈통적인 유대인들이 아닌 좁은 의의 문을 선택한 모든 민족들이 참여하게 될 것을 말한다.

30 나중 된 자, 먼저 된 자 '나중 된 자'는 하나님의 부름을 늦게 받은 이방인들을, '먼저 된 자'는 일찍 부름을 받은 유대인들을 말한다.

33 선지자가 예루살렘 밖에서는 죽는 법이 없느니라 예수님은 예루살렘에서 죽임을 당할 것이 예정되어 있었다. 따라서 헤롯 왕이라고 해도 절대로 예수님을 그곳에서 죽일 수 없다는 것이다.

쉬운성경

22 예수님께서 예루살렘으로 향하여 가시던 중 각 도시와 마을을 두루 지나셨습니다.

23 어떤 사람이 예수님께 물었습니다. "주님, 구원받을 사람은 적습니까?" 그러자 예수님께서 말씀하셨습니다.

24 "좁은 문으로 들어가려고 힘써라. 내가 너희에게 말한다. 많은 사람들이 그곳으로 들어가려고 하지만 들어갈 수 없을 것이다.

25 일단 집주인이 일어나서 문을 닫아 버리면, 너희가 밖에 서서 문을 두드리며 '주인님, 문을 열어 주십시오'하고 말할 것이다. 그러면 그가 대답할 것이다. '나는 너희가 도대체 어디서 온 사람들인지 모른다.'

26 그때에 너희가 이렇게 말할 것이다. '저희는 주님 앞에서 먹고 마셨으며, 주님께서는 저희를 길거리에서 가르치셨습니다.'

27 그러나 주인이 말할 것이다. '내가 너희에게 말한다. 나는 너희가 어디에서 왔는지 모른다. 악을 행하는 자여, 썩 물러가거라!'

28 아브라함과 이삭과 야곱과 그리고 모든 예언자들이 하나님 나라에 있는데 너희만 밖으로 쫓겨난 것을 볼 때에 너희가 슬피 울며 이를 갈 것이다.

29 사람들이 동서남북 사방으로부터 와서 하나님 나라의 잔치 자리에 앉을 것이다.

30 보아라. 꼴찌가 첫째가 되고, 첫째가 꼴찌가 될 사람도 있다."

31 그때에 어떤 바리새파 사람들이 예수님께 와서 말했습니다. "이곳을 떠나십시오! 헤롯이 선생님을 죽이려고 합니다."

32 예수님께서 그들에게 말씀하셨습니다. "가서 그 여우에게 말하여라. '오늘과

절별 해설

34 예루살렘아 종교적 교만과 아집으로 하나님의 뜻을 거부하며 오히려 하나님이 보내신 선지자를 죽이는 이스라엘 민족 전체를 예루살렘으로 의인화했다.

35 너희 집이 황폐하여 버린 바 되리라 예수님을 거부하고 죽인 자들이 당한 무서운 결과가 나온다. '집'은 성전을 의미하는데, 여기서는 예루살렘으로 대표되는 이스라엘 전체의 운명을 나타낸다(렘 12:7).

너희가 주의 이름으로 오시는 이를 찬송하리로다 시편 118편 26절("여호와의 이름으로 오는 자가 복이 있음이여")의 인용으로, 예수님이 하나님의 이름으로 다시 오실 재림의 때를 말한다. 그때까지 예수님을 다시 보지 못한다는 것은 이제 구원의 기회가 끝나고 멸망만 남아 있다는 심판의 선포다.

내일은 내가 마귀를 쫓아내고 병을 고칠 것이다. 그리고 삼 일째 되는 날에 내 일을 이룰 것이다.'

33 그러나 오늘과 내일 그리고 그 다음 날에도, 나는 내 갈 길을 가야 한다. 예루살렘 밖에서 예언자가 죽을 수 없다.

34 예루살렘아, 예언자들을 죽이고 너에게 보낸 사람들을 돌로 친 예루살렘아! 암탉이 날개 아래에 병아리를 품듯이 내가 네 자녀들을 모으려고 여러 번 노력하지 않았더냐? 그런데 너희는 원하지 않았다.

35 보아라. 너희의 집은 무너질 것이다. 내가 너희에게 말한다. 너희가 '주의 이름으로 오시는 이가 복이 있다'라고 말하게 되는 날까지 너희가 나를 보지 못할 것이다."

저자의 묵상

예수님이 말씀하신 '좁은 문'은, 종교를 추구하는 사람들이 일반적으로 신을 통해 욕망을 충족하고 자기 의를 쌓으려고 하는 그러한 태도를 버리는 것을 말한다. 그러나 우리가 좁은 문으로 들어가 좁은 길을 걸어가는 것은 성령의 능력과 진리의 인도하심이 아니고는 불가능하다. 인간의 죄성은 항상 하나님을 통해서도 자기 욕망을 충족하는 것이 축복이라고 생각하기 때문이다. 또한 아주 작은 종교적 행위를 하고도 자기 의를 쌓아서 비교의식을 가지는 것이 보편적이기 때문이다.

이러한 욕망과 자기 의를 버리는 것이, 예수님이 제자들에게 요구하신 자기 부인이다. 그렇기에 예수님의 제자가 되는 것은 쉬운 일이 아니다. 그러나 예수님이 만왕의 왕이시며 만주의 주가 되심을 진실로 믿는 자는, 어떤 세상적 희생을 치르더라도 하늘의 왕을 섬기는 영광스러운 자리에 서고자 할 것이다.

무릎 기도 하나님, 세상적으로 힘들어 보이는 좁은 문보다는 넓은 문을 선택하며 살았던 것을 회개합니다. 저의 욕망과 자기 의를 버리고 좁은 문과 좁은 길을 선택하여 예수님의 제자다운 삶을 살게 하소서.

ESV - Luke 13

22 He went on his way through towns and villages, teaching and journeying toward Jerusalem.
23 And someone said to him, "Lord, will those who are saved be few?" And he said to them,
24 "Strive to enter through the narrow door. For many, I tell you, will seek to enter and will not be able.
25 When once the master of the house has risen and shut the door, and you begin to stand outside and to knock at the door, saying, 'Lord, open to us,' then he will answer you, 'I do not know where you come from.'
26 Then you will begin to say, 'We ate and drank in your presence, and you taught in our streets.'
27 But he will say, 'I tell you, I do not know where you come from. Depart from me, all you workers of evil!'
28 In that place there will be weeping and gnashing of teeth, when you see Abraham and Isaac and Jacob and all the prophets in the kingdom of God but you yourselves cast out.
29 And people will come from east and west, and from north and south, and recline at table in the kingdom of God.
30 And behold, some are last who will be first, and some are first who will be last."
31 At that very hour some Pharisees came and said to him, "Get away from here, for Herod wants to kill you."
32 And he said to them, "Go and tell that fox, 'Behold, I cast out demons and perform cures today and tomorrow, and the third day I finish my course.
33 Nevertheless, I must go on my way today and tomorrow and the day following, for it cannot be that a prophet should perish away from Jerusalem.'
34 O Jerusalem, Jerusalem, the city that kills the prophets and stones those who are sent to it! How often would I have gathered your children together as a hen gathers her brood under her wings, and you were not willing!
35 Behold, your house is forsaken. And I tell you, you will not see me until you say, 'Blessed is he who comes in the name of the Lord!'"

24 strive 힘쓰다 will 바라다, 원하다 25 knock at the door 문을 두드리다 28 weep 울다 gnash 이를 갈다 prophet 선지자 cast out 내쫓다 29 recline 앉다 31 get away from··· ···에서 떠나다 32 perform 수행하다 cure 치유, 회복 33 perish 죽다 34 hen 암탉 brood (한배) 새끼 35 forsake 버리다 not··· until~ ~이 되어 비로소 ···하다

• MEMO •

☐ 묵상 체크

49

월 일

안식일의 치유 사건과 예수님이 가르치신 교훈들

누가복음 14:1-14 • 새찬송 424장 | 통일 216장

• 말씀묵상 전에 성령님의 인도하심을 구하는 기도를 드리십시오.

본문요약 I 예수님은 안식일에 수종병 든 자를 고쳐 주시며, 곤란에 처한 자를 돕는 것이 합당하다고 말씀하신다. 또 식사 자리에서 예수님은 스스로 높은 자리에 앉으려고 하지 말 것과, 잔치에 사람들을 청할 때 갚을 수 없는 사람들을 불러야 하늘에서 하나님의 상급을 얻을 수 있음을 가르치셨다.

1 안식일에 예수께서 한 바리새인 지도자의 집에 떡 잡수시러 들어가시니 그들이 엿보고 있더라
2 주의 앞에 수종병 든 한 사람이 있는지라
3 예수께서 대답하여 율법교사들과 바리새인들에게 이르시되 안식일에 병 고쳐 주는 것이 합당하냐 아니하냐
4 그들이 잠잠하거늘 예수께서 그 사람을 데려다가 고쳐 보내시고
5 또 그들에게 이르시되 너희 중에 누가 그 [1]아들이나 소가 우물에 빠졌으면 안식일에라도 곧 끌어내지 않겠느냐 하시니
6 그들이 이에 대하여 대답하지 못하니라
7 청함을 받은 사람들이 높은 자리 택함을 보시고 그들에게 비유로 말씀하여 이르시되
8 네가 누구에게나 혼인 잔치에 청함을 받았을 때에 높은 자리에 [2]앉지 말라 그렇지 않으면 너보다 더 높은 사람이 청함을 받은 경우에
9 너와 그를 청한 자가 와서 너더러 이 사람에게 자리를 내주라 하리니 그때에 네가 부끄러워 끝자리로 가게 되리라
10 청함을 받았을 때에 차라리 가서 끝자리에 [2]앉으라 그러면 너를 청한 자가 와서 너더러 벗이여 올라 [2]앉으라 하리니 그때에야 함께 [2]앉은 모든 사람 앞에서 영광이 있으리라
11 무릇 자기를 높이는 자는 낮아지고 자기를 낮추는 자는 높아지리라
12 또 자기를 청한 자에게 이르시되 네가 점심이나 저녁이나 베풀거든 벗이나 형제나 친척이나 부한 이웃을 청하지 말라 두렵건대 그 사람들이 너를 도로 청하여 네게 갚음이 될까 하노라
13 잔치를 베풀거든 차라리 가난한 자들과 몸 불편한 자들과 저는 자들과 맹인들을 청하라
14 그리하면 그들이 갚을 것이 없으므로 네게 복이 되리니 이는 의인들의 부활 시에 네가 갚음을 받겠음이라 하시더라

1) 어떤 사본에, 나귀나 2) 5:29 난하주를 보라

1. 본문에 나타난 예수님은 어떤 분이십니까?

2. 오늘 하나님께서 나에게 주신 깨달음은 무엇입니까?

3. 말씀을 어떻게 내 삶에 구체적으로 적용해야 합니까?

절별 해설

2 수종병 '고창병'이라고도 번역되는데, 심장이나 신장에 문제가 생겨서 세포 조직 안에 세포액이 비정상적으로 늘어나 몸이 부풀어 오르는 병이다.

4 그들이 잠잠하거늘 예수께서 그 사람을 데려다가 고쳐 보내시고 바리새인들은 안식일에 생명이 위급한 환자가 아니면 치료하는 것이 합당하지 않다고 생각했다. 그러나 이미 예수님은 그들의 악의적인 의도를 아셨다. 또 어떠한 대답에도 예수님이 병자를 고치실 것을 알았기 때문에 율법교사들과 바리새인들은 침묵했다.

7 높은 자리 택함을 보시고 당시에는 지위에 따라 식사 자리에 앉는 순서가 정해져 있었다. 디귿(ㄷ)자 모양으로 이루어진 식탁에서 중앙이 가장 높은 자리고, 다음은 다른 두 면의 중앙이 높은 자리였다. 예수님은 회당의 높은 자리와 잔치의 윗자리를 원하는 교만한 바리새인들과 서기관들[율법교사들]을 질책하셨다(막 12:38-39).

8-9 가장 신분이 높은 사람은 잔치에 제일 늦게 오는 것이 당시 관습이었다. 만일에 신분이 낮은 사람이 높은 자리에 먼저 앉으면, 그는 나중에 도착한 더 높은 사람에게 자리를 내줄 뿐만 아니라 남아 있는 끝자리에 가는 수치를 당한다는 말씀이다.

10 청함을 받았을 때에 차라리 가서 끝자리에 앉으라 앞 절과는 정반대의 상황으로, 자신을 낮추어 끝자리에 앉으면 집주인의 부름을 받아 높은 자리로 가게 될 것을 말씀하신다. 이것은 스스로 높이려 하면 수치를 당하지만, 자신을 낮추면 다른 사람에 의해 영광을 얻게 될 것이라는 의미다. 예수님은 잔치에서 어떤 자리에 앉으라고 가르치신 것이 아니라, 스스로 높이기를 좋아하는 바리새인들의 교만을 경계하신 것이다.

11 무릇 자기를 높이는 자는 낮아지고 자기를 낮추는 자는 높아지리라 '낮아지고'와 '높아지리라'는 말이 모두 수동태로 사용되었다. 이것은 인간이 낮아지고 높아지는 것이 인간 스스로의 노력의 결과가 아니라 외부 영향력에 따름을 보여준다. 궁극적으로 인간의 높고 낮음을 결정하는 분은 하나님이시다(18:14). 하나님이 주인이심을 잊고 스스로 자신을 높이려는 교만한 자를 하나님이 낮추어 수치를 당하게 하신다(잠 29:23; 약 4:6).

쉬운성경

1 안식일에 예수님께서 음식을 드시러 어느 한 바리새파 지도자의 집에 들어가셨습니다. 사람들이 예수님을 가까이서 지켜보고 있었습니다.

2 그때, 수종병 환자 한 사람이 예수님 앞에 나타났습니다.

3 예수님께서 율법학자들과 바리새파 사람들에게 말씀하셨습니다. "안식일에 병을 고치는 것이 옳으냐? 옳지 않느냐?"

4 그러나 사람들은 잠잠했습니다. 예수님께서 병자를 붙잡고 그를 고쳐 주셨습니다. 그리고 그를 보냈습니다.

5 예수님께서 바리새파 사람들과 율법학자들에게 말씀하셨습니다. "만일 너희 아들이나 소가 안식일에 우물에 빠졌다면, 즉시 끌어내지 않겠느냐?"

6 사람들은 아무런 대답도 할 수 없었습니다.

7 예수님께서 초대받은 손님들이 서로가 윗자리를 차지하려는 것을 보시고, 비유를 들어 말씀하셨습니다.

8 "어떤 사람의 결혼 잔치에 초대받았을 때 윗자리에 앉지 마라. 혹시 너보다 귀한 손님이 초대받았을 경우,

9 너희를 잔치에 초대한 주인이 와서 말할 것이다. '자리를 이분에게 내주십시오.' 그러면 너희는 부끄러워하면서 끝자리로 내려가야 할 것이다.

10 너희가 초대를 받으면 끝자리로 가서 앉아라. 그러면 너를 초대한 주인이 와서 말할 것이다. '친구여, 윗자리로 올라앉으시오.' 그러면 다른 모든 잔치 손님들이 보는 앞에서 영광을 얻을 것이다.

11 자신을 높이는 사람은 낮아지고, 자신을 낮추는 사람은 높아질 것이다."

12 예수님께서 초대한 사람에게도 말씀하셨습니다. "너는 점심이나 저녁을 차려

절별 해설

14 의인들의 부활 시에 네가 갚음을 받겠음이라 이 땅에서 보상받지 않고 한 선행을 하늘에서 하나님이 보상하실 것이라는 말씀이다. 이는 부활했을 때 하나님 나라에서 주시는 영생이다. 예수님은 그러한 자를 의인이라고 부르신다.

놓고 네 친구들, 형제들, 친척들, 그리고 부유한 이웃들을 초대하지 마라. 이들은 너를 도로 초대하여 보답을 한다.

13 오히려 잔치를 베풀 때는 가난한 사람들, 걷지 못하는 사람들과 다리를 저는 사람들과 보지 못하는 사람들을 초대하여라.

14 그러면 너희에게 복이 있을 것이다. 그들은 네게 되갚을 것이 없다. 너는 의인들이 부활할 때에 보상을 받을 것이다."

저자의 묵상

사람은 다른 사람과 자신을 끊임없이 비교한다. 그리고 그 비교를 통해 자신을 남보다 높일 수 있는 방법을 찾는다. 이런 노력이 적당한 보상을 가져와 남보다 더 나은 존재로 여김을 받으면 행복해하고, 반대로 노력을 해도 여전히 남보다 낮은 존재로 여김을 받으면 좌절한다. 그래서 사람들은 돈, 지위, 학교, 외모, 능력, 성공 등으로 다른 사람과 비교하여 자신을 높이려고 한다. 그런데 성도들 중에는 이것들에다가 종교 행위까지 더하여 자신과 남을 비교하는 사람들이 있다. 이런 비교 의식에서 벗어나지 못하는 진짜 이유는 선악과를 따 먹고 하나님처럼 되려고 한 아담의 원죄 때문이다. 하나님처럼 될 수는 없지만 자신이 '좋은 것'이라고 생각한 것으로 자신을 다른 사람보다 높이려는 태도가 바로 우리의 죄악이다. 비교 의식이 강할수록 영혼이 죄악의 영향력에 강하게 영향을 받는 상태이다. 성도는 남과 비교하는 자가 아니라 하나님의 사랑과 은혜로 만족하는 자가 되어야 한다.

무릎 기도 하나님, 남과 비교하는 비교 의식에서 자유를 얻게 하소서. 하나님이 베푸신 그 크신 사랑과 은혜에 반응하여 제 자신을 하나님의 눈으로 바라보며 사랑할 수 있는 자가 되게 하소서.

ESV - Luke 14

1 One Sabbath, when he went to dine at the house of a ruler of the Pharisees, they were watching him carefully.
2 And behold, there was a man before him who had dropsy.
3 And Jesus responded to the lawyers and Pharisees, saying, "Is it lawful to heal on the Sabbath, or not?"
4 But they remained silent. Then he took him and healed him and sent him away.
5 And he said to them, "Which of you, having a son* or an ox that has fallen into a well on a Sabbath day, will not immediately pull him out?"
6 And they could not reply to these things.
7 Now he told a parable to those who were invited, when he noticed how they chose the places of honor, saying to them,
8 "When you are invited by someone to a wedding feast, do not sit down in a place of honor, lest someone more distinguished than you be invited by him,
9 and he who invited you both will come and say to you, 'Give your place to this person,' and then you will begin with shame to take the lowest place.
10 But when you are invited, go and sit in the lowest place, so that when your host comes he may say to you, 'Friend, move up higher.' Then you will be honored in the presence of all who sit at table with you.
11 For everyone who exalts himself will be humbled, and he who humbles himself will be exalted."
12 He said also to the man who had invited him, "When you give a dinner or a banquet, do not invite your friends or your brothers* or your relatives or rich neighbors, lest they also invite you in return and you be repaid.
13 But when you give a feast, invite the poor, the crippled, the lame, the blind,
14 and you will be blessed, because they cannot repay you. For you will be repaid at the resurrection of the just."

* 14:5 Some manuscripts a *donkey*
* 14:12 Or *your brothers and sisters*

1 Sabbath 안식일 dine 식사를 하다 2 dropsy 수종병 3 respond to… …에 대답하다 5 ox 소 7 notice 알아차리다 8 distinguished 고귀한 9 with shame 부끄러움으로 11 exalt 높이다 humble oneself 겸손하게 굴다 12 banquet 잔치 in return 답례로 13 give a feast 잔치를 베풀다 crippled 몸이 불편한 lame 절뚝거리는 14 repay 갚다 resurrection 부활

• MEMO •

☐ 묵상 체크

50 큰 잔치 비유

월 일

누가복음 14:15-24 • 새찬송 180장 | 통일 168장

• 말씀묵상 전에 성령님의 인도하심을 구하는 기도를 드리십시오.

본문요약 I 예수님은 '큰 잔치 비유'로 메시아의 잔치에 당연히 참여할 것이라고 여기던, 즉 하나님의 초대를 먼저 받았던 유대인이 예수님을 거부하여 잔치에서 제외될 것을 말씀하신다. 반면에 하나님의 초청을 은혜로 여기는 자들과 이방인들이 잔치에 참여하여 구원받게 될 것을 비유로 말씀하신다.

15 함께 [1)]먹는 사람 중의 하나가 이 말을 듣고 이르되 무릇 하나님의 나라에서 떡을 먹는 자는 복되도다 하니
16 이르시되 어떤 사람이 큰 잔치를 베풀고 많은 사람을 청하였더니
17 잔치할 시각에 그 청하였던 자들에게 종을 보내어 이르되 오소서 모든 것이 준비되었나이다 하매
18 다 일치하게 사양하여 한 사람은 이르되 나는 밭을 샀으매 아무래도 나가 보아야 하겠으니 청컨대 나를 양해하도록 하라 하고
19 또 한 사람은 이르되 나는 소 다섯 겨리를 샀으매 시험하러 가니 청컨대 나를 양해하도록 하라 하고
20 또 한 사람은 이르되 나는 장가들었으니 그러므로 가지 못하겠노라 하는지라
21 종이 돌아와 주인에게 그대로 고하니 이에 집주인이 노하여 그 종에게 이르되 빨리 시내의 거리와 골목으로 나가서 가난한 자들과 몸 불편한 자들과 맹인들과 저는 자들을 데려오라 하니라
22 종이 이르되 주인이여 명하신 대로 하였으되 아직도 자리가 있나이다
23 주인이 종에게 이르되 길과 산울타리 가로 나가서 사람을 강권하여 데려다가 내 집을 채우라
24 내가 너희에게 말하노니 전에 청하였던 그 사람들은 하나도 내 잔치를 맛보지 못하리라 하였다 하시니라

1) 5:29 난하주를 보라

1. 오늘 하나님께서 나에게 주신 깨달음은 무엇입니까?

2. 말씀을 어떻게 내 삶에 구체적으로 적용해야 합니까?

절별 해설

15 하나님의 나라에서 떡을 먹는 자 이것은 유대인들이 가지고 있던 전통적인 메시아 사상 중의 하나로, 메시아가 임하면 유대인들을 위한 큰 잔치를 베푸실 것이라는 내용이다(사 25:6).

16 어떤 사람이 큰 잔치를 베풀고 많은 사람을 청하였더니 잔치는 구원을 의미한다. 따라서 이 구절은 하나님이 많은 사람을 구원의 자리로 초대하셨음을 의미한다. 유대인들의 풍습에 의하면, 잔칫날이 정해지면 주인은 종들을 보내 사람들을 미리 초대하고 참석할 수 있는 인원수에 맞추어 잔치를 준비했다.

17 오소서 모든 것이 준비되었나이다 잔치 준비를 마친 다음, 잔치에 참석하겠다고 약속한 사람들에게 다시 종을 보내어 잔치 참여를 청한다. 그러면 이때는 반드시 참여해야 하는 것이 근동 지역의 문화다. 약속한 것을 깨트리면 초대한 사람을 모욕하는 것으로 여겨졌다.

18 다 일치하게 사양하여 하나님은 구약 시대부터 많은 선지자를 보내셔서 이스라엘 백성을 구원으로 초대하셨다. 그들은 메시아를 환영하고 구원에 참여하겠다고 약속했지만, 실제로 메시아가 오셔서 그들을 초대하시자 구원을 거부한 것이다.

19 나는 소 다섯 겨리를 샀으매 시험하러 가니 소 다섯 겨리는 열 마리 소를 의미하며 다섯 개의 멍에에 매울 수 있는 소들이다. 이 정도 소를 산 자라면 큰 부자며, 이미 산 소들을 시험하기 위해 잔치에 참석할 수 없다는 것도 핑계에 불과하다.

20 나는 장가들었으니 그러므로 가지 못하겠노라 신혼의 즐거움을 위해 잔치에 참석하지 않겠다는 것은 궁색한 핑계다. 이 사람은 전혀 사과를 하지 않았다. 갈수록 거절의 태도가 무례해졌다.

21 가난한 자들, 몸 불편한 자들, 맹인들, 저는 자들 13절에 언급된 사람들로, 잔치에 청함을 받았어도 갚을 수 없는 사회적 약자들이다. 이들은 하나님의 초대에 기꺼이 응하며 또한 그것을 큰 은혜로 받아들이는 자들이다.

23 길과 산울타리 가로 나가서 '길'은 성 밖의 공공도로를 말하며, '산울타리 가'는 성 밖의 작은 도로다. 이것은 하나님이 이방인들에게도 구원을 베푸실 것임을 보여준다.

24 전에 청하였던 그 사람들은 하나도 내 잔치를 맛보지 못하리라 '그 사람들'은 하나님이 선지자들을 통해 구원의 자리를 미리 베풀어 주셨지만 그것을 거부한 이스라엘 백성을 말한다. 이제 그들이 가지고 있던 선민으로서의 모든 특혜와 은혜에서 제외되는 모습이다.

쉬운성경

15 예수님과 같이 식사를 하던 사람 중에 한 사람이 이 말씀을 듣고서 예수님께 말했습니다. "하나님 나라의 잔치 자리에 앉을 사람은 참으로 복이 있습니다."

16 예수님께서 그에게 말씀하셨습니다. "어떤 사람이 큰 잔치를 베풀고 많은 사람들을 초대하였다.

17 시간이 되었을 때, 그 사람은 종을 보내어 초대한 사람들에게 알렸다. '준비가 다 되었으니 오십시오.'

18 그러나 그들은 모두 한결같이 핑계를 대기 시작했다. 첫 번째 사람이 말했다. '내가 밭을 샀는데 가서 둘러봐야 합니다. 부디 양해해 주십시오.'

19 또 한 사람이 말했다. '나는 소 열 마리를 샀는데, 이것들을 부려 보러 가는 길입니다. 부디 양해해 주십시오.'

20 세 번째 사람이 말했다. '나는 지금 장가를 들어서 갈 수 없습니다.'

21 종이 돌아와서 주인에게 이 사실을 알렸다. 그러자 집주인이 화가 나서 말했다. '당장 가서 동네의 길과 골목을 다니며 가난한 사람, 걷지 못하는 사람, 보지 못하는 사람, 다리를 저는 사람들을 데려오라.'

22 그 후에 종이 말했다. '주인님, 말씀하신 것들을 다했습니다만 아직도 자리가 비어 있습니다.'

23 그러자 주인이 종에게 말하였다. '큰 길과 골목길을 돌아다니며 사람들을 오게 하여 내 집을 채워라.

24 내가 너희에게 말한다. 먼저 초대받았던 사람들은 아무도 내 잔치를 맛보지 못할 것이다.'"

저자의 묵상

자신이 구원받기에 합당하다고 여긴 유대인들은 하나님의 초청을 거부했다. 그렇기 때문에 복음은 유대인들이 구원이 불가능하다고 여겼던 이방인들에게 더 빨리 확산되었다. 그들은 큰 잔치에 참여할 수 없을 것처럼 여겨졌던 가난한 자들, 몸 불편한 자들, 맹인들과 저는 자들이었다. 이런 자들은 큰 잔치에 참여했을 때 자신이 초청받은 사실에 감동할 것이다. 자신은 이런 큰 은혜를 받을 자격이 없다고 생각했기 때문이다.

하나님은 지금도 자신이 하나님의 은혜를 받기에 자격이 없다고 생각하는 자들을 하나님 나라로 초대하신다. 자신을 죄인이라고 생각하는 자, 마음이 상한 자, 세상에서 다른 것으로는 구원이 불가능한 자들을 천국 잔치에 초대하신다. 자신의 지위와 능력 그리고 열심으로, 자신은 선한 자이며 또한 하나님께도 인정받을 수 있는 모습을 가지고 있다고 착각하는 자들은 하나님의 부르심에 응답할 수 없다. 천국에 가면 자신이 천국에 오게 된 은혜를 감사하는 자들만이 그 자리를 채우게 될 것이다.

무릎 기도 하나님의 은혜를 받기에 합당하지 않은 저에게도 은혜를 베풀어 주셔서 감사합니다. 하나님이 베푸신 은혜를 잊지 않고, 천국에서까지 그 은혜를 찬양하게 하소서.

ESV - Luke 14

15 When one of those who reclined at table with him heard these things, he said to him, "Blessed is everyone who will eat bread in the kingdom of God!"

16 But he said to him, "A man once gave a great banquet and invited many.

17 And at the time for the banquet he sent his servant* to say to those who had been invited, 'Come, for everything is now ready.'

18 But they all alike began to make excuses. The first said to him, 'I have bought a field, and I must go out and see it. Please have me excused.'

19 And another said, 'I have bought five yoke of oxen, and I go to examine them. Please have me excused.'

20 And another said, 'I have married a wife, and therefore I cannot come.'

21 So the servant came and reported these things to his master. Then the master of the house became angry and said to his servant, 'Go out quickly to the streets and lanes of the city, and bring in the poor and crippled and blind and lame.'

22 And the servant said, 'Sir, what you commanded has been done, and still there is room.'

23 And the master said to the servant, 'Go out to the highways and hedges and compel people to come in, that my house may be filled.

24 For I tell you,* none of those men who were invited shall taste my banquet.'"

* 14:17 Or *bondservant*; also verses 21 (twice), 22, 23
* 14:24 The Greek word for *you* here is plural

15 recline 앉다 16 banquet 잔치 17 servant 종 18 alike 한결같이 make excuses 변명하다 19 a yoke of oxen 한 쌍의 황소 examine 시험하다 21 become angry 화를 내다 lane 골목길 crippled 몸이 불편한 23 hedge 산울타리 compel… to do …에게 억지로 ~시키다

51 제자가 되기 위한 조건

월 일

누가복음 14:25-35 • 새찬송 135장 | 통일 133장

• 말씀묵상 전에 성령님의 인도하심을 구하는 기도를 드리십시오.

본문요약 I 현세적인 축복을 기대하고 예수님을 따르던 무리에게 예수님은 제자의 길을 말씀하신다. 그 길은 예수님을 최우선으로 사랑하며, 예수님처럼 십자가의 길을 걸으며, 영적인 복을 얻기 위해 이 땅의 모든 소유를 포기하는 것이다. 이런 참 제자만이 하나님 나라에서 가치 있는 자로 여김을 받는다.

25 수많은 무리가 함께 갈새 예수께서 돌이키사 이르시되
26 무릇 내게 오는 자가 자기 부모와 처자와 형제와 자매와 더욱이 자기 목숨까지 미워하지 아니하면 능히 내 제자가 되지 못하고
27 누구든지 자기 십자가를 지고 나를 따르지 않는 자도 능히 내 제자가 되지 못하리라
28 너희 중의 누가 망대를 세우고자 할진대 자기의 가진 것이 준공하기까지에 족할는지 먼저 앉아 그 비용을 계산하지 아니하겠느냐
29 그렇게 아니하여 그 기초만 쌓고 능히 이루지 못하면 보는 자가 다 비웃어
30 이르되 이 사람이 공사를 시작하고 능히 이루지 못하였다 하리라
31 또 어떤 임금이 다른 임금과 싸우러 갈 때에 먼저 앉아 일만 명으로써 저 이만 명을 거느리고 오는 자를 대적할 수 있을까 헤아리지 아니하겠느냐
32 만일 못할 터이면 그가 아직 멀리 있을 때에 사신을 보내어 화친을 청할지니라
33 이와 같이 너희 중의 누구든지 자기의 모든 소유를 버리지 아니하면 능히 내 제자가 되지 못하리라
34 소금이 좋은 것이나 소금도 만일 그 맛을 잃으면 무엇으로 짜게 하리요
35 땅에도, 거름에도 쓸데없어 내버리느니라 들을 귀가 있는 자는 들을지어다 하시니라

1. 오늘 하나님께서 나에게 주신 깨달음은 무엇입니까?

2. 말씀을 어떻게 내 삶에 구체적으로 적용해야 합니까?

절별 해설

25 수많은 무리 예수님을 따르던 많은 사람들은 헛된 기대와 잘못된 목적을 가지고 있었다. 예수님은 이들을 향해 참된 제자의 길이 무엇인지를 말씀하신다.

26 미워하지 아니하면 '미워하다'는 원어로 '덜 사랑하다'라는 의미로, 우선순위를 최고로 두지 않는 것이다. 즉, 예수님의 제자가 되기 위한 첫 번째 조건은, 예수님이 사랑의 최우선 순위가 되어야 한다는 것이다.

27 누구든지 자기 십자가를 지고 제자도의 두 번째 조건은 자기 십자가를 지고 예수님을 따르는 것이다. '십자가'는 세상의 힘과 풍요를 버리고 예수님의 수난과 죽음을 동일시하며 살아가는 삶을 말한다(9:23).

28 망대를 세우고자 할진대 예수님은 '망대를 세우는 자의 비유'를 통해 예수님의 제자가 되려면 많은 대가를 치러야 해 미리 그 비용을 계산해야 함을 말씀하신다. 예수님의 제자가 되어 얻을 수 있는 것은 하나님 나라의 영적인 복이다. 이를 위해 희생해야 할 것은 이 땅에서의 안락과 풍요다. 이것을 미리 계산하지 않고 섣불리 제자가 되겠다고 한다면 끝까지 갈 수 없다는 것이다.

31-32 예수님은 어떤 일을 하기 전에 비용을 미리 계산해야 함을 또한 '전쟁의 비유'로도 말씀하신다. 전쟁을 할 때에 적군의 수가 두 배라면 패배할 확률이 높다. 그렇다면 패전으로 멸망당하는 것보다는 미리 평화 조약을 맺고 보상금을 내는 결정이 더 합리적이다. 이처럼 예수님의 제자가 되어 얻을 수 있는 것과 잃어버릴 것을 확실하게 생각하여 이익이 되는 쪽으로 결정을 하라는 것이다.

33 너희 중의 누구든지 자기의 모든 소유를 버리지 아니하면 예수님의 제자로 영적인 복을 얻기 위해 희생해야 하는 것은 자기의 모든 소유다. 결국, 자기의 소유 전부보다 제자가 되어 얻을 수 있는 영적 복이 더 값지다고 확신해야만 참된 제자가 될 수 있다. 이 땅에서의 축복과 풍요를 얻기 위해 예수님을 따르는 자들에게 이것은 충격적인 선포다.

34-35 소금이 좋은 것이나 소금도 만일 그 맛을 잃으면 사해의 물을 증발시켜 만든 소금에는 염화나트륨 외에 다른 다양한 성분들이 포함되어 있었다. 일부에는 염화나트륨은 없고 쓴 맛을 내는 미네랄 성분만 있는 쓴 암석 덩어리도 있었다. 이것이 맛을 잃어버린 소금으로, 아무 쓸데가 없다. 예수님을 따른다면서 자기 소유를 버리지 못하고 십자가와는 관계없는 삶을 사는 자도 하나님 나라에 아무런 쓸모가 없는 자다.

쉬운성경

25 많은 사람들이 예수님과 함께 길을 가고 있었습니다. 예수님께서 이들에게 돌아서서 말씀하셨습니다.

26 "누구든지 내게로 오면서 자신의 아버지, 어머니, 아내, 자녀, 형제, 혹은 자매를 미워하지 않으면 그리고 더 나아가 자신의 목숨까지도 미워하지 않으면 내 제자가 될 수 없다.

27 누구든지 자기 십자가를 지고 나를 따르지 않는 사람은 내 제자가 될 수 없다.

28 너희 가운데 한 사람이 탑을 세우려고 하는데, 우선 앉아서 이 일을 완성하는 데 얼마의 비용이 들지 따져 볼 것이 아니냐?

29 만일 기초 공사만 하고 완성할 수 없게 되면 보던 사람들이 모두 너를 비웃기 시작할 것이다.

30 그리고 '이 사람이 공사를 시작만 하고 끝내지는 못했다'라고 말할 것이다.

31 만일 어떤 임금이 다른 왕과 전쟁을 하러 나갈 때, 우선 앉아서 만 명 군사로 이만 명의 군사를 이끌고 오는 자를 이길 수 있을지 헤아려 보지 않겠느냐?

32 이길 수 없다면 아직 적군이 멀리 있을 때에 특사를 보내어 평화 조약을 제의할 것이다.

33 이와 같이 너희 가운데 누구든지 가지고 있는 모든 것을 버리지 않으면, 내 제자가 될 수 없다."

34 "소금은 좋은 것이지만 만일 그 맛을 잃어버리면 무엇으로 다시 짠맛을 내겠느냐?

35 그것은 땅에도 거름에도 아무 쓸모없어 밖에 던져질 것이다. 들을 귀 있는 사람은 들어라."

저자의 묵상

예수님의 제자가 되는 것은 쉬운 일이 아니다. 그래서 교회를 다니는 사람들이 많고, 자신을 기독교인으로 여기는 사람들이 많아도, 실제로 예수님의 제자와 같은 삶을 사는 사람은 드물다. 고대의 제자는 스승의 삶과 가르침을 그대로 따라 살려고 했다. 그래서 사람들은 제자를 보면 그 스승이 어떤 삶을 살고 무엇을 가르쳤는지를 알 수 있었다. 예수님은 제자가 되기 위해서는 먼저 인간이 기본적으로 추구하는 자기 사랑을 버려야 한다고 말씀하신다. 자기와 자기 가족의 안녕과 행복만을 추구하는 자기 사랑은 예수님의 모습과는 반대되는 모습이기 때문이다. 또한 예수님은 자기 십자가를 지고 예수님을 따르기를 요구하신다. 이것이 바로 예수님이 하나님의 뜻인 십자가를 지시기 위해 간절히 기도하시며 하나님의 뜻에 순종하신 모습이기 때문이다. 예수님의 자기 부인과 십자가를 지신 삶을 그대로 따르는 것은 쉬운 일이 아니다. 그러나 예수님이 이런 삶을 사심으로 큰 영광을 얻으셨던 것처럼, 예수님을 따르는 제자들에게도 하늘의 영광이 기다리고 있다.

무릎 기도 하나님, 저도 예수님의 제자로 살기 원합니다. 자기 사랑을 버리고 십자가의 길을 걸어갈 수 있는 믿음과 용기를 주셔서, 저의 인생이 예수님의 모습을 드러내게 하소서.

ESV - Luke 14

25 Now great crowds accompanied him, and he turned and said to them,

26 "If anyone comes to me and does not hate his own father and mother and wife and children and brothers and sisters, yes, and even his own life, he cannot be my disciple.

27 Whoever does not bear his own cross and come after me cannot be my disciple.

28 For which of you, desiring to build a tower, does not first sit down and count the cost, whether he has enough to complete it?

29 Otherwise, when he has laid a foundation and is not able to finish, all who see it begin to mock him,

30 saying, 'This man began to build and was not able to finish.'

31 Or what king, going out to encounter another king in war, will not sit down first and deliberate whether he is able with ten thousand to meet him who comes against him with twenty thousand?

32 And if not, while the other is yet a great way off, he sends a delegation and asks for terms of peace.

33 So therefore, any one of you who does not renounce all that he has cannot be my disciple.

34 "Salt is good, but if salt has lost its taste, how shall its saltiness be restored?

35 It is of no use either for the soil or for the manure pile. It is thrown away. He who has ears to hear, let him hear."

25 accompany 동행하다 26 disciple 제자 27 bear 지다 28 complete 완성하다 29 lay a foundation 기초를 놓다 mock 비웃다 31 encounter 교전하다 deliberate 숙고하다 32 a great[long] way off 멀리 떨어진 delegation 사신 terms of peace 평화 조약 33 renounce 포기하다 34 saltiness 짠 맛 35 be of no use 쓸모없다 manure pile 거름 더미 throw away 내버리다

☐ 묵상 체크

52 잃어버린 양과 동전의 비유

월 일

누가복음 15:1-10 • 새찬송 378장 | 통일 430장

• 말씀묵상 전에 성령님의 인도하심을 구하는 기도를 드리십시오.

본문요약 I 예수님이 죄인들과 어울리신다며 유대 종교지도자들이 비방하자, 예수님은 '잃어버린 양과 잃어버린 동전 비유'를 말씀하신다. 백 마리 양 가운데 한 마리를 잃어버린 목자는 그 양을 찾기 위해 애쓰고, 찾았을 때 기뻐하며 잔치를 연다. 또한 결혼 예물로 받은 동전을 잃어버린 여자는 그것을 찾았을 때 기뻐하며 잔치를 벌인다. 이처럼 잃어버린 죄인이 회복되면 하늘나라에서 잔치가 열린다.

1 모든 세리와 죄인들이 말씀을 들으러 가까이 나아오니
2 바리새인과 서기관들이 수군거려 이르되 이 사람이 죄인을 영접하고 음식을 같이 먹는다 하더라
3 예수께서 그들에게 이 비유로 이르시되
4 너희 중에 어떤 사람이 양 백 마리가 있는데 그중의 하나를 잃으면 아흔아홉 마리를 들에 두고 그 잃은 것을 찾아내기까지 찾아다니지 아니하겠느냐
5 또 찾아낸즉 즐거워 어깨에 메고
6 집에 와서 그 벗과 이웃을 불러 모으고 말하되 나와 함께 즐기자 나의 잃은 양을 찾아내었노라 하리라
7 내가 너희에게 이르노니 이와 같이 죄인 한 사람이 회개하면 하늘에서는 회개할 것 없는 의인 아흔아홉으로 말미암아 기뻐하는 것보다 더하리라
8 어떤 여자가 열 [1]드라크마가 있는데 하나를 잃으면 등불을 켜고 집을 쓸며 찾아내기까지 부지런히 찾지 아니하겠느냐
9 또 찾아낸즉 벗과 이웃을 불러 모으고 말하되 나와 함께 즐기자 잃은 [1]드라크마를 찾아내었노라 하리라
10 내가 너희에게 이르노니 이와 같이 죄인 한 사람이 회개하면 하나님의 사자들 앞에 기쁨이 되느니라

1) 은전의 명칭

1. 오늘 하나님께서 나에게 주신 깨달음은 무엇입니까?

2. 말씀을 어떻게 내 삶에 구체적으로 적용해야 합니까?

절별 해설

1 모든 세리와 죄인들 15장에서 예수님은 세리들과 죄인들을 '잃은 양, 잃은 드라크마, 잃은 둘째 아들'로 비유하신다. 당시 이들처럼 종교적인 규칙을 지키지 못하는 자들은 죄인으로 간주되었다. 세리나 창기같이 불명예스럽고 비도덕적인 직업을 가진 자들이 대표적인 죄인들이었다.

2 바리새인과 서기관들 예수님은 이들을 '탕자의 비유'에 나오는 맏아들로 비유하신다. 15장의 비유들의 목적은, 죄인들이 회복된 것을 기뻐하시는 하나님 아버지의 마음을 알지 못하고 하나님을 반역하는 종교지도자들의 회개를 촉구하기 위한 것이다. **이 사람이 죄인을 영접하고 음식을 같이 먹는다** 종교지도자들은 예수님에게서 비도덕적인 죄인의 모습을 찾지 못했다. 그런데도 예수님이 죄인들과 함께 어울리시는 것을 트집 잡아 예수님을 죄인과 같은 무리로 취급하고자 한 것이다.

4 너희 중에 어떤 사람이 양 백 마리가 있는데 그중의 하나를 잃으면 양은 눈이 나빠 길을 잘 찾지 못한다. 그 때문에 목자의 인도가 꼭 필요하다(사 53:6). 당시에 주인에게 고용된 목자들은 들짐승에 잡아먹혔다는 증거 없이 양을 잃어버리면 그 양을 자신이 보상해야 했다(창 31:39). 또 잃어버린 양을 찾지 못하면 충성되지 못한 목자로 여겨지는 수치를 당했다. 이런 이유로 목자가 잃어버린 한 마리 양을 찾기 위해 애쓰는 모습은 당시에는 자연스러운 일이었다. '잃어버린 양'은 유대인들 사이에서 죄인으로 취급받던 자들을 비유한다. 즉, 예수님은 자신이 잃어버린 죄인들을 찾아오신 목자임을 비유하신 것이다(19:10).

5 또 찾아낸즉 즐거워 어깨에 메고 이 목자의 즐거움은 죄인이 회개하여 하나님의 자녀가 되었을 때 하나님이 얼마나 기뻐하시는지를 보여준다.

6 나와 함께 즐기자 15장의 3가지 비유에 공통적으로 나오는 내용은 각각 '잃어버린' 양과 동전(드라크마), 아들을 찾았을 때 이웃을 불러 잔치를 즐기는 것이다. 이것은 잃어버렸던 자를 찾았을 때 하나님의 기쁨이 하나님 나라 전체의 기쁨으로 확산되는 것을 의미한다.

7 이와 같이 죄인 한 사람이 회개하면 하늘에서는 회개할 것 없는 의인 아흔아홉으로 말미암아 기뻐하는 것보다 더하리라 목자가 잃어버린 '한 마리 양'을 찾기 위해 애썼다는 것은 나머지 아흔아홉 마리 양들이 그에게 중요하지 않다는 의미가 아니다. 반대로 그에게는 '한 마리' 한 마리의 양이 다 소중하다는 의미다. 즉, 이는 하나님이 모든 백성을 소중히 여기시지만, 그중에서 잃어버렸던 자가 회복되면 그를 향한 긍휼과 사랑 때문에 더 크게 기뻐하심을 보여준다.

쉬운성경

1 많은 세리들과 죄인들이 말씀을 들으려고 예수님께 가까이 나왔습니다.

2 바리새파 사람들과 율법학자들이 수군거리기 시작했습니다. "이 사람이 죄인들을 받아들이고 함께 먹기까지 한다."

3 그러자 예수님께서 그들에게 이 비유를 말씀하셨습니다.

4 "너희 중에 어느 사람이 양 백 마리가 있는데 그 가운데 한 마리를 잃었다고 하자. 그러면 그는 아흔아홉 마리의 양을 들판에 남겨 두고 잃은 양을 찾을 때까지 찾아다닐 것이 아니냐?

5 그리고 양을 찾으면 양을 어깨에 메고 기뻐할 것이다.

6 집으로 돌아오는 길에 친구들과 이웃을 불러 말할 것이다. '함께 기뻐하자. 잃었던 양을 찾았다.'

7 내가 너희에게 말한다. 하늘에서는 회개할 필요 없는 아흔아홉 명의 의인보다 회개하는 죄인 한 명을 두고 더 기뻐할 것이다."

8 "어떤 여자가 열 개의 드라크마*를 가지고 있다가 하나를 잃어버렸다고 하자. 그러면 등불을 켜고 온 집안을 쓸며 찾을 때까지 자세히 뒤지지 않겠느냐?

9 그러다 찾으면 친구들과 이웃들을 불러 말할 것이다. '나와 함께 기뻐하자. 잃었던 드라크마를 찾았다.'

10 내가 너희에게 말한다. 이처럼 회개하는 죄인 한 사람을 두고 하나님의 천사들이 크게 기뻐할 것이다."

* 15:8 1드라크마는 하루 품삯에 해당된다. 데나리온과 같은 액수이다.

8 열 드라크마 '한 드라크마'는 노동자의 하루 품삯인 '한 데나리온'과 같은 값어치다. 유대 여자는 결혼식을 할 때 남편이 지참금으로 준 열 개의 은 동전으로 머리띠를 만들어 머리를 장식했다. 이 중에 하나의 동전이라도 잃어버리는 것은 현대에서 결혼반지를 잃어버리는 것처럼 아내에게는 아주 큰일이었다.

저자의 묵상

예수님 당시에 죄인이라고 여겨졌던 자들은 예수님을 찾았고 구원을 받았다. 그러나 자신을 의인이라고 생각했던 바리새인들과 같은 종교지도자들은 예수님을 배척했다. 세리와 창기와 같은 죄인들이 예수님을 찾았던 이유는, 그들도 구원을 받고 싶었지만 그들 자신에게서는 구원받을 가능성을 발견할 수 없었기 때문이었다. 그러나 종교지도자들은 종교적 행위를 열심히 하고 있었기 때문에 자신들은 구원받기에 합당한 존재라는 확신에 차 있었다.

바리새인들과 같이 자기 의에 사로잡힌 자들에게는 공통적으로 나타나는 특징이 있다. 바로 비교 의식이다. 비교 의식을 가진 사람은 자신의 모든 행위의 판단 기준이 자기 자신으로서, 자신은 우월한 사람으로, 자신처럼 행위하지 않는 사람들은 열등한 사람으로 여긴다. 이런 비교 의식은 아담이 범했던 하나님처럼 되려고 했던 죄악을 반복하는 것이다.

무릎 기도 | 하나님, 비교 의식을 만들어 내는 모든 자기 의를 회개합니다. 다른 사람과 저를 비교하며 다른 사람에 대한 우월감을 느끼고 싶어 하는 죄악 된 본성을 용서해 주소서.

ESV - Luke 15

1 Now the tax collectors and sinners were all drawing near to hear him.
2 And the Pharisees and the scribes grumbled, saying, "This man receives sinners and eats with them."
3 So he told them this parable:
4 "What man of you, having a hundred sheep, if he has lost one of them, does not leave the ninety-nine in the open country, and go after the one that is lost, until he finds it?
5 And when he has found it, he lays it on his shoulders, rejoicing.
6 And when he comes home, he calls together his friends and his neighbors, saying to them, 'Rejoice with me, for I have found my sheep that was lost.'
7 Just so, I tell you, there will be more joy in heaven over one sinner who repents than over ninety-nine righteous persons who need no repentance.
8 "Or what woman, having ten silver coins,* if she loses one coin, does not light a lamp and sweep the house and seek diligently until she finds it?
9 And when she has found it, she calls together her friends and neighbors, saying, 'Rejoice with me, for I have found the coin that I had lost.'
10 Just so, I tell you, there is joy before the angels of God over one sinner who repents."

* 15:8 Greek *ten drachmas*; a *drachma* was a Greek coin approximately equal in value to a Roman *denarius*, worth about a day's wage for a laborer

1 tax collector 세리 draw near 다가오다 2 Pharisee 바리새인 scribe 서기관 grumble 수군거리다 3 parable 비유 6 rejoice 기뻐하다 7 repent 회개하다 righteous person 의인 repentance 회개 8 sweep 쓸다 diligently 부지런히

53 잃어버린 두 아들의 비유

월 일

누가복음 15:11-32 • 새찬송 515장 | 통일 256장

• 말씀묵상 전에 성령님의 인도하심을 구하는 기도를 드리십시오.

본문요약 I 예수님은 '잃어버린 두 아들 비유'를 통해 하나님과의 관계가 깨어진 종교지도자들의 회개를 촉구하신다. 이 비유에서 둘째 아들은 아버지의 재산을 다 탕진한 후 비참한 상황에 처한다. 그러나 둘째 아들이 회개하고 다시 돌아오자 아버지는 그를 사랑으로 받아들인다. 그러나 동생이 돌아와 아버지가 잔치를 벌인 것을 알게 된 맏아들은 집에 들어가지 않고 분노한다.

11 또 이르시되 어떤 사람에게 두 아들이 있
는데
12 그 둘째가 아버지에게 말하되 아버지여
재산 중에서 내게 돌아올 분깃을 내게 주
소서 하는지라 아버지가 그 살림을 각각
나눠 주었더니
13 그 후 며칠이 안 되어 둘째 아들이 재물을
다 모아 가지고 먼 나라에 가 거기서 허랑
방탕하여 그 재산을 낭비하더니
14 다 없앤 후 그 나라에 크게 흉년이 들어
그가 비로소 궁핍한지라
15 가서 그 나라 백성 중 한 사람에게 붙여
사니 그가 그를 들로 보내어 돼지를 치게
하였는데
16 그가 돼지 먹는 쥐엄 열매로 배를 채우고
자 하되 주는 자가 없는지라
17 이에 스스로 돌이켜 이르되 내 아버지에
게는 양식이 풍족한 품꾼이 얼마나 많은
가 나는 여기서 주려 죽는구나
18 내가 일어나 아버지께 가서 이르기를 아
버지 내가 하늘과 아버지께 죄를 지었사
오니
19 지금부터는 아버지의 아들이라 일컬음을
감당하지 못하겠나이다 나를 품꾼의 하나
로 보소서 하리라 하고
20 이에 일어나서 아버지께로 돌아가니라 아
직도 거리가 먼데 아버지가 그를 보고 측
은히 여겨 달려가 목을 안고 입을 맞추니

1) 어떤 사본에, '나를 품꾼의 하나로 보소서'가 있음

21 아들이 이르되 아버지 내가 하늘과 아버
지께 죄를 지었사오니 지금부터는 아버지
의 아들이라 일컬음을 감당하지 못하겠나
이다 [1]하나
22 아버지는 종들에게 이르되 제일 좋은 옷
을 내어다가 입히고 손에 가락지를 끼우
고 발에 신을 신기라
23 그리고 살진 송아지를 끌어다가 잡으라
우리가 먹고 즐기자
24 이 내 아들은 죽었다가 다시 살아났으며
내가 잃었다가 다시 얻었노라 하니 그들
이 즐거워하더라
25 맏아들은 밭에 있다가 돌아와 집에 가까
이 왔을 때에 풍악과 춤추는 소리를 듣고
26 한 종을 불러 이 무슨 일인가 물은대
27 대답하되 당신의 동생이 돌아왔으매 당신
의 아버지가 건강한 그를 다시 맞아들이
게 됨으로 인하여 살진 송아지를 잡았나
이다 하니
28 그가 노하여 들어가고자 하지 아니하거늘
아버지가 나와서 권한대
29 아버지께 대답하여 이르되 내가 여러 해
아버지를 섬겨 명을 어김이 없거늘 내게
는 염소 새끼라도 주어 나와 내 벗으로 즐
기게 하신 일이 없더니
30 아버지의 살림을 창녀들과 함께 삼켜 버
린 이 아들이 돌아오매 이를 위하여 살진
송아지를 잡으셨나이다
31 아버지가 이르되 얘 너는 항상 나와 함께
있으니 내 것이 다 네 것이로되

32 이 네 동생은 죽었다가 살아났으며 내가 잃었다가 얻었기로 우리가 즐거워하고 기뻐하는 것이 마땅하다 하니라

1. 오늘 하나님께서 나에게 주신 깨달음은 무엇입니까?

2. 말씀을 어떻게 내 삶에 구체적으로 적용해야 합니까?

절별 해설

11 어떤 사람에게 두 아들이 있는데 흔히 탕자로 여겨지는 둘째 아들뿐만 아니라 맏아들 또한 아버지와의 관계가 완전히 깨어져 있었다. 따라서 이 비유는 '잃어버린 두 아들의 비유'라고 할 수 있다.

12 아버지여 재산 중에서 내게 돌아올 분깃을 내게 주소서 고대 근동에서는 아버지가 살아 있을 때 유산을 달라는 것은 아버지가 죽기를 바란다는 간접적인 주장으로 여겨졌다. 따라서 이런 주장은 당시의 문화에서는 절대로 용납될 수 없는 행위였다.

13 며칠이 안 되어 둘째 아들이 재물을 다 모아 가지고 먼 나라에 가 둘째 아들은 아버지의 간섭을 받지 않고 자기 마음대로 살려고 먼 나라로 갔다. 그는 쾌락을 위해 도덕과 관습을 깨트리는 악행을 저지른다.

14 그가 비로소 궁핍한지라 죄를 지어 하나님을 떠난 인간이 영적 궁핍에 시달리게 되는 모습을 보여준다.

15 그가 그를 들로 보내어 돼지를 치게 하였는데 유대인들은 하나님의 선민으로서의 우월감이 있었기 때문에 이방인의 종이 되는 것을 가장 수치스럽게 여겼다. 더구나 돼지는 유대인들이 부정하게 여기는 짐승이었기 때문에 그들은 돼지를 가까이하는 것을 꺼렸다(레 11:7).

16 쥐엄 열매 지중해 연안에서 볼 수 있는 구주콩나무 열매다. 구주콩나무는 10-30cm 정도 되는 주머니 안에 5-15개 정도의 콩 모양의 단맛이 나는 열매를 맺는다. 이 열매는 가축의 사료로 주로 사용되었지만, 흉년에는 가난한 사

쉬운성경

11 예수님께서 말씀하셨습니다. "어떤 사람에게 두 아들이 있었다.

12 그런데 작은아들이 아버지에게 말했다. '아버지, 제가 받을 몫의 재산을 주십시오.' 그러자 아버지는 재산을 두 아들에게 나누어 주었다.

13 며칠 뒤에 작은아들은 모든 재산을 모아서 먼 마을로 떠나 버렸다. 거기서 그는 방탕한 생활을 하다가 재산을 다 날려 버렸다.

14 모든 것을 다 써 버렸을 때, 그 마을에 큰 흉년이 들었다. 그래서 그는 아주 가난하게 되었다.

15 그는 그 마을에 사는 한 사람에게 가서 더부살이를 하였다. 집주인은 그를 들판으로 보내 돼지를 치게 하였다.

16 그는 돼지가 먹는 쥐엄나무 열매를 먹어 배를 채우고 싶은 마음이 간절했다. 그러나 주는 사람이 없었다.

17 그제서야 그는 제정신이 들어 말했다. '내 아버지의 품꾼들에게는 양식이 풍족하여 먹고도 남는데 나는 여기서 굶어 죽는구나.

람들이 먹기도 했다.

17 스스로 돌이켜 이 말은 문자적으로 '자기 자신에게로 돌아오다'라는 뜻으로, 둘째 아들이 정신을 차리고 회개했음을 말한다. 그는 아버지를 떠난 삶이 궁핍하고 고통스럽다는 사실을 깨닫고, 아버지 품에 있을 때가 풍족한 삶이었음을 기억한다.

18 내가 하늘과 아버지께 죄를 지었사오니 '하늘'은 하나님을 의미하는 것으로, 둘째 아들은 자신의 죄가 아버지뿐만 아니라 하나님께 대한 범죄임을 고백한다. 그가 부모를 공경하라는 십계명을 어겼을 뿐만 아니라, 허랑방탕한 삶을 살았고, 부정한 짐승과 접촉했기 때문이다.

19 나를 품꾼의 하나로 보소서 둘째 아들은 자신의 행위가 더 이상 부자 관계를 유지할 수 없게 만든 죄악이라 여겼다. '품꾼'은 종보다 낮은 신분으로 일시적으로 고용되는 날품팔이를 말한다.

20 아버지가 그를 보고 측은히 여겨 달려가 목을 안고 입을 맞추니 아버지의 적극적인 사랑으로 깨어진 부자 관계가 회복된다. 아버지는 아들이 돌아오기만을 기다리고 있었기 때문에 멀리서도 아들이 오는 것을 알아보았다. 아버지는 아들이 회개하기 전에 이미 그를 불쌍히 여겼다. 그래서 자신의 체면을 버리고 아들을 만나려고 달려간다. 아버지는 아들을 얼싸안고 입맞춤으로 아들에 대한 용서와 사랑을 적극적으로 표현한다.

22 제일 좋은 옷, 가락지, 신 '좋은 옷'은 명예의 회복을 의미하며, '가락지'는 아들로서의 권한을 회복하는 것을 말한다. '신'은 종에서 자유인으로 신분이 변한 것을 말한다.

24 내 아들은 죽었다가 다시 살아났으며 아버지는 깨어진 부자 관계가 회복된 것을 죽음과 부활로 표현한다.

25 맏아들 '맏아들'은 하나님이 죄인을 향해 베푸시는 사랑을 비난하는 종교지도자들을 비유한다. 이들은 율법을 지키고 도덕적으로 깨끗한 삶을 살았지만, 그것은 하나님을 사랑해서가 아니라 자기를 사랑하는 행위였다. 종교지도자들은 율법과 도덕을 깨트렸을 때 비난받을 것이 두려워 종교적인 삶을 살았던 것이다.

26 한 종을 불러 이 무슨 일인가 물은대 맏아들은 직접 집에 들어가서 왜 잔치가 벌어졌는지 쉽게 확인할 수 있었다. 그럼에도 종을 불러서 간접적으로 물어본 것은, 그가 동생이

18 일어나 아버지께 돌아가 말해야겠다. 아버지, 저는 하나님과 아버지 앞에 죄를 지었습니다.

19 저는 더 이상 아버지의 아들이라고 불릴 자격이 없습니다. 저를 아버지의 품꾼 가운데 하나로 여기십시오.'

20 그 아들은 일어나 아버지에게로 갔다. 그 아들이 아직 먼 거리에 있는데, 아버지가 그를 보고 불쌍히 여겨 달려가 아들을 끌어안고 입을 맞추었다.

21 아들이 아버지에게 말하였다. '아버지, 저는 하나님과 아버지 앞에 죄를 지었습니다. 저는 아버지의 아들이라고 불릴 자격이 없습니다.'

22 그러나 아버지는 종들에게 말했다. '서둘러 가장 좋은 옷을 가져와서 아들에게 입혀라. 또 손가락에 반지를 끼워 주고 발에 신발을 신겨라.

23 그리고 살진 송아지를 끌고 와서 잡아라. 우리가 함께 먹고 즐기자.

24 내 아들이 죽었다가 다시 살아났고, 잃어버렸다가 다시 찾았다.' 그래서 그들은 함께 즐기기 시작하였다.

25 그때, 큰아들은 밭에 있었다. 그가 돌아와 집 가까이 다가왔을 때, 음악 소리와 춤추는 소리를 들었다.

26 그는 종 하나를 불러 무슨 일인지를 물어 보았다.

27 종이 '아우님이 돌아오셨습니다. 무사히 건강하게 아우님이 돌아왔기 때문에 주인어른께서 살진 송아지를 잡았습니다' 하고 대답했다.

28 큰아들은 화가 나서 집에 들어가려고 하지 않았다. 그의 아버지가 밖으로 나와 큰아들을 달랬다.

29 큰아들은 아버지에게 말했다. '보십시오. 저는 수 년 동안, 아버지를 섬겨 왔습

절별 해설

돌아왔을 것이라고 추측했기 때문이다. 형은 차마 자신의 눈으로 동생이 돌아온 사실을 확인하고 싶지 않았던 것 같다.

28 그가 노하여 맏아들의 분노는 아버지와 동생을 향한 것이다. 아버지를 향한 분노는 집을 나갔던 패륜아를 아버지가 환영하고 사랑한 것 때문이다. 동생을 향한 분노는 아버지가 긍휼을 베풀 것을 알고 동생이 집으로 돌아와서 용서와 사랑을 받은 것 때문이다. 이러한 맏아들의 분노는 그가 아버지 곁에 머물고는 있으나 아버지의 마음은 전혀 알지 못하는 잃어버린 자임을 보여준다.

29 내가 여러 해 아버지를 섬겨 명을 어김이 없거늘 '섬기다'는 원어적으로 '종이 되다'라는 뜻이다. 여기서 맏아들이 아버지 집에서 종처럼 산다고 생각하고 있었음이 드러난다. 즉, 아버지의 명을 어기지 않는 그의 도덕적인 삶은 규칙을 깨트리면 받게 될 비난을 두려워한 종 된 삶이었다.
내게는 염소 새끼라도 주어 나와 내 벗으로 즐기게 하신 일이 없더니 맏아들의 아버지를 향한 분노의 또 다른 이유는 동생과 비교할 때 자신에게 물질이 주어지지 않은 것 때문이었다. 이 사실은 많은 종교인이 규범을 잘 지키는 이유가 물질적 보상에 대한 기대감 때문임을 보여준다. 이런 사람들은 현실에서 타인과 비교해 보상이 주어지지 않을 때 오히려 하나님을 비난하며 적대시한다.

30 이 아들 원어적으로 '당신의 아들'을 번역한 것이다. 즉, 맏아들은 의도적으로 동생과 자신을 아무런 관계가 없는 것처럼 표현한다.

31 얘 너는 항상 나와 함께 있으니 종교지도자들은 그들에게 이미 주어진 특권이 얼마나 큰 것인지 전혀 알지 못했다. 그들은 하나님을 자유롭게 섬기고 예배할 수 있었고, 하나님의 말씀을 누구보다 잘 배울 수 있었다.

32 이 네 동생은 죽었다가 살아났으며 내가 잃었다가 얻었기로 우리가 즐거워하고 기뻐하는 것이 마땅하다 이 말씀은 죄인들이 하나님께 돌아오는 것을 바리새인들이 기뻐하는 것이 당연하다는 말씀이다. 이 구절에는 종교지도자들이 앞장서서 해야 할 일을 하지 않는 것에 대한 책망과, 이제라도 하나님의 권유를 받아들여 함께 기뻐할 것에 대한 권고가 담겨 있다.

쉬운성경

니다. 그리고 한 번도 아버지의 명을 어기지 않았습니다. 그런데 아버지께서는 한 번도 저를 위해서 친구들과 즐기라고 염소 새끼 한 마리도 주신 일이 없었습니다.

30 그런데 창녀들과 함께 아버지의 재산을 다 써 버린 아들이 집에 돌아오니까 아버지께서는 그를 위해 살진 송아지를 잡으셨습니다.'

31 아버지가 그에게 말했다. '아들아, 너는 언제나 나와 함께 있었으니 내가 가진 모든 것이 네 것이 아니냐?

32 네 동생은 죽었다가 다시 살아났고, 잃었다가 다시 찾았으니 우리가 즐거워하고 기뻐해야 하지 않겠느냐?'"

저자의 묵상

첫째 아들은 두려움 때문에 억지로 율법과 규칙을 지키며 살아가는 종교적 죄인을 모형한다. 둘째 아들은 자기 욕망을 위해 율법을 버리고 하나님을 떠난 세속주의적 죄인을 모형한다. 첫째 아들이나 둘째 아들이나 전부 죄악으로 말미암은 두려움과 욕망 때문에 하나님과 이웃과의 관계가 깨진 채로 살아가는 인간들을 보여준다.

둘째 아들처럼 살아가는 사람은 스스로 죄인임을 깨달아 회개에 이르게 되는 경우가 많지만 첫째 아들처럼 살아가는 사람은 자신이 의인이라고 생각하여 회개하지 않는 경우가 많다. 하나님은 인간의 외적인 죄악뿐 아니라 내적인 죄악까지도 꿰뚫어 보신다. 그렇기 때문에 하나님은 둘째 아들과 같이 쾌락을 쫓아 타락한 삶을 사는 자뿐 아니라 첫째 아들과 같이 종교적으로 신실하고, 도덕적으로 깨끗한 삶을 살아가는 것처럼 보이는 자들까지도 전부 죄인으로 여기신다. 첫째 아들과 같은 사람의 내면에는 분노, 미움, 불순종, 비난 등의 죄악이 가득하기 때문이다.

무릎 기도 | 하나님, 제 안에 존재하는 욕망으로 말미암아 세상의 쾌락을 추구하는 마음과 또한 두려움으로 말미암아 선한 행위를 하는 사람인 것처럼 보이고 싶어 하는 죄악된 마음을 용서하여 주소서.

ESV - Luke 15

11 And he said, "There was a man who had two sons.
12 And the younger of them said to his father, 'Father, give me the share of property that is coming to me.' And he divided his property between them.
13 Not many days later, the younger son gathered all he had and took a journey into a far country, and there he squandered his property in reckless living.
14 And when he had spent everything, a severe famine arose in that country, and he began to be in need.
15 So he went and hired himself out to* one of the citizens of that country, who sent him into his fields to feed pigs.
16 And he was longing to be fed with the pods that the pigs ate, and no one gave him anything.
17 "But when he came to himself, he said, 'How many of my father's hired servants have more than enough bread, but I perish here with hunger!
18 I will arise and go to my father, and I will say to him, "Father, I have sinned against heaven and before you.
19 I am no longer worthy to be called your son. Treat me as one of your hired servants."'
20 And he arose and came to his father. But while he was still a long way off, his father saw him and felt compassion, and ran and embraced him and kissed him.
21 And the son said to him, 'Father, I have sinned against heaven and before you. I am no longer worthy to be called your son.'*
22 But the father said to his servants,* 'Bring quickly the best robe, and put it on him, and put a ring on his hand, and shoes on his feet.
23 And bring the fattened calf and kill it, and let us eat and celebrate.
24 For this my son was dead, and is alive again; he was lost, and is found.' And they began to celebrate.

25 “Now his older son was in the field, and as
he came and drew near to the house, he
heard music and dancing.
26 And he called one of the servants and
asked what these things meant.
27 And he said to him, ‘Your brother has come,
and your father has killed the fattened calf,
because he has received him back safe
and sound.’
28 But he was angry and refused to go in. His
father came out and entreated him,
29 but he answered his father, ‘Look, these
many years I have served you, and I never
disobeyed your command, yet you never
gave me a young goat, that I might
celebrate with my friends.
30 But when this son of yours came, who has
devoured your property with prostitutes, you
killed the fattened calf for him!’
31 And he said to him, ‘Son, you are always
with me, and all that is mine is yours.
32 It was fitting to celebrate and be glad, for
this your brother was dead, and is alive; he
was lost, and is found.’”

* 15:15 Greek *joined himself to*
* 15:21 Some manuscripts add *treat me as one of your hired servants*
* 15:22 Or *bondservants*

12 property 재산 13 squander 탕진하다 reckless 분별없는 14 a severe famine 대기근 in need 궁핍한 15 hire oneself out 벌이하러 나가다 16 long to do …하기를 갈망하다 pod (콩의) 꼬투리, 깍지 17 come to oneself 정신을 차리다 perish with hunger 굶어 죽다 19 worthy …하기에 족한 20 embrace 안다 22 robe 옷 23 fatten 살찌우다 calf 송아지 27 fatten 살찌우다 safe and sound 무사히 28 entreat 간청하다 29 disobey 어기다 30 devour 집어삼키다 prostitute 창녀 32 fitting 적절한

• MEMO •

54 불의한 청지기 비유

March · 월요일

누가복음 16:1-18 • 새찬송 320장 통일 350장

• 말씀묵상 전에 성령님의 인도하심을 구하는 기도를 드리십시오.

본문요약 I 예수님은 '불의한 청지기 비유'를 통해 현재의 기회를 사용해 미래를 보장받는 일의 중요성을 가르치셨다. 주인의 재산을 탕진하다 발각된 청지기는 자신의 일에서 쫓겨난다. 그러자 그는 자기 미래를 보장받기 위해 주인에게 빚진 자들의 빚 일부를 탕감해준다. 예수님은 이 비유를 통해 성도는 세상에 속한 재물로 친구를 사귀어 영원한 하나님 나라에서 영접할 자들이 있게 하라고 하셨다.

1 또한 제자들에게 이르시되 어떤 부자에게
청지기가 있는데 그가 주인의 소유를 낭
비한다는 말이 그 주인에게 들린지라
2 주인이 그를 불러 이르되 내가 네게 대하
여 들은 이 말이 어찌 됨이냐 네가 보던
일을 셈하라 청지기 직무를 계속하지 못
하리라 하니
3 청지기가 속으로 이르되 주인이 내 직분
을 빼앗으니 내가 무엇을 할까 땅을 파자
니 힘이 없고 빌어먹자니 부끄럽구나
4 내가 할 일을 알았도다 이렇게 하면 직분
을 빼앗긴 후에 사람들이 나를 자기 집으
로 영접하리라 하고
5 주인에게 빚진 자를 일일이 불러다가 먼
저 온 자에게 이르되 네가 내 주인에게 얼
마나 빚졌느냐
6 말하되 기름 백 말이니이다 이르되 여기
네 증서를 가지고 빨리 앉아 오십이라 쓰
라 하고
7 또 다른 이에게 이르되 너는 얼마나 빚졌
느냐 이르되 밀 백 석이니이다 이르되 여
기 네 증서를 가지고 팔십이라 쓰라 하였
는지라
8 주인이 이 옳지 않은 청지기가 일을 지혜
있게 하였으므로 칭찬하였으니 이 세대의
아들들이 자기 시대에 있어서는 빛의 아
들들보다 더 지혜로움이니라
9 내가 너희에게 말하노니 불의의 재물로
친구를 사귀라 그리하면 그 재물이 없어
질 때에 그들이 너희를 영주할 처소로 영
접하리라
10 지극히 작은 것에 충성된 자는 큰 것에도
충성되고 지극히 작은 것에 불의한 자는
큰 것에도 불의하니라
11 너희가 만일 불의한 재물에도 충성하지
아니하면 누가 참된 것으로 너희에게 맡
기겠느냐
12 너희가 만일 남의 것에 충성하지 아니하
면 누가 너희의 것을 너희에게 주겠느냐
13 집 하인이 두 주인을 섬길 수 없나니 혹
이를 미워하고 저를 사랑하거나 혹 이를
중히 여기고 저를 경히 여길 것임이니라
너희는 하나님과 재물을 겸하여 섬길 수
없느니라
14 바리새인들은 돈을 좋아하는 자들이라 이
모든 것을 듣고 비웃거늘
15 예수께서 이르시되 너희는 사람 앞에서
스스로 옳다 하는 자들이나 너희 마음을
하나님께서 아시나니 사람 중에 높임을
받는 그것은 하나님 앞에 미움을 받는 것
이니라
16 율법과 선지자는 요한의 때까지요 그 후
부터는 하나님 나라의 복음이 전파되어
사람마다 그리로 침입하느니라
17 그러나 율법의 한 획이 떨어짐보다 천지
가 없어짐이 쉬우리라
18 무릇 자기 아내를 버리고 다른 데 장가드
는 자도 간음함이요 무릇 버림당한 여자

에게 장가드는 자도 간음함이니라

1. 오늘 하나님께서 나에게 주신 깨달음은 무엇입니까?

2. 말씀을 어떻게 내 삶에 구체적으로 적용해야 합니까?

절별 해설

1 어떤 부자에게 청지기가 있는데 '청지기'는 주인의 재산이나 종들을 관리하는 중간 관리자로, 그 역시 주인의 종이거나 자유인 중에 고용 계약을 맺은 대리인일 수도 있다. **말이 그 주인에게 들린지라** '말[소문]이 들리다'는 원어적으로 본래 '악한 의도를 가지고 고발하다'라는 뜻이다. 이 청지기를 해하려고 어떤 사람이 주인에게 그의 비리를 고발한 것이다.

2 네가 보던 일을 셈하라 "보던 일"은 '말씀', '이성'이라는 뜻을 가진 헬라어 '로고스'를 번역한 것인데, 이곳에서는 '(이성적인 판단의 결과인) 계산'이라는 뜻으로 사용되었다. '셈하다'는 '(계산하여) 넘겨주다'라는 뜻으로, 주인은 이제 청지기에게 그가 관리하던 회계 장부를 결산하여 다른 사람에게 넘겨주라고 명령한 것이다.

4 이렇게 하면 직분을 빼앗긴 후에 이 청지기는 곧 해고될 것이다. 그 때문에 현재의 지위를 이용하여 자신의 미래를 보장받고자 대책을 세운다. 그는 자기가 벌어서 먹고 살 수 없다는 현실을 깨닫고 다른 사람들의 도움을 받아 어려움을 해결하려고 한다.

5 주인에게 빚진 자 이들은 주인으로부터 토지를 빌려 쓰고 있는 소작인들이거나, 차용 증서를 쓰고 미리 곡물을 받아 간 곡물도매 상인들이다.

6 기름 백 말 여기서 '말'은 약 33리터에 해당하는 양으로, '기름 백 말'은 약 3,300리터다. 이것은 약 150그루의 올리브나무에서 생산되는 기름의 양으로, 약 천 데나리온의 가치가 있었다.

7 밀 백 석 여기서 '밀 백 석'은 약 100에이크의 땅에서 생산되는 양으로 39,000리터에 해당했고, 약 2,500데나리온의 가치가 있었다.

쉬운성경

1 예수님께서 제자들에게 또 말씀하셨습니다. "어떤 부자에게 재산을 관리하는 일꾼이 있었는데, 이 일꾼이 재산을 낭비한다는 소문이 들렸다.

2 그래서 그를 불러다가 말했다. '내가 자네에 관해 들은 소문이 어찌된 일인가? 더 이상 자네를 일꾼으로 쓸 수 없으니, 자네의 일을 정리해 주게.'

3 그러자 그 일꾼은 속으로 생각했다. '주인이 내 일을 빼앗으니 어떻게 해야 하나? 땅을 파자니 힘이 없고, 구걸을 하자니 창피한 노릇이구나.

4 내가 할 일을 알았다. 내가 이 자리에서 물러날 때, 사람들이 나를 집으로 맞이하게 만들어야겠다.'

5 그 일꾼은 주인에게 빚진 사람들을 하나씩 불렀다. 첫째 사람에게 물었다. '주인에게 빚진 것이 얼마요?'

6 그가 '올리브기름 백 말*이오'라고 대답하자 그 일꾼이 말했다. '당신의 문서가 여기 있으니 어서 앉아서 오십 말이라고 적으시오.'

7 또 다른 사람에게, 그가 진 빚이 얼마냐고 물었다. '밀 백 섬*이오'라고 대답하자 그 일꾼이 말했다. '당신의 문서가 여기 있으니 팔십 섬이라고 적으시오.'

* 16:6 100바트에 해당되는 양이며, 1바트는 약 22ℓ이다.
* 16:7 100고르에 해당되는 양이며, 1고르는 10바트이다.

절별 해설

네 증서를 가지고 팔십이라 쓰라 청지기가 탕감해 준 기름 50말과 밀 20석은 둘 다 500데나리온의 가치가 있었다. 이 500데나리온은 원래의 빚에 부가된 수수료와 이자였을 것이다. 청지기는 주인의 재산 자체에 손해를 끼치지는 않으면서, 그것에 부가된 이자를 탕감해 주어 다른 사람들의 환심을 얻은 것이다.

8 주인이 이 옳지 않은 청지기가 일을 지혜 있게 하였으므로 칭찬하였으니 '옳지 않은'은 '불의한'이란 뜻으로, 이 청지기를 도덕적인 차원에서 평가할 때 그가 정직하지 않음을 의미한다. '지혜 있게'는 '교묘하게'라고 번역할 수 있는 단어로, 미래를 보장받기 위한 청지기의 탁월한 처세술을 평가한 것이다. **이 세대의 아들들** 미래를 보장받으려고 현재의 기회를 잘 사용하는 세상 사람들을 가리킨다.

9 불의의 재물로 친구를 사귀라 "재물"은 아람어 '마모나'에서 유래한 단어로, 사람들에게 부정적 영향력을 미치는 재물의 속성을 말한다(마 6:24). "불의의" 또는 '불의한'이라는 단어는 세상 재물의 본질과 속성을 규정하는 말로 볼 수 있다. 불의한 재물로 사귈 친구는 이 땅에서 재물로 도움을 주어야 할 자들로, 이들은 잔치를 베풀어도 갚을 자격이 없는 불쌍하고 가난한 자들을 말한다(14:13-14). 재물로 친구를 사귀는 것은 이런 사람들에게 자선을 베푸는 것을 의미한다. **영주할 처소** '성도가 영원히 거할 장소'라는 뜻이다.

10 지극히 작은 것 '작은 것'은 하나님 나라의 보화와 비교할 때 아무 가치가 없는 세상의 재물을 말한다. 하나님은 영적 시각에서는 가치 없는 재물이라도 그것을 사용하는 충성된 태도를 통해 정말 중요한 하나님 나라의 보화를 맡길 자를 찾으시는 것이다.

12 남의 것 '남의 것'은 세상에 속한 재물을 말한다. 예수님은 성도가 재물을 소유한 자가 아님을 보여주시기 위해 이를 하나님 나라의 보화인 '너희의 것'과 대조적으로 말씀하신다.

14 바리새인들은 돈을 좋아하는 자들이라 이 모든 것을 듣고 비웃거늘 바리새인들은 겉으로는 돈을 사랑하지 않는 척했다. 그러나 속으로는 돈을 사랑하여 돈의 이익이 걸린 문제에 민감하게 반응하던 위선자들이었다.

16 율법과 선지자는 요한의 때까지요 '율법과 선지자'는 구약 성경 전체를 의미한다(마 5:17). 세례 요한이 구약과 신약을 가르는 분기점에 선 자이기 때문에 예수님은 이렇게 말씀하셨다.

8 주인이 그 불의한 일꾼이 슬기롭게 행동하는 것을 보고 그를 칭찬하였다. 이 시대의 아들들이 자기 일을 처리하는 데 있어서는 빛의 자녀들보다 더 슬기롭다.

9 내가 너희에게 말한다. 불의한 재물로 친구를 사귀어라. 그러면 그 재물이 없어질 때, 그들이 너희를 영원한 곳으로 맞아들일 것이다.

10 아주 작은 일에 충실한 사람은 많은 것에도 충실하다. 아주 작은 일에 충실하지 못한 사람은 많은 것에도 충실하지 못하다.

11 그러므로 너희가 불의한 재물에도 충실하지 못하면, 누가 참된 것을 너희에게 맡기겠느냐?

12 너희가 다른 사람의 것에 충실하지 못하면, 누가 너희 몫을 너희에게 주겠느냐?

13 그 어떤 종도 두 주인을 섬길 수 없다. 한 편을 미워하고 다른 편을 사랑하든지 아니면 한 편에게는 충성을 하고 다른 편은 무시하든지 할 것이다. 너희는 하나님과 재물을 함께 섬길 수 없다."

14 돈을 좋아하는 바리새파 사람들이 이 모든 것들을 들었습니다. 그리고 예수님을 비웃었습니다.

15 예수님께서 이들에게 말씀하셨습니다. "너희는 사람들 앞에서 스스로를 의롭다고 한다. 그러나 하나님께서 너희의 마음을 아신다. 사람에게 존경을 받는 것이 하나님께는 미움을 받는 것이다.

16 율법과 예언자의 때는 요한까지이다. 그러나 요한 이후부터는 하나님 나라의 복음이 전파된다. 모든 사람이 그 나라에 들어가려고 힘쓰고 있다.

17 율법의 작은 글자 하나가 떨어져 나가는 것보다 하늘과 땅이 없어지는 것이 더 쉬울 것이다.

18 자기 아내와 이혼하고 다른 여자와 결혼하는 사람은 누구나 간음죄를 짓는 것이다. 남편과 이혼한 여자와 결혼하는 사람도 간음죄를 짓는 것이다."

사람마다 그리로 침입하느니라 '침입하다'는 원어적으로 '강력한 힘으로 강제적으로 뚫고 들어가다'라는 뜻이다. 성령이 복음을 받아들인 자들 안에서, 그들이 하나님 나라에 들어갈 수밖에 없도록 그들을 강하게 인도해 나가심을 말한다.

17 율법의 한 획이 떨어짐보다 천지가 없어짐이 쉬우리라 구약을 기록한 히브리어는 점 하나로 단어의 의미가 달라진다. 이 말씀은 복음이 전파되는 신약 시대가 되었다 하더라도, 구약의 말씀이 여전히 하나님의 말씀으로서의 권위를 갖고 성취될 것을 의미한다.

저자의 묵상

예수님이 불의한 청지기의 비유를 말씀하신 이유는 성도들의 돈에 대한 바른 태도를 가르치시기 위해서이다. 성도가 하나님 나라를 진정 믿는다면 보이는 세상 속에서 다른 태도로 살아갈 수 있다. 하나님 나라를 확신하지 못하기 때문에 결국 이 세상에서 돈으로 자기의 쾌락과 안정만을 위해 살아가는 것이다.

우리에게는 세상에서 하나님 나라를 위한 청지기의 삶이 주어져 있다. 특별히 우리에게 맡겨진 돈은 우리만을 위한 것이 아니라 하나님 나라를 위한 도구로 사용되어야 한다. 그렇게 되기 위해서는 이 세상의 삶이 전부가 아니라 하나님 나라가 존재함에 대한 믿음이 있어야 한다. 이 세상의 삶이 전부라고 생각하는 사람은 결국 이 세상에서 주어진 모든 재물을 통해 자신의 욕망을 채우고, 두려움을 피할 도구로 사용할 수밖에 없다. 이 땅에서 하나님이 맡겨주신 재물을 하나님 나라를 위해 사용할 때 이것이 지혜로운 청지기적 삶인 것이다.

무릎기도 하나님, 하나님 나라를 믿지 못하고, 눈에 보이는 이 세상에서의 삶이 전부라고 생각하고 살아가는 저의 지혜 없음을 용서하소서. 하나님이 주신 재물을 지혜롭게 사용할 수 있도록 인도하소서.

ESV - Luke 16

1 He also said to the disciples, "There was a rich man who had a manager, and charges were brought to him that this man was wasting his possessions.
2 And he called him and said to him, 'What is this that I hear about you? Turn in the account of your management, for you can no longer be manager.'
3 And the manager said to himself, 'What shall I do, since my master is taking the management away from me? I am not strong enough to dig, and I am ashamed to beg.
4 I have decided what to do, so that when I am removed from management, people may receive me into their houses.'
5 So, summoning his master's debtors one by one, he said to the first, 'How much do you owe my master?'
6 He said, 'A hundred measures* of oil.' He said to him, 'Take your bill, and sit down quickly and write fifty.'
7 Then he said to another, 'And how much do you owe?' He said, 'A hundred measures* of wheat.' He said to him, 'Take your bill, and write eighty.'
8 The master commended the dishonest manager for his shrewdness. For the sons of this world* are more shrewd in dealing with their own generation than the sons of light.
9 And I tell you, make friends for yourselves by means of unrighteous wealth,* so that when it fails they may receive you into the

eternal dwellings.
10 "One who is faithful in a very little is also faithful in much, and one who is dishonest in a very little is also dishonest in much.
11 If then you have not been faithful in the unrighteous wealth, who will entrust to you the true riches?
12 And if you have not been faithful in that which is another's, who will give you that which is your own?
13 No servant can serve two masters, for either he will hate the one and love the other, or he will be devoted to the one and despise the other. You cannot serve God and money."
14 The Pharisees, who were lovers of money, heard all these things, and they ridiculed him.
15 And he said to them, "You are those who justify yourselves before men, but God knows your hearts. For what is exalted among men is an abomination in the sight of God.
16 "The Law and the Prophets were until John; since then the good news of the kingdom of God is preached, and everyone forces his way into it.*
17 But it is easier for heaven and earth to pass away than for one dot of the Law to become void.
18 "Everyone who divorces his wife and marries another commits adultery, and he who marries a woman divorced from her husband commits adultery.

* 16:6 About 875 gallons or 3,200 liters

* 16:7 Between 1,000 and 1,200 bushels or 37,000 to 45,000 liters

* 16:8 Greek *age*

* 16:9 Greek *mammon*, a Semitic word for money or possessions; also verse 11; rendered *money* in verse 13

* 16:16 Or *everyone is forcefully urged into it*

1 charge 혐의 possession 소유 2 turn in… …을 반납하다 account 계산, 셈 3 say to oneself 마음속으로 생각하다 take away 빼앗다 beg 구걸하다 4 be removed from… …에서 면직되다 5 summon 부르다 debtor 빚진 자 owe 빚지고 있다 8 shrewd 영리한 9 by means of… …을 써서 dwelling 처소 11 entrust 맡기다 13 be devoted to… …에 충성을 다하다 despise 경멸하다 14 Pharisee 바리새인 ridicule 비웃다 15 exalt 높이다 abomination 혐오스러운 것 16 preach 전파하다 force one's way into 침입하다 17 pass away 없어지다 void 무효의 18 divorce 이혼하다 commit adultery 간음하다

• MEMO •

□ 묵상 체크

55 거지 나사로의 비유

월 일

누가복음 16:19-31 • 새찬송 321장 | 통일 351장

• 말씀묵상 전에 성령님의 인도하심을 구하는 기도를 드리십시오.

본문요약 | 예수님은 이 땅에서 큰 부자로 살았던 사람과 육체적 고통 가운데 살았던 가난한 나사로에 대해 비유로 말씀하신다. 죽은 후에 이들의 운명은 완전히 뒤바뀌어 부자는 지옥에서 고통받고, 나사로는 천국에서 행복하게 살게 된다. 이에 부자는 죽은 나사로를 세상에 보내어 자기 형제들을 구원해 달라고 아브라함에게 요청하지만 거부당한다.

19 한 부자가 있어 자색 옷과 고운 베옷을 입
고 날마다 호화롭게 즐기더라
20 그런데 나사로라 이름하는 한 거지가 헌
데 투성이로 그의 대문 앞에 버려진 채
21 그 부자의 상에서 떨어지는 것으로 배불
리려 하매 심지어 개들이 와서 그 헌데를
핥더라
22 이에 그 거지가 죽어 천사들에게 받들려
아브라함의 품에 들어가고 부자도 죽어
장사되매
23 그가 음부에서 고통 중에 눈을 들어 멀리
아브라함과 그의 품에 있는 나사로를 보
고
24 불러 이르되 아버지 아브라함이여 나를
긍휼히 여기사 나사로를 보내어 그 손가
락 끝에 물을 찍어 내 혀를 서늘하게 하소
서 내가 이 불꽃 가운데서 괴로워하나이
다
25 아브라함이 이르되 얘 너는 살았을 때에
좋은 것을 받았고 나사로는 고난을 받았
으니 이것을 기억하라 이제 그는 여기서
위로를 받고 너는 괴로움을 받느니라
26 그뿐 아니라 너희와 우리 사이에 큰 구렁
텅이가 놓여 있어 여기서 너희에게 건너
가고자 하되 갈 수 없고 거기서 우리에게
건너올 수도 없게 하였느니라
27 이르되 그러면 아버지여 구하노니 나사로
를 내 아버지의 집에 보내소서
28 내 형제 다섯이 있으니 그들에게 증언하
게 하여 그들로 이 고통받는 곳에 오지 않
게 하소서
29 아브라함이 이르되 그들에게 모세와 선지
자들이 있으니 그들에게 들을지니라
30 이르되 그렇지 아니하니이다 아버지 아브
라함이여 만일 죽은 자에게서 그들에게
가는 자가 있으면 회개하리이다
31 이르되 모세와 선지자들에게 듣지 아니하
면 비록 죽은 자 가운데서 살아나는 자가
있을지라도 권함을 받지 아니하리라 하였
다 하시니라

1. 오늘 하나님께서 나에게 주신 깨달음은 무엇입니까?

2. 말씀을 어떻게 내 삶에 구체적으로 적용해야 합니까?

절별 해설

19 자색 옷과 고운 베옷 '자색 옷'은 왕이나 귀족들이 입는 비싼 옷이며, '고운 베옷'은 당시에 같은 무게의 금보다도 비싼 비단을 말한다. 본절은 이 부자가 왕처럼 사치스럽게 살면서 자신의 쾌락만을 즐겼음을 보여준다.

20 나사로 구약의 '엘리에셀'(창 15:2) 혹은 '엘르아살'(출 6:23)의 축약형으로 '하나님이 도우신다'라는 뜻이다. 예수님이 비유에 '나사로'라는 구체적인 이름을 사용하신 이유는, 첫째로 하나님이 나사로와 같이 비천한 자의 이름도 기억하심을 보여주시기 위해서다. 둘째로 부자가 나사로의 이름까지 알고 있으면서도(24절) 이 땅에서 그를 외면하였음을 보여줌으로써 부자의 자기중심성과 악함을 드러내기 위해서다.

21 심지어 개들이 와서 그 헌데를 핥더라 유대 사회에서 '개'는 아주 비천하고 더러운 짐승으로 여겨졌다(잠 26:11). 이런 개들이 핥는 것도 거부할 수 없을 정도로 당시 나사로의 상태가 무능력하고 비참했음을 알 수 있다.

22 그 거지가 죽어 천사들에게 받들려 아브라함의 품에 들어가고 이는 천사들이 성도가 살아 있을 때는 그를 보호하고, 성도가 죽은 뒤에는 그 영혼을 하나님께 인도하는 역할을 함을 보여준다(히 1:14). '아브라함의 품'은 축복의 자리로, 천국에서 나사로를 환영하는 것을 상징한다.

26 너희와 우리 사이에 큰 구렁텅이가 놓여 있어 '큰 구렁텅이'는 팔레스타인 지방의 사막 지대에 흔한 물 없는 깊은 골짜기를 말한다. 이는 천국과 지옥이 절대적으로 구분되어 있음을 보여준다.

28 이 구절은 부자의 형제들도 세상에서 그와 똑같은 삶을 살고 있음을 보여준다. 그래서 부자는 이들도 죽으면 자기와 같이 고통받는 곳에 오게 될 것이라고 생각한 것이다.

29 모세와 선지자들 '모세'는 모세오경을, '선지자들'은 구약의 선지서들을 의미하는 것으로, 즉 구약성경 전체를 말한다.

쉬운성경

19 예수님께서 말씀하셨습니다. "어떤 부자가 있었다. 이 사람은 언제나 가장 비싼 옷을 입고 매일 호화스럽게 살았다.

20 한편, 그 집 대문 앞에는 나사로라는 한 가난한 사람이 누워 있었는데, 몸에는 부스럼투성이였다.

21 그가 부자의 식탁에서 떨어지는 부스러기로 주린 배를 채우기를 원했다. 심지어 개들이 와서 그의 부스럼을 핥았다.

22 어느 날, 그 거지가 죽어 천사들에게 이끌려 아브라함의 팔에 안겼다. 부자도 죽어 땅에 묻혔다.

23 부자는 지옥에서 고통 가운데 있다가 눈을 들어 보았다. 멀리 아브라함이 보이고, 나사로가 그의 품에 안겨 있는 것을 보았다.

24 그가 소리쳐 말했다. '아버지 아브라함이여, 제게 자비를 베풀어 주십시오. 제 혀를 적실 수 있도록 나사로의 손가락 끝에 물을 찍어 제게 보내 주십시오. 제가 이 불꽃 가운데서 몹시 고통을 당하고 있습니다.'

25 그러나 아브라함은 말했다. '얘야, 네가 살아 있을 때에 좋은 것을 마음껏 누렸고, 나사로는 온갖 나쁜 것을 겪은 것을 기억하여라. 이제 나사로는 여기서 위로를 받고, 너는 고통을 받는다.

26 이뿐 아니라 우리와 너희 사이에는 큰 구렁이 있어서 어느 누구도 너희를 돕기 위해 건너갈 수 없고 아무도 그곳에서 우리에게로 건너올 수 없다.'

27 부자가 말했다. '그러면 제발 부탁입니다. 아버지, 나사로를 내 집안에 보내 주십시오.

28 제게 형제가 다섯 명이 있는데, 나사로가 가서 증언하여서 그들이 이 고통받는 곳에 오지 않게 해 주십시오.'

절별 해설

30-31 비록 죽은 자 가운데서 살아나는 자가 있을지라도 권함을 받지 아니하리라 성경말씀을 통해 회개하지 않으면 아무리 큰 기적이 일어나도 그들이 회개하지 않을 것이라는 말씀이다. 이것은 앞으로 예수님이 죽은 자 가운데서 살아나실지라도 유대 종교지도자들이 회개하지 않을 것을 선포하신 것이다.

29 아브라함이 대답했다. '그들에게는 모세와 예언자들이 있다. 그들은 그 소리를 들어야 한다.'

30 부자가 말했다. '그렇지 않습니다. 아버지 아브라함이여! 누군가 죽었다가 살아나 그들에게로 가면 그들이 회개할 것입니다.'

31 아브라함이 그에게 대답했다. '만일 그들이 모세와 예언자들의 말을 듣지 않는다면, 죽은 사람이 다시 일어나도 그들은 믿지 않을 것이다.'"

저자의 묵상

부자와 가난한 자가 기도할 때 하나님은 누구의 기도에 더 잘 응답하실까? 이 질문에 '가난한 자'라고 답한 사람은 성경을 오해하는 것이다. 이런 생각을 하는 사람은 나사로가 가난했기 때문에 천국에 갔고, 부자가 부요했기 때문에 지옥에 갔다고 오해할 수도 있다. 나사로가 천국에 간 이유는 그의 가난 때문이 아니라 그가 하나님밖에 의존할 수 없는 겸손함을 지녔기 때문이다. 부자가 지옥에 간 이유는 그의 부요함 때문이 아니라 그가 스스로 하나님이 된 것처럼 교만한 태도로 살았기 때문이다.

하나님은 물질적으로 가난하다고 해서 그 사람을 편들어 주시거나 그를 더 불쌍히 여기시지 않는다. 물질적 부요함이나 가난이 중요한 것이 아니라 물질에 대한 태도가 더 중요하다. 물질을 하나님보다 더 의존하는 교만한 태도를 가진 사람은 자기중심적 욕망에 사로잡혀 하나님의 뜻을 거역하며 이기적인 삶을 산다. 이것이 바로 부자의 삶이었다. 자기 집 대문 밖에서 고통하며 죽어 가던 나사로를 불쌍히 여기지 않았던 부자는 그의 교만과 완악함 때문에 지옥에 간 것이다.

무릎 기도 하나님, 물질을 하나님의 자리에 올려놓고 의존하는 저의 교만한 마음을 회개합니다. 교만함을 내려놓고 하나님이 말씀하시는 사랑의 명령에 순종하는 자가 되게 하소서.

ESV - Luke 16

19 "There was a rich man who was clothed in
purple and fine linen and who feasted
sumptuously every day.
20 And at his gate was laid a poor man named
Lazarus, covered with sores,
21 who desired to be fed with what fell from the
rich man's table. Moreover, even the dogs
came and licked his sores.
22 The poor man died and was carried by the
angels to Abraham's side.* The rich man
also died and was buried,
23 and in Hades, being in torment, he lifted up
his eyes and saw Abraham far off and
Lazarus at his side.
24 And he called out, 'Father Abraham, have
mercy on me, and send Lazarus to dip the
end of his finger in water and cool my
tongue, for I am in anguish in this flame.'
25 But Abraham said, 'Child, remember that
you in your lifetime received your good
things, and Lazarus in like manner bad
things; but now he is comforted here, and
you are in anguish.
26 And besides all this, between us and you a
great chasm has been fixed, in order that
those who would pass from here to you
may not be able, and none may cross from
there to us.'
27 And he said, 'Then I beg you, father, to
send him to my father's house—
28 for I have five brothers—so that he may
warn them, lest they also come into this
place of torment.'
29 But Abraham said, 'They have Moses and
the Prophets; let them hear them.'
30 And he said, 'No, father Abraham, but if
someone goes to them from the dead, they
will repent.'
31 He said to him, 'If they do not hear Moses
and the Prophets, neither will they be
convinced if someone should rise from the
dead.'"

* 16:22 Greek *bosom*; also verse 23

19 feast 마음껏 즐기다 sumptuously 호화롭게 20 sore 상처 21 lick 핥다 22 bury 묻다, 장사하다 23 in torment 고통을 받는 far off 멀리 24 have mercy on… …을 불쌍히 여기다 in anguish 괴로워서 flame 불꽃 25 in like manner 마찬가지로 comfort 위로하다 26 besides 뿐만 아니라 chasm 깊은 구렁 30 repent 회개하다 31 convince 납득시키다

• MEMO •

☐ 묵상 체크

56

월 일

용서에 대한 가르침과 종이 할 일

누가복음 17:1-10 • 새찬송 257장 | 통일 189장

• 말씀묵상 전에 성령님의 인도하심을 구하는 기도를 드리십시오.

본문요약 I 예수님이 제자들에게 죄를 짓고 회개하는 자를 하루에 일곱 번이라도 용서하라고 말씀하시자, 제자들은 자신들에게 믿음을 더하여 주시라고 간청한다. 예수님은 겨자씨 한 알만 한 믿음이 얼마나 큰 능력을 발휘하는지를 말씀하신다. 또한 무익한 종에 관한 비유를 통해, 용서하는 일은 제자들의 당연한 행위임을 비유적으로 가르치신다.

1 예수께서 제자들에게 이르시되 실족하게
하는 것이 없을 수는 없으나 그렇게 하게
하는 자에게는 화로다
2 그가 이 작은 자 중의 하나를 실족하게 할
진대 차라리 연자 맷돌이 그 목에 매여 바
다에 던져지는 것이 나으리라
3 너희는 스스로 조심하라 만일 네 형제가
죄를 범하거든 경고하고 회개하거든 용서
하라
4 만일 하루에 일곱 번이라도 네게 죄를 짓
고 일곱 번 네게 돌아와 내가 회개하노라
하거든 너는 용서하라 하시더라
5 사도들이 주께 여짜오되 우리에게 믿음을
더하소서 하니
6 주께서 이르시되 너희에게 겨자씨 한 알
만 한 믿음이 있었더라면 이 뽕나무더러
뿌리가 뽑혀 바다에 심기어라 하였을 것
이요 그것이 너희에게 순종하였으리라
7 너희 중 누구에게 밭을 갈거나 양을 치거
나 하는 종이 있어 밭에서 돌아오면 그더
러 곧 와 [1]앉아서 먹으라 말할 자가 있느
냐
8 도리어 그더러 내 먹을 것을 준비하고 띠
를 띠고 내가 먹고 마시는 동안에 수종들
고 너는 그 후에 먹고 마시라 하지 않겠느
냐
9 명한 대로 하였다고 종에게 감사하겠느냐
10 이와 같이 너희도 명령받은 것을 다 행한
후에 이르기를 우리는 무익한 종이라 우
리가 하여야 할 일을 한 것뿐이라 할지니
라

1) 5:29 난하주를 보라

1. 오늘 하나님께서 나에게 주신 깨달음은 무엇입니까?

2. 말씀을 어떻게 내 삶에 구체적으로 적용해야 합니까?

절별 해설

1 실족하게 하는 것 원어적으로 새나 들짐승을 잡기 위해 만들어 놓는 '올무, 덫'을 말한다. 여기서는 사람들이 죄를 짓도록 유혹하는 행위를 말한다(마 18:6).
화로다 원래는 분노, 슬픔, 절망을 표현하는 감탄사다. 예수님은 바리새인들에게 닥칠 무서운 심판의 선고로 이 감탄사를 자주 사용하셨다(11:42-43).

2 그가 이 작은 자 중의 하나를 실족하게 할진대 차라리 연자 맷돌이 그 목에 매여 바다에 던져지는 것이 나으리라 '연자 맷돌'은 곡식을 빻기 위해 방앗간에서 돌리는 회전형의 큰 맷돌을 말한다. 고대에는 흉악한 죄를 지은 자들의 목에 연자 맷돌을 매어 바다에 던져 죽이는 사형법이 행해졌다.

3 경고하고 죄에서 돌이킬 수 있도록 경고하거나 경계하는 것을 말한다.
회개하거든 용서하라 '용서하다'는 '(죄, 의무, 처벌)을 완전히 면제하다'라는 뜻을 가진다.

4 일곱 번 '일곱'은 성경에서 완전함을 의미하는 숫자다. 하루에 '일곱 번' 죄를 짓고 '일곱 번' 회개한다는 것은 할 수 있는 최대치의 숫자를 의미한다. 예수님은 제자들에게 형제가 용서할 수 없을 정도로 많은 죄를 짓더라도, 그가 회개하는 경우에는 용서하라고 명령하신 것이다.

5 우리에게 믿음을 더하소서 "하루에 일곱 번이라도 죄를 짓고 일곱 번 회개하는 자를 용서하라"는 예수님의 말씀에(3-4절) 제자들은 자신들에게 믿음을 더하여 주시라고 간청한다. 그것은 형제를 이렇게 용서하기 위해서는 계속 죄를 짓는 자를 하나님이 책임지실 것이라는 믿음이 필요하기 때문이다.

6 겨자씨 한 알만 한 믿음 성경에서 '겨자씨'는 가장 작은 씨를 대표한다. 그 이유는 당시 겨자씨가 팔레스타인의 농부가 밭에 심을 수 있었던 가장 작은 씨였기 때문이다. 형제의 잘못을 계속적으로 용서하는 것은, 하나님이 그 형제를 결국 책임지실 것이라는 믿음이 있어야 가능하다. 즉, 다른 사람을 용서하는 것은 그 사람이 아니라 그 사람을 반드시 변화시킬 하나님을 믿는 믿음에 근거한 것이다.
뽕나무 이 나무는 잎이 뽕나무 같고 열매는 무화과 같은 나무로, 팔레스타인 지방에 흔하게 자라는 '돌감람나무'다. 이 나무는 밑동이 아주 크고 거기서 강한 줄기가 대여섯 개 이상 나와서 흙 아래 사방으로 넓고 깊게 파고들어 간다. 그 때문에 뽕나무처럼 단단하게 서 있는 나무가 뽑혀서 바다에 심기게 된다는 것은 하나님의 권능으로 이루어지는 일을 말한다.

쉬운성경

1 예수님께서 제자들에게 말씀하셨습니다. "죄짓게 하는 일이 없을 수는 없다. 그러나 죄짓게 하는 사람에게는 화가 있다.

2 어린아이 하나라도 죄짓게 하면 차라리 자기 목에 연자 맷돌을 달고 바다에 빠지는 것이 더 나을 것이다.

3 너희는 조심하여라. 만약 네 형제가 죄를 짓거든 책망하여라. 그러나 회개하거든 용서하여라.

4 만일 네 형제가 하루에 일곱 번이라도 네게 죄를 짓고, 그때마다 돌아와서 잘못했다고 빌면 용서해 주어라."

5 사도들이 주님께 말했습니다. "우리의 믿음을 더하여 주십시오."

6 주님께서 말씀하셨습니다. "만일 너희에게 겨자씨만 한 믿음이 있으면, 이 뽕나무더러 '뿌리째 뽑혀 바다에 심겨라' 해도 그것이 네 말에 순종할 것이다."

7 "너희 가운데 밭을 갈거나 양을 치는 일을 맡은 종이 있는데, 그가 밭에서 돌아오면 '어서 이리 와서 앉아 먹어라' 하고 말할 사람이 누가 있겠느냐?

8 오히려 종에게 '너는 내가 먹을 것을 준비하고 내가 먹고 마시는 동안, 허리를 동이고 시중들다가 그 후에 먹고 마시라' 하지 않겠느냐?

9 시키는 대로 했다고 해서 주인이 종에게 고맙다고 하겠느냐?

10 이와 같이 너희도 명령받은 것을 다 행하고 나서 '우리는 가치 없는 종입니다. 우리는 그저 해야 할 일을 했을 뿐입니다'라고 말해야 할 것이다."

절별 해설

그것이 너희에게 순종하였으리라 믿음이 있다면 그 결과가 반드시 나타나게 됨을 말한다. 상습적으로 죄를 짓고 회개하는 형제를 용서하는 일은 쉽지 않다. 그러나 하나님에 대한 믿음을 가지고 예수님이 말씀하신 대로 계속 용서하면, 하나님이 그 사람의 삶에 개입하셔서 반드시 변화를 이끌어 내실 것이라는 말씀이다.

7 너희 중 누구에게 밭을 갈거나 양을 치거나 하는 종이 있어 7-10절은 '무익한 종의 비유'다. 이 비유는 앞에 나온 용서에 대한 말씀과 연관된 것이다. 그것은 하나님에 대한 믿음을 가진 제자가 남의 잘못을 용서한 뒤에는 교만해지기 쉽기 때문이다. 따라서 예수님은 이 비유를 통해서 죄지은 자를 용서하는 것은 제자로서 당연한 행위임을 말씀하신 것이다.

10 무익한 종이라 '무익한'은 '쓸모가 없는'이란 의미가 아니라, '자신이 한 일에 대해서 칭찬을 들을 자격이 없는'이라는 의미다.

저자의 묵상

반복해서 죄를 짓는 사람을 용서하기 어려운 이유는, 그 사람이 용서를 받은 이후에도 계속해서 죄를 지을 것이 확실시되기 때문이다. 뽕나무가 바다에 던져지는 일은 불가능한 일 중 하나다. 이것처럼 불가능한 일이, 계속 죄를 짓는 자가 더 이상 죄를 짓지 않는 것이다. 그러나 이런 불가능해 보이는 일들도 하나님께는 별로 어려운 일들이 아니다. 그렇기 때문에 하나님을 믿고 형제를 계속 용서하면, 결국 불가능해 보이는 사람조차 하나님이 변화시키시는 놀라운 믿음의 결과를 경험하게 된다.

가까운 관계에 있는 사람들이 계속 죄를 저지르며 변화되지 않는 것 때문에 낙담하는 경우가 많다. 그런데 이런 사람을 계속 용서하는 법을 배운 사람은 그 과정에서 놀라운 믿음의 성장을 이룰 수 있다. 그렇기 때문에 때로는 하나님께서 우리의 믿음의 성장을 위해 우리 주변에 연약한 사람들을 허락하신다.

무릎 기도 하나님, 하나님을 믿는다고 하면서도 계속해서 용서하지 못했던 저의 믿음 없음을 회개합니다. 반복해서 죄를 짓는 사람까지도 하나님이 변화시키실 것을 믿는 믿음을 부어 주소서.

ESV - Luke 17

1 And he said to his disciples, "Temptations to sin* are sure to come, but woe to the one through whom they come!
2 It would be better for him if a millstone were hung around his neck and he were cast into the sea than that he should cause one of these little ones to sin.*
3 Pay attention to yourselves! If your brother sins, rebuke him, and if he repents, forgive him,
4 and if he sins against you seven times in the day, and turns to you seven times, saying, 'I repent,' you must forgive him."
5 The apostles said to the Lord, "Increase our faith!"
6 And the Lord said, "If you had faith like a grain of mustard seed, you could say to this mulberry tree, 'Be uprooted and planted in the sea,' and it would obey you.
7 "Will any one of you who has a servant* plowing or keeping sheep say to him when he has come in from the field, 'Come at once and recline at table'?
8 Will he not rather say to him, 'Prepare supper for me, and dress properly,* and serve me while I eat and drink, and afterward you will eat and drink'?
9 Does he thank the servant because he did what was commanded?
10 So you also, when you have done all that you were commanded, say, 'We are unworthy servants;* we have only done what was our duty.'"

* 17:1 Greek *Stumbling blocks*
* 17:2 Greek *stumble*
* 17:7 Or *bondservant*; also verse 9
* 17:8 Greek *gird yourself*
* 17:10 Or *bondservants*

1 temptation 유혹, 시험 woe to… …에게 화 있을진저 2 millstone 맷돌 cast 던지다 3 rebuke 꾸짖다 repent 회개하다 5 apostle 사도 6 mustard seed 겨자씨 mulberry 뽕나무 uproot 뿌리째 뽑다 7 plow 갈다 at once 즉시, 당장 recline 앉다 8 prepare supper 저녁밥을 차리다 properly 제대로 10 unworthy 가치 없는 duty 본분, 책임

• MEMO •

☐ 묵상 체크

57 깨끗함을 받은 나병 환자들

월 일

누가복음 17:11-23 • 새찬송 268장 | 통일 202장

• 말씀묵상 전에 성령님의 인도하심을 구하는 기도를 드리십시오.

본문요약 I 열 명의 나병 환자는 예수님을 만나자 긍휼을 구하고, 예수님은 그들에게 제사장에게 가서 몸을 보이라고 말씀하신다. 그들은 제사장에게 가는 도중에 고침을 받는다. 이때 한 사마리아 사람만이 예수님께 돌아와 감사의 절을 한다. 예수님은 그가 믿음으로 구원을 받았음을 선포하신다.

11 예수께서 예루살렘으로 가실 때에 사마리아와 갈릴리 사이로 지나가시다가
12 한 마을에 들어가시니 나병 환자 열 명이 예수를 만나 멀리 서서
13 소리를 높여 이르되 예수 선생님이여 우리를 불쌍히 여기소서 하거늘
14 보시고 이르시되 가서 제사장들에게 너희 몸을 보이라 하셨더니 그들이 가다가 깨끗함을 받은지라
15 그중의 한 사람이 자기가 나은 것을 보고 큰 소리로 하나님께 영광을 돌리며 돌아와
16 예수의 발아래에 엎드리어 감사하니 그는 사마리아 사람이라
17 예수께서 대답하여 이르시되 열 사람이 다 깨끗함을 받지 아니하였느냐 그 아홉은 어디 있느냐
18 이 이방인 외에는 하나님께 영광을 돌리러 돌아온 자가 없느냐 하시고
19 그에게 이르시되 일어나 가라 네 믿음이 너를 구원하였느니라 하시더라
20 바리새인들이 하나님의 나라가 어느 때에 임하나이까 묻거늘 예수께서 대답하여 이르시되 하나님의 나라는 볼 수 있게 임하는 것이 아니요
21 또 여기 있다 저기 있다고도 못하리니 하나님의 나라는 너희 안에 있느니라
22 또 제자들에게 이르시되 때가 이르리니 너희가 인자의 날 하루를 보고자 하되 보지 못하리라
23 사람이 너희에게 말하되 보라 저기 있다 보라 여기 있다 하리라 그러나 너희는 가지도 말고 따르지도 말라

1. 오늘 하나님께서 나에게 주신 깨달음은 무엇입니까?

2. 말씀을 어떻게 내 삶에 구체적으로 적용해야 합니까?

절별 해설

12 나병 환자 현대에는 '한센병'이라고 불리는 나병은 전염성이 있는 나병균에 의해서 발병된다. 나병균은 피부 감각을 느끼는 말초신경을 파괴하여 감각을 마비시킨다. 또 나병균에 의해 손상된 피부는 세균 감염으로 인해 쉽게 부패하여 흉측한 모양으로 변형된다.

14 가서 제사장들에게 너희 몸을 보이라 구약 율법에 의하면 제사장이 나병 환자를 판별하도록 되어 있었다(레 13:9). 당시 제사장은 현대의 한센병뿐만 아니라 다양한 종류의 피부병을 율법의 기준에 따라 나병으로 판별했다. 또 고대에 나병은 치료가 불가능했지만 다른 종류의 피부병은 치유되는 경우가 있었다. 그 때문에 제사장은 이런 사람들을 진찰해서 완치 판결을 내린 후, 정결 의식과 제사를 통해 공동체로 복귀할 수 있게 했다(레 14:1-32).
그들이 가다가 깨끗함을 받은지라 예수님은 이전에 나병 환자를 치료하실 때 직접 손을 대시고 그에게 "내가 원하노니 깨끗함을 받으라"라고 선포하셨다(5:13). 그러나 이번에는 아무런 치료 행위나 말씀 없이 나병이 치료되었다. 이것은 예수님의 병을 고치시는 행위가 그의 은밀한 생각만으로도 가능한 것임을 보여준다.

15 그중의 한 사람이 … 하나님께 영광을 돌리며 돌아와 예수님께 돌아온 한 사람은 이 일이 전적으로 하나님께서 행하신 기적임을 깨달았다. 왜냐하면 당시에 나병이 치료되는 것은 불가능했기 때문이다.

16 예수의 발 앞에 엎드리어 감사하니 그는 사마리아 사람이라 사마리아 사람이 하나님께 영광을 돌리며 예수님께 절을 했다는 것은, 그가 예수님을 하나님의 능력을 행하는 메시아로 인정했음을 보여주는 행위다.

18 이 이방인 외에는 하나님께 영광을 돌리러 돌아온 자가 없느냐 예수님은 사마리아 사람을 이방인이라고 부르시는데, 그것은 하나님께 선택받은 민족이라고 여겼던 유대인들과 대조하시기 위해서다.

19 네 믿음이 너를 구원하였느니라 예수님은 사마리아 사람의 행위가 예수님을 메시아로 인정한 믿음의 행위라고 말씀하셨다. 예수님을 믿음으로 그는 육체의 치료뿐만 아니라 영혼 구원까지 받게 되었다.

22 인자의 날 '인자의 날'은 예수님을 통해 하나님 나라가 완성될 날을 의미한다. 그러나 제자들은 오히려 예수님의 수난과 죽음을 목격하게 될 것이다. 또 하나님 나라의 완성은 예수님이 재림하시는 먼 후일의 일이기 때문에 제자들은 완성의 날을 '하루'도 보지 못하는 것이다.

쉬운성경

11 예수님께서 예루살렘으로 가시는 길에 사마리아와 갈릴리 사이를 지나시게 되었습니다.

12 예수님께서 어떤 마을에 들어가시다가 열 사람의 문둥병 환자를 만났습니다. 그들은 멀리 서서

13 목소리를 높였습니다. "예수 선생님! 우리에게 자비를 베풀어 주십시오."

14 예수님께서 그들을 보시고 "제사장에게 가서 너희 몸을 보여라" 하고 말씀하셨습니다. 그들은 가는 도중에 몸이 깨끗하게 되었습니다.

15 그들 가운데 하나가 자기가 나은 것을 보고 돌아와서 큰 소리로 하나님께 영광을 돌렸습니다.

16 그리고 예수님의 발 앞에 엎드려 감사를 드렸습니다. 그는 사마리아 사람이었습니다.

17 예수님께서 말씀하셨습니다. "열 사람이 다 깨끗하게 되지 않았느냐? 그런데 아홉은 어디 있느냐?

18 이 이방인 외에는 하나님께 영광을 돌리러 돌아온 사람이 없단 말이냐?"

19 그리고 그에게 말씀하셨습니다. "일어나 가거라. 네 믿음이 너를 낫게 하였다."

20 바리새파 사람들이 하나님 나라가 언제 오는지에 대하여 물으니, 예수님께서 대답하셨습니다. "하나님 나라는 볼 수 있는 모습으로 오는 것이 아니다.

21 또 '보아라. 하나님 나라가 여기 있다. 저기 있다'라고 말할 수도 없다. 왜냐하면 하나님 나라가 너희 가운데 있기 때문이다."

22 예수님께서 제자들에게 말씀하셨습니다. "너희가 인자의 날을 단 하루만이라도 보고 싶어 해도 보지 못할 때가 올 것이다.

23 또 사람들이 '보아라. 여기 있다. 저기 있다' 하여도 너희는 그들을 따라 나서거나 찾지 마라."

저자의 묵상

열 명의 나병 환자가 치료를 받았지만 육체의 치료를 넘어 영적 구원을 받은 사람은 사마리아 사람 혼자뿐이었다. 사마리아 사람은 나병이 그의 영혼을 구원하는 도구가 되었지만, 다른 사람들에게 나병은 인생의 고통스러운 과정이었을 뿐이다. 성도도 병에 걸리거나 고난을 당한다. 그런데 그런 고난이 진정한 영적 구원과 치료의 도구로 사용되는 경우도 있지만 그렇지 않은 경우도 있다. 어떤 사람은 고난이 임하면 그 고난에서 벗어나는 것만이 유일한 목표가 된다. 그래서 열심히 기도하며 고난에서 벗어나게 해 달라고만 간구한다. 이런 사람은 고난이 사라지면 과거와 똑같은 모습으로 살아간다. 그러나 고난이 임했을 때 그 고난을 통해 자신의 죄악을 발견하고 하나님의 은혜를 깨닫는 기회로 사용한다면, 이 사람에게 고난은 큰 유익을 가져오게 된다.

무릎 기도 하나님, 고난을 당할 때에 고난 자체를 벗어나는 것만을 목적으로 삼았던 것을 회개합니다. 고난을 통해 저의 영혼이 변화되며 하나님의 은혜를 경험하는 기회가 되게 하소서.

ESV - Luke 17

11 On the way to Jerusalem he was passing
along between Samaria and Galilee.
12 And as he entered a village, he was met by
ten lepers,* who stood at a distance
13 and lifted up their voices, saying, "Jesus,
Master, have mercy on us."
14 When he saw them he said to them, "Go
and show yourselves to the priests." And as
they went they were cleansed.
15 Then one of them, when he saw that he
was healed, turned back, praising God with
a loud voice;
16 and he fell on his face at Jesus' feet, giving
him thanks. Now he was a Samaritan.
17 Then Jesus answered, "Were not ten
cleansed? Where are the nine?
18 Was no one found to return and give praise
to God except this foreigner?"
19 And he said to him, "Rise and go your way;
your faith has made you well."*
20 Being asked by the Pharisees when the
kingdom of God would come, he answered
them, "The kingdom of God is not coming in
ways that can be observed,
21 nor will they say, 'Look, here it is!' or 'There!'
for behold, the kingdom of God is in the
midst of you."*
22 And he said to the disciples, "The days are
coming when you will desire to see one of
the days of the Son of Man, and you will not
see it.
23 And they will say to you, 'Look, there!' or
'Look, here!' Do not go out or follow them.

*17:12 *Leprosy* was a term for several skin diseases; see Leviticus 13
* 17:19 Or *has saved you*
* 17:21 Or *within you, or within your grasp*

12 leper 나병 환자 at a distance 멀리서 14 show oneself 모습을 보이다 priest 제사장 cleanse (나병 환자를) 고치다 15 heal 고치다 16 fall on one's face 엎드리다 at one's feet …의 발밑에 Samaritan 사마리아인 18 except 외에는 20 observe 보다 21 in the midst of… …중에

58

월 일

마지막 때의 징조

누가복음 17:24-37 • 새찬송 176장 | 통일 163장

• 말씀묵상 전에 성령님의 인도하심을 구하는 기도를 드리십시오.

본문요약 | 예수님은 자신이 재림할 때에 대해서 제자들에게 말씀하시며, 그 전에 반드시 고난을 먼저 받으셔야 함을 말씀하신다. 예수님이 재림하시면 이 땅의 삶에만 관심을 기울이며 영적 심판에 무지했던 자들은 영원한 멸망에 처하게 될 것이다. 그러나 이 땅의 생명을 버리는 자는 영원한 생명을 얻게 될 것이다.

24 번개가 하늘 아래 이쪽에서 번쩍이어 하늘 아래 저쪽까지 비침같이 인자도 자기 날에 그러하리라
25 그러나 그가 먼저 많은 고난을 받으며 이 세대에게 버린 바 되어야 할지니라
26 노아의 때에 된 것과 같이 인자의 때에도 그러하리라
27 노아가 방주에 들어가던 날까지 사람들이 먹고 마시고 장가들고 시집가더니 홍수가 나서 그들을 다 멸망시켰으며
28 또 롯의 때와 같으리니 사람들이 먹고 마시고 사고팔고 심고 집을 짓더니
29 롯이 소돔에서 나가던 날에 하늘로부터 불과 유황이 비오듯하여 그들을 멸망시켰느니라
30 인자가 나타나는 날에도 이러하리라
31 그날에 만일 사람이 지붕 위에 있고 그의 세간이 그 집 안에 있으면 그것을 가지러 내려가지 말 것이요 밭에 있는 자도 그와 같이 뒤로 돌이키지 말 것이니라
32 롯의 처를 기억하라
33 무릇 자기 목숨을 보전하고자 하는 자는 잃을 것이요 잃는 자는 살리리라
34 내가 너희에게 이르노니 그 밤에 둘이 한 자리에 누워 있으매 하나는 데려감을 얻고 하나는 버려둠을 당할 것이요
35 두 여자가 함께 맷돌을 갈고 있으매 하나는 데려감을 얻고 하나는 버려둠을 당할 것이니라
36 [1](없음)
37 그들이 대답하여 이르되 주여 어디오니이까 이르시되 주검 있는 곳에는 독수리가 모이느니라 하시니라

1) 어떤 고대 사본에, 36절 '두 사람이 밭에 있으매 하나는 데려감을 당하고 하나는 버려둠을 당할 것이요'가 있음

1. 오늘 하나님께서 나에게 주신 깨달음은 무엇입니까?

2. 말씀을 어떻게 내 삶에 구체적으로 적용해야 합니까?

절별 해설

24 번개가 하늘 아래 이쪽에서 번쩍이어 하늘 아래 저쪽까지 비침같이 인자도 자기 날에 그러하리라 하늘에서 번개가 칠 때 땅의 여러 곳에서 한 번에 볼 수 있듯이, 예수님이 다시 오실 때도 그 광경을 여러 곳에서 한 번에 볼 수 있을 것이라는 말씀이다.

25 그가 먼저 많은 고난을 받으며 '고난을 받으며'는 필연성을 의미하는 동사(must suffer)가 사용되었다. 즉, 반드시 그렇게 될 것을 의미한다. 재림은 예수님이 영광스러운 왕으로 이 땅에 오시는 순간이다. 그러나 그 영광을 얻기 위해서 예수님은 먼저 십자가의 고난을 반드시 통과하셔야 함을 말씀하신다.

26 노아의 때, 인자의 때 예수님이 다시 오실 '때'는 성도들에게는 영광과 기쁨의 순간이지만, 세상 사람들에게는 심판의 순간이다. 노아 시대에 사람들이 임박한 홍수 심판을 전혀 알지 못하고 일상을 살았던 것처럼, 예수님이 다시 오실 때에도 사람들은 전혀 예기치 못한 상태일 것을 의미한다.

28 롯의 때 소돔에 살고 있던 아브라함의 조카 롯은 아브라함의 중보로 소돔과 고모라가 심판을 당할 때 구원받는다. 그러나 소돔 사람들은 롯의 경고를 농담으로 여겼다가 갑자기 임한 심판으로 멸망당한다.

30 인자가 나타나는 날에도 이러하리라 예수님이 다시 오실 때, 이 땅의 삶에 매여 다가올 심판에 대해서 전혀 관심을 두지 않던 사람들은 갑자기 멸망하게 될 것을 뜻한다.

32 롯의 처를 기억하라 롯의 아내는 도망치는 중에 멸망하는 소돔을 뒤돌아보았기 때문에 소금 기둥이 되었다(창 19:26). 롯의 아내는 소돔에 두고 온 재산이 아까워 뒤를 돌아보았을 것이다. 이처럼 심판 때 땅의 것에 집착하는 것은 영원한 하나님 나라에 들어갈 준비가 되지 않았음을 보여주는 것이기 때문에 멸망받게 된다는 의미다.

33 무릇 자기 목숨을 보전하고자 하는 자는 잃을 것이요 잃는 자는 살리리라 '자기 목숨'은 이 땅에서의 육신적 생명을 의미한다. 즉, 이 땅의 생명만을 보전하려고 애쓰는 자는 결국 심판의 때에 육적 생명뿐만 아니라 영적 생명까지도 잃어버리게 될 것이라는 말씀이다. 그러나 이 땅의 생명을 희생하여 영원한 생명을 얻고자 하는 자는 마침내 그것을 얻게 될 것이다.

34 하나는 데려감을 얻고 하나는 버려둠을 당할 것이요 본절은 구원이 선택적이며 제한적인 것임을 의미한다. 즉, 하나님의 선택을 받은 자는 심판이 임했을 때 구원을 받지만, 그렇지 않은 자는 남겨져 멸망을 당할 것이다.

쉬운성경

24 "마치 번개가 하늘 이편에서 번쩍하여 하늘 저편까지 비치듯이 인자도 자기의 날에 그와 같을 것이다.

25 그러나 인자가 먼저 많은 고난을 당하고 이 세대 사람들에게 배척을 받아야 한다.

26 마치 노아의 시대처럼 인자의 날도 그와 같을 것이다.

27 노아가 배에 들어가는 날까지 사람들은 먹고 마시며 장가가고 시집을 갔다. 그러다가 홍수가 나서, 그들을 모두 멸망시켰다.

28 롯의 시대에도 이와 같은 일이 있었다. 사람들이 먹고 마시며 사고팔고 심고 집을 지었다.

29 그러나 롯이 소돔을 떠나던 날, 하늘에서 불과 유황이 비 오듯이 쏟아져 모두 멸망당하고 말았다.

30 인자가 나타나는 날에도 바로 그와 같을 것이다.

31 그날에 지붕 위에 있는 사람은 집 안에 있는 물건을 가지러 내려가지 마라. 들에 있는 사람도 돌아가지 마라.

32 롯의 아내를 기억하여라.

33 누구든지 자기의 생명을 지키려고 하는 사람은 잃을 것이다. 그러나 자기 생명을 버리는 사람은 얻을 것이다.

34 내가 너희에게 말한다. 그날에 두 사람이 한 자리에 누워 있을 것이나, 하나는 데려가고, 하나는 남겨 둘 것이다.

35 두 여자가 같은 곳에서 함께 맷돌을 갈고 있을 것이나, 하나는 데려가고, 하나는 남겨지게 될 것이다."

36 (없음)*

37 그때, 제자들이 대답했습니다. "주님, 어디에서 그런 일이 일어나겠습니까?" 예수님께서 제자들에게 "시체가 있는 곳에는 독수리들이 모인다"라고 말씀하셨습니다.

* 17:36 어떤 사본에는 다음과 같은 구절이 있다. "또 두 사람이 밭에 있을 것이니 하나는 데려가고 하나는 남을 것이다."

37 주검 있는 곳에는 독수리가 모이느니라 어디에서 심판이 시작되느냐는 제자들의 질문에 대한 예수님의 답변이다. 즉, 독수리들이 모여드는 것을 보면 시체가 있음을 알게 되듯이, 예수님이 재림하시면 어디에 재림하실지 분명히 알 수 있을 것이라는 말씀이다.

저자의 묵상

지금도 세상 사람들은 노아나 롯이 살던 시대의 사람들처럼 쾌락을 추구하며 살아간다. 이들은 믿음이 없기 때문에 심판을 두려워하지도 않으며 예수님의 재림을 받아들일 수도 없다. 따라서 그들은 현재적으로 더 큰 쾌락을 얻고자 애쓴다. 그러나 믿음이 있는 성도는 심판에 대한 하나님의 말씀을 믿을 수 있다. 성도에게는 단순히 앞으로 임할 심판이 두려워 하나님의 말씀에 순종하는 것이 아니다. 성령으로 말미암아 거듭난 성도는 하나님 나라에 대한 관심과 열정이 자연스럽게 나타나게 된다. 육신을 입고 살아가는 짧은 인생을 통해 더 가치 있는 일을 함으로 하나님을 기쁘시게 하고자 하는 마음이 생긴다. 자기 육신적 만족이 아닌 하나님의 나라를 위해 살아갈 때 더 큰 만족과 기쁨을 얻게 된다. 예수님의 재림을 확실하게 믿을수록 하나님을 위한 더 가치 있는 인생을 살 수 있다.

무릎기도 하나님, 믿음이 없어서 육신적 만족을 채우고자 하는 삶만을 살았음을 용서하소서. 예수님의 재림을 확실하게 믿게 하셔서 하나님을 기쁘게 하는 인생을 살아가게 하소서.

ESV - Luke 17

24 For as the lightning flashes and lights up the sky from one side to the other, so will the Son of Man be in his day.*
25 But first he must suffer many things and be rejected by this generation.
26 Just as it was in the days of Noah, so will it be in the days of the Son of Man.
27 They were eating and drinking and marrying and being given in marriage, until the day when Noah entered the ark, and the flood came and destroyed them all.
28 Likewise, just as it was in the days of Lot—they were eating and drinking, buying and selling, planting and building,
29 but on the day when Lot went out from Sodom, fire and sulfur rained from heaven and destroyed them all—
30 so will it be on the day when the Son of Man is revealed.
31 On that day, let the one who is on the housetop, with his goods in the house, not come down to take them away, and likewise let the one who is in the field not turn back.
32 Remember Lot's wife.
33 Whoever seeks to preserve his life will lose it, but whoever loses his life will keep it.
34 I tell you, in that night there will be two in one bed. One will be taken and the other left.
35 There will be two women grinding together. One will be taken and the other left."*
37 And they said to him, "Where, Lord?" He said to them, "Where the corpse* is, there the vultures* will gather."

*17:24 Some manuscripts omit *in his day*
* 17:35 Some manuscripts add verse 36: *Two men will be in the field; one will be taken and the other left*
* 17:37 Greek *body*
* 17:37 Or *eagles*

24 as···, so~ ···와 마찬가지로 ~하다 lightning 번개 flash 번쩍거리다 25 suffer 겪다, 당하다 27 ark 방주 flood 홍수 29 sulfur 유황 30 reveal 나타내다 31 goods 재산, 소유물 take away 가지고 가다 33 preserve 지키다 35 grind 맷돌질하다 37 corpse 시체 vulture 독수리

☐ 묵상 체크

59 불의한 재판장 비유

월 일

누가복음 18:1-8 • 새찬송 420장 | 통일 212장

• 말씀묵상 전에 성령님의 인도하심을 구하는 기도를 드리십시오.

본문요약 l 예수님은 '불의한 재판장 비유'를 통해서 공의로우신 하나님이 기도에 응답하시는 분이심을 강조해 말씀하신다. 예수님은 불의한 재판장이라도 과부가 귀찮게 반복하여 요청할 때 그가 공의로운 판결을 내리게 됨을 말씀하신다. 이어 하나님은 그와 반대로 그의 자녀들이 공의를 이루어 달라고 간구할 때 속히 응답하시는 공의로운 분이라고 가르치신다.

1 예수께서 그들에게 항상 기도하고 낙심하
지 말아야 할 것을 비유로 말씀하여
2 이르시되 어떤 도시에 하나님을 두려워하
지 않고 사람을 무시하는 한 재판장이 있
는데
3 그 도시에 한 과부가 있어 자주 그에게 가
서 내 원수에 대한 나의 원한을 풀어 주소
서 하되
4 그가 얼마 동안 듣지 아니하다가 후에 속
으로 생각하되 내가 하나님을 두려워하지
않고 사람을 무시하나
5 이 과부가 나를 번거롭게 하니 내가 그 원
한을 풀어 주리라 그렇지 않으면 늘 와서
나를 괴롭게 하리라 하였느니라
6 주께서 또 이르시되 불의한 재판장이 말
한 것을 들으라
7 하물며 하나님께서 그 밤낮 부르짖는 택
하신 자들의 원한을 풀어 주지 아니하시
겠느냐 그들에게 오래 참으시겠느냐
8 내가 너희에게 이르노니 속히 그 원한을
풀어 주시리라 그러나 인자가 올 때에 세
상에서 믿음을 보겠느냐 하시니

1. 오늘 하나님께서 나에게 주신 깨달음은 무엇입니까?

2. 말씀을 어떻게 내 삶에 구체적으로 적용해야 합니까?

절별 해설

1 항상 기도하고 낙심하지 말아야 할 것 기도는 하나님의 일하심에 대한 신뢰가 바탕이 된 행위다. 따라서 기도를 그만둔다는 것은 하나님에 대한 믿음을 포기한다는 의미다.

2 하나님을 두려워하지 않고 사람을 무시하는 한 재판장이 있는데 하나님의 심판을 전혀 생각하지 않고 자기 욕심을 채우기 위해 불법을 행하는 재판장의 내적 기초는 '하나님을 두려워하지 않는 것'이다. 또한 과부와 같이 힘이 약한 자를 멸시하고 그들의 권리를 보호하지 않는 그의 완악함의 이유는 '사람을 무시하는 본성'에 있다.

3 나의 원한을 풀어 주소서 '원한을 풀어 주다'는 '(법적) 공의를 회복하다'라는 뜻이다. 당시 여자는 억울한 일을 당해도 직접 고소를 하거나 법정에서 증언을 할 수가 없었다. 따라서 과부는 법적으로 해결해야 할 문제가 있을 때 자신을 대신해 고소를 하고 변호를 해 줄 남자 후견인이 필요했다. 그러나 남자 친척이 없거나 후견인을 고용할 만한 돈이 없을 때는 억울한 일도 해결할 수 없었다. 이 과부가 직접 재판장을 찾아가서 원수를 갚아 달라고 자주 요청한 것은, 후견인을 고용하거나 뇌물을 줄 수 있는 능력이 없었기 때문이다.

5 괴롭게 하리라 원어적으로 '눈을 쳐서 멍이 들게 하다'라는 뜻으로, '수치를 당하는 것 또는 명예를 훼손당하는 것'을 의미한다. 재판관이 사용한 단어들은 이 과부의 반복되는 요청이 얼마나 그를 괴롭고 피곤하게 만들었는지를 보여준다.

6 불의한 재판장 '불의'는 하나님을 두려워하지 않고 사람을 무시함으로 인하여 하나님의 공의의 기준을 어기는 행위를 의미한다. 불의한 재판장일지라도 과부의 반복되는 요청을 견딜 수 없어서 결국 자신의 성격에 반대되는 공의의 판결을 내릴 수밖에 없었음을 알 수 있다.

7 하나님께서 그 밤낮 부르짖는 택하신 자들의 원한을 풀어 주지 아니하시겠느냐 그들에게 오래 참으시겠느냐 여기서 '원한'은 개인적인 억울함이 아니라 '(하나님의) 공의의 회복'을 말한다. 즉, 이 구절은 개인적인 억울한 일에 대해 열심히 기도하면 하나님이 응답해 주신다는 뜻이 아니다. 하나님은 공의가 어그러진 것을 회복해 달라는 기도에 반드시 응답하신다는 뜻이다.

8 인자가 올 때에 세상에서 믿음을 보겠느냐 기도는 믿음에서 나온 행위다. 그 때문에 이 말은 예수님의 재림 때 이런 공의를 간구하는 믿음의 기도를 드리는 자들을 찾기 어려울 것임을 보여준다. 그 이유는 세상이 너무나 불의하기 때문에 성도들마저도 하나님이 공의를 회복하실 것에 대한 믿음을 상실하는 일이 흔하게 나타날 것이기 때문이다.

쉬운성경

1 예수님께서 언제나 기도하고 희망을 잃지 말아야 할 것을 가르치시기 위해 제자들에게 비유를 말씀하셨습니다.

2 "어떤 마을에 하나님을 두려워하지 않고 사람들을 무시하는 재판관이 있었다.

3 그 마을에 과부가 한 명 있었다. 그는 재판관을 찾아가서 말하였다. '내 원수를 갚아 주십시오.'

4 그 재판관은 한동안, 그의 간청을 들어주려고 하지 않았다. 그러나 얼마 후에 속으로 중얼거렸다. '내가 하나님을 두려워하지 않고 사람을 무시하지만,

5 이 과부가 나를 귀찮게 하니 그의 간청을 들어 주어야겠다. 그렇지 않으면 계속 와서 나를 괴롭힐 것이다.'"

6 주께서 말씀하셨습니다. "이 불의한 재판관이 말한 것을 들으라.

7 하나님께서 밤낮 부르짖는 하나님의 선택된 백성들의 간청을 듣지 않으시고 오랫동안 미루시겠느냐?

8 내가 너희에게 말한다. 하나님께서 속히 그의 백성들에게 정의를 베푸실 것이다. 그러나 인자가 올 때, 이 세상에서 이 믿음을 발견할 수 있겠느냐?"

저자의 묵상

성도가 낙심하지 않고 기도하기 위해서는 세 가지 조건이 필요하다. 첫 번째는, 하나님의 선하시고 신실하신 성품을 믿어야 한다. 우리가 믿는 하나님은 악한 재판장과는 다른 선하신 분이다. 선하고 신실하신 하나님은 그의 자녀의 기도에 반드시 응답하신다. 두 번째는, 공의를 구하는 기도는 반드시 응답된다는 것이다. 하나님은 개인의 원한을 일일이 보복하시지 않는다. 그러나 불의한 세상을 의롭게 바꾸어 달라는 공의의 회복에 대한 기도에는 반드시 응답하신다. 세 번째는, 예수님이 반드시 다시 오셔서 심판하심을 믿어야 한다. 이 땅에서 우리의 기도가 당장은 응답되지 않는 것처럼 보일 때가 많다. 그러나 예수님이 다시 오실 그때에는 모든 간구가 반드시 하나님의 뜻대로 응답될 것이다. 이 사실들을 믿음으로 낙심하지 않고 끝까지 기도해야 한다.

무릎 기도 하나님, 기도하며 자주 낙심하던 저의 연약한 믿음을 긍휼히 여기소서. 제게 믿음을 더해 주셔서 공의의 회복을 위해 예수님이 오실 날까지 낙심하지 않고 기도하게 하소서.

ESV - Luke 18

1 And he told them a parable to the effect that they ought always to pray and not lose heart.
2 He said, "In a certain city there was a judge who neither feared God nor respected man.
3 And there was a widow in that city who kept coming to him and saying, 'Give me justice against my adversary.'
4 For a while he refused, but afterward he said to himself, 'Though I neither fear God nor respect man,
5 yet because this widow keeps bothering me, I will give her justice, so that she will not beat me down by her continual coming.'"
6 And the Lord said, "Hear what the unrighteous judge says.
7 And will not God give justice to his elect, who cry to him day and night? Will he delay long over them?
8 I tell you, he will give justice to them speedily. Nevertheless, when the Son of Man comes, will he find faith on earth?"

1 parable 비유 to the effect… …라는 취지의 ought to do 마땅히 …해야 한다 lose heart 낙심하다 3 widow 과부 adversary 원수 4 for a while 얼마 동안 5 keep bothering 귀찮게 하다 beat… down …을 억누르다 7 elect 선택된

60 바리새인과 세리의 비유

월 일

누가복음 18:9-17 • 새찬송 384장 | 통일 434장

• 말씀묵상 전에 성령님의 인도하심을 구하는 기도를 드리십시오.

본문요약 | 예수님은 '바리새인과 세리의 비유'를 통해 비교 의식으로 자기 의를 내세우고 다른 사람을 멸시하는 자는 하나님 앞에서 의롭다 함을 얻을 수 없음을 말씀하신다. 반대로 자신이 하나님의 진노 아래 있는 죄인임을 인식하고 긍휼을 구하는 자가 의롭다 함을 얻게 됨과, 하나님 나라는 어린아이와 같이 순수하게 받아들이는 자만이 들어갈 수 있음을 말씀하신다.

9 또 자기를 의롭다고 믿고 다른 사람을 멸
시하는 자들에게 이 비유로 말씀하시되
10 두 사람이 기도하러 성전에 올라가니 하
나는 바리새인이요 하나는 세리라
11 바리새인은 서서 따로 기도하여 이르되
하나님이여 나는 다른 사람들 곧 토색, 불
의, 간음을 하는 자들과 같지 아니하고 이
세리와도 같지 아니함을 감사하나이다
12 나는 이레에 두 번씩 금식하고 또 소득의
십일조를 드리나이다 하고
13 세리는 멀리 서서 감히 눈을 들어 하늘을
쳐다보지도 못하고 다만 가슴을 치며 이
르되 하나님이여 불쌍히 여기소서 나는
죄인이로소이다 하였느니라
14 내가 너희에게 이르노니 이에 저 바리새
인이 아니고 이 사람이 의롭다 하심을 받
고 그의 집으로 내려갔느니라 무릇 자기
를 높이는 자는 낮아지고 자기를 낮추는
자는 높아지리라 하시니라
15 사람들이 예수께서 만져 주심을 바라고
자기 어린 아기를 데리고 오매 제자들이
보고 꾸짖거늘
16 예수께서 그 어린아이들을 불러 가까이
하시고 이르시되 어린아이들이 내게 오는
것을 용납하고 금하지 말라 하나님의 나
라가 이런 자의 것이니라
17 내가 진실로 너희에게 이르노니 누구든지
하나님의 나라를 어린아이와 같이 받아들
이지 않는 자는 결단코 거기 들어가지 못
하리라 하시니라

1. 오늘 하나님께서 나에게 주신 깨달음은 무엇입니까?

2. 말씀을 어떻게 내 삶에 구체적으로 적용해야 합니까?

절별 해설

9 자기를 의롭다고 믿고 다른 사람을 멸시하는 자들 '자기 의'는 비교 의식에 근거한다. 자기 의는 다른 사람과 자신을 비교하여 종교적으로 우월감을 얻고자 하는 태도다.

10 두 사람이 기도하러 성전에 올라가니 유대인들은 하루 세 번(오전 9시, 12시, 오후 3시) 기도하는 습관이 있었다. 이들은 개인적으로 기도하거나 성전에 올라가 유대인의 뜰에서 기도했다.
세리 예수님 당시의 '세리'는 로마를 대신해 유대 백성들로부터 세금을 거두어들였다. 그 때문에 세리들은 유대인들에게 민족적인 반역자로 여겨졌고, 가난한 사람들을 학대하는 불의한 자들로 간주되었다. 세리는 종교적으로도 하나님 나라에 들어갈 수 없는 대표적인 죄인으로 여겨졌다.

11 하나님이여 나는 다른 사람들 곧 토색, 불의, 간음을 하는 자들과 같지 아니하고 '토색'은 '(돈을 억지로) 빼앗는 행위'며, '불의'는 율법을 어기는 행위다. 바리새인은 남의 돈을 빼앗고 불의를 행하는 세리를 염두에 두고 이 기도를 한 것이다. '간음을 하는 자'는 창기를 염두에 둔 것으로 보인다. 즉, 바리새인은 자신이 '세리와 창기'와는 다름을 강조한 것이다.

12 나는 이레에 두 번씩 금식하고 율법에 의하면, 금식은 매년 대속죄일에 한 번 하게 되어 있었다. 그러나 바리새인들은 그들의 경건을 자랑하기 위해 매주 월요일과 목요일에 금식을 했다.

13 세리는 멀리 서서 '서서 따로' 기도했던 바리새인과 달리, 세리는 성전에서도 하나님 앞에 가까이 나아오지 못하고 '멀리 서서' 기도한다. 예수님 당시에 세리와 같은 죄인들은 유대인임에도 유대인의 뜰에 들어가지 못하고 이방인의 뜰에서 기도할 수밖에 없었다.
불쌍히 여기소서 원어적으로 '속량하다'라는 뜻이다(히 2:17). '속량'은 '하나님의 진노에 대한 대가가 지불되었기 때문에 더 이상 진노를 받지 않게 됨'을 의미한다. 이 세리는 자신의 죄악이 하나님의 진노를 받아 마땅한 것임을 알고 있었다. 따라서 하나님의 긍휼이 아니고서는 그 진노에서 벗어날 수 없음을 알고 겸손한 태도로 불쌍히 여겨 주시기를 간구한 것이다.

14 자기를 낮추는 자는 높아지리라 인간의 높아지고 낮아짐은 하나님의 주권에 의한 것이기 때문에, 하나님 앞에서 자신의 불의함을 인정하고 긍휼을 구하는 자만이 의롭다는 인정을 받을 수 있다.

15 어린 아기 고대에 아이들과 여자들은 남자들과는 달리 온전한 인격체로 대우받지 못했다. 제자들은 사람들이 중요하지 않은 아이들을 예수님께로 데려왔기 때문에 그들을 꾸짖은 것이다.

쉬운성경

9 자기가 의롭다고 생각하고 다른 사람을 멸시하는 사람들에게 예수님께서 이런 비유를 말씀하셨습니다.

10 "두 사람이 기도하려고 성전에 올라갔는데, 하나는 바리새파 사람이고, 하나는 세리였다.

11 바리새파 사람이 서서 이렇게 기도하였다. '하나님, 저는 다른 사람 즉 사기꾼, 죄인, 간음을 행하는 자와 같지 않고 이 세리와 같지 않은 것에 감사를 드립니다.

12 저는 일주일에 두 번씩 금식하며 모든 수입의 십일조를 바칩니다.'

13 한편, 세리는 멀리 서서 감히 눈을 들어 하늘을 보지도 못하고, 다만 가슴을 치며 말했다. '하나님 이 죄인을 불쌍히 여겨 주십시오.'

14 내가 너희에게 말한다. 이 사람이 저 바리새파 사람보다 의롭다는 인정을 받고 집으로 돌아갔다. 누구든지 자기를 높이는 사람은 낮아지고, 자기를 낮추는 사람은 높아질 것이다."

15 사람들이 예수님께서 만져 주시기를 원하여 어린아이들을 데리고 왔습니다. 제자들이 이를 보고 그들을 꾸짖었습니다.

16 그러나 예수님께서 그들을 부르시고 말씀하셨습니다. "어린아이들이 내게로 오는 것을 막지 마라. 하나님 나라는 이런 어린아이들의 것이다.

17 내가 진정으로 너희에게 말한다. 어린아이와 같이 하나님 나라를 받아들이지 않는 사람은 하나님 나라에 들어갈 수 없다."

16 하나님의 나라가 이런 자의 것이니라 아이들이 부모를 의존하듯이, 이렇게 하나님을 전적으로 의존해야만 하나님 나라에 합당하다는 말씀이다.

17 받아들이지 '받아들이다'는 '영접하다, 손에 쥐다'라는 뜻으로, 하나님 나라를 인정하고 그곳에 들어가기를 간절히 원하는 마음을 보여준다.

저자의 묵상

신약성경에 자주 등장하는 바리새인들은 하나님처럼 되려고 선악과를 따 먹었던 아담의 죄악이 종교적으로는 어떻게 표출되는지를 보여주는 예다. 바리새인들의 '선'은 자신들이 지켜야 할 규칙으로 정해 놓은 종교적 규례들이었다. 그들이 '하나님처럼 되는 방법'은 종교적 규례들을 지키지 못하는 죄인들과 자신들을 구분하여 우월감을 갖는 것이었다. 즉, 바리새인들이 종교적으로 가졌던 우월감은 그들이 하나님 노릇을 하는 죄인들이었음을 보여준 것에 불과했다.

세상 사람들은 돈이나 지위 등을 통한 우월감으로 하나님처럼 되려는 죄악을 드러낸다. 교회에 다니는 사람들은 종교적이거나 선한 행위를 통해 얻게 되는 우월감으로 죄악을 드러낸다. 결국, 인간은 우월감을 통해 자신의 죄악을 드러냄을 인식해야 자신의 죄에서 빨리 벗어날 수 있다.

무릎기도 하나님, 다른 사람에 대한 비교 의식으로 남과 저를 계속 비교해 왔던 죄악을 회개합니다. 다른 사람에 대한 우월감을 가지며 하나님처럼 되려고 했던 무서운 교만을 회개하오니 용서하소서.

ESV - Luke 18

9 He also told this parable to some who trusted in themselves that they were righteous, and treated others with contempt:
10 "Two men went up into the temple to pray, one a Pharisee and the other a tax collector.
11 The Pharisee, standing by himself, prayed* thus: 'God, I thank you that I am not like other men, extortioners, unjust, adulterers, or even like this tax collector.
12 I fast twice a week; I give tithes of all that I get.'
13 But the tax collector, standing far off, would not even lift up his eyes to heaven, but beat his breast, saying, 'God, be merciful to me, a sinner!'
14 I tell you, this man went down to his house justified, rather than the other. For everyone who exalts himself will be humbled, but the one who humbles himself will be exalted."
15 Now they were bringing even infants to him that he might touch them. And when the disciples saw it, they rebuked them.
16 But Jesus called them to him, saying, "Let the children come to me, and do not hinder them, for to such belongs the kingdom of God.
17 Truly, I say to you, whoever does not receive the kingdom of God like a child shall not enter it."

* 18:11 Or *standing, prayed to himself*

9 trust in… …을 믿다 treat… with contempt …을 멸시하다 11 extortioner 사기꾼 unjust 부당한 adulterer 간음하는 자 12 fast 금식하다 tithe 십일조 13 beat one's breast 가슴을 치며 후회하다 merciful to… …에 대해 자비로운 14 exalt 높이다 humble 낮추다 15 infant 어린 아기 rebuke 꾸짖다 16 hinder 막다

☐ 묵상 체크

61

월 일

재물을 버릴 수 없었던 부자 관리

누가복음 18:18-30 • 새찬송 395장 | 통일 450장

• 말씀묵상 전에 성령님의 인도하심을 구하는 기도를 드리십시오.

본문요약 | 어떤 부자 관리가 예수님을 찾아와 어떻게 영생을 얻을 수 있는지를 질문한다. 예수님은 그에게 이웃 사랑에 관한 계명들을 지켜 왔는지 질문하셨고, 그는 어려서부터 계명을 잘 지켰다고 대답한다. 이에 예수님이 그가 가진 재산을 다 팔아 가난한 자들에게 나눠 주고 와서 자신을 따르라고 말씀하시자, 그는 근심하며 예수님을 떠난다.

18 어떤 관리가 물어 이르되 선한 선생님이여 내가 무엇을 하여야 영생을 얻으리이까

19 예수께서 이르시되 네가 어찌하여 나를 선하다 일컫느냐 하나님 한 분 외에는 선한 이가 없느니라

20 네가 계명을 아나니 ㄱ간음하지 말라, 살인하지 말라, 도둑질하지 말라, 거짓 증언하지 말라, 네 부모를 공경하라 하였느니라

21 여짜오되 이것은 내가 어려서부터 다 지키었나이다

22 예수께서 이 말을 들으시고 이르시되 네게 아직도 한 가지 부족한 것이 있으니 네게 있는 것을 다 팔아 가난한 자들에게 나눠 주라 그리하면 하늘에서 네게 보화가 있으리라 그리고 와서 나를 따르라 하시니

23 그 사람이 큰 부자이므로 이 말씀을 듣고 심히 근심하더라

24 예수께서 그를 보시고 이르시되 재물이 있는 자는 하나님의 나라에 들어가기가 얼마나 어려운지

25 낙타가 바늘귀로 들어가는 것이 부자가 하나님의 나라에 들어가는 것보다 쉬우니라 하시니

26 듣는 자들이 이르되 그런즉 누가 구원을 얻을 수 있나이까

27 이르시되 무릇 사람이 할 수 없는 것을 하나님은 하실 수 있느니라

28 베드로가 여짜오되 보옵소서 우리가 우리의 것을 다 버리고 주를 따랐나이다

29 이르시되 내가 진실로 너희에게 이르노니 하나님의 나라를 위하여 집이나 아내나 형제나 부모나 자녀를 버린 자는

30 현세에 여러 배를 받고 내세에 영생을 받지 못할 자가 없느니라 하시니라

ㄱ. 출 20:12-16; 신 5:16-20

1. 오늘 하나님께서 나에게 주신 깨달음은 무엇입니까?

2. 말씀을 어떻게 내 삶에 구체적으로 적용해야 합니까?

절별 해설

18 어떤 관리 마태는 이 사람을 '청년'으로(마 19:20), 마가는 '한 사람'으로 소개한다(막 10:17). 이 '관리'는 산헤드린 회원이거나 회당을 맡은 책임자, 혹은 로마가 임명한 정부 관리 등이었을 것이다.
내가 무엇을 하여야 영생을 얻으리이까 이 질문은 당시의 유대인들이 영생을 얻는 것이 선행의 결과라고 생각했음을 보여준다(10:25).

19 네가 어찌하여 나를 선하다 일컫느냐 당시 유대인들은 하나님이나 율법만 선하다고 생각했다. 이 관리는 예수님을 '선한 선생님'이라고 부르면서도, 실제로는 하나님으로 인정하지 않았기 때문에 예수님이 그에게 이렇게 반문하신 것이다.

21 이것은 내가 어려서부터 다 지키었나이다 '어려서부터'는 종교적·법적으로 스스로를 책임질 수 있는 청소년 때부터를 의미한다. 유대 소년은 13세에 성년식을 거치면 '계약의 아들'(바르 미쯔바)이 되어 자기 행위에 대한 종교적인 책임을 져야 했다.

22 네게 있는 것을 다 팔아 가난한 자들에게 나눠 주라 이제까지 이웃 사랑에 관한 율법의 형식만을 열심히 지켜 온 그에게 재물을 전부 포기하라는 예수님의 명령은 실행하기가 너무나 어려운 것이었다. 탐심은 하나님보다 재물을 더 사랑하는 일종의 우상 숭배다(골 3:5). 예수님은 관리가 재물을 의존하고 사랑하는 탐심이 얼마나 큰지를 꿰뚫어 보셨기 때문에 이런 명령을 하셨다. 결국 이 부자 관리는 십계명의 첫 번째 계명부터 어기고 있었던 것이다.
그리고 와서 나를 따르라 예수님을 따르는 것은 자기 부인이 먼저 전제되어야 한다(9:23). 따라서 예수님은 그가 의존하는 우상을 버리고 예수님을 따르면 얻게 되는 영생의 길로 초청하신 것이다.

24 재물이 있는 자 단순히 돈이 많은 부자를 의미하는 것이 아니다. 이 관리와 같이 돈을 하나님의 자리에 올려놓고 자신의 욕망을 이루어 줄 우상으로 의존하는 자를 말한다.

25 낙타가 바늘귀로 들어가는 것이 부자가 하나님의 나라에 들어가는 것보다 쉬우니라 '낙타'는 팔레스타인에서 가장 큰 짐승이며, '바늘귀'는 일상에서 경험할 수 있는 가장 작은 구멍이다. 예수님은 재물의 힘으로 영생을 얻는 것이 불가능함을 과장하여 말씀하신 것이다. 재물을 우상으로 의존하는 자는 이처럼 하나님 나라에 들어가는 것이 어렵다.

27 무릇 사람이 할 수 없는 것을 하나님은 하실 수 있느니라 인간의 능력이 구원을 가능케 하는 것이 아니라 하나님의 능력이 구원을 가능케 함을 강조하신 것이다.

쉬운성경

18 어떤 지도자가 예수님께 "선한 선생님, 영생을 얻으려면 무엇을 해야 합니까?"라고 물었습니다.

19 예수님께서 대답하셨습니다. "왜 나를 선하다고 하느냐? 선한 분은 오직 하나님 한 분뿐이시다.

20 너는 계명들을 알고 있다. '간음하지 마라. 살인하지 마라. 도둑질하지 마라. 거짓 증언하지 마라. 네 아버지와 어머니를 공경하여라.'"

21 그가 대답했습니다. "이 모든 것을 저는 어려서부터 다 지켜 왔습니다."

22 예수님께서 이 말을 들으시고 그에게 말씀하셨습니다. "네게 아직도 부족한 것이 하나 있다. 네 재산을 다 팔아 가난한 사람들에게 나누어 주어라. 그러면 하늘에서 보화를 얻을 것이다. 그리고 와서 나를 따르라."

23 이 말씀을 듣고 그는 몹시 근심하였습니다. 왜냐하면 그는 큰 부자였기 때문입니다.

24 예수님께서 그를 보시며 말씀하셨습니다. "부자가 하나님 나라에 들어가는 것이 참으로 어렵다.

25 부자가 하나님 나라에 들어가는 것보다, 낙타가 바늘구멍으로 지나가는 것이 더 쉽다."

26 사람들이 이 말씀을 듣고 말했습니다. "그렇다면 누가 구원받을 수 있겠습니까?"

27 예수님께서 말씀하셨습니다. "사람으로는 할 수 없는 것을 하나님께서는 하실 수 있다."

28 그때, 베드로가 말했습니다. "우리는 모든 것을 버리고 주님을 따랐습니다."

29 예수님께서 제자들에게 말씀하셨습니다. "내가 진정으로 너희에게 말한다. 하나님 나라를 위해 집이나 아내나 형제나 부모나 자녀를 버린 사람은

30 이 세상에서 여러 배로 받을 것이요, 또한 오는 세상에서 영생을 얻을 것이다."

30 현세에 여러 배를 받고 제자들의 삶을 살펴보면, 이것은 물질적 보상이 아니었음을 알 수 있다. 이 땅의 것을 버린 자는 영적 보상을 받게 됨을 보여준다.

저자의 묵상

예수님이 부자 청년에게 그가 가진 재산을 다 팔아 가난한 사람들에게 나눠 주라고 하셨던 이유는, 재물이 이 청년의 우상이었기 때문이었다. 이 청년은 외적으로는 하나님의 율법을 잘 지키고 있었지만 영적으로는 우상 숭배자에 불과했다.

이처럼 어떤 사람의 우상이 무엇인가는 그 대상을 빼앗길 위기에 처했을 때 가장 잘 드러난다. 우상 숭배는 영적이기 때문에 평소에는 자신이 우상을 섬기고 있다고 인정하기 어렵다. 그런데 자신이 섬기는 우상을 빼앗길 위기에 처했을 때 깊은 불안과 두려움을 느낀다면, 그것이 바로 그 사람의 강력한 우상이다. 자신이 무엇을 우상으로 의존하고 있는지를 깨닫지 못한다면, 우상을 버리기 위해 애쓰기보다는 오히려 그 우상을 위한 삶을 살게 된다. 하나님은 성도가 우상 숭배에서 벗어나 하나님만을 섬기길 원하시기 때문에, 우상을 버리게 해 달라는 성도의 기도에 반드시 응답하신다.

무릎기도 하나님 한 분만 사랑하고 의존해야 하는 제가 영적으로 다른 것들을 의존하고 살았음을 인정합니다. 제가 우상을 버리고 오직 하나님만을 의존하는 온전한 신앙인이 되게 하소서.

ESV - Luke 18

18 And a ruler asked him, "Good Teacher, what must I do to inherit eternal life?"
19 And Jesus said to him, "Why do you call me good? No one is good except God alone.
20 You know the commandments: 'Do not commit adultery, Do not murder, Do not steal, Do not bear false witness, Honor your father and mother.'"
21 And he said, "All these I have kept from my youth."
22 When Jesus heard this, he said to him, "One thing you still lack. Sell all that you have and distribute to the poor, and you will have treasure in heaven; and come, follow me."
23 But when he heard these things, he became very sad, for he was extremely rich.
24 Jesus, seeing that he had become sad, said, "How difficult it is for those who have wealth to enter the kingdom of God!
25 For it is easier for a camel to go through the eye of a needle than for a rich person to enter the kingdom of God."
26 Those who heard it said, "Then who can be saved?"
27 But he said, "What is impossible with man is possible with God."
28 And Peter said, "See, we have left our homes and followed you."
29 And he said to them, "Truly, I say to you, there is no one who has left house or wife or brothers* or parents or children, for the sake of the kingdom of God,
30 who will not receive many times more in this time, and in the age to come eternal life."

*18:29 Or *wife or brothers and sisters*

18 ruler 지도자 inherit 상속하다 eternal life 영생 20 commandment 계명 commit adultery 간음하다 bear false witness 거짓 증언을 하다 22 lack 부족하다 distribute 나눠주다 23 extremely 매우 25 the eye of a needle 바늘귀 29 for the sake of… …를 위하여

62

월 일

맹인을 고치신 예수님

누가복음 18:31-43 • 새찬송 134장 | 통일 84장

• 말씀묵상 전에 성령님의 인도하심을 구하는 기도를 드리십시오.

본문요약 | 예수님은 예루살렘으로 올라가는 길에 제자들에게 자신이 구약성경에 예언된 대로 많은 고난과 모욕을 당하고 죽임을 당한 뒤 삼 일 만에 부활할 것을 예고하신다. 그러나 제자들은 예수님의 수난 예고를 이해하지 못했다. 예수님은 여리고에서 한 맹인의 눈을 뜨게 하시며, 제자들이 영적 무지에서 벗어나기를 열망해야 함을 가르치려 하셨다.

31 예수께서 열두 제자를 데리시고 이르시되
보라 우리가 예루살렘으로 올라가노니 선
지자들을 통하여 기록된 모든 것이 인자
에게 응하리라
32 인자가 이방인들에게 넘겨져 희롱을 당하
고 능욕을 당하고 침 뱉음을 당하겠으며
33 그들은 채찍질하고 그를 죽일 것이나 그
는 삼 일 만에 살아나리라 하시되
34 제자들이 이것을 하나도 깨닫지 못하였으
니 그 말씀이 감취었으므로 그들이 그 이
르신 바를 알지 못하였더라
35 여리고에 가까이 가셨을 때에 한 맹인이
길가에 앉아 구걸하다가
36 무리가 지나감을 듣고 이 무슨 일이냐고
물은대
37 그들이 나사렛 예수께서 지나가신다 하니
38 맹인이 외쳐 이르되 다윗의 자손 예수여
나를 불쌍히 여기소서 하거늘
39 앞서 가는 자들이 그를 꾸짖어 잠잠하라
하되 그가 더욱 크게 소리 질러 다윗의 자
손이여 나를 불쌍히 여기소서 하는지라
40 예수께서 머물러 서서 명하여 데려오라
하셨더니 그가 가까이 오매 물어 이르시
되
41 네게 무엇을 하여 주기를 원하느냐 이르
되 주여 보기를 원하나이다
42 예수께서 그에게 이르시되 보라 네 믿음
이 너를 구원하였느니라 하시매
43 곧 보게 되어 하나님께 영광을 돌리며 예
수를 따르니 백성이 다 이를 보고 하나님
을 찬양하니라

1. 오늘 하나님께서 나에게 주신 깨달음은 무엇입니까?

2. 말씀을 어떻게 내 삶에 구체적으로 적용해야 합니까?

절별 해설

31 우리가 예루살렘으로 올라가노니 누가는 예수님이 갈릴리로부터 출발하여 예루살렘에 도착하는 긴 여정을 기록한다(9:51–19:27). 예루살렘은 단순히 여행 목적지가 아니라 예수님이 유월절 어린 양으로 희생 제물이 되어 인류를 위한 구원 사역을 완성하실 장소다.

선지자들을 통하여 기록된 모든 것이 인자에게 응하리라 메시아가 고난을 통해 구원 사역을 완성할 것에 대해서 선지자들이 예언한 내용들을 말한다(사 53:1–12; 슥 12:10).

32 이방인들 예수님을 십자가에 처형한 빌라도와 로마 군인들을 의미한다.

희롱, 능욕, 침 뱉음 예수님이 받으실 수치스러운 고난을 묘사한다. 예수님을 향한 인간들의 이런 모욕적인 반응은 창조주 하나님을 향한 것이라는 사실에서 더욱 충격적이다(23:11,36).

33 그들은 채찍질하고 그를 죽일 것이나 '채찍질'은 십자가 처형에 앞서 거행되는 관례적 형벌이었다. 동물의 뼈나 금속을 매단 채찍으로 맞으면 피부가 찢어지고 뼈가 드러났다. 십자가 형벌 전에 이 채찍질 과정에서 죄수들이 죽는 경우도 있었다. 예수님이 십자가에서 일찍 돌아가신 것은 이전에 받으신 채찍질과 같은 고난이 매우 심했음을 보여준다(요 19:1).

삼 일 만에 살아나리라 예수님이 삼 일 만에 부활하심으로 자신이 죽음을 정복하는 생명의 하나님이심을 보여주실 것이란 뜻이다.

34 제자들이 이것을 하나도 깨닫지 못하였으니 예수님은 반복해서 자신이 당할 수난과 죽음에 대해 제자들에게 말씀하셨다. 그러나 제자들은 당시의 사람들처럼 잘못된 메시아 상에 젖어 있었기 때문에 예수님의 수난 예고를 이해할 수 없었다. 마가는 예수님이 수난 예고를 하시는 바로 이때에, 예루살렘에서 예수님이 왕위에 등극하시면 누가 높은 자리에 앉느냐를 놓고 제자들이 다투었음을 기록했다(막 10:35–45).

38 다윗의 자손 예수여 예수님을 '다윗의 자손'으로 부른 것은 예수님을 메시아로 인정한 것이다(사 11:1; 마 9:27). 바디매오는 예수님이 기적을 행하는 분일 뿐만 아니라 구약이 약속한 메시아임을 고백했다(막 10:46–47).

41 네게 무엇을 하여 주기를 원하느냐 맹인은 눈 뜨기를 간절히 원했다. 예수님이 이렇게 당연한 질문을 하신 이유는, 제자들 역시 영적으로 보지 못하는 상태에서 벗어나기를 간절히 원해야 함을 가르치시기 위해서다. 제자들이 예수님을

쉬운성경

31 예수님께서 열두 제자를 따로 부르시고 말씀하셨습니다. "보아라. 우리는 예루살렘으로 올라간다. 인자에 대하여 예언자들이 기록한 모든 일이 이루어질 것이다.

32 인자가 이방인들에게 넘겨져 조롱을 당하고 모욕을 당하며 침 뱉음을 당할 것이다.

33 그리고 이방인들이 인자를 채찍질한 후 죽일 것이다. 그러나 삼 일 만에 다시 살아날 것이다."

34 그러나 제자들은 이 말씀을 하나도 이해하지 못하였습니다. 이 말씀의 뜻이 감추어져 있어서 제자들은 예수님이 하시는 말씀을 이해하지 못하였습니다.

35 예수님께서 여리고에 가까이 가셨을 때였습니다. 어떤 보지 못하는 사람이 길가에 앉아 구걸하고 있었습니다.

36 많은 사람들이 지나가는 소리를 듣고 그가 무슨 일인지 물었습니다.

37 사람들이 나사렛 예수님이 지나가신다고 말해 주었습니다.

38 그러자 그는 큰 소리로 외쳤습니다. "다윗의 자손 예수님, 제게 자비를 베풀어 주십시오."

39 앞서 가던 사람들이 그를 엄히 꾸짖으며 조용히 하라고 했습니다. 그러나 그는 더욱 큰 소리로 외쳤습니다. "다윗의 자손이여, 제게 자비를 베풀어 주십시오."

40 예수님께서 걸음을 멈추시고 그를 데려오라고 명하셨습니다. 그가 가까이 왔을 때, 예수님께서 물으셨습니다.

41 "무엇을 해 주기를 원하느냐?" 그러자 그가 대답하였습니다. "주님, 다시 보기를 원합니다."

42 예수님께서 그에게 말씀하셨습니다. "눈을 떠 보아라. 네 믿음이 너를 낫게 하였다."

43 그 즉시, 그가 눈을 뜨고 예수님을 따르며 하나님께 영광을 돌렸습니다. 모든 사람들이 이것을 보고 하나님께 찬양을 드렸습니다.

따르고는 있었지만 여전히 영적 어둠에서 벗어나지 못했기 때문이다.

42 네 믿음이 너를 구원하였느니라 바디매오는 육체적으로 눈을 뜨는 기적뿐만 아니라 메시아로 믿었던 예수님을 통해 영적 구원까지 받는 더 큰 기적을 경험했다.

저자의 묵상

예수님이 바디매오에게 '무엇을 하여 주기를 원하느냐'고 물어보셨던 이유는, 제자들이 예수님께 구해야 하는 것이 무엇인가를 가르쳐 주시기 위해서였다. 제자들은 예수님을 삼 년이나 따라다녔지만 여전히 세상에서 높은 자리에 오르기를 원했기 때문이다.

성도들에게도 꼭 필요한 것이 영적인 눈을 뜨는 것이다. 영적으로 장님인 사람들은 교회에 오래 다녀도 여전히 세상적인 부요와 성공만을 기대한다. 그러나 아무리 많이 기도하고 열심을 부려도, 하나님은 이런 것들을 성도들에게 주시지 않는다. 기도 많이 하면 부자 되고 성공할 수 있다고 믿고 있다면 아직 영적으로는 장님이다. 예수님의 기대대로 성령이 임하셨을 때 제자들은 영적인 눈을 떴다. 그래서 그들은 예수님을 위해 핍박을 받고 심지어는 죽임을 당하기까지 했다. 우리도 영적인 눈을 떠서 세상이 감당하지 못하는 사람으로 이 세상을 살아야 할 것이다.

무릎 기도 하나님, 저의 육적인 눈이 닫히고 영적인 눈이 떠지게 하소서. 영적인 눈을 떠서 하나님 나라의 영광과 풍요를 바라보고 하나님을 위해 헌신하는 인생이 되게 하소서.

ESV - Luke 18

31 And taking the twelve, he said to them, "See, we are going up to Jerusalem, and everything that is written about the Son of Man by the prophets will be accomplished.
32 For he will be delivered over to the Gentiles and will be mocked and shamefully treated and spit upon.
33 And after flogging him, they will kill him, and on the third day he will rise."
34 But they understood none of these things. This saying was hidden from them, and they did not grasp what was said.
35 As he drew near to Jericho, a blind man was sitting by the roadside begging.
36 And hearing a crowd going by, he inquired what this meant.
37 They told him, "Jesus of Nazareth is passing by."
38 And he cried out, "Jesus, Son of David, have mercy on me!"
39 And those who were in front rebuked him, telling him to be silent. But he cried out all the more, "Son of David, have mercy on me!"
40 And Jesus stopped and commanded him to be brought to him. And when he came near, he asked him,
41 "What do you want me to do for you?" He said, "Lord, let me recover my sight."
42 And Jesus said to him, "Recover your sight; your faith has made you well."
43 And immediately he recovered his sight and followed him, glorifying God. And all the people, when they saw it, gave praise to God.

31 prophet 선지자 accomplish 성취하다 32 deliver over 넘기다 gentile 이방인 mock 조롱하다 shamefully 치욕적으로 spit 침을 뱉다 33 flog 채찍질하다 34 grasp 이해하다 36 inquire 묻다 38 have mercy on··· ···을 불쌍히 여기다 39 all the more 더욱더 41 recover one's sight 시력을 회복하다 43 immediately 즉시 glorify 영광을 돌리다

☐ 묵상 체크

63 구원받은 삭개오

월 일

누가복음 19:1-10 • 새찬송 85장 | 통일 85장

• 말씀묵상 전에 성령님의 인도하심을 구하는 기도를 드리십시오.

본문요약 | 여리고의 세리장 삭개오는 키가 작아 사람들에게 가려서 여리고에 오신 예수님을 볼 수 없었다. 그래서 그는 길가에 있는 돌무화과나무 위에 올라가 예수님을 기다린다. 예수님은 이런 삭개오를 직접 부르시고는 그의 집에서 머무신다. 삭개오는 죄인인 자신을 찾아오신 예수님께 자신의 재산을 가난한 자들을 위해 내놓고 잘못에 대해 배상하겠다고 말한다. 예수님은 구원이 삭개오에게 이르렀음을 선포하신다.

1 예수께서 여리고로 들어가 지나가시더라

2 삭개오라 이름하는 자가 있으니 세리장이요 또한 부자라

3 그가 예수께서 어떠한 사람인가 하여 보고자 하되 키가 작고 사람이 많아 할 수 없어

4 앞으로 달려가서 보기 위하여 돌무화과나무에 올라가니 이는 예수께서 그리로 지나가시게 됨이러라

5 예수께서 그곳에 이르사 쳐다보시고 이르시되 삭개오야 속히 내려오라 내가 오늘 네 집에 유하여야 하겠다 하시니

6 급히 내려와 즐거워하며 영접하거늘

7 뭇사람이 보고 수군거려 이르되 저가 죄인의 집에 유하러 들어갔도다 하더라

8 삭개오가 서서 주께 여짜오되 주여 보시옵소서 내 소유의 절반을 가난한 자들에게 주겠사오며 만일 누구의 것을 속여 빼앗은 일이 있으면 네 갑절이나 갚겠나이다

9 예수께서 이르시되 오늘 구원이 이 집에 이르렀으니 이 사람도 아브라함의 자손임이로다

10 인자가 온 것은 잃어버린 자를 찾아 구원하려 함이니라

1. 오늘 하나님께서 나에게 주신 깨달음은 무엇입니까?

2. 말씀을 어떻게 내 삶에 구체적으로 적용해야 합니까?

절별 해설

2 삭개오 '의로운 사람' 혹은 '청결한 사람'이라는 뜻이다. 그러나 삭개오는 그의 이름과는 정반대되는 삶을 살았다. 당시 여리고는 주변 지역의 특산물들이 오고가는 무역의 중심지에 위치해 있었다. 따라서 세금 수입이 많은 곳이어서 세리장은 큰 부자가 될 수 있었다.

3 그가 예수께서 어떠한 사람인가 하여 보고자 하되 삭개오가 예수님을 보려고 한 첫 번째 이유는 호기심 때문으로 보인다. 그러나 유대 사회에서 공식적인 죄인으로 살아가던 그가 자신의 체면을 다 버리고 돌무화과나무에 올라간 것은, 호기심을 넘어선 영적 구원에 대한 열망이 있었기 때문이다.
키가 작고 예수님을 만나는 데 개인적이고 상황적인 장애물이 삭개오를 가로막고 있었다. 삭개오의 작은 키는 그로 하여금 돈에 집착하게 만든 열등감과 수치심의 원인이었던 것 같다.

4 돌무화과나무 뿌리가 넓게 퍼지고 잎이 무성한 나무다. 이 나무에는 돌무화과가 열리는데, 이 열매는 익기 전에 사람이 일일이 바늘로 구멍을 내 주어야 먹을 수 있는 열매를 수확할 수 있었다. 예수님은 이러한 돌무화과 열매와 같이 예수님의 손길을 거치지 않으면 쓸모없는 삭개오를 직접 만나셔서 그를 유용한 열매 맺는 자가 되게 하셨다.

5 삭개오야 속히 내려오라 내가 오늘 네 집에 유하여야 하겠다 '하겠다'는 '~해야 한다'는 필연성을 의미한다. 즉, 예수님이 반드시 삭개오의 집에서 묵으셔야 한다는 뜻이다(must stay). 이것은 삭개오가 예수님을 만난 것이 우연이 아니라, 예수님이 이미 그를 구원하시려는 계획을 갖고 계셨음을 뜻한다.

7 저가 죄인의 집에 유하러 들어갔도다 유대인들은 죄가 전염된다고 생각했기 때문에 죄인들이나 이방인들과의 교제를 엄격하게 제한했다. 즉, 예수님이 삭개오의 집에 가서 그와 교제하겠다고 하신 것은 죄인처럼 됨을 의미하기 때문에 사람들이 수군거린 것이다.

8 내 소유의 절반을 가난한 자들에게 주겠사오며 예수님은 부자 관리에게 요구하신 것처럼 삭개오에게 재산을 내놓으라고 명령하지 않으셨다. 그러나 삭개오는 구원에 감격하여 자신이 평생 의존하던 돈을 포기했다. 이것은 삭개오가 경험한 구원이 돈이라는 영적 우상으로부터 그를 자유롭게 하는 능력이 있음을 보여준다.
만일 누구의 것을 속여 빼앗은 일이 있으면 네 갑절이나 갚겠나이다 율법은 남의 것을 부당하게 빼앗았을 경우 원래 금액에 5분의 1을 더하여 배상하게 했다(레 6:5). 또한 도둑질한 것은 4배나 5배로 갚게 했다(출 22:1). 삭개오는 자신의 행위를 도둑질로 인정하며 율법을 충실하게 이행할 것을 맹세한다.

쉬운성경

1 예수님께서 여리고에 들어가 거리를 지나시는 중이었습니다.

2 여리고에는 삭개오라는 사람이 있었습니다. 그는 세리장이었고, 부자였습니다.

3 삭개오는 예수님이 어떤 분인지 보려고 하였으나 사람들 때문에 볼 수 없었습니다. 그는 키가 작았던 것입니다.

4 그는 예수님을 보려고 앞서 달려가서 뽕나무에 올라갔습니다. 왜냐하면 예수님께서 그 길을 지나실 것이었기 때문입니다.

5 예수님께서 그곳에 이르러 위를 쳐다보시고 삭개오에게 말씀하셨습니다. "삭개오야, 어서 내려오너라. 오늘 내가 네 집에서 묵어야 하겠다."

6 삭개오가 빨리 내려와 예수님을 기쁘게 맞이했습니다.

7 사람들은 이것을 보고 모두 수군거렸습니다. "저 사람이 죄인의 집에 묵으려고 들어갔다."

8 삭개오가 서서 주님께 말씀드렸습니다. "주님, 제 재산의 절반을 가난한 사람들에게 주겠습니다. 그리고 제가 남의 것을 속여 얻은 것이 있으면, 네 배로 갚겠습니다."

9 예수님께서 삭개오에게 말씀하셨습니다. "오늘 이 집에 구원이 찾아왔다. 이 사람도 아브라함의 자손이다.

10 인자는 잃어버린 사람을 찾아 구원하러 왔다."

9 오늘 구원이 이 집에 이르렀으니 삭개오는 구원을 경험하고, 그가 평생 자신의 수치를 가리는 도구로 사용했던 돈을 포기하는 모습으로 반응했다. 예수님은 삭개오가 철저히 회개하고 돈에 대한 배상을 고백했을 때, 그가 받은 구원이 참된 것임을 선포하셨다.

10 잃어버린 자 모든 인간은 다 하나님으로부터 떠난 잃어버린 자들이다. 그러나 자신이 죄인이며 하나님을 통해서만 구원을 얻을 수 있다는 낮아진 태도로 예수님을 믿는 자들만, 예수님이 말씀하신 '잃어버렸다가 구원받은 자'가 된다.

저자의 묵상

사람마다 자신의 약점을 가리고 열등감을 벗어날 수단을 추구한다. 삭개오에게 그것은 돈이었다. 삭개오는 많은 돈을 벌기 위해 로마의 편에 서서 동족을 배신했다. 종교적으로도 공식적 죄인이 되어 구원을 포기할 수 밖에 없었다. 그러나 삭개오는 많은 돈으로 자신의 약점을 가리고 갈망을 벗어날 수 없었다. 그렇기 때문에 그는 모든 수치를 무릅쓰고 돌무화과나무에 올라 예수님을 찾은 것이다.

우리가 세상에서 좋은 학교에 가고, 성공하고, 좋은 배우자를 만나고자 애쓰는 이면에는 삭개오와 같은 마음이 존재한다. 그러나 아무리 세상에서 높아지고 성공해도 우리 영혼의 공허감을 채울 수 없고 또한 우리의 약점을 온전히 가릴 수 없다. 오직 예수님을 만난 영혼만이 하나님이 주시는 영적 생명으로 영혼의 만족과 기쁨을 얻을 수 있도록, 인간은 원래 그렇게 만들어져 있기 때문이다.

무릎기도 하나님, 저의 약점과 수치를 세상의 것들로 가리려고 했던 것을 회개합니다. 제가 예수님으로 말미암아 하나님의 생명을 충만히 얻어 영혼의 만족과 기쁨을 누리게 하소서.

ESV - Luke 19

1 He entered Jericho and was passing through.
2 And behold, there was a man named Zacchaeus. He was a chief tax collector and was rich.
3 And he was seeking to see who Jesus was, but on account of the crowd he could not, because he was small in stature.
4 So he ran on ahead and climbed up into a sycamore tree to see him, for he was about to pass that way.
5 And when Jesus came to the place, he looked up and said to him, "Zacchaeus, hurry and come down, for I must stay at your house today."
6 So he hurried and came down and received him joyfully.
7 And when they saw it, they all grumbled, "He has gone in to be the guest of a man who is a sinner."
8 And Zacchaeus stood and said to the Lord, "Behold, Lord, the half of my goods I give to the poor. And if I have defrauded anyone of anything, I restore it fourfold."
9 And Jesus said to him, "Today salvation has come to this house, since he also is a son of Abraham.
10 For the Son of Man came to seek and to save the lost."

1 pass through 지나가다 3 on account of… … 때문에 small in stature 몸집[키]이 작은 4 sycamore 무화과나무 7 grumble 수군거리다 sinner 죄인 8 defraud 속여서 빼앗다 restore 되돌려주다 fourfold 4배 9 salvation 구원

64 열 므나 비유

월 일

누가복음 19:11-27 • 새찬송 90장 | 통일 98장

• 말씀묵상 전에 성령님의 인도하심을 구하는 기도를 드리십시오.

본문요약 l 제자들은 예수님이 예루살렘에 가시면 왕위에 오르고 하나님 나라가 바로 임할 것이라고 착각했다. 예수님은 그런 제자들을 가르치시기 위해 '열 므나 비유'를 말씀하신다. 왕위를 받기 위해 먼 나라로 떠나는 귀인은 열 명의 종에게 한 므나씩 맡긴다. 다시 돌아온 귀인은 충성스럽게 장사하여 이윤을 남긴 종들은 보상하고, 주인의 성품을 곡해한 악한 종은 처벌한다.

11 그들이 이 말씀을 듣고 있을 때에 비유를
더하여 말씀하시니 이는 자기가 예루살렘
에 가까이 오셨고 그들은 하나님의 나라
가 당장에 나타날 줄로 생각함이더라
12 이르시되 어떤 귀인이 왕위를 받아 가지
고 오려고 먼 나라로 갈 때에
13 그 종 열을 불러 은화 열 [1]므나를 주며 이
르되 내가 돌아올 때까지 장사하라 하니
라
14 그런데 그 백성이 그를 미워하여 사자를
뒤로 보내어 이르되 우리는 이 사람이 우
리의 왕 됨을 원하지 아니하나이다 하였
더라
15 귀인이 왕위를 받아 가지고 돌아와서 은
화를 준 종들이 각각 어떻게 장사하였는
지를 알고자 하여 그들을 부르니
16 그 첫째가 나아와 이르되 주인이여 당신
의 한 [1]므나로 열 [1]므나를 남겼나이다
17 주인이 이르되 잘하였다 착한 종이여 네
가 지극히 작은 것에 충성하였으니 열 고
을 권세를 차지하라 하고
18 그 둘째가 와서 이르되 주인이여 당신의
한 [1]므나로 다섯 [1]므나를 만들었나이다
19 주인이 그에게도 이르되 너도 다섯 고을
을 차지하라 하고
20 또 한 사람이 와서 이르되 주인이여 보소
서 당신의 한 [1]므나가 여기 있나이다 내가
수건으로 싸 두었었나이다

1) 금은의 중량

21 이는 당신이 엄한 사람인 것을 내가 무서
워함이라 당신은 두지 않은 것을 취하고
심지 않은 것을 거두나이다
22 주인이 이르되 악한 종아 내가 네 말로 너
를 심판하노니 너는 내가 두지 않은 것을
취하고 심지 않은 것을 거두는 엄한 사람
인 줄로 알았느냐
23 그러면 어찌하여 내 돈을 은행에 맡기지
아니하였느냐 그리하였으면 내가 와서 그
이자와 함께 그 돈을 찾았으리라 하고
24 곁에 섰는 자들에게 이르되 그 한 [1]므나를
빼앗아 열 [1]므나 있는 자에게 주라 하니
25 그들이 이르되 주여 그에게 이미 열 [1]므나
가 있나이다
26 주인이 이르되 내가 너희에게 말하노니
무릇 있는 자는 받겠고 없는 자는 그 있는
것도 빼앗기리라
27 그리고 내가 왕 됨을 원하지 아니하던 저
원수들을 이리로 끌어다가 내 앞에서 죽
이라 하였느니라

1. 오늘 하나님께서 나에게 주신 깨달음은 무엇입니까?

2. 말씀을 어떻게 내 삶에 구체적으로 적용해야 합니까?

절별 해설

11 이는 자기가 예루살렘에 가까이 오셨고 그들은 하나님의 나라가 당장에 나타날 줄로 생각함이더라 여리고는 예루살렘에서 걸어서 6시간 정도면 갈 수 있는 거리였다. 제자들은 예수님이 예루살렘에 가시면 하나님 나라가 당장 임하여 로마가 물러가고 예수님이 왕위에 등극하실 것이라고 기대했다. 그러나 예수님은 '열 므나 비유'를 통해, 예수님이 왕으로 돌아오실 때까지 긴 시간이 필요하기 때문에 그동안 제자들이 맡은 사명을 신실하게 감당해야 함을 가르치려 하셨다.

12 어떤 귀인이 왕위를 받아 가지고 오려고 먼 나라로 갈 때에 예수님은 당시 사람들이 흔히 알고 있던 분봉왕 아켈라오의 이야기를 배경으로 이 비유를 말씀하신 것으로 보인다. 유대 지방을 상속받은 헤롯 대왕의 아들인 아켈라오는 로마 황제의 공식적인 인준을 받기 위해 로마로 떠났다. 아켈라오를 싫어했던 유대인들은 사절단을 로마로 파송해 아켈라오가 왕위를 받지 못하도록 방해를 했지만, 아켈라오는 왕위를 획득했다. 유대로 돌아온 아켈라오는 자신을 반대했던 유대인들을 학살했다.

13 은화 열 므나 '므나'는 헬라의 동전으로, 1므나는 1달란트의 약 60분의 1에 해당한다.

14 그 백성이 그를 미워하여 유대인들이 예수님의 왕 되심을 거부한 것을 비유한다.

15 귀인이 왕위를 받아 가지고 돌아와서 귀인이 왕위를 얻기 위해 떠난 시간은 예수님이 부활하신 다음부터 재림하실 때까지의 종말의 시간을 뜻한다.

16 주인이여 당신의 한 므나 종들은 일관되게 '당신[주인]의 한 므나'라고 고백한다. 이것은 이 세상에서 하나님이 우리에게 맡기신 모든 재능과 기회가 다 하나님의 것이며, 우리는 청지기에 불과함을 보여준다.
열 므나를 남겼나이다 '열 므나'는 투자금을 10배로 불린 것으로, 고대에는 장사를 통해 이런 큰 이윤을 남기는 일이 아주 드물었다.

17 네가 지극히 작은 것에 충성하였으니 열 고을 권세를 차지하라 예수님은 맡은 일에 대한 충성스러운 태도에 관심을 기울이신다. 작은 것에 대한 태도가 그 사람의 주인에 대한 충성됨을 보여주는 징표다. 따라서 종은 자신이 얻은 결과보다 훨씬 더 큰 보상인 열 고을을 다스리는 권세를 받는다.

쉬운성경

11 사람들이 예수님의 말씀을 듣고 있을 때, 예수님께서 비유를 들어 말씀해 주셨습니다. 이 비유를 드신 것은, 예수님께서 예루살렘에 가까이 오셨으므로, 사람들이 곧 하나님 나라가 나타날 것으로 생각하였기 때문입니다.

12 예수님께서 말씀하셨습니다. "어떤 귀족이 왕위를 받아 오려고 먼 나라로 가게 되었다.

13 그는 열 명의 종을 불러 한 므나*씩 열 므나의 돈을 나누어 주면서 말했다. '내가 돌아올 때까지 장사를 하여라.'

14 그러나 그의 백성들은 그를 미워하여 밀사를 뒤따라 보내어 왕위를 줄 사람에게 말을 전하였다. '우리는 이 사람이 우리의 왕이 되는 것을 원하지 않습니다.'

15 그러나 그 귀족은 왕위를 받아 가지고 돌아와서, 돈을 맡겼던 종들을 불러 장사를 어떻게 했는지 알아보려고 하였다.

16 첫 번째 종이 와서 말했다. '주인님, 주인님의 한 므나로 열 므나를 만들었습니다.'

17 왕이 그에게 말했다. '잘하였다! 착한 종아. 네가 아주 작은 일에 충실하였으니 네게 열 마을을 맡기겠다.'

18 두 번째 종도 와서 말했다. '주인님, 주인님의 한 므나로 다섯 므나를 만들었습니다.'

19 왕이 그에게도 말했다. '네게는 다섯 마을을 맡기겠다.'

20 그런데 또 다른 종이 와서 이렇게 말하였다. '주인님, 주인님의 돈을 보십시오. 내가 이것을 수건에 싸 두었습니다.

21 주인님은 엄하신 분이라, 제가 주인님을 두려워하여 그렇게 했습니다. 주인님은 맡기지 않은 것을 가져가고, 심지도 않은 것을 거둬들이십니다.'

22 그러자 주인이 그에게 말하였다. '이 악한 종아, 네가 한 말로 너를 판단하겠다. 너는 내가 맡기지 않은 것을 가져가고, 심지도 않은 것을 거둬들이는 엄한 사람으로 알았느냐?

절별 해설

21 당신이 엄한 사람인 것을 내가 무서워함이라 '엄한'은 '엄격한, 가혹한'의 의미로, 종이 생각한 주인의 성격이다. 이 종은 주인의 성격을 오해함으로 쓸데없는 두려움에 사로잡혔다.

22 악한 종아 '악한 종'이라는 평가는 그가 주인의 성품을 곡해했기 때문이다.

27 내가 왕 됨을 원하지 아니하던 저 원수들을 이리로 끌어다가 내 앞에서 죽이라 예수님이 왕권을 가지고 세상에 재림하실 때, 예수님을 거부한 원수들은 모두 심판을 받게 됨을 비유한다.

23 그렇다면 왜 내 돈을 은행에 맡기어 내가 돌아왔을 때, 이자와 원금을 받게 하지 않았느냐?'

24 그리고서 주인은 곁에 선 사람들에게 말했다. '저에게 있는 므나를 빼앗아 열 므나 가진 사람에게 주어라.'

25 그러자 사람들이 말했다. '주인님, 그에게는 이미 열 므나가 있습니다.'

26 '내가 너희에게 말한다. 있는 사람은 더 받을 것이고, 없는 사람은 있는 것마저 빼앗길 것이다.

27 그리고 내가 왕이 되는 것을 원치 않던 내 원수들을 끌어다가 내 앞에서 죽여라.'"

* 19:13 1므나는 약 100데나리온, 곧 100일 동안의 품삯에 해당된다.

저자의 묵상

오순절 성령 강림의 때부터 예수님이 재림하시기까지가 성경적 종말의 시간이며 교회 시대다. 이 사이의 기간에 예수님은 성도들에게 사명을 주셨다. 성도들이 맡겨진 사명을 어떻게 감당했느냐에 따라, 예수님이 다시 오셨을 때 칭찬을 받느냐 책망을 받느냐가 달라질 것이다.

사명을 잘 감당하는 사람은 예수님을 선하고 너그러운 분으로 생각한다. 그렇기 때문에 자신에게 맡겨진 일을 실패할 것에 대한 두려움이 아니라, 예수님을 기쁘시게 하기 위해 최선을 다한다. 또한 예수님이 재림하셔서 왕으로 온 세상을 통치하실 것에 대한 소망을 가지고 살아간다. 그렇기 때문에 예수님이 빨리 재림하실 것을 기다리며 주어진 일에 최선을 다하는 삶을 살게 된다. 결국, 사명을 망각하고 사는 자들은 예수님의 성품을 곡해하고 예수님의 왕 되심을 바라지 않는 자들이다.

무릎 기도 하나님, 주어진 사명을 망각하고 살았던 저의 게으름과 무지함을 용서하소서. 예수님의 다시 오심을 기다리며 주어진 사명을 최선을 다해 이루는 인생이 되도록 도우소서.

ESV - Luke 19

11 As they heard these things, he proceeded
to tell a parable, because he was near to
Jerusalem, and because they supposed
that the kingdom of God was to appear
immediately.
12 He said therefore, "A nobleman went into a
far country to receive for himself a kingdom
and then return.
13 Calling ten of his servants,* he gave them
ten minas,* and said to them, 'Engage in
business until I come.'
14 But his citizens hated him and sent a
delegation after him, saying, 'We do not
want this man to reign over us.'
15 When he returned, having received the
kingdom, he ordered these servants to
whom he had given the money to be called
to him, that he might know what they had
gained by doing business.
16 The first came before him, saying, 'Lord,
your mina has made ten minas more.'
17 And he said to him, 'Well done, good
servant!* Because you have been faithful in
a very little, you shall have authority over
ten cities.'
18 And the second came, saying, 'Lord, your
mina has made five minas.'
19 And he said to him, 'And you are to be over
five cities.'
20 Then another came, saying, 'Lord, here is
your mina, which I kept laid away in a
handkerchief;
21 for I was afraid of you, because you are a
severe man. You take what you did not
deposit, and reap what you did not sow.'
22 He said to him, 'I will condemn you with
your own words, you wicked servant! You
knew that I was a severe man, taking what I
did not deposit and reaping what I did not
sow?
23 Why then did you not put my money in the
bank, and at my coming I might have
collected it with interest?'
24 And he said to those who stood by, 'Take
the mina from him, and give it to the one
who has the ten minas.'
25 And they said to him, 'Lord, he has ten
minas!'
26 'I tell you that to everyone who has, more
will be given, but from the one who has not,
even what he has will be taken away.
27 But as for these enemies of mine, who did
not want me to reign over them, bring them
here and slaughter them before me.'"

* 19:13 Or *bondservants*; also verse 15
* 19:13 A *mina* was about three months' wages for a laborer
* 19:17 Or *bondservant*; also verse 22

11 suppose 추측하다 12 nobleman 귀족 13 engage in··· ···에 종사하다 14 delegation 사절단 reign over··· ···을 다스리다 17 authority 권세 20 lay away 따로 두다 handkerchief 손수건 21 severe 엄한 deposit 맡기다 reap 거두다 sow 심다 22 condemn 심판하다 23 interest 이자 26 take away 빼앗다 27 slaughter 죽이다

• MEMO •

65 예수님의 예루살렘 입성

월 일

누가복음 19:28-40 • 새찬송 140장 | 통일 130장

• 말씀묵상 전에 성령님의 인도하심을 구하는 기도를 드리십시오.

본문요약 I 예수님은 자신이 수난을 당하실 장소인 예루살렘을 향해 가시면서 나귀 새끼를 준비하신다. 예수님이 예루살렘에 가까이 가시자 사람들은 겉옷을 땅에 깔며 하나님을 찬양하고 예수님을 메시아로 환영한다. 이런 사람들을 보고 바리새인들이 그만두게 하라고 하자, 예수님은 그들이 찬양하는 것이 반드시 되어야 할 일이라고 반박하신다.

28 예수께서 이 말씀을 하시고 예루살렘을
향하여 앞서서 가시더라
29 감람원이라 불리는 산쪽에 있는 벳바게와
베다니에 가까이 가셨을 때에 제자 중 둘
을 보내시며
30 이르시되 너희는 맞은편 마을로 가라 그
리로 들어가면 아직 아무도 타 보지 않은
나귀 새끼가 매여 있는 것을 보리니 풀어
끌고 오라
31 만일 누가 너희에게 어찌하여 푸느냐 묻
거든 말하기를 주가 쓰시겠다 하라 하시
매
32 보내심을 받은 자들이 가서 그 말씀하신
대로 만난지라
33 나귀 새끼를 풀 때에 그 임자들이 이르되
어찌하여 나귀 새끼를 푸느냐
34 대답하되 주께서 쓰시겠다 하고
35 그것을 예수께로 끌고 와서 자기들의 겉
옷을 나귀 새끼 위에 걸쳐 놓고 예수를 태
우니
36 가실 때에 그들이 자기의 겉옷을 길에 펴
더라
37 이미 감람산 내리막길에 가까이 오시매
제자의 온 무리가 자기들이 본 바 모든 능
한 일로 인하여 기뻐하며 큰 소리로 하나
님을 찬양하여
38 이르되 찬송하리로다 주의 이름으로 오시
는 왕이여 하늘에는 평화요 가장 높은 곳
에는 영광이로다 하니
39 무리 중 어떤 바리새인들이 말하되 선생
이여 당신의 제자들을 책망하소서 하거늘
40 대답하여 이르시되 내가 너희에게 말하노
니 만일 이 사람들이 침묵하면 돌들이 소
리 지르리라 하시니라

1. 오늘 하나님께서 나에게 주신 깨달음은 무엇입니까?

2. 말씀을 어떻게 내 삶에 구체적으로 적용해야 합니까?

절별 해설

29 감람원 예루살렘 동쪽에 위치한 산으로 '감람산' 또는 '올리브산'이라고 불린다. 예루살렘보다 약간 높은 산으로 남북의 길이가 약 4km다. 예루살렘으로 가는 길목인 이 산기슭에 벳바게와 베다니 두 마을이 위치해 있었다.

30 아무도 타 보지 않은 나귀 새끼 이것은 스가랴 예언자가 '겸손하여 나귀 새끼를 타실 왕이 예루살렘에 임하실 것'을 예언한 말씀의 성취다(슥 9:9). 당시 '말'은 군사적인 목적으로 주로 사용되었기 때문에, 예수님은 '나귀'를 타심으로 평화의 왕임을 보여주신 것이다(슥 9:10). '아무도 타 보지 않은' 나귀를 타신 이유는, 특별한 목적으로 사용되는 동물은 사람들이 "아직 부리지 아니하고 멍에를 메지 아니한" 짐승을 쓰는 것이 구약의 율법이었기 때문이다(민 19:2; 신 21:3).

34 주께서 쓰시겠다 나귀 새끼의 주인과 예수님은 이미 알고 있었던 사이로 보인다. 이 장면은 예수님이 미래를 예측하시는 신비한 능력이 있음을 보여주기 위한 것이 아니라, 예수님이 자신의 예루살렘 입성을 스스로 철저하게 준비하심을 보여주고자 한 것이다. 예수님의 십자가 죽음은 우연한 사건이나 예수님이 마지못해 순종한 것이 아닌 스스로 준비하신 결과다.

36 가실 때에 그들이 자기의 겉옷을 길에 펴더라 옷을 바닥에 까는 행위는 왕에게 존경을 표시하는 것이다(왕하 9:13). 마태와 마가는 사람들이 겉옷만이 아닌 나뭇가지도 길에 펼쳤다고 묘사하며(마 21:8; 막 11:8), 요한은 그것이 종려나무 가지라고 설명한다(요 12:13). 이것은 마카비 일가가 안티오쿠스 에피파네스 4세로부터 예루살렘 성전을 탈환한 것을 환영했던 과거의 사건으로부터 유래한다(BC 164년). 사람들이 이렇게 예수님을 환영한 것은 그분을 로마로부터 이스라엘 백성을 자유롭게 할 정치적인 메시아로 생각했기 때문이다.

37 제자의 온 무리가 자기들이 본 바 모든 능한 일로 인하여 사람들이 예수님을 메시아로 환영한 것은 예수님이 하나님이신 것을 알았기 때문이 아니라 그분이 행하신 기적을 보았기 때문이다.

38 주의 이름으로 오시는 왕 이 칭호는 시편 118편 26절을 인용한 것으로, 예수님을 메시아로 부르는 호칭이다.

39 선생이여 당신의 제자들을 책망하소서 바리새인들은 사람들이 예수님을 메시아로 찬양하고 높이는 것을 듣고 그것이 신성모독 행위라고 여겼을 것이다.

쉬운성경

28 예수님께서 이 말씀을 하시고 앞장서서 예루살렘을 향해 올라가셨습니다.

29 올리브 산 근처에 있는 벳바게와 베다니에 이르렀을 때였습니다. 예수님께서 두 제자를 보내셨습니다.

30 그리고 말씀하셨습니다. "맞은편 마을로 가거라. 그곳에 들어가면 아무도 타 보지 않은 나귀 새끼 한 마리가 매여 있는 것을 볼 것이다. 그것을 풀어 이리 끌고 오너라.

31 만일 누가 '왜 나귀를 푸시오?' 하고 묻거든 '주님께서 필요하시답니다'라고 말하여라."

32 보냄을 받은 제자들이 가 보니, 예수님께서 말씀하신 대로 나귀 새끼를 발견했습니다.

33 그들이 나귀 새끼를 풀자, 주인이 그들에게 물었습니다. "왜 나귀 새끼를 푸시오?"

34 제자들이 대답했습니다. "주님께서 필요하시답니다."

35 제자들이 나귀를 예수님께 끌고 와서 자기들의 겉옷을 벗어 나귀의 등에 펴고 예수님을 태웠습니다.

36 예수님께서 가실 때에 사람들이 겉옷을 벗어 길에 펼쳤습니다.

37 예수님께서 올리브 산 비탈길 가까이 오셨을 때, 모든 제자들이 기뻐하며 큰 소리로 하나님을 찬양하였습니다. 그것은 이들이 여러 가지 기적을 목격했기 때문입니다.

38 "주님의 이름으로 오시는 왕에게 복이 있다. 하늘에는 평화, 가장 높은 곳에는 영광."

39 그러자 사람들 사이에 있던 몇몇 바리새파 사람들이 예수님께 말했습니다. "선생님, 제자들을 꾸짖으십시오."

40 예수님께서 대답하셨습니다. "내가 너희에게 말한다. 이 사람들이 잠잠하면 돌들이 소리를 지를 것이다."

40 만일 이 사람들이 침묵하면 돌들이 소리 지르리라 예수님은 자신을 메시아로 찬양하는 것이 합당하며, 반드시 그렇게 찬양해야 한다고 말씀하신 것이다.

저자의 묵상

예수님이 예루살렘에 입성하실 때 예수님을 열렬하게 환영했던 무리들은, 예수님이 무력하게 잡히시자 예수님을 십자가에 못 박으라고 외치는 폭도로 변했다. 왜냐하면 예수님을 환영했을 때 그들은 예수님을 로마의 압제를 물리치고 그들을 부요하게 만들어 줄 강한 왕으로 오해했기 때문이다. 결국, 그들은 자기 기대와 다른 예수님의 모습에 실망하여 예수님을 대적했다.

지금도 예수님을 통해 자신의 욕망을 충족받기를 기대하는 사람들이 있다. 이들은 자신의 기대가 만족될 것 같은 때에는 열렬히 예수님을 높이고 환영한다. 그러나 이들은 예수님이 자신의 욕망을 이루어 주시는 분이 아니라는 사실을 알게 되면, 그동안의 열심을 버리고 신앙이 급격히 냉각되거나 혹은 교회를 떠난다. 이들은 십자가의 예수님을 기대한 것이 아니라 자기 욕망이 만들어 낸 우상을 믿었던 것이다.

무릎 기도 하나님, 저의 욕망을 위해 하나님을 이용하지 않게 하소서. 십자가에 달려 대속 제물로 죽으신 예수님을 온전히 믿고 받아들이게 하셔서 예수님을 통해 욕망과 두려움에서 벗어나게 하소서.

ESV - Luke 19

28 And when he had said these things, he went on ahead, going up to Jerusalem.
29 When he drew near to Bethphage and Bethany, at the mount that is called Olivet, he sent two of the disciples,
30 saying, "Go into the village in front of you, where on entering you will find a colt tied, on which no one has ever yet sat. Untie it and bring it here.
31 If anyone asks you, 'Why are you untying it?' you shall say this: 'The Lord has need of it.'"
32 So those who were sent went away and found it just as he had told them.
33 And as they were untying the colt, its owners said to them, "Why are you untying the colt?"
34 And they said, "The Lord has need of it."
35 And they brought it to Jesus, and throwing their cloaks on the colt, they set Jesus on it.
36 And as he rode along, they spread their cloaks on the road.
37 As he was drawing near—already on the way down the Mount of Olives—the whole multitude of his disciples began to rejoice and praise God with a loud voice for all the mighty works that they had seen,
38 saying, "Blessed is the King who comes in the name of the Lord! Peace in heaven and glory in the highest!"
39 And some of the Pharisees in the crowd said to him, "Teacher, rebuke your disciples."
40 He answered, "I tell you, if these were silent, the very stones would cry out."

28 on ahead 앞서 29 disciple 제자 30 colt 망아지, 새끼 나귀 untie 풀다 31 have need of… …을 필요로 하다 35 throw … on (옷 등을 급히) 걸치다 cloak 겉옷, 외투 36 spread 펼치다 37 multitude 군중, 인파 rejoice 기뻐하다 mighty works 기적 39 rebuke 꾸짖다

☐ 묵상 체크

66

월 일

예수님이 행하신 성전 청결

누가복음 19:41-48 • 새찬송 182장 | 통일 169장

• 말씀묵상 전에 성령님의 인도하심을 구하는 기도를 드리십시오.

본문요약 I 예수님은 예루살렘 성을 보시며 평화의 길을 알지 못하고 이방인들에 의해 멸망을 당할 이스라엘 백성의 상황에 안타까워하며 우신다. 또한 예루살렘 성전에 들어가셔서 장사하는 자들을 내쫓으시면서, 기도하는 집을 강도의 소굴로 만들었다고 그들을 책망하신다. 종교지도자들은 예수님을 죽이려고 하였지만 예수님을 따르는 사람들 때문에 그렇게 하지 못한다.

41 가까이 오사 성을 보시고 우시며
42 이르시되 너도 오늘 평화에 관한 일을 알
았더라면 좋을 뻔하였거니와 지금 네 눈
에 숨겨졌도다
43 날이 이를지라 네 원수들이 토둔을 쌓고
너를 둘러 사면으로 가두고
44 또 너와 및 그 가운데 있는 네 자식들을
땅에 메어치며 돌 하나도 돌 위에 남기지
아니하리니 이는 네가 [1]보살핌 받는 날을
알지 못함을 인함이니라 하시니라
45 성전에 들어가사 장사하는 자들을 내쫓으
시며
46 그들에게 이르시되 기록된 바 ㄱ내 집은 기
도하는 집이 되리라 하였거늘 ㄴ너희는 강
도의 소굴을 만들었도다 하시니라
47 예수께서 날마다 성전에서 가르치시니 대
제사장들과 서기관들과 백성의 지도자들
이 그를 죽이려고 꾀하되
48 백성이 다 그에게 귀를 기울여 들으므로
어찌할 방도를 찾지 못하였더라

1) 심판, 벧전 2:12 참조 ㄱ 사 56:7 ㄴ 렘 7:11

1. 오늘 하나님께서 나에게 주신 깨달음은 무엇입니까?

2. 말씀을 어떻게 내 삶에 구체적으로 적용해야 합니까?

절별 해설

41 성을 보시고 우시며 '우시며'는 크게 슬퍼하여 애통하는 것을 말한다(22:62). 예수님은 예루살렘에 닥칠 비참한 미래를 아셨기 때문에 우셨다. 이것은 예수님의 신성을 표현하는 것이다. 더불어 예수님이 사람들처럼 애통하신 것은 그분의 인성을 보여준다.

42 너도 오늘 평화에 관한 일을 알았더라면 좋을 뻔하였거니와 예수님이 십자가의 대속 제물이 되셔서 하나님의 진노로부터 인류를 화목하게 하실 때, 하나님과 인간 사이에 평화가 이루어질 수 있다(요일 4:10). 또한 인간 사이의 평화 또한 예수님을 통해서만 얻을 수 있다(엡 2:14). 그러나 이스라엘 백성은 예수님이 평화를 가져오는 분이시라는 것을 알지 못해 그를 거부하고 자기 스스로 평화를 얻으려고 애쓰다가 결국 AD 70년 로마에 멸망당하고 만다.

43 날 여기서 '날'은 예루살렘에 종말이 임하는 AD 70년을 의미한다. 그때 로마의 장군 디도는 로마군을 이끌고 예루살렘을 공격하여 결국 예루살렘을 멸망시켰다.

44 돌 하나도 돌 위에 남기지 아니하리니 전승에 의하면, 로마군이 예루살렘을 공격했을 때 성전에 불을 질렀고, 그 불에 녹은 성전 벽의 금이 돌 위로 흘러내렸다고 한다. 이에 군인들은 흘러내린 금을 얻으려고 성전 벽을 하나도 남기지 않고 다 허물었다고 전해진다.

네가 보살핌 받는 날을 알지 못함을 인함이니라 '보살핌'이라고 번역된 헬라어 '에피스코페'(episkopēs)[visitation]는 "초자연적인 힘의 찾아옴[나타남]" 즉, "하나님께서 구원하시려고 찾아오심"을 의미한다. 예수님은 주님(하나님)의 이름으로 오시는 임금으로서 예루살렘을 찾아오신다. 그러나 이스라엘 백성은 예수님이 평화를 가져올 하나님이시라는 사실을 알지 못했고, 예수님을 십자가에 매달아 죽였다.

45 성전에 들어가사 장사하는 자들을 내쫓으시며 성전의 이방인의 뜰에는 제물을 위한 짐승, 포도주, 기름을 파는 장사꾼이나 성전세를 위해 이방의 동전을 환전해 주는 환전상들이 많이 있었다. 이들은 성전을 관리하는 사두개인들에게 많은 자릿세를 내고 장사를 했기 때문에 제물을 비싸게 팔았다. 또한 환전하는 데도 많은 비용을 요구했다.

46 내 집은 기도하는 집이 되리라 이사야 56장 7절을 인용한 것으로, 성전은 하나님을 만나는 장소가 될 것이라는 예언의 말씀이다. 예루살렘 성전은 이 역할을 할 수 없었기 때문에 결국 무너질 수밖에 없다는 필연성을 보여주는 구절이다.

쉬운성경

41 예수님께서 예루살렘에 가까이 오셔서 그 도시를 바라보시고 눈물을 흘리셨습니다.

42 그리고 말씀하셨습니다. "오늘 네가 평화의 길을 알았더라면 좋았을 텐데. 그러나 지금은 이것이 너에게 감춰져 있다.

43 네 원수들이 너를 향해 흙더미를 쌓고 너를 에워싸고 사방으로 포위할 때가 올 것이다.

44 그리고 너를 짓밟고, 너와 함께한 네 자녀들도 짓밟을 것이다. 또한 돌 위에 다른 돌 하나라도 남지 않게 할 것이다. 이는 하나님께서 찾아온 때를 네가 깨닫지 못했기 때문이다."

45 예수님께서 성전에 들어가 장사하는 사람들을 내쫓기 시작하셨습니다.

46 그리고 그들에게 말씀하셨습니다. "'내 집은 기도하는 집이다'*라고 성경에 쓰여 있는데 너희는 이 집을 '강도의 소굴'*로 만들었다."

47 예수님께서 날마다 성전에서 가르치셨습니다. 그러자 대제사장들과 율법학자들, 그리고 백성의 지도자들이 예수님을 죽이려고 하였습니다.

48 그러나 모든 백성들이 예수님의 말씀을 열심히 듣고 있었으므로 예수님을 죽일 방법을 찾을 수 없었습니다.

* 19:46 사 56:7과 렘 7:11에 기록되어 있다.

강도의 소굴 예레미야 7장 11절을 인용한 것으로, 자기 욕망을 위해 성전마저도 변질시킨 이스라엘의 종교지도자들과 백성의 죄악을 지적하는 말씀이다.

저자의 묵상

아담의 죄로 말미암아 인간은 하나님이 주시는 영적 생명을 잃어버렸기 때문에 영적으로 공허한 존재가 되었다. 그 결과 자기중심적인 욕망과 두려움이 영적 공허로부터 끊임없이 솟아나오게 되었다. 하나님은 성전을 통해 하나님을 만나 생명을 얻을 길을 주셨지만, 사람들은 그곳마저도 탐욕의 장소로 만들어 버렸다. 그래서 하나님은 예수님을 통해 우리가 영적 공허에서 벗어나 하나님의 생명을 얻을 길을 열어 주신 것이다.

예수님이 "내가 곧 길이요 진리요 생명"(요 14:6)이라고 말씀하셨던 이유는, 이제는 다른 어떤 방법으로도 하나님의 생명을 얻을 방법이 없기 때문이다. 교회에 다니면서도 영적 공허를 채우기 위해 예수님이 아닌 다른 방법을 자꾸 찾는 사람들이 있다. 그러나 아무리 종교 행위를 열심히 하고 헌신과 봉사를 하더라도 예수님 외에는 그 공허를 채울 방법이 없다.

무릎 기도 하나님, 저의 영적 공허를 채우기 위해 예수님 말고 다른 많은 것들을 추구하며 살아가고 있음을 고백합니다. 예수님을 통해 저의 영적 공허를 채워 참된 영적 만족을 누리게 하소서.

ESV - Luke 19

41 And when he drew near and saw the city, he wept over it,
42 saying, "Would that you, even you, had known on this day the things that make for peace! But now they are hidden from your eyes.
43 For the days will come upon you, when your enemies will set up a barricade around you and surround you and hem you in on every side
44 and tear you down to the ground, you and your children within you. And they will not leave one stone upon another in you, because you did not know the time of your visitation."
45 And he entered the temple and began to drive out those who sold,
46 saying to them, "It is written, 'My house shall be a house of prayer,' but you have made it a den of robbers."
47 And he was teaching daily in the temple. The chief priests and the scribes and the principal men of the people were seeking to destroy him,
48 but they did not find anything they could do, for all the people were hanging on his words.

41 weep over… …을 슬퍼하다 43 barricade 장벽 surround 둘러싸다 hem 가두다 on every side 사방에 44 tear down… …을 파괴하다 visitation 심판 45 drive out 내쫓다 46 den 소굴 robber 강도 47 principal 우두머리의 48 hang on one's word …의 말을 귀 기울여 듣다

67 성전 청결의 권세

월 일

누가복음 20:1–8 • 새찬송 264장 | 통일 198장

• 말씀묵상 전에 성령님의 인도하심을 구하는 기도를 드리십시오.

본문요약 I 이스라엘의 모든 종교지도자들이 함께 예수님을 찾아와 예수님이 무슨 권위로 성전을 청결하게 하고 성전에서 가르치시는지를 묻는다. 이는 예수님의 대답을 빌미로 그분을 제거하려는 계략이었다. 예수님은 그들에게 세례 요한의 권세가 어디로부터인지를 물으심으로써 그들이 답하지 못하게 하셨다.

1 하루는 예수께서 성전에서 백성을 가르치
시며 복음을 전하실새 대제사장들과 서기
관들이 장로들과 함께 가까이 와서
2 말하여 이르되 당신이 무슨 권위로 이런
일을 하는지 이 권위를 준 이가 누구인지
우리에게 말하라
3 대답하여 이르시되 나도 한 말을 너희에
게 물으리니 내게 말하라
4 요한의 [1]세례가 하늘로부터냐 사람으로부
터냐
5 그들이 서로 의논하여 이르되 만일 하늘
로부터라 하면 어찌하여 그를 믿지 아니
하였느냐 할 것이요
6 만일 사람으로부터라 하면 백성이 요한을
선지자로 인정하니 그들이 다 우리를 돌
로 칠 것이라 하고
7 대답하되 어디로부터인지 알지 못하노라
하니
8 예수께서 이르시되 나도 무슨 권위로 이
런 일을 하는지 너희에게 이르지 아니하
리라 하시니라

1) 헬, 또는 침례

1. 오늘 하나님께서 나에게 주신 깨달음은 무엇입니까?

2. 말씀을 어떻게 내 삶에 구체적으로 적용해야 합니까?

절별 해설

1 대제사장들 '대제사장'은 예루살렘 성전에서 제일 높은 종교적 지위였다. 당시 대제사장은 로마가 임명을 했는데, 이 대제사장들은 로마의 총독에게 많은 뇌물을 바쳐서 그 지위를 연장하거나, 혹은 자기 가문이 계속해서 그 지위를 차지할 수 있게 했다. 여기서 대제사장들이라고 복수로 언급한 것은 은퇴한 사람까지 포함했기 때문이다.

장로들 일반적으로는 한 지역에서 존경을 받는 연장자들로, 지역의 종교와 도덕을 책임지는 자들을 말한다. 그러나 이곳에서는 산헤드린 공의회 의원인 70인의 장로들을 말한다.

함께 가까이 와서 '대제사장들과 서기관들과 장로들'은 당시 이스라엘의 모든 종교지도자들을 의미한다. 즉, 이는 예수님을 대적하는 일에 모든 종교지도자들이 함께 힘을 합쳤음을 보여준다. 이들이 함께 예수님께 나아온 이유는 예수님이 백성에게 메시아로 추앙을 받았을 뿐만 아니라 그들의 성전까지도 위협하셨기 때문이다. 이들은 예수님을 자신들의 평화와 이익을 방해하는 원수로 여겼다.

2 당신이 무슨 권위로 이런 일을 하는지 이 권위를 준 이가 누구인지 우리에게 말하라 종교지도자들이 보기에 예수님은 아무런 공식적인 권위[공적인 권한]를 갖지 못했다. 그런데 예수님이 성전을 청결하게 하거나 성전에서 가르치셨기 때문에 이런 질문을 했다. 즉, 이들은 예수님이 아무런 자격도 없이 성전의 질서를 혼란하게 했다는 빌미를 잡아 예수님을 제거하려고 한 것이다.

4 요한의 세례 세례 요한은 비록 헤롯 왕에 의해 죽었지만, 당시 사람들에게 하나님이 보내신 참 선지자라고 인정을 받았다. 세례 요한도 예수님처럼 공식적인 종교적 권위를 갖지 못했지만, 하나님의 선지자라는 권위를 사람들로부터 인정받았던 것이다. 즉, 예수님은 자신의 권위 또한 사람이 준 것이 아님을 말씀하신 것이다.

5 만일 하늘로부터라 하면 어찌하여 그를 믿지 아니하였느냐 할 것이요 세례 요한의 권위가 하늘, 즉 하나님께로부터 온 것이라고 답하면, 종교지도자들은 세례 요한을 믿고 따르지 않았기 때문에 하나님을 거역한 것이 된다.

6 당시 여론은 세례 요한을 하나님의 선지자로 인정했기 때문에, 이것을 부정하면 백성들로부터 영적으로 무지한 자들이라고 위협을 당할 수 있다는 것이다.

8 나도 무슨 권위로 이런 일을 하는지 너희에게 이르지 아니하리라 예수님은 자신을 덫에 걸리게 만들려는 종교지도자들의 계략을 보기 좋게 파하셨다.

쉬운성경

1 예수님께서 성전에서 사람들을 가르치시며 복음을 전하고 계셨습니다. 그 때, 대제사장들과 율법학자들이 장로들과 함께 예수님께 왔습니다.

2 그리고 예수님께 말하였습니다. "당신이 무슨 권한으로 이런 일을 하는지 우리에게 말해 주시오. 누가 이런 권한을 당신에게 주었소?"

3 예수님께서 그들에게 대답하셨습니다. "나도 한 가지 물어보겠다. 내게 말하여라.

4 요한의 세례가 하늘로부터 왔느냐, 아니면 사람에게서 왔느냐?"

5 그들이 서로 의논하여 말했습니다. "만일 우리가 하늘로부터 왔다고 말하면 왜 그를 믿지 않았느냐고 할 것이다.

6 그렇다고 사람에게서 왔다고 말하면 모든 백성들이 요한을 예언자로 확신하고 있으므로 우리를 돌로 칠 것이다."

7 그래서 그들은 어디서 왔는지 모르겠다고 대답하였습니다.

8 예수님께서 그들에게 "나도 무슨 권한으로 이런 일을 하는지 말하지 않겠다" 하고 말씀하셨습니다.

저자의 묵상

이스라엘의 종교지도자들이 예수님을 공격한 이유는 예수님이 그들의 죄악을 폭로하셨기 때문이다. 예수님은 특별히 종교지도자들이 중요하게 여겼던 안식일 규례를 깨트리셨다. 종교지도자들이 안식일 규례를 중요하게 여겼던 이유는, 이 규례들을 통해 더 구체적이고 세밀하게 자기 의를 쌓고 우월감을 느낄 수 있었기 때문이다. 또한 예수님은 성전을 청결하게 하심으로 종교지도자들의 분노를 촉발시키셨다. 종교지도자들에게 성전은 자신들에게 큰 이익을 가져다주는 돈벌이의 수단이었기 때문이다. 예수님은 종교지도자들의 자기 의와 욕심을 폭로하셨다. 그 결과 종교지도자들은 예수님을 계속해서 공격했고, 결국 십자가에 매달아 죽인 것이다.

예수님은 지금도 인간들의 자기 의와 욕망을 폭로하신다. 자신의 죄악이 폭로될 때 종교지도자들처럼 예수님을 거부하는 자들은 결국 그 죄악으로 말미암아 영원한 형벌을 받게 되지만, 그 죄악이 드러났을 때 예수님을 믿는 자들은 영생을 얻게 된다.

무릎 기도 | 하나님, 예수님을 통해 제 욕심과 자기 의가 드러나게 하시니 감사합니다. 자기 의와 욕심을 버리고 오직 예수님을 온전히 의존함으로 영원한 생명을 얻게 하소서.

ESV - Luke 20

1 One day, as Jesus* was teaching the people in the temple and preaching the gospel, the chief priests and the scribes with the elders came up
2 and said to him, "Tell us by what authority you do these things, or who it is that gave you this authority."
3 He answered them, "I also will ask you a question. Now tell me,
4 was the baptism of John from heaven or from man?"
5 And they discussed it with one another, saying, "If we say, 'From heaven,' he will say, 'Why did you not believe him?'
6 But if we say, 'From man,' all the people will stone us to death, for they are convinced that John was a prophet."
7 So they answered that they did not know where it came from.
8 And Jesus said to them, "Neither will I tell you by what authority I do these things."

* 20:1 Greek *he*

1 temple 성전 preach 전하다 gospel 복음 scribe 서기관 2 authority 권위 4 baptism 세례 6 stone… to death …를 돌로 쳐 죽이다 6 convince 확신시키다

68 악한 포도원 농부들의 비유

월 일

누가복음 20:9-18 • 새찬송 461장 | 통일 519장

• 말씀묵상 전에 성령님의 인도하심을 구하는 기도를 드리십시오.

본문요약 | 예수님은 악한 포도원 농부들의 비유를 말씀하신다. 한 사람이 포도원을 만들어 농부들에게 땅을 빌려주고 먼 곳으로 떠난 뒤에 세를 받기 위해 종들을 보낸다. 그런데 농부들은 이 종들을 때리고 내쫓는다. 포도원 주인은 자신의 사랑하는 아들을 보내 이들과의 관계를 회복하려 하나, 농부들은 아들까지 죽여 땅을 빼앗으려고 한다. 결국 포도원 주인이 직접 와서 악한 농부들을 심판하고 그 땅을 다른 사람에게 준다.

9 그가 또 이 비유로 백성에게 말씀하시기
시작하시니라 한 사람이 포도원을 만들어
농부들에게 세로 주고 타국에 가서 오래
있다가
10 때가 이르매 포도원 소출 얼마를 바치게
하려고 한 종을 농부들에게 보내니 농부
들이 종을 몹시 때리고 거저 보내었거늘
11 다시 다른 종을 보내니 그도 몹시 때리고
능욕하고 거저 보내었거늘
12 다시 세 번째 종을 보내니 이 종도 상하게
하고 내쫓은지라
13 포도원 주인이 이르되 어찌할까 내 사랑
하는 아들을 보내리니 그들이 혹 그는 존
대하리라 하였더니
14 농부들이 그를 보고 서로 의논하여 이르
되 이는 상속자니 죽이고 그 유산을 우리
의 것으로 만들자 하고
15 포도원 밖에 내쫓아 죽였느니라 그런즉
포도원 주인이 이 사람들을 어떻게 하겠
느냐
16 와서 그 농부들을 진멸하고 포도원을 다
른 사람들에게 주리라 하시니 사람들이
듣고 이르되 그렇게 되지 말아지이다 하
거늘
17 그들을 보시며 이르시되 그러면 기록된
바

ㄱ건축자들의 버린 돌이 모퉁이의 머릿
돌이 되었느니라

함이 어찜이냐
18 무릇 이 돌 위에 떨어지는 자는 깨어지겠
고 이 돌이 사람 위에 떨어지면 그를 가루
로 만들어 흩으리라 하시니라

ㄱ 시 118:22

1. 오늘 하나님께서 나에게 주신 깨달음은 무엇입니까?

2. 말씀을 어떻게 내 삶에 구체적으로 적용해야 합니까?

절별 해설

9 한 사람이 포도원을 만들어 농부들에게 세로 주고 이는 예수님 당시에 흔한 상황이었다. 팔레스타인에는 자신의 토지를 소작인들에게 빌려주고 다른 곳에서 사는 사람들이 많았다.

10 때가 이르매 포도원 소출 얼마를 바치게 하려고 한 종을 농부들에게 보내니 추수 때가 되면 땅을 빌린 농부가 소작료를 내는 것은 당연하다. 이 비유는 하나님을 지주로, 이스라엘 백성을 농부들로 비유한다. 추수 때가 되었다는 것은, 하나님께서 그들에게 맡겨 주신 일에 대해서 결과를 요구하실 때가 되었다는 것이다. **농부들이 종을 몹시 때리고** 포도원 농부들이 주인이 보낸 종을 때린 것은, 주인의 토지에 대한 소유권을 인정하지 않고 자신들이 그 토지를 가지려고 시도했음을 보여준다. 농부들에게 매를 맞은 종은 구약성경에서 하나님이 보내셨던 많은 선지자들을 비유한다.

12 다시 세 번째 종을 보내니 이 종도 상하게 하고 내쫓은지라 농부들이 '세 번'씩이나 주인이 보낸 종을 때리고 내쫓았다는 것은 이들의 완악함이 얼마나 큰지를 보여준다. 마가는 병행 본문에서 주인이 세 명이 아니라 더 많은 종들을 보냈는데도 농부들이 더러는 때리고 더러는 죽였다고 묘사한다(막 12:5).

13 어찌할까 내 사랑하는 아들을 보내리니 '어찌할까'는 농부들의 완악함에 대한 주인의 안타까운 탄식의 표현이다. 그러나 주인은 농부들에 대한 신뢰를 포기하지 않고 그의 사랑하는 아들을 보내 관계를 회복하겠다고 결심한다. '아들'은 아버지인 주인을 대신하는 자이기 때문에 농부들이 그는 존중하리라고 생각한 것이다.

14 이는 상속자니 죽이고 그 유산을 우리의 것으로 만들자 농부들의 악한 탐욕을 보여준다. 이들은 주인의 상속자가 나타나자 그를 죽여서 유산을 빼앗기로 모의하며 자신들의 탐욕을 구체적으로 드러낸다.

15 포도원 밖에 내쫓아 죽였느니라 이 비유는 상속자가 포도원 밖에서 죽임을 당했다고 묘사함으로, 예수님이 예루살렘 성 밖으로 끌려가 죽임을 당하실 것을 암시한다.

16 와서 그 농부들을 진멸하고 이 말씀은 하나님이 예수님을 죽인 이스라엘의 종교지도자들을 반드시 심판하실 것임을 의미한다. **포도원을 다른 사람들에게 주리라** '포도원'은 하나님의 유업을 얻게 되는 특권이다. 이스라엘의 불순종으로 이방인들이 구원을 얻어 하나님 백성이 될 것을 비유한다.

17 건축자들의 버린 돌이 모퉁이의 머릿돌이 되었느니라 시편 118편 22절을 인용한 구절이다. 예수님은 앞의 비유의 의미를 더욱 명확하게 하시기 위해 이 구절을 인용하셨다. 건축자들은 이스라엘의 종교지도자들을 비유한다. 이들이 예수님을 버렸지만, 예수

쉬운성경

9 예수님께서 사람들에게 이런 비유를 말씀하셨습니다. "어떤 사람이 포도원을 만들어 농부들에게 세를 주고 오랫동안 여행을 갔다.

10 포도 철이 되어, 그 사람은 포도원의 수확 중에서 얼마를 거두려고 종 하나를 농부들에게 보냈다. 그러나 포도원 농부들은 그를 때리고 빈손으로 돌려보냈다.

11 주인은 다른 종을 보냈다. 그러나 그 종도 때리고 온갖 모욕을 주고 빈손으로 돌려보냈다.

12 주인은 세 번째 종을 보냈다. 이 종에게도 농부들이 상처를 입혀 쫓아내었다.

13 포도원 주인은 말했다. '어떻게 할까? 내 사랑하는 아들을 보내야겠다. 아마도 내 아들은 존경할 것이다.'

14 포도원 농부들이 그를 보고 서로 의논했다. '이 사람은 상속자다. 이 사람을 죽여 유산을 우리가 가로채자.'

15 그들은 아들을 포도원 밖으로 끌어내어 죽였다. 그러면 포도원 주인이 농부들을 어떻게 하겠느냐?

16 그가 돌아와 포도원 농부들을 죽이고 포도원은 다른 사람들에게 넘길 것이다." 사람들이 이 말씀을 듣고 말했습니다. "그런 일이 제발 일어나지 않았으면 좋겠습니다."

17 예수님께서 그들을 바라보시며 말씀하셨습니다.

"그러면, '건축자들의 버린 돌이
집 모퉁이의 머릿돌이 되었다'*

고 기록된 것은 무슨 뜻이냐?

18 누구든지 그 돌 위에 떨어지는 사람은 부서질 것이요, 이 돌이 누구 위에 떨어지든지 그를 가루로 만들 것이다."

* 20:17 시 118:22에 기록되어 있다.

님은 결국 가장 중요한 '모퉁이의 머릿돌'이 되어 하나님 나라를 세워 나가실 것이란 뜻이다(행 2:36).

18 이 돌 위에 떨어지는 자는 깨어지겠고 예수님이 심판자가 되심을 비유한 것이다(단 2:44-45). **그를 가루로 만들어 흩으리라** 앞 구절에 비해 심판이 점층적으로 강화된다. 어떤 이도 예수님을 대적하고는 살아남을 수 없는 심판의 처절함을 보여준다.

저자의 묵상

예수님은 악한 포도원 농부들의 비유를 통해 자신의 운명과 유대 종교지도자들이 당할 심판에 대해서 말씀하셨다. 종교지도자들이 예수님을 죽인 이유는 명백하다. 바로 그들의 탐욕 때문이었다. 예수님은 종교지도자들이 누리고 있던 모든 특권과 이익을 위협했다. 이들이 누리던 특권은 백성들이 그들을 훌륭한 종교지도자들이라고 인정할 때 얻을 수 있었다. 또한 로마의 통치 아래 백성들이 평화를 유지할 때만 얻을 수 있었다. 그러나 예수님은 그들이 백성들로부터 얻었던 권위를 파괴하셨고, 또한 백성들은 예수님을 왕으로 추대하여 폭동을 일으킬 것처럼 보였다. 종교지도자들에게 예수님은 자신들의 쾌락과 안정을 위협하는 적이었다.

예수님을 믿는다는 것은 결국 우리가 예수님 외에 의존하고 있던 다른 모든 쾌락과 안정의 기반들을 내려놓는 것이다. 이것을 거부한 채로 아무리 종교 행위를 열심히 하더라도 결국 예수님을 주님으로 섬길 수 없다.

무릎기도 하나님, 예수님 외에 다른 것들로 저의 안정과 쾌락의 기반을 삼고 있음을 고백합니다. 이것들을 전부 내려놓고 오직 예수님으로만 저의 만족의 근원을 삼게 하소서.

ESV - Luke 20

9 And he began to tell the people this parable: "A man planted a vineyard and let it out to tenants and went into another country for a long while.
10 When the time came, he sent a servant* to the tenants, so that they would give him some of the fruit of the vineyard. But the tenants beat him and sent him away empty-handed.
11 And he sent another servant. But they also beat and treated him shamefully, and sent him away empty-handed.
12 And he sent yet a third. This one also they wounded and cast out.
13 Then the owner of the vineyard said, 'What shall I do? I will send my beloved son; perhaps they will respect him.'
14 But when the tenants saw him, they said to themselves, 'This is the heir. Let us kill him, so that the inheritance may be ours.'
15 And they threw him out of the vineyard and killed him. What then will the owner of the vineyard do to them?
16 He will come and destroy those tenants and give the vineyard to others." When they heard this, they said, "Surely not!"
17 But he looked directly at them and said, "What then is this that is written:
"'The stone that the builders rejected has become the cornerstone'?*
18 Everyone who falls on that stone will be broken to pieces, and when it falls on anyone, it will crush him."

* 20:10 Or *bondservant*; also verse 11
* 20:17 Greek *the head of the corner*

9 parable 비유 vineyard 포도원 let··· out ···을 세주다 tenant 소작인 10 empty-handed 빈손인 12 wound 상처 입히다 cast out 내쫓다 13 respect 존대하다 14 heir 상속자 inheritance 유산 15 throw out of··· ···에서 쫓아내다 17 cornerstone 주춧돌, 머릿돌 18 be broken to pieces 산산이 깨지다 crush 눌러 부수다

69 가이사의 것과 하나님의 것

월 일

누가복음 20:19-26 • 새찬송 575장 | 통일 302장

• 말씀묵상 전에 성령님의 인도하심을 구하는 기도를 드리십시오.

본문요약 I 종교지도자들은 예수님을 정치적인 문제로 책잡아 로마 총독에게 고소하기 위해 정탐꾼들을 예수님께 보낸다. 정탐꾼들은 로마 황제에게 세금을 바쳐야 하는지를 예수님께 질문한다. 이에 예수님은 황제의 것은 황제에게 바치고, 하나님의 것은 하나님께 바치라고 말씀하심으로 그들의 계략에 넘어가지 않으신다.

19 서기관들과 대제사장들이 예수의 이 비유
는 자기들을 가리켜 말씀하심인 줄 알고
즉시 잡고자 하되 백성을 두려워하더라
20 이에 그들이 엿보다가 예수를 총독의 다
스림과 권세 아래에 넘기려 하여 정탐들
을 보내어 그들로 스스로 의인인 체하며
예수의 말을 책잡게 하니
21 그들이 물어 이르되 선생님이여 우리가
아노니 당신은 바로 말씀하시고 가르치시
며 사람을 외모로 취하지 아니하시고 오
직 진리로써 하나님의 도를 가르치시나이
다
22 우리가 가이사에게 세를 바치는 것이 옳
으니이까 옳지 않으니이까 하니
23 예수께서 그 간계를 아시고 이르시되
24 [1]데나리온 하나를 내게 보이라 누구의 형
상과 글이 여기 있느냐 대답하되 가이사
의 것이니이다
25 이르시되 그런즉 가이사의 것은 가이사에
게, 하나님의 것은 하나님께 바치라 하시
니
26 그들이 백성 앞에서 그의 말을 능히 책잡
지 못하고 그의 대답을 놀랍게 여겨 침묵
하니라

1) 은전의 명칭

1. 오늘 하나님께서 나에게 주신 깨달음은 무엇입니까?

2. 말씀을 어떻게 내 삶에 구체적으로 적용해야 합니까?

절별 해설

19 이 비유는 자기들을 가리켜 말씀하심인 줄 알고 예수님이 악한 포도원 농부들에 대해 말씀하신 비유는 명확하게 유대 종교 지도자들의 탐욕과 죄악을 지적한 것이다.

백성을 두려워하더라 종교지도자들이 종교 행위를 열심히 한 이유는 하나님 때문이 아니라 사람들 때문이었다(마 6:1; 23:27). 당시에는 많은 사람이 예수님을 따르며 지지하고 있었기 때문에, 사람들을 두려워한 종교지도자들은 함부로 예수님을 잡거나 죽일 수 없었다.

20 총독의 다스림과 권세 아래에 넘기려 앞에서 종교지도자들은 종교적인 권위를 문제 삼아 예수님을 책잡으려고 했지만 그들의 시도는 실패했다(20:1–8). 따라서 이번에는 로마 총독에게 예수님을 고소하기 위해 계략을 꾸민다.

정탐들을 보내어 마태는 이들이 바리새인들과 헤롯 당원들이라고 설명한다(마 22:16). 바리새인들과 헤롯 당원들은 평소에는 원수와 같은 사이였다. 바리새인들은 종교적인 의를 통해, 헤롯 당원들은 정치권력을 통해 이스라엘의 자유와 번영을 추구했기 때문이다. 그런데 예수님이 그들의 기득권을 공통적으로 위협하는 존재로 다가오자 연합하여 예수님을 공격한다.

스스로 의인인 체하며 이 정탐꾼들은 자신들이 신실한 자들인 것처럼 가장한다. 예수님이 자신들을 경계하지 못하게 하여 예수님의 약점을 찾아내려고 한 것이다.

22 우리가 가이사에게 세를 바치는 것이 옳으니이까 옳지 않으니이까 '가이사'는 로마의 황제를 말한다. 당시 유대인들은 로마에 세금을 바치는 것에 민족적으로 반발하고 있었다. 로마는 수입의 거의 1/3에 해당하는 금액을 세금으로 가져갔다. 그 때문에 예수님이 세금을 바치는 것이 옳다고 대답한다면, 로마에 반감을 가진 대부분의 유대인들은 예수님을 배척할 것이다. 반대로 대중이 원하는 대로 세금을 바치지 말라고 대답한다면, 로마에 반역을 꾀하는 것으로 예수님을 고소할 수 있었다.

24 데나리온 하나를 내게 보이라 한 데나리온은 노동자의 하루 품삯에 해당하는 금액이다. 유대 화폐인 세겔의 1/4에, 달란트의 1/6,000에 해당했다. 로마의 동전인 데나리온에는 황제의 모습과 이름이 새겨져 있었다.

25 가이사의 것은 가이사에게, 하나님의 것은 하나님께 바치라 '가이사의 것'은 이 세상의 정치적이고 경제적인 영역을 의미한다. 그러나 하나님의 것은 이 세상의 모든 것이다(신 10:14). 따라서 바울은 세상의 권세자들도 전부 하나님이 세우신 것이기 때문에 세상 권세자들에게 복종하라고 충고한다(롬 13:1–7). 즉,

쉬운성경

19 율법학자들과 대제사장들이 예수님께서 이 비유를 자기들을 빗대어 하신 말씀인 줄 알았습니다. 그래서 즉시 예수님을 잡기를 바랐으나 사람들을 두려워하였습니다.

20 율법학자와 대제사장들은 예수님을 지켜보았습니다. 그리고 의로운 사람들인 척 가장한 정탐꾼을 보내서 예수님께서 하시는 말씀 가운데 트집을 잡으려고 하였습니다. 그리고는 예수님을 총독에게 넘기려고 하였습니다.

21 이들이 예수님께 물었습니다. "선생님, 우리는 선생님이 옳게 말씀하시고 가르치시는 것을 압니다. 선생님은 차별을 하지 않으시며 진실되게 하나님의 길을 가르치시는 것을 압니다.

22 우리가 가이사에게 세금을 바치는 것이 옳습니까, 옳지 않습니까?"

23 예수님께서 이들의 계략을 아시고 말씀하셨습니다.

24 "데나리온 동전 하나를 가져오너라. 이 돈에 누구의 얼굴과 이름이 새겨져 있느냐?" 그들이 대답했습니다. "가이사의 것입니다."

25 예수님께서 그들에게 말씀하셨습니다. "가이사의 것은 가이사에게, 하나님의 것은 하나님께 바쳐라."

26 그들은 사람들 앞에서 예수님의 말씀을 트집 잡을 수 없었습니다. 오히려 예수님의 대답에 놀라서 말문이 막히고 말았습니다.

예수님은 세금은 황제에게 바치지만, 황제에게 그런 권세를 주신 분은 하나님이시며 그분께만 참된 권세가 있음을 인정하라고 말씀하신 것이다.

저자의 묵상

돈은 절대로 중립적일 수 없다. 왜냐하면 탐욕을 가진 인간은 돈과 중립적인 관계를 맺을 수 없기 때문이다. 그렇기 때문에 돈은 항상 영적인 힘을 가지고 인간을 유혹한다. 그렇기 때문에 예수님은 돈을 재물의 신인 '맘몬'이라고 부르시면서 '하나님과 맘몬[재물]을 같이 섬길 수 없다'고 말씀하셨다(마 6:24). 돈이 많으면 많을수록 욕심은 더욱 커지며, 그 욕심의 크기만큼 더 강력한 맘몬의 영적 영향력에 사로잡히게 된다. 그렇기 때문에 많은 돈을 가지려고 하기보다는 자신의 욕망을 하나님 앞에 복종시키는 훈련을 먼저 해야 한다.

이런 훈련의 첫 단계가 '모든 것이 하나님의 것'임을 배우는 것이다. 우리에게 주어진 모든 것이 다 하나님의 것이라고 머리로만 생각하는 사람들이 많다. 그러나 돈, 시간, 건강, 능력이 전부 하나님의 것이라고 진실로 믿는 사람만이 그것들을 자신의 욕망을 위한 도구로 삼지 않을 수 있다. 그리고 하나님의 것을 하나님께 돌려드리는 거룩한 삶을 살아갈 수 있다.

무릎 기도 하나님, 저에게 주신 모든 것이 하나님의 것임을 인정하게 하소서. 제게 주신 돈, 시간, 건강, 능력 등 모든 것을 하나님의 영광을 위해 사용할 수 있게 하소서.

ESV - Luke 20

19 The scribes and the chief priests sought to lay hands on him at that very hour, for they perceived that he had told this parable against them, but they feared the people.
20 So they watched him and sent spies, who pretended to be sincere, that they might catch him in something he said, so as to deliver him up to the authority and jurisdiction of the governor.
21 So they asked him, "Teacher, we know that you speak and teach rightly, and show no partiality,* but truly teach the way of God.
22 Is it lawful for us to give tribute to Caesar, or not?"
23 But he perceived their craftiness, and said to them,
24 "Show me a denarius.* Whose likeness and inscription does it have?" They said, "Caesar's."
25 He said to them, "Then render to Caesar the things that are Caesar's, and to God the things that are God's."
26 And they were not able in the presence of the people to catch him in what he said, but marveling at his answer they became silent.

* 20:21 Greek *and do not receive a face*
* 20:24 A *denarius* was a day's wage for a laborer

19 lay hands on··· ···을 붙잡다 perceive 알아차리다 20 pretend to do ···인 체하다 sincere 참된 jurisdiction 관할권 21 partiality 편견 22 lawful 합법적인 tribute 세금 23 craftiness 간계 24 likeness 형상 inscription 적힌 글 25 render 납부하다 26 marvel at··· ···에 놀라다

☐ 묵상 체크

70
월 일

부활 논쟁

누가복음 20:27-40 • 새찬송 96장 | 통일 94장

• 말씀묵상 전에 성령님의 인도하심을 구하는 기도를 드리십시오.

본문요약 | 사두개인들은 부활이 없다는 논리로 예수님을 굴복시키려고 질문을 한다. 그들은 계대 결혼에 관한 율법으로 일곱 남편과 살았던 여자가 죽으면 부활 후에 누구의 아내가 되느냐고 묻는다. 예수님은 부활 후에는 이 땅에서의 삶과는 다른 천사와 같은 삶을 살기 때문에 이 땅의 결혼에 관한 율법이 필요 없다고 답하신다.

27 부활이 없다고 주장하는 사두개인 중 어
떤 이들이 와서
28 물어 이르되 선생님이여 ㄱ모세가 우리에
게 써 주기를 만일 어떤 사람의 형이 아내
를 두고 자식이 없이 죽으면 그 동생이 그
아내를 취하여 형을 위하여 상속자를 세
울지니라 하였나이다
29 그런데 칠 형제가 있었는데 맏이가 아내
를 취하였다가 자식이 없이 죽고
30 그 둘째와 셋째가 그를 취하고
31 일곱이 다 그와 같이 자식이 없이 죽고
32 그 후에 여자도 죽었나이다
33 일곱이 다 그를 아내로 취하였으니 부활
때에 그중에 누구의 아내가 되리이까
34 예수께서 이르시되 이 세상의 자녀들은
장가도 가고 시집도 가되
35 저 세상과 및 죽은 자 가운데서 부활함을
얻기에 합당히 여김을 받은 자들은 장가
가고 시집가는 일이 없으며
36 그들은 다시 죽을 수도 없나니 이는 천사
와 동등이요 부활의 자녀로서 하나님의
자녀임이라
37 죽은 자가 살아난다는 것은 ㄴ모세도 가시
나무 떨기에 관한 글에서 주를 아브라함
의 하나님이요 이삭의 하나님이요 야곱의
하나님이시라 칭하였나니
38 하나님은 죽은 자의 하나님이 아니요 살
아 있는 자의 하나님이시라 하나님에게는
모든 사람이 살았느니라 하시니

ㄱ 신 25:5 ㄴ 출 3:6

39 서기관 중 어떤 이들이 말하되 선생님 잘
말씀하셨나이다 하니
40 그들은 아무것도 감히 더 물을 수 없음이
더라

1. 오늘 하나님께서 나에게 주신 깨달음은 무엇입니까?

2. 말씀을 어떻게 내 삶에 구체적으로 적용해야 합니까?

절별 해설

27 부활이 없다고 주장하는 사두개인 사두개인들은 다윗과 솔로몬 시대의 사독 제사장(삼하 8:17)으로부터 시작된 무리다. 이들은 바리새인들에 비하면 소수였지만 성전을 관리하며 막대한 부를 축적했다. 현실주의자였던 사두개인들은 로마에 협력함으로 대제사장직을 유지했다. 바리새인들과는 달리 사두개인들은 부활과 영(spirit)의 존재를 믿지 않았다(행 23:8).

28 모세가 우리에게 써 주기를 만일 어떤 사람의 형이 아내를 두고 자식이 없이 죽으면 그 동생이 그 아내를 취하여 형을 위하여 상속자를 세울지니라 하였나이다 사두개인들은 신명기 25장 5-10절에 나오는 계대 결혼에 관한 율법을 근거로 예수님께 질문을 한다. 이들은 예수님이 부활을 믿는다고 전제하고 율법으로 예수님을 곤란하게 만들려 한 것이다. 계대 결혼은 남편이 자식 없이 죽을 경우 과부가 남편의 동생과 결혼하여 자손을 잇게 한 율법이다.

33 부활 때에 그중에 누구의 아내가 되리이까 사두개인들은 율법대로라면 부활한 뒤에 곤란한 상황이 벌어짐을 예수님께 말한다. 남자 일곱 명의 아내로 살았던 한 여인은 부활 후에 일곱 남편 중 누구의 아내도 될 수 없기 때문이다.

35 저 세상과 및 죽은 자 가운데서 부활함을 얻기에 합당히 여김을 받은 자들은 장가가고 시집가는 일이 없으며 당시 사람들은 부활한 뒤에 이 땅에서의 삶과 관계를 계속 이어간다고 생각했다. 그러나 예수님은 부활 이후에는 현실과는 다른 차원의 삶이 새롭게 시작될 것을 말씀하신다. 따라서 결혼 제도는 이 세상에서만 적용되기 때문에 부활 후에는 그것에서 파생되는 계대 결혼의 율법은 소용이 없다.

36 그들은 다시 죽을 수도 없나니 천사가 죽지 않고 결혼도 하지 않고 창세로부터 정해진 수가 계속되듯이, 부활한 하나님의 자녀 또한 그렇게 영원히 살게 될 것을 말씀하시는 것이다.
부활의 자녀 이 땅에서 사는 것과 부활 이후에 하나님의 자녀로 사는 것 사이에는 큰 차이가 있다. 바울은 부활의 몸이 '썩지 아니하며, 신령하며, 영광스러우며, 하늘에 속한 이의 형상과 같게 될 것'이라고 말한다(고전 15:35-49).

38 살아 있는 자의 하나님 모세 당시에 족장들은 이미 죽은 지 오래되어 세상에 더 이상 존재하지 않았다. 그러나 하나님은 여전히 족장들의 하나님이시라고 현재적으로 말씀하심으로, 족장들이 죽은 이후에 부활하여 하나님과 관계를 맺는 살아 있는 존재라고 말씀하신 것이다.

쉬운성경

27 부활이 없다고 하는 사두개파 사람들 가운데 몇몇이 예수님께 왔습니다.

28 그리고 예수님께 물었습니다. "선생님, 모세는 형이 자식 없이 아내를 두고 죽으면 동생이 형수와 결혼하고 형을 위해서 자식을 낳아야 한다고 했습니다.

29 그런데 일곱 형제가 있었습니다. 첫째가 아내를 얻었으나 자식이 없이 죽었습니다.

30 그리고 둘째도 자식 없이 죽었습니다.

31 셋째도 마찬가지였습니다. 결국 일곱 형제가 모두 자식이 없이 죽었습니다.

32 마침내 그 여자도 죽었습니다.

33 그러면 부활 때, 그는 누구의 아내가 되어야 합니까? 일곱 형제가 모두 그를 아내로 맞이하였으니 말입니다."

34 예수님께서 그들에게 말씀하셨습니다. "이 세대의 아들들은 장가가고 시집간다.

35 그러나 죽었다가 다시 부활하여 하늘나라에서 살 자격이 인정된 사람들은 장가도 가지 않고, 시집도 가지 않는다.

36 그들은 천사들과 같아서 다시 죽을 수도 없다. 그들은 부활의 아들들이므로 하나님의 자녀들이다.

37 죽은 사람들의 부활에 대해서는 모세도 떨기나무가 나오는 대목에서 잘 보여 주었다. 모세는 주님을 '아브라함의 하나님, 이삭의 하나님, 야곱의 하나님'이라고 하였다.

38 하나님은 죽은 사람들의 하나님이 아니라 살아 있는 사람들의 하나님이시다. 이들 모두는 하나님께 대하여 살아 있다."

39 율법학자 몇 사람이 대답하였습니다.

절별 해설

39 선생님 잘 말씀하셨나이다 서기관들은 대부분 바리새인들이었다. 부활을 믿는 바리새인들은 예수님이 부활을 믿지 않는 사두개인들의 논리를 말씀으로 깨트리신 것에 놀란다.

40 그들은 아무것도 감히 더 물을 수 없음이더라 예수님은 이스라엘의 모든 종교적·정치적 분파들의 공격을 받으셨지만, 그들을 신적 지혜와 권위로 패배시키셨다.

"선생님, 옳은 말씀을 하셨습니다."

40 사람들은 예수님께 감히 더 이상 묻
지 못하였습니다.

저자의 묵상

사두개인들은 죽음 이후의 천국에 대해서 오해를 했다. 이들처럼 많은 성도들이 죽음 이후의 삶을 오해한다. 대표적인 오해는 이 세상에서의 물질적 기준으로 천국에서의 삶을 생각하는 것이다. 천국에 가면 엄청나게 많은 금과 보석을 보상으로 얻게 될 것이라고 생각하는 것이 이런 오해 중 하나다. 이 세상에서는 물질적 가치가 중요하기 때문에 금과 보석이 가치가 있다. 그러나 천국은 금과 보석이 아무런 가치를 가지지 않는 곳이다. 천국에서도 이 세상에서처럼 금과 보석으로 물질적 풍요를 얻기를 기대하는 사람이라면, 이런 사람은 성경을 완전히 오해하고 있는 것이다.

천국에서만 물질적 가치가 중요하지 않은가? 아니다. 하나님의 나라는 성령을 통해 이미 우리의 마음속에서 시작되었다. 성령을 받은 성도는 지금 이곳에서 천국을 살아 내기 시작해야 한다. 따라서 물질을 의존하는 마음을 벗어나 예수님을 얻은 것을 가장 큰 보화를 얻은 것처럼 기뻐해야 한다.

무릎기도 하나님, 눈에 보이는 물질만을 가치 있는 것으로 생각했던 것을 회개합니다. 저의 영적인 눈을 열어 주셔서 하나님 나라에서 진정 가치 있는 것들을 믿고 받아들이게 하소서.

ESV - Luke 20

27 There came to him some Sadducees, those
who deny that there is a resurrection,
28 and they asked him a question, saying,
"Teacher, Moses wrote for us that if a man's
brother dies, having a wife but no children,
the man* must take the widow and raise up
offspring for his brother.
29 Now there were seven brothers. The first
took a wife, and died without children.
30 And the second
31 and the third took her, and likewise all
seven left no children and died.
32 Afterward the woman also died.
33 In the resurrection, therefore, whose wife
will the woman be? For the seven had her
as wife."
34 And Jesus said to them, "The sons of this
age marry and are given in marriage,
35 but those who are considered worthy to
attain to that age and to the resurrection
from the dead neither marry nor are given in
marriage,
36 for they cannot die anymore, because they
are equal to angels and are sons of God,
being sons* of the resurrection.
37 But that the dead are raised, even Moses
showed, in the passage about the bush,
where he calls the Lord the God of Abra-
wham and the God of Isaac and the God of
Jacob.
38 Now he is not God of the dead, but of the
living, for all live to him."
39 Then some of the scribes answered,
"Teacher, you have spoken well."
40 For they no longer dared to ask him any
question.

* 20:28 Greek *his brother*
* 20:36 Greek *huioi*; see Preface

27 Saddancee 사두개인 resurrection 부활 34 give··· in marriage ···를 시집[장가]보내다 35 be considered 여겨지다 worthy ···하기에 합당한 attain 얻다 36 be equal to··· ···와 동등하다 37 passage 한 구절 bush 떨기나무 39 scribe 서기관 40 dare to do ···할 엄두를 내다

• MEMO •

☐ 묵상 체크

71

월 일

다윗의 자손인 그리스도

누가복음 20:41-47 • 새찬송 199장 | 통일 234장

• 말씀묵상 전에 성령님의 인도하심을 구하는 기도를 드리십시오.

본문요약 I 예수님은 메시아가 육체적으로는 다윗의 자손이지만 영적으로는 하나님과 동등한 분임을 말씀하신다. 예수님은 종교적으로 거룩한 척하는 종교지도자들의 위선을 비판하신다. 그들이 종교 행위를 열심히 하는 목적은 사람들에게 보이기 위해서였다. 그들은 실제로는 탐욕을 위해 과부의 재산을 도적질하는 악한 자들이었다.

41 예수께서 그들에게 이르시되 사람들이 어
찌하여 그리스도를 다윗의 자손이라 하느
냐
42 시편에 다윗이 친히 말하였으되
[ㄱ]주께서 내 주께 이르시되
43 내가 네 원수를 네 발등상으로 삼을 때
까지 내 우편에 앉았으라 하셨도다
하였느니라
44 그런즉 다윗이 그리스도를 주라 칭하였으
니 어찌 그의 자손이 되겠느냐 하시니라
45 모든 백성이 들을 때에 예수께서 그 제자
들에게 이르시되
46 긴 옷을 입고 다니는 것을 원하며 시장에
서 문안받는 것과 회당의 높은 자리와 잔
치의 윗자리를 좋아하는 서기관들을 삼가
라
47 그들은 과부의 가산을 삼키며 외식으로
길게 기도하니 그들이 더 엄중한 심판을
받으리라 하시니라

ㄱ 시 110:1

1. 오늘 하나님께서 나에게 주신 깨달음은 무엇입니까?

2. 말씀을 어떻게 내 삶에 구체적으로 적용해야 합니까?

절별 해설

41 사람들이 어찌하여 그리스도를 다윗의 자손이라 하느냐 구약성경은 메시아, 즉 그리스도가 다윗의 후손으로 태어날 것이라고 예언한다(사 11:1). 다윗 왕 시대는 유대인들에게 이스라엘이 축복과 번영을 누리던 시대로 기억되고 있었다. 그 때문에 사람들은 다윗의 자손으로 메시아가 오면 다윗 시대와 같은 영광스러운 나라를 회복하게 될 것이라고 기대했다. 예수님이 이 말씀을 하신 이유는, 사람들이 메시아를 정치적 구원자로 착각하는 것을 바로잡기 위해서였다.

42 주께서 내 주께 이르시되 예수님은 다윗이 쓴 시편 110편 1절을 인용하신다. '주'는 여호와 하나님을 의미하며, '내 주'는 다윗 이후에 오실 메시아를 의미한다.

43 내가 네 원수를 네 발등상으로 삼을 때까지 '발등상'은 발을 올려놓고 쉬는 발판을 의미한다. '때'는 예수님이 심판주가 되셔서 죄, 사망, 마귀를 심판하실 날을 의미한다. 이 약속의 말씀은 예수님이 십자가에서 부활하셨을 때 성취되었다(골 2:15).
내 우편에 앉았으라 '권세자의 우편'은 보호와 권세와 능력을 누리는 자리다.

44 다윗이 그리스도를 주라 칭하였으니 어찌 그의 자손이 되겠느냐 다윗은 메시아를 하나님과 동등한 호칭인 '주'라고 불렀다. 이는 메시아가 육체적으로는 다윗의 자손이지만, 영적으로는 하나님이심을 보여주는 것이다. 즉, 예수님은 당시의 유대인들이 메시아를 다윗의 육체적인 후손으로만 생각했기 때문에, 예수님이 하나님이심을 전혀 생각하지 못함을 지적하신 것이다.

46 긴 옷 종교적인 권위를 드러내기 위해 입는 화려한 옷이다. 서기관들은 발에까지 끌리는 긴 옷을 입고 사람들에게 존경을 받으려고 했다.
시장에서 문안받는 것 랍비나 서기관들은 사람들이 많이 모인 곳에서 사람들로부터 특별한 문안 인사를 받았다. 이들의 종교 행위가 얼마나 인간 중심적인지를 알 수 있다.
회당의 높은 자리와 잔치의 윗자리를 좋아하는 서기관들이 명예욕으로 인해 높은 자리에 앉으려고 자리다툼하는 모습을 말씀하신 것이다.

47 과부의 가산을 삼키며 종교지도자들이 겉으로는 경건한 자인 척 행세하지만, 탐욕 때문에 연약한 자들을 착취했음을 말씀하신다. 예수님이 구체적인 예를 드신 이유는, 종교지도자들이 과부의 재산을 탈취하는 경우가 종종 있었기 때문이다. 부패한 종교지도자들은 뇌물을 받아 판결을 치우치게 하고, 성전에 위임한 재산을 탈취하며, 과부들의 재산 관리를 맡아 그 재산을 도적질하는 방법을 사용했다.

쉬운성경

41 예수님께서 그들에게 말씀하셨습니다. "사람들이 왜 그리스도를 다윗의 아들이라고 하느냐?

42 다윗이 시편에서 직접 말하였다.
'주께서 내 주에게 말씀하셨습니다. 너는 내 오른쪽에 앉아라.

43 내가 네 원수들을 네 발판으로 삼을 때까지.'*

44 다윗이 그리스도를 '주님'이라고 하였는데, 어떻게 그리스도가 다윗의 자손이 되겠느냐?"

45 모든 백성들이 듣고 있을 때에 예수님께서 제자들에게 말씀하셨습니다.

46 "율법학자를 주의하여라. 이들은 긴 옷을 입고 다니는 것을 좋아하며 시장에서 인사받는 것과 회당과 잔치에서 윗자리를 좋아한다.

47 이들은 과부의 집을 삼키며 남에게 보이려고 길게 기도한다. 이들은 더 큰 심판을 받을 것이다."

* 20:42-43 시 110:1에 기록되어 있다.

외식으로 길게 기도하니 그들이 더 엄중한 심판을 받으리라 종교지도자들은 사람들에게 보이기 위한 목적으로 길게 기도했다. 길게 기도함으로써 자신이 하나님과 깊은 관계가 있는 것처럼 보이려고 한 것이다. 예수님은 이런 외식하는 자들이 더 무서운 심판을 받을 것이라고 선포하신다. 왜냐하면 이들은 하나님의 말씀을 잘 알면서도 자신의 욕망을 위해 그것을 왜곡했기 때문이다.

저자의 묵상

세상 사람들의 가장 강력한 삶의 동기 중의 하나는 욕망의 성취다. 식욕, 수면욕, 성욕과 같은 기초적인 욕망의 충족만을 위해 살아가는 사람들도 아주 많다. 기초적인 욕망이 채워진 사람들은 인정의 욕구, 성취의 욕구 등을 추구하며 살아간다. 그러나 욕망의 충족이 삶의 유일한 동기가 되면 하나님과 이웃과의 관계가 깨어진다. 욕망을 위해 살아가는 사람들은 하나님을 우상으로 전락시킨다. 이웃은 자기 욕망을 위한 도구로 전락한다. 결국, 욕망에 사로잡혀 자기 자신도 파괴하는 비참한 결국을 맞이하게 된다. 욕망만을 위해 살던 자들이 당할 최악의 심판은 하나님께 받을 영원한 형벌이다.

십자가에 우리의 욕망을 못 박지 않고는 욕망에서 자유를 얻을 수 있는 방법은 없다. 십자가는 우리의 정욕과 탐심을 다스릴 수 있는 강력한 영적 권세를 가지고 있다. 욕망을 벗어나지 못해 고민하는 사람이라면 먼저 십자가 앞에 나아가는 법을 배워야 한다.

무릎 기도 하나님, 저를 고통스럽게 만들며 관계를 파괴하는 욕망에서 자유를 얻고 싶습니다. 저의 정욕과 탐심을 십자가에 못 박길 원하오니 저를 욕망에서 벗어나게 하셔서 참 자유를 누리게 하소서.

ESV - Luke 20

41 But he said to them, "How can they say that the Christ is David's son?
42 For David himself says in the Book of Psalms, "'The Lord said to my Lord, "Sit at my right hand,
43 until I make your enemies your footstool."'
44 David thus calls him Lord, so how is he his son?"
45 And in the hearing of all the people he said to his disciples,
46 "Beware of the scribes, who like to walk around in long robes, and love greetings in the marketplaces and the best seats in the synagogues and the places of honor at feasts,
47 who devour widows' houses and for a pretense make long prayers. They will receive the greater condemnation."

42 psalms 시편 43 footstool 발판 46 beware of··· ···을 조심하라 robe 옷 marketplace 시장 synagogue 회당 47 devour 삼키다 widow 과부 pretense 외식 condemnation 유죄 판결, 심판

72 가난한 과부의 헌금과 종말의 징조 1

월 일

누가복음 21:1-11 • 새찬송 175장 | 통일 162장

• 말씀묵상 전에 성령님의 인도하심을 구하는 기도를 드리십시오.

본문요약 | 예수님은 가난한 과부가 아주 적은 금액인 두 렙돈을 헌금하는 것을 보시고, 그녀가 다른 모든 사람보다 가장 많이 헌금하였다고 칭찬하신다. 그것은 과부가 자신의 생활비 전부를 하나님께 드렸기 때문이다. 예수님은 마지막 때에 미혹하는 자들이 나타나며, 전쟁과 지진과 기근과 하늘에 징조가 나타날 것이라고 말씀하신다.

1 예수께서 눈을 들어 부자들이 헌금함에 헌금 넣는 것을 보시고
2 또 어떤 가난한 과부가 두 [1]렙돈 넣는 것을 보시고
3 이르시되 내가 참으로 너희에게 말하노니 이 가난한 과부가 다른 모든 사람보다 많이 넣었도다
4 저들은 그 풍족한 중에서 헌금을 넣었거니와 이 과부는 그 가난한 중에서 자기가 가지고 있는 생활비 전부를 넣었느니라 하시니라
5 어떤 사람들이 성전을 가리켜 그 아름다운 돌과 헌물로 꾸민 것을 말하매 예수께서 이르시되
6 너희 보는 이것들이 날이 이르면 돌 하나도 돌 위에 남지 않고 다 무너뜨려지리라
7 그들이 물어 이르되 선생님이여 그러면 어느 때에 이런 일이 있겠사오며 이런 일이 일어나려 할 때에 무슨 징조가 있사오리이까
8 이르시되 미혹을 받지 않도록 주의하라 많은 사람이 내 이름으로 와서 이르되 내가 그라 하며 때가 가까이 왔다 하겠으나 그들을 따르지 말라
9 난리와 소요의 소문을 들을 때에 두려워하지 말라 이 일이 먼저 있어야 하되 끝은 곧 되지 아니하리라
10 또 이르시되 민족이 민족을, 나라가 나라를 대적하여 일어나겠고

1) 동전의 명칭

11 곳곳에 큰 지진과 기근과 전염병이 있겠고 또 무서운 일과 하늘로부터 큰 징조들이 있으리라

1. 오늘 하나님께서 나에게 주신 깨달음은 무엇입니까?

2. 말씀을 어떻게 내 삶에 구체적으로 적용해야 합니까?

절별 해설

1 헌금함 요세푸스의 기록에 의하면, 성전에는 나팔 모양을 한 열세 개의 헌금함이 있었다고 한다. 이 헌금함에 동전을 넣으면 큰 소리를 내며 아래로 떨어졌다. 사람들이 헌금함에 동전을 넣기 전에 헌금의 명목과 액수를 말하게 되어 있기 때문에, 예수님은 과부가 얼마의 돈을 헌금했는지 알 수 있으셨다.

2 두 렙돈 두 렙돈은 한 고드란트(막 12:42)로서, 하루 품삯인 한 데나리온의 1/64에 해당하는 아주 적은 금액이었다. 당시에는 네 고드란트로 참새 두 마리를 살 수 있었다(12:6). 과부가 헌금한 돈은 참새 한 마리를 사기에도 부족했다.

4 이 과부는 그 가난한 중에서 자기가 가지고 있는 생활비 전부를 넣었느니라 예수님은 하나님께 바친 헌금의 액수가 아니라, 그 헌금이 그 사람의 삶에서 차지하는 비중이 얼마나 큰지를 보신다. 즉, 과부에게 있어서 두 렙돈은 그의 생활비 전부였기 때문에 하나님께 자기의 삶 전체를 헌신한 것과 같았다.

5 성전 솔로몬 성전(BC 959년)과 스룹바벨 성전(BC 516년)에 이어 세 번째로 지어진 예루살렘 성전을 말한다. BC 20년에 헤롯 대왕이 짓기 시작하여 AD 64년에야 완공되었다. 이 성전은 완공되고 7년 만에 예루살렘 멸망과 함께 파괴되었다. **아름다운 돌과 헌물로 꾸민 것** 성전 입구에 서 있는 아름다운 흰 대리석 기둥들과 사람들이 헌금으로 드린 귀금속으로 장식된 예루살렘 성전의 화려함을 의미한다.

6 너희 보는 이것들이 날이 이르면 돌 하나도 돌 위에 남지 않고 다 무너뜨려지리라 '날'은 일차적으로는 예루살렘이 멸망하는 AD 70년을 의미한다. 그러나 궁극적으로는 예수님이 재림하시는 때를 의미한다. 예루살렘 성전은 로마 군인들에 의해서 완전히 파괴되었다. AD 66년부터 열심당을 주축으로 한 유대인들은 로마에 대항하여 독립 전쟁을 시작했다. 이 폭동의 진원지인 예루살렘은 수십만 대군을 이끈 로마의 디도 장군에게 정복당했다. 디도는 저항하던 유대인들을 죽이고 예루살렘 성전을 불태움으로써, 다시는 유대인들이 반역하지 못하도록 철저하게 응징했다.

8 많은 사람이 내 이름으로 와서 종말에는 많은 거짓 그리스도가 일어나게 될 것이라는 의미다.

9 끝은 곧 되지 아니하리라 성경이 이야기하는 종말 혹은 말세는 예수님의 부활부터 재림 때까지의 교회 시대 전체를 의미한다(고전 10:11; 딤후 3:1). 그 때문에 전쟁이나 재난의

쉬운성경

1 예수님께서 부자들이 헌금함에 헌금을 넣는 것을 보셨습니다.

2 또 가난한 과부가 렙돈* 동전 두 개를 넣는 것을 보셨습니다.

3 예수님께서 말씀하셨습니다. "내가 진정으로 너희에게 말한다. 이 가난한 과부가 그 누구보다도 더 많은 헌금을 하였다.

4 이 사람들은 다 넉넉한 가운데서 헌금을 드렸다. 그러나 이 여자는 매우 가난한 가운데서 가지고 있는 생활비 전부를 드렸다."

5 몇몇 사람이 성전에 대해 아름다운 돌과 헌금으로 꾸며졌다고 이야기하였습니다. 그러자 예수님께서 말씀하셨습니다.

6 "너희가 지금 보고 있는 이것들이 돌 하나도 돌 위에 남지 않고 다 무너질 날이 올 것이다."

7 제자들이 예수님께 물었습니다. "선생님, 언제 이런 일들이 있겠습니까? 그리고 이런 일들이 일어날 때, 어떤 징조가 나타나겠습니까?"

8 예수님께서 그들에게 말씀하셨습니다. "너희가 속지 않도록 조심하여라. 많은 사람들이 내 이름으로 와서 '내가 그리스도다' 하거나 '때가 왔다'고 말할 것이다. 그러나 그들을 따라가지 마라.

9 전쟁과 난리의 소식을 들을 때, 두려워하지 마라. 이런 일들이 먼저 일어나야 하겠으나 종말이 바로 뒤따라오는 것은 아니다."

10 예수님께서 계속해서 그들에게 말씀하셨습니다. "나라가 나라를 대항하여 일어나고 왕국이 왕국을 맞서 일어날 것이다.

11 큰 지진이 있을 것이며 여러 곳에서 질병과 기근이 있을 것이다. 하늘로부터 무서운 일과 큰 징조가 있을 것이다.

* 21:2 1렙돈은 1데나리온의 1/128에 해당된다.

소문이 난다고 해서 바로 예수님이 재림하시고 역사가 종결되는 것은 아니라는 의미다.

11 하늘로부터 큰 징조들이 있으리라 말세에 영적 징조들이 나타나는 그때가 종말의 때임을 알게 될 것이라는 의미다.

저자의 묵상

이단들은 반드시 종말에 관한 특별한 계시를 받았다고 주장한다. 종말에 관한 성경적 지식은 없고 막연한 두려움만 가진 사람들은 이단들의 거짓말에 쉽게 넘어간다. 이단들이 종말에 관해 속이는 대표적인 내용 중 첫 번째는, 자신들만이 말세에 구원을 받기 위해 특별하게 선택된 소수의 사람들이라는 주장이다. 이런 주장에 가장 많이 사용되는 숫자가 144,000명이다. 두 번째로, 기존 교회와 사회로부터 받는 공격이 바로 성경이 예고하고 있는 말세에 임할 핍박이라고 주장한다. 그들은 비성경적이고 반사회적인 행동을 하면서, 그것이 자신들이 선택받은 증거라는 궤변을 늘어놓는다. 세 번째로, 이단들은 마지막에 임할 특별한 환난을 피하기 위해서는 함께 모여서 힘을 합쳐야 한다고 주장한다. 그렇기 때문에 이단들은 집단적으로 부동산을 사거나 집단생활을 하는 경우가 많다. 성경을 바르게 알지 못하면 이단들의 속임수에 넘어가기 쉽다.

무릎 기도 하나님, 종말에 관한 막연한 두려움에서 벗어나게 하소서. 성경 말씀을 바로 알아서 이단들의 속임수에 넘어가지 않고, 주어진 하루하루를 의미 있게 살아가게 하소서.

ESV - Luke 21

1 Jesus* looked up and saw the rich putting their gifts into the offering box,
2 and he saw a poor widow put in two small copper coins.*
3 And he said, "Truly, I tell you, this poor widow has put in more than all of them.
4 For they all contributed out of their abundance, but she out of her poverty put in all she had to live on."
5 And while some were speaking of the temple, how it was adorned with noble stones and offerings, he said,
6 "As for these things that you see, the days will come when there will not be left here one stone upon another that will not be thrown down."
7 And they asked him, "Teacher, when will these things be, and what will be the sign when these things are about to take place?"
8 And he said, "See that you are not led astray. For many will come in my name, saying, 'I am he!' and, 'The time is at hand!' Do not go after them.
9 And when you hear of wars and tumults, do not be terrified, for these things must first take place, but the end will not be at once."
10 Then he said to them, "Nation will rise against nation, and kingdom against kingdom.
11 There will be great earthquakes, and in various places famines and pestilences. And there will be terrors and great signs from heaven.

* 21:1 Greek *He*

* 21:2 Greek *two lepta*; a *lepton* was a Jewish bronze or copper coin worth about 1/128 of a *denarius* (*which was a day's wage for a laborer*)

2 widow 과부 copper coins 구리 돈, 동전 4 contribute 헌금을 하다 abundance 풍족 poverty 가난 5 adorn with··· ···으로 꾸미다 6 throw down 넘어뜨리다 8 see that··· 반드시 ···하도록 하다 lead··· astray ···을 미혹하다 9 tumult 소동 be terrified 두려워하다 11 earthquake 지진 famine 기근 pestilence 역병

☐ 묵상 체크

73 종말의 징조 2

월 일

누가복음 21:12-19 • 새찬송 179장 | 통일 167장

• 말씀묵상 전에 성령님의 인도하심을 구하는 기도를 드리십시오.

본문요약 I 예수님은 종말이 임하기 전에 먼저 교회가 박해를 당할 것이라고 말씀하신다. 그러나 이 박해는 오히려 하나님 나라가 임했음을 증거한다. 제자들이 박해를 받을 때 하나님이 구변과 지혜를 주실 것이다. 가깝고 먼 관계들이 깨어질 것이지만, 하나님이 성도를 보호해 주실 것을 약속하신다.

12 이 모든 일 전에 내 이름으로 말미암아 너희에게 손을 대어 박해하며 회당과 옥에 넘겨주며 임금들과 집권자들 앞에 끌어가려니와
13 이 일이 도리어 너희에게 [1]증거가 되리라
14 그러므로 너희는 변명할 것을 미리 궁리하지 않도록 명심하라
15 내가 너희의 모든 대적이 능히 대항하거나 변박할 수 없는 구변과 지혜를 너희에게 주리라
16 심지어 부모와 형제와 친척과 벗이 너희를 넘겨주어 너희 중의 몇을 죽이게 하겠고
17 또 너희가 내 이름으로 말미암아 모든 사람에게 미움을 받을 것이나
18 너희 머리털 하나도 상하지 아니하리라
19 너희의 인내로 너희 [2]영혼을 얻으리라

1) 또는 증거의 기회가 2) 또는 목숨을

1. 오늘 하나님께서 나에게 주신 깨달음은 무엇입니까?

2. 말씀을 어떻게 내 삶에 구체적으로 적용해야 합니까?

절별 해설

12 이 모든 일 전에 내 이름으로 말미암아 너희에게 손을 대어 박해하며 사회의 혼란과 전쟁 그리고 우주적 징조보다 먼저 나타날 말세의 징조는 예수님의 제자들이 받을 박해다. 예수님의 말씀과 같이 초대교회는 세상으로부터 많은 박해를 받았다. 예수님의 제자인 야고보는 헤롯 아그립바 2세의 손에 죽임을 당했고(행 12:1-2), 스데반 집사는 돌에 맞아 죽었으며(행 7:59), 사도들은 옥에 갇히고 채찍에 맞았다(행 5:17-18).

13 증거가 되리라 박해는 하나님 나라가 임한 증거다. 첫 번째로, 교회가 받은 박해는 하나님 나라가 세상으로 확장되기 시작했음을 보여주는 증거다(마 5:10). 하나님 나라의 영향력은 세상의 영향력과 반드시 충돌하게 되어 있다. 성도를 통해서 하나님의 통치가 세상에 나타나면 세상은 반드시 성도를 핍박할 것이며, 이것은 하나님 나라가 임했음을 보여주는 것이다. 두 번째로, 교회가 박해를 받을 때 하나님 나라를 선포할 수 있는 기회가 생기기 때문이다. 〈사도행전〉에 의하면, 사도들이 예수님을 증거하자 종교지도자들이 그들을 옥에 가두고 심문한다. 이때 베드로와 요한은 담대하게 복음을 전파한다(행 4장). 이처럼 교회가 세상으로부터 받는 박해는 하나님 나라가 이미 교회 안에 임하였음을 보여주는 증거다.

14 너희는 변명할 것을 미리 궁리하지 않도록 명심하라 사람은 두려움에 사로잡히면 거기서 벗어나기 위해 자기를 변호하기 마련이다. 그러나 제자들이 박해를 받는 것은 하나님 나라가 임했다는 증거이기 때문에, 그것에서 벗어나기 위해 애쓸 필요가 없다는 것이다.

15 구변과 지혜 '구변'은 원래 '입'이라는 의미로, '구변과 지혜'는 '지혜로운 말'이라고 번역할 수 있다. 종교지도자들에게 잡혀서 박해를 당한 베드로와 요한은 예수님의 약속대로 성령의 충만함 가운데 담대하게 예수님을 증거한다. 종교지도자들은 그들을 교육을 받지 못한 평범한 사람들로 여겼다가 그들의 지혜로운 말에 놀란다(행 4:13).

16 부모와 형제와 친척과 벗이 너희를 넘겨주어 이들은 가장 가까운 인간관계를 의미한다. 예수님을 믿는다는 이유로 이런 관계들이 깨어지고 심지어는 배신을 당할 것이 예고된다. 이것은 성령으로 인해 하나님 나라가 시작되면 세상에 속한 자들과는 갈등하게 됨을 보여준다(막 13:12).

17 너희가 내 이름으로 말미암아 모든 사람에게 미움을 받을 것이나 하나님 나라는 세상의 나라와 충돌하게 되어 있기 때문에, 가까운 관계뿐만 아니라 먼 관계까지도 적대적일 수 있다

쉬운성경

12 그러나 이 모든 일들이 일어나기 전에 사람들이 너희를 잡고 박해할 것이다. 또한 너희를 회당과 감옥에 넘길 것이다. 너희는 내 이름 때문에 왕과 총독 앞에 끌려갈 것이다.

13 그러나 이것이 너희에게는 증거의 기회가 될 것이다.

14 너희는 변론할 말을 미리 준비하지 않겠다고 마음에 결심하여라.

15 내가 너희에게 말과 지혜를 주어 너희 원수 가운데 그 누구도 너희를 맞서거나 반박하지 못할 것이다.

16 너희의 부모와 형제, 친척, 친구들이 너희를 넘겨줄 것이다. 그리고 너희 중 몇몇을 죽이기도 할 것이다.

17 너희는 내 이름 때문에 모두에게 미움을 받을 것이다.

18 그러나 너희 머리카락 하나도 다치지 않을 것이다.

19 너희는 인내함으로 생명을 얻을 것이다."

는 의미다.

18 너희 머리털 하나도 상하지 아니하리라 머리털 하나는 몸에서 가장 가치가 적은 부분이다. 그러나 그것까지도 하나님의 섭리적 보호 아래 있다는 말씀이다.

19 너희의 인내로 너희 영혼을 얻으리라 '인내'는 '소망'으로도 번역할 수 있다. 즉, 하나님 나라에 속한 자는 반드시 하나님 나라가 완성될 것에 대한 소망을 가지고 현실을 이겨 낼 수 있음을 의미한다. 박해를 견뎌 낼 수 있다는 것은, 그가 이미 구원받은 자이며, 결국 하나님 나라가 완성될 때 영혼의 구원을 얻게 될 것을 의미한다.

저자의 묵상

성경적 종말 혹은 말세의 시간은 예수님의 초림부터 재림까지의 긴 기간이다. 말세가 긴 이유는 이 기간이 하나님의 나라가 확장되는 시간이기 때문이다. 하나님의 나라가 확장되면 세상은 반드시 그것을 거부하고 공격한다. 그렇기 때문에 말세에 세상으로부터 성도들이 핍박을 받을 것이 예고되고 있는 것이다. 세상뿐만 아니라 심지어는 가장 가까운 가족과 친구들까지 하나님 나라가 확장되는 것을 거부할 것이다.

예수님은 제자들에게 두 가지 약속을 주셨다. 첫 번째는, 성령이 성도와 함께하시면 지혜로운 말로 세상의 거짓말을 이길 수 있도록 하시겠다고 약속하셨다. 두 번째는, 하나님이 어떤 핍박 가운데서도 우리의 영혼을 지켜 주시겠다고 약속하셨다. 예수님의 이름 때문에 또는 복음을 전하는 것 때문에 박해가 있다면, 이 약속을 더욱 견고하게 붙들어야 할 것이다.

무릎기도 하나님, 세상과 주변 사람들의 거부와 핍박이 두려워 복음 전하는 것을 게을리했음을 용서하소서. 담대한 믿음을 주셔서 세상 가운데 복음을 확실하게 전하는 인생이 되게 하소서.

ESV - Luke 21

12 But before all this they will lay their hands on you and persecute you, delivering you up to the synagogues and prisons, and you will be brought before kings and governors for my name's sake.
13 This will be your opportunity to bear witness.
14 Settle it therefore in your minds not to meditate beforehand how to answer,
15 for I will give you a mouth and wisdom, which none of your adversaries will be able to withstand or contradict.
16 You will be delivered up even by parents and brothers* and relatives and friends, and some of you they will put to death.
17 You will be hated by all for my name's sake.
18 But not a hair of your head will perish.
19 By your endurance you will gain your lives.

21:16 Or *parents and brothers and sisters*

12 persecute 박해하다 synagogue 회당 for one's name's sake …의 이름 때문에 13 opportunity 기회 bear witness 증언하다 14 meditate 숙고하다 beforehand 미리 15 adversary 적 withstand 대항하다 contradict 반박하다 19 endurance 인내

74 종말의 징조 3

월 일

누가복음 21:20-28 • 새찬송 183장 | 통일 172장

• 말씀묵상 전에 성령님의 인도하심을 구하는 기도를 드리십시오.

본문요약 I 예수님은 예루살렘이 군대에 에워싸이는 것이 예루살렘의 멸망을 보여주는 증거이므로 그때에 밖으로 도망치라고 말씀하신다. 교회 시대 내내 이런 박해가 있을 것이지만, 예수님의 재림이 다가오면 하늘과 세상에 징조가 나타날 것이라고 말씀하신다. 그리고 결국 예수님이 영광스럽게 재림하셔서 성도들을 구원할 것을 약속하신다.

20 너희가 예루살렘이 군대들에게 에워싸이는 것을 보거든 그 멸망이 가까운 줄을 알라

21 그때에 유대에 있는 자들은 산으로 도망갈 것이며 [1]성내에 있는 자들은 나갈 것이며 촌에 있는 자들은 그리로 들어가지 말지어다

22 이날들은 기록된 모든 것을 이루는 징벌의 날이니라

23 그날에는 아이 밴 자들과 젖먹이는 자들에게 화가 있으리니 이는 땅에 큰 환난과 이 백성에게 진노가 있겠음이로다

24 그들이 칼날에 죽임을 당하며 모든 이방에 사로잡혀 가겠고 예루살렘은 이방인의 때가 차기까지 이방인들에게 밟히리라

25 일월성신에는 징조가 있겠고 땅에서는 민족들이 바다와 파도의 성난 소리로 인하여 혼란한 중에 곤고하리라

26 사람들이 세상에 임할 일을 생각하고 무서워하므로 기절하리니 이는 하늘의 권능들이 흔들리겠음이라

27 그때에 사람들이 인자가 구름을 타고 능력과 큰 영광으로 오는 것을 보리라

28 이런 일이 되기를 시작하거든 일어나 머리를 들라 너희 속량이 가까웠느니라 하시더라

1) 헬, 그 안에

1. 오늘 하나님께서 나에게 주신 깨달음은 무엇입니까?

2. 말씀을 어떻게 내 삶에 구체적으로 적용해야 합니까?

절별 해설

20 너희가 예루살렘이 군대들에게 에워싸이는 것을 보거든 그 멸망이 가까운 줄을 알라 '그 멸망'은 예루살렘의 멸망을 의미한다. AD 66년에 열심당원을 주축으로 한 유대인들이 로마에 대항하여 독립 전쟁을 일으켰다. AD 68년에는 로마의 베스파시안 장군이 예루살렘을 포위한 적이 있었는데, 네로 황제가 죽으면서 로마에 내분이 일어나자 포위를 풀고 철수했다. 그 뒤에 베스파시안이 황제로 즉위하면서 그의 아들 디도 장군이 아버지를 대신해 예루살렘을 공격하여 함락시켰다. 교회 역사가인 유세비우스의 「교회사」에 의하면, 예수님의 이 말씀을 기억했던 많은 예루살렘의 성도들은, 예루살렘이 공격당하기 전에 베뢰아 지방의 펠라로 피신하여 위기를 모면했다고 전해진다.

21 그때에 유대에 있는 자들은 산으로 도망갈 것이며 '산으로 도망하라'는 것은 구약의 종말론적 메시지 가운데 반복해서 나온다(겔 7:16; 슥 14:5). 유대 지역의 '산'에는 숨을 수 있는 동굴이 있었기 때문에, 전쟁 때에 산으로 도망하는 일이 흔했다(삿 6:2). **성내에 있는 자들은 나갈 것이며** 전쟁이 일어나면 '성'은 가장 먼저 공격을 받는 대상이 된다. 그러므로 성안이 안전하다고 믿고 거기로 들어가 피하려는 자들은 결국 멸망할 것이기 때문에, 예수님은 성 밖으로 나가라고 말씀하신다. 디도 장군이 예루살렘을 공격했을 때 예루살렘 성은 한 달여 만에 함락되었다. 유대 역사가 요세푸스에 의하면, 당시가 유월절 기간이었기 때문에 예루살렘 성에는 약 270만 명의 사람들이 모여 있었다고 한다. 요세푸스는 전쟁 과정에서 죽은 사람이 110만 명이었고, 포로로 잡혀간 사람들은 9만 7천 명에 달했다고 기록한다.

23 그날에는 아이 밴 자들과 젖먹이는 자들에게 화가 있으리니 예수님은 가장 불쌍히 여김을 받아야 할 자들조차 잔인하게 대우받는 전쟁의 비참함을 강조하시려고 이들을 언급하신다.

24 이방인의 때가 차기까지 '이방인의 때'는 예수님의 초림부터 재림까지의 종말의 기간을 의미한다(계 11:2). 교회는 교회 시대 내내 이방인들로 상징되는 세상의 박해를 받는다.

25 일월성신에는 징조가 있겠고 종말의 시기에 이런 천체의 변화나 세상의 변화는 하나님이 처음 창조하신 첫 창조의 질서가 무너질 것을 의미한다.

27 인자가 구름을 타고 '타고'는 원어적으로 '~안에'라는 뜻이다. 구약성경에서 구름은 하나님의 임재와 영광을 상징한다(왕상 8:11). 예수님이 구름을 타고 오신다는 것은, 예수님이 영광스러운 하나님으로 이 땅에 다시 오실 것을 의미한다.

쉬운성경

20 "예루살렘이 군대에 포위당한 것을 보면 예루살렘의 파괴가 곧 다가왔다는 것을 깨달아라.

21 그때에 유대에 있는 사람들은 산으로 도망하여라. 예루살렘 안에 있는 사람들은 빨리 빠져 나가거라. 시골에 있는 사람들은 예루살렘 안으로 들어가지 마라.

22 그것은 이날이 바로 징벌의 날이기 때문이다. 기록된 모든 것이 이루어질 것이다.

23 그날에는 임신한 여자와 아기에게 젖을 먹이는 여자에게 화가 있다. 땅에는 큰 고통이 닥치겠고, 진노가 이 백성에게 내릴 것이다.

24 그들은 칼날에 쓰러질 것이며 여러 나라에 포로로 붙잡혀 갈 것이다. 이방인의 때가 끝날 때까지 예루살렘은 이방인들의 발에 짓밟힐 것이다."

25 "해와 달과 별들에게서 징조가 있을 것이다. 땅에서는 민족들이 바다와 파도의 소리에 당황할 것이다.

26 사람들은 세상에 닥칠 일을 예상하며 두려워하고 기절할 것이다. 이것은 하늘에 있는 권세가 흔들릴 것이기 때문이다.

27 그때에 사람들은 인자가 구름을 타고 능력과 큰 영광으로 오는 것을 볼 것이다.

28 이러한 일이 일어나기 시작할 때, 일어서서 너희의 머리를 들어라. 이는 너희의 구원이 가까이 오고 있기 때문이다."

28 너희 속량이 가까웠느니라 '속량'은 '값을 대신 치르고 사다'라는 뜻이다. 즉, 예수님이 십자가에서 성도를 대신하여 죗값을 치르고 우리를 사신 그 결과가 완성될 것이라는 뜻이다.

저자의 묵상

예수님은 예루살렘의 멸망 이후에 곧 다시 오실 것처럼 말씀하셨다. 그러나 예루살렘은 이천여 년 전에 멸망했지만, 예수님은 아직도 다시 오시지 않았다. 이 말씀은 구약의 선지서에 자주 나오는 예언의 다중적 성취라는 측면에서 이해해야 한다. 구약성경의 예언들은 1차적으로는 당시의 상황 속에서 성취되면서 앞으로 일어날 일들의 모형이었다. 구약의 예언들은 예수님을 통해 나타날 영적 변화와 하나님의 나라에 대해서도 동시적으로 예언을 하고 있다. 이처럼 예수님이 말씀하신 말세의 환난은 예루살렘 멸망을 통해 1차적으로 성취되었다. 그러나 예루살렘의 멸망은 앞으로 일어날 환난들의 시작이며 모형이다. 즉, 종말의 시대 내내 이런 환난들이 반복해서 일어나면서, 그 과정에서 성도들은 구원을 받고 세상은 심판을 당하는 것이다. 지금도 세상에는 환난이 존재하지만, 이 환난 속에서 성도인 우리들은 예수님을 통해 속량을 받게 된다.

무릎 기도 하나님, 이 세상에서 반복해서 일어나는 환난 속에서도 낙심하지 않고 다시 오실 예수님을 소망하게 하소서. 환난을 통해 죄를 벗어 버리고 오직 예수님만을 신뢰하게 하소서.

ESV - Luke 21

20 "But when you see Jerusalem surrounded by armies, then know that its desolation has come near.
21 Then let those who are in Judea flee to the mountains, and let those who are inside the city depart, and let not those who are out in the country enter it,
22 for these are days of vengeance, to fulfill all that is written.
23 Alas for women who are pregnant and for those who are nursing infants in those days! For there will be great distress upon the earth and wrath against this people.
24 They will fall by the edge of the sword and be led captive among all nations, and Jerusalem will be trampled underfoot by the Gentiles, until the times of the Gentiles are fulfilled.
25 "And there will be signs in sun and moon and stars, and on the earth distress of nations in perplexity because of the roaring of the sea and the waves,
26 people fainting with fear and with foreboding of what is coming on the world. For the powers of the heavens will be shaken.
27 And then they will see the Son of Man coming in a cloud with power and great glory.
28 Now when these things begin to take place, straighten up and raise your heads, because your redemption is drawing near."

20 desolation 멸망 22 vengeance 징벌 23 pregnant 임신한 nurse 젖을 먹다 distress 환난 wrath 진노 24 lead… captive …를 포로로 하여 끌고 다니다 trample underfoot 짓밟다 gentile 이방인 25 in perplexity 당황하여 roaring 굉음 26 faint 기절하다 foreboding 전조, 조짐 28 take place 일어나다 redemption 구원

75

월 일

종말에 관한 무화과나무 비유

누가복음 21:29-38 • 새찬송 180장 | 통일 168장

• 말씀묵상 전에 성령님의 인도하심을 구하는 기도를 드리십시오.

본문요약 | 예수님은 '무화과나무의 비유'를 통해, 종말이 임할 때 그 징조를 보고 하나님 나라가 임했음을 알라고 말씀하신다. 또 예수님의 말씀이 반드시 이루어질 것이라고 하시면서, 방탕함이나 근심 걱정 때문에 영적으로 둔감해지지 않게 항상 깨어 기도하라고 말씀하신다. 예수님은 낮에 성전에서 가르치셨는데, 백성은 이 말씀을 사모하여 일찍부터 성전에 나갔다.

29 이에 비유로 이르시되 무화과나무와 모든
나무를 보라
30 싹이 나면 너희가 보고 여름이 가까운 줄
을 자연히 아나니
31 이와 같이 너희가 이런 일이 일어나는 것
을 보거든 하나님의 나라가 가까이 온 줄
을 알라
32 내가 진실로 너희에게 말하노니 이 세대
가 지나가기 전에 모든 일이 다 이루어지
리라
33 천지는 없어지겠으나 내 말은 없어지지
아니하리라
34 너희는 스스로 조심하라 그렇지 않으면
방탕함과 술 취함과 생활의 염려로 마음
이 둔하여지고 뜻밖에 그날이 덫과 같이
너희에게 임하리라
35 이날은 온 지구상에 거하는 모든 사람에
게 임하리라
36 이러므로 너희는 장차 올 이 모든 일을 능
히 피하고 인자 앞에 서도록 항상 기도하
며 깨어 있으라 하시니라
37 예수께서 낮에는 성전에서 가르치시고 밤
에는 나가 감람원이라 하는 산에서 쉬시
니
38 모든 백성이 그 말씀을 들으려고 이른 아
침에 성전에 나아가더라

1. 오늘 하나님께서 나에게 주신 깨달음은 무엇입니까?

2. 말씀을 어떻게 내 삶에 구체적으로 적용해야 합니까?

절별 해설

29 무화과나무와 모든 나무를 보라 복음서의 병행 본문에는 무화과 나무만 언급되어 있다(마 24:32; 막 13:28). 팔레스타인에서 무화과 나무의 잎사귀와 열매는 계절이 바뀌는 것을 알려 주는 역할을 했다. 즉, 예수님은 나무를 통해 계절의 변화를 알 수 있듯이, 종말적인 징조들을 통해서 예수님이 다시 오실 때가 가까이 왔음을 깨달으라고 말씀하신 것이다.

31 하나님의 나라가 가까이 온 줄을 알라 '하나님의 나라'는 오순절 성령 강림으로 이미 시작되었다. 교회 시대는 이미 시작된 하나님 나라와 앞으로 완성될 하나님 나라 사이의 기간이다. 종말의 징조들은 하나님 나라가 이미 시작되었음을 알리는 것이면서, 또한 앞으로 그것이 완성될 때가 다가오고 있음을 기대하게 만드는 이중적인 역할을 한다.

32 이 세대가 지나가기 전에 '이 세대'는 특정한 기간을 의미하는 것이 아니라 '교회 시대'를 의미한다. 즉, 하나님 나라는 교회를 통해 시작되고 완성될 것임을 보여준다.

33 천지는 없어지겠으나 내 말은 없어지지 아니하리라 하나님이 처음 창조하신 하늘과 땅은 새 하늘과 새 땅으로 대체될 것이다(계 21:1). 그러나 예수님의 말씀은 변하지 않고 그대로 성취될 것을 의미한다.

34 너희는 스스로 조심하라 그렇지 않으면 방탕함과 술 취함과 생활의 염려로 마음이 둔하여지고 이러한 모습은 종말론적인 신앙을 흔들리게 하는 대표적인 삶의 모습이다. '방탕함'과 '술 취함'은 원어적으로 같은 의미로, 술 취한 상태를 말한다. 즉, 세상 고통을 잊고 쾌락에 방탕하게 자신을 방임하는 대표적인 모습이 술 취함이다. '생활의 염려'는 삶을 잘 유지하기 위해 하는 걱정과 근심을 말한다. 이 두 가지 모습은 세상의 삶에서 도피하거나 혹은 지나치게 삶에 몰두하는 두 가지 극단적인 태도다. 이런 세상의 삶에 대한 극단적인 태도는 종말론적인 태도를 방해하고 영적으로 둔감하게 만든다.

35 이날 이 땅에서 하나님 나라를 경험하는 성도들은 예수님의 다시 오심을 간절히 사모하게 된다. 그러나 방탕에 빠지거나 근심 걱정에 시달리는 사람들은 하나님 나라에 관심과 열정을 쏟을 수 없다. 결국 이런 사람들에게는 예수님이 다시 오시는 날이 덫과 같은 재앙의 날이 된다.

36 인자 앞에 서도록 방탕과 근심 걱정에서 벗어나 예수님의 다시 오심을 사모하며 살아가는 자들은, 반드시 만왕의 왕으로 오실 예수님 앞에 기쁨과 감격으로 서게 될 것이다.
항상 기도하며 깨어 있어라 '기도'는 우리의 영혼을 깨워 세상의 유혹과 시험을 벗어나게 한다. 기도함으로 영적으로 민감하게 깨어 있어야 다시 오실 예수님을 준비하는 종말론적인 신앙생활을 할 수 있다.

쉬운성경

29 예수님께서 이런 비유를 말씀하셨습니다. "무화과나무와 다른 모든 나무들을 보아라.

30 잎사귀가 돋는 것을 보면 너희는 여름이 가까웠다는 것을 알 것이다.

31 이와 같이 너희도 이런 일들이 일어나는 것을 볼 때, 하나님 나라가 가까운 줄 깨달아라.

32 내가 진정으로 너희에게 말한다. 이 세대가 다 지나기 전에 이 모든 일들이 일어날 것이다.

33 하늘과 땅은 없어질지라도, 내 말은 결코 없어지지 않을 것이다."

34 "네 마음이 방탕과 술 취함과 삶의 걱정으로 무겁게 눌리지 않도록 하여라. 그날이 마치 덫처럼 갑자기 네게 다가올 것이다.

35 그날은 온 땅 위에 살고 있는 모든 사람에게 다가올 것이다.

36 일어날 이 모든 일들을 피할 힘을 얻고, 인자 앞에 서기 위하여 항상 기도하며 깨어 있어라."

37 예수님께서 낮에는 성전에서 가르치시고, 밤에는 밖으로 나가셔서 올리브라고 불리는 산에서 지내셨습니다.

38 모든 사람들은 아침 일찍 일어나 예수님께 말씀을 들으려고 성전으로 나아왔습니다.

37 예수께서 낮에는 성전에서 가르치시고 예수님은 잡히시기 전에 앞으로 임할 하나님 나라와 징조들에 대해 말씀하심으로써 제자들이 종말의 신앙을 가지고 깨어 있을 수 있게 준비시키셨다.

저자의 묵상

종말에 성도들을 영적으로 둔감하게 만드는 대표적인 모습으로 '방탕함'과 '생활의 염려'가 있다. '방탕함'은 현재적 고통을 잊기 위해 욕망이 이끄는 대로 쾌락 추구에 몰두하는 것이다. 이 시대는 쾌락 추구에 한계를 두지 않을 정도로 점점 더 그 정도를 더해 가고 있다. 성도들마저도 쾌락을 위해 결혼의 질서를 깨트리고, 예배를 등한시하며, 하나님께 바쳐야 할 헌금마저도 소홀히 한다. 결국, 영혼이 둔감해져서 세상의 영향력에 휩쓸리게 된 것이다. '생활의 염려'는 두려움이 만들어 낸 영향력에 사로잡혀 자신의 인생을 어떤 수준 이상으로 유지하려는 걱정과 불안을 말한다. 성도들도 가난하게 될까 봐, 자녀가 좋은 학교를 가지 못할까 봐, 미래에 나쁜 일이 닥칠까 봐 불안해하는 사람들이 많다. 두려움은 성도가 영적으로 헌신하지 못하게 만들고, 결국 자신이 생각한 안정된 틀을 지키고자 애쓰며 살게 만든다. 따라서 성도를 영적으로 둔감하게 만드는 방탕함과 생활의 염려를 경계해야 할 것이다.

무릎 기도 하나님, 욕망으로 말미암은 방탕함과 두려움으로 말미암은 생활의 염려에서 벗어나게 하소서. 하나님을 신뢰함으로 종말의 시대에 더욱 담대하게 하나님 나라를 위해 헌신하게 하소서.

ESV - Luke 21

29 And he told them a parable: "Look at the fig tree, and all the trees.
30 As soon as they come out in leaf, you see for yourselves and know that the summer is already near.
31 So also, when you see these things taking place, you know that the kingdom of God is near.
32 Truly, I say to you, this generation will not pass away until all has taken place.
33 Heaven and earth will pass away, but my words will not pass away.
34 "But watch yourselves lest your hearts be weighed down with dissipation and drunkenness and cares of this life, and that day come upon you suddenly like a trap.
35 For it will come upon all who dwell on the face of the whole earth.
36 But stay awake at all times, praying that you may have strength to escape all these things that are going to take place, and to stand before the Son of Man."
37 And every day he was teaching in the temple, but at night he went out and lodged on the mount called Olivet.
38 And early in the morning all the people came to him in the temple to hear him.

29 parable 비유 fig tree 무화과나무 31 take place (일이) 일어나다 32 pass away 지나다 34 weigh down (마음을) 짓누르다 dissipation 방탕 drunkenness 술 취함 care 염려 trap 덫 35 dwell 살다 36 escape 피하다 37 lodge 머무르다

76 최후의 만찬

월 일

누가복음 22:1-23 • 새찬송 265장 | 통일 199장

• 말씀묵상 전에 성령님의 인도하심을 구하는 기도를 드리십시오.

본문요약 | 유월절이 되자 종교지도자들은 예수님을 죽일 계략을 짜기 시작한다. 마침 그때 사탄의 지배를 받은 가룟 유다가 종교지도자들에게 예수님을 팔기로 작정한다. 예수님은 유월절에 제자들과 식사를 함께하셨다. 예수님은 떡과 포도주를 제자들에게 나누시면서 그것이 자신의 몸과 피라고 말씀하신다. 예수님은 자신을 파는 자가 제자 중에 있음을 말씀하신다.

1 유월절이라 하는 무교절이 다가오매
2 대제사장들과 서기관들이 예수를 무슨 방도로 죽일까 궁리하니 이는 그들이 백성을 두려워함이더라
3 열둘 중의 하나인 가룟인이라 부르는 유다에게 사탄이 들어가니
4 이에 유다가 대제사장들과 성전 경비대장들에게 가서 예수를 넘겨줄 방도를 의논하매
5 그들이 기뻐하여 돈을 주기로 언약하는지라
6 유다가 허락하고 예수를 무리가 없을 때에 넘겨줄 기회를 찾더라
7 유월절 양을 잡을 무교절 날이 이른지라
8 예수께서 베드로와 요한을 보내시며 이르시되 가서 우리를 위하여 유월절을 준비하여 우리로 먹게 하라
9 여짜오되 어디서 준비하기를 원하시나이까
10 이르시되 보라 너희가 성내로 들어가면 물 한 동이를 가지고 가는 사람을 만나리니 그가 들어가는 집으로 따라 들어가서
11 그 집주인에게 이르되 선생님이 네게 하는 말씀이 내가 내 제자들과 함께 유월절을 먹을 객실이 어디 있느냐 하시더라 하라
12 그리하면 그가 자리를 마련한 큰 다락방을 보이리니 거기서 준비하라 하시니
13 그들이 나가 그 하신 말씀대로 만나 유월절을 준비하니라
14 때가 이르매 예수께서 사도들과 함께 [1]앉으사
15 이르시되 내가 고난을 받기 전에 너희와 함께 이 유월절 먹기를 원하고 원하였노라
16 내가 너희에게 이르노니 이 유월절이 하나님의 나라에서 이루기까지 다시 먹지 아니하리라 하시고
17 이에 잔을 받으사 감사 기도 하시고 이르시되 이것을 갖다가 너희끼리 나누라
18 내가 너희에게 이르노니 내가 이제부터 하나님의 나라가 임할 때까지 포도나무에서 난 것을 다시 마시지 아니하리라 하시고
19 또 떡을 가져 감사 기도 하시고 떼어 그들에게 주시며 이르시되 이것은 너희를 위하여 주는 내 몸이라 너희가 이를 행하여 나를 기념하라 하시고
20 저녁 먹은 후에 잔도 그와 같이 하여 이르시되 이 잔은 내 피로 세우는 새 언약이니 곧 너희를 위하여 붓는 것이라
21 그러나 보라 나를 파는 자의 손이 나와 함께 상 위에 있도다
22 인자는 이미 작정된 대로 가거니와 그를 파는 그 사람에게는 화가 있으리로다 하시니

1) 5:29 난하주를 보라

23 그들이 서로 묻되 우리 중에서 이 일을 행
할 자가 누구일까 하더라

1. 오늘 하나님께서 나에게 주신 깨달음은 무엇입니까?

2. 말씀을 어떻게 내 삶에 구체적으로 적용해야 합니까?

절별 해설

1 유월절이라 하는 무교절 '유월절'은 유대력(종교력)의 첫 달인 니산월 14일(태양력 4월)로, 애굽에서 탈출할 때 어린 양의 피를 문설주와 인방에 발라 구원받은 것을 기념하는 날이다. '무교절'은 14일 밤 유월절 식사 때 누룩을 넣지 않은 무교병을 먹는 것을 시작으로 일주일간 지속된다.

3 가룟인 '가룟'은 유대 지역의 그리욧을 의미한다. 예수님을 판 유다는 야고보의 아들 유다와 구분하기 위해 그리욧 출신이라는 의미로 '가룟인'이라고 불렸다(6:16).
열둘 중의 하나인 가룟인이라 부르는 유다에게 사탄이 들어가니 '사탄이 들어갔다'는 것은 유다가 마귀의 통제를 받게 되었음을 뜻한다. 〈요한복음〉에서는 '마귀가 벌써 시몬의 아들 가룟 유다의 마음에 예수를 팔려는 생각을 넣었더라'(요 13:2)고 설명한다.

5 그들이 기뻐하여 돈을 주기로 언약하는지라 마태는 유다가 당시의 노예 한 사람의 몸값인 은 30세겔을 받았다고 기록한다(마 26:15). 은 30세겔은 당시의 노예 한 사람의 몸값이었다.

7 유월절 양 유월절에 양을 잡아 그 피를 문설주와 인방에 바른 것은, 예수님이 유월절 어린 양으로 사람들의 죄를 대신하여 죽으실 것을 모형한다(출 12:21; 요 1:36). 그래서 예수님은 유월절에 잡히셔서 죽임을 당하셨다.

9 어디서 준비하기를 원하시나이까 유월절을 지내기 위해 예루살렘에 엄청나게 많은 사람들이 모여들었다. 이에 예수님과 제자들이 함께 유월절 식사를 하기 위한 넓은 장소를 구하는 것이 쉽지 않았기 때문에 제자들이 여쭈어본 것이다.

12 큰 다락방 교회의 전승에 의하면, 이 방은 마가의 어머니인 마리아의 집에 있는 다락방이라고 전해진다(행 1:13; 12:12).

14 때가 이르매 유월절 식사를 하는 때를 의미한다. 통상적으로는 니산월 14일 저녁에 유월절 식사를 했다.

쉬운성경

1 유월절이라고도 하는 무교절이 다가왔습니다.

2 대제사장들과 율법학자들은 어떻게 하면 예수님을 죽일까 궁리를 하였습니다. 이는 그들이 사람들을 두려워하였기 때문입니다.

3 사탄이 열두 제자 중 하나인 가룟이라고 하는 유다에게로 들어갔습니다.

4 유다가 대제사장과 성전 수비대장에게 가서 예수님을 그들에게 어떻게 넘겨줄지를 의논하였습니다.

5 그들은 기뻐하면서 유다에게 돈을 주겠다고 약속했습니다.

6 유다도 찬성하고 사람들이 없을 때에 예수님을 그들에게 넘겨줄 적당한 기회를 찾았습니다.

7 유월절 양을 희생 제물로 바치는 무교절이 되었습니다.

8 예수님께서 베드로와 요한을 보내면서 말씀하셨습니다. "가서 우리가 먹을 수 있도록 유월절을 준비하여라."

9 이들이 예수님께 물었습니다. "어디에 준비하길 원하십니까?"

10 예수님께서 제자들에게 말씀하셨습니다. "보아라. 도시에 들어가면 물 항아리를 가지고 가는 사람을 만날 것이다. 그를 따라 그가 들어가는 집으로 들어가거라.

11 그리고 집주인에게 말하여라. '선생님께서 내 제자들과 함께 유월절 음식을 먹을 방이 어디냐고 물으셨습니다.'

12 그러면 그 사람이 위층에 있는 정돈된

절별 해설

사도들 '사도'는 '보냄을 받은 자'라는 의미로, 복음을 전파하라고 예수님에 의해 파송을 받은 제자들을 말한다. 누가는 제자 대신 사도라는 표현을 즐겨 썼다(6:13; 9:10).

앉으사 '앉다'는 원어적으로 '비스듬히 눕거나 기대다'[recline (at the table)]라는 뜻이다. 유대인들은 비스듬히 왼쪽으로 기대어 누워서 오른손으로 자유롭게 움직이며 음식을 먹었다.

15 내가 고난을 받기 전에 너희와 함께 이 유월절 먹기를 원하고 원하였노라 이는 예수님이 고난을 당하시기 전에 제자들과 하는 마지막 식사다. 예수님이 이 유월절 식사를 간절히 원하셨던 첫 번째 이유는, 이 식사가 예수님의 죽음을 통해 주어지는 생명을 상징적이고 모형적으로 보여주는 것이기 때문이다(요 6:54). 그래서 예수님은 이 성만찬을 이후에도 계속 기념하라고 명령하셨다(고전 11:25). 또한 이 마지막 식사 자리에서 예수님은 '서로 사랑하라'는 새 계명을 제자들에게 주셨다(요 13:34). 새 계명은 새 언약을 받은 성도들이 마땅히 행해야 할 예수님의 유언과 같은 명령이다.

16 이 유월절이 하나님의 나라에서 이루기까지 다시 먹지 아니하리라 유월절의 참의미는, 하나님의 백성이 예수님의 십자가 죽음을 통해 완전한 자유와 구원을 얻게 되는 것이다. 이것은 하나님 나라가 도래할 때 가능하기 때문에, 예수님은 이것이 제자들과의 마지막 식사임을 말씀하신 것이다.

17 잔을 받으사 유대인들은 유월절 식사 때 포도주 4잔을 마셨다. 누가는 이 중에 두 번을 언급하고 있고, 마태와 마가는 한 번만 언급한다.

19 이것은 너희를 위하여 주는 내 몸이라 예수님이 자신의 몸을 온 인류를 위한 희생 제물로 드리심으로, 하나님의 백성이 생명을 얻게 됨을 의미한다.

20 새 언약 구약에서 언약을 맺을 때 피를 뿌린 것같이(출 24:8), 예수님의 피로 새로운 언약이 맺어짐을 의미한다. 새 언약은 하나님의 백성이 성령을 통해 하나님이 명령하신 '사랑하라'는 말씀을 순종할 수 있게 되는 것을 의미한다(렘 31:31–34).

21 나를 파는 자의 손 메시아가 가까운 친구로부터 배신을 당할 것이라는 구약의 예언이 성취되는 장면이다(시 41:9).

22 인자는 이미 작정된 대로 가거니와 예수님의 죽으심은 인류의 구원을 위해 하나님의 작정 가운데 존재하는 것이다. 그러나 예수님을 배반하고 파는 것은 인간의 욕망과 죄악의 결과다.

큰 방을 보여줄 것이다. 거기서 유월절을 준비하여라."

13 베드로와 요한이 가 보니, 모든 것이 예수님께서 말씀하신 그대로였습니다. 그들은 그곳에서 유월절을 준비하였습니다.

14 때가 되어, 예수님께서 식사 자리에 앉으셨습니다. 그리고 제자들도 예수님과 함께 앉았습니다.

15 예수님께서 제자들에게 말씀하셨습니다. "내가 고난을 받기 전에 너희와 함께 이 유월절 음식을 먹기를 간절히 바랐다.

16 내가 너희에게 말한다. 유월절이 하나님 나라에서 이루어질 때까지 다시는 유월절 식사를 하지 않겠다."

17 예수님께서 잔을 받아서 감사 기도를 드리고 말씀하셨습니다. "이 잔을 받아 너희들끼리 나누어 마셔라.

18 내가 너희에게 말한다. 하나님 나라가 올 때까지 포도 열매에서 난 것을 이후로는 마시지 않을 것이다."

19 그리고 예수님께서 빵을 들고 감사 기도를 드렸습니다. 그리고 떼어서 제자들에게 주시며 말씀하셨습니다. "이것은 내가 너희에게 주는 내 몸이다. 이것을 행하여 나를 기념하여라."

20 이와 같이 빵을 드신 후에 잔을 가지시고 말씀하셨습니다. "이 잔은 너희를 위하여 흘리는 내 피로 세운 새 언약이다.

21 보아라. 나를 넘겨줄 사람의 손이 나와 함께 식탁 위에 있다.

22 인자는 정해져 있는 대로 갈 것이나, 인자를 넘기는 그 사람에게는 화가 있다."

23 제자들이 자기들 중에 누가 이런 일을 하겠는가 하고 서로 묻기 시작하였습니다.

저자의 묵상

옛 언약은 율법을 전부 지켜야 축복을 얻고, 그렇지 않으면 저주를 받는 조건을 가지고 있다. 그렇기 때문에 옛 언약 아래 있는 자들은 전부 저주를 받고 영원한 멸망에 처하게 된다. 그런데 예수님이 오셔서 옛 언약의 저주를 자신의 육체로 해결하시고 우리가 새 언약의 수혜자가 되도록 해 주셨다. 우리는 율법의 저주에서 해방되어 하나님의 복을 받게 된 것이다.

하나님의 축복을 받았다는 것은 하나님의 영적 생명을 얻음으로 하나님과 이웃과 사랑의 관계를 맺을 수 있음을 의미한다. 영적 생명이 없는 자들은 죄악이 만들어 내는 욕망과 두려움 때문에 온전한 사랑을 할 수 없다. 그러나 영적 생명을 얻어서 죄악에서 벗어난 자들만이 이기성을 벗어나 자유롭게 사랑할 수 있다. 예수님이 '서로 사랑하라'는 유언의 말씀을 제자들에게 주신 이유도 우리들이 예수님의 희생으로 말미암아 죄악에서 벗어나 새 언약의 수혜자들이 되었기 때문이다. 그렇기 때문에 서로 사랑하는 자들만이 새 언약 가운데 있는 축복받은 자들이다.

무릎 기도 하나님, 예수님을 믿기만 하면 축복을 얻는 새 언약을 주셔서 감사합니다. 성령께서 제 마음에 역사하셔서 온전한 사랑을 하는 삶을 살아갈 수 있도록 해 주소서.

ESV - Luke 22

1 Now the Feast of Unleavened Bread drew near, which is called the Passover.
2 And the chief priests and the scribes were seeking how to put him to death, for they feared the people.
3 Then Satan entered into Judas called Iscariot, who was of the number of the twelve.
4 He went away and conferred with the chief priests and officers how he might betray him to them.
5 And they were glad, and agreed to give him money.
6 So he consented and sought an opportunity to betray him to them in the absence of a crowd.
7 Then came the day of Unleavened Bread, on which the Passover lamb had to be sacrificed.
8 So Jesus* sent Peter and John, saying, "Go and prepare the Passover for us, that we may eat it."
9 They said to him, "Where will you have us prepare it?"
10 He said to them, "Behold, when you have entered the city, a man carrying a jar of water will meet you. Follow him into the house that he enters
11 and tell the master of the house, 'The Teacher says to you, Where is the guest room, where I may eat the Passover with my disciples?'
12 And he will show you a large upper room furnished; prepare it there."
13 And they went and found it just as he had told them, and they prepared the Passover.
14 And when the hour came, he reclined at table, and the apostles with him.
15 And he said to them, "I have earnestly desired to eat this Passover with you before I suffer.
16 For I tell you I will not eat it* until it is fulfilled

in the kingdom of God."
17 And he took a cup, and when he had given
thanks he said, "Take this, and divide it
among yourselves.
18 For I tell you that from now on I will not drink
of the fruit of the vine until the kingdom of
God comes."
19 And he took bread, and when he had given
thanks, he broke it and gave it to them,
saying, "This is my body, which is given for
you. Do this in remembrance of me."
20 And likewise the cup after they had eaten,
saying, "This cup that is poured out for you
is the new covenant in my blood.*
21 But behold, the hand of him who betrays
me is with me on the table.
22 For the Son of Man goes as it has been
determined, but woe to that man by whom
he is betrayed!"
23 And they began to question one another,
which of them it could be who was going to
do this.

* 22:8 Greek *he*
* 22:16 Some manuscripts *never eat it again*
* 22.20 Some manuscripts omit, in whole or in part, verses 19b-20 (*which is given… in my blood*)

1 Feast of Unleavened Bread 무교절 draw near 다가오다 Passover 유월절 2 put… to death… …를 죽이다 3 Iscariot 가룟인 4 confer with… …와 의논하다 betray 배반하다 6 consent 동의하다 opportunity 기회 in the absence of… …이 없을 때에 12 furnished 필요한 것을 갖춘 14 recline 앉다 apostle 사도 15 earnestly 진정으로 desire 원하다 16 fulfill 이루다 17 give thanks (식전에) 감사 기도를 드리다 18 from now on 이제부터, 향후 19 in remembrance of… …를 기념하여 20 pour 흘리다 covenant 언약 21 betray 넘겨주다 22 determine 결정하다 woe to… …에게 화가 있을진저

• MEMO •

☐ 묵상 체크

77 하나님 나라 통치자의 모습

월 일

누가복음 22:24-34 • 새찬송 323장 | 통일 355장

• 말씀묵상 전에 성령님의 인도하심을 구하는 기도를 드리십시오.

본문요약 I 예수님과의 마지막 식사 자리에서 제자들은 서로 누가 큰 사람인가를 두고 다툰다. 예수님은 그들에게 예수님처럼 낮아져 섬기는 것이 진정 높아지는 것임을 가르치신다. 또 앞으로 제자들에게 이스라엘 열두 지파를 다스릴 권세를 주실 것을 말씀하신다. 또한 베드로와 제자들이 예수님을 배반할 것을 말씀하시는데, 베드로는 그것을 부인한다.

24 또 그들 사이에 그중 누가 크냐 하는 다툼
이 난지라
25 예수께서 이르시되 이방인의 임금들은 그
들을 주관하며 그 집권자들은 은인이라
칭함을 받으나
26 너희는 그렇지 않을지니 너희 중에 큰 자
는 젊은 자와 같고 다스리는 자는 섬기는
자와 같을지니라
27 [1)]앉아서 먹는 자가 크냐 섬기는 자가 크냐
[1)]앉아서 먹는 자가 아니냐 그러나 나는 섬
기는 자로 너희 중에 있노라
28 너희는 나의 모든 시험 중에 항상 나와 함
께한 자들인즉
29 내 아버지께서 나라를 내게 맡기신 것같
이 나도 너희에게 맡겨
30 너희로 내 나라에 있어 내 상에서 먹고 마
시며 또는 보좌에 앉아 이스라엘 열두 지
파를 다스리게 하려 하노라
31 시몬아, 시몬아, 보라 사탄이 너희를 밀
까부르듯 하려고 요구하였으나
32 그러나 내가 너를 위하여 네 믿음이 떨어
지지 않기를 기도하였노니 너는 돌이킨
후에 네 형제를 굳게 하라
33 그가 말하되 주여 내가 주와 함께 옥에도,
죽는 데에도 가기를 각오하였나이다
34 이르시되 베드로야 내가 네게 말하노니
오늘 닭 울기 전에 네가 세 번 나를 모른
다고 부인하리라 하시니라

1) 5:29 난하주를 보라

1. 오늘 하나님께서 나에게 주신 깨달음은 무엇입니까?

2. 말씀을 어떻게 내 삶에 구체적으로 적용해야 합니까?

절별 해설

24 누가 크냐 하는 다툼이 난지라 제자들은 종종 누가 큰가에 대한 싸움을 했다(9:46; 막 10:41). 죽음을 앞둔 예수님과의 마지막 식사 자리에서 제자들이 서로 높아지려는 욕심으로 싸움을 하는 모습은 참으로 안타깝다. 제자들은 자신이 배신자가 아님을 증명하려고 자신의 충성됨을 언급하는 과정에서, 자신이 다른 사람보다 더 중요한 자라고 주장하다가 싸움이 났을 것이다.

25 이방인의 임금들, 집권자들 이들은 정치권력을 휘두르며 사람들을 억압하고 다스리는 자들이다. 로마의 압제 아래 있던 유대인들에게 이들은 아주 부정적인 롤모델이었다. 예수님은 악하게 여김을 받는 그들의 모습과 제자들의 높아지려고 하는 모습이 똑같은 것임을 보여주고자 하셨다.
은인 원어적으로 '은혜를 베푼 사람', '착한 일을 한 사람'이라는 뜻이다. 폭군들을 비롯한 이방의 집권자들은 백성들이 자신을 이렇게 불러 주며 존경을 표하길 원했다.

26 너희는 그렇지 않을지니 세상의 지배자들이 높아지려고 하는 모습과는 반대로 행해야 하는 존재가 성도다. 예수님은 큰 자가 오히려 낮아지고, 다스리는 자가 오히려 섬기는 모습이 하나님 나라의 원리임을 가르치신다.

27 나는 섬기는 자로 너희 중에 있노라 예수님은 가장 높으신 하나님이시지만 가장 낮고 천한 모습으로 이 땅에 오셨다. 그리고 제자들을 섬길 뿐만 아니라 그들을 위해 자신의 목숨까지 버리셨다(막 10:45). 예수님을 따르는 자들은 이런 예수님의 섬김과 희생을 따라야 함을 가르치신 것이다.

28 너희는 나의 모든 시험 중에 항상 나와 함께한 자들인즉 제자들의 실수와 부끄러운 모습에도 예수님은 그들이 예수님의 공생애 동안에 어려움과 핍박을 무릅쓰고 주님을 따랐음을 언급하신다.

30 보좌에 앉아 이스라엘 열두 지파를 다스리게 하려 하노라 제자들은 예수님의 잔치에 참여하고, 권세를 받아 하나님의 모든 백성을 다스리게 된다. 하나님 나라에서의 이런 왕 노릇은 섬기고 희생하는 것이다. 따라서 제자들은 성령 강림으로 시작된 하나님 나라에서 왕이신 예수님과 같이 살게 될 것을 말씀하신 것이다. 예수님의 말씀처럼 제자들은 성도들을 섬기고 사랑하는 일에 그들의 일생을 바쳤고, 이것이 바로 그들이 받은 특권이었다.

31 사탄이 너희를 밀 까부르듯 하려고 요구하였으나 '까부르다'는 '체를 흔들어 치다'라는 의미로, 알곡으로부터 쭉정이를 분리하는 과정을 말한다. 사탄이 제자들을 흔들어 시험해서 떨

쉬운성경

24 제자들 사이에 누가 가장 큰 사람으로 여김을 받을 것인가를 놓고 서로 말다툼이 일어났습니다.

25 예수님께서 그들에게 말씀하셨습니다. "이방인들의 왕은 백성들 위에서 왕노릇 한다. 그리고 권력을 가진 사람들은 백성들에게 은인으로 불린다.

26 그러나 너희가 그래서는 안 된다. 너희 중에 가장 큰 사람은 가장 어린 사람처럼 되어야 하고, 지도자는 종처럼 되어야 한다.

27 식사 자리에 앉아 있는 사람과 그를 시중드는 사람 가운데 누가 더 큰 사람이냐? 식사 자리에 앉아 있는 사람이 아니냐? 그러나 나는 섬기는 사람으로 너희 가운데 있다.

28 너희는 내가 시험을 당할 때 나와 함께 있었다.

29 내 아버지께서 내게 나라를 주신 것처럼 나도 너희에게 주려고 한다.

30 너희는 내 나라에서 먹고 마실 것이며, 왕좌에 앉아 이스라엘의 열두 지파를 심판할 것이다."

31 "시몬아, 시몬아! 사탄이 너를 마치 밀 까부르듯 하는 것을 허락해 달라고 요청하였다.

32 그러나 나는 네가 믿음이 꺾이지 않도록 기도하였다. 네가 돌아온 후에 네 형제들을 굳게 하여라."

33 베드로가 예수님께 말했습니다. "주님, 주님과 함께라면 감옥에 갈 수도 있고, 죽을 준비도 되어 있습니다."

34 예수님께서 말씀하셨습니다. "내가 네게 말한다. 오늘 닭이 울기 전에 네가 세 번씩이나 나를 모른다고 부인할 것이다."

어져 나가게 할 것을 의미한다.

32 너는 돌이킨 후에 네 형제를 굳게 하라 '돌이키다'는 '회개하다'라는 의미로, 앞으로 베드로가 변절할 것이 예고된다. 그 후에 베드로는 회개하고 형제들을 세우는 역할을 할 것이다.

저자의 묵상

제자들은 하나님 나라의 왕이란 어떤 분이신가를 알지 못했다. 그렇기 때문에 예수님이 예루살렘에서 왕으로 등극하시면 자신들이 세상에서 높은 권세를 얻게 될 것이라고 착각해서 서로 다툰 것이다. 예수님은 하나님 나라의 왕은 섬기고 희생하는 왕임을 몸소 보여주셨다. 이것을 보여주시고자 예수님이 왕위에 등극하신 자리는 영광스러운 보좌가 아니라 바로 십자가 위였다. 예수님이 이런 희생하는 왕의 모습을 보여주신 것은, 그를 믿고 따르는 우리가 바로 예수님과 같은 섬기고 희생하는 삶을 살도록 하시기 위함이다.

섬기고 희생하는 것이 말로는 쉽지만 실제로 쉽지 않은 이유는 우리의 죄성 때문이다. 죄성 가운데 가장 강력한 영향력은 다른 사람들보다 높아져서 자기 마음대로 하고 싶어 하는 것이다. 이것은 아담이 선악과를 따 먹고 하나님처럼 되려고 한 원죄가 표출되는 양식이다. 결국, 높아지려는 자신의 죄성을 잘 다스릴 때 하나님 나라의 왕처럼 세상에서 살 수 있다.

무릎 기도 하나님, 제가 높아져서 마음대로 하고 싶어 하는 죄성을 회개합니다. 저의 교만한 마음을 다스려 주셔서 예수님과 같이 섬기고 희생하는 모습으로 살아가게 하소서.

ESV - Luke 22

24 A dispute also arose among them, as to which of them was to be regarded as the greatest.
25 And he said to them, "The kings of the Gentiles exercise lordship over them, and those in authority over them are called benefactors.
26 But not so with you. Rather, let the greatest among you become as the youngest, and the leader as one who serves.
27 For who is the greater, one who reclines at table or one who serves? Is it not the one who reclines at table? But I am among you as the one who serves.
28 "You are those who have stayed with me in my trials,
29 and I assign to you, as my Father assigned to me, a kingdom,
30 that you may eat and drink at my table in my kingdom and sit on thrones judging the twelve tribes of Israel.
31 "Simon, Simon, behold, Satan demanded to have you,* that he might sift you like wheat,
32 but I have prayed for you that your faith may not fail. And when you have turned again, strengthen your brothers."
33 Peter* said to him, "Lord, I am ready to go with you both to prison and to death."
34 Jesus* said, "I tell you, Peter, the rooster will not crow this day, until you deny three times that you know me."

* 22:31 The Greek word for *you* (twice in this verse) is plural; in verse 32, all four instances are singular
* 22:33 Greek *He*
* 22:34 Greek *He*

24 dispute 말다툼 as to… …에 관해 be regarded as… …로 여겨지다 25 exercise (권력을) 행사하다 lordship 지배권 benefactor 은인 28 trial 고난, 시험 29 assign 맡기다, 위탁하다 31 demand 요구하다 32 strengthen 강하게 하다 33 be ready to… …하기를 불사하다 34 rooster 수탉 crow (수탉이) 울다

78 겟세마네의 기도

월 일

누가복음 22:35-46 • 새찬송 361장 | 통일 480장

• 말씀묵상 전에 성령님의 인도하심을 구하는 기도를 드리십시오.

본문요약 | 예수님은 아무런 물질적 준비 없이 전도했던 시기와는 다른 때가 올 것이기 때문에, 제자들에게 적대적인 세상에서 자신을 보호할 준비를 하라고 명하신다. 예수님은 '불법자의 동류로 여김을 받았다'라는 구약의 말씀에 응하실 준비를 하신다. 겟세마네에서 예수님은 간절히 하나님의 심판을 피하게 해 달라고 간구하시지만, 하나님의 뜻이 이루어지기를 기도하신다.

35 그들에게 이르시되 내가 너희를 전대와
배낭과 신발도 없이 보내었을 때에 부족
한 것이 있더냐 이르되 없었나이다
36 이르시되 이제는 전대 있는 자는 가질 것
이요 배낭도 그리하고 검 없는 자는 겉옷
을 팔아 살지어다
37 내가 너희에게 말하노니 기록된 바 ㄱ그는
불법자의 동류로 여김을 받았다 한 말이
내게 이루어져야 하리니 내게 관한 일이
[1]이루어져 감이니라
38 그들이 여짜오되 주여 보소서 여기 검 둘
이 있나이다 대답하시되 족하다 하시니라
39 예수께서 나가사 습관을 따라 감람 산에
가시매 제자들도 따라갔더니
40 그곳에 이르러 그들에게 이르시되 유혹에
빠지지 않게 기도하라 하시고
41 그들을 떠나 돌 던질 만큼 가서 무릎을 꿇
고 기도하여
42 이르시되 아버지여 만일 아버지의 뜻이거
든 이 잔을 내게서 옮기시옵소서 그러나
내 원대로 마시옵고 아버지의 원대로 되
기를 원하나이다 하시니
43 천사가 하늘로부터 예수께 나타나 힘을
더하더라
44 예수께서 힘쓰고 애써 더욱 간절히 기도
하시니 땀이 땅에 떨어지는 핏방울같이
되더라
45 기도 후에 일어나 제자들에게 가서 슬픔
으로 인하여 잠든 것을 보시고

1) 또는 끝남이니라 ㄱ 사 53:12

46 이르시되 어찌하여 자느냐 시험에 들지
않게 일어나 기도하라 하시니라

1. 오늘 하나님께서 나에게 주신 깨달음은 무엇입니까?

2. 말씀을 어떻게 내 삶에 구체적으로 적용해야 합니까?

절별 해설

35 전대와 배낭과 신발도 없이 보내었을 때에 예수님은 두 번 제자들을 파송하셨는데, 첫 번째는 열두 제자를 파송하신 때고(9:1-6), 두 번째는 70명의 전도대를 두 명씩 파송하신 때다(10:1-17). 두 번 다 예수님은 돈이나 식량이나 여벌 신발 없이 가라고 명령하셨다.

36 이제 제자들의 전도에 호의적인 때와는 전혀 다른 시대가 시작될 것이다. 성령 강림으로 하나님 나라가 시작되면서 세상은 제자들에게 적대적으로 반응할 것이기 때문이다. **검 없는 자는 겉옷을 팔아 살지어다** 적대적인 세상 속에서 스스로 자신을 지키는 일이 무엇보다 중요함을 상징적으로 표현하신 것이다. 이 말씀은 폭력적으로 대하는 자들에게 똑같은 방법으로 대항하라는 것이 아니다. 그 때문에 예수님을 잡으러 왔던 자들에게 칼로 대항했던 베드로는 '칼을 가지는 자는 다 칼로 망한다'라는 질책을 들었다(마 26:52).

38 족하다 검 두 자루로도 충분하다는 말씀은, 검을 가진 것 자체로 예수님의 무리가 범죄자로 취급을 당하게 될 것이라는 의미다.

40 유혹에 빠지지 않게 기도하라 예수님은 이미 제자들이 예수님을 부인할 것을 예고하셨다. 예수님이 고난을 당하고 죽으실 때, 두려움에 사로잡힌 제자들은 예수님을 버리고 도망할 것이다. 그러므로 그때를 위하여 기도로 준비하라고 말씀하신 것이다.

42 이 잔 구약성경에서 '잔'은 하나님의 진노와 심판을 뜻한다(시 75:8). 예수님이 받으시는 '잔'은 죄인에게 임하는 하나님의 심판을 대신 받는 예수님의 고난과 죽음을 의미한다. **아버지의 원대로 되기를 원하나이다** 예수님은 자신의 뜻이 아닌 하나님의 뜻이 이루어지길 기도하신다. 이것은 하나님의 '뜻이 하늘에서 이루어진 것같이 땅에서도 이루어지길' 구하는 것과 같다(마 6:10).

43 천사가 하늘로부터 예수께 나타나 힘을 더하더라 예수님은 십자가 고난을 앞두고 '마음이 매우 고민하여 죽게 될' 지경이 되셨다(마 26:38). 천사는 예수님이 끝까지 하나님의 뜻을 받아들일 수 있게 도운 것이다.

44 땀이 땅에 떨어지는 핏방울같이 되더라 간절한 기도로 인해 예수님의 땀이 마치 흐르는 피처럼 땅에 떨어졌다. 이것은 예수님이 십자가의 사명을 감당하기 위하여 기도를 통해 얼마나 힘든 내적·영적 싸움을 하셨는지를 보여준다.

쉬운성경

35 예수님께서 제자들에게 말씀하셨습니다. "지갑이나 가방이나 신발이 없이 내가 너희를 보냈을 때, 너희에게 부족한 것이 있었느냐?" 그들이 대답했습니다. "아닙니다. 없었습니다."

36 예수님께서 제자들에게 말씀하셨습니다. "그러나 지금은 지갑이 있는 자는 지갑을 챙기라. 가방도 그렇게 하여라. 칼이 없으면 옷을 팔아서라도 사라.

37 내가 너희에게 말한다. '그는 마치 범죄자처럼 취급당했다'*고 쓰여진 말씀이 내게서 반드시 이루어져야 한다. 내게 대하여 쓰여진 것이 이제 이루어지고 있다."

38 제자들이 말했습니다. "보십시오. 주님, 여기에 칼 두 개가 있습니다." 예수님께서 "그것이면 충분하다"라고 말씀하셨습니다.

39 예수님께서 예루살렘 밖으로 나가셔서 늘 하시던 대로 올리브 산으로 가셨습니다. 제자들도 예수님을 뒤따라갔습니다.

40 그곳에 이르셔서 예수님께서 제자들에게 말씀하셨습니다. "시험에 들지 않게 기도하여라."

41 그리고 제자들을 떠나 돌을 던져 닿을 만한 곳에 가셔서 무릎을 꿇고 기도하셨습니다.

42 "아버지, 만일 아버지의 뜻이라면 제게서 이 잔을 없애 주십시오. 그러나 제 뜻대로 되게 하지 마시고 아버지의 뜻대로 이루어지게 하십시오."

43 그러자 하늘로부터 천사가 나타나 예수님께 힘을 북돋워 주었습니다.

44 예수님께서 고통스러워 하시며 더 간절히 기도하셨습니다. 땀이 마치 핏방울처럼 땅에 떨어졌습니다.

45 예수님께서 기도하기를 마치시고 일어나 제자들에게 가셨습니다. 그리고 제자들

* 22:37 사 53:12에 기록되어 있다.

절별 해설

45 제자들에게 가서 슬픔으로 인하여 잠든 것을 보시고 생각지 못한 예수님의 반복된 수난 예고는 제자들을 감정적으로 지치게 만들었다. 그 결과 제자들은 기도에 동참하지 못하고 잠이 들었다.

이 슬픔에 지쳐 잠들어 있는 모습을 보셨습니다.

46 예수님은 그들에게 말씀하셨습니다. "왜 잠을 자고 있느냐? 일어나라. 그리고 시험에 들지 않게 기도하여라."

저자의 묵상

예수님이 겟세마네에서 간절히 기도하셨던 모습은 그가 참 하나님이시며, 또한 참 인간이심을 동시에 보여준다. 많은 이단들은 예수님의 신성과 인성이 동시에 존재함을 공격했다. 그러나 예수님은 하나님이셨던 동시에 인간이셨다. 예수님이 온전한 하나님이셔야 하나님이 인간의 죄악을 사하기 위해 직접 이 땅에 오셔서 십자가에 죽으신 하나님의 사랑이 증명된다. 예수님은 하나님이셨기에 거룩하신 성부 하나님과 죄 때문에 분리되는 것이 무엇보다 고통스러우셨다. 또한 예수님이 온전한 인간이셔야 인간을 대신하여 죄인의 자리에 서심으로 인간의 죄악을 사하실 수 있다. 예수님은 인간으로 오셨기에 하나님께 세 번이나 간구하며 십자가를 피하고 싶은 자신의 뜻을 아뢰었다. 그러나 예수님은 반역하는 아담과 같지 않으셨기에 하나님의 뜻을 결국 받아들여 십자가에서 죽임을 당하셨다. 우리는 하나님이시며 인간이셨던 예수님 덕분에 무서운 죄악에서 구원을 받게 된 것이다.

무릎 기도 하나님, 하나님이시며 인간이신 예수님을 보내 주셔서 너무나 감사합니다. 예수님의 죽음으로 말미암아 저를 무서운 죄악과 그 받을 형벌로부터 자유케 해 주셔서 찬양과 경배를 올려 드립니다.

ESV - Luke 22

35 And he said to them, "When I sent you out
with no moneybag or knapsack or sandals,
did you lack anything?" They said,
"Nothing."
36 He said to them, "But now let the one who
has a moneybag take it, and likewise a
knapsack. And let the one who has no
sword sell his cloak and buy one.
37 For I tell you that this Scripture must be
fulfilled in me: 'And he was numbered with
the transgressors.' For what is written about
me has its fulfillment."
38 And they said, "Look, Lord, here are two
swords." And he said to them, "It is enough."
39 And he came out and went, as was his
custom, to the Mount of Olives, and the
disciples followed him.
40 And when he came to the place, he said to
them, "Pray that you may not enter into
temptation."
41 And he withdrew from them about a stone's
throw, and knelt down and prayed,
42 saying, "Father, if you are willing, remove
this cup from me. Nevertheless, not my will,
but yours, be done."
43 And there appeared to him an angel from
heaven, strengthening him.
44 And being in agony he prayed more
earnestly; and his sweat became like great
drops of blood falling down to the ground.*
45 And when he rose from prayer, he came to
the disciples and found them sleeping for
sorrow,
46 and he said to them, "Why are you
sleeping? Rise and pray that you may not
enter into temptation."

* 22:44 Some manuscripts omit verses 43 and 44

35 knapsack 배낭 lack 부족하다 36 sword 칼 cloak 겉옷 37 Scripture 말씀 transgressor 범죄자 fulfillment 성취 39 custom 습관 40 temptation 유혹 41 withdraw from… …에서 떠나다 a stone's throw 아주 가까운 거리 kneel down 꿇어앉다 42 will 뜻;원하다, 바라다 remove from… …로부터 제거하다 43 appear to… …에게 나타나다 44 in agony 몹시 괴로워하여

• MEMO •

79 겟세마네에서 잡히신 예수님

월 일

누가복음 22:47-53 • 새찬송 365장 | 통일 484장

• 말씀묵상 전에 성령님의 인도하심을 구하는 기도를 드리십시오.

본문요약 | 예수님을 잡기 위해 가룟 유다가 앞장서 대제사장들의 종들과 성전의 병사들을 이끌고 온다. 제자 중 한 사람이 대제사장의 종의 귀를 칼로 쳐서 떨어뜨리자, 예수님은 그 종의 귀를 낫게 해 주신다. 예수님은 자신을 잡기 위해 무기를 들고 온 자들을 보시며, 자신이 낮에 성전에 있을 때는 잡지 못하다가 지금 잡는 것은 어둠의 때가 이르렀기 때문이라고 말씀하신다.

47 말씀하실 때에 한 무리가 오는데 열둘 중
의 하나인 유다라 하는 자가 그들을 앞장
서 와서
48 예수께 입을 맞추려고 가까이 하는지라
예수께서 이르시되 유다야 네가 입맞춤으
로 인자를 파느냐 하시니
49 그의 주위 사람들이 그 된 일을 보고 여짜
오되 주여 우리가 칼로 치리이까 하고
50 그중의 한 사람이 대제사장의 종을 쳐 그
오른쪽 귀를 떨어뜨린지라
51 예수께서 일러 이르시되 이것까지 참으라
하시고 그 귀를 만져 낫게 하시더라
52 예수께서 그 잡으러 온 대제사장들과 성
전의 경비대장들과 장로들에게 이르시되
너희가 강도를 잡는 것같이 검과 몽치를
가지고 나왔느냐
53 내가 날마다 너희와 함께 성전에 있을 때
에 내게 손을 대지 아니하였도다 그러나
이제는 너희 때요 어둠의 권세로다 하시
더라

1. 오늘 하나님께서 나에게 주신 깨달음은 무엇입니까?

2. 말씀을 어떻게 내 삶에 구체적으로 적용해야 합니까?

절별 해설

47 유다라 하는 자 가룟 유다는 예수님과 제자들이 유월절 식사를 하던 자리에서 떡과 포도주를 먹지 않고 밖으로 나갔다(요 13:30). 그때 가룟 유다는 대제사장들에게 가서 군병들을 이끌고 온 것이다. 누가는 '유다라 하는 자'라고 유다와 거리감을 두어 표현함으로써, 그가 이미 제자들과는 반대편에 선 자임을 보여준다.

48 네가 입맞춤으로 인자를 파느냐 마태와 마가는 가룟 유다가 입맞춤하는 자를 잡으라고 미리 병사들과 신호를 계획했음을 밝힌다(마 26:48). 그러나 예수님은 가룟 유다의 악한 의도를 미리 알고 계셨다.

50 한 사람 공관복음서는 이 사람과 대제사장의 종이 누구인지 밝히지 않는다. 그러나 요한은 이 제자가 '베드로'라고 구체적으로 밝히고, 또한 그 종은 '말고'라고 밝힌다(요 18:10). 베드로의 다혈질적이고 충성된 성격은 많은 병사들 앞에서 담대하게 칼을 휘두르는 모습으로 나타난다.
그 오른쪽 귀를 떨어뜨린지라 대제사장의 종의 신체가 손상이 되면 그는 더 이상 그 일을 할 수 없는 부적격자가 된다.

51 이것까지 참으라 직역하면 '이것까지 하도록 허락하라'라는 뜻이다. 즉, 예수님을 잡으러 온 자들이 행하는 것을 그대로 두라는 의미다. 마태는 '네 칼을 도로 칼집에 꽂으라 칼을 가지는 자는 다 칼로 망하느니라'(마 26:52)라고 예수님이 베드로에게 말씀하셨음을 기록한다.

52 너희가 강도를 잡는 것같이 검과 몽치를 가지고 나왔느냐
예수님이 미리 말씀하신 대로 자신이 범죄자와 같은 취급을 받을 것이라는 이사야의 예언(사 53:12)이 성취됨을 보여준다. 낮에는 예수님께 아무런 해도 끼치지 못하던 자들이 밤에 무기를 가지고 예수님을 잡으러 온 것은 그들의 비겁함을 잘 드러낸다.

53 내가 날마다 너희와 함께 성전에 있을 때에 대제사장들이 예수님이 성전에 계실 때 체포하지 못한 것은, 예수님을 따르는 백성이 두려웠을 뿐만 아니라, 예수님을 체포할 정당한 이유가 없었기 때문이다.
어둠의 권세로다 이 순간이 오기 전까지 빛이신 예수님의 권세가 컸기 때문에 어둠의 권세가 영향력을 미치지 못했다(요 12:35). 그러나 이제 구속사를 이루기 위해 어둠이 활동할 기회가 주어졌기 때문에 악의 세력들은 예수님을 잡을 수 있게 된다.

쉬운성경

47 예수님께서 말씀하고 계실 때 사람들이 몰려왔습니다. 열두 제자 가운데 하나이며 유다라고 불리는 사람이 사람들을 이끌고 왔습니다. 그리고 예수님께 입 맞추려고 가까이 다가왔습니다.

48 그러나 예수님께서 유다에게 말씀하셨습니다. "유다야, 입맞춤으로 인자를 넘기느냐?"

49 예수님 곁에 있던 사람들이 돌아가는 상황을 보고 예수님께 말했습니다. "주님, 칼로 이들을 칠까요?"

50 그들 가운데 한 사람이 대제사장의 종의 오른쪽 귀를 칼로 베었습니다.

51 예수님께서 말씀하셨습니다. "그만 두어라." 그리고 그 종의 귀를 만져 고쳐 주셨습니다.

52 예수님께서 체포하려고 온 대제사장과 성전 수비대와 장로들에게 말씀하셨습니다. "강도를 잡듯이 칼과 몽둥이를 가지고 왔느냐?

53 내가 매일 성전에서 너희와 함께 있었다. 그러나 너희는 내게 손을 대지 않았다. 그러나 지금은 너희의 때, 곧 어둠이 다스리는 때이다."

저자의 묵상

예수님이 말씀하신 "칼을 가지는 자는 다 칼로 망한다"(마 26:52)는 말씀은, 하나님 나라가 힘과 무력에 의해서 성취되는 것이 아님을 보여준다. 그렇기 때문에 예수님은 강력한 권세를 가지고 계셨음에도 불구하고 무력하게 잡혀 십자가에서 죽임을 당하셨다. 하나님 나라는 인간의 힘이 아닌 성령의 능력으로 확장되는 것이기 때문에, 인간의 무력함과 연약함이 오히려 하나님 나라를 확장하는 도구가 될 수 있다.

힘의 원리는 십자가의 원리와 반대되는 세상과 마귀의 대표적인 방법이다. 그러나 성도들조차 십자가의 원리를 따르지 않고 힘의 원리를 추구하는 경우가 일반적이다. 왜냐하면 십자가의 원리를 따르는 것은 우리의 본성이 힘들어하고, 세상이 비웃으며, 눈에 보이는 결과를 얻지 못할 것처럼 보이기 때문이다. 그러나 역사 가운데 힘으로 세상을 통치했던 모든 나라들은 다 멸망당해 사라졌지만, 하나님 나라는 여전히 강건하게 확장되고 있다. 십자가의 원리를 잘 배워 살아가는 성도들만이 참된 능력이 무엇인가를 세상에 보여줄 수 있다.

무릎 기도 하나님, 여전히 세상의 힘의 원리를 따라 살아가고 있는 저를 용서하소서. 십자가의 원리를 잘 배워서 예수님처럼 낮아지고 연약한 자가 되는 것을 두려워하지 않게 하소서.

ESV - Luke 22

47 While he was still speaking, there came a crowd, and the man called Judas, one of the twelve, was leading them. He drew near to Jesus to kiss him,
48 but Jesus said to him, "Judas, would you betray the Son of Man with a kiss?"
49 And when those who were around him saw what would follow, they said, "Lord, shall we strike with the sword?"
50 And one of them struck the servant* of the high priest and cut off his right ear.
51 But Jesus said, "No more of this!" And he touched his ear and healed him.
52 Then Jesus said to the chief priests and officers of the temple and elders, who had come out against him, "Have you come out as against a robber, with swords and clubs?
53 When I was with you day after day in the temple, you did not lay hands on me. But this is your hour, and the power of darkness."

* 22:50 Or *bondservant*

47 draw near 다가오다　48 betray 배반하다　49 strike 치다　50 high priest 대제사장　52 temple 성전　elder 장로　robber 강도　club 몽둥이　53 lay hands on… …에게 손을 대다　darkness 어둠

☐ 묵상 체크

80

월 일

베드로의 부인

누가복음 22:54-62 • 새찬송 372장 | 통일 420장

• 말씀묵상 전에 성령님의 인도하심을 구하는 기도를 드리십시오.

본문요약 I 예수님이 대제사장의 집으로 붙잡혀 가실 때 도망쳤던 베드로는 멀찍이 떨어져서 예수님을 뒤따라갔다. 거기서 한 여종이 베드로에게 그가 예수님과 함께 있었다고 말한 것을 계기로, 베드로는 총 세 번에 걸쳐 강하게 맹세하며 예수님을 부인한다. 그때 닭이 울고 예수님이 돌아서서 베드로를 바라보시자, 그는 밖으로 나가서 통곡한다.

54 예수를 잡아끌고 대제사장의 집으로 들어
갈새 베드로가 멀찍이 따라가니라
55 사람들이 뜰 가운데 불을 피우고 함께 앉
았는지라 베드로도 그 가운데 앉았더니
56 한 여종이 베드로의 불빛을 향하여 앉은
것을 보고 주목하여 이르되 이 사람도 그
와 함께 있었느니라 하니
57 베드로가 부인하여 이르되 이 여자여 내
가 그를 알지 못하노라 하더라
58 조금 후에 다른 사람이 보고 이르되 너도
그 도당이라 하거늘 베드로가 이르되 이
사람아 나는 아니로라 하더라
59 한 시간쯤 있다가 또 한 사람이 장담하여
이르되 이는 갈릴리 사람이니 참으로 그
와 함께 있었느니라
60 베드로가 이르되 이 사람아 나는 네가 하
는 말을 알지 못하노라고 아직 말하고 있
을 때에 닭이 곧 울더라
61 주께서 돌이켜 베드로를 보시니 베드로가
주의 말씀 곧 오늘 닭 울기 전에 네가 세
번 나를 부인하리라 하심이 생각나서
62 밖에 나가서 심히 통곡하니라

1. 오늘 하나님께서 나에게 주신 깨달음은 무엇입니까?

2. 말씀을 어떻게 내 삶에 구체적으로 적용해야 합니까?

절별 해설

54 대제사장 당시 대제사장은 가야바였다(마 26:57). 가야바의 장인인 안나스는 전임 대제사장으로 여전히 사람들에게 명예 대제사장으로 추앙받고 있었고, 실제적으로 그 일가의 우두머리 역할을 하고 있었다. 그 때문에 예수님은 먼저 안나스의 집으로 끌려가셨다(요 18:13).

55 베드로도 그 가운데 앉았더니 마태와 마가는, 겟세마네 동산에서 예수님이 붙잡히실 때 베드로가 다른 제자들과 같이 도망쳤음을 기록한다(마 26:56). 그 이후에 베드로는 멀찍이 떨어져서 예수님을 따라 대제사장의 공관에 왔는데, 문 지키는 사람 때문에 들어가지 못했다. 그래서 문 지키는 사람과 친분이 있던 요한이 그 사람에게 이야기해서 베드로를 데리고 공관에 들어갔다(요 18:15-16).

56 이 사람도 그와 함께 있었느니라 이 여종은 이전에 예루살렘에서 예수님과 제자들을 본 적이 있었기 때문에 베드로를 기억하고 있었다.

57 내가 그를 알지 못하노라 마태와 마가는, 베드로가 여종에게 "나는 네가 무슨 말을 하는지 알지 못하겠다"고 부인한 것으로 기록한다(마 26:70). 여종의 추궁에 당황한 베드로는 여러 가지 거짓말을 둘러댄 것이다.

58 이 사람아 나는 아니로라 마태는 베드로가 "맹세하며" 예수님을 알지 못한다고 부인했음을 기록한다(마 26:72). '맹세'는 하나님 앞에서 진실임을 고백하는 행위로, 베드로가 부인하는 강도가 점점 강해지고 있음을 알 수 있다.

60 나는 네가 하는 말을 알지 못하노라 베드로가 세 번째로 추궁을 당했을 때, 마태는 베드로가 "저주하며 맹세했다"고 기록한다(마 26:74). '저주'는 자신이 만일에 거짓말을 하는 것이면 저주를 받을 것이라고 다짐하는 가장 극단적인 맹세다.
닭이 곧 울더라 예수님의 예언대로 베드로는 닭 울기 전에 예수님을 세 번 부인했다(22:34). 닭 우는 소리는 베드로의 계속되는 부인에 극적인 전환을 가져오는 상황이다.

61 주께서 돌이켜 베드로를 보시니 '보다'는 '직접적으로 뚫어지게 바라보다'라는 의미다. 즉, 당시에 대제사장에게 심문을 받으시던 예수님은 닭 우는 소리와 함께 돌아서서 베드로를 뚫어지게 바라보셨던 것이다.

62 심히 통곡하니라 예수님 앞에서 죽기까지 배신하지 않겠다고 장담을 한 뒤에 세 번이나 예수님을 부인한 자신에 대한 부끄러움과 분노가 베드로를 몹시 울게 만들었다.

쉬운성경

54 그들은 예수님을 체포하여 대제사장의 관사로 데리고 갔습니다. 베드로도 그들과 멀찍이 떨어져서 뒤따라갔습니다.

55 사람들이 정원 한가운데 불을 피우고 둘러앉았습니다. 베드로도 그들과 함께 앉았습니다.

56 하녀 하나가 모닥불 곁에 앉아 있는 베드로를 보고 노려보며 말했습니다. "이 사람도 예수와 함께 있었어요."

57 베드로가 부인하며 말했습니다. "여보시오. 나는 예수를 모르오."

58 조금 후에 또 다른 사람이 베드로를 보고 말했습니다. "당신도 그들과 한 패요." 그러자 베드로가 말했습니다. "이 사람아, 나는 아니야."

59 약 1시간 후에 다른 사람이 주장했습니다. "분명히 이 사람도 예수와 한 패요. 이 사람도 갈릴리 출신이니까."

60 그러자 베드로가 말했습니다. "여보시오, 나는 당신이 무슨 말을 하는지 알지 못하오." 베드로가 말하고 있을 때, 닭이 울었습니다.

61 주께서 돌아서서 베드로를 보셨습니다. 베드로는 주께서 "오늘 닭이 울기 전에, 네가 나를 세 번이나 모른다고 부인할 것이다"라고 하셨던 말씀이 기억났습니다.

62 그래서 베드로는 밖으로 나가서 몹시 울었습니다.

저자의 묵상

베드로는 예수님의 제자들 가운데서도 열심이 가장 많은 사람이었다. 그래서 다른 제자들이 예수님을 다 부인하더라도 자신은 부인하지 않을 것이라고 확신할 수 있었다. 그러나 한 여종의 추궁에도 두려워서 예수님을 부인하는 베드로의 모습은, 인간의 열심과 자기 확신이 얼마나 무력한 것인가를 보여준다.

신앙은 인간의 능력으로 지속할 수 있는 영역이 아니다. 아무리 열심을 내고 결심을 해도 하나님이 은혜로 붙들어 주시지 않으면 온전한 신앙 성숙이 불가능하다. 그러나 인간의 죄성은 하나님이 이루시는 구원에 기여함으로 인간 자신에게 공로를 돌리고자 하는 자기 의로 자주 표출된다. 그렇기 때문에 은혜 중심적인 신앙에서 행위 중심적이고 종교적인 신앙으로 쉽게 변질된다. 이때 필요한 것이 베드로와 같은 자기 확신의 실패다. 그래서 베드로의 실패는 자기 확신을 벗어나 하나님의 은혜를 붙들도록 만들기 위해 꼭 필요한 과정이었다.

무릎 기도 하나님, 저의 열심과 노력으로 신앙을 붙들려고 했던 죄악을 회개합니다. 하나님의 은혜를 온전히 붙들어 하나님이 행하신 일만 찬양하는 겸손한 자가 되게 하소서.

ESV - Luke 22

54 Then they seized him and led him away, bringing him into the high priest's house, and Peter was following at a distance.
55 And when they had kindled a fire in the middle of the courtyard and sat down together, Peter sat down among them.
56 Then a servant girl, seeing him as he sat in the light and looking closely at him, said, "This man also was with him."
57 But he denied it, saying, "Woman, I do not know him."
58 And a little later someone else saw him and said, "You also are one of them." But Peter said, "Man, I am not."
59 And after an interval of about an hour still another insisted, saying, "Certainly this man also was with him, for he too is a Galilean."
60 But Peter said, "Man, I do not know what you are talking about." And immediately, while he was still speaking, the rooster crowed.
61 And the Lord turned and looked at Peter. And Peter remembered the saying of the Lord, how he had said to him, "Before the rooster crows today, you will deny me three times."
62 And he went out and wept bitterly.

54 seize 붙잡다 lead… away …을 끌고 가다 follow… at a distance …을 멀리 떨어져서 쫓다 55 kindle a fire 불을 피우다 56 look closely at… …을 자세히 보다 57 deny 부인하다 59 interval 간격 insist 주장하다 60 rooster 수탉 crow (수탉이) 울다 62 weep 울다 bitterly 비통하게

81

월 일

공회 앞에 서신 예수님

누가복음 22:63-71 • 새찬송 408장 | 통일 466장

• 말씀묵상 전에 성령님의 인도하심을 구하는 기도를 드리십시오.

본문요약 | 예수님은 대제사장의 집에서 군병들에게 모욕을 당하시며 매를 맞으셨다. 밤새도록 심문을 받으신 예수님은 날이 새자 산헤드린 공의회 앞에 끌려 나와 장로들 앞에서 또 심문을 받으셨다. 그들은 예수님께 그리스도냐고 물었지만 예수님은 답변도 반문도 거절하셨다. 그러나 예수님이 자신이 하나님의 아들임을 밝히시자 그들은 이를 예수님을 죽일 증거로 삼는다.

63 지키는 사람들이 예수를 희롱하고 때리며
64 그의 눈을 가리고 물어 이르되 선지자 노
릇하라 너를 친 자가 누구냐 하고
65 이외에도 많은 말로 욕하더라
66 날이 새매 백성의 장로들 곧 대제사장들
과 서기관들이 모여서 예수를 그 공회로
끌어들여
67 이르되 네가 그리스도이거든 우리에게 말
하라 대답하시되 내가 말할지라도 너희가
믿지 아니할 것이요
68 내가 물어도 너희가 대답하지 아니할 것
이니라
69 그러나 이제부터는 인자가 하나님의 권능
의 우편에 앉아 있으리라 하시니
70 다 이르되 그러면 네가 하나님의 아들이
냐 대답하시되 너희들이 내가 그라고 말
하고 있느니라
71 그들이 이르되 어찌 더 증거를 요구하리
요 우리가 친히 그 입에서 들었노라 하더
라

1. 오늘 하나님께서 나에게 주신 깨달음은 무엇입니까?

2. 말씀을 어떻게 내 삶에 구체적으로 적용해야 합니까?

절별 해설

63 예수를 희롱하고 때리며 '희롱하다'는 '모욕하고 놀리다'라는 뜻이다. 예수님은 자신이 '희롱을 당하고 능욕을 당하고 침 뱉음을 당할 것'이라고 예언하신 대로 수난을 당하셨다(18:32). 마태는 사람들이 예수님의 얼굴에 침 뱉고, 주먹과 손바닥으로 예수님을 쳤다고 상세하게 기록한다(마 26:67).

64 선지자 노릇 하라 너를 친 자가 누구냐 하고 사람들은 예수님의 눈을 가리고 때린 뒤에 누가 예수님을 때렸는지 알아맞혀 보라고 요구한다. 예수님이 예언자라면 눈을 가리고도 누가 쳤는지 알 수 있을 것이라는 말이다. 이것은 백성이 예수님을 예언자라고 불렀음을 보여준다.

66 날이 새매 전날 저녁에 예수님은 유월절 식사를 하셨고, 늦은 밤에 겟세마네에서 기도하셨다. 밤늦게 체포되어 전임 대제사장 안나스의 집에서 심문을 당하신 뒤에 당시 대제사장인 가야바의 집으로 끌려가서 심문과 희롱을 당하셨다(요 18:24). 그러는 동안 아침이 된 것이다.
예수를 그 공회로 끌어들여 밤새도록 진행되었던 대제사장들의 심문은 개인적인 차원의 조사였고, 아침이 되자 산헤드린 공의회 회원들을 모아 본격적인 공적 심문을 한다. 산헤드린 공의회는 유대 최고의 법정으로, 70명의 회원과 대제사장을 의장으로 하는 유대인들의 최고 의결 기관이었다.

67 네가 그리스도이거든 우리에게 말하라 예수님은 스스로 자신이 그리스도라고 말씀하신 적이 없었다. 그러나 베드로뿐만 아니라 백성들은 예수님을 구약성경이 약속하는 메시아로 여기고 있었다. 종교지도자들은 예수님이 정말 메시아라는 사실을 확인하고자 하는 것이 아니라, 예수님을 신성모독 하는 이단적인 지도자로 몰아 사형선고를 내리려고 의도적으로 이런 질문을 한 것이다. 대제사장들이 개인적으로 심문할 때도 이것이 핵심적인 질문이었다(막 14:61).

68 내가 물어도 너희가 대답하지 아니할 것이니라 종교지도자들이 예수님의 말을 전혀 믿지 않았기 때문에 예수님은 그들과 전혀 대화할 수 없는 상황임을 말씀하신다.

69 이제부터는 인자가 하나님의 권능의 우편에 앉아 있으리라 "하나님의 권능의 우편에 앉으신다"는 말은 하나님의 권세와 영광을 예수님이 얻게 되어 통치하실 것을 의미한다(단 7:13). 지금은 종교지도자들에게 모욕을 당하는 상황이지만 이런 상황이 곧 역전될 것임을 뜻한다. 마태와 마가는 "예수님이 하늘 구름을 타고 오는 것을 그들이 볼 것"임을 첨가함으로 예수님의 재림이 임박한 것임을 보여준다(마 26:64).

쉬운성경

63 예수님을 지키던 사람들이 예수님을 모욕하고 놀렸습니다.

64 그들은 예수님의 눈을 가리고 물었습니다. "알아맞혀 보아라. 너를 때린 자가 누구냐?"

65 그 사람들은 여러 가지 말로 예수님을 모독하였습니다.

66 날이 밝자, 백성의 장로들 곧 대제사장들과 율법학자들이 함께 모였습니다. 그리고 예수님을 그들의 법정으로 데리고 가서 물었습니다.

67 "진정 네가 그리스도인지 우리에게 말해 보아라." 예수님께서 그들에게 말씀하셨습니다. "내가 너희에게 말해도 믿지 않을 것이다.

68 또한 내가 물어도 너희가 대답하지 않을 것이다.

69 그러나 이제부터 인자가 전능하신 하나님의 오른쪽에 앉게 될 것이다."

70 그들이 모두 물었습니다. "그러면 당신이 하나님의 아들이오?" 예수님께서 그들에게 대답하셨습니다. "내가 그렇다고 너희가 말했다."

71 그들이 말했습니다. "우리에게 무슨 증거가 더 필요하겠는가? 우리가 직접 이 사람의 입에서 나오는 소리를 들었다."

70 네가 하나님의 아들이냐 자신을 하나님의 아들이라고 주장하신 예수님의 말씀은 대제사장들에게는 신성모독적인 발언이었기 때문에, 그것을 확인하기 위해 질문한 것이다.
너희들이 내가 그라고 말하고 있느니라 예수님은 자신이 하나님의 아들이라는 신성을 선포하신다.

71 어찌 더 증거를 요구하리요 우리가 친히 그 입에서 들었노라 산헤드린 공의회가 예수님을 죽일 증거를 찾았다는 것이다. 마태와 마가는 대제사장이 자기 옷을 찢으며 "그가 신성모독 하는 말을 하였으니 어찌 더 증인을 요구하리요"라고 말한 것을 묘사한다(마 26:65; 막 14:63-64).

저자의 묵상

대제사장이 예수님이 그리스도인지 물은 이유는 그의 참 정체를 알고자 한 것이 아니었다. 이것은 예수님에게 신성모독죄를 덮어씌우기 위한 계략이었다. 예수님은 그의 사역과 말씀을 통해 자신이 구약이 약속하던 그리스도임을 보여주셨다. 그러나 종교지도자들은 드러난 증거에도 불구하고 예수님을 그리스도로 받아들이지 않았다. 그 이유는 예수님을 그리스도로 인정하는 순간 그들이 자기 구원의 수단으로 삼고 있던 종교적 지위와 이익을 포기해야 했기 때문이다.

예수님을 그리스도로 받아들인다는 것은 자기 구원의 수단을 포기하는 것을 의미한다. 모든 인간은 자신의 힘으로 자기를 구원하고자 하는 열망을 가지고 있다. 그래서 세상에서 자기 구원을 스스로 이루고 있다고 착각하는 사람들은 절대로 예수님을 구원자로 믿을 수 없다. 자기 구원을 포기하고 예수님을 구원자인 그리스도로 받아들이기 위해서는 하나님의 절대적인 은혜가 꼭 필요하다.

무릎기도 하나님, 예수님이 아닌 다른 것들로 저의 구원의 수단을 삼고 있는 교만함을 회개합니다. 오직 예수님만을 온전히 의존함으로 하나님의 은혜로만 구원을 얻는 자가 되게 하소서.

ESV - Luke 22

63 Now the men who were holding Jesus in custody were mocking him as they beat him.
64 They also blindfolded him and kept asking him, "Prophesy! Who is it that struck you?"
65 And they said many other things against him, blaspheming him.
66 When day came, the assembly of the elders of the people gathered together, both chief priests and scribes. And they led him away to their council, and they said,
67 "If you are the Christ, tell us." But he said to them, "If I tell you, you will not believe,
68 and if I ask you, you will not answer.
69 But from now on the Son of Man shall be seated at the right hand of the power of God."
70 So they all said, "Are you the Son of God, then?" And he said to them, "You say that I am."
71 Then they said, "What further testimony do we need? We have heard it ourselves from his own lips."

63 in custody 감금되어 mock 조롱하다 64 blindfold 눈을 가리다 prophesy 예언하다 65 blaspheme 욕하다 66 assembly 의회, 공회 71 testimony 증거

☐ 묵상 체크

82 빌라도와 헤롯 앞에 서신 예수님

월 일

누가복음 23:1-12 • 새찬송 410장 | 통일 468장

• 말씀묵상 전에 성령님의 인도하심을 구하는 기도를 드리십시오.

본문요약 I 종교지도자들은 예수님을 로마 총독 빌라도에게 고소하여 사형 선고를 받아 내려고 한다. 그러나 빌라도는 예수님의 무죄를 선포하고 예수님을 헤롯에게 보낸다. 이전부터 예수님을 보고 싶어 했던 헤롯은 예수님에게서 아무런 죄를 찾지 못하자 예수님을 희롱하고 빌라도에게 돌려보낸다. 이 사건으로 두 사람은 친구가 된다.

1 무리가 다 일어나 예수를 빌라도에게 끌고 가서

2 고발하여 이르되 우리가 이 사람을 보매 우리 백성을 미혹하고 가이사에게 세금 바치는 것을 금하며 자칭 왕 그리스도라 하더이다 하니

3 빌라도가 예수께 물어 이르되 네가 유대인의 왕이냐 대답하여 이르시되 네 말이 옳도다

4 빌라도가 대제사장들과 무리에게 이르되 내가 보니 이 사람에게 죄가 없도다 하니

5 무리가 더욱 강하게 말하되 그가 온 유대에서 가르치고 갈릴리에서부터 시작하여 여기까지 와서 백성을 소동하게 하나이다

6 빌라도가 듣고 그가 갈릴리 사람이냐 물어

7 헤롯의 관할에 속한 줄을 알고 헤롯에게 보내니 그때에 헤롯이 예루살렘에 있더라

8 헤롯이 예수를 보고 매우 기뻐하니 이는 그의 소문을 들었으므로 보고자 한 지 오래였고 또한 무엇이나 [1]이적 행하심을 볼까 바랐던 연고러라

9 여러 말로 물으나 아무 말도 대답하지 아니하시니

10 대제사장들과 서기관들이 서서 힘써 고발하더라

11 헤롯이 그 군인들과 함께 예수를 업신여기며 희롱하고 빛난 옷을 입혀 빌라도에게 도로 보내니

12 헤롯과 빌라도가 전에는 원수였으나 당일에 서로 친구가 되니라

1) 또는 표적

1. 오늘 하나님께서 나에게 주신 깨달음은 무엇입니까?

2. 말씀을 어떻게 내 삶에 구체적으로 적용해야 합니까?

절별 해설

1 빌라도 빌라도는 AD 26-36년까지 유대, 사마리아 그리고 이두매 지방을 관할하던 총독이다. 산헤드린 공의회는 유대인의 최고 의결 기관이기는 했지만 사형권이 없었다. 따라서 대제사장들은 예수님을 사형할 권한을 가진 빌라도에게 승낙을 얻기 위해 보낸 것이다.

2 고발하여 그들이 예수님을 빌라도에게 고소한 죄목은 세 가지였다. 첫 번째는 백성을 미혹하여 사회 질서를 어지럽혔다는 것이다. 두 번째는 로마 황제에게 세금을 바치는 것을 금하여 로마의 법질서를 깨트렸다는 것이다. 세 번째는 자칭 왕이라 하며 로마의 왕권에 도전했다는 것이다. 공의회는 사회적·법적·정치적 차원에서 예수님을 고소했다.

3 네가 유대인의 왕이냐 예수님이 스스로 '왕'이라고 주장하신다면, 이것은 로마 황제의 권위에 도전하는 반역죄이기 때문에 빌라도가 이렇게 질문한 것이다.
네 말이 옳도다 원어적으로 '네가 그렇게 말하였다'라는 뜻이다. 질문자의 의도에 따라 긍정이나 부정으로 해석할 수 있는 여지를 주는 애매한 대답이다. 요한은 이 문제에 관한 빌라도와 예수님 사이의 긴 대화를 서술한다(요 18:33-38).

4 내가 보니 이 사람에게 죄가 없도다 빌라도는 예수님이 반역을 꾀한 증거가 없는데 종교지도자들이 예수님을 시기하여 고소한 것을 발견했다(마 27:18). 따라서 빌라도는 예수님의 무죄를 선언한다.

7 헤롯의 관할에 속한 줄을 알고 빌라도는 재판의 책임을 헤롯에게 떠넘길 수 있는 기회를 발견하자마자 예수님을 헤롯에게 보낸다. '헤롯'은 BC 4-AD 39년까지 갈릴리와 베뢰아 지방을 통치했던 분봉왕 헤롯 안디바[안티파스]를 말한다. 그는 예루살렘에 궁궐을 가지고 있었다.

8 헤롯이 예수를 보고 매우 기뻐하니 헤롯은 예수님이 자신이 죽인 세례 요한이 살아난 것이라는 소문을 듣고 예수님을 만나고 싶어 했다(9:7-9). 또한 예수님이 행하신 기적에 관한 소문을 듣고 예수님을 보고 싶은 호기심이 생겼던 것이다.

9 아무 말도 대답하지 아니하시니 예수님은 진실되지 않고 단순히 호기심을 충족하기 위한 헤롯의 질문에 침묵으로 반응하신다.

10 대제사장들과 서기관들이 서서 힘써 고발하더라 종교지도자들은 헤롯에게까지 와서 예수님을 맹렬하게 고발했다. 이들은 예수님이 헤롯에게서도 무죄 판결을 받을 것을 두려워했던 것이다.

쉬운성경

1 그들 모두가 일어나서 예수님을 빌라도 앞으로 끌고 갔습니다.

2 그리고 예수님을 고소하였습니다. "이 사람은 백성들을 미혹시키고 가이사에게 세금을 바치지 못하게 했으며 자기가 그리스도 곧 왕이라고 주장합니다."

3 빌라도가 예수님께 물었습니다. "당신이 유대인의 왕이오?" 예수님께서 대답하셨습니다. "네가 말한 대로이다."

4 빌라도가 대제사장들과 군중들에게 말했습니다. "나는 이 사람에게서 아무 죄도 찾지 못하겠소."

5 그러나 사람들은 계속해서 주장했습니다. "이 사람이 갈릴리에서부터 시작해서 온 유대를 돌아다니고, 이곳까지 와서 백성들을 선동하고 있습니다."

6 빌라도가 이 말을 듣고 예수님이 갈릴리 사람인지 물었습니다.

7 예수님이 헤롯의 관할 지역 아래 있다는 것을 알고 예수님을 헤롯에게로 보냈습니다. 당시 헤롯은 예루살렘에 와 있었습니다.

8 헤롯은 예수님을 보고 매우 기뻐하였습니다. 그는 오래전부터 예수님에 대해 듣고, 예수님을 한번 만나 보기를 원했습니다. 헤롯은 예수님께서 기적을 행하는 모습을 보고 싶어 하였습니다.

9 헤롯이 예수님께 여러 가지 말로 질문을 했지만, 예수님은 한 마디도 대답하시지 않았습니다.

10 대제사장들과 율법학자들은 곁에 서서 예수님을 강력하게 고소하였습니다.

11 헤롯은 군사들과 함께 예수님을 경멸하였습니다. 그리고 화려한 옷을 입히고 조롱한 후, 다시 빌라도에게로 보냈습니다.

12 예전에 빌라도와 헤롯은 서로 원수였지만, 그날에 헤롯과 빌라도는 서로 친구가 되었습니다.

12 헤롯과 빌라도가 전에는 원수였으나 당일에 서로 친구가 되니라 빌라도와 헤롯은 비슷한 지역을 다스려서 여러 가지 문제로 충돌했을 것이다. 그러나 헤롯이 예수님을 정죄하지 않고 빛난 옷을 입혀 빌라도에게 돌려보냄으로 두 사람이 예수님을 이상한 사람 정도로 비슷하게 생각하고 있다는 점이 맞아떨어졌다.

저자의 묵상

빌라도나 헤롯은 이전에 예수님을 만나지 못했다. 그러나 종교지도자들의 고발로 예수님을 직접 만날 기회를 얻었다. 그러나 그들에게 예수님은 호기심의 대상일 뿐이었다. 그들은 예수님을 직접 만나는 특별한 기회를 얻었지만 인생의 아무런 변화를 경험하지 못했다.

예수님을 만나는 것은 인간이 경험할 수 있는 최고의 기회다. 그런데 그 기회가 어떤 사람에게는 인생을 바꾸는 기회가 되지만, 어떤 사람에게는 아무런 의미가 없기도 하다. 그 차이가 무엇일까? 교만한 마음을 가진 사람에게는 예수님을 만나는 것이 아무런 의미가 없다. 그러나 아무것도 의존할 수 없는 절박하고 겸손한 마음을 가진 사람에게는 예수님과의 만남이 인생을 바꾸는 기회가 된다. 결국, 하나님은 예수님을 만나 변화를 경험해야만 하는 선택된 자들에게는 먼저 겸손한 마음을 예비하셔서, 예수님을 만나는 순간이 인생의 가장 중요한 변화의 기회가 되도록 개입하신다.

무릎 기도 하나님, 저의 마음을 낮추시고 겸손하게 하셔서 예수님을 만나는 것이 인생 최고의 기회가 되게 하소서. 날마다 예수님과 동행함으로 예수님과 같은 모습으로 변화되게 하소서.

ESV - Luke 23

1 Then the whole company of them arose and brought him before Pilate.
2 And they began to accuse him, saying, "We found this man misleading our nation and forbidding us to give tribute to Caesar, and saying that he himself is Christ, a king."
3 And Pilate asked him, "Are you the King of the Jews?" And he answered him, "You have said so."
4 Then Pilate said to the chief priests and the crowds, "I find no guilt in this man."
5 But they were urgent, saying, "He stirs up the people, teaching throughout all Judea, from Galilee even to this place."
6 When Pilate heard this, he asked whether the man was a Galilean.
7 And when he learned that he belonged to Herod's jurisdiction, he sent him over to Herod, who was himself in Jerusalem at that time.
8 When Herod saw Jesus, he was very glad, for he had long desired to see him, because he had heard about him, and he was hoping to see some sign done by him.
9 So he questioned him at some length, but he made no answer.
10 The chief priests and the scribes stood by, vehemently accusing him.
11 And Herod with his soldiers treated him with contempt and mocked him. Then, arraying him in splendid clothing, he sent him back to Pilate.
12 And Herod and Pilate became friends with each other that very day, for before this they had been at enmity with each other.

1 company 무리 2 accuse 고발하다 mislead 미혹시키다 forbid 금하다 tribute 세금 5 urgent 귀찮게 졸라대는 stir up 선동하다 7 jurisdiction 관할 9 at some length 상당히 자세하게 10 scribe 서기관 vehemently 격렬하게 11 treat… with contempt …을 업신여기다 array 차려 입히다 splendid 화려한 12 be at enmity with… …와는 적대적이다

83 십자가형을 받게 되신 예수님

월 일

누가복음 23:13-25 • 새찬송 439장 | 통일 496장

• 말씀묵상 전에 성령님의 인도하심을 구하는 기도를 드리십시오.

본문요약 I 빌라도는 예수님에 대해 두 번째로 무죄 선언을 한다. 빌라도는 헤롯도 예수님의 죄를 발견하지 못했다고 말하면서 예수님을 때려서 놓아주겠다는 타협안을 제시한다. 그러나 사람들은 예수님 대신에 바라바를 놓아주고 예수님을 십자가에서 죽이라고 요구한다. 결국 빌라도는 사람들의 요구에 굴복하여 예수님을 십자가에 사형하라고 넘겨준다.

13 빌라도가 대제사장들과 관리들과 백성을
불러 모으고
14 이르되 너희가 이 사람이 백성을 미혹하
는 자라 하여 내게 끌고 왔도다 보라 내가
너희 앞에서 심문하였으되 너희가 고발하
는 일에 대하여 이 사람에게서 죄를 찾지
못하였고
15 헤롯이 또한 그렇게 하여 그를 우리에게
도로 보내었도다 보라 그가 행한 일에는
죽일 일이 없느니라
16 그러므로 때려서 놓겠노라
17 [1](없음)
18 무리가 일제히 소리 질러 이르되 이 사람
을 없이하고 바라바를 우리에게 놓아주소
서 하니
19 이 바라바는 성중에서 일어난 민란과 살
인으로 말미암아 옥에 갇힌 자러라
20 빌라도는 예수를 놓고자 하여 다시 그들
에게 말하되
21 그들은 소리 질러 이르되 그를 십자가에
못 박게 하소서 십자가에 못 박게 하소서
하는지라
22 빌라도가 세 번째 말하되 이 사람이 무슨
악한 일을 하였느냐 나는 그에게서 죽일
죄를 찾지 못하였나니 때려서 놓으리라
하니
23 그들이 큰 소리로 재촉하여 십자가에 못
박기를 구하니 그들의 소리가 이긴지라

1) 어떤 사본에는, 17 '명절을 당하면 반드시 한 사람을 놓아주더라'가 있음

24 이에 빌라도가 그들이 구하는 대로 하기
를 언도하고
25 그들이 요구하는 자 곧 민란과 살인으로
말미암아 옥에 갇힌 자를 놓아주고 예수
는 넘겨주어 그들의 뜻대로 하게 하니라

1. 오늘 하나님께서 나에게 주신 깨달음은 무엇입니까?

2. 말씀을 어떻게 내 삶에 구체적으로 적용해야 합니까?

절별 해설

14 너희가 고발하는 일에 대하여 이 사람에게서 죄를 찾지 못하였고 빌라도는 예수님에 대해서 두 번째로 무죄 선고를 한다. 빌라도는 사람들이 예수님을 '백성을 미혹하는 자'라고 고소했던 내용을 언급한다. 빌라도는 앞에서 '유대인의 왕'으로 고소했던 것에 대한 심문의 결과는 이미 무죄라고 판결했기 때문에 다른 내용을 말한 것이다.

15 헤롯이 또한 그렇게 하여 그를 우리에게 도로 보내었도다 빌라도는 헤롯을 끌어들여 예수님을 무죄로 선고하는 것이 자신만의 독단적인 결정이 아님을 밝힌다. 그럼으로써 종교지도자들의 반발에 대응하고자 한다.

16 그러므로 때려서 놓겠노라 빌라도는 예수님이 무죄라고 선고했으면서도 예수님을 채찍질하여 놓아주겠다고 말한다. 이것은 예수님에게 사형을 선고하라고 고소한 자들과 타협하려는 것이다.

17 (없음) 지금은 생략된 이 절에는 "명절이 되면 죄수 한 사람을 놓아주는 전례가 있었다"(마 27:15)라는 내용이 기록된 고대 사본이 있어서 과거에는 17절에 그 내용이 들어 있었다. 그러나 사본학의 연구 결과 후대 필사자들이 이 내용을 추가한 것이라는 결과가 나와서 현재는 생략되었다.

18 바라바를 우리에게 놓아주소서 바라바는 '아버지의 아들'이라는 이름의 뜻이다. 무리가 함께 소리 질러 같은 내용을 외친 것은 그곳에 모인 사람들이 전부 대제사장이 사주한 사람들이기 때문이다. 이들은 처음부터 만일 예수님이 무죄 판결을 받을 경우에 바라바를 대신 풀어 달라고 요구하기로 결정한 것으로 보인다.

19 민란과 살인 바라바는 로마에 대항한 반란을 주도하다가 살인을 하고 체포된 열심당원이었다. 즉, 로마의 입장에서 바라바는 확실한 반역자로 사형이 확정된 자였다.

21 십자가에 못 박게 하소서 이제 예수님에 대한 사형 요구는 십자가에 못 박으라는 구체적인 요구 사항이 되었고, 사람들은 이를 외치기 시작했다. 이 구절을 반복해서 기록한 것은 사람들이 계속해서 구호처럼 이 말을 외쳤음을 보여준다. 카르타고에서 최초로 시작된 '십자가형'은 너무나 고통스럽고 수치스러운 형벌이어서 로마 시민은 십자가형에서 제외되었고, 로마의 반역자나 중범죄를 저지른 죄인에게만 시행되었다.

24 이에 빌라도가 그들이 구하는 대로 하기를 언도하고 빌라도는 세 번째로 예수님을 놓아주려고 애썼지만 결국 실패한다. 마태는 빌라도가 민란이 나려는 것을 보고 그들의 뜻대로 따랐다고 기록한다(마 27:24). 빌라도는 무죄한 자를 사형하

쉬운성경

13 빌라도가 대제사장들과 지도자들과 백성들을 불렀습니다.

14 그리고 말했습니다. "너희는 이 사람이 백성을 반역하도록 부추긴다고 하여 내게로 데리고 왔다. 그러나 너희 앞에서 조사를 해 보니 너희가 이 사람에 대하여 고소한 죄목을 찾을 수 없었다.

15 또한 헤롯도 아무런 잘못을 찾아낼 수 없어 그를 다시 우리에게로 보냈다. 이 사람은 죽어야만 될 어떤 잘못도 행하지 않았다.

16 그러니 나는 그를 매질해서 풀어 주겠다."

17 (없음)*

18 그러자 사람들이 함께 소리를 지르며 말했습니다. "그 사람을 죽이시오. 우리에게 바라바를 풀어 주시오."

19 바라바는 성에서 폭동을 일으켰기 때문에 감옥에 갇힌 사람입니다. 그는 또 살인죄도 지었습니다.

20 빌라도는 예수님을 풀어 주려고 사람들에게 다시 말했습니다.

21 사람들은 더욱 크게 소리 질렀습니다. "십자가에 못 박으시오. 그를 십자가에 못 박으시오."

22 빌라도가 세 번째 물었습니다. "무슨 까닭이냐? 이 사람이 도대체 무슨 악한 일을 저질렀느냐? 나는 이 사람에게서 죽을죄를 찾지 못했다. 따라서 매질만 하고 풀어 주겠다."

23 이 말을 들은 사람들은 뜻을 굽히지 않고 계속해서 큰 소리로 예수님을 십자가에 못 박으라고 요구했습니다.

24 결국 빌라도는 사람들의 요구대로 하기로 결정하였습니다.

25 사람들이 원했던 대로 폭동과 살인죄로 감옥에 갇혀 있는 바라바를 풀어 주고, 예수님을 죽이라고 넘겨주었습니다.

* 23:17 어떤 사본에는 다음과 같은 구절이 있다. "유월절이 되면 빌라도는 죄수 하나를 놓아주곤 하였다."

는 책임을 떠안지 않으려고 무리 앞에서 물을 가져다 손을 씻으며 예수님의 피에 대해 자신은 무죄하다고 주장한다. 이에 백성은 무죄한 예수님을 죽인 책임을 자신들과 자신들의 후손에게 돌리라고 답한다(마 27:24-25). 종교지도자들과 백성은 자신들과 후손이 무죄한 자를 죽인 피값을 당하더라도 예수님을 꼭 죽이겠다고 주장하는 악랄한 모습을 보여준다.

저자의 묵상

빌라도는 예수님의 무죄를 확신하고 그를 풀어 주기 위해 애썼지만 종교지도자들과 유대인들의 반대 때문에 결국 예수님에게 십자가형을 언도한다. 이 결정은 사회의 질서도 유지하고 대중의 비위를 맞추어야 하는 정치가로서는 당연한 것처럼 보인다. 그러나 빌라도는 이 일로 말미암아 기독교 역사에 계속해서 '예수님을 십자가에 못 박아 죽인 자'라는 이름으로 불리게 된다. 사람들의 소리에 굴복한 결정으로 말미암아 그의 이름은 영원히 수치스러운 이름이 되었다.

성도들 가운데도 하나님의 음성과 다른 사람들의 말 가운데서 고민하는 경우가 많다. 하나님의 말씀에 순종하자니 주위 사람들을 만족시키지 못할까 봐 두려워지는 경우가 자주 있다. 결국, 말씀에 뿌리내리지 못하면 일상에서 갈등하는 순간마다 훨씬 더 실제적이고 강력한 영향력을 가진 사람들의 뜻대로 반응하게 된다. 매일같이 사람의 목소리보다 하나님의 음성에 귀 기울이는 훈련을 해야 할 것이다.

무릎기도 하나님, 하나님의 음성에 순종하기보다는 주변 사람들의 말을 듣고 따르는 경우가 많이 있습니다. 제 영혼이 하나님의 말씀에 더욱 민감하게 순종하는 온유한 자가 되게 하소서.

ESV - Luke 23

13 Pilate then called together the chief priests and the rulers and the people,
14 and said to them, "You brought me this man as one who was misleading the people. And after examining him before you, behold, I did not find this man guilty of any of your charges against him.
15 Neither did Herod, for he sent him back to us. Look, nothing deserving death has been done by him.
16 I will therefore punish and release him."*
18 But they all cried out together, "Away with this man, and release to us Barabbas"?
19 a man who had been thrown into prison for an insurrection started in the city and for murder.
20 Pilate addressed them once more, desiring to release Jesus,
21 but they kept shouting, "Crucify, crucify him!"
22 A third time he said to them, "Why? What evil has he done? I have found in him no guilt deserving death. I will therefore punish and release him."
23 But they were urgent, demanding with loud cries that he should be crucified. And their voices prevailed.
24 So Pilate decided that their demand should be granted.
25 He released the man who had been thrown into prison for insurrection and murder, for whom they asked, but he delivered Jesus over to their will.

* 23:16 Here, or after verse 19, some manuscripts add verse 17: *Now he was obliged to release one man to them at the festival*

14 examine 조사하다 charge 고발 15 deserve death 죽어 마땅하다 16 punish 벌주다 release 풀어 주다 18 away with… …을 쫓아 버리다 19 throw… into prison …를 옥에 가두다 insurrection 폭동, 민란 murder 살인 20 address 연설하다 21 crucify 십자가에 못 박다 23 prevail 우세하다 24 grant 승인하다 25 deliver over 넘겨주다

☐ 묵상 체크

84 십자가에 못 박히신 예수님

월 일

누가복음 23:26-38 • 새찬송 455장 | 통일 507장

• 말씀묵상 전에 성령님의 인도하심을 구하는 기도를 드리십시오.

본문요약 I 밤새 심문과 채찍질로 기진하여 십자가를 질 수 없었던 예수님 대신 구레네 사람 시몬이 십자가를 처형장으로 운반한다. 예수님은 우는 여인들을 향해 자신이 아닌 예루살렘을 위해 울라고 말씀하신다. 예수님은 두 행악자 사이의 십자가에 매달리셔서 사람들이 무지하여 행한 죄를 용서해 달라고 기도하신다. 그 십자가에는 '유대인의 왕'이라고 쓴 패가 걸린다.

26 그들이 예수를 끌고 갈 때에 시몬이라는
구레네 사람이 시골에서 오는 것을 붙들
어 그에게 십자가를 지워 예수를 따르게
하더라
27 또 백성과 및 그를 위하여 가슴을 치며 슬
피 우는 여자의 큰 무리가 따라오는지라
28 예수께서 돌이켜 그들을 향하여 이르시되
예루살렘의 딸들아 나를 위하여 울지 말
고 너희와 너희 자녀를 위하여 울라
29 보라 날이 이르면 사람이 말하기를 잉태
하지 못하는 이와 해산하지 못한 배와 먹
이지 못한 젖이 복이 있다 하리라
30 그때에 사람이 산들을 대하여 우리 위에
무너지라 하며 작은 산들을 대하여 우리
를 덮으라 하리라
31 푸른 나무에도 이같이 하거든 마른나무에
는 어떻게 되리요 하시니라
32 또 다른 두 행악자도 사형을 받게 되어 예
수와 함께 끌려가니라
33 해골이라 하는 곳에 이르러 거기서 예수
를 십자가에 못 박고 두 행악자도 그렇게
하니 하나는 우편에, 하나는 좌편에 있더
라
34 이에 [1]예수께서 이르시되 아버지 저들을
사하여 주옵소서 자기들이 하는 것을 알
지 못함이니이다 하시더라 그들이 그의
옷을 나눠 제비 뽑을새
35 백성은 서서 구경하는데 관리들은 비웃어
이르되 저가 남을 구원하였으니 만일 하
나님이 택하신 자 그리스도이면 자신도
구원할지어다 하고
36 군인들도 희롱하면서 나아와 신 포도주를
주며
37 이르되 네가 만일 유대인의 왕이면 네가
너를 구원하라 하더라
38 그의 위에 이는 유대인의 왕이라 쓴 패가
있더라

1) 어떤 사본에, '예수께서'부터 '하시더라'까지 없음

1. 오늘 하나님께서 나에게 주신 깨달음은 무엇입니까?

2. 말씀을 어떻게 내 삶에 구체적으로 적용해야 합니까?

절별 해설

26 시몬이라는 구레네 사람 시몬은 지중해 연안의 아프리카 구레네에 거주하는 디아스포라 유대인으로, 유월절을 지키기 위해 예루살렘에 온 것으로 보인다. 마가는 그가 알렉산더와 루포의 아버지라고 밝히는데, 당시에 이들은 교회에 잘 알려진 신자들이었을 것이다(막 15:21).
그에게 십자가를 지워 예수를 따르게 하더라 당시에 십자가형을 당하는 죄수는 자신이 매달릴 십자가의 가로대를 직접 운반하게 되어 있었다. 그러나 예수님은 기진하여 십자가를 스스로 운반하실 수 없었다.

28 예루살렘의 딸들아 예수님은 직접적으로 자신을 따르는 여자들을 향해 말씀하셨지만, '예루살렘의 딸들'은 이스라엘 백성 전체를 의미하는 표현이다(사 10:32).
너희와 너희 자녀를 위하여 울라 슬피 우는 여자들이 애통해야 할 대상은 구속사를 성취하시기 위해 마땅히 예정된 과정을 지나시는 예수님이 아닌, 이스라엘 백성의 죄악임을 말씀하신 것이다.

31 푸른 나무, 마른나무 '푸른 나무'는 예수님을, '마른나무'는 이스라엘을 비유한다. 생명 없이 죽은 마른나무와 같은 이스라엘이 당할 심판이 얼마나 무서운 것인지 대조한다.

32 다른 두 행악자도 사형을 받게 되어 예수님이 강도나 살해범과 같은 취급을 받고 십자가형에 처해짐을 보여준다(사 53:12; 마 27:38).

33 해골이라 하는 곳 '해골'은 히브리어로는 '골고다'(마 27:33)로, 라틴어로는 '칼바리아'(Calvaria)으로 번역되어 갈보리(Calvary)라는 지명으로 알려진 성 밖의 처형장이다.
하나는 우편에, 하나는 좌편에 있더라 야고보와 요한의 어머니는 예수님께 자신의 두 아들을 예수님의 우편과 좌편에 각각 앉게 해 달라고 요청했다(마 20:21). 그때 예수님은 예수님의 좌우편은 하나님이 예비하신 자들이 얻을 것이라고 대답하셨는데 그 말씀이 응했다(마 20:23).

34 아버지 저들을 사하여 주옵소서 십자가에서 예수님이 하신 일곱 가지 말씀(가상칠언) 중 첫 번째 말씀이다. 예수님은 자신을 십자가에 매달아 죽인 자들을 용서해 달라고 하나님께 요청하셨다. 그럼으로써 원수를 사랑하라는 하나님의 명령을 다 지키셨음을 증명하셨다.

35 만일 하나님이 택하신 자 그리스도이면 자신도 구원할지어다 종교지도자들은 십자가에 매달리신 예수님을 끝까지 조롱

쉬운성경

26 예수님을 끌고 갈 때, 시골에서 오던 구레네 출신 시몬을 붙잡아 예수님의 십자가를 지고 따라가게 하였습니다.

27 많은 사람들이 예수님을 따라갔습니다. 그중에는 슬퍼하며 우는 여자들도 있었습니다.

28 예수님께서 뒤를 돌아보시고 그들에게 말씀하셨습니다. "예루살렘의 딸들아, 나를 위해 울지 말고 너희 자신과 자녀들을 위해 울어라.

29 보아라. '자녀를 낳지 못한 사람들 곧 아기를 낳지 못한 배와 젖을 먹인 적이 없는 가슴이 복이 있다'고 말할 때가 올 것이다.

30 그때에 사람들이 산을 향하여 '우리 위에 떨어져라'고 말할 것이며, 언덕을 향하여 '우리를 덮으라'고 말할 것이다.

31 나무가 푸를 때에도 이렇게 말한다면, 나무가 마른 때에는 어떤 일이 일어나겠느냐?"

32 다른 두 명의 죄수도 예수님과 함께 사형 판결을 받았습니다.

33 '해골'이라 불리는 장소에 와서 사람들이 예수님과 다른 죄수들을 십자가에 못 박았습니다. 한 사람은 예수님 오른쪽에, 또 하나는 왼쪽에 매달렸습니다.

34 예수님께서 말씀하셨습니다. "아버지, 저 사람들을 용서하여 주소서. 저들은 자기들이 하고 있는 일을 알지 못합니다." 사람들이 제비를 뽑아 누가 예수님의 옷을 차지할지 결정하였습니다.

35 사람들은 곁에 서서 바라보았습니다. 유대 지도자들이 예수님을 비웃으며 말하였습니다. "이 사람이 다른 사람들을 구원했다. 만일 이 자가 하나님의 택하신 자인 그리스도라면 자신을 구원하리라."

36 군인들도 예수님께 나아와 조롱하였습니다. 예수님께 신 포도주를 주고

절별 해설

한다. 십자가에서 자신도 구원하지 못하는 메시아는 가짜라는 비웃음이다.

38 유대인의 왕이라 쓴 패 예수님은 십자가에서 왕으로 등극하셨다. 이 내용은 당시의 모든 언어라고 할 수 있는 히브리어, 로마어, 헬라어로 기록되었다(요 19:20).

37 "만일 네가 유대인의 왕이라면 너 자신을 구원하여라" 하고 말했습니다.

38 예수님 위에 '유대인의 왕'이라고 죄목이 쓰여 있었습니다.

저자의 묵상

야고보와 요한은 예수님이 왕위에 등극하시면 그의 오른편과 왼편의 권세 있는 자리에 앉게 해 달라고 청했다. 그러나 예수님이 십자가에 매달리셨을 때 그의 좌우편에는 두 명의 강도가 예수님의 제자들을 대신하여 매달렸다. 그곳은 예수님의 제자들이 기대했던 자리가 아니었다. 예수님이 십자가에서 왕으로 등극하실 것이라는 사실을 제자들은 전혀 예측하지 못했던 것이다.

예수님을 믿음으로 세상에서 높은 자리에 오르고 성공하기를 바라는 것은 철없었던 예수님의 제자들과 같은 태도다. 하늘의 왕은 이 세상의 왕들과 같지 않음을 예수님은 그의 말씀과 삶을 통해 선명하게 보여주셨다. 예수님을 믿고 그의 제자가 된다는 것은 예수님과 같은 삶을 산다는 것을 의미한다. 예수님처럼 살아가는 첫 걸음은 낮아짐과 희생의 자리에 서는 것이다.

무릎 기도 하나님, 예수님을 믿어 성공과 영광을 얻기를 기대했던 저의 죄악을 회개합니다. 예수님처럼 낮아짐과 희생을 두려워하지 않게 하셔서 저도 예수님과 같은 삶을 살게 하소서.

ESV - Luke 23

26 And as they led him away, they seized one
Simon of Cyrene, who was coming in from
the country, and laid on him the cross, to
carry it behind Jesus.
27 And there followed him a great multitude of
the people and of women who were
mourning and lamenting for him.
28 But turning to them Jesus said, "Daughters
of Jerusalem, do not weep for me, but weep
for yourselves and for your children.
29 For behold, the days are coming when they
will say, 'Blessed are the barren and the
wombs that never bore and the breasts that
never nursed!'
30 Then they will begin to say to the
mountains, 'Fall on us,' and to the hills,
'Cover us.'
31 For if they do these things when the wood is
green, what will happen when it is dry?"
32 Two others, who were criminals, were led
away to be put to death with him.
33 And when they came to the place that is
called The Skull, there they crucified him,
and the criminals, one on his right and one
on his left.
34 And Jesus said, "Father, forgive them, for
they know not what they do."* And they cast
lots to divide his garments.
35 And the people stood by, watching, but the
rulers scoffed at him, saying, "He saved
others; let him save himself, if he is the
Christ of God, his Chosen One!"
36 The soldiers also mocked him, coming up
and offering him sour wine
37 and saying, "If you are the King of the Jews,
save yourself!"
38 There was also an inscription over him,*
"This is the King of the Jews."

* 23:34 Some manuscripts omit the sentence *And Jesus... what they do*
* 23:38 Some manuscripts add *in letters of Greek and Latin and Hebrew*

26 lead··· away ···를 끌고 가다 seize 붙잡다 27 mourn 슬퍼하다 lament 애도하다 28 weep for··· ··· 때문에 울다 29 barren 임신 못하는 nurse 젖을 먹이다 32 criminal 범죄자 33 skull 해골 34 cast lots 제비 뽑다 garment 옷 35 scoff 비웃다 38 inscription 패

• MEMO •

□ 묵상 체크

85 십자가에서 돌아가신 예수님

월 일

누가복음 23:39-46 • 새찬송 150장 | 통일 135장

• 말씀묵상 전에 성령님의 인도하심을 구하는 기도를 드리십시오.

본문요약 | 예수님과 같이 십자가에 매달린 행악자 중의 한 명은 다른 사람들처럼 예수님을 비방한다. 그러나 또 다른 행악자가 그를 꾸짖으며 예수님께 자신을 기억해 달라고 간청한다. 예수님은 그가 낙원에 함께 있게 될 것이라고 약속하신다. 이후 정오에 어둠이 임하고, 성소 휘장이 찢어진다. 그 후에 예수님은 하나님께 자신의 영혼을 의탁하고 숨지신다.

39 달린 행악자 중 하나는 비방하여 이르되
네가 그리스도가 아니냐 너와 우리를 구
원하라 하되
40 하나는 그 사람을 꾸짖어 이르되 네가 동
일한 정죄를 받고서도 하나님을 두려워하
지 아니하느냐
41 우리는 우리가 행한 일에 상당한 보응을
받는 것이니 이에 당연하거니와 이 사람
이 행한 것은 옳지 않은 것이 없느니라 하
고
42 이르되 예수여 당신의 나라에 임하실 때
에 나를 기억하소서 하니
43 예수께서 이르시되 내가 진실로 네게 이
르노니 오늘 네가 나와 함께 낙원에 있으
리라 하시니라
44 때가 제육시쯤 되어 해가 빛을 잃고 온 땅
에 어둠이 임하여 제구시까지 계속하며
45 성소의 휘장이 한가운데가 찢어지더라
46 예수께서 큰 소리로 불러 이르시되 아버
지 내 영혼을 아버지 손에 부탁하나이다
하고 이 말씀을 하신 후 숨지시니라

1. 오늘 하나님께서 나에게 주신 깨달음은 무엇입니까?

2. 말씀을 어떻게 내 삶에 구체적으로 적용해야 합니까?

절별 해설

39 달린 행악자 중 하나는 비방하여 마태와 마가는 함께 십자가에 못 박힌 두 강도들도 다른 사람들처럼 예수님께 욕을 했다고 기록한다(마 27:44). 그러나 시간이 지나면서 한 명의 행악자는 마음이 바뀌었고, 다른 한 행악자는 예수님을 계속 조롱했다.

40 네가 동일한 정죄를 받고서도 하나님을 두려워하지 아니하느냐 다른 죄수가 예수님을 조롱하는 죄수를 꾸짖는 말이다. 예수님이나 행악자들이나 십자가형이라는 극형에 처해진 점은 같기에 동일한 형벌을 당한 이를 비방하는 것은 잘못된 행위라는 것이다.

41 상당한 보응 여기의 행악자[강도]들은 다른 사람의 돈을 빼앗으려고 살인을 일삼은 흉악범들로 보인다. 따라서 이런 죄에 대해 십자가형은 마땅한 보응이라는 것이다. 이것은 자신들의 행위와 예수님의 의로움을 대조하기 위한 것이다.

이 사람이 행한 것은 옳지 않은 것이 없느니라 '옳지 않은'으로 번역된 단어는 원어적으로 '제자리에 있지 않은, 부적절한, 잘못된'이라는 의미다. 이 강도는 '아무것도 잘못한 일이 없으신' 예수님이 받으신 십자가형은 잘못된 것이라고 평가한다. 예수님은 흉악무도한 죄인에게도 의로운 자라고 인정을 받으셨다.

42 예수여 당신의 나라에 임하실 때에 나를 기억하소서 죽음을 앞둔 죄인이 자신과 같은 신세에 처한 예수님을 향해 한 이 말은 영적인 신앙고백이라고 할 수 있다. 당시 유대인들은 이 세상에서의 다윗 왕국을 회복할 메시아를 기대했지, 죽음 이후에 자신의 영혼이 들어갈 하나님 나라에 대한 생각은 하지 못했기 때문이다. 그러나 이 강도는 죽음 이후에 예수님이 다스리시는 나라가 있음을 믿고, 그곳으로 자신을 인도해 달라고 간구한다.

43 오늘 네가 나와 함께 낙원에 있으리라 '낙원'은 헬라어 '파라데이소스'를 번역한 것으로, 영어 '파라다이스'(paradise)의 어원이 된 단어다. 이 단어는 원래 정원을 의미하는 '파르데스'에서 유래한 단어로, 〈칠십인역〉이 창세기의 에덴동산을 번역할 때 사용한 단어다. 예수님은 자신을 신뢰한 강도가 예수님과 함께 천국에서 안식을 누릴 것을 약속하신다.

45 성소의 휘장이 한가운데가 찢어지더라 '휘장'은 지성소와 성소를 구분하기 위해 친 커튼이다(출 26:31-33). 마태는 이 휘장이 위로부터 아래까지 찢어졌다고 언급한다(마 27:51). '찢어지더라'는 수동태로 사용되어 외부의 힘에 의해서 찢어졌음을 의미한다. 이 사실은 이제 예수님의 죽음으로 말미암아 죄인들이 거룩하신 하나님께 직접 나아갈 수 있게 된 것을 보여준다.

쉬운성경

39 예수님과 함께 십자가에 달린 죄수들 가운데 하나가 예수님을 욕하며 말했습니다. "네가 그리스도가 아니냐? 네 자신과 우리를 구원하여라."

40 그러나 다른 죄수가 그를 꾸짖으며 말했습니다. "너도 같은 벌을 받았으면서 하나님을 두려워하지 않느냐?

41 우리는 우리가 저지른 일 때문에 마땅한 벌을 받는 것이지만, 이분은 아무런 잘못을 행한 적이 없으시다."

42 그리고 예수님께 말했습니다. "예수님, 주께서 주님의 나라에 들어가실 때, 저를 기억해 주십시오."

43 예수님께서 그에게 말씀하셨습니다. "내가 진정으로 네게 말한다. 오늘 네가 나와 함께 낙원에 있을 것이다."

44 정오 때쯤에 어두움이 온 땅을 덮어서 오후 3시까지 계속되었습니다.

45 햇빛이 사라지고 성전의 휘장이 두 쪽으로 찢어졌습니다.

46 예수님께서 큰 소리로 부르짖으셨습니다. "아버지, 아버지의 손에 내 영혼을 맡깁니다." 이 말씀을 하신 후, 예수님께서 돌아가셨습니다.

저자의 묵상

예수님과 함께 십자가에 못 박힌 행악자[강도]들은 처음에는 둘 다 예수님을 비방했다. 그러나 그들 중 한 명은 후에 마음이 변하여 예수님을 변호한다. 그리고 예수님께 구원을 간구한다. 이런 극적 변화가 나타나게 된 이유는 예수님이 자신을 무고하게 십자가에 못 박아 죽이는 자들을 용서하셨기 때문이다. 예수님이 억울한 죽임을 당하는 순간에도 핍박자들을 용서하신 것은 흉악한 강도의 마음도 바꿀 수 있는 강력한 힘이었다.

세상에서는 이런 용서와 사랑을 찾아볼 수 없다. 그러나 예수님의 사랑을 받은 자들은 세상이 이해할 수 없는 용서와 사랑을 베풀 수 있다. 특별히 억울한 일을 당하고 핍박을 당했을 때 그 핍박하는 사람을 용서할 기회가 주어진다면, 예수님과 같은 사랑을 가진 자로 성장했는지를 점검할 수 있는 아주 좋은 기회다.

무릎 기도 하나님, 저의 마음도 예수님의 마음과 같이 용서와 사랑을 가지게 하소서. 억울한 일을 당했을 때에도 용서할 수 있는 큰 사랑을 마음에 부어 주사 세상이 감당할 수 없는 사랑의 통로가 되게 하소서.

ESV - Luke 23

39 One of the criminals who were hanged
railed at him,* saying, "Are you not the
Christ? Save yourself and us!"
40 But the other rebuked him, saying, "Do you
not fear God, since you are under the same
sentence of condemnation?
41 And we indeed justly, for we are receiving
the due reward of our deeds; but this man
has done nothing wrong."
42 And he said, "Jesus, remember me when
you come into your kingdom."
43 And he said to him, "Truly, I say to you, today
you will be with me in paradise."
44 It was now about the sixth hour,* and there
was darkness over the whole land until the
ninth hour,*
45 while the sun's light failed. And the curtain
of the temple was torn in two.
46 Then Jesus, calling out with a loud voice,
said, "Father, into your hands I commit my
spirit!" And having said this he breathed his
last.

* 23:39 Or *blasphemed him*
* 23:44 That is, noon
* 23:44 That is, 3 p.m.

39 rail at… …을 욕하다 40 rebuke 꾸짖다 sentence 선고, 정죄 condemnation 유죄 판결 41 due 마땅한 reward 보응
43 paradise 낙원 45 tear… in two …을 둘로 찢다 46 breathe one's last 숨을 거두다

86 예수님의 장례

월 일

누가복음 23:47-56 • 새찬송 151장 | 통일 138장

• 말씀묵상 전에 성령님의 인도하심을 구하는 기도를 드리십시오.

본문요약 | 예수님의 처형을 책임졌던 로마 군대의 백부장은 예수님을 의인이라고 평가했다. 공의회의 의원이었던 요셉은 빌라도에게 예수님의 시신을 달라고 해서 사용하지 않은 새 무덤에 예수님을 매장한다. 안식일이 곧 시작되려는 때였기에 예수님의 시신을 급하게 매장했고, 여자들은 향품과 향유를 준비하기 위해 집으로 돌아갔다.

47 백부장이 그 된 일을 보고 하나님께 영광을 돌려 이르되 이 사람은 정녕 의인이었도다 하고
48 이를 구경하러 모인 무리도 그 된 일을 보고 다 가슴을 치며 돌아가고
49 예수를 아는 자들과 갈릴리로부터 따라온 여자들도 다 멀리 서서 이 일을 보니라
50 공회 의원으로 선하고 의로운 요셉이라 하는 사람이 있으니
51 (그들의 결의와 행사에 찬성하지 아니한 자라) 그는 유대인의 동네 아리마대 사람이요 하나님의 나라를 기다리는 자라
52 그가 빌라도에게 가서 예수의 시체를 달라 하여
53 이를 내려 세마포로 싸고 아직 사람을 장사한 일이 없는 바위에 판 무덤에 넣어 두니
54 이날은 준비일이요 안식일이 거의 되었더라
55 갈릴리에서 예수와 함께 온 여자들이 뒤를 따라 그 무덤과 그의 시체를 어떻게 두었는지를 보고
56 돌아가 향품과 향유를 준비하더라 계명을 따라 안식일에 쉬더라

1. 오늘 하나님께서 나에게 주신 깨달음은 무엇입니까?

2. 말씀을 어떻게 내 삶에 구체적으로 적용해야 합니까?

절별 해설

47 백부장이 그 된 일을 보고 하나님께 영광을 돌려 이르되 '백부장'은 100명의 군사를 지휘하는 로마의 장교다. 그는 예수님의 사형 집행 책임자로 그곳에 있었다. 이방인인 그가 "하나님께 영광을 돌렸다"라는 것은 하나님의 능력과 개입을 인정하는 누가의 전형적인 표현이다(2:20; 5:25).

이 사람은 정녕 의인이었도다 〈마가복음〉에는 "이 사람은 진실로 하나님의 아들이었도다"(막 15:39)라는 백부장의 말이 기록되어 있다. 예수님은 이방인 사형 집행관으로부터도 '의인'이심을 인정받음으로 무죄하게 죽으셨음이 확증되었다.

48 구경하러 모인 무리 예수님의 처형 장면을 구경하기 위해 모인 사람들도 예수님이 십자가에서 보이신 모습과 해가 어두워진 상황을 보며 양심의 가책과 슬픔을 느끼게 되었다.

50 요셉 요셉은 산헤드린 공의회 의원이었지만 예수님을 죽이는 일에는 동참하지 않았다. 마태는 그가 부자이면서 예수님의 제자라고 설명한다(마 27:57).

51 하나님의 나라를 기다리는 자 요셉이 메시아가 오시면 성취될 하나님의 통치를 믿음으로 기다리는 신실한 신앙인임을 뜻한다. 요셉은 예수님이 메시아라고 생각했고, 예수님을 통해 하나님 나라가 임할 것이라고 확신했기 때문에 예수님을 죽이는 산헤드린의 결의에 동참하지 않았다.

52 그가 빌라도에게 가서 예수의 시체를 달라 하여 예수님의 제자라는 사실이 발각될까 두려워 도망간 제자들과 달리, 요셉은 큰 위험에도 불구하고 담대하게 예수님의 장례를 치르기로 하여 이같이 행동한다.

53 아직 사람을 장사한 일이 없는 바위에 판 무덤에 넣어 두니 고대 유대 사람들은 바위 동굴에 장사를 지낸 뒤에 일정한 시간이 흘러 뼈만 남으면 그 뼈를 항아리에 담아서 가족들의 공동 무덤으로 옮겨 보관했다. 그래서 대부분의 무덤은 여러 사람들이 반복해서 사용했다. 그러나 부자였던 요셉은 자신을 위해 새 무덤을 마련했는데 예수님을 위해 그 무덤을 내놓은 것이다.

54 이날은 준비일이요 안식일이 거의 되었더라 예수님은 금요일 오후 3시경에 돌아가셨다. 안식일은 금요일 저녁부터 시작되는데, 안식일에는 매장 등의 행위를 전혀 할 수 없었다.

56 돌아가 향품과 향유를 준비하더라 안식일이 곧 시작되려는 때였기 때문에 예수님의 시신을 급하게 매장해서 시신에 향품과 향유를 충분히 바르지 못했을 것이다. 따라서 이후에 향품과 향유를 다시 바르고자 여자들은 돌아가 준비하는 시간을 가졌다.

쉬운성경

47 백부장이 그 일어나는 일을 보고 하나님께 영광을 돌리며 말하였습니다. "분명히 이 사람은 의인이었다."

48 이 일을 구경하러 모인 많은 사람들도 그 일어난 일을 보고 가슴을 치며 돌아갔습니다.

49 예수님과 알고 지내던 사람들과 갈릴리에서부터 예수님을 따라온 여자들도 모두 멀리 서서 이 일을 바라보았습니다.

50 의회원으로 요셉이라고 불리는 사람이 있었는데, 그는 선하고 의로운 사람이었습니다.

51 이 사람은 의회의 결정과 행동에 찬성하지 않았습니다. 이 사람은 유대 마을인 아리마대 출신이었고, 하나님 나라를 기다리던 사람이었습니다.

52 요셉이 빌라도에게 가서 예수님의 시신을 달라고 요청하였습니다.

53 요셉은 예수님의 시신을 가져다가 천으로 쌌습니다. 그리고 아무도 사용한 적이 없는 바위를 쪼개 만든 새 무덤에 모셨습니다.

54 때는 안식일을 준비하는 금요일 늦은 오후였는데 곧 안식일이 시작되려는 때였습니다.

55 갈릴리로부터 함께 온 여자들이 요셉을 뒤따라가서 무덤을 보고 예수님의 시신이 어떻게 누워 있는지 보았습니다.

56 그리고 돌아와 향료와 향유를 준비하였고 안식일에는 계명대로 쉬었습니다.

저자의 묵상

예수님을 장사 지낸 아리마대 사람 요셉은 의외의 인물이었다. 더구나 요셉은 산헤드린 공의회 의원으로 예수님을 장사 지냈다는 사실이 드러났을 때 사회적, 종교적으로 매장당할 위험이 있었다. 원래 그 일은 베드로와 같은 예수님의 충성된 제자들이 맡았어야 할 일이었다. 그런데 제자들은 사라졌고, 요셉이 그 위험한 자리에 대신 섰다.

성경은 철저하게 인간의 충성과 열심을 부인한다. 제자들의 충성과 열심은 그것이 가장 필요한 순간에 아무런 영향력을 발휘하지 못했다. 그만큼 세상의 위협은 강력하기 때문이다. 아리마대 사람 요셉의 담대함은 하나님이 그에게 세상의 위협과 압박을 이겨 낼 수 있는 용기와 믿음을 주셨음을 보여준다. 이런 사람이 세상이 감당하지 못하는 하늘로부터 임한 참믿음을 가진 자다.

무릎 기도 하나님, 세상의 위협 앞에서 자주 넘어지는 저 자신을 불쌍히 여기소서. 담대한 믿음을 부어 주사 세상의 위협에 굴복하지 않고 끝까지 예수님을 따르는 자가 되게 하소서.

ESV - Luke 23

47 Now when the centurion saw what had taken place, he praised God, saying, “Certainly this man was innocent!”

48 And all the crowds that had assembled for this spectacle, when they saw what had taken place, returned home beating their breasts.

49 And all his acquaintances and the women who had followed him from Galilee stood at a distance watching these things.

50 Now there was a man named Joseph, from the Jewish town of Arimathea. He was a member of the council, a good and righteous man,

51 who had not consented to their decision and action; and he was looking for the kingdom of God.

52 This man went to Pilate and asked for the body of Jesus.

53 Then he took it down and wrapped it in a linen shroud and laid him in a tomb cut in stone, where no one had ever yet been laid.

54 It was the day of Preparation, and the Sabbath was beginning.*

55 The women who had come with him from Galilee followed and saw the tomb and how his body was laid.

56 Then they returned and prepared spices and ointments. On the Sabbath they rested according to the commandment.

* 23:54 Greek *was dawning*

47 centurion 백부장 take place 일어나다 48 assemble 모이다 spectacle 광경 49 acquaintance 아는 사람 at a distance 좀 떨어져서 50 council 공회 51 consent to… …에 동의하다 53 wrap in… …으로 감싸다 shroud 수의, 덮개 54 preparation 준비 Sabbath 안식일 56 spice 향료 ointment 연고 commandment 계명

☐ 묵상 체크

87

월 일

살아나신 예수님

누가복음 24:1-12 • 새찬송 164장 | 통일 154장

• 말씀묵상 전에 성령님의 인도하심을 구하는 기도를 드리십시오.

본문요약 I 안식 후 첫날 새벽에 여자들이 향료를 가지고 무덤에 갔다가 예수님의 시신이 없는 것을 발견한다. 그때 천사 둘이 예수님이 이전에 다시 살아날 것을 말씀하셨음을 기억하라고 말하며, 예수님이 부활하셨음을 알린다. 여자들은 사도들에게 이 사실을 전하지만 그들은 믿지 않는다. 베드로는 무덤에 달려가서 빈 무덤을 확인하고 놀랍게 여기며 집으로 돌아간다.

1 [1]안식 후 첫날 새벽에 이 여자들이 그 준비한 향품을 가지고 무덤에 가서
2 돌이 무덤에서 굴려 옮겨진 것을 보고
3 들어가니 주 예수의 시체가 보이지 아니하더라
4 이로 인하여 근심할 때에 문득 찬란한 옷을 입은 두 사람이 곁에 섰는지라
5 여자들이 두려워 얼굴을 땅에 대니 두 사람이 이르되 어찌하여 살아 있는 자를 죽은 자 가운데서 찾느냐
6 여기 계시지 않고 살아나셨느니라 갈릴리에 계실 때에 너희에게 어떻게 말씀하셨는지를 기억하라
7 이르시기를 인자가 죄인의 손에 넘겨져 십자가에 못 박히고 제삼일에 다시 살아나야 하리라 하셨느니라 한대
8 그들이 예수의 말씀을 기억하고
9 무덤에서 돌아가 이 모든 것을 열한 사도와 다른 모든 이에게 알리니
10 (이 여자들은 막달라 마리아와 요안나와 야고보의 모친 마리아라 또 그들과 함께 한 다른 여자들도 이것을 사도들에게 알리니라)
11 사도들은 그들의 말이 허탄한 듯이 들려 믿지 아니하나
12 베드로는 일어나 무덤에 달려가서 구부려 들여다보니 세마포만 보이는지라 그 된 일을 놀랍게 여기며 집으로 돌아가니라

1) 헬, 그 주간의

1. 오늘 하나님께서 나에게 주신 깨달음은 무엇입니까?

2. 말씀을 어떻게 내 삶에 구체적으로 적용해야 합니까?

절별 해설

1 안식 후 첫날 새벽 여자들은 안식일이 끝난 토요일 밤에 예수님께 바르려고 향료를 사다 두었다(막 16:1). 그리고 다음 날인 일요일 새벽에 일찍이 무덤에 가 그것을 바르고자 한 것이다. 요한은 니고데모가 몰약과 침향 섞은 것을 약 33kg 정도 가져와 장례를 치렀다고 설명한다(요 19:39-42). 그러나 안식일의 시작이 촉박했기 때문에 이 향료를 꼼꼼하게 사용하지 않아서 여자들이 따로 더 준비한 것으로 보인다.

2-3 돌이 무덤에서 굴려 옮겨진 것을 보고 마태는 무덤을 돌로 막고 봉인까지 한 뒤에 병사들로 지키게 했다고 기록한다(마 27:66). 돌은 지진과 함께 천사들이 임할 때 옮겨진 것이다(마 28:2).

4 찬란한 옷을 입은 두 사람 마가는 천사를 '흰 옷을 입은 한 청년'(막 16:5)이라고 묘사한다. '찬란한 옷'은 이들이 하늘에서 내려온 특별한 존재임을 표현한다(행 10:30).

5 어찌하여 살아 있는 자를 죽은 자 가운데서 찾느냐 '살아 있는 자'는 예수님이며, '죽은 자'는 무덤에 있는 죽은 자들을 의미한다. 예수님이 부활하셨는데 왜 무덤에서 찾고 있느냐는 말이다.

6 여기 계시지 않고 살아나셨느니라 천사들은 예수님이 살아나셨다고 처음으로 직접적으로 언급한다. 누가는 먼저 부활에 대해서 설명하기보다는 빈 무덤을 제시하고 점진적으로 그 이유를 설명한다.

7 인자가 죄인의 손에 넘겨져 십자가에 못 박히고 제삼일에 다시 살아나야 하리라 하셨느니라 예수님이 자신의 죽음과 부활에 대해서 말씀하신 내용이다(9:22). 천사들은 예수님이 말씀하신 것을 기억하여 그 말씀대로 예수님이 부활하셨음을 믿으라고 한다.

8 그들이 예수의 말씀을 기억하고 다른 복음서 저자들과 달리 누가는 예수님의 죽음과 부활이 예언된 말씀의 성취임을 보여 준다. 이것은 예수님의 부활이 거짓이라는 공격에 변증하려고 강조한 부분이다.

9-11 당시에 여자들의 증언은 신뢰를 받을 수 없었기에 법적 효력이 없었다. 그런데 예수님의 부활은 여자들이 첫 증인으로 등장한다. 만일 예수님의 부활이 조작된 것이라면 성경에 여자들이 예수님 부활의 첫 증인이라는 사실을 기록하지 않았을 것이다.

12 베드로는 일어나 무덤에 달려가서 〈요한복음〉은 베드로와

쉬운성경

1 일주일의 첫째 날 이른 새벽에 여자들이 준비한 향료를 가지고 무덤으로 갔습니다.

2 그들은 돌이 무덤에서 굴려져 있는 것을 보았습니다.

3 그들이 안으로 들어갔으나, 예수님의 시신이 없었습니다.

4 이 일로 여자들이 어찌할 바를 모르고 있을 때, 빛나는 옷을 입은 두 사람이 그들 곁에 섰습니다.

5 여자들이 두려워하면서 얼굴을 땅 아래로 숙였습니다. 그 사람들이 여자들에게 말했습니다. "어찌하여 살아 있는 분을 죽은 사람들 가운데서 찾느냐?

6 예수님은 여기 계시지 않고 다시 살아나셨다. 예수님께서 갈릴리에 계실 때에 하신 말씀을 기억하여라.

7 인자가 죄인의 손에 넘기워 십자가에 못 박히고 삼 일 만에 살아날 것이라고 말씀하셨다."

8 그때서야 여자들이 예수님의 말씀을 기억해 냈습니다.

9 그리고 무덤에서 돌아와 이 모든 일들을 열한 제자들과 나머지 모든 사람들에게 알렸습니다.

10 이 여자들은 막달라 마리아와 요안나, 야고보의 어머니 마리아와 다른 여인들이었습니다. 이들은 이 일을 사도들에게 말했습니다.

11 하지만 그들은 이 말을 허튼소리로 듣고 여자들의 말을 믿으려 하지 않았습니다.

12 그러나 베드로는 일어나 무덤으로 달려갔습니다. 안을 들여다보았지만 수의만 놓여 있었습니다. 베드로는 이것이 어떻게 된 일인가 이상히 여기면서 집으로 돌아갔습니다.

요한이 가서 빈 무덤을 확인했다고 기록한다(요 20:1–10). 베드로는 이 일을 놀랍게 여겼지만 부활하신 예수님을 직접 만나기 전에는 여전히 부활을 믿지 못했다.

저자의 묵상

예수님은 자신이 죽었다가 부활하실 것임을 여러 차례에 걸쳐서 제자들에게 말씀하셨다. 그뿐만 아니라 제자들의 눈앞에서 죽은 자들을 여러 명 살려 내셨다. 말씀과 기적을 통해, 예수님이 생명의 주인이시기 때문에 죽음이 그를 이길 수 없음을 보여주셨다. 그런데 예수님이 십자가에 달리시자 제자들은 그 사실을 전부 잊어버렸다. 아무리 듣고 보았어도 죽음의 무서운 권세 앞에서 그들은 예수님에 대한 모든 믿음을 잃어버린 것이다.

예수님의 제자들이 예수님의 부활을 믿지 못했다면 예수님을 본 적도 없는 우리가 예수님의 부활을 믿는다는 것은 기적 가운데 가장 큰 기적이다. 그렇기 때문에 우리가 부활을 믿는 것은 성령이 우리와 함께하신다는 증거다. 눈에 보이는 기적이 일어나지 않더라도 예수님의 부활하심을 믿게 된 기적에 감사해야 할 것이다.

무릎기도 하나님, 예수님의 죽음과 부활하심을 믿게 해 주셔서 감사합니다. 예수님이 부활하신 것처럼 저 또한 부활하게 될 것을 확실히 믿게 하셔서 죽음을 두려워하지 않게 하소서.

ESV - Luke 24

1 But on the first day of the week, at early dawn, they went to the tomb, taking the spices they had prepared.
2 And they found the stone rolled away from the tomb,
3 but when they went in they did not find the body of the Lord Jesus.
4 While they were perplexed about this, behold, two men stood by them in dazzling apparel.
5 And as they were frightened and bowed their faces to the ground, the men said to them, "Why do you seek the living among the dead?
6 He is not here, but has risen. Remember how he told you, while he was still in Galilee,
7 that the Son of Man must be delivered into the hands of sinful men and be crucified and on the third day rise."
8 And they remembered his words,
9 and returning from the tomb they told all these things to the eleven and to all the rest.
10 Now it was Mary Magdalene and Joanna and Mary the mother of James and the other women with them who told these things to the apostles,
11 but these words seemed to them an idle tale, and they did not believe them.
12 But Peter rose and ran to the tomb; stooping and looking in, he saw the linen cloths by themselves; and he went home marveling at what had happened.

1 spice 향료 4 perplexed 당황한 dazzling 눈부신 apparel 옷, 복장 5 be frightened 겁을 먹다 bow to the ground 머리가 땅에 닿도록 절하다 7 deliver into… …에 넘겨주다 crucify 십자가에 못 박다 10 apostle 사도 11 idle 쓸데없는, 근거 없는 12 stoop 허리를 굽히다 marvel at… …에 놀라다

88 엠마오로 가는 두 제자

월 일

누가복음 24:13-35 • 새찬송 167장 | 통일 157장

• 말씀묵상 전에 성령님의 인도하심을 구하는 기도를 드리십시오.

본문요약 I 여자들로부터 예수님의 부활 소문을 들은 두 제자가 엠마오로 가면서 대화를 나눌 때, 예수님이 그들에게 나타나신다. 그러나 두 제자는 예수님을 알아보지 못한다. 예수님은 선지자들의 말을 믿지 못하는 두 제자의 미련함을 질책하시며, 성경을 통해 그리스도가 고난을 받고 영광에 들어가는 것이 당연한 과정임을 설명하시고 그들의 눈을 열어 예수님을 알아보게 하신다.

13 그날에 그들 중 둘이 예루살렘에서 이십
오 리 되는 엠마오라 하는 마을로 가면서
14 이 모든 된 일을 서로 이야기하더라
15 그들이 서로 이야기하며 문의할 때에 예
수께서 가까이 이르러 그들과 동행하시나
16 그들의 눈이 가리어져서 그인 줄 알아보
지 못하거늘
17 예수께서 이르시되 너희가 길 가면서 서
로 주고받고 하는 이야기가 무엇이냐 하
시니 두 사람이 슬픈 빛을 띠고 머물러 서
더라
18 그 한 사람인 글로바라 하는 자가 대답하
여 이르되 당신이 예루살렘에 체류하면서
도 요즘 거기서 된 일을 혼자만 알지 못하
느냐
19 이르시되 무슨 일이냐 이르되 나사렛 예
수의 일이니 그는 하나님과 모든 백성 앞
에서 말과 일에 능하신 선지자이거늘
20 우리 대제사장들과 관리들이 사형 판결에
넘겨주어 십자가에 못 박았느니라
21 우리는 이 사람이 이스라엘을 속량할 자
라고 바랐노라 이뿐 아니라 이 일이 일어
난 지가 사흘째요
22 또한 우리 중에 어떤 여자들이 우리로 놀
라게 하였으니 이는 그들이 새벽에 무덤
에 갔다가
23 그의 시체는 보지 못하고 와서 그가 살아
나셨다 하는 천사들의 나타남을 보았다
함이라
24 또 우리와 함께한 자 중에 두어 사람이 무
덤에 가 과연 여자들이 말한 바와 같음을
보았으나 예수는 보지 못하였느니라 하거
늘
25 이르시되 미련하고 선지자들이 말한 모든
것을 마음에 더디 믿는 자들이여
26 그리스도가 이런 고난을 받고 자기의 영
광에 들어가야 할 것이 아니냐 하시고
27 이에 모세와 모든 선지자의 글로 시작하
여 모든 성경에 쓴 바 자기에 관한 것을
자세히 설명하시니라
28 그들이 가는 마을에 가까이 가매 예수는
더 가려 하는 것같이 하시니
29 그들이 강권하여 이르되 우리와 함께 유
하사이다 때가 저물어가고 날이 이미 기
울었나이다 하니 이에 그들과 함께 유하
러 들어가시니라
30 그들과 함께 [1]음식 잡수실 때에 떡을 가지
사 축사하시고 떼어 그들에게 주시니
31 그들의 눈이 밝아져 그인 줄 알아보더니
예수는 그들에게 보이지 아니하시는지라
32 그들이 서로 말하되 길에서 우리에게 말
씀하시고 우리에게 성경을 풀어 주실 때
에 우리 속에서 마음이 [2]뜨겁지 아니하더
냐 하고
33 곧 그때로 일어나 예루살렘에 돌아가 보
니 열한 제자 및 그들과 함께한 자들이 모
여 있어

1) 5:29 난하주를 보라 2) 헬, 불타지

34 말하기를 주께서 과연 살아나시고 시몬에
게 보이셨다 하는지라
35 두 사람도 길에서 된 일과 예수께서 떡을
떼심으로 자기들에게 알려지신 것을 말하
더라

1. 오늘 하나님께서 나에게 주신 깨달음은 무엇입니까?

2. 말씀을 어떻게 내 삶에 구체적으로 적용해야 합니까?

절별 해설

14 이 모든 된 일을 서로 이야기하더라 두 제자는 예루살렘에서 유월절 기간에 벌어진 예수님의 죽음과 부활에 관한 이야기를 나누고 있었다. 예수님의 죽음도 충격적이지만 부활에 관한 소문은 더 충격적이었다.

16 그들의 눈이 가리어져서 그인 줄 알아보지 못하거늘 이 두 제자는 이전에 예수님을 잘 알았지만, 이때는 부활하신 예수님을 알아보지 못했다. 그 이유를 누가는 '눈이 가리어졌다'라고 설명한다. 이것은 영적으로 둔하여져서 영적 변화와 개입을 분별할 수 없는 상태를 의미한다(사 44:18).

18 글로바 누가가 이 사람의 이름을 밝힌 것은 그가 초대 교회에서 잘 알려진 사람이었기 때문이다. 이들은 유월절을 예루살렘에서 보내고 집으로 돌아가고 있었던 것으로 보인다. 따라서 글로바와 함께 엠마오로 가던 다른 제자는 그의 아내로 추정된다.
당신이 예루살렘에 체류하면서도 요즘 거기서 된 일을 혼자만 알지 못하느냐 글로바는 예수님을 예루살렘에서 유월절을 보낸 자신들과 같은 순례객이라고 생각했다. 예수님의 죽음은 유월절에 일어난 가장 큰 사건이었기 때문에, 예루살렘에 머물면서 이 일을 알지 못하는 것이 오히려 이상하여 이렇게 반문한 것이다.

19 그는 하나님과 모든 백성 앞에서 말과 일에 능하신 선지자이거늘 글로바는 예수님을 '선지자'라고 평가한다. 그 증거가 말과 일에 능했기 때문이다. 예수님에 대한 이런 평가는 백성의 견해와 유사하다(마 21:46).

20 우리 대제사장들과 관리들이 사형 판결에 넘겨주어 십자

쉬운성경

13 그런데 그날 제자들 중에 두 사람이 예루살렘에서 약 11킬로미터 정도 떨어진 엠마오라고 하는 마을로 내려가고 있었습니다.

14 이들은 일어났던 모든 일에 대해 이야기를 나누고 있었습니다.

15 이들이 이야기를 나누며 토론하고 있을 때, 예수님께서 그들에게 다가오셔서 함께 걸으셨습니다.

16 그러나 그들은 눈이 가리워져서 예수님인지 알지 못했습니다.

17 예수님께서 그들에게 물으셨습니다. "당신들이 걸어가면서 서로 주고받는 이야기가 무엇입니까?" 두 사람은 슬픈 기색을 하고 멈춰 섰습니다.

18 그 가운데 글로바라는 사람이 예수님께 대답했습니다. "당신은 예루살렘에 다녀오면서 최근에 무슨 일이 일어났는지 모른단 말이오?"

19 예수님께서 그들에게 물으셨습니다. "무슨 일입니까?" 제자들이 말했습니다. "나사렛 예수님에 관한 일인데, 그분은 하나님과 백성 앞에서 행동과 말씀에 능력이 있는 예언자이셨습니다.

20 그런데 대제사장들과 우리 지도자들이 그분을 죽게 넘겨주어 십자가에 못 박았습니다.

절별 해설

가에 못 박았느니라 글로바는 예수님을 사형한 사람이 로마 총독 빌라도가 아니라 유대의 종교지도자들이라고 명확하게 밝힌다. 빌라도가 여러 차례 예수님의 무죄를 선고했지만, 종교지도자들이 예수님을 사형시키도록 몰아갔다는 누가의 설명과 일치한다.

21 이스라엘을 속량할 자 '속량'은 '묶인 것을 풀어 주다'라는 뜻이다. 사람들이 예수님을 로마로부터 자신들을 해방시켜 주실 분으로 기대했음을 보여준다.

22-23 어떤 여자들이 우리로 놀라게 하였으니 이 제자는 여자들이 빈 무덤에서 천사들을 만난 사건에 대해서 말한다. 그런데 이 사건은 슬픔에 빠져 있던 제자들을 기쁘게 한 것이 아니라 오히려 놀라게 했다. 이것은 제자들이 예수님의 부활을 기대조차 하지 않았음을 보여준다.

25 미련하고 원어 성경에서 예수님의 첫마디는 '오'(O[oh!]) 라는 감탄사였다. 이는 제자들이 부활을 믿지 못하는 것을 예수님이 얼마나 안타깝게 느끼시는지를 보여준다. 이런 믿음 없는 태도는 '미련하다'라는 질책으로 이어진다. '미련하다'는 이해력이 부족한 미련한 모습이다.
선지자들이 말한 모든 것을 마음에 더디 믿는 자들이여 구약의 선지자들은 메시아가 오시면 고난을 받고 죽임을 당할 뿐만 아니라 다시 살아나실 것을 예언했다. 예수님은 이 말씀을 제자들에게 반복해서 가르치셨다(9:22; 18:31-33). 그러나 제자들은 이 말씀을 여전히 믿지 못하고 있었다.

26 그리스도가 이런 고난을 받고 자기의 영광에 들어가야 할 것이 아니냐 메시아가 고난을 통해 영광을 얻게 된다는 말씀은 선지자들의 일관된 가르침이었다. 이 예언의 말씀대로, 예수님이 죽임을 당한 뒤에 부활하시는 것은 당연하다는 말씀이다.

27 모세와 모든 선지자의 글로 시작하여 모든 성경에 쓴 바 자기에 관한 것을 자세히 설명하시니라 '모세의 글'은 모세오경이며, '선지자의 글'이란 선지서다. 또한 '모든 성경'은 그 외의 역사서와 시가서다. 즉, 구약성경 전체가 예수님의 죽음과 부활을 설명하고 있다는 것이다. 따라서 예수님은 성경이 자신에 대하여 증언한다고 말씀하셨다(요 5:39).

31 그들의 눈이 밝아져 그인 줄 알아보더니 '밝아져'는 수동태로 외부적인 영향력으로 눈이 열리게 되었음을 의미한다. 즉, 예수님이 떡을 떼어 주실 때 그들에게 영적 변화가 나타난 것이다. '눈이 밝아지다'라고 번역된 헬라어는 아담과 하와가 선악과를 먹고 '눈이 밝아졌다'라고 번역된 〈칠십인역〉

21 우리는 이스라엘을 구원할 분이 바로 그분이라고 기대했습니다. 뿐만 아니라 이 일이 일어난 지가 삼 일째입니다.

22 우리 중에 어떤 여자들이 우리를 놀라게 했습니다. 그들이 아침 일찍 무덤으로 갔지만

23 예수님의 시신을 보지 못하고 돌아와, 예수님께서 살아나셨다고 말하는 천사를 보았다고 했습니다.

24 우리와 함께 있던 사람들 중에 어떤 사람들이 무덤으로 달려갔는데, 그 여자들이 말한 대로였고, 예수님을 볼 수 없었다는 것입니다."

25 그러자 예수님은 그들에게 말씀하셨습니다. "너희는 어리석고, 예언자들이 말한 것을 더디 믿는구나.

26 그리스도가 이 모든 고난을 받고 그의 영광에 들어가야 할 것이 아니겠느냐?"

27 예수님께서 모세로부터 시작하여 모든 예언자를 들어 예수님에 관한 성경 말씀을 제자들에게 설명해 주셨습니다.

28 그들이 가려고 했던 엠마오 마을에 가까이 왔습니다. 그러나 예수님께서는 그곳보다 더 멀리 가려 하셨습니다.

29 제자들은 예수님께 간청하였습니다. "저녁때가 되고 날이 이미 저물었으니, 우리와 함께 묵으십시오." 그래서 예수님께서 그들과 함께 머무시려고 들어가셨습니다.

30 예수님께서 그들과 함께 식사 자리에 앉으셨습니다. 그리고 빵을 들고 감사 기도를 하신 후, 제자들에게 나누어 주셨습니다.

31 그러자 그들의 눈이 밝아져 예수님을 알아보았습니다. 순간, 예수님께서는 사라지셨습니다.

32 그들이 서로 이야기했습니다. "길에서 예수님께서 우리에게 말씀하시고 성경을 풀어 주실 때에 우리의 마음이 불타는 것 같지 않았는가?"

절별 해설

의 헬라어와 같다. 아담과 하와는 선악과를 먹어 육신의 눈이 밝아지고 영적인 눈은 어두워졌다. 그러나 글로바와 그의 아내는 예수님이 주신 떡을 먹고 영적인 눈이 밝아졌다.

32 성경을 풀어 주실 때에 영적인 눈이 열리기 전에 먼저 필요한 것은 성경 말씀을 바르게 해석하는 것이다. 말씀을 통해 영적 시각이 바르게 세워져야 성령이 역사하실 때 어두운 눈이 밝혀져 예수 그리스도를 바르게 믿을 수 있다.

34 시몬에게 보이셨다 복음서의 기록은 언제 예수님이 시몬에게 따로 나타나셨는지를 밝히지 않는다. 그러나 베드로가 부활하신 예수님을 만난 뒤에, 제자들이 주님이 정말로 살아나셨음을 믿게 된 것으로 보인다.

33 그 두 제자가 일어나서 예루살렘으로 돌아갔습니다. 거기에 열한 제자들과 또 그들과 함께 있던 사람들이 모여 있었습니다.

34 이들이 말했습니다. "주께서 정말로 다시 살아나셨습니다. 시몬에게도 나타나셨습니다."

35 그러자 두 제자들도 길에서 있었던 일들을 이야기하였습니다. 그리고 예수님께서 빵을 떼어 주실 때, 예수님을 알게 된 것을 이야기해 주었습니다.

저자의 묵상

글로바와 그의 아내가 눈이 밝아져 예수님을 알아보게 된 모습은 아담과 하와가 선악과를 따먹어 영적인 눈이 어두워졌던 모습과 정반대된다. 아담과 하와의 죄악으로 말미암아 온 인류는 육적인 눈만 밝아지고 영적인 눈은 어두워지게 되었다. 그 결과 육적인 세상의 힘만을 의존하며 사랑하는 물질주의와 세속주의의 노예가 되어 살게 되었다.

예수님을 믿는다고 하면서도 물질주의와 세속주의에 매어 살아가는 사람들이 많다. 이들의 어두운 눈이 열리기 위해서는 먼저 하나님의 말씀을 통해 예수 그리스도의 복음을 바로 깨달아 알게 되는 것이 필요하다. 예수님이 죽음을 이기신 분이시며, 지금도 살아서 성령으로 역사하시는 하나님이심을 깨닫게 되어야 우리의 어두운 눈이 열리고 세상만이 전부라고 생각하며 살아가는 우리의 세계관에 큰 변화가 찾아오게 된다. 하나님의 말씀과 성령으로 어두운 눈이 열려 예수님을 더 선명하게 바라보게 되기를 간구하자.

무릎 기도 하나님, 성경을 읽을 때마다 예수님을 발견할 수 있게 하소서. 성령의 능력으로 영적인 눈이 열려서 세상 속에서도 밝히 하나님 나라를 믿고 살아가는 자가 되게 하소서.

ESV - Luke 24

13 That very day two of them were going to a
village named Emmaus, about seven miles*
from Jerusalem,
14 and they were talking with each other about
all these things that had happened.
15 While they were talking and discussing
together, Jesus himself drew near and went
with them.
16 But their eyes were kept from recognizing
him.
17 And he said to them, "What is this conver-
sation that you are holding with each other
as you walk?" And they stood still, looking
sad.
18 Then one of them, named Cleopas,
answered him, "Are you the only visitor to
Jerusalem who does not know the things
that have happened there in these days?"
19 And he said to them, "What things?" And
they said to him, "Concerning Jesus of
Nazareth, a man who was a prophet mighty
in deed and word before God and all the
people,
20 and how our chief priests and rulers
delivered him up to be condemned to
death, and crucified him.
21 But we had hoped that he was the one to
redeem Israel. Yes, and besides all this, it is
now the third day since these things
happened.
22 Moreover, some women of our company
amazed us. They were at the tomb early in
the morning,
23 and when they did not find his body, they
came back saying that they had even seen
a vision of angels, who said that he was
alive.
24 Some of those who were with us went to
the tomb and found it just as the women
had said, but him they did not see."
25 And he said to them, "O foolish ones, and
slow of heart to believe all that the prophets
have spoken!
26 Was it not necessary that the Christ should
suffer these things and enter into his glory?"
27 And beginning with Moses and all the
Prophets, he interpreted to them in all the
Scriptures the things concerning himself.
28 So they drew near to the village to which
they were going. He acted as if he were
going farther,
29 but they urged him strongly, saying, "Stay
with us, for it is toward evening and the day
is now far spent." So he went in to stay with
them.
30 When he was at table with them, he took
the bread and blessed and broke it and
gave it to them.
31 And their eyes were opened, and they
recognized him. And he vanished from their
sight.
32 They said to each other, "Did not our hearts
burn within us while he talked to us on the
road, while he opened to us the Scriptures?"
33 And they rose that same hour and returned
to Jerusalem. And they found the eleven
and those who were with them gathered
together,
34 saying, "The Lord has risen indeed, and
has appeared to Simon!"
35 Then they told what had happened on the
road, and how he was known to them in the
breaking of the bread.

* 24:13 Greek *sixty stadia;* a *stadion* was about 607 feet or 185 meters

15 discuss 서로 이야기하다 16 keep from··· ··· 하지 않다 17 hold a conversation with··· ···와 이야기하다 still 움직이지 않는 19 concerning ···에 관하여 deed 행동 20 be condemned to death 사형 선고를 받다 21 redeem 구원하다 and besides 게다가, 또 22 amaze 몹시 놀라게 하다 25 foolish 어리석은 prophet 선지자 26 necessary 필요한 suffer 겪다, 당하다 27 interpret 설명하다 scripture 성경 29 urge 열심히 권하다 30 at table 식사 중에 31 recognize 알아보다 vanish 사라지다 34 appear to··· ···에게 나타나다

☐ 묵상 체크

89 열한 제자에게 나타나신 예수님

월 일

누가복음 24:36-43 • 새찬송 523장 | 통일 262장

• 말씀묵상 전에 성령님의 인도하심을 구하는 기도를 드리십시오.

본문요약 | 엠마오로 가던 길에 예수님을 만났던 두 제자가 예루살렘에 돌아가 다른 제자들에게 그 사실을 말하고 있을 때에 예수님은 그들 가운데 나타나셨다. 예수님을 다시 살아나신 분으로 믿지 못하고 영으로만 생각하는 자들에게 예수님은 자신의 손과 발을 만져 보라고 하신다. 또한 그들과 함께 식사를 하심으로 예수님이 영이 아닌 육체로 살아나셨음을 증거하신다.

36 이 말을 할 때에 예수께서 친히 그들 가운
데 서서 이르시되 너희에게 평강이 있을
지어다 하시니
37 그들이 놀라고 무서워하여 그 보는 것을
영으로 생각하는지라
38 예수께서 이르시되 어찌하여 두려워하며
어찌하여 마음에 의심이 일어나느냐
39 내 손과 발을 보고 나인 줄 알라 또 나를
만져 보라 영은 살과 뼈가 없으되 너희 보
는 바와 같이 나는 있느니라
40 이 말씀을 하시고 손과 발을 보이시나
41 그들이 너무 기쁘므로 아직도 믿지 못하
고 놀랍게 여길 때에 이르시되 여기 무슨
먹을 것이 있느냐 하시니
42 이에 구운 생선 한 토막을 드리니
43 받으사 그 앞에서 잡수시더라

1. 오늘 하나님께서 나에게 주신 깨달음은 무엇입니까?

2. 말씀을 어떻게 내 삶에 구체적으로 적용해야 합니까?

절별 해설

36 예수께서 친히 그들 가운데 서서 이르시되 누가의 기록에 의하면, 부활하신 예수님이 세 번째 나타나신 장면이다. 예수님은 베드로와 글로바 일행에게 각각 나타나신 뒤에, 이들과 예수님을 아직 만나지 못한 자들이 함께 있는 곳에 나타나심으로 부활에 대한 이들의 증언을 확증하신다.

너희에게 평강이 있을지어다 히브리어로 '샬롬'이라는 평안을 비는 인사는 유대인에게 일상적인 인사말이다. 그러나 부활하신 예수님이 평안으로 인사를 하신 것은, 이제 예수님의 부활을 통해 악의 세력이 패배하고 하나님 백성에게 평화가 임했음을 보여준다(2:14).

37 그들이 놀라고 무서워하여 그 보는 것을 영으로 생각하는지라 〈요한복음〉에 의하면, 제자들은 유대인들을 두려워하여 모인 곳의 문들을 잠그고 있었다(요 20:19). 그런데 갑자기 예수님이 그들 사이에 나타나셨기 때문에, 그들은 예수님을 육체가 없는 유령으로 생각한 것이다.

38-39 어찌하여 마음에 의심이 일어나느냐 내 손과 발을 보고 나인 줄 알라 제자들은 눈앞에 직접 나타나신 예수님을 믿지 못하고 무서워한다. 예수님은 자신이 영이 아닌 육신을 가진 실재임을 증명하시기 위해, 첫 번째로 자신의 손과 발을 보라고 말씀하신다. 이것은 예수님의 손과 발에 난 못 자국을 확인하라고 하시는 말씀이다(요 20:25). 영은 못 자국이 없을 것이기 때문이다.

나를 만져 보라 예수님은 자신이 육신으로 오셨음을 증거하시기 위해, 두 번째로 자신을 만져 보라고 말씀하신다. 영이라면 살과 뼈가 없기 때문이다. 누가는 예수님 자신이 육적으로 부활하셨음을 스스로 증명하시는 장면을 기록함으로써, 예수님의 부활을 영적인 사건으로 오해하는 자들에게 부활에 관한 바른 시각을 제시하고자 했다.

40 손과 발을 보이시나 예수님은 제자들에게 직접 확인할 수 있는 기회를 주셨다. 그러나 제자들이 예수님을 직접 만져 보았는지는 알 수 없다. 그 자리에 없었던 도마는 예수님의 못 자국과 옆구리에 손을 직접 넣어 보아야 믿겠다고 의심했다. 그러나 나중에 도마가 예수님을 직접 만난 뒤에는 만져 보지 않고 예수님을 자신의 주님과 하나님으로 고백했다(요 20:24-28).

41 그들이 너무 기쁘므로 아직도 믿지 못하고 슬픔과 절망에 사로잡혀 있던 제자들에게 예수님을 만난 일은 큰 기쁨을 주었지만, 너무 급격한 감정의 변화로 그들은 예수님의 부활을 바로 받아들이지 못한다.

쉬운성경

36 제자들이 이런 일들을 말하고 있을 때에 예수님께서 제자들 가운데 나타나셨습니다. 그리고 그들에게 말씀하셨습니다. "너희가 평안하냐?"

37 제자들은 깜짝 놀라며 유령을 보는 줄로 생각했습니다.

38 예수님께서 그들에게 말씀하셨습니다. "왜 무서워하느냐? 왜 너희 마음에 의심이 생기느냐?

39 내 손과 발을 보아라. 바로 나다. 나를 만져 보아라. 유령은 살과 뼈가 없다. 그러나 나는 너희가 보는 것처럼 살과 뼈를 가지고 있다."

40 이 말씀을 하시고 예수님께서 손과 발을 제자들에게 보여주셨습니다.

41 제자들은 너무 기뻐서 차마 믿지 못하고 놀라고 있는데, 예수님께서 제자들에게 말씀하셨습니다. "먹을 것이 좀 있느냐?"

42 제자들이 구운 생선 한 토막을 예수님께 드렸습니다.

43 예수님께서 그것을 받아 들고 제자들 앞에서 잡수셨습니다.

42-43 구운 생선 한 토막을 드리니 받으사 그 앞에서 잡수시더라 예수님이 생선 한 토막을 드신 이유는 자신의 육체적 부활을 확증하시기 위한 것이었다. 예수님의 손과 발을 보고도 감정의 급격한 변화로 놀란 상태에 있던 제자들에게, 예수님은 음식을 드시는 모습을 보이심으로 그들과 같은 육체를 가지고 계심을 증명하셨다.

저자의 묵상

부활하신 예수님은 자신이 영으로 나타나신 것이 아니라 육체로도 부활하셨음을 증거하셨다. 제자들에게 손과 발을 보이시며, 만져 보게 하시고, 구운 생선까지 직접 드셨다. 예수님이 자신의 육체적 부활을 제자들에게 증거하신 이유는 그가 죽음을 이기셨음을 믿게 하시기 위해서였다.

예수님이 죽음을 이기셨기 때문에 우리 또한 우리의 육체적 죽음을 두려워하지 않아도 된다. 우리는 이 땅에서 반드시 육체적 죽음을 맞이하게 된다. 그러나 예수님이 재림하실 때 우리의 육체 또한 예수님과 같은 완전한 모습으로 다시 부활하게 될 것이다. 예수님이 죽음을 이기신 부활의 첫 열매가 되심을 믿는 사람들은 이 땅에서 임할 죽음을 두려워하지 않고 담대하게 살 수 있다.

무릎기도 하나님, 죽음을 이기시고 부활하신 예수님의 부활을 믿게 해 주셔서 감사합니다. 저 또한 죽음을 두려워하지 않고 앞으로 임할 영광스러운 부활을 소망하게 하소서.

ESV - Luke 24

36 As they were talking about these things, Jesus himself stood among them, and said to them, "Peace to you!"
37 But they were startled and frightened and thought they saw a spirit.
38 And he said to them, "Why are you troubled, and why do doubts arise in your hearts?
39 See my hands and my feet, that it is I myself. Touch me, and see. For a spirit does not have flesh and bones as you see that I have."
40 And when he had said this, he showed them his hands and his feet.
41 And while they still disbelieved for joy and were marveling, he said to them, "Have you anything here to eat?"
42 They gave him a piece of broiled fish,*
43 and he took it and ate before them.

* 24:42 Some manuscripts add *and some honeycomb*

37 startled 놀란 frightened 무서워하는 spirit 유령 38 troubled 불안한 doubt 의심 39 flesh 살 bone 뼈 41 disbelieve 믿지 않다 marvel 놀라다 42 broil 굽다

90 승천하신 예수님

월 일

누가복음 24:44-53 • 새찬송 161장 | 통일 159장

• 말씀묵상 전에 성령님의 인도하심을 구하는 기도를 드리십시오.

본문요약 | 예수님은 구약성경에 기록된 말씀이 자신에 관한 말씀임을 가르치시며 제자들의 마음을 열어 성경을 깨닫게 하신다. 그리고 성경에 기록된 예수님의 죽음과 부활에 관한 것과 죄 사함을 받는 회개가 온 민족에게 전파될 것을 가르치시며, 제자들이 이 일에 대한 증인임을 말씀하신다. 예수님은 제자들에게 성령으로 능력을 받을 때까지 예루살렘 성에 머물라고 하시며 승천하신다.

44 또 이르시되 내가 너희와 함께 있을 때에
너희에게 말한 바 곧 모세의 율법과 선지
자의 글과 시편에 나를 가리켜 기록된 모
든 것이 이루어져야 하리라 한 말이 이것
이라 하시고
45 이에 그들의 마음을 열어 성경을 깨닫게
하시고
46 또 이르시되 이같이 그리스도가 고난을
받고 제삼일에 죽은 자 가운데서 살아날
것과
47 또 그의 이름으로 죄 사함을 받게 하는 회
개가 예루살렘에서 시작하여 모든 족속에
게 전파될 것이 기록되었으니
48 너희는 이 모든 일의 증인이라
49 볼지어다 내가 내 아버지께서 약속하신
것을 너희에게 보내리니 너희는 위로부터
능력으로 입혀질 때까지 이 성에 머물라
하시니라
50 예수께서 그들을 데리고 베다니 앞까지
나가사 손을 들어 그들에게 축복하시더니
51 축복하실 때에 그들을 떠나 [1][하늘로 올려
지시니]
52 그들이 [1][그에게 경배하고] 큰 기쁨으로
예루살렘에 돌아가
53 늘 성전에서 하나님을 찬송하니라

1) 어떤 사본에는, 이 괄호 내 구절이 없음

1. 오늘 하나님께서 나에게 주신 깨달음은 무엇입니까?

2. 말씀을 어떻게 내 삶에 구체적으로 적용해야 합니까?

절별 해설

44 모세의 율법과 선지자의 글과 시편에 나를 가리켜 기록된 모든 것이 이루어져야 하리라 한 말이 이것이라 예수님은 구약성경 전체에서 예수님에 관해 기록된 모든 말씀이 자신의 죽음과 부활로 성취되었음을 선포하신다. 예수님의 죽음과 부활은 우연이 아니라, 하나님이 역사 가운데 반드시 이루실 구속사적인 사건으로 미리 계획하신 일임을 보여 주기 위함이다.

45 그들의 마음을 열어 성경을 깨닫게 하시고 예수님의 죽음과 부활을 경험하기 전에는 제자들의 메시아관이 왜곡되어 있었기 때문에 말씀을 들어도 깨닫지 못했다. 예수님과 마지막 유월절 식사를 하는 자리에서도 누가 더 크냐를 놓고 다투었던 제자들은, 예수님이 왕이 되시면 이 세상에서 자신들도 높아지는 정치적·군사적인 하나님 나라가 임할 것이라고 착각했다. 그러나 예수님의 죽음과 부활로 이러한 선입견이 제거됨으로써 그들의 마음이 열리고 성경을 바르게 이해할 수 있게 된 것이다.

47 그의 이름으로 죄 사함을 받게 하는 회개가 예루살렘에서 시작하여 모든 족속에게 전파될 것이 기록되었으니 복음의 핵심은 회개하여 예수님의 이름으로 죄 사함을 받음으로써 하나님과 화목하게 되는 것이다(행 2:38). 예수님은 이제 자신의 죽음과 부활로 죄 사함을 받는 길이 열리게 되었다고 선포하신다. 이것은 유대인들에게만 머무는 것이 아니라 모든 족속에게 전파되어야 할 복된 소식이다.

48 너희는 이 모든 일의 증인이라 제자들은 예수님의 죽음과 부활의 증인이다. 따라서 모든 족속에게 이 복음을 전파함으로써 하나님 나라를 확장하기 위해 그들은 특별히 준비된 자들이다.

49 내가 내 아버지께서 약속하신 것을 너희에게 보내리니 본 절에서는 하나님이 약속하신 것이 무엇인가 명확하게 드러나지 않지만, 그 약속의 결과가 '위로부터 오는 능력을 입는 것'이기 때문에 이것이 '성령'임을 알 수 있다. 예수님은 성령이 임하셔야 하나님의 능력으로 제자들이 복음을 전파하는 증인이 됨을 말씀하신다. 이 약속대로 오순절에 성령이 임하자 베드로는 사람들에게 회개할 것을 선포하여 한 번에 3천 명이 구원받고 신자가 되는 능력을 체험한다.

50 베다니 앞 예수님이 승천하신 장소는 감람산으로, 베다니는 감람산 동편 기슭에 위치한 동네였다(행 1:12).

51-52 하늘로 올려지시니 그들이 그에게 경배하고 예수님은 제자들에게 마지막으로 축복하신 뒤 승천하셨다. 이제 부활

쉬운성경

44 그리고 제자들에게 말씀하셨습니다. "내가 전에 너희와 함께 있을 때에 너희에게 한 말이 이것이다. 모세의 법과 예언서와 시편에 나에 관해 쓰여진 모든 것들이 반드시 이루어져야 한다고 말했다."

45 그리고 예수님께서 제자들의 마음을 열어 성경을 깨닫게 해 주셨습니다.

46 예수님께서 제자들에게 말씀하셨습니다. "이렇게 기록되어 있다. 그리스도가 고난을 당하고 삼 일째 되는 날에 죽은 자들 가운데서 일어날 것이다.

47 예루살렘으로부터 시작하여 모든 민족에게 그리스도의 이름으로 죄를 용서받는 회개가 전파되어야 할 것이다.

48 너희는 이 일의 증인이다.

49 보아라. 내 아버지께서 약속하신 것을 너희에게 보낸다. 그러므로 너희는 높은 곳에서 오는 능력을 입을 때까지 이 성에 머물러라."

50 예수님께서 제자들을 베다니로 데리고 가셨습니다. 그리고 손을 들어 제자들을 축복하셨습니다.

51 예수님께서 제자들을 축복하시면서 그들을 떠나 하늘로 들려 올라가셨습니다.

52 제자들이 예수님께 경배하고 크게 기뻐하며 예루살렘으로 돌아왔습니다.

53 그리고 그들은 늘 성전에 머물면서 하나님을 찬양하였습니다.

하신 예수님은 하나님처럼 제자들이 예배하는 대상이 되신다.

53 늘 성전에서 하나님을 찬송하니라 제자들이 성전에서 늘 하나님을 찬송했다는 것은, 예수님의 죽음과 부활과 승천이 하나님의 섭리와 계획이 성취된 것임을 인정하고 찬양했다는 것이다.

저자의 묵상

성경 말씀을 통해 예수님에 관한 구원의 비밀을 깨닫기 위해서는 먼저 성령으로 마음이 열리는 영적 변화가 나타나야 한다. 성경은 인간적으로 열심을 내서 연구하면 알 수 있는 단순한 지식이 아니다. 성경은 누구나 알 수 있는 쉬운 이야기가 기록되어 있는 것처럼 보이지만, 그 안에는 하나님이 예수님을 통해 그의 택하신 자들을 어떻게 구원해 나가실지를 세밀하고 정확하게 기록하고 있다. 하나님의 말씀을 통해 예수님을 통한 구원의 이야기를 자세하게 배워 믿음을 얻게 된 사람만이, 눈에 보이지는 않지만 하나님의 개입으로 말미암아 자신이 어떻게 구원받고 있는지를 깨달을 수 있다.

무엇이 예수님을 통한 구원인지 명확하게 알게 되어야 다른 사람들에게도 구원의 기쁜 소식을 전할 수 있다. 성경을 통해 바른 복음을 깨달아 구원의 기쁜 소식을 많은 사람들에게 전하는 삶을 살아야 할 것이다.

무릎 기도 하나님, 성경 말씀에 숨겨진 예수님에 관한 구원의 이야기를 밝히 알 수 있도록 저의 마음을 열어 주소서. 복음을 바로 배워 구원의 기쁜 소식을 많은 사람들에게 전하는 삶을 살게 하소서.

ESV - Luke 24

44 Then he said to them, "These are my words that I spoke to you while I was still with you, that everything written about me in the Law of Moses and the Prophets and the Psalms must be fulfilled."

45 Then he opened their minds to understand the Scriptures,

46 and said to them, "Thus it is written, that the Christ should suffer and on the third day rise from the dead,

47 and that repentance for* the forgiveness of sins should be proclaimed in his name to all nations, beginning from Jerusalem.

48 You are witnesses of these things.

49 And behold, I am sending the promise of my Father upon you. But stay in the city until you are clothed with power from on high."

50 And he led them out as far as Bethany, and lifting up his hands he blessed them.

51 While he blessed them, he parted from them and was carried up into heaven.

52 And they worshiped him and returned to Jerusalem with great joy,

53 and were continually in the temple blessing God.

* 24:47 Some manuscripts *and*

44 psalms 시편 fulfill 성취하다 45 Scripture 성경 46 rise from the dead 부활하다 47 repentance 회개 forgiveness 용서 proclaim 선포하다 48 witness 증인 50 as far as… (거리·정도·범위) …까지 51 part from… 떠나다 52 worship 예배하다 53 continually 계속해서 temple 성전

권별주삶

아가페

주삶 GBS

- 1주(45회–50회) _ 누가복음 13:10–17
  외식하는 자들아
- 2주(51회–55회) _ 누가복음 15:11–24
  아낌없이 주시는 아버지
- 3주(56회–60회) _ 누가복음 18:9–17
  하나님 나라에 들어가려면
- 4주(61회–65회) _ 누가복음 18:18–30
  영생에 이르는 길
- 5주(66회–70회) _ 누가복음 20:19–26
  하나님의 것은 하나님께로
- 6주(71회–75회) _ 누가복음 21:29–38
  항상 기도하며 깨어 있으라
- 7주(76회–80회) _ 누가복음 22:14–20
  유월절 어린 양으로 죽으시는 예수님
- 8주(81회–85회) _ 누가복음 23:13–25
  십자가에 못 박게 하소서
- 9주(86회–90회) _ 누가복음 24:13–31
  엠마오로 향하던 두 제자

* GBS 해설서는 뒷면에 있습니다

외식하는 자들아

누가복음 13:10-17 | 새찬송 214장 • 통일 349장

주간 말씀묵상 나눔

지난 한 주간 말씀을 묵상한 것이나 삶에 적용한 것이 있으면 돌아가며 간단히 나누어 봅시다.

• 오늘의 성경공부 목표

나의 신앙생활 가운데 위선적인 모습이 있지는 않은지 살피도록 합니다.

10 예수께서 안식일에 한 회당에서 가르치
실 때에
11 열여덟 해 동안이나 귀신 들려 앓으며 꼬
부라져 조금도 펴지 못하는 한 여자가 있
더라
12 예수께서 보시고 불러 이르시되 여자여
네가 네 병에서 놓였다 하시고
13 안수하시니 여자가 곧 펴고 하나님께 영
광을 돌리는지라
14 회당장이 예수께서 안식일에 병 고치시
는 것을 분 내어 무리에게 이르되 일할
날이 엿새가 있으니 그 동안에 와서 고침
을 받을 것이요 안식일에는 하지 말 것이
니라 하거늘
15 주께서 대답하여 이르시되 외식하는 자
들아 너희가 각각 안식일에 자기의 소나
나귀를 외양간에서 풀어내어 이끌고 가
서 물을 먹이지 아니하느냐
16 그러면 열여덟 해 동안 사탄에게 매인 바
된 이 아브라함의 딸을 안식일에 이 매임
에서 푸는 것이 합당하지 아니하냐
17 예수께서 이 말씀을 하시매 모든 반대하
는 자들은 부끄러워하고 온 무리는 그가
하시는 모든 영광스러운 일을 기뻐하니
라

• **함께 읽어보기**

'내로남불', '내가 하면 로맨스, 남이 하면 불륜'이라는 말의 앞 글자를 따서 만든 신조어입니다. 요즘 매스컴이나 SNS에서 종종 볼 수 있는 이 말은, 상대방의 특정한 행동에 대해서는 맹렬히 비난하다가, 자신이 그와 똑같은 행동을 했을 때는 관대한 기준을 적용하는 사람을 가리킬 때 사용됩니다. 오늘 본문에는 예수님께서 안식일에 병을 고치신 사건이 기록되어 있습니다. 회당장과 몇몇 사람들은 안식일에 관한 율법의 조항에 근거하여 예수님의 행동을 비난했습니다. 그러나 예수님은 그들이 가지고 있던 '내로남불'의 태도를 지적하시면서, 이렇게 책망하십니다. "외식하는 자들아"(15절) 본문 말씀을 살펴보며 성경이 말하는 "외식"이 무엇인지 함께 배워보도록 합시다.

도입 질문

1 그리스도인들이 신앙생활 중에 알게 모르게 저지르는 "외식"에는 어떤 것들이 있을까요?

함께 나누기

2 예수님이 안식일에 한 회당에서 가르치실 때 회당에 어떤 여자가 있었습니까? 10–11절

3 예수님이 병든 그 여자에게 하신 말씀은 무엇입니까? 12절

4 예수님이 안식일에 병을 고쳤다는 소식을 들은 회당장이 분을 내며 했던 말은 무엇입니까? **14절**

5 예수님은 안식일에 병을 고친 일을 반대하던 사람들은 가리켜 어떤 자들이라고 불렀습니까? **15절**

6 안식일에 병을 고친 일을 반대하던 사람들이 행동이 "외식"인 이유는 무엇입니까? **15–16절**

7 예수님께서 대답하신 말씀을 들은 사람들의 반응은 어떠했습니까? **17절**

8 신약성경의 복음서를 살펴보면 예수님께서 안식일에 병자를 고치신 사건이 여러 번 기록되어 있습니다(막 1:21–28, 요 5:8–10, 요 9:13–15). 당시 유대 종교지도자들이 안식일에 병을 고치는 것에 반대한다는 것을 예수님도 잘 아셨습니다. 그러나 예수님은 많은 사람이 보는 앞에서 아무런 거리낌 없이 안식일에 병을 고치셨습니다. 예수님이 유대의 종교지도자들과 백성들에게 주시고자 했던 교훈은 무엇일까요? 각자의 생각을 나누어 봅시다.

9 오늘 성경공부를 통해 나누고 싶거나 깨달은 것이 있으면 이야기해 봅시다.

주간 그룹성경공부 • GBS

2주차 (51회~55회)

아낌없이 주시는 아버지

누가복음 15:11-24 | 새찬송 305장 • 통일 405장

주간 말씀묵상 나눔

지난 한 주간 말씀을 묵상한 것이나 삶에 적용한 것이 있으면 돌아가며 간단히 나누어 봅시다.

• 오늘의 성경공부 목표

진정한 회개가 무엇인지 알아보고, 우리가 회개하고 하나님께 돌아갔을 때 하나님의 반응은 무엇인지 배워 봅시다.

11 또 이르시되 어떤 사람에게 두 아들이 있
는데
12 그 둘째가 아버지에게 말하되 아버지여
재산 중에서 내게 돌아올 분깃을 내게 주
소서 하는지라 아버지가 그 살림을 각각
나눠 주었더니
13 그 후 며칠이 안 되어 둘째 아들이 재물
을 다 모아 가지고 먼 나라에 가 거기서
허랑방탕하여 그 재산을 낭비하더니
14 다 없앤 후 그 나라에 크게 흉년이 들어
그가 비로소 궁핍한지라
15 가서 그 나라 백성 중 한 사람에게 붙여
사니 그가 그를 들로 보내어 돼지를 치게
하였는데
16 그가 돼지 먹는 쥐엄 열매로 배를 채우고
자 하되 주는 자가 없는지라
17 이에 스스로 돌이켜 이르되 내 아버지에
게는 양식이 풍족한 품꾼이 얼마나 많은
가 나는 여기서 주려 죽는구나
18 내가 일어나 아버지께 가서 이르기를 아
버지 내가 하늘과 아버지께 죄를 지었사
오니
19 지금부터는 아버지의 아들이라 일컬음을
감당하지 못하겠나이다 나를 품꾼의 하
나로 보소서 하리라 하고
20 이에 일어나서 아버지께로 돌아가니라
아직도 거리가 먼데 아버지가 그를 보고
측은히 여겨 달려가 목을 안고 입을 맞추
니
21 아들이 이르되 아버지 내가 하늘과 아버
지께 죄를 지었사오니 지금부터는 아버
지의 아들이라 일컬음을 감당하지 못하

겠나이다 하나
22 아버지는 종들에게 이르되 제일 좋은 옷
을 내어다가 입히고 손에 가락지를 끼우
고 발에 신을 신기라
23 그리고 살진 송아지를 끌어다가 잡으라
우리가 먹고 즐기자
24 이 내 아들은 죽었다가 다시 살아났으며
내가 잃었다가 다시 얻었노라 하니 그들
이 즐거워하더라

• 함께 읽어보기

누가복음 15장의 이 본문은 보통 "탕자 이야기"라고 알려져 있습니다. 이 본문은 돈이 주는 세상의 재미를 찾아 아버지에게 유산을 받아서 떠난 한 철없는 둘째 아들의 이야기로 시작합니다. 우리는 보통 회개하는 탕자에 초점을 맞추지만, 15장의 잃어버린 양과 동전의 비유처럼 이 본문도 잃은 것을 찾은 자가 이야기의 중심에 놓여 있습니다. 즉, 잃은 아들을 되찾은 아버지의 기쁨을 다루고 있습니다. 아버지는 먼 나라로 떠나는 둘째 아들을 꾸짖지도 타이르지도 않고 가게 내버려 둡니다. 그리고 그 아들이 단 한 푼도 남기지 않고 돌아왔을 때 아들을 맞이하는 아버지는 아무런 정죄도 없이 오히려 즐거워합니다. 아들이 죽지 않고 건강하게 돌아온 것이 아버지는 너무 기쁩니다. 아들은 자신이 얼마나 자격이 없는지 비로소 깨달아서 무엇이든 달게 받으리라 각오하지만, 아버지의 사랑은 처음과 다르지 않습니다. 그 아버지의 사랑이 이 이야기의 핵심입니다.

도입 질문

1 나를 있는 그대로 받아들여 주는 아버지의 완벽한 사랑을 받아 본 적이 있습니까? 만약 그런 사랑이 있다면 어떨까 생각해 본 적이 있습니까?

함께 나누기

2 둘째 아들은 아버지에게 무엇을 요구하였습니까? 12절

3 둘째 아들은 아버지에게서 받은 재산을 가지고 어떻게 사용하였습니까? 13–14절

4 둘째 아들은 어떤 어려움을 만나게 되었습니까? 14–16절

5 살면서 겪은 큰 어려움이 자신에게 어떤 깨달음을 가져오거나 신앙의 전환점이 된 적이 있었습니까?

6 큰 흉년 이후 굶어 죽을 위기에 처해 있던 둘째 아들에게 어떤 변화가 있었습니까? 17–19절

7 둘째 아들이 집으로 돌아왔을 때 아들의 기대와 아버지의 반응은 어떻게 달랐습니까? 18–24절

8 둘째 아들의 회개를 보면서 참된 회개는 무엇인지 생각해 봅시다. 17–19절

9 오늘 성경공부를 통해 나누고 싶거나 깨달은 것이 있으면 이야기해 봅시다.

하나님 나라에 들어가려면

누가복음 18:9-17 | 새찬송 212장 • 통일 347장

주간 말씀묵상 나눔

지난 한 주간 말씀을 묵상한 것이나 삶에 적용한 것이 있으면 돌아가며 간단히 나누어 봅시다.

• 오늘의 성경공부 목표

그리스도인의 겸손에 대해 생각해 보도록 합니다.

9 또 자기를 의롭다고 믿고 다른 사람을 멸
시하는 자들에게 이 비유로 말씀하시되
10 두 사람이 기도하러 성전에 올라가니 하
나는 바리새인이요 하나는 세리라
11 바리새인은 서서 따로 기도하여 이르되
하나님이여 나는 다른 사람들 곧 토색,
불의, 간음을 하는 자들과 같지 아니하
고 이 세리와도 같지 아니함을 감사하나
이다
12 나는 이레에 두 번씩 금식하고 또 소득의
십일조를 드리나이다 하고
13 세리는 멀리 서서 감히 눈을 들어 하늘을
쳐다보지도 못하고 다만 가슴을 치며 이
르되 하나님이여 불쌍히 여기소서 나는
죄인이로소이다 하였느니라
14 내가 너희에게 이르노니 이에 저 바리새
인이 아니고 이 사람이 의롭다 하심을 받
고 그의 집으로 내려갔느니라 무릇 자기
를 높이는 자는 낮아지고 자기를 낮추는
자는 높아지리라 하시니라
15 사람들이 예수께서 만져 주심을 바라고
자기 어린 아기를 데리고 오매 제자들이
보고 꾸짖거늘
16 예수께서 그 어린아이들을 불러 가까이
하시고 이르시되 어린아이들이 내게 오
는 것을 용납하고 금하지 말라 하나님의
나라가 이런 자의 것이니라
17 내가 진실로 너희에게 이르노니 누구든
지 하나님의 나라를 어린아이와 같이 받
아들이지 않는 자는 결단코 거기 들어가
지 못하리라 하시니라

• 함께 읽어보기

오늘 본문에 소개된 예수님의 비유에는 바리새인과 세리가 등장합니다. 바리새인은 화려한 이력을 자랑합니다. 그리고 자신감에 가득 차 있습니다. 자신의 장점들을 하나하나 나열하면서 자신이 세리보다 얼마나 훌륭하고 괜찮은 사람인지를 효과적으로 전달합니다. 그러나 세리는 이력이라고 내세울 것이 없습니다. 소심하게 멀찍이 서서 고개도 제대로 들지 못합니다. 그리고는 계속 가슴을 치며 이렇게 말합니다. "하나님이여 불쌍히 여기소서 나는 죄인이로소이다"(13절). 만약 바리새인과 세리가 동시에 한 회사에 입사 지원서를 냈다면 면접관은 아마도 바리새인을 직원으로 선택했을 것입니다. 그러나 오늘 예수님께서 주신 비유의 말씀에서 바리새인은 탈락했고 세리는 합격합니다. 왜냐하면 하나님이 면접관이셨기 때문입니다. 하나님과의 면접에서 합격하기 위해서는 이력서에 한 가지 내용이 꼭 적혀 있어야 하는데, 바리새인의 이력에는 화려한 스펙으로 가득 차 있었지만 가장 중요한 한 가지 내용이 적혀 있지 않았습니다. 그것은 무엇이었을까요?

도입 질문

1 "죄가 더한 곳에 은혜가 더욱 넘쳤나니"(롬 5:20)라는 바울 사도의 말이 뜻하는 바는 무엇일까요? 각자의 생각을 나누어 봅시다.

함께 나누기

2 예수님께서 비유로 하신 말씀에 등장하는 두 사람은 누구입니까? 10절

3 바리새인은 어떤 기도를 했습니까? 11절

4 바리새인이 자신의 의로움을 드러내기 위해 언급한 두 가지는 무엇입니까? 12절

5 세리는 어떤 기도를 했습니까? 13절

6 예수님은 바리새인과 세리 중 누가 의롭다 함을 받고 집으로 내려갔다고 말합니까? 14절

7 제자들이 예수님의 만져 주심을 바라고 어린 아기를 데려오는 사람들을 꾸짖자, 예수님께서는 어린아이들이 오는 것을 용납하라고 금하지 말라고 말씀하셨습니다. 그 이유는 무엇입니까? 15–16절

8 하나님의 나라를 어린아이와 같이 받아들인다는 것(17절)이 의미하는 바는 무엇일까요? 각자의 생각을 나누어 봅시다.

9 오늘 성경공부를 통해 나누고 싶거나 깨달은 것이 있으면 이야기해 봅시다.

영생에 이르는 길

누가복음 18:18-30 | 새찬송 85장 • 통일 85장

주간 말씀묵상 나눔

지난 한 주간 말씀을 묵상한 것이나 삶에 적용한 것이 있으면 돌아가며 간단히 나누어 봅시다.

• 오늘의 성경공부 목표

우리가 어떻게 해야 구원을 얻고 영생을 얻을 수 있으며, 율법은 무슨 관계가 있는지 살펴봅시다.

18 어떤 관리가 물어 이르되 선한 선생님이여 내가 무엇을 하여야 영생을 얻으리이까
19 예수께서 이르시되 네가 어찌하여 나를 선하다 일컫느냐 하나님 한 분 외에는 선한 이가 없느니라
20 네가 계명을 아나니 간음하지 말라, 살인하지 말라, 도둑질하지 말라, 거짓 증언 하지 말라, 네 부모를 공경하라 하였느니라
21 여짜오되 이것은 내가 어려서부터 다 지키었나이다
22 예수께서 이 말을 들으시고 이르시되 네게 아직도 한 가지 부족한 것이 있으니 네게 있는 것을 다 팔아 가난한 자들에게 나눠 주라 그리하면 하늘에서 네게 보화가 있으리라 그리고 와서 나를 따르라 하시니
23 그 사람이 큰 부자이므로 이 말씀을 듣고 심히 근심하더라
24 예수께서 그를 보시고 이르시되 재물이 있는 자는 하나님의 나라에 들어가기가 얼마나 어려운지
25 낙타가 바늘귀로 들어가는 것이 부자가 하나님의 나라에 들어가는 것보다 쉬우니라 하시니
26 듣는 자들이 이르되 그런즉 누가 구원을 얻을 수 있나이까
27 이르시되 무릇 사람이 할 수 없는 것을 하나님은 하실 수 있느니라
28 베드로가 여짜오되 보옵소서 우리가 우리의 것을 다 버리고 주를 따랐나이다
29 이르시되 내가 진실로 너희에게 이르노니 하나님의 나라를 위하여 집이나 아내나 형제나 부모나 자녀를 버린 자는
30 현세에 여러 배를 받고 내세에 영생을 받지 못할 자가 없느니라 하시니라

• **함께 읽어보기**

여기 모든 사람이 부러워할 만한 모범생이 있습니다. 그는 관리였습니다. 또한 그는 부자였습니다. 부자 관리는 전통 있는 유대 가문에서 율법을 배웠으며, 그 율법을 어려서부터 지켜 온 모범생이었습니다. 그런데 그에게 부족한 것이 하나 있었는데, 그것은 영생에 대한 확신이 없다는 것이었습니다. 그는 조상들과 부모님이 가르쳐 준 대로 율법을 지키며 살아왔지만, 아무래도 무엇인가 부족한 것을 스스로 느껴 왔습니다. 그때 부자 관리는 당시에 큰 바람을 일으키고 있는 젊은 청년에 대한 이야기를 들었습니다. 그는 그 청년이 자신이 느꼈던 이 찜찜한 의심을 떨쳐 버리는 확신을 가져다줄 수 있다고 생각하였습니다. 그래서 그 예수라는 청년을 찾아가 어떻게 영생을 얻을 수 있는지 물어보았습니다. 그러나 돌아온 것은, 자신의 신앙이 처음부터 잘못되었다는 사실을 처음으로 깊이 들여다본 것이었습니다. 그런데 문제는 그가 이제는 그 잘못을 고치고 싶지 않다는 것이었습니다. 그 관리는 고민하며 떠나갔습니다. 그가 예수님을 따르기에는 버려야 할 것이 너무 컸기 때문이었습니다. 영생보다 자신의 재산이 더 비싸서 버릴 수 없기 때문입니다.

도입 질문

1 중요한 문제인데도 도저히 답이 없어서 오랫동안 고민한 적이 있었습니까? 만약 있었다면 그 문제를 어떻게 해결했는지 생각해 보십시오.

함께 나누기

2 어떤 관리가 예수님을 찾아와 그분을 어떻게 호칭합니까? 18절

3 예수님은 그 관리가 선한 선생님이라고 부른 것에 대하여 어떻게 반응합니까? 그리고 왜 그랬는지 생각해 보십시오. 19절

4 예수님은 영생을 얻기 위한 방법을 무엇이라고 말씀하십니까? 20절

5 당신은 영생(구원)에 대한 확신이 있습니까? 없다면 무엇이 부족합니까? 있다면 그 근거가 무엇인지 이야기해 보십시오.

6 이 관리에게 부족한 것은 무엇이었습니까? 22절

7 성경은 이 관리가 근심한 이유를 무엇이라고 이야기하고 있습니까? 23절

8 나에게 오늘 예수님을 따르는 데 장애가 되는 것이 있습니까?

9 오늘 성경공부를 통해 나누고 싶거나 깨달은 것이 있으면 이야기해 봅시다.

주간 그룹성경공부 • GBS

5주차 (66회~70회)

하나님의 것은 하나님께로

누가복음 20:19-26 | 새찬송 422장

주간 말씀묵상 나눔

지난 한 주간 말씀을 묵상한 것이나 삶에 적용한 것이 있으면 돌아가며 간단히 나누어 봅시다.

• 오늘의 성경공부 목표

우리의 삶에서 하나님의 것을 찾아보고 그것들을 하나님께 돌려드려 봅시다.

19 서기관들과 대제사장들이 예수의 이 비유는 자기들을 가리켜 말씀하심인 줄 알고 즉시 잡고자 하되 백성을 두려워하더라
20 이에 그들이 엿보다가 예수를 총독의 다스림과 권세 아래에 넘기려 하여 정탐들을 보내어 그들로 스스로 의인인 체하며 예수의 말을 책잡게 하니
21 그들이 물어 이르되 선생님이여 우리가 아노니 당신은 바로 말씀하시고 가르치시며 사람을 외모로 취하지 아니하시고 오직 진리로써 하나님의 도를 가르치시나이다
22 우리가 가이사에게 세를 바치는 것이 옳으니이까 옳지 않으니이까 하니
23 예수께서 그 간계를 아시고 이르시되
24 데나리온 하나를 내게 보이라 누구의 형상과 글이 여기 있느냐 대답하되 가이사의 것이니이다
25 이르시되 그런즉 가이사의 것은 가이사에게, 하나님의 것은 하나님께 바치라 하시니
26 그들이 백성 앞에서 그의 말을 능히 책잡지 못하고 그의 대답을 놀랍게 여겨 침묵하니라

• **함께 읽어보기**

예수님이 활동하던 당시의 유대 종교지도자들에게는 예수님이 눈엣가시와 같았을 것입니다. 왜냐하면 그들은 일반 백성들이 알던 것과는 다르게 실제로는 돈을 사랑하는 자들이었기 때문입니다(16:14). 그러나 예수님이 나타나셔서 백성들에게 존경과 권위를 인정받게 되고, 자기들의 가식이 드러나게 되자 예수님을 곤경에 빠뜨려 체포하려고 시도하게 됩니다. 그래서 종교지도자들은 당시의 민감한 정치적인 문제인 로마에 세금을 바치는 문제로 예수님을 잡아 가두려고 시도하였습니다. 그러나 예수님은 오히려 그들의 간계를 파악하시고 지혜롭게 질문에 답하십니다. 예수님의 대답은 그들의 간계를 빠져나가기만 하신 것이 아니라 당시 종교지도자들의 폐부를 깊숙이 파헤치는 것이었습니다. 예수님은 돈을 사랑하고 하나님을 온전히 섬기지 못하는 종교지도자들을 책망하시며, 그들이 섬기는 재물은 그 원주인인 우상에게 돌려주고 하나님만을 온전히 섬기도록 촉구하고 계십니다.

도입 질문

1 어떤 대답을 하더라도 오해를 받을 수밖에 없는 상황에 자신이 빠져 본 적이 있었거나, 그런 것을 주위에서 본 적이 있었습니까?

함께 나누기

2 예수님을 곤란하게 하여 책잡으려 드는 무리는 누구입니까? 19-20절

3 서기관들과 대제사장들의 목적은 무엇입니까? 20절

4 정탐꾼들의 질문은 무엇에 관한 것이었습니까? 22절

5 가이사의 것은 무엇입니까? 24-25절

6 하나님의 것은 무엇입니까? 25절

7 예수님의 대답에 대한 사람들의 반응은 어떠하였습니까? 26절

8 내 삶에서 은근히 하나님을 배제시키고 내 욕심의 영역을 구분해 둔 것이 있지는 않습니까? 내가 특별히 하나님의 주권을 인정하고 싶지 않은 부분이 있다면 나누어 보십시오.

9 오늘 성경공부를 통해 나누고 싶거나 깨달은 것이 있으면 이야기해 봅시다.

주간 그룹성경공부 • GBS

6주차 (71회~75회)

항상 기도하며 깨어 있으라

누가복음 21:29-38 | 새찬송 175장 • 통일 162장

주간 말씀묵상 나눔

지난 한 주간 말씀을 묵상한 것이나 삶에 적용한 것이 있으면 돌아가며 간단히 나누어 봅시다.

• 오늘의 성경공부 목표

다시 오실 예수님을 소망하며 늘 깨어 기도하는 성도가 되도록 합니다.

29 이에 비유로 이르시되 무화과나무와 모
든 나무를 보라
30 싹이 나면 너희가 보고 여름이 가까운 줄
을 자연히 아나니
31 이와 같이 너희가 이런 일이 일어나는 것
을 보거든 하나님의 나라가 가까이 온 줄
을 알라
32 내가 진실로 너희에게 말하노니 이 세대
가 지나가기 전에 모든 일이 다 이루어지
리라
33 천지는 없어지겠으나 내 말은 없어지지
아니하리라
34 너희는 스스로 조심하라 그렇지 않으면
방탕함과 술 취함과 생활의 염려로 마음
이 둔하여지고 뜻밖에 그날이 덫과 같이
너희에게 임하리라
35 이날은 온 지구상에 거하는 모든 사람에
게 임하리라
36 이러므로 너희는 장차 올 이 모든 일을
능히 피하고 인자 앞에 서도록 항상 기도
하며 깨어 있으라 하시니라
37 예수께서 낮에는 성전에서 가르치시고
밤에는 나가 감람원이라 하는 산에서 쉬
시니
38 모든 백성이 그 말씀을 들으려고 이른 아
침에 성전에 나아가더라

• 함께 읽어보기

조기 기독교는 예수님이 하늘로 올라가신 모습 그대로 다시 오실 것이라는 믿음을 가지고 있었습니다. "너희 가운데서 하늘로 올려지신 이 예수는 하늘로 가심을 본 그대로 오시리라"(행 1:11). 예수님의 재림에 관한 약속의 말씀이 주어진 지 이천 년이 넘는 시간이 지났지만, 여전히 전 세계의 수많은 그리스도인이 변함없이 다시 오실 예수님을 기다리고 있습니다. 그리고 이미 이천 년의 시간이 흘렀다는 것은 예수님의 재림이 그만큼 가까이 왔다는 것을 의미합니다. 예수님이 세상에 다시 오시기 전에 어떤 징조가 있을까요? 그리스도인들은 어떤 마음 자세로 말세를 살아야 할까요? 이런 질문들에 대한 대답이 오늘 본문에 담겨 있습니다. 함께 말씀을 나누며 종말에 관한 성경의 가르침을 배워보도록 합시다.

도입 질문

1 예수님께서 다시 오실 날 이 땅에 임하게 될 하나님의 나라에서 우리는 어떤 모습으로 살게 될까요? 각자의 생각을 나누어 봅시다.

함께 나누기

2 예수님은 "이런 일들"(앞서 언급했던 박해와 환란_눅 21:10–27)이 장차 일어나면 무엇이 가까운 줄을 알라고 말씀하셨습니까? 31절

3 예수님께서 "너희는 스스로 조심하라"라고 말씀하신 이유는 무엇입니까? 34a절

4 예수님은 그날(마지막 날)이 무엇과 같이 임할 것이라고 말씀하셨습니까? 34b절

5 예수님은 마지막 날은 누구에게 임할 것이라고 말씀하셨습니까? 35절

6 성도들이 항상 기도하며 깨어 있어야 하는 이유는 무엇입니까? 36절

7 "항상 기도하며 깨어 있으라"36절고 권면하신 예수님의 말씀을 되새기며 우리가 어떻게 살아야 할지 각자의 생각을 나누어 봅시다.

8 오늘날 우리 주변에 존재하는 몇몇 이단 집단들은 예수님의 재림과 관련하여 시한부 종말론을 가르칩니다. 그들의 가르침이 옳지 않은 이유는 무엇일까요? 예수님의 재림을 준비하는 가장 그리스도인다운 삶은 어떤 삶일까요? 각자의 생각을 나누어 봅시다.

9 오늘 성경공부를 통해 나누고 싶거나 깨달은 것이 있으면 이야기해 봅시다.

유월절 어린 양으로 죽으시는 예수님

누가복음 22:14-20 | 새찬송 302장 • 통일 408장

주간 말씀묵상 나눔

지난 한 주간 말씀을 묵상한 것이나 삶에 적용한 것이 있으면 돌아가며 간단히 나누어 봅시다.

• 오늘의 성경공부 목표

성만찬을 기념하며 생각할 때 예수님이 주신 것과 우리가 얻은 것을 생각해 봅시다.

14 때가 이르매 예수께서 사도들과 함께 앉
으사
15 이르시되 내가 고난을 받기 전에 너희와
함께 이 유월절 먹기를 원하고 원하였노
라
16 내가 너희에게 이르노니 이 유월절이 하
나님의 나라에서 이루기까지 다시 먹지
아니하리라 하시고
17 이에 잔을 받으사 감사 기도 하시고 이르
시되 이것을 갖다가 너희끼리 나누라
18 내가 너희에게 이르노니 내가 이제부터
하나님의 나라가 임할 때까지 포도나무
에서 난 것을 다시 마시지 아니하리라 하
시고
19 또 떡을 가져 감사 기도 하시고 떼어 그
들에게 주시며 이르시되 이것은 너희를
위하여 주는 내 몸이라 너희가 이를 행하
여 나를 기념하라 하시고
20 저녁 먹은 후에 잔도 그와 같이 하여 이
르시되 이 잔은 내 피로 세우는 새 언약
이니 곧 너희를 위하여 붓는 것이라

• 함께 읽어보기

유월절에 즈음하여 예수님은 이제 십자가로 향한 발걸음을 재촉하며 걷게 됩니다. 예수님은 자신의 죽음 이전에 해야 할 일을 하나씩 이루어 가시는데, 유월절 절기에 제자들과의 마지막 만찬을 준비하십니다. 그날은 아주 오래전 이스라엘 민족의 한 절기를 기념하는 날이었습니다. 출애굽 당시, 애굽은 장자의 죽음으로 인하여 깊은 절망에 들어갔지만, 이스라엘은 구원을 받았습니다. 바로 어린 양의 피로 구원을 받은 것입니다. 그 유월절을 기념하며 예수님은 제자들에게 떡과 포도주를 나누어 주셨습니다. 그 떡과 포도주는 이제 곧 찢기실 예수님의 살과 피였습니다. 그분은 사랑하는 제자들을 위해서 기꺼이 자신을 유월절 어린 양으로 내어 주고 십자가에서 찢기셨으며 죽으셨습니다. 우리의 성찬은 바로 우리를 사랑하시는 예수 그리스도의 사랑을 기념하는 날이며, 그것은 그리스도인이 매일 기념해야 하는 우리의 정체성이기도 합니다.

도입 질문

1 개인적으로 혹은 가정적으로 무엇인가를 기억하기 위해서 해마다 기념하는 날이 있습니까? 혹시 있다면 무엇을 기념하고 있습니까?

함께 나누기

2 예수님이 사도들과 함께 모여서 이스라엘의 어느 절기에 식사를 하였습니까? 15–16절

3 유월절은 무엇을 기념하는 절기였습니까? 출 12장

4 예수님은 언제까지 유월절 음식과 포도나무에서 난 것을 다시 먹고 마실 것을 유보하신다고 하셨습니까? 16, 18절

5 예수님께서 다시 오심이 나에게 어떻게 다가옵니까?

6 예수님은 이 유월절 만찬을 누구를 위해서 준비하였습니까? 19–20절

7 그렇다면 이 만찬에서 유월절 어린 양은 누구를 가리킵니까? 19–20절

8 교회에서 참여하는 성만찬을 생각할 때, 주님이 우리를 위하여 무엇을 하셨는지 또 누구를 위하여 그러한 일을 하셨는지 묵상해 봅시다.

9 오늘 성경공부를 통해 나누고 싶거나 깨달은 것이 있으면 이야기해 봅시다.

주간 그룹성경공부 • GBS

8주차 (81회~85회)

십자가에 못 박게 하소서

누가복음 23:13-25 | 새찬송 255장 • 통일 187장

주간 말씀묵상 나눔

지난 한 주간 말씀을 묵상한 것이나 삶에 적용한 것이 있으면 돌아가며 간단히 나누어 봅시다.

• 오늘의 성경공부 목표

인류의 구원을 위해 묵묵히 십자가를 지신 예수님의 마음을 묵상하도록 합니다.

13 빌라도가 대제사장들과 관리들과 백성을 불러 모으고
14 이르되 너희가 이 사람이 백성을 미혹하는 자라 하여 내게 끌고 왔도다 보라 내가 너희 앞에서 심문하였으되 너희가 고발하는 일에 대하여 이 사람에게서 죄를 찾지 못하였고
15 헤롯이 또한 그렇게 하여 그를 우리에게 도로 보내었도다 보라 그가 행한 일에는 죽일 일이 없느니라
16 그러므로 때려서 놓겠노라
17 (없음)
18 무리가 일제히 소리 질러 이르되 이 사람을 없이하고 바라바를 우리에게 놓아주소서 하니
19 이 바라바는 성중에서 일어난 민란과 살인으로 말미암아 옥에 갇힌 자러라
20 빌라도는 예수를 놓고자 하여 다시 그들에게 말하되
21 그들은 소리 질러 이르되 그를 십자가에 못 박게 하소서 십자가에 못 박게 하소서 하는지라
22 빌라도가 세 번째 말하되 이 사람이 무슨 악한 일을 하였느냐 나는 그에게서 죽일 죄를 찾지 못하였나니 때려서 놓으리라 하니
23 그들이 큰 소리로 재촉하여 십자가에 못 박기를 구하니 그들의 소리가 이긴지라
24 이에 빌라도가 그들이 구하는 대로 하기를 언도하고
25 그들이 요구하는 자 곧 민란과 살인으로 말미암아 옥에 갇힌 자를 놓아주고 예수는 넘겨주어 그들의 뜻대로 하게 하니라

• 함께 읽어보기

오늘 본문은 빌라도와 유대 백성들 사이에 오가는 대화를 중심으로 전개됩니다. 성난 군중들은 "없이 하소서, 십자가에 못 박게 하소서"라고 외치며 소리칩니다. 종려나무 가지를 흔들며 예수님을 이스라엘의 왕이라 부르며 환호하던 사람들이 이제는 이스라엘의 왕을 십자가에 못 박아 죽이라고 소리치고 있는 광경은 당황스럽기까지 합니다. 더욱 당황스러운 것은 예수님의 무죄를 확신하면서도 성난 군중들의 눈치를 보느라 빌라도가 예수님의 십자가 형벌을 허락했다는 것입니다. 무지한 유대 백성과 비겁한 총독 빌라도는 결국 하나님의 메시아를 십자가에 못 박습니다. 그러나 그들의 부당한 결정에도 불구하고 예수님은 묵묵히 십자가의 형벌을 받아들이셨습니다. 십자가의 죽음만이 세상을 구원한 유일한 길이라는 것을 이미 알고 계셨기 때문입니다.

도입 질문

1 예수님이 지신 십자가는 고대 사회에서도 가장 참혹하다고 알려진 형벌 중의 하나였습니다. 십자가의 참혹성이 인류의 죄의 문제와 관련하여 상징하는 바는 무엇일까요? 각자의 생각을 나누어 봅시다.

함께 나누기

2 빌라도가 예수님을 심문한 후에 내린 결론은 무엇입니까? **14-15절**

3 빌라도는 성난 유대인 군중들을 달래기 위해 어떤 제안을 합니까? **16절**

4 백성의 무리는 일제히 소리지르며 빌라도에게 어떤 요구를 하였습니까? 18절

5 빌라도가 예수를 놓아주기 위해 군중들을 설득하려 하자 군중들이 소리 질러 한 말을 무엇입니까? 21절

6 빌라도가 세 번째로 군중들에게 한 말은 무엇입니까? 22절

7 큰 소리로 재촉하는 군중에게 압도된 빌라도는 어떤 판결을 내렸습니까? 24-25절

8 불과 며칠 전만 해도 백성들은 "호산나"를 외치며 예수님을 왕이라 치켜세웠습니다(마 21:9; 막11:9-10; 요 12:13). 그런데 저자 누가는 본문에서 예수님에 대한 적개심으로 가득 찬 백성의 모습을 묘사합니다. 백성들이 이토록 상반된 태도를 보였던 이유는 무엇일까요? 각자의 생각을 나누어 봅시다.

9 오늘 성경공부를 통해 나누고 싶거나 깨달은 것이 있으면 이야기해 봅시다.

엠마오로 향하던 두 제자

누가복음 24:13-31 | 새찬송 96장 • 통일 94장

주간 말씀묵상 나눔

지난 한 주간 말씀을 묵상한 것이나 삶에 적용한 것이 있으면 돌아가며 간단히 나누어 봅시다.

• 오늘의 성경공부 목표

교회 공동체 안에서 함께 말씀을 배우고 교제하는 것의 중요성에 대해 생각해 보도록 합니다.

13 그날에 그들 중 둘이 예루살렘에서 이십 오 리 되는 엠마오라 하는 마을로 가면서
14 이 모든 된 일을 서로 이야기하더라
15 그들이 서로 이야기하며 문의할 때에 예수께서 가까이 이르러 그들과 동행하시나
16 그들의 눈이 가리어져서 그인 줄 알아보지 못하거늘
17 예수께서 이르시되 너희가 길 가면서 서로 주고받고 하는 이야기가 무엇이냐 하시니 두 사람이 슬픈 빛을 띠고 머물러 서더라
18 그 한 사람인 글로바라 하는 자가 대답하여 이르되 당신이 예루살렘에 체류하면서도 요즘 거기서 된 일을 혼자만 알지 못하느냐
19 이르시되 무슨 일이냐 이르되 나사렛 예수의 일이니 그는 하나님과 모든 백성 앞에서 말과 일에 능하신 선지자이거늘
20 우리 대제사장들과 관리들이 사형 판결에 넘겨주어 십자가에 못 박았느니라
21 우리는 이 사람이 이스라엘을 속량할 자라고 바랐노라 이뿐 아니라 이 일이 일어난 지가 사흘째요
22 또한 우리 중에 어떤 여자들이 우리로 놀라게 하였으니 이는 그들이 새벽에 무덤에 갔다가
23 그의 시체는 보지 못하고 와서 그가 살아나셨다 하는 천사들의 나타남을 보았다 함이라
24 또 우리와 함께한 자 중에 두어 사람이 무덤에 가 과연 여자들이 말한 바와 같음을 보았으나 예수는 보지 못하였느니라 하거늘

25 이르시되 미련하고 선지자들이 말한 모
든 것을 마음에 더디 믿는 자들이여
26 그리스도가 이런 고난을 받고 자기의 영
광에 들어가야 할 것이 아니냐 하시고
27 이에 모세와 모든 선지자의 글로 시작하
여 모든 성경에 쓴 바 자기에 관한 것을
자세히 설명하시니라
28 그들이 가는 마을에 가까이 가매 예수는
더 가려 하는 것같이 하시니
29 그들이 강권하여 이르되 우리와 함께 유
하사이다 때가 저물어가고 날이 이미 기
울었나이다 하니 이에 그들과 함께 유하
러 들어가시니라
30 그들과 함께 음식 잡수실 때에 떡을 가지
사 축사하시고 떼어 그들에게 주시니
31 그들의 눈이 밝아져 그인 줄 알아보더니
예수는 그들에게 보이지 아니하시는지라

• 함께 읽어보기

예수님이 부활하시고 승천하신 후에, 함께 모여 있던 제자들은 오순절 날에 모두 성령의 충만함을 받게 됩니다. 성령의 역사를 체험한 제자들은 날마다 성전에 모여서 (1)사도의 가르침을 받고, (2)서로 교제하고 떡을 떼며, (3)오로지 기도하기에 힘을 썼습니다(행 2:42 참고). 초대교회는 왜 사도의 가르침을 받고 서로 교제하는 것을 중요하게 여겼을까요? 각자가 나름대로 열심히 말씀을 연구하고 기도하면서, 각자의 자리에서 신실한 그리스도인으로 살 수도 있지 않았을까요? 오늘 본문의 이야기는 그 질문에 대한 답이 될 수 있습니다. 엠마오로 향하던 두 제자는 예수님에 관해 나름의 지식을 가지고 있었고 열띤 토론을 하고 있었지만, 그들의 영적인 눈은 가리어져 있었습니다. 만약 예수님께로부터 말씀에 관한 가르침을 받고 함께 떡을 떼며 교제하는 경험을 하지 못했더라면, 두 제자는 여전히 영적으로 가리어진 눈을 가지고 살아야 했을 것입니다. 오늘날 우리가 교회에 모여 가르침을 받고, 성경을 공부하며, 함께 교제하는 것에 열심을 내야 할 이유가 바로 거기에 있을 것입니다.

도입 질문

1 예수를 믿기 전에 예수님은 나에게 어떤 분이셨습니까? 예수를 믿고 난 지금 예수님은 나에게 어떤 분이십니까?

함께 나누기

2 엠마오로 향하던 두 제자가 서로 이야기하며 문의할 때에, 누가 그들에게 다가와 동행하였습니까? **15절**

3 두 제자가 예수님을 알아보지 못한 이유는 무엇입니까? 16절

4 누가는 두 제자의 심정을 어떻게 묘사하고 있습니까? 17절

5 글로바는 예수님을 어떤 분으로 생각하고 있었습니까? 19, 21절

6 글로바는 누가 예수님을 십자가에 못 박았다고 말합니까? 20절

7 예수님은 제자들에게 무엇을 자세히 설명해 주셨습니까? 27절

8 두 제자의 눈은 예수님께로부터 성경 말씀을 배울 때 밝아진 것이 아니라, 예수님과 함께 떡을 떼며 교제할 때 밝아지게 됩니다. 30-31절 참고 이 사실이 우리에게 주는 교훈은 무엇일까요? 각자의 생각을 말해 봅시다.

9 오늘 성경공부를 통해 나누고 싶거나 깨달은 것이 있으면 이야기해 봅시다.

권별주삶

아가페

주삶 GBS 해설서

- 1주(45회-50회) _ 누가복음 13:10-17
  외식하는 자들아
- 2주(51회-55회) _ 누가복음 15:11-24
  아낌없이 주시는 아버지
- 3주(56회-60회) _ 누가복음 18:9-17
  하나님 나라에 들어가려면
- 4주(61회-65회) _ 누가복음 18:18-30
  영생에 이르는 길
- 5주(66회-70회) _ 누가복음 20:19-26
  하나님의 것은 하나님께로
- 6주(71회-75회) _ 누가복음 21:29-38
  항상 기도하며 깨어 있으라
- 7주(76회-80회) _ 누가복음 22:14-20
  유월절 어린 양으로 죽으시는 예수님
- 8주(81회-85회) _ 누가복음 23:13-25
  십자가에 못 박게 하소서
- 9주(86회-90회) _ 누가복음 24:13-31
  엠마오로 향하던 두 제자

1 가이드》 교회 안에서는 자상하고 남을 잘 배려하지만, 가정에서는 신경질적이고 이기적인 배우자 때문에 고민하는 성도를 만난 적이 있습니다. 가정에서, 학교에서, 직장에서는 그리스도인답게 살지 못하면서, 교회에서는 신실한 그리스도인처럼 행세하는 습관이 있다면, 그것이 바로 일상에서 우리가 흔히 저지르는 외식일 것입니다.

2 답》 "열여덟 해 동안 귀신 들려 앓으며 꼬부라져 조금도 펴지 못하는 한 여자"

해설》 "귀신 들려"라는 원문의 표현은 '악한 영의 영향으로'라는 의미가 있는데, 특정한 귀신의 영에 의하여 몸과 정신이 사로잡혔다는 의미가 아니라 일반적인 의미에서 '악한 영이 영향으로 질병을 겪게 되었다'라고 이해하는 것이 적절합니다. 죄 아래 있는 인간은 모두 악한 영(사탄)의 속박 아래 있으며 크고 작은 질병과 고통을 겪습니다. "꼬부라져 조금도 펴지 못하는"이라는 구절은 악한 영의 속박 아래서 아무것도 할 수 없는 인간의 무기력함을 보여줍니다.

3 답》 "여자여 네가 네 병에서 놓였다"

해설》 예수님께서 '네가 고침을 받았다'라고 말씀하시지 않고, '네 병에서 놓였다'라고 말씀하십니다. 그 이유는 아마도 예수님 자신이 악한 영의 영향 아래에서 질병으로 고통받는 인간을 자유롭게 하실 수 있는 능력의 구원자라는 사실을 보여주시기 위함일 것입니다.

4 답》 "일할 날이 엿새가 있으니 그 동안에 와서 고침을 받을 것이요 안식일에는 하지 말 것이니라"

해설》 당시 유대인들은 구약성경에 언급된 안식일에 관한 율법(출 20:8–10; 신 5:12–14)을 기반으로 제정된 많은 세부 조항을 율법으로 간주하고 지켰습니다. 그러한 조항들에 의하면 당시 안식일에 병을 고치는 일은 금지된 의료 행위였습니다. 그러나 예수님은 안식일에 병을 고치셨고, 그것을 통해 단순히 율법의 조항을 지키는 것보다 그 율법이 가르치는 하나님의 사랑을 실천하는 것이 우선되어야 함을 가르쳐 주십니다.

5 답》 외식하는 자들

해설》 "외식하는 자"에 해당하는 헬라어 '히포크리타이'는 연극이나 역할극의 배우를 가리키는 말에서 유래되었습니다. 바리새인들을 비롯한 유대 종교지도자들은 (1)사람들에게 잘 보이기 위해 했던 위선적인 언행을 했고(마 6:1–5), (2)자신들은 지키지 않으면서 사람들에게 율법을 지킬 것을 강요했습니다(마 23:1–5). 이러한 이중적 행동이 바로 성경이 말하는 "외식"입니다.

6 답》 자신들의 소와 나귀는 안식일임에도 불구하고 외양간에서 풀어내어 물을 먹이면서, 열여덟 해 동안 병든 사람을 사탄의 매임에서 풀어 줄 것을 반대했기 때문에

해설》 가축을 매임에서 풀어 물을 먹이는 일이 안식일에 허용된다면, 병든 여인을 사탄의 매임에서 풀어 주는 일은 더욱 허용되어야 하는 것이 마땅합니다. 예수님은 안식일에 병을 고친 일을 반대했던 사람들이 가졌던 안식일에 대한 이중적 잣대를 지적하셨습니다. 그들은 하나님이 주신 율법을 자신들의 입맛에 맞게 해석하고 적용하는 잘못을 저질렀던 것입니다.

7 답》 모든 반대하는 자들은 부끄러워하고, 온 무리는 기뻐하였다.

해설》 '온 무리가 기뻐하는 것'이 바로 하나님이 자신의 백성에게 안식일을 주신 이유입니다. 사탄의 지배 아래 병들고 무기력했던 여자를 구원하셨던 것과 마찬가지로, 예수님은 죄의 지배 아래 있던 우리를 구원하셨습니다. 그러므로 '온 무리의 기쁨'은 예수를 믿고 사탄의 속박 아래에서 구원받은 하나님의 백성이 누리는 큰 기쁨을 상징할 것입니다.

8 가이드》 예수님이 유대 종교주의자들에게 주신 교훈에는 두 가지 이유가 있습니다. (1)예수님은 자신을 가리켜 "안식일의 주인"이라고 말씀하셨습니다(눅 6:5). 그러므로 안식일에 병을 고치신 사건은 안식일에 관한 주권이 예수님께 있음을 의미합니다. (2)안식일에 해야 할 가장 중요한 것은 율법 준수라는 형식적 행위가 아니라 바로 '이웃 사랑'의 실천이라는 가르침을 주고 싶으셨을 것입니다. 율법은 하나님을 사랑하고 이웃을 사랑하기 위해 존재하기 때문입니다(마 22:36–40).

*서로 기도 제목을 나누면서 뒤에 있는 기도 노트를 활용하십시오(p.202–205).

1 가이드》 우리는 누구나 아버지가 있어서 태어났지만, 아버지의 온전한 사랑을 경험하는 사람은 드물어서 그 사랑이 무엇인지를 이해하는 사람은 별로 없습니다. 하지만 우리 모두는 아버지의 사랑이 필요합니다. 그 사랑 안에서만 살 수 있습니다. 하나님은 우리에게 아버지의 사랑이 무엇인지를 가르쳐 주십니다.

2 답》 아버지의 재산 중에서 본인에게 돌아올 분깃

해설》 둘째 아들은 사실상 아버지가 돌아가셔야만 받을 수 있는 유산을 미리 청구하였습니다. 그것은 당시의 부계중심 사회에서는 있을 수 없는 일입니다. 이스라엘의 율법은 부모의 말을 거역한 자식은 심지어는 고발하여 죽일 수도 있을 정도로 엄격하였습니다(신 21:18-21). 그럼에도 불구하고 아버지는 아들의 요구를 들어줍니다.

3 답》 먼 나라에서 허랑방탕하여 낭비하였다.

해설》 둘째 아들은 먼 나라로 갔습니다. 즉, 아버지와의 인연을 끊어 버렸습니다. 그리고 아무도 보지 않는 그 곳에서 재산을 낭비하였습니다. '허랑방탕하여'라는 뜻은 재산을 의미 없는 곳에 사용하였다는 뜻입니다. 그는 쓸모없는 곳에 아버지의 재산을 낭비하였고 결국은 다 써 버렸습니다(14절).

4 답》 흉년을 만나서 궁핍하게 되었다.

해설》 둘째 아들은 스스로도 재산을 낭비하였지만 외부적인 환경도 좋지 않았습니다. 큰 흉년이 들어 궁핍하게 된 것입니다. 그런데 그는 먼 나라에 있기 때문에 그를 도와줄 가족이나 친구가 없었습니다. 그래서 그는 돼지치기로 취직을 하였는데, 제대로 임금도 받지 못하여 결국 굶어 죽을 지경에 이르렀습니다.

5 가이드》 둘째 아들은 돈을 쓰는 소비에서 인생의 즐거움을 얻으려 했습니다. 그러다가 큰 흉년을 겪으면서야 비로소 아버지의 집에서는 품꾼마저도 풍족하다는 것을 깨닫게 됩니다. 인생에서 만난 고난은 우리에게 가난함을 주고, 가난함은 우리에게 하나님의 나라에 들어가는 복을 주는 통로가 됩니다(눅 6:20).

6 답》 자신이 저지른 잘못을 뉘우치고 아버지께로 돌아간다.

해설》 둘째 아들은 고난 중에 먼저 아버지를 떠올립니다. 아버지 안에 모든 해답이 있다는 것을 발견합니다. 아버지 안에 있어야 풍족하다는 사실을 깨닫습니다. 또한 아버지 없이 사는 것은 곧 죽는다는 것임을 깨닫습니다. 사실 그는 죽었습니다. 실제적으로도 배가 고파서 죽을 지경에 이르렀고, 영적으로도 하늘과 아버지께 죄를 지어 죽은 것입니다. 결국 아버지께로 돌아가야 산다는 것을 깨닫고 집으로 돌아갑니다.

7 답》 둘째 아들은 자신을 품꾼으로 여길 것을 기대했지만, 아버지는 그를 예전의 아들로 받아들였습니다.

해설》 둘째 아들은 자신이 돌아갈 때 아들이 아닌 품꾼으로 삼아 주길 요청하리라 생각했습니다. 여기에서의 품꾼은 종보다도 못한 당시 하인 중에서 가장 낮은 신분의 하인이었습니다. 필요한 날만 돈을 주고 부르는 삯꾼 종류의 하인이었습니다. 그는 그것마저도 은혜라고 생각했습니다. 하지만 아버지는 둘째 아들을 따뜻하게 환영하고 그를 위해 잔치를 베풀었을 뿐만 아니라 공식적으로도 아들의 지위를 완전히 회복하게 해 주었습니다.

8 가이드》 둘째 아들은 단순히 잘못된 몇 가지 행동에 대해서 죄책감만 느낀 것이 아니었습니다. 먼저는 아버지에 대해서 새로이 인식했는데, 자신의 삶과 죽음이 아버지 안에 있다는 것을 알게 되었습니다. 그리고 자기가 지금까지 누렸던 모든 것들이 자기 것이 아니라 아버지로부터 은혜로 왔다는 것을 깨달았습니다. 참된 회개는 회개로부터 무엇을 얻으려는 것이 아니라 아버지에게 돌아가 나의 모든 것을 그분의 처분에 맡기는 것입니다. 그리고 감사하는 것입니다.

*서로 기도 제목을 나누면서 뒤에 있는 기도 노트를 활용하십시오(p.202-205).

1 가이드》 죄의 심각성에 대해 더 깊이 깨달을수록 하나님의 은혜가 더 크게 여겨진다는 의미일 것입니다. 누군가가 하나님의 은혜는 받았다면, 자신의 죄를 깨닫고 겸손히 하나님의 긍휼을 구했기 때문일 것입니다. 그러나 자신의 죄를 깨닫지 못하는 자는 하나님의 은혜 또한 깨닫지 못할 것입니다. 은혜는 죄인에게 주시는 하나님의 선물이기 때문입니다.

2 답》 바리새인, 세리

해설》 바리새인들은 율법을 엄격히 지켰기 때문에 당시 유대인 공동체 안에서 "바리새인"이라는 칭호는 의로움과 경건의 상징이었습니다. 반면에, 세리는 로마 제국을 위한 세금을 걷는 일에 앞장섰을 뿐 아니라, 제국에서 정해 준 금액보다 과도한 액수를 부과하여 빈번하게 자신의 부를 축적하였기 때문에 동족들에게 죄인 취급을 받았습니다. 복음서에 "세리와 죄인"이라는 표현이 종종 등장하는 이유입니다(마 9:11; 눅 5:30).

3 답》 토색, 불의, 간음하는 자들, 옆에 서 있는 세리와 같지 않은 사람인 것을 감사하는 기도를 했다.

해설》 인간의 기준으로 판단했을 때 바리새인이 세리보다는 더 도덕적일 수는 있지만, 하나님 앞에서는 양쪽 모두 죄인입니다. 조금 우스꽝스러운 것은 죄인인 바리새인은 자신이 죄인이 아닌 것을 감사하는 기도를 하고 있다는 것입니다. 아마도 바리새인의 이러한 확신은 율법을 철저히 지킨 자신의 행위에 근거할 것입니다. 그러나 성경은 분명히 말합니다. "율법의 행위로 그의 앞에 의롭다 하심을 얻을 육체가 없나니"(롬 3:20).

4 답》 이레에 두 번씩 금식하고 소득의 십일조를 드린 것

해설》 비유에 등장하는 바리새인은 율법이 규정하는 것보다 더 많은 금식을 했던 것으로 보입니다. 당시 유대인들은 대속죄일을 비롯한 몇몇 절기에만 금식했기 때문입니다(레 16:29-31; 에 9:31). 바리새인의 기도에서 "소득의 십일조"라고 번역된 구절의 원문은 '내가 얻은 모든 것의 십일조'입니다. 그런데 율법이 규정하는 십일조는 모든 종류의 소득에 적용되는 것이 아니었습니다. 그는 율법이 요구하는 그 이상의 십일조를 드렸던 것입니다.

5 답》 자신이 죄인임을 고백하며 하나님의 불쌍히 여기심을 구했다.

해설》 세리는 멀리 서서, 눈을 들지도 못하고, 가슴을 치며 기도합니다. 가슴을 치는 행위는 세리가 자기 죄를 인식하고 참회하고 있다는 것을 암시합니다. 세리는 자신이 죄인임을 알고 있었고, 하나님의 불쌍히 여기심이 없이는 의롭다 함을 얻을 수 없다는 것 역시 알고 있었던 것입니다.

6 답》 세리

해설》 바리새인은 하나님이 주시는 의롭다 함을 구한 것이 아니라, 하나님께 자신의 의를 자랑했습니다. 그러므로 바리새인이 의롭다 함을 받지 못한 것은 어쩌면 당연한 결과입니다. 의롭다 하심은 자신의 죄의 심각성을 깨닫고 하나님의 자비를 구하는 자에게 주시는 하나님의 은혜이기 때문입니다.

7 답》 하나님 나라가 어린아이와 같은 자들의 것이기 때문에

해설》 대부분의 고대 사회가 그러했듯이, 당시 이스라엘은 성인 남성이 중심이 되는 가부장적 사회였습니다. 그러한 분위기 속에서 여자와 어린아이는 소외당했습니다. 그러나 예수님께서는 하나님 나라의 질서 속에서는 그러한 차별이 존재하지 않을 것이며, 오히려 어린아이와 같은 자들이 하나님 나라를 소유할 것이라고 말씀하십니다.

8 가이드》 보통 "어린아이"라고 하면 아이의 순수함을 떠올립니다. 그러나 본문에서 예수님이 의도하시는 바는 순수함이 아닌 '완전한 의존'일 것입니다. 어린아이가 부모에게 자신의 모든 것을 맡기고 의존하듯이, 하나님을 전적으로 의지하고 모든 것을 맡기는 사람에게 하나님의 긍휼하심과 구원이 임하기 때문입니다.

1 가이드》 이 관리처럼 때로는 어려서부터 배우고 알고 익숙한 것이어도 수학 문제처럼 정확하게 답을 알지 못하는 것들이 있습니다. 특히 영적인 문제는 더욱 그러합니다. 왜냐하면 그러한 것들은 지적인 문제가 아니라 때로는 마음의 상태와 또는 삶과 연결되어 있어서, 내 마음과 삶을 건드리지 않고는 그것을 해결할 수 없기 때문입니다.

2 답》 선한 선생님

해설》 이 관리는 예수님을 찾아와서 '선한 선생님'이라고 부릅니다. 그러나 예수님은 그 호칭을 달가워하시지 않는 것 같습니다. 그것은 아마도 그 관리의 마음속에 있는 잘못된 동기를 보셨기 때문일 것입니다.

3 답》 '하나님 한 분 외에는 선한 이가 없다'고 말씀하신다.

해설》 예수님은 그 관리가 자신에게 선한 선생님이라고 부르는 것을 교정해 주십니다. 예수님은 하나님이십니다. 그런데 그렇게 말씀하신 이유는 예수님이 선하시지 않아서가 아니고, 그 관리가 예수님을 선한 선생님이라고는 부르지만 하나님으로 받아들이지는 않았기 때문입니다. 그는 예수님을 영생을 얻을 정도로 율법을 완벽하게 지킨 모범 답안으로만 보고 있습니다. 그래서 자기가 좀 더 열심히 하면 충분히 따라갈 수 있다고 생각했을 것입니다.

4 답》 계명을 지키는 것이라고 말씀하신다.

해설》 예수님께서 믿음을 통해서 구원을 얻는다고 말씀하지 않으시고 계명을 지키는 것이 영생을 얻는 방법이라고 이야기하는 것이 이상할 수 있습니다. 그러나 원래는 그것이 맞습니다. 그것은 먼저 아담에게 주어졌습니다. 그러나 아담으로부터 시작해서 모든 인류는 계명을 지키지 못하고 오히려 죄를 지었습니다. 예수님께서 이 관리에게 먼저 계명을 이야기한 것은, 그가 계명을 온전히 다 지키는 것을 실패했다는 사실을 가르쳐주기 위함이었습니다.

5 가이드》 교회를 다니면서 예수를 믿으면 구원을 얻는다고 배웠지만, 많은 사람들은 여전히 자신의 구원에 대해서 확신하지 못하고 마음 한구석에 혹시나 하는 의심을 가지고 살아갑니다. 그것은 단지 교리에 대한 이해를 가지고 있다고 해결이 되는 것은 아닙니다. 이 관리도 어려서부터 성경을 읽고 실천해 왔지만 여전히 확신을 가지지 못하고 살아왔습니다. 이 관리가 잘한 것은 예수님을 찾아간 것이었습니다. 그와 예수님의 대화는 우리의 구원도 점검해 줄 것입니다.

6 답》 자신이 율법을 온전히 지키고 있지 않다는 사실을 깨닫는 것

해설》 이 관리의 문제는 자기가 어려서부터 다 지키고 있다고 하는 율법을 실제로는 온전히 지키고 있지 않았던 것입니다. 율법에서 가장 중요한 두 가지는 하나님을 사랑하는 것과 이웃을 사랑하는 것입니다(10:27). 그런데 이 관리는 이웃이 가난해서 굶주리는 데도 자신의 부를 쌓아 놓고만 있었습니다. 결국 그것은 실제로는 '이웃을 사랑하라'는 율법을 지키지 않고 있는 것인데도, 그는 율법의 조항을 하나하나 형식적으로 지키는 것으로 율법을 다 지키고 있었다고 자신마저 속이고 있었습니다. 그는 실제로 율법을 지키지 않고 있었던 것입니다.

7 답》 큰 부자이므로

해설》 예수님이 부자 관리에게 있는 소유를 다 팔아 가난한 자들에게 나눠 주라고 했을 때, 그에게는 가진 것이 너무 많았습니다. 하지만 그의 문제는 "하늘에서 네게 보화가 있으리라"고 하신 예수님의 말씀을 이해하지 못했기 때문입니다. 만약 내가 지금 가난한 자들에게 나의 재산을 다 팔아 주더라도 더 큰 보화를 얻을 수 있다면 기꺼이 그럴 수 있을 것입니다(마 13:44,46절). 하지만 이 관리는 그것을 보지 못했습니다. 천국의 가치를 보지 못하면 이 땅의 재물이 더 커 보이고, 그 재물 때문에 예수님을 따라가는 데 오히려 방해가 됩니다.

8 가이드》 올바르게 보이는 종교생활은 오히려 우리의 신앙의 걸림돌이 될 수도 있습니다. 신앙은 형식적인 율법의 조항을 지키는 것이 아니고 율법이 요구하는 정신대로 사는 것입니다. 그리고 더 중요한 것은, 우리가 율법을 지키는 것에 실패했음을 인정하고, 그렇기에 율법을 완성시킨 예수님 앞에 우리의 인생을 내려놓고 그분에게 배우고 그분을 따르는 것입니다.

1 가이드》 가끔은 누군가를 곤경에 빠뜨리기 위해 함정을 만드는 경우가 있습니다. 그것은 드라마나 영화에서만 나오는 것이 아니라, 때로는 우리의 일상에 있기도 하고 예수님이 직접 경험한 것이기도 합니다.

2 답》 서기관들과 대제사장들

해설》 예수님이 포도원 농부 비유(20:9-18)에서 서기관들과 대제사장들을 책망하시자, 그들은 예수님을 즉시 잡으려고 하였습니다. 하지만 그들은 예수님을 따르는 백성이 많아서 당장은 잡지 못하였습니다. 그래서 이번에는 예수님을 잡기 위한 덫을 준비합니다. 서기관들은 말씀을 적고 가르치는 자들이었습니다. 대제사장들은 백성들의 죄가 사해지도록 하나님께 중재하는 자들이었습니다. 그런 자들이 예수님을 잡아 죽이려고 하는 것은 하나님을 대적하는 행위였습니다.

3 답》 총독의 다스림과 권세 아래에 넘기려는 것

해설》 그들 스스로 잡으려니까 예수를 따르는 백성들이 두려워서 이번에는 로마의 권력을 이용해서 예수를 잡으려고 시도하는 것입니다. 당시 대제사장들은 로마의 편에 붙어 있는 세속적인 자들이었지만, 로마의 지배를 반대하고 대제사장들을 싫어하는 무리들인 서기관들까지 그렇다는 것은, 예수를 잡으려는 한 가지 목적 아래 모두가 연합하고 있다는 사실을 보여줍니다.

4 답》 가이사에게 바치는 세금

해설》 여기에서의 세금은 로마에 바치는 인두세를 가리킵니다. 당시 유대 사회는 로마의 지배에 대하여 서로 다른 의견으로 갈라졌습니다. 세속적인 권력을 지향하는 제사장 그룹들인 사두개인들은 친로마적 성향을 띤 반면, 서기관들과 바리새인들은 하나님의 백성인 유대인들을 로마가 지배하는 것에 대해 강한 반감을 가지고 있었습니다. 예수님이 어떤 대답을 하시든지 양쪽 중 적어도 한쪽의 미움을 받을 것은 분명해 보입니다.

5 답》 로마의 돈

해설》 당시 로마의 데나리온에는 황제의 형상과 글귀가 적혀 있었습니다. 때로는 그 글귀들은 황제가 신이라는 내용을 포함하기도 했습니다. 그것은 유대인들이 혐오하는 것이었습니다. 그러나 바리새인들은 겉으로는 그러한 로마의 통치와 세금의 징수에 반대했지만, 실상은 그 돈을 사랑하여 모으는 자들이었습니다(16:14). 예수님은 그런 그들에게 강하게 경고하시는 것입니다. "너희들은 돈을 사랑하지 말고 그 돈의 주인들에게 돈을 가져다주어라."

6 답》 모든 것

해설》 예수님은 가이사의 것은 가이사에게 바치라고 하시지만, 결국 가이사의 것은 없으며 모두가 하나님의 것이라고 선포하고 계십니다. 그러면서 종교지도자들에게 로마의 돈을 사랑하지 말고 그 돈은 원래 주인인 로마의 황제에게 돌려주고, 너희들은 돌이켜서 하나님만 온전히 섬기라고 말씀하시는 것입니다.

7 답》 그들이 놀랍게 여기고 침묵함

해설》 예수님을 함정에 빠뜨리려 했던 자들은 결국 예수님의 지혜로운 대답에 실패하고 침묵하게 됩니다. 그들이 비록 예수님을 반대하는 자들의 사주를 받고 일을 하긴 했지만, 예수님의 대답이 하나님의 지혜로부터 왔다는 것을 인정할 수밖에 없었을 것입니다. 그래서 그들의 첫 번째 반응은 경이로움이었습니다. 그리고 침묵하였습니다.

8 가이드》 우리는 가끔씩 이 세상에서 내가 하고 싶은 영역을 구분해 두고 하나님을 들어오시지 못하게 하는 부분이 있을 수도 있습니다. 하지만 그 어떤 것도 하나님의 주권 아래 있습니다. 우리는 오히려 그런 우리의 욕심을 제거하고, 모든 영역에서 하나님이 다스리시도록 순종해야 할 것입니다.

*서로 기도 제목을 나누면서 뒤에 있는 기도 노트를 활용하십시오(p.202-205).

1 가이드》 성경은 마지막 날에 임하게 될 하나님의 나라에서 인간이 어떤 삶을 살아갈지에 대해 구체적으로 언급하지 않습니다. 한 가지 확실한 것은 모든 그리스도인이 부활의 몸을 입고 영원한 삶을 살게 된다는 것입니다. 영원한 나라에서 사는 동안 과연 나는 어떤 일을 하며 살 것인가? 행복한 상상을 해 보는 시간을 가져 봅시다.

2 답》 하나님의 나라

해설》 31절에 언급된 "하나님의 나라"는 예수님의 성육신을 기점으로 시작되었고 예수님의 재림의 날에 완성될 하나님의 통치를 의미합니다. 예수님께서 다시 오시기 전에 온 나라와 민족에게 환란과 재앙이 있을 것이라는 예언의 말씀은 다 이루어질 것입니다(32절). 우리는 종말의 시대를 잘 분별하고, 다시 오실 예수님을 기다리며, 주어진 삶을 충실히 살아가는 신실한 믿음의 백성이 되어야 할 것입니다.

3 답》 방탕함과 술취함과 생활의 염려로 마음이 둔하여지지 않기 위해서

해설》 노아의 때에 사람들은 홍수가 나는 그 날까지 '먹고 마시고 장가들고 시집가는' 일에 몰두하느라 자신들이 멸망하게 되었다는 것을 깨닫지 못했던 것처럼(마 24:37-39), 예수님이 다시 오실 그 날에도 세상은 여전히 "방탕함과 술취함과 생활의 염려"에 몰두해 있을 것입니다. 세상의 악한 풍조에 휘말려 마음이 둔하여지지 않도록 스스로 조심하는 신앙을 가져야 할 것입니다.

4 답》 덫

해설》 그날이 "덫과 같이" 임할 것이라는 말씀은 앞 구절과의 관계 속에서 이해해야 합니다. 세상의 악한 풍조와 생활의 염려로 인해 마음이 둔하여진 자들에게는 예수님의 강림이 "덫"과 같이 갑자기 임할 것입니다(전 9:12). 또한, 한 번 덫에 걸리면 빠져나갈 수 없듯이 일단 예수님이 오신 후에는 아무리 울며 후회해도 심판받을 운명을 돌이킬 수 없을 것입니다. 하지만, 다시 오실 예수님을 늘 기다리며 살아가는 그리스도인에게 그날은 "덫"이 아닌 상상했던 것 이상의 큰 "기쁨"으로 임할 것입니다.

5 답》 온 지구상에 거하는 모든 사람

해설》 예수님의 강림을 이 세상 모든 사람이 목격하게 될 것이라는 믿음은 신약성경에 종종 등장합니다. "그때에 땅의 모든 족속들이 통곡하며 그들이 인자가 구름을 타고 능력과 큰 영광으로 오는 것을 보리라"(마 24:30), "볼지어다 구름을 타고 오시리라 각인의 눈이 그를 보겠고 그를 찌른 자들도 볼 것이요"(계 1:7).

6 답》 장차 올 환란을 능히 피하고 인자 앞에 서도록

해설》 성경은 믿는 자들이 말세에 환란과 핍박을 당한 것이라고 증거합니다(딤후 3:12). 그러므로 "환란을 능히 피하고"라는 구절은 환란을 능히 극복한다는 의미로 이해해야 할 것입니다. 인자 앞에 선다는 것은 최후의 심판을 가리킵니다. "우리가 다 반드시 그리스도의 심판대 앞에 나타나게 되어 각각 선악간에 그 몸으로 행한 것을 따라 받으려 함이라"(고후 5:10).

7 가이드》 바울은 예수님의 강림이 "밤에 도둑같이" 임할 것이라고 말합니다(살전 5:2). 도둑이 언제 찾아올지 아는 것은 불가능하지만, 경각심을 가지고 도둑이 올 것을 미리 대비해 둘 수는 있습니다. 항상 기도하며 깨어 있으라는 예수님의 말씀은 그리스도인 각자가 악한 세상으로부터 자신을 구별하고 영적인 경각심을 잃지 말라는 엄중한 요구일 것입니다.

8 가이드》 시한부 종말론을 주장하는 집단은 예수님이 오실 날을 특정합니다. 이것은 성경적이지 않습니다(마 24:36). 또한, 시한부 종말론자들은 예수님의 재림을 준비해야 한다는 이유로 현재의 삶을 등한시합니다. 예수님의 재림을 준비하는 그리스도인의 삶이 특별해야 할 이유는 없습니다. 우리는 평소와 다름없이 먹고, 자고, 직장과 학교에 가고, 최선을 다해 하나님을 사랑하고, 내게 주어진 사람들을 사랑하며 살다가 예수님이 오시면 미련 없이 영원의 삶으로 들어갈 것이기 때문입니다.

1 가이드》 개인적 또는 공동체적으로 누구든 기억하고 싶은 중요한 것들은 해마다 날짜를 기억하고 기념하면서 그 날에 특별한 의미를 부여합니다. 그것은 개인의 생일일 수도 있고 국경일일수도 있습니다. 교회에서도 그러한 날을 절기로 정해 놓고 기념하는데, 그리스도인에게 가장 중요한 것은 예수 그리스도의 십자가 죽음과 부활일 것입니다.

2 답》 유월절

해설》 예수님은 유월절을 기념하여 제자들과 만찬을 가졌습니다. 이 유월절은 예수님이 죽기 전 마지막 유월절이었습니다. '너희와 함께 … 원하고 원하였노라'는 표현에서 알 수 있듯이, 예수님은 이 절기를 중요하게 생각하였고 기다리고 있었습니다.

3 답》 출애굽 사건

해설》 유월절은 출애굽 당시 애굽에 내린 열 가지 재앙 중 마지막 재앙인 장자가 죽는 날에 이스라엘이 구원받은 사건을 기념하는 날입니다. 하나님은 당시 이스라엘 자손들에게는 유월절 어린 양을 죽여서 피를 문설주에 바를 것을 명하셨는데, 그러면 재앙이 그 집을 넘어갔습니다.

4 답》 하나님의 나라가 임할 때까지

해설》 예수님은 비슷한 표현을 두 번 말씀하시는데, '유월절이 하나님의 나라에서 이루기까지' 그리고 '하나님의 나라가 임할 때까지'입니다. 둘은 같은 표현입니다. 즉, 예수님은 이 후로 심판의 주로 다시 오실 때까지는 유월절의 음식과 포도주를 먹고 마시지 않겠다는 것인데, 바꾸어 말하면 다시 오실 때 이 만찬은 또 시작할 것이라는 뜻도 됩니다. 예수님이 다시 오실 때 믿지 않는 자들은 두려움 가운데 그 진노를 피할 것이고(계 6:15–17), 성도들은 기쁨으로 맞이할 것입니다(계 19:7). 왜냐하면 그때 다시 한 번 주의 오심을 기뻐하는 만찬이 있을 것이기 때문입니다.

5 가이드》 많은 이단들은 예수님의 재림을 공포로 만들었습니다. 그러나 예수님의 재림은 두 무리가 각각 상반되는 반응으로 맞이할 것입니다. 한 무리는 그 진노로 인하여 두려워합니다(계 6:15–17). 하지만 예수님을 따르는 성도들의 무리는 그분을 고대하며 기다리다가 기뻐할 것입니다. 우리는 예수님의 다시 오심을 두려워할 필요가 없습니다. 그분이 오셔서 우리의 눈물을 닦아 주시고 사망과 애통과 곡하는 것과 아픈 것을 지워 버리실 것이기 때문입니다(계 21:4).

6 답》 제자들을 위하여

해설》 예수님은 떡도 '너희를 위하여' 주셨고 포도주도 '너희를 위하여' 주셨다고 말씀하셨습니다. 예수님은 떡은 자신의 '몸'이며 포도주는 자신의 '피'라고 말씀하시며 제자들에게 나누어 주셨습니다. 예수님은 제자들을 위하여 자신의 몸이 찢기고 피를 흘리게 하실 작정이신 것입니다. 예수님이 십자가로 나아가는 이유는 당신의 자녀들을 죄에서 구원하기 위함입니다.

7 답》 예수님

해설》 여호와의 유월절에 애굽의 처음 난 것은 다 죽었습니다. 그러나 유월절 어린 양의 피를 문설주에 바른 집은 재앙이 넘어갔습니다. 그 유월절의 어린 양이 궁극적으로 예수님을 가리킵니다. 예수님은 유월절의 어린 양으로 오셔서 당신의 제자들을 위하여 자신의 몸을 찢기게 내어 주시고 자신의 피를 흘리신 것입니다. 자기가 지은 죄로 죽어야만 하는 자들을 위하여 예수님이 대신 죽으신 것입니다. 예수님은 사랑하는 제자들을 위하여 기꺼이 죽으시는 이 자리를 원하고 원하셨던 것입니다.

8 가이드》 우리는 교회에서 성찬을 그냥 의례적으로 지나치기가 쉽습니다. 하지만 예수님은 그것을 '기념하라'고 하십니다(19절). 이것은 곧 성찬의 의미를 깊이 생각해 보고 묵상하라는 뜻입니다. 우리는 그 성찬에서 죄 없으신 예수님이 '세상 죄를 지고 가는 하나님의 어린 양'(요 1:29)으로 오셔서 온몸이 찢기셨고 피를 흘리셨다는 것을 보게 됩니다. 그리고 그러한 희생이 우리를 사랑하기 때문이라는 것을 알게 됩니다. 성찬에서 우리는 거룩한 하나님이 우리를 위해서 희생하신 사랑을 만나게 됩니다.

*서로 기도 제목을 나누면서 뒤에 있는 기도 노트를 활용하십시오(p.202–205).

1 가이드》 인류의 죄의 문제가 십자가의 참혹성만큼이나 심각하다는 것을 상징합니다. 그리스도인이 십자가를 바라볼 때마다 겸손해지고, 감사의 기도를 드리는 이유는 바로 거기에 있습니다. 죄의 문제는 그만큼 심각했고, 만약 예수님이 십자가를 지지 않으셨다면, 인류는 여전히 죄의 권세 아래에서 살아야 했을 것입니다.

2 답》 죄를 찾지 못하였고, 그(예수)가 행한 일에는 죽일 일이 없다

해설》 대제사장들과 서기관들은 백성을 미혹하고, 로마에 세금을 바치는 것을 금하고, "자칭 왕 그리스도"라 했다는 이유로 예수님을 빌라도에게 고발했습니다(23:2). 예수님께 죄를 찾지 못한 빌라도는 헤롯에게 예수님을 보내었지만, 헤롯 역시 죄를 찾지 못합니다. 저자 누가는 재판 과정을 상세히 기록하며 예수님께 죄가 없다는 사실을 강조합니다.

3 답》 매를 때린 후에 놓아주겠다.

해설》 빌라도는 예수님께 죄가 없다는 것을 확신했지만, 군중들을 달래기 위해 타협안을 제시합니다. "매"는 채찍질을 의미합니다. 당시 로마 제국은 여러 종류의 채찍질을 형벌로 정해놓았는데, 빌라도가 제안한 "매"는 십자가 형벌을 받기 전 예수님이 당하셨던 것보다는 약한 수준의 채찍질이었을 것입니다.

4 답》 예수를 없이하고 바라바를 놓아 달라고 요구하였다.

해설》 "없이하고"(*헬*, 아이레)는 '죽이고', 혹은 '제거하고'라는 의미입니다. 이방인인 빌라도는 메시아를 살리려 하고, 구원자 메시아를 기다려왔던 유대 백성들은 오히려 메시아를 죽이려 하는 모순적인 광경이 벌어집니다. 아마도 유대 지도자들이 백성들을 선동했기 때문일 것입니다. 예수님은 백성을 미혹했다는 이유로 고발당했지만, 실제로 백성들을 미혹했던 자들은 예수님이 아니라 유대 지도자들이었습니다.

5 답》 십자가에 못 박게 하소서

해설》 저자 누가는 "십자가에 못 박게 하소서"라는 구절을 두 번 기록하며, 백성들이 얼마나 예수님에 대하여 적대적이었는가를 강조합니다. 십자가 형벌은 고대 페르시아 제국에서 시작된 것으로 추정되는데, 고대 사회에서 가장 잔인하고 끔찍한 형벌 중의 하나였습니다. 이 형벌은 주로 많은 사람이 볼 수 있는 장소에서 집행되었고 공포심을 유발하여 로마 제국에 복종하도록 하기 위함이었습니다.

6 답》 "이 사람이 무슨 악한 일을 하였느냐 나는 그에게서 죽일 죄를 찾지 못하였나니 때려서 놓으리라"

해설》 누가가 "세 번째"라는 말을 기록하고 있는 이유는 그만큼 빌라도가 예수님의 무죄를 확신했다는 것을 강조하기 위함입니다. 저자 누가는 빌라도와 백성들의 세 번에 걸친 대립을 구체적으로 기록하면서, 한 가지 분명한 메시지를 전달합니다. '죄 없는 하나님의 메시아를 십자가에 죽게 만든 이들은 하나님의 백성임을 자부하던 유대 지도자들과 어리석은 군중들이었다.'

7 답》 예수님에게 십자가 형벌을 언도하고, 바라바를 놓아주었다.

해설》 빌라도는 예수님을 놓아주려고 애를 썼지만, 군중들의 반발로 결국 그들의 요구를 받아들입니다. 십자가 형벌을 선고하는 과정은 〈마태복음〉에 더욱 자세히 기록되어 있습니다(마 27:24-26). 유대 백성들의 요구와 빌라도의 묵인 아래 예수님은 십자가 처형이 집행되었던 것입니다.

8 가이드》 백성들은 예수님이 행하신 수많은 기적과 권위 있는 가르침을 직접 목격했습니다. 그들은 아마도 예수님이 로마의 압제로부터 이스라엘을 해방하고 솔로몬 시대의 영광을 다시 회복시킬 메시아라고 오해했을 것입니다. 그런데 자신들의 기대와는 달리 예수님은 너무 무기력했고, 실망한 백성들은 손쉽게 유대 지도자들의 선동에 넘어가게 되었던 것입니다. 그러나 예수님은 온 인류를 죄에서 구원한 메시아였습니다. 내가 아는 예수님은 어떤 분입니까? 혹시, 부와 명예와 형통함을 주시는 분으로 오해하고 있지는 않습니까?

1 가이드》 그리스도인이 되기 이전에 가졌던 예수님에 대한 피상적인 지식은 신앙생활을 통해 점차 인격적이고 구체적인 지식으로 변하게 됩니다. 우리 믿음의 대상이신 예수님은 언제나 변치 않으십니다. 그러나 예수님을 바라보는 우리의 관점은 우리가 회심하고 믿음 안에서 성장해 가면서 조금씩 달라집니다. 각자의 이야기를 나누어 봅시다.

2 답》 예수님

해설》 "서로 이야기하며 문의할 때"라는 구절에서 '문의하다'라고 번역된 헬라어 부정사 '수제이테인'에는 '토론하다' 혹은 '논쟁하다'라는 의미가 있습니다. 두 제자는 예수님의 부활 사건에 대해 서로 적극적으로 토론하고 있었던 것입니다.

3 답》 그들의 눈이 가리어졌기 때문에

해설》 누가는 "그들의 눈이 가리어져서"라는 표현을 사용하여 두 제자의 영적인 상태를 묘사합니다. 누가는 그들의 눈이 가리어진 이유가 무엇인지에 관해 자세히 설명하고 있지는 않지만, "미련하고 선지자들이 말한 모든 것을 마음에 더디 믿는 자들이여"(25절)라는 예수님의 말씀에 비추어 생각해 볼 때, 두 제자의 믿음이 예수님의 부활을 이해하기에는 부족했다는 것을 알 수 있습니다.

4 답》 얼굴에 슬픈 빛을 띠고 있었다.

해설》 두 제자는 예수님의 부활을 확신하지 못했습니다. 그들은 예수님이 죽었다고 생각했기에 실망과 슬픔에 사로잡혀 있었습니다. 부활의 소식을 듣고서도 믿지 못하고 슬픔에 빠져 있었던 제자들을 지켜보셨던 예수님은 답답함을 느끼셨을지도 모릅니다. 예수님은 곧 그들을 깨우쳐 주기 위한 대화를 시작하십니다. "너희가 길 가면서 서로 주고받고 하는 이야기가 무엇이냐?"

5 답》 하나님과 모든 백성 앞에서 말과 일에 능하신 선지자(19절) / 이스라엘을 속량할 자(21절)

해설》 글로바는 예수님을 모세 같은 위대한 선지자 정도로만 생각했습니다. 그뿐만 아니라, 예수님을 이방 민족의 압제에서 이스라엘을 속량(해방)시켜 줄 메시아로 여겼습니다. 글로바의 생각은 틀렸습니다. 예수님은 선지자가 아니라 하나님의 아들이셨고, 이스라엘의 정치적 구원을 위한 메시아가 아니라 온 인류를 죄에서 구원하실 메시아로 이 땅에 오신 분이시기 때문입니다.

6 답》 대제사장들과 관리들

해설》 당시 유대 지도자들은 법적으로 사형을 선고할 권한이 없었습니다. 그래서 대제사장들과 관리들은 "유대인의 왕"이라는 죄목으로 예수님을 빌라도에게 넘겨주었고, 예수님은 로마법에 따라 십자가형을 선고받습니다. 대제사장들과 유대 지도자들, 빌라도 모두가 예수님의 죽음에 책임이 있다고 보아야 하겠지만, 본문의 저자인 누가는 대제사장들과 관리들을 지목하며 그들의 책임을 더욱 강조합니다.

7 답》 모세와 모든 선지자의 글로 시작하여 모든 성경에 쓰여 있는 자기[예수님]에 관한 것

해설》 "모세와 모든 선지자의 글"이란 구약성경을 가리킵니다. 27절은 초대교회가 구약성경을 '예수님'이라는 렌즈를 통해 이해했다는 것을 알게 해 줍니다. 예수님의 부활 이후 교회 공동체는 구약성경의 기록들이 예수님을 가리키고 있다는 진리를 깨닫게 됩니다. 이러한 성경 해석의 방법은 신약성경 곳곳에서 발견됩니다. 예수님의 삶과 사역은 성경을 잘 이해하기 위한 가장 중요한 열쇠입니다.

8 가이드》 가리어졌던 두 제자의 눈이 예수님의 가르침을 받은 후 떡을 떼며 교제할 때에 비로소 밝아지게 되었다는, 사실은 주목할 만합니다. 우리가 배운 성경의 많은 가르침은 교회 공동체의 지체들과 나누는 사랑의 교제 가운데 실천될 때 비로소 열매를 맺게 될 것입니다. "자녀들아 우리가 말과 혀로만 사랑하지 말고 행함과 진실함으로 하자"(요일 3:18).

*서로 기도 제목을 나누면서 뒤에 있는 기도 노트를 활용하십시오(p.202-205).

기도 노트 Prayer Note

● 하나님께서 기도에 응답하셨으면 'Yes', 거절하셨으면 'No', 보류 중이시면 'Wait'에 체크해 보세요.
시간이 흐른 뒤 하나님의 세심한 인도하심을 느낄 수 있습니다.

날짜 Date	기도 대상 Who	기도 제목 Title	응답 여부 Yes	 No	 Wait

Prayer Note

날짜 Date	기도 대상 Who	기도 제목 Title	응답 여부 Yes	 No	 Wait

Prayer Note

날짜 Date	기도 대상 Who	기도 제목 Title	응답 여부 Yes	 No	 Wait

Prayer Note

날짜 Date	기도 대상 Who	기도 제목 Title	응답 여부		
			Yes	No	Wait

권별주삶

아가페 주삶 20

누가복음(하)

초판 1쇄 발행 2020년 02월 28일

지은이 김일승

펴낸이 곽성종
기획편집 김한나, 홍주미
디자인 박지영, 정육남

펴낸곳 ㈜아가페출판사
등록 제21-754호(1995년 4월 12일)
주소 (06698) 서울시 서초구 효령로8길 5 (방배동)
전화 584-4835(본사)
팩스 586-3078(본사)
홈페이지 www.iagape.co.kr

ISBN 978-89-537-1944-6 (04230)
ISBN 978-89-537-1934-7 (세트)

이 도서의 국립중앙도서관 출판시도서목록(CIP)은 서지정보유통지원시스템 홈페이지(http://seoji.nl.go.kr)와
국가자료공동목록시스템(http://nl.go.kr/kolisnet)에서 이용하실 수 있습니다. (CIP제어번호: CIP2020004822)

아가페 출판사

권별주삶

아가페 주삶

• 주야로 묵상하는 삶 •

누가복음(상)

주삶의 정신 1

'주삶'은 에티오피아 내시에게
말씀을 해석해 준 빌립 집사의 역할을 하기 원합니다.

말씀을 올바르게 깨닫기 위해서는 빌립과 같은 신령한 조력자가 필요합니다.
이제 주삶은 '객관적이고 정확한 절별 해설'을 통해
그리스도인의 매일 말씀묵상을 돕고자 합니다.

주삶의 정신 2

'묵상'은 하루 중 가장 방해받지 않는
귀중한 시간에 하는 것입니다.
그리고 깨달은 말씀을 종일 생각하는 것입니다.

진정한 그리스도인이 되기 위해서는 묵상한 말씀을 늘 되새겨야 합니다.
그것이 주야로 묵상하는 삶이며, '주삶'의 정신입니다.

주삶의 정신 3

'오늘 말씀묵상을 하지 않으면 밥을 먹지 않겠다.'
참된 성도는 굳은 결심의 소유자여야 합니다.

매일 말씀묵상을 하지 않으면 영혼이 병들고 성장하지 않기 때문입니다.
일주일에 한두 끼만 먹는 사람이
건강한 삶을 살 수 없는 것과 마찬가지 이치입니다.

Contents

● 해설 집필자 소개

김일승 목사_ 누가복음

· 서울대학교 졸업(B.A)
· 총신대학교 신학대학원 졸업(M.Div.)
· 미국 Gordon–Conwell Theological Seminary 졸업(성경신학 Th.M.)
· 미국 Southwestern Baptist Theological Seminary(목회학 D.Min.)
· 하늘사랑교회 담임목사

김건일 목사_ GBS 및 해설서

· 침례신학대학교 신학대학원(신학 M.Div.)
· Southwestern Baptist Theological Seminary(신약학 Th.M.)
· Southwestern Baptist Theological Seminary(신약학 Ph.D.) 과정 중
· 뿌리깊은교회 협동목사

권별주삶

아가페

주삶

• 주야로 묵상하는 삶 •

누가복음(상)

AGAPE
(주)아가페출판사

아가페

주삶20 단체 활용법

「권별주삶」의 특징

- 「권별주삶」은 가족, 교회 소그룹, 직장 신우회 등 각종 성경공부 모임에 활용하면 좋습니다.
- 「권별주삶」은 날짜에 구애받지 않는 5일 동안의 개인 묵상과 1일의 주간성경공부(GBS)로 구성되어 있습니다.

「권별주삶」의 단체 활용법

➤ 5일 동안 개인적으로 묵상하고, 1주일에 1회씩 모여 GBS 모임을 가지면 좋습니다.

- 주중 첫날부터 5일째까지 개인묵상 시간을 통해 말씀을 묵상하고, 6일째는 지난 5일간 주신 메시지를 거듭 기억하며 복습합니다.
- 7일째 주간성경공부 모임에서, 한 주 동안 묵상한 말씀을 삶에 적용하고 체험과 깨달음을 서로 공유합니다.

➤ 단체 성경공부 모임의 말씀묵상을 하면서 아래의 구체적인 활용법을 따라하세요.

예) 토요일이나 주일에 GBS 모임을 할 경우

1주차	GBS	2주차	GBS	3주차	GBS	…	6주차	GBS
월, 화, 수, 목, 금	1	월, 화, 수, 목, 금	2	월, 화, 수, 목, 금	3		월, 화, 수, 목, 금	6
01~05회		06~10회		11~15회			26~30회	

예) 금요일에 GBS 모임을 할 경우

1주차	GBS	2주차	GBS	3주차	GBS	…	6주차	GBS
토, 월, 화, 수, 목	1	토, 월, 화, 수, 목	2	토, 월, 화, 수, 목	3		토, 월, 화, 수, 목	6
01~05회		06~10회		11~15회			26~30회	

「권별주삶」은 각종 성경공부 모임의 계획에 맞춰 차별화 된 스케줄 구성이 가능합니다.

아가페

주삶 개인 활용법

「권별주삶」의 특징

- 「권별주삶」은 날짜가 특정되지 않아 순차적으로 깊이 있는 말씀묵상이 가능합니다.
- 「권별주삶」은 개인별 맞춤 스케줄에 따라 시간을 활용함으로써, 하나님의 말씀을 거듭 상고하고 깊이 체험할 수 있게 도와줍니다.

「권별주삶」의 개인 활용법

➤ 아래 「권별주삶」의 개인 활용법을 따라 꾸준히 묵상하면서 하나님과 동행하세요.

- 먼저 묵상을 시작하는 날짜를 기록합니다. 개인 스케줄에 맞춰 날짜와 관계없이 성경을 이어서 빠짐없이 묵상할 수 있습니다.
- 주중 첫날부터 5일째까지 개인묵상 시간을 통해 말씀을 묵상하고, 6일째는 지난 5일간 주신 메시지를 거듭 기억하며 복습합니다.
- 7일째 주간성경공부 모임에서, 한 주 동안 묵상한 말씀을 삶에 적용하고 체험과 깨달음을 서로 공유합니다.
- 교훈과 묵상한 것을 메모합니다. 묵상과 적용이 「권별주삶」의 깊이 있는 해설과 곁들여져 말씀을 더욱 쉽게 이해하는 나만의 묵상노트가 됩니다.
- 「권별 주삶」 시리즈를 권별로 모아두세요. 성경의 문맥을 살려 그 자체로 말씀을 쉽게 이해하게 해주는 훌륭한 성경해설서로 활용할 수 있습니다.

*** 「권별주삶」을**

나만의 묵상노트이자 성경해설서로 만든다는 목표를 가지고 꾸준히 하면,

하나님과의 친밀한 교제 안에서 변화된 자신을 체험할 수 있습니다.

아가페 주삶 20 개인 말씀묵상 활용법

1 날짜 기록

묵상한 날짜를
기록합니다.

2 찬양과 기도

먼저 찬양한 후, 성령님의
도우심을 구하는 기도를
드립니다.

3 본문요약

'본문요약'을 읽고
흐름을 파악합니다.

4 개역개정성경 읽기

성경 본문을 정독합니다.

☐ 묵상 체크

02 천사의 예언대로 잉태한 엘리사벳

월 일

누가복음 1:18-25 • 새찬송 545장 | 통일 344장

• 말씀묵상 전에 성령님의 인도하심을 구하는 기도를 드리십시오.

본문요약 I 천사가 메시아의 길을 예비할 자가 사가랴 부부에게서 태어날 것이라고 예언했지만, 사가랴는 그 말을 믿지 않아 아이가 태어날 때까지 말을 하지 못하게 된다. 그 후에 엘리사벳이 잉태하였는데, 그녀는 이 사실이 사람들의 이야깃거리가 될까 봐 다섯 달 동안 집 밖에 나오지 않는다.

18 사가랴가 천사에게 이르되 내가 이것을
어떻게 알리요 내가 늙고 아내도 나이가
많으니이다
19 천사가 대답하여 이르되 나는 하나님 앞
에 서 있는 가브리엘이라 이 좋은 소식을
전하여 네게 말하라고 보내심을 받았노라
20 보라 이 일이 되는 날까지 네가 말 못하는
자가 되어 능히 말을 못하리니 이는 네가
내 말을 믿지 아니함이거니와 때가 이르
면 내 말이 이루어지리라 하더라
21 백성들이 사가랴를 기다리며 그가 성전
안에서 지체함을 이상히 여기더라
22 그가 나와서 그들에게 말을 못하니 백성
들이 그가 성전 안에서 환상을 본 줄 알았
더라 그가 몸짓으로 뜻을 표시하며 그냥
말 못하는 대로 있더니
23 그 직무의 날이 다 되매 집으로 돌아가니
라
24 이 후에 그의 아내 엘리사벳이 잉태하고
다섯 달 동안 숨어 있으며 이르되
25 주께서 나를 돌보시는 날에 사람들 앞에
서 내 부끄러움을 없게 하시려고 이렇게
행하심이라 하더라

1. 오늘 하나님께서 나에게 주신 깨달음은 무엇입니까?

2. 말씀을 어떻게 내 삶에 구체적으로 적용해야 합니까?

16

7 묵상과 적용

'묵상과 적용' 질문을 통해 깨달은 말씀과
적용한 내용을 적습니다.

'말씀묵상'은

말씀과 기도를 통해 날마다 하나님의 음성에 귀 기울이고 그 음성을 따라 살아가고자 하는 그리스도인을 위한 경건의 시간입니다. '말씀묵상'은 하루 중 가장 귀중한 시간에 아무도 방해하지 않는 곳에서 해야 합니다. 그리고 깨달은 말씀을 주야로 묵상하는 것입니다.

절별 해설

18 사가랴가 천사에게 이르되 내가 이것을 어떻게 알리요 천사가 직접 나타나 앞으로 일어날 일을 이야기해 주었지만, 사가랴는 자신의 나이가 많은 것 때문에 그것을 믿지 않는다. 사가랴는 천사의 말보다 확실한 표징을 구하는데, 그 표징으로 주어진 것은 아이가 태어날 때까지 사가랴가 말을 하지 못하는 것이었다. 사가랴의 태도는 "어떻게 이런 일이 있을 수 있습니까?"(1:34)라고 반응한 마리아와 대조된다. 마리아는 처녀인 자신이 아들을 어떻게 낳을 수 있을 것인가 하는 방법을 질문한 것이었다.

19 나는 하나님 앞에 서 있는 가브리엘이라 '가브리엘'의 이름은 '하나님의 사람' 혹은 '하나님은 나의 능력'이라는 뜻을 가지고 있다. 천사들 가운데 미가엘(단 10:13)과 가브리엘(단 8:16)의 이름만 성경에 등장한다. 성경에서 미가엘은 마귀와 싸우며 하나님의 백성을 보호하는 자로, 가브리엘은 하나님의 뜻을 그의 백성에게 전달하는 계시자로 등장한다. 유대 전통은 가브리엘을 특별한 지위를 가진 일곱 대천사 중의 하나로 설명한다.

20 네가 말 못하는 자가 되어 능히 말을 못하리니 사가랴는 천사로부터 좋은 소식을 듣고도 알릴 수 없는 벙어리가 되는 표적을 받았다. 사가랴에게 이 기간은 믿음이 성장하는 회개의 시간이었을 것이다.

21 백성들이 사가랴를 기다리며 그가 성… 상히 여기더라 분향을 한 제사장은 성… 도하던 백성들을 아론의 축복으로 축복… 6:24-26). 그런데 사가랴가 성전 안에… 들은 이상하게 여겼다. 죄를 지은 제사… 당할 수도 있었기 때문이다.

22 그가 나와서 그들에게 말을 못하니 백… 서 환상을 본 줄 알았더라 사가랴가 말… 로 자기 뜻을 표시하자, 백성들은 그가… 을 했음을 유추할 수 있었다. 이는 백성… 재를 경험한 사람들의 예를 알고 있었기…

24 이 후에 그의 아내 엘리사벳이 잉태… 있으며 엘리사벳이 잉태한 아기는 메… 하나님의 확실한 증거였다. 엘리사벳은… 아기에 대한 가브리엘의 예언을 전해 … 사람들의 호기심이나 소문의 대상이 되… 을 것이다. 그리하여 엘리사벳은 더 이… 아기의 잉태에 대해 감추려 한다.

쉬운성경

18 사가랴가 천사에게 말하였습니다. "이 일이 일어날지 제가 어떻게 알겠습니까? 저는 늙었고, 제 아내 또한 늙었습니다."

19 천사가 사가랴에게 대답하였습니다. "나는 하나님 앞에서 섬기고 있는 가브리엘이다. 하나님께서 이 기쁜 소식을 전하라고 나를 너에게 보내셨다.

20 들어라. 때가 되면 이루어질 내 말을 네가 믿지 않았으므로 이 일이 이루어질 때까지 너는 말을 하지 못하게 될 것이다."

21 사람들이 밖에서 사가랴를 기다리고 있었습니다. 사람들은 그가 성전에서 늦어지는 것을 이상하게 생각하였습니다.

22 사가랴가 밖으로 나왔는데 아무 말도 할 수 없었습니다. 사람들은 그가 성전 안에서 환상을 본 줄 알게 되었습니다. 사가랴는 단지 손짓만 할 뿐, 말을 하지 못했습니다.

23 제사장 직무 기간이 끝난 뒤에 사가

5 쉬운성경 읽기

쉬운성경을 정독하며
본문을 대조합니다.

6 절별 해설

'절별 해설'을 참고하며 읽습니다.

8 저자의 묵상

절별 해설 집필자가 묵상 후
전하는 메시지입니다.

25 주께서 나를 돌보시는 날에 이 구절은 엘리사벳이 자신이 임신한 것으로 인해 하나님께 얼마나 감사하고 있는지를 보여준다. 엘리사벳은 하나님이 자신을 자세히 살펴보고 계셨기 때문에, 그 하나님의 은혜로 자식을 잉태하게 되었다고 고백한다.
사람들 앞에서 내 부끄러움을 없게 하시려고 이렇게 행하심이라 하더라 유대 여인이 자녀를 낳지 못하는 것은 하나님께 버림을 받은 증거로 여겨졌기 때문에 가문적인 수치였다. 엘리사벳이 늦은 나이에 아기를 잉태하게 된 것은 개인적으로도 수치를 벗어나는 기회였다. 더구나 그 아이가 메시아의 길을 예비할 자라는 예언은 너무나 영광스럽고 기쁜 일이었을 것이다.

저자의 묵상

가브리엘 천사를 직접 만나는 것처럼 놀라운 기적이 또 있을까! 그러나 사가랴는 가브리엘 천사를 직접 만나 하나님의 말씀을 들었음에도 불구하고 그 말씀을 믿지 못했다. 이것은 기적이 우리의 믿음과 아무런 관계가 없음을 보여준다. 신실한 사가랴도 그 마음속에 하나님의 말씀을 믿지 못하는 불신이 가득했던 것이다.

많은 사람들이 큰 기적을 경험하면 하나님을 더 잘 믿게 될 것이라고 오해한다. 그러나 아무리 놀라운 기적을 경험해도 믿음이 커지지 않는다. 왜냐하면 믿음은 경험의 영역이 아니라 영적 영역에 속한 것이기 때문이다. 놀라운 기적을 경험하면 눈으로 보고 확인하기 때문에 인식의 확신을 얻게 된다. 그러나 오직 믿음은 보지 못하는 것에 대한 하나님의 말씀을 통해 성장할 수 있다. 따라서 큰 믿음을 얻기를 소망한다면, 기적이 일어날 것을 기대하지 말고 하나님의 말씀을 더 잘 배우기 위해 애써야 할 것이다.

무릎 기도 하나님, 말씀을 믿지 못하고 기적을 기대했던 불신앙을 용서해 주소서. 하나님의 말씀을 더 잘 배워 말씀을 통해 저의 믿음이 성장하게 되는 은혜를 누리게 하소서.

9 무릎 기도

'무릎 기도'로 기도합니다.

ESV - Luke 1

18 And Zechariah said to the angel, "How shall I know this? For I am an old man, and my wife is advanced in years."
19 And the angel answered him, "I am Gabriel. I stand in the presence of God, and I was sent to speak to you and to bring you this good news.
20 And behold, you will be silent and unable to speak until the day that these things take place, because you did not believe my words, which will be fulfilled in their time."
21 And the people were waiting for Zechariah, and they were wondering at his delay in the temple.
22 And when he came out, he was unable to speak to them, and they realized that he had seen a vision in the temple. And he kept making signs to them and remained mute.
23 And when his time of service was ended, he went to his home.
24 After these days his wife Elizabeth conceived, and for five months she kept herself hidden, saying,
25 "Thus the Lord has done for me in the days when he looked on me, to take away my reproach among people."

18 be advanced in years 나이가 많다 19 in the presence of… …의 앞에 20 unable …할 수 없는 fulfill 이루다 21 delay 지체함 temple 성전 22 vision 환상 sign 표시 mute 말 못하는 24 conceive 임신하다 25 reproach 치욕, 부끄러움

18

10

한글과 영어 본문(ESV)
대조를 통해
본문의 바른 뜻을
파악할 수 있습니다.

아가페

주상20 단체 활용법 – 소그룹·구역예배

1

주중에 전 구성원이
개인적으로 매일
말씀을 묵상하고,
1주일에 1회씩 모여
GBS 교재 부분을 가지고
나눕니다.

2

GBS를 시작할 때
지난 한 주간 개인 묵상을
통해 깨달은 것이나 삶에
적용한 일이 있으면
한 사람씩 돌아가며
나눕니다.

구역예배, 청년부 성경공부, 직장 신우회 등 각종 성경공부 모임에 활용하면 좋습니다.

주간 그룹성경공부 • GBS

1주차 (1회~5회)

가브리엘의 수태고지와 마리아의 반응

누가복음 1:26–38 | 새찬송 101장 • 통일 106장

주간 말씀묵상 나눔

지난 한 주간 말씀을 묵상한 것이나 삶에 적용한 것이 있으면 돌아가며 간단히 나누어 봅시다.

• 오늘의 성경공부 목표

말씀이나 기도를 통해서 만나거나 알게 되는 하나님이 때로는 이해가 되지 않거나 당황스러울 때가 있습니다. 그때 우리는 어떻게 반응해야 하는지 배워 봅시다.

26 여섯째 달에 천사 가브리엘이 하나님의
보내심을 받아 갈릴리 나사렛이란 동네
에 가서
27 다윗의 자손 요셉이라 하는 사람과 약혼
한 처녀에게 이르니 그 처녀의 이름은 마
리아라
28 그에게 들어가 이르되 은혜를 받은 자여
평안할지어다 주께서 너와 함께하시도다
하니
29 처녀가 그 말을 듣고 놀라 이런 인사가
어찌함인가 생각하매
30 천사가 이르되 마리아여 무서워하지 말
라 네가 하나님께 은혜를 입었느니라
31 보라 네가 잉태하여 아들을 낳으리니 그
이름을 예수라 하라
32 그가 큰 자가 되고 지극히 높으신 이의 아
들이라 일컬어질 것이요 주 하나님께서
그 조상 다윗의 왕위를 그에게 주시리니
33 영원히 야곱의 집을 왕으로 다스리실 것
이며 그 나라가 무궁하리라
34 마리아가 천사에게 말하되 나는 남자를
알지 못하니 어찌 이 일이 있으리이까
35 천사가 대답하여 이르되 성령이 네게 임
하시고 지극히 높으신 이의 능력이 너를
덮으시리니 이러므로 나실 바 거룩한 이
는 하나님의 아들이라 일컬어지리라
36 보라 네 친족 엘리사벳도 늙어서 아들을
배었느니라 본래 임신하지 못한다고 알
려진 이가 이미 여섯 달이 되었나니
37 대저 하나님의 모든 말씀은 능하지 못하
심이 없느니라
38 마리아가 이르되 주의 여종이오니 말씀
대로 내게 이루어지이다 하매 천사가 떠
나가니라

184

'말씀묵상'은

말씀과 기도를 통해 날마다 하나님의 음성에 귀 기울이고 그 음성을 따라 살아가고자 하는 그리스도인을 위한 경건의 시간입니다. '말씀묵상'은 하루 중 가장 귀중한 시간에 아무도 방해하지 않는 곳에서 해야 합니다. 그리고 깨달은 말씀을 주야로 묵상하는 것입니다.

• **함께 읽어보기**

세례 요한의 수태고지는 유대의 수도인 예루살렘, 그리고 그곳에서도 가장 중요한 장소인 성전에서 제사장인 사가랴에게 전달되었습니다. 이와는 대조적으로 예수님의 수태고지는 유대인들이 무시하는 갈릴리에서도 작은 도시인 나사렛에 사는 여자인 마리아에게 전해졌습니다. 예수님은 탄생의 고지부터가 초라하고 볼품없었습니다. 은혜는 이렇듯 보잘것없는 장소에서 작은 자에게 주어집니다. 그러나 가브리엘의 말을 의심했던 사가랴와는 다르게, 시골 마을의 보잘것없어 보이는 마리아는 처녀의 몸으로 아들을 낳을 것이라고 가브리엘이 전한 하나님의 말씀을 믿고 신뢰했습니다. 결혼식도 올리지 않은 처녀로서 아들을 낳는다는 것은 상식을 벗어난 일일 뿐만 아니라 수치스러운 일이 될 수도 있었습니다. 하지만 마리아는 말씀을 듣고 생각했고, 하나님의 말씀은 능하지 못하심이 없다는 가브리엘의 말에 아멘으로 반응하였습니다.

도입 질문

1 하나님의 말씀을 믿고 받아들이는 것이 세상의 상식에서는 비정상적으로 느껴진 경험이 있었습니까?

함께 나누기

2 가브리엘이 마리아에게 찾아왔

3 〈누가복음〉은 마리아의 상태에

3

GBS 순서에 따라 리더가 진행하며, 각자 묵상을 통해 느낀 것과 깨달은 것을 나눕니다.

4 가브리엘의 인사를 받은 마리아의 반응은 어떠했습니까? 29절

5 마리아의 말씀에 대한 태도를 보면서 우리가 배워야 할 점은 무엇이라고 생각합니까? 29절

6 가브리엘은 예수님이 누구라고 말하고 있습니까? 32, 35절

7 가브리엘이 예수님을 통해 구약의 예언이 성취됨을 보여주는 부분을 찾아보십시오. 32, 33절

8 가브리엘의 말에 반응하는 마리아의 대답을 보면서 하나님의 말씀에 어떻게 반응해야 하는지 생각해 보십시오.

9 오늘 성경공부를 통해 나누고 싶거나 깨달은 것이 있으면 이야기해 봅시다.

"복 있는 사람은
악인들의 꾀를 따르지 아니하며
죄인들의 길에 서지 아니하며
오만한 자들의 자리에 앉지 아니하고
오직 여호와의 율법을 즐거워하여
그의 율법을 주야로 묵상하는도다"

- 시편 1:1-2 -

1~45 days

누가복음을 묵상하기 전에

저자 및 기록 시기

이 책과 사도행전은 동일 인물에 의해서 기록되었다. 책 자체에 저자의 이름이 나오지는 않지만, 초대교회로부터 19세기까지 이 책이 누가에 의해서 기록되었다는 사실이 의심받은 적은 전혀 없었다. 사도행전에서 '우리'라고 표현한 부분(행 16:10-17; 20:5-21:18; 27:1-28:16)은 저자가 바울과 함께 선교여행을 했음을 보여준다. 바울과 동행했던 사람들 중에서, 바울의 '사랑하는 친구이며 의사'(골 4:14)였고, 바울의 '동역자'(몬 1:24)인 이방인 누가만이 이 책의 저자가 되기에 적합하다. 누가는 예수님을 직접 목격한 사람이 아니었지만(눅 1:2), 사도들을 통해 복음에 대해 전해 들은 것을 정확하게 기록했다.

누가는 이 책을 AD 60-63년경에 로마에서 기록한 것으로 추정된다. 누가는 AD 50년 중반쯤에 기록된 마가복음을 상당 부분 참고한 것으로 여겨지며, 바울이 로마에서 순교당한 AD 66년 이전에 누가복음과 사도행전을 기록했다.

기록 목적과 역사적 배경

누가는 복음이 유대인이나 이방인들 모두를 위한 것임을 독자들에게 알리기 위해 이 책을 기록했다. 누가는 예수님이 구약에 예언된 대로 이 땅에 오신 메시아로서의 삶, 죽음, 부활을 통해 하나님의 구원을 모든 자들에게 베푸셨음을 보여주길 원했다. 또한 누가는 독자로 하여금 구전으로 전해진 기독교 전통이 진실한 것임을 증거하길 원했다. 누가는 하나님의 아들을 믿는 모든 자들에게 주시는 약속된 성령을 받아 구원을 얻게 됨이 확실한 것임을 가르치길 원했다.

누가가 이 책들을 기록한 때는 예수님의 죽음과 부활이 일어난 지 30여 년이 지난 시기였다. 따라서 예수님과 복음에 관한 많은 사실들을 직접 목격했던 증인들이 나이가 들고 죽으면서 이것들을 정확한 기록으로 남길 필요성이 대두되었다. 특히 복음이 이방으로까지 널리 퍼지면서, 이방인들이 예수님과 복음에 관해 말로 전해 들은 것이 확실한 것임을 가르칠 필요가 있었다.

주요 내용

누가는 다른 복음서들과는 달리 예수님이 태어나시기 전에 천사가 세례 요한의 출생과 메시아의 잉태를 마리아에게 고지하는 내용을 자세히 기록한다. 또한 누가는 당시의 통치자들의 이름과 그 연대를 기록함으로써 예수님이 언제 태어나셨는지를 정확하게 보여주고자 한다. 인자로 오신 예수님은 연약하고 불쌍한 사람들과 함께하시면서 그들의 병을 치료하시고, 귀신을 쫓으시며, 그들에게 말씀을 가르치셨다. 예수님은 결국 유대 종교지도자들에 의해서 십자가에 못 박혀 죽으셨지만, 삼 일 만에 살아나셔서 제자들에게 자신을 보이셨다. 예수님은 이로써 자신이 구약에 예언된 메시아로 이 땅에 오셔서 인간의 죄를 위해 죽으시고 죽음을 이기시고 부활하신 하나님이심을 증거하셨다.

특징

누가복음의 첫 번째 특징은 이방인이 이방인을 위해 기록한 복음서라는 점이다. 이방인이었던 누가는 다른 복음서의 저자들보다도 복음이 유대인이나 이방인이나 차별없이 모든 인간을 향해 주어진 우주적 메시지임을 강조한다.

두 번째 특징으로, 누가는 예수님이 가난한 자, 병든 자, 소외된 자들을 위해 인간으로 오신 하나님이심을 강조한다. 예를 들어, 누가복음에는 다른 복음서에는 등장하지 않는 13명의 여성이 등장한다. 고대 사회에서 무시되던 여성들이 누가복음에서는 예수님 주변에서 중요한 역할을 감당하는 것으로 묘사된다.

세 번째 특징으로, 누가는 성령과 기도에 대한 강조를 많이 한다. 누가는 예수님이 성령으로 사역하셨음을 반복해서 기록하고 있다. 또한 예수님이 홀로 기도하신 장면을 다른 복음서보다 더 많이 기록하고 있다. 이것은 제자들에게 기도를 통해 성령의 능력을 받아야 예수님과 같이 사역할 수 있음을 모범으로 제시하려는 의도다.

단락 구분

1. 서언(1:1-4)
2. 세례 요한과 예수님의 출생 기록(1:5-2:52)
3. 예수님의 사역 준비(3:1-4:15)
4. 예수님의 갈릴리 사역(4:16-9:50)
5. 예루살렘으로의 여정(9:51-21:38)
6. 예수님의 수난과 죽음(22:1-23:56)
7. 예수님의 부활(24:1-53)

☐ 묵상 체크

01 경건한 사가랴와 엘리사벳

월 일

누가복음 1:1-17 • 새찬송 200장 | 통일 235장

• 말씀묵상 전에 성령님의 인도하심을 구하는 기도를 드리십시오.

본문요약 | 헤롯 왕 시대의 제사장 사가랴와 그의 아내 엘리사벳은 하나님 앞에 의인이었다. 그런데 그들에게는 자녀가 없었고 나이가 많아 출산할 가능성도 없었다. 사가랴가 성전에서 분향할 때 천사가 나타나 요한이라는 아들이 태어나 기쁨이 될 것을 예언한다. 또한 그가 하나님 앞에서 큰 자가 되고 모태로부터 성령 충만함을 받아 사람들을 하나님께로 돌아오게 하는 회개의 사역을 할 것을 예언한다.

1 우리 중에 이루어진 사실에 대하여
2 처음부터 목격자와 말씀의 일꾼 된 자들이 전하여 준 그대로 내력을 저술하려고 붓을 든 사람이 많은지라
3 그 모든 일을 근원부터 자세히 미루어 살핀 나도 데오빌로 각하에게 차례대로 써 보내는 것이 좋은 줄 알았노니
4 이는 각하가 알고 있는 바를 더 확실하게 하려 함이로라
5 유대 왕 헤롯 때에 아비야 반열에 제사장 한 사람이 있었으니 이름은 사가랴요 그의 아내는 아론의 자손이니 이름은 엘리사벳이라
6 이 두 사람이 하나님 앞에 의인이니 주의 모든 계명과 규례대로 흠이 없이 행하더라
7 엘리사벳이 잉태를 못하므로 그들에게 자식이 없고 두 사람의 나이가 많더라
8 마침 사가랴가 그 반열의 차례대로 하나님 앞에서 제사장의 직무를 행할새
9 제사장의 전례를 따라 제비를 뽑아 주의 성전에 들어가 분향하고
10 모든 백성은 그 분향하는 시간에 밖에서 기도하더니
11 주의 사자가 그에게 나타나 향단 우편에 선지라
12 사가랴가 보고 놀라며 무서워하니
13 천사가 그에게 이르되 사가랴여 무서워하지 말라 너의 간구함이 들린지라 네 아내 엘리사벳이 네게 아들을 낳아 주리니 그 이름을 요한이라 하라
14 너도 기뻐하고 즐거워할 것이요 많은 사람도 그의 태어남을 기뻐하리니
15 이는 그가 주 앞에 큰 자가 되며 포도주나 독한 술을 마시지 아니하며 모태로부터 성령의 충만함을 받아
16 이스라엘 자손을 주 곧 그들의 하나님께로 많이 돌아오게 하겠음이라
17 그가 또 엘리야의 심령과 능력으로 주 앞에 먼저 와서 아버지의 마음을 자식에게, 거스르는 자를 의인의 슬기에 돌아오게 하고 주를 위하여 세운 백성을 준비하리라

1. 오늘 하나님께서 나에게 주신 깨달음은 무엇입니까?

2. 말씀을 어떻게 내 삶에 구체적으로 적용해야 합니까?

절별 해설

2 전하여 준 그대로 누가는 예수님의 말씀과 행적에 관해 말과 글로 전해 받은 것이 정확하고 믿을 만한 것임을 말한다. 즉, 누가는 편집자로서 이미 존재하고 있는 기록을 정확하고 체계적으로 정리한 것이다.

3 데오빌로 각하 누가는 이 〈복음서〉와 〈사도행전〉의 수신자로 데오빌로 각하를 언급한다. '데오빌로'는 '하나님의 사랑을 받는 자'라는 의미다. 로마의 최고위 공직자에게 해당되는 '각하'라는 호칭을 사용한 것으로 미루어 보아, 데오빌로는 기독교에 갓 입문한 로마의 공직자로 추측된다. 비록 〈누가복음〉이 한 개인에게 보내는 편지 형식으로 기록되었지만, 누가는 예수님에 대해 확실하게 배워서 신앙이 성장해야 하는 모든 이방인 그리스도인들을 염두에 두었다.

5 유대 왕 헤롯 때에 '헤롯'은 유대 지방의 분봉왕이었던 헤롯 대왕을 말한다(BC 37–4년). 포악하고 간교한 왕이었던 헤롯 시대는 정치·종교·사회적으로 타락이 극에 달했고 소망이 없던 시기였다. 또한 말라기 선지자 이후 400여 년 동안 하나님의 계시가 단절된 영적 암흑기였다.

아비야 반열 '반열'은 성전 봉사를 위한 제사장의 직무 순서를 의미한다. 다윗 시대에 제사장들을 24반열로 구분하여 일주일씩 일 년에 두 차례 성전에서 봉사하도록 했다. 아비야는 24반열 중에 8번째 순서였다(대상 24:10).

9 주의 성전에 들어가 분향하고 사가랴 당시의 제사장 수는 약 2만 명에 달했다고 전해진다. 각 조의 800~1,000명의 제사장들 가운데 매일 두 명의 제사장이 뽑혀 아침과 저녁 제사를 위해 성소에 있는 분향단에 향을 피웠다. 이것은 지극히 영예로운 일로 일생에 단 한 번만 이 역할을 맡을 수 있었다.

13 너의 간구함이 들린지라 하나님은 사가랴가 이스라엘 백성을 대표하여 성소에서 하나님께 기도한 것을 들으셨다. 사가랴는 아들을 달라고 기도한 것이 아니라(18절 참고), 이스라엘을 어둠에서 구속하여 줄 메시아를 간구했다.

그 이름을 요한이라 하라 요한은 '하나님은 자비하시다'라는 뜻으로, 히브리어 '예호하난'의 헬라어 형이다. 구약의 요하난(대상 3:24; 대하 28:12), 여호하난(대하 23:1)과 같은 이름이다.

쉬운성경

1 우리 가운데서 일어난 일에 대하여 차례대로 쓰려고 한 사람들이 많이 있었습니다.

2 이 사람들은 처음부터 이 일을 목격한 사람들, 즉 말씀의 종들이 우리에게 전하여 준 대로 기록하였습니다.

3 존귀하신 데오빌로 각하, 저도 이 모든 일을 처음부터 자세히 조사하였으므로, 이 일을 각하께 차례대로 기록하여 드리는 것이 좋다고 생각합니다.

4 이는 이미 배우신 것들이 모두 사실이라는 것을 알게 하려는 것입니다.

5 유대 왕 헤롯 시절에 아비야 조에 사가랴라고 하는 제사장이 한 사람 있었습니다. 그의 아내는 아론 가문의 딸로 이름은 엘리사벳이었습니다.

6 이들은 하나님 앞에서 의로운 사람이었습니다. 이들은 하나님의 모든 계명과 법도를 흠잡을 데 없을 정도로 잘 지켰습니다.

7 그런데 이들에게는 자식이 없었습니다. 엘리사벳은 임신할 수 없는 여자였고, 두 사람 모두 너무 나이가 많았습니다.

8 사가랴가 자기 조의 차례가 되어서 하나님 앞에서 제사장으로 일하고 있을 때,

9 제사장 임무를 맡는 관례를 따라 제비를 뽑았습니다. 사가랴가 주님의 성전에 들어가 향을 피우는 사람으로 뽑혔습니다.

10 분향 시간에 다른 사람들은 밖에서 기도를 하고 있었습니다.

11 그때, 주님의 천사가 사가랴 앞에 나타나 분향하는 제단 오른쪽에 섰습니다.

12 사가랴는 천사를 보고 매우 놀라서 두려움에 휩싸였습니다.

13 천사가 그에게 말했습니다. "사가랴야, 두려워하지 마라. 네 기도를 하나님께서 들으셨다. 네 아내 엘리사벳이 아들을 가지게 될 것이다. 그의 이름을 요한이라고 하여라.

절별 해설

17 그가 또 엘리야의 심령과 능력으로 주 앞에 먼저 와서 엘리야는 이스라엘 백성의 회개를 촉구하며 강력한 능력으로 사역을 했던 구약의 대표적인 선지자였다. 세례 요한은 그가 백성의 회개를 이끌어 내는 역할에 있어서는 엘리야와 같은 강력한 능력을 행하게 될 것임을 보여준다.

아버지의 마음을 자식에게, 거스르는 자를 의인의 슬기에 돌아오게 하고 부자(父子) 간의 관계의 회복은 이 땅에서의 수평적인 인간관계의 회복을 의미하고, 죄인이 의인이 되는 것은 수직적인 하나님과의 관계의 회복을 의미한다. 세례 요한이 회개의 사역을 통해서 깨어진 모든 관계를 회복하는 역할을 감당하게 될 것을 의미한다.

14 그 아들은 네게 기쁨과 즐거움이 될 것이다. 또한 많은 사람들이 그가 태어남을 즐거워할 것이다.

15 그 아들은 하나님 앞에서 큰 인물이 될 것이다. 그는 포도주와 술을 마시지 않으며, 어머니 배 속에 있을 때부터 성령으로 충만해질 것이다.

16 그는 이스라엘 자손들 중에서 많은 사람들을 주 하나님께로 돌아오게 할 것이다.

17 그는 엘리야의 심령과 능력을 가지고 주님보다 먼저 올 것이다. 그래서 아버지의 마음을 자녀에게로 향하게 하며, 순종하지 않는 사람들을 의인의 지혜로 돌아서게 할 것이다. 그래서 사람들에게 주님을 맞을 준비를 하게 할 것이다."

저자의 묵상

사가랴가 살던 시대는 영적인 어두움이 가득했다. 사가랴는 개인적 차원에서의 기도가 아닌 어두운 시대를 향한 하나님의 개입을 간구했다. 그래서 하나님은 그의 기도에 대한 응답으로 세례 요한을 보내셨다. 세례 요한은 사가랴에게 자식이 없기 때문에 주어진 것이 아니라 어두운 시대를 회복할 예수님이 오실 길을 예비하기 위해 보냄을 받은 사람이었다. 예수님의 오심을 예비하기 위해 세례 요한에게 맡겨진 사역은 사람들과 하나님과의 관계를 회복하고, 사람들 사이의 깨어진 관계를 회복하는 일이었다.

지금도 사가랴가 살던 때처럼 어두움이 가득한 시대이다. 성도들은 세례 요한과 같이 이 어두운 시대를 빛으로 바꾸실 예수님의 다시 오심을 준비하기 위해 보냄을 받은 자들이다. 따라서 지금 우리가 할 일은 사람들과 하나님과의 관계를 회복하고, 사람들 사이의 깨어진 관계를 회복하는 일이다. 이것이 이 어두운 시대 가운데 하나님이 성도들에게 맡겨 주신 사명이다.

무릎 기도 하나님, 제가 예수님의 다시 오심을 준비할 자로 쓰임을 받게 해 주소서. 사람들이 하나님과의 관계를 회복하고, 서로서로 깨어진 관계가 회복되는 데 저를 사용해 주소서.

ESV - Luke 1

1 Inasmuch as many have undertaken to
compile a narrative of the things that have
been accomplished among us,
2 just as those who from the beginning were
eyewitnesses and ministers of the word
have delivered them to us,
3 it seemed good to me also, having followed
all things closely for some time past, to
write an orderly account for you, most
excellent Theophilus,
4 that you may have certainty concerning the
things you have been taught.
5 In the days of Herod, king of Judea, there
was a priest named Zechariah,* of the
division of Abijah. And he had a wife from
the daughters of Aaron, and her name was
Elizabeth.
6 And they were both righteous before God,
walking blamelessly in all the command-
ments and statutes of the Lord.
7 But they had no child, because Elizabeth
was barren, and both were advanced in
years.
8 Now while he was serving as priest before
God when his division was on duty,
9 according to the custom of the priesthood,
he was chosen by lot to enter the temple of
the Lord and burn incense.
10 And the whole multitude of the people were
praying outside at the hour of incense.
11 And there appeared to him an angel of the
Lord standing on the right side of the altar
of incense.
12 And Zechariah was troubled when he saw
him, and fear fell upon him.
13 But the angel said to him, "Do not be
afraid, Zechariah, for your prayer has been
heard, and your wife Elizabeth will bear
you a son, and you shall call his name
John.
14 And you will have joy and gladness, and
many will rejoice at his birth,
15 for he will be great before the Lord. And he
must not drink wine or strong drink, and he
will be filled with the Holy Spirit, even from
his mother's womb.
16 And he will turn many of the children of
Israel to the Lord their God,
17 and he will go before him in the spirit and
power of Elijah, to turn the hearts of the
fathers to the children, and the disobedient
to the wisdom of the just, to make ready for
the Lord a people prepared."

* 1:5 Greek *Zacharias*

1 inasmuch as… …인 까닭에, …이므로 undertake …에 착수하다 compile (자료를) 모으다 narrative 이야기 accomplish 성취하다 2 eyewitness 목격자 minister 일꾼, 성직자 3 for some time past 얼마 전부터 orderly 차례대로 account 기록, 이야기 5 division 반열 6 blamelessly 흠 없이 statute 규례, 법도 7 barren 임신 못하는 be advanced in years 나이가 지긋하다 8 be on duty 집무 중이다, 당번이다 9 priesthood 제사장직 incense 향 13 bear 낳다, 출산하다 17 disobedient 순종하지 않는

• MEMO •

02 천사의 예언대로 잉태한 엘리사벳

월 일

누가복음 1:18-25 • 새찬송 545장 | 통일 344장

• 말씀묵상 전에 성령님의 인도하심을 구하는 기도를 드리십시오.

본문요약 I 천사가 메시아의 길을 예비할 자가 사가랴 부부에게서 태어날 것이라고 예언했지만, 사가랴는 그 말을 믿지 않아 아이가 태어날 때까지 말을 하지 못하게 된다. 그 후에 엘리사벳이 잉태하였는데, 그녀는 이 사실이 사람들의 이야깃거리가 될까 봐 다섯 달 동안 집 밖에 나오지 않는다.

18 사가랴가 천사에게 이르되 내가 이것을 어떻게 알리요 내가 늙고 아내도 나이가 많으니이다
19 천사가 대답하여 이르되 나는 하나님 앞에 서 있는 가브리엘이라 이 좋은 소식을 전하여 네게 말하라고 보내심을 받았노라
20 보라 이 일이 되는 날까지 네가 말 못하는 자가 되어 능히 말을 못하리니 이는 네가 내 말을 믿지 아니함이거니와 때가 이르면 내 말이 이루어지리라 하더라
21 백성들이 사가랴를 기다리며 그가 성전 안에서 지체함을 이상히 여기더라
22 그가 나와서 그들에게 말을 못하니 백성들이 그가 성전 안에서 환상을 본 줄 알았더라 그가 몸짓으로 뜻을 표시하며 그냥 말 못하는 대로 있더니
23 그 직무의 날이 다 되매 집으로 돌아가니라
24 이 후에 그의 아내 엘리사벳이 잉태하고 다섯 달 동안 숨어 있으며 이르되
25 주께서 나를 돌보시는 날에 사람들 앞에서 내 부끄러움을 없게 하시려고 이렇게 행하심이라 하더라

1. 오늘 하나님께서 나에게 주신 깨달음은 무엇입니까?

2. 말씀을 어떻게 내 삶에 구체적으로 적용해야 합니까?

절별 해설

18 사가랴가 천사에게 이르되 내가 이것을 어떻게 알리요 천사가 직접 나타나 앞으로 일어날 일을 이야기해 주었지만, 사가랴는 자신의 나이가 많은 것 때문에 그것을 믿지 않는다. 사가랴는 천사의 말보다 확실한 표징을 구하는데, 그 표징으로 주어진 것은 아이가 태어날 때까지 사가랴가 말을 하지 못하는 것이었다. 사가랴의 태도는 "어떻게 이런 일이 있을 수 있습니까?"(1:34)라고 반응한 마리아와 대조된다. 마리아는 처녀인 자신이 아들을 어떻게 낳을 수 있을 것인가 하는 방법을 질문한 것이었다.

19 나는 하나님 앞에 서 있는 가브리엘이라 '가브리엘'의 이름은 '하나님의 사람' 혹은 '하나님은 나의 능력'이라는 뜻을 가지고 있다. 천사들 가운데 미가엘(단 10:13)과 가브리엘(단 8:16)의 이름만 성경에 등장한다. 성경에서 미가엘은 마귀와 싸우며 하나님의 백성을 보호하는 자로, 가브리엘은 하나님의 뜻을 그의 백성에게 전달하는 계시자로 등장한다. 유대 전통은 가브리엘을 특별한 지위를 가진 일곱 대천사 중의 하나로 설명한다.

20 네가 말 못하는 자가 되어 능히 말을 못하리니 사가랴는 천사로부터 좋은 소식을 듣고도 알릴 수 없는 벙어리가 되는 표적을 받았다. 사가랴에게 이 기간은 믿음이 성장하는 회개의 시간이었을 것이다.

21 백성들이 사가랴를 기다리며 그가 성전 안에서 지체함을 이상히 여기더라 분향을 한 제사장은 성소에서 나와 밖에서 기도하던 백성들을 아론의 축복으로 축복하는 것이 관례였다(민 6:24-26). 그런데 사가랴가 성전 안에서 지체하는 것을 백성들은 이상하게 여겼다. 죄를 지은 제사장은 성전에서 죽임을 당할 수도 있었기 때문이다.

22 그가 나와서 그들에게 말을 못하니 백성들이 그가 성전 안에서 환상을 본 줄 알았더라 사가랴가 말을 하지 못하고 몸짓으로 자기 뜻을 표시하자, 백성들은 그가 성소에서 특별한 경험을 했음을 유추할 수 있었다. 이는 백성들이 구약에서 신적 존재를 경험한 사람들의 예를 알고 있었기 때문이다(단 10:7-8).

24 이 후에 그의 아내 엘리사벳이 잉태하고 다섯 달 동안 숨어 있으며 엘리사벳이 잉태한 아기는 메시아가 오실 것에 대한 하나님의 확실한 증거였다. 엘리사벳은 사가랴로부터 태어날 아기에 대한 가브리엘의 예언을 전해 듣고, 이 아기가 단순히 사람들의 호기심이나 소문의 대상이 되어서는 안 됨을 직감했을 것이다. 그리하여 엘리사벳은 더 이상 감출 수 없을 때까지 아기의 잉태에 대해 감추려 한다.

18 사가랴가 천사에게 말하였습니다. "이 일이 일어날지 제가 어떻게 알겠습니까? 저는 늙었고, 제 아내 또한 늙었습니다."

19 천사가 사가랴에게 대답하였습니다. "나는 하나님 앞에서 섬기고 있는 가브리엘이다. 하나님께서 이 기쁜 소식을 전하라고 나를 너에게 보내셨다.

20 들어라. 때가 되면 이루어질 내 말을 네가 믿지 않았으므로, 이 일이 이루어질 때까지 너는 말을 하지 못하게 될 것이다."

21 사람들이 밖에서 사가랴를 기다리고 있었습니다. 사람들은 그가 성전에서 늦어지는 것을 이상하게 생각하였습니다.

22 사가랴가 밖으로 나왔는데 아무 말도 할 수 없었습니다. 사람들은 그가 성전 안에서 환상을 본 줄 알게 되었습니다. 사가랴는 단지 손짓만 할 뿐, 말을 하지 못했습니다.

23 제사장 직무 기간이 끝난 뒤에 사가랴는 집으로 돌아갔습니다.

24 그 후에 엘리사벳이 임신하게 되었습니다. 그녀는 임신한 후 다섯 달 동안, 집 밖에 나오지 않았습니다. 그녀가 말했습니다.

25 "주님께서 나를 너그러이 돌보아 주셔서 아이를 주심으로 사람들로부터 당하는 내 부끄러움을 없애 주셨다."

25 주께서 나를 돌보시는 날에 이 구절은 엘리사벳이 자신이 임신한 것으로 인해 하나님께 얼마나 감사하고 있는지를 보여준다. 엘리사벳은 하나님이 자신을 자세히 살펴보고 계셨기 때문에, 그 하나님의 은혜로 자식을 잉태하게 되었다고 고백한다.

사람들 앞에서 내 부끄러움을 없게 하시려고 이렇게 행하심이라 하더라 유대 여인이 자녀를 낳지 못하는 것은 하나님께 버림을 받은 증거로 여겨졌기 때문에 가문적인 수치였다. 엘리사벳이 늙은 나이에 아기를 잉태하게 된 것은 개인적으로도 수치를 벗어나는 기회였다. 더구나 그 아이가 메시아의 길을 예비할 자라는 예언은 너무나 영광스럽고 기쁜 일이었을 것이다.

저자의 묵상

가브리엘 천사를 직접 만나는 것처럼 놀라운 기적이 또 있을까! 그러나 사가랴는 가브리엘 천사를 직접 만나 하나님의 말씀을 들었음에도 불구하고 그 말씀을 믿지 못했다. 이것은 기적이 우리의 믿음과 아무런 관계가 없음을 보여준다. 신실한 사가랴도 그 마음속에 하나님의 말씀을 믿지 못하는 불신이 가득했던 것이다.

많은 사람들이 큰 기적을 경험하면 하나님을 더 잘 믿게 될 것이라고 오해한다. 그러나 아무리 놀라운 기적을 경험해도 믿음이 커지지 않는다. 왜냐하면 믿음은 경험의 영역이 아니라 영적 영역에 속한 것이기 때문이다. 놀라운 기적을 경험하면 눈으로 보고 확인하기 때문에 인식의 확신을 얻게 된다. 그러나 오직 믿음은 보지 못하는 것에 대한 하나님의 말씀을 통해 성장할 수 있다. 따라서 큰 믿음을 얻기를 소망한다면, 기적이 일어날 것을 기대하지 말고 하나님의 말씀을 더 잘 배우기 위해 애써야 할 것이다.

무릎 기도 하나님, 말씀을 믿지 못하고 기적을 기대했던 불신앙을 용서해 주소서. 하나님의 말씀을 더 잘 배워 말씀을 통해 저의 믿음이 성장하게 되는 은혜를 누리게 하소서.

ESV - Luke 1

18 And Zechariah said to the angel, "How shall I know this? For I am an old man, and my wife is advanced in years."

19 And the angel answered him, "I am Gabriel. I stand in the presence of God, and I was sent to speak to you and to bring you this good news.

20 And behold, you will be silent and unable to speak until the day that these things take place, because you did not believe my words, which will be fulfilled in their time."

21 And the people were waiting for Zechariah, and they were wondering at his delay in the temple.

22 And when he came out, he was unable to speak to them, and they realized that he had seen a vision in the temple. And he kept making signs to them and remained mute.

23 And when his time of service was ended, he went to his home.

24 After these days his wife Elizabeth conceived, and for five months she kept herself hidden, saying,

25 "Thus the Lord has done for me in the days when he looked on me, to take away my reproach among people."

18 be advanced in years 나이가 많다 19 in the presence of… …의 앞에 20 unable …할 수 없는 fulfill 이루다 21 delay 지체함 temple 성전 22 vision 환상 sign 표시 mute 말 못하는 24 conceive 임신하다 25 reproach 치욕, 부끄러움

03 마리아에게 메시아의 탄생을 예고하는 천사

월 일

누가복음 1:26-38 • 새찬송 94장 | 통일 102장

• 말씀묵상 전에 성령님의 인도하심을 구하는 기도를 드리십시오.

본문요약 | 엘리사벳이 임신한 지 여섯 달이 되었을 때에, 천사 가브리엘이 마리아에게 나타나 그녀가 잉태하여 아들을 낳을 것이니, 그 이름을 예수라고 할 것을 예언한다. 천사는 성령의 능력이 마리아를 덮을 때 거룩하신 하나님의 아들을 잉태할 것이라고 예고한다. 이에 마리아는 말씀대로 자신에게 이루어질 것을 고백한다.

26 여섯째 달에 천사 가브리엘이 하나님의
보내심을 받아 갈릴리 나사렛이란 동네에
가서
27 다윗의 자손 요셉이라 하는 사람과 약혼
한 처녀에게 이르니 그 처녀의 이름은 마
리아라
28 그에게 들어가 이르되 은혜를 받은 자여
평안할지어다 주께서 너와 함께하시도다
하니
29 처녀가 그 말을 듣고 놀라 이런 인사가 어
찌함인가 생각하매
30 천사가 이르되 마리아여 무서워하지 말라
네가 하나님께 은혜를 입었느니라
31 보라 네가 잉태하여 아들을 낳으리니 그
이름을 예수라 하라
32 그가 큰 자가 되고 지극히 높으신 이의 아
들이라 일컬어질 것이요 주 하나님께서
그 조상 다윗의 왕위를 그에게 주시리니
33 영원히 야곱의 집을 왕으로 다스리실 것
이며 그 나라가 무궁하리라
34 마리아가 천사에게 말하되 나는 남자를
알지 못하니 어찌 이 일이 있으리이까
35 천사가 대답하여 이르되 성령이 네게 임
하시고 지극히 높으신 이의 능력이 너를
덮으시리니 이러므로 나실 바 거룩한 이
는 하나님의 아들이라 일컬어지리라
36 보라 네 친족 엘리사벳도 늙어서 아들을
배었느니라 본래 임신하지 못한다고 알려
진 이가 이미 여섯 달이 되었나니
37 대저 하나님의 모든 말씀은 능하지 못하
심이 없느니라
38 마리아가 이르되 주의 여종이오니 말씀대
로 내게 이루어지이다 하매 천사가 떠나
가니라

1. 본문에 나타난 하나님은 어떤 분이십니까?

2. 오늘 하나님께서 나에게 주신 깨달음은 무엇입니까?

3. 말씀을 어떻게 내 삶에 구체적으로 적용해야 합니까?

절별 해설

26 갈릴리 나사렛 '나사렛'은 예루살렘 북동쪽으로 약 110km 떨어진 곳에 위치한 아주 작은 마을이었다. 작고 중요하지 않은 마을이어서 유대 문헌에는 등장하지 않고 복음서에 처음 등장한다. 현재는 '엔 나시라'(En Nasirah)라고 불린다.

27 다윗의 자손 요셉 요셉과 마리아는 둘 다 다윗의 자손이었다. 다윗의 후손 가운데 메시아를 보내시겠다는 하나님의 약속이 이루어진 것이다(삼하 22:51).
약혼 고대 이스라엘에서는 남녀가 결혼하기 약 1년 전에 약혼을 먼저 했는데, 약혼한 두 사람은 법적으로 부부와 같이 여겨졌다. 그러나 혼전 성관계는 허용되지 않았다. 만약 약혼 기간 내에 신랑이 사망할 경우에 신부는 과부로 간주되었다. 당시의 여자들은 십대 때 약혼을 하고 결혼하는 것이 일반적이었다.

32 지극히 높으신 이의 아들 '지극히 높으신 이'는 하나님의 초월성을 강조하는 명칭으로 본서에 자주 등장한다(1:35; 8:28). 예수님에 대한 이 호칭은 예수님이 신적 기원을 지니신 메시아임을 보여준다.
주 하나님께서 그 조상 다윗의 왕위를 그에게 주시리니 다윗은 이 땅에 하나님의 통치를 실현할 메시아의 모형적인 인물이었다. 예수님이 다윗의 후손으로 오신 것은, 예수님이 이 땅에 하나님의 나라를 가져오는 참되고 온전한 왕이심을 보여주기 위한 것이다.

33 영원히 야곱의 집을 왕으로 다스리실 것이며 그 나라가 무궁하리라 '야곱의 집'은 이스라엘 민족 전체를 의미하는 표현이다(렘 2:4). 영적으로는 예수님을 왕으로 섬기는 영적 이스라엘인 교회를 의미한다(롬 10:10-13). 예수님은 그의 백성을 다스리시기 위해 이 땅에 왕으로 오셨다. 예수님이 오심으로 이 땅에 하나님 나라가 시작되었고, 그의 나라는 그의 백성을 통치하는 것으로 확장되고 있다.

35 지극히 높으신 이의 능력이 너를 덮으시리니 '성령'이 임하실 것을 의미하는 것으로, '지극히 높으신 이'는 하나님의 초월적 능력을 강조하는 표현이다. 이것은 마리아가 처녀의 몸으로 잉태하는 것이 인간적으로는 불가능한 일이지만, 성령의 능력으로 나타날 결과임을 의미한다. '덮다'라는 단어는 구약 헬라어 성경에서 성막에 하나님의 영광을 상징하는 구름이 머물 때를 묘사할 때 사용되었다(출 40:35). 또한 하나님이 그의 백성을 보호하시기 위해 그의 날개깃으로 덮으실 때를 묘사할 때 사용된 단어다(시 91:4).

쉬운성경

26 임신한 후 여섯째 달에, 하나님께서 가브리엘 천사를 나사렛이라고 하는 갈릴리의 한 마을로 보내셨습니다.

27 가브리엘은 다윗 가문의 요셉이라고 하는 사람과 약혼한 처녀에게 가게 되었습니다. 이 처녀의 이름은 마리아였습니다.

28 천사가 마리아에게 와서 말했습니다. "은혜를 입은 여인이여! 기뻐하여라. 주께서 당신과 함께하길 빈다."

29 마리아는 천사의 말을 듣고 너무나 놀라서 '이게 도대체 무슨 소리인가' 하고 생각하였습니다.

30 천사가 마리아에게 말했습니다. "마리아야, 두려워하지 마라. 하나님께서 네게 은혜를 베푸신다.

31 보아라! 네가 아이를 임신하게 되어 아들을 낳을 것이다. 너는 그 이름을 예수라고 하여라.

32 그는 크게 되어 가장 높으신 분의 아들이라고 불릴 것이다. 주 하나님께서 그에게 그의 조상 다윗의 왕좌를 주실 것이다.

33 그는 영원히 야곱의 집을 다스릴 것이며, 그의 나라는 끝이 없을 것이다."

34 마리아가 천사에게 말했습니다. "나는 남자를 알지 못하는 처녀인데 어떻게 이런 일이 있을 수 있습니까?"

35 천사가 마리아에게 대답했습니다. "성령이 네게 내려오시고 가장 높으신 분의 능력이 너를 감싸 주실 것이다. 태어날 아이는 거룩한 분, 하나님의 아들이라고 불릴 것이다.

36 보아라! 네 친척 엘리사벳도 나이가 많지만 임신하였다. 그녀는 임신하지 못한다고 생각하였으나 벌써 임신한 지 여섯 달이 되었다.

37 하나님께서는 하지 못하실 일이 없다."

절별 해설

구약에서 '(날개로) 덮는다'라는 표현은 보호를 상징하기도 하지만(룻 2:12), 결혼 언약 관계를 맺는 것을 의미하기도 한다(룻 3:9). 성령이 큰 능력으로 마리아를 덮으신 것은, 하나님이 그의 백성과 혼인 언약을 다시 맺으심으로써, 하나님이 그분의 백성과 함께 거하시는 영원한 언약 관계가 메시아를 통해 이루어질 것임을 의미한다(사 62:4).

38 주의 여종이오니 말씀대로 내게 이루어지이다 하나님의 말씀대로 처녀 마리아가 잉태하면 파혼을 당하는 것은 물론, 죽임을 당할 수도 있는 심각한 상황이었다. 그러나 마리아는 자신이 하나님의 뜻대로 살아야 하는 여종이기 때문에, 하나님의 말씀이 이루어지는 것을 받아들이겠다는 순종의 태도를 보인다.

38 마리아가 말했습니다. "보소서. 저는 주님의 여종이오니 당신의 말씀대로 제게 이루어질 것을 믿겠습니다." 그러자 천사가 마리아에게서 떠나갔습니다.

저자의 묵상

처녀가 잉태하여 예수님을 낳은 사건은 인간의 편에서는 기적이지만 하나님의 편에서는 아주 자연스러운 일이다. 하나님은 온 세상을 창조하시고 또한 모든 생명체를 창조하신 분이시다. 무엇보다 인간은 창조주 하나님이 만드신 피조물이다. 그렇기 때문에 하나님이 여자의 몸에서 남자를 통하지 않고 아이를 만들어 내시는 것은 아주 자연스러운 일이다.

성경에는 여러 기적들이 기록되어 있다. 기적을 믿지 못하는 사람들은 하나님이 누구신지 알지 못하고, 하나님을 믿지 않는 것이다. 하나님이 창조주이시며 전능자라는 사실을 알고 믿는 자라면, 성경에 나와 있는 기적들을 자연스럽게 하나님이 행하신 일로서 받아들일 수 있다. 하나님은 믿는데 기적을 믿을 수 없다는 사람들은 실제로는 하나님을 믿지 못하는 것이다. 이런 기적들 가운데 가장 놀라운 기적이 무엇인가? 하나님이신 예수님이 우리를 구원하시기 위해 인간의 몸으로 이 세상에 오셔서 우리를 위해 생명을 바치신 것이다.

무릎 기도 하나님, 성경에 기록된 기적을 의심하는 마음이 하나님을 알지 못하는 증거라는 것을 알게 해 주셔서 감사합니다. 하나님이 어떤 분이신지 더 잘 알아 믿음으로 살아가는 자가 되게 하소서.

ESV - Luke 1

26 In the sixth month the angel Gabriel was sent from God to a city of Galilee named Nazareth,

27 to a virgin betrothed* to a man whose name was Joseph, of the house of David. And the virgin's name was Mary.

28 And he came to her and said, "Greetings, O favored one, the Lord is with you!"*

29 But she was greatly troubled at the saying, and tried to discern what sort of greeting this might be.

30 And the angel said to her, "Do not be afraid, Mary, for you have found favor with God.

31 And behold, you will conceive in your womb and bear a son, and you shall call his name Jesus.

32 He will be great and will be called the Son of the Most High. And the Lord God will give to him the throne of his father David,

33 and he will reign over the house of Jacob forever, and of his kingdom there will be no end."

34 And Mary said to the angel, "How will this be, since I am a virgin?"*

35 And the angel answered her, "The Holy Spirit will come upon you, and the power of the Most High will overshadow you; therefore the child to be born* will be called holy-the Son of God.

36 And behold, your relative Elizabeth in her old age has also conceived a son, and this is the sixth month with her who was called barren.

37 For nothing will be impossible with God."

38 And Mary said, "Behold, I am the servant* of the Lord; let it be to me according to your word." And the angel departed from her.

* 1:27 That is, legally pledged to be married
* 1:28 Some manuscripts add *Blessed are you among women!*
* 1:34 Greek *since I do not know a man*
* 1:35 Some manuscripts add *of you*
* 1:38 Greek *bondservant*; also verse 48

27 (be) betrothed to… …와 약혼하다 28 greetings 인사말 favor 은혜를 베풀다 29 discern 이해하다 32 throne 왕위 33 reign over… …을 다스리다 34 virgin 처녀 35 overshadow 보호하다, 감싸다 36 relative 친척, 일가 conceive 임신하다 barren 임신하지 못하는 38 depart 떠나다

• MEMO •

04 엘리사벳의 축복과 마리아의 노래

월 일

누가복음 1:39-56 • 412장 | 통일 469장

• 말씀묵상 전에 성령님의 인도하심을 구하는 기도를 드리십시오.

본문요약 I 마리아가 엘리사벳을 만나는 순간 엘리사벳의 배 속의 아이가 성령이 주시는 기쁨으로 뛰어논다. 성령의 충만함을 받은 엘리사벳은 마리아와 잉태된 아이에게 복을 선포한다. 마리아는 비천한 자신에게 하나님이 은혜를 베풀어 메시아를 낳는 여인이 되게 하심으로 복되게 하셨음을 찬양한다.

39 이때에 마리아가 일어나 빨리 산골로 가서 유대 한 동네에 이르러
40 사가랴의 집에 들어가 엘리사벳에게 문안하니
41 엘리사벳이 마리아가 문안함을 들으매 아이가 복중에서 뛰노는지라 엘리사벳이 성령의 충만함을 받아
42 큰 소리로 불러 이르되 여자 중에 네가 복이 있으며 네 태중의 아이도 복이 있도다
43 내 주의 어머니가 내게 나아오니 이 어찌 된 일인가
44 보라 네 문안하는 소리가 내 귀에 들릴 때에 아이가 내 복중에서 기쁨으로 뛰놀았도다
45 주께서 하신 말씀이 반드시 이루어지리라고 믿은 그 여자에게 복이 있도다
46 마리아가 이르되
내 영혼이 주를 찬양하며
47 내 마음이 하나님 내 구주를 기뻐하였음은
48 그의 여종의 비천함을 돌보셨음이라 보라 이제 후로는 만세에 나를 복이 있다 일컬으리로다
49 능하신 이가 큰일을 내게 행하셨으니 그 이름이 거룩하시며
50 긍휼하심이 두려워하는 자에게 대대로 이르는도다
51 그의 팔로 힘을 보이사 마음의 생각이 교만한 자들을 흩으셨고
52 권세 있는 자를 그 위에서 내리치셨으며 비천한 자를 높이셨고
53 주리는 자를 좋은 것으로 배불리셨으며 부자는 빈손으로 보내셨도다
54 그 종 이스라엘을 도우사 긍휼히 여기시고 기억하시되
55 우리 조상에게 말씀하신 것과 같이 아브라함과 그 자손에게 영원히 하시리로다
하니라
56 마리아가 석 달쯤 함께 있다가 집으로 돌아가니라

1. 본문에 나타난 하나님은 어떤 분이십니까?

2. 오늘 하나님께서 나에게 주신 깨달음은 무엇입니까?

3. 말씀을 어떻게 내 삶에 구체적으로 적용해야 합니까?

절별 해설

41 엘리사벳이 마리아가 문안함을 들으매 아이가 복중에서 뛰노는지라 세례 요한은 메시아의 길을 예비할 자로 선택받아 모태로부터 성령이 충만했다(1:15). 아이가 복중에서 뛰논 것은 메시아를 만난 기쁨을 표현한 것이다. 이것은 세례 요한이 모태에서부터 주님을 환영했음을 보여준다.

42 여자 중에 네가 복이 있으며 이 구절은 인류를 구원할 메시아를 잉태한 마리아에게 모든 여자보다 뛰어난 복이 임했다는 최상급적인 표현이다. 이것은 마리아의 탁월함 때문이 아닌 그녀가 메시아를 잉태할 그릇으로 하나님께 선택된 것을 칭송하는 것이다.

43 내 주의 어머니가 내게 나아오니 이 어찌 된 일인가 여기서 '주'는 메시아를 의미한다(시 110:1). 엘리사벳은 성령에 감동하여 마리아가 잉태한 아이가 메시아임을 알았다.

46-55 '마리아의 찬가'라고 불리는 이 시는 라틴어 번역의 첫 단어를 따와서 '마그니피카트'(the Magnificat)라고도 불린다. 구약의 '한나의 기도[노래]'(삼상 2:1-10)와 유사한 내용과 형식으로 되어 있어서, 이 두 시는 자주 비교된다.

이 시는 다음과 같은 특징이 있다. 첫째, 많은 구약의 시들을 배경으로 한다. 이 시는 한나의 시[노래]뿐만 아니라 시편 34, 35, 89, 103편에서 많은 영향을 받았다. 둘째, 개인적 찬양을 넘어서 종말론적인 차원의 찬양이다. 즉, 개인의 감사와 찬양을 넘어서 민족적·역사적인 하나님의 통치가 완성됨을 찬양한다. 셋째, 많은 내용들이 대조되며 병행적으로 나열된다. 하나님의 심판이 종말론적으로 성취될 때 세상의 왜곡된 질서가 하나님의 공의로 바로잡히게 됨을 묘사하면서, 그 구체적인 대상들의 뒤바뀐 운명이 묘사된다.

48 그의 여종의 비천함을 돌보셨음이라 신분이 낮은 목수와 정혼한 마리아도 사회적으로 아주 낮은 신분에 불과했을 것이다. 마리아는 자신이 하나님의 특별한 은혜를 입을 아무런 자격이나 조건이 없음에도 메시아의 어머니로 택함을 받았음에 겸손을 표한다.

51 마음의 생각이 교만한 자들을 흩으셨고 이 시는 메시아가 오셔서 그의 통치가 완전하게 성취될 종말론적인 미래를 노래한다. '교만한 자들'은 하나님이 아닌 자신의 힘과 능력을 의존하는 자들을 말한다. 세상적인 힘을 근거로 사는 자들은 약자를 핍박하고 착취하기 마련이다. 메시아가 오셔서 공의로운 통치를 행하시면 이런 불의한 질서가 바로잡히게 된다.

쉬운성경

39 그 무렵에 마리아가 일어나 유대 지방 산골에 있는 동네로 서둘러 갔습니다.

40 사가랴의 집으로 들어가서 엘리사벳에게 인사하였습니다.

41 엘리사벳이 마리아의 인사를 받을 때, 아기가 배 속에서 뛰놀았습니다. 엘리사벳이 성령으로 충만하여져서

42 큰 소리로 외쳤습니다. "당신은 여인들 중에서 가장 복 받은 자입니다. 당신의 배 속에 있는 열매가 복됩니다.

43 내 주님의 어머니께서 내게 오시다니 무슨 일입니까?

44 보소서. 당신이 인사하는 소리가 내 귀에 들릴 때에 내 배 속의 아이가 기뻐서 뛰어놀았습니다.

45 주님께서 말씀하신 것이 이루어질 것을 믿은 자는 복이 있습니다."

46 마리아가 말하였습니다.
"내 영혼이 주님을 찬양합니다.

47 내 영혼이 나의 구주 하나님을 기뻐합니다.

48 그것은 주님께서 이 여종의 비천함을 돌보셨기 때문입니다. 이제부터는 모든 세대가 나를 복되다 할 것입니다.

49 그것은 전능하신 분이 내게 이 큰일을 행하셨기 때문입니다. 주님의 이름은 거룩합니다.

50 주님의 자비하심은 하나님을 두려워하는 자에게 대대로 있을 것입니다.

51 주님은 강한 팔로 권능을 행하시고 마음이 교만한 자를 흩으셨습니다.

52 하나님은 왕들을 왕좌로부터 끌어내리시고 낮고 천한 사람들을 높이셨습니다.

53 굶주린 사람들을 좋은 것으로 채우시

절별 해설

52 비천한 자를 높이셨고 메시아의 공의로운 통치의 핵심은 약자들이 사랑과 섬김과 보호를 받게 됨으로써, 그들이 더 이상 비천한 자리에 머물지 않고 높아지는 것이다.

54 그 종 이스라엘을 도우사 긍휼히 여기시고 기억하시되 이 구절은 마리아의 찬양이 개인적인 차원이 아닌 민족적인 차원의 내용임을 보여준다. 메시아의 탄생은 모든 하나님 백성의 유익을 위한 것이다.

55 우리 조상에게 말씀하신 것과 같이 메시아의 탄생은 구약성경에서 계속해서 예언된 것이다. 하나님은 그 약속을 이루심으로 자신이 언약을 성실하게 행하시는 분임을 증명하셨다.

고 부자를 빈손으로 돌려보내셨습니다.

54 주님은 자비를 기억하시며 주님의 종 이스라엘을 도우셨습니다.

55 우리 조상들에게 말씀하신 대로 아브라함과 그 자손들을 영원히 도우실 것입니다."

56 마리아는 엘리사벳과 함께 석 달쯤 있다가 집으로 돌아갔습니다.

저자의 묵상

메시아의 오심을 간절히 기다린 사람들은 마리아와 같이 비천하고 고통받던 사람들이었다. 반면에 같은 유대인 가운데도 경제적으로 부요하고 높은 권세를 누리며 사회적 지위가 있던 사람들은 메시아가 오시는 것을 오히려 싫어했을 것이다. 마리아가 감동하여 찬가를 불렀던 이유는 고대하던 메시아가 오시는 것을 넘어서 자신과 같은 비천한 자를 통해서 오신다는 사실에 크게 감동했기 때문이다.

지금 예수님이 다시 오신다고 할 때, 마리아와 같은 마음으로 살던 사람들에게 이 소식은 큰 기쁨의 소식일 것이다. 그러나 이 땅에서 하나님 없이도 평안하고 풍족하게 살 수 있다고 착각하며 살아가는 사람들에게, 이 소식은 불편한 소식일 것이다. 성경은 예수님이 다시 오실 것이라고 반복하여 약속한다. 마리아처럼 마음이 겸손한 자들에게 재림의 약속은 소망의 이유이며 기쁨의 소식이겠지만, 교만한 자들에게는 달갑지 않은 소식일 것이다.

무릎 기도 하나님, 예수님의 다시 오심을 간절히 기다리지 않는 부요하고 교만한 마음을 회개합니다. 제 마음이 더욱 가난하고 겸손해져서 예수님을 간절히 기다리는 자가 되게 하소서.

ESV - Luke 1

39 In those days Mary arose and went with
haste into the hill country, to a town in
Judah,
40 and she entered the house of Zechariah
and greeted Elizabeth.
41 And when Elizabeth heard the greeting of
Mary, the baby leaped in her womb. And
Elizabeth was filled with the Holy Spirit,
42 and she exclaimed with a loud cry,
"Blessed are you among women, and
blessed is the fruit of your womb!
43 And why is this granted to me that the
mother of my Lord should come to me?
44 For behold, when the sound of your
greeting came to my ears, the baby in my
womb leaped for joy.
45 And blessed is she who believed that there
would be* a fulfillment of what was spoken
to her from the Lord."
46 And Mary said, "My soul magnifies the
Lord,
47 and my spirit rejoices in God my Savior,
48 for he has looked on the humble estate of
his servant. For behold, from now on all
generations will call me blessed;
49 for he who is mighty has done great things
for me, and holy is his name.
50 And his mercy is for those who fear him
from generation to generation.
51 He has shown strength with his arm; he
has scattered the proud in the thoughts of
their hearts;
52 he has brought down the mighty from their
thrones and exalted those of humble
estate;
53 he has filled the hungry with good things,
and the rich he has sent away empty.
54 He has helped his servant Israel, in
remembrance of his mercy,
55 as he spoke to our fathers, to Abraham and
to his offspring forever."
56 And Mary remained with her about three
months and returned to her home.

* 1:45 Or *believed, for there will be*

39 with haste 급히 서둘러서 42 exclaim 외치다 43 grant 허락하다 44 leap for joy 기뻐 날뛰다 45 fulfillment 실현, 성취 46 magnify 찬양하다 47 savior 구세주 48 humble 비천한 estate 상태, 신분 50 from generation to generation 대대로 51 scatter 흩어 버리다 52 bring down··· ···를 내리다 exalt 높이다 53 send away empty 빈손으로 돌려보내다 54 remembrance 기억 55 offspring 자손

• MEMO •

05 세례 요한의 출생

월 일

누가복음 1:57-80 • 새찬송 440장 | 통일 497장

• 말씀묵상 전에 성령님의 인도하심을 구하는 기도를 드리십시오.

본문요약 | 엘리사벳은 아들을 출산하고, 팔일 째 되는 날 아이의 할례식을 시행한다. 사가랴는 세례 요한이 태어나자 성령의 충만함을 받아 예언을 한다. 사가랴는 하나님이 원수들로부터 그 백성을 구원하실 것을 찬양한다. 또한 하나님의 긍휼과 언약으로 구원받은 자들이 하나님을 섬기게 될 것을 노래한다. 그리고 세례 요한이 메시아의 길을 예비할 자로 태어난 것을 노래한다.

57 엘리사벳이 해산할 기한이 차서 아들을 낳으니
58 이웃과 친족이 주께서 그를 크게 긍휼히 여기심을 듣고 함께 즐거워하더라
59 팔 일이 되매 아이를 할례하러 와서 그 아버지의 이름을 따라 사가랴라 하고자 하더니
60 그 어머니가 대답하여 이르되 아니라 요한이라 할 것이라 하매
61 그들이 이르되 네 친족 중에 이 이름으로 이름한 이가 없다 하고
62 그의 아버지께 몸짓하여 무엇으로 이름을 지으려 하는가 물으니
63 그가 서판을 달라 하여 그 이름을 요한이라 쓰매 다 놀랍게 여기더라
64 이에 그 입이 곧 열리고 혀가 풀리며 말을 하여 하나님을 찬송하니
65 그 근처에 사는 자가 다 두려워하고 이 모든 말이 온 유대 산골에 두루 퍼지매
66 듣는 사람이 다 이 말을 마음에 두며 이르되 이 아이가 장차 어찌 될까 하니 이는 주의 손이 그와 함께하심이러라
67 그 부친 사가랴가 성령의 충만함을 받아 예언하여 이르되
68 찬송하리로다 주 이스라엘의 하나님이여 그 백성을 돌보사 속량하시며
69 우리를 위하여 구원의 뿔을 그 종 다윗의 집에 일으키셨으니
70 이것은 주께서 예로부터 거룩한 선지자의 입으로 말씀하신 바와 같이
71 우리 원수에게서와 우리를 미워하는 모든 자의 손에서 구원하시는 일이라
72 우리 조상을 긍휼히 여기시며 그 거룩한 언약을 기억하셨으니
73 곧 우리 조상 아브라함에게 하신 맹세라
74 우리가 원수의 손에서 건지심을 받고
75 종신토록 주의 앞에서 성결과 의로 두려움이 없이 섬기게 하리라 하셨도다
76 이 아이여 네가 지극히 높으신 이의 선지자라 일컬음을 받고 주 앞에 앞서가서 그 길을 준비하여
77 주의 백성에게 그 죄 사함으로 말미암는 구원을 알게 하리니
78 이는 우리 하나님의 긍휼로 인함이라 이로써 돋는 해가 위로부터 우리에게 임하여
79 어둠과 죽음의 그늘에 앉은 자에게 비치고 우리 발을 평강의 길로 인도하시리로다
하니라
80 아이가 자라며 심령이 강하여지며 이스라엘에게 나타나는 날까지 빈 들에 있으니라

1. 오늘 하나님께서 나에게 주신 깨달음은 무엇입니까?

2. 말씀을 어떻게 내 삶에 구체적으로 적용해야 합니까?

절별 해설

58 주께서 그를 크게 긍휼히 여기심을 듣고 엘리사벳이 나이가 많음에도 불구하고 아들을 출산하게 된 것은 하나님이 그녀를 크게 긍휼히 여기셨기 때문이다. 하나님의 긍휼하심은 누가복음 1장의 중요한 주제다(1:50, 54, 72). 하나님이 메시아를 세상에 보내신 것은 인간에게 자격이 있어서가 아니라 하나님의 전적인 긍휼과 은혜 때문이다(딛 3:5).

59 할례 이스라엘 백성은 생후 8일째 되는 날 할례를 받아야 했다(창 17:12). 히브리어의 '할례'는 '자르다'라는 단어에서 유래되었는데, '언약'과도 같은 어원을 가지고 있다. 즉, 할례는 언약 백성이 자신의 몸에 언약의 표징으로 새기는 표인 것이다(창 17:11).

아버지의 이름을 따라 유대에서는 가족이나 친척 가운데 유명하거나 존경받는 사람의 이름을 아이에게 붙이는 관습이 있었다. 경건한 제사장이었던 사가랴는 이웃과 친척들에게도 존경받았기 때문에, 그들은 사가랴의 이름을 아이에게도 붙이려고 했다.

60 요한이라 할 것이라 '요한'은 '여호와는 은혜로우시다'라는 뜻이다. 하나님이 메시아의 길을 예비할 자의 이름을 '요한'으로 지정하신 이유는, 메시아가 와서 그의 백성을 구원하는 것이 전적인 하나님의 은혜의 결과이기 때문이다.

62 몸짓하여 사가랴는 말을 못할 뿐만 아니라 귀가 들리지 않는 상태였다. '말 못하는 자'(1:20)라고 번역된 헬라어는 '듣지 못하는 사람'을 동시에 의미하는 단어이기도 하다.

63 서판 당시에는 작은 나무판에 밀랍을 칠해서 날카로운 나무나 금속으로 글을 썼다.

64 이에 그 입이 곧 열리고 사가랴가 가문과는 상관없는 요한이라는 이름으로 아이의 이름을 짓겠다고 단호하게 주장한 것은, 천사를 통해 주어진 계시를 신뢰한다는 믿음의 행위였다. 그래서 그의 입이 열리게 된 것이다.

66 주의 손이 그와 함께하심이러라 이 구절은 하나님의 능력을 의미하는 표현으로, 요한이 성령으로 말미암아 하나님의 권능 가운데 살아가게 되었음을 의미한다.

67 그 부친 사가랴가 성령의 충만함을 받아 예언하여 '사가랴의 축가'는 내용상 메시아를 통해 구원을 베푸시는 하나님을 찬양하는 전반부(68-75절)와 메시아의 길을 준비할 세례 요한의 사역을 소개하는 후반부(76-79절)로 나뉜다. 이 축가는 마리아의 찬가와 같이 구약의 여러 부분과 유사하다

쉬운성경

57 해산할 날이 이르러 엘리사벳은 아들을 낳았습니다.

58 이웃사람들과 친척들은 주께서 엘리사벳에게 큰 은혜를 베푸신 것을 듣고 함께 기뻐하였습니다.

59 이 사람들은 아이가 태어난 지 팔 일째 되는 날에, 아이에게 할례를 하려고 왔습니다. 이들은 아버지의 이름을 따서 아이의 이름을 사가랴라고 지으려고 하였습니다.

60 그러자 아기 어머니가 말했습니다. "안 됩니다! 요한이라고 지어야 합니다."

61 사람들이 엘리사벳에게 말했습니다. "하지만 당신 가문 중에 그런 이름을 가진 사람은 하나도 없어요."

62 사람들은 아버지인 사가랴에게 손짓을 하여 아이의 이름을 무엇이라고 짓기 원하는지 물었습니다.

63 그러자 사가랴는 쓸 것을 달라고 하여 '아기 이름은 요한'이라고 썼습니다. 이를 본 사람들이 모두 이상히 여겼습니다.

64 그 즉시 사가랴의 입이 열리고 혀가 풀려 하나님을 찬양하였습니다.

65 주변에 있는 사람들이 모두 두려워하였고, 이 모든 이야기는 유대 온 산골에 전해졌습니다.

66 이 이야기를 들은 사람은 모두 이 사실을 마음에 새기며 "이 아이가 장차 어떤 인물이 될까?" 하고 말했습니다. 그것은 주님의 손이 아이와 함께하셨기 때문입니다.

67 요한의 아버지 사가랴가 성령으로 충만하여 예언하였습니다.

68 "주 이스라엘의 하나님은 찬양을 받으실 분이시다. 주께서 백성들을 돌보시며 구원을 베푸셨다.

69 하나님의 종 다윗의 집에서 우리를 위한 구원의 뿔을 드셨다.

70 옛날 거룩한 예언자의 입으로 말씀하셨다.

71 우리를 원수에게서 구원하시고, 우리를 미워하는 모든 사람의 손에서 건져 내셨다.

절별 해설

(시 105:8-9; 106:45; 111:9; 렘 11:5; 겔 29:21).

69 구원의 뿔 '뿔'은 '힘'(시 22:21), '능력'(단 8:3), '위엄'(신 33:17), '왕권'(단 7:24) 등을 상징한다. 그러므로 '구원의 뿔'은 강력한 구원의 능력과 위엄을 지닌 메시아를 의미한다.

71 원수 표면적으로는 하나님의 백성을 억압하던 종교적이고 정치적인 자들이다. 그러나 또한 영적으로는 마귀나 사망과 같이 하나님과 그분의 백성을 대적하는 세력이기도 하다(창 3:15; 고전 15:26).

74 우리가 원수의 손에서 건지심을 받고 언약의 결과로 이루어진 구원의 첫 번째 내용은 원수로부터 건짐을 받게 되는 것이다.

75 섬기게 하리라 구원의 두 번째 내용은 하나님을 섬기게 되는 것이다. '섬기다'는 제사장적인 의미를 내포하고 있으며, '예배하다'라고도 번역할 수 있다.

76 주 앞에 앞서가서 그 길을 준비하여 말라기 선지자는 메시아가 오시기 전에 그 길을 준비할 엘리야가 나타날 것을 예언했다(말 3:1; 4:5). 이는 세례 요한이 구약의 예언을 성취하는 자임을 말해 준다.

78 돋는 해 흑암을 물리치고 빛으로 충만한 세계를 가져오는 메시아에 관한 상징이다. 구약의 예언이 성취된 것임을 보여준다(사 9:2; 60:1; 말 4:2).

72 주님께서 우리 조상에게 자비를 베푸시고 거룩한 언약을 기억하셨다.

73 이것은 우리에게 주시려고 우리 조상 아브라함에게 하신 맹세다.

74 우리를 원수들의 손에서 구원하셔서 두려움 없이 주님을 섬기게 하셨고

75 평생 동안 주님 앞에서 거룩하고 의롭게 살아가게 하셨다.

76 아기야, 너는 가장 높으신 분의 예언자로 불릴 것이다. 네가 주님보다 앞서가며 주님의 길을 준비할 것이다.

77 백성들에게 죄를 용서받는 구원의 지식을 줄 것이다.

78 우리 하나님의 사랑과 자비로 인하여 떠오른 태양이 높은 곳에서

79 어두움과 죽음의 그늘에 앉은 우리들에게 빛을 비추일 것이다. 그래서 우리의 발을 평화의 길로 인도하실 것이다."

80 아기는 자라서 심령이 강해졌습니다. 요한은 이스라엘 백성 앞에 나타나는 날까지 광야에서 살았습니다.

저자의 묵상

왜 하나님은 예수님이 오시기 전에 세례 요한을 미리 보내신 것일까? 두 가지 이유가 있다. 첫 번째는 '하나님은 은혜로우시다'라는 뜻을 가진 요한의 이름과 같이 죄악 된 인류를 향한 하나님의 은혜와 사랑을 미리 보여주시고자 한 것이다. 구약이 예언하고 있는 메시아는 죄악을 공의롭게 심판하시는 분이시다. 그러나 하나님은 예수님을 보내셔서 우리의 죄에 대한 심판을 예수님에게 대신 내리시고 우리를 속량해 주셨다.

두 번째는 강퍅해진 사람들에게 메시아가 오시는 것을 기대하게 하시기 위해서였다. 당시의 사람들은 세례 요한이 나타나 회개의 세례를 전파하자 그가 메시아라고 기대하기 시작했다. 그러나 세례 요한은 자신이 아닌 앞으로 오실 메시아인 예수님에게로 그 관심을 돌렸다. 사람들은 세례 요한으로 말미암아 오실 예수님을 맞을 마음의 준비를 한 것이다.

무릎 기도 하나님, 제가 저의 죄값을 스스로 감당하지 않게 하시고 예수님을 통해 용서와 은혜를 베풀어 주셔서 감사드립니다. 은혜 받은 자처럼 반응하며 살아갈 수 있도록 하여 주소서.

ESV - Luke 1

57 Now the time came for Elizabeth to give birth, and she bore a son.
58 And her neighbors and relatives heard that the Lord had shown great mercy to her, and they rejoiced with her.
59 And on the eighth day they came to circumcise the child. And they would have called him Zechariah after his father,
60 but his mother answered, "No; he shall be called John."
61 And they said to her, "None of your relatives is called by this name."
62 And they made signs to his father, inquiring what he wanted him to be called.
63 And he asked for a writing tablet and wrote, "His name is John." And they all wondered.
64 And immediately his mouth was opened and his tongue loosed, and he spoke, blessing God.
65 And fear came on all their neighbors. And all these things were talked about through all the hill country of Judea,
66 and all who heard them laid them up in their hearts, saying, "What then will this child be?" For the hand of the Lord was with him.
67 And his father Zechariah was filled with the Holy Spirit and prophesied, saying,
68 "Blessed be the Lord God of Israel, for he has visited and redeemed his people
69 and has raised up a horn of salvation for us in the house of his servant David,
70 as he spoke by the mouth of his holy prophets from of old,
71 that we should be saved from our enemies and from the hand of all who hate us;
72 to show the mercy promised to our fathers and to remember his holy covenant,
73 the oath that he swore to our father Abraham, to grant us
74 that we, being delivered from the hand of our enemies, might serve him without fear,
75 in holiness and righteousness before him all our days.
76 And you, child, will be called the prophet of the Most High; for you will go before the Lord to prepare his ways,
77 to give knowledge of salvation to his people in the forgiveness of their sins,
78 because of the tender mercy of our God, whereby the sunrise shall visit us* from on high
79 to give light to those who sit in darkness and in the shadow of death, to guide our feet into the way of peace."
80 And the child grew and became strong in spirit, and he was in the wilderness until the day of his public appearance to Israel.

* 1:78 Or *when the sunrise shall dawn upon us*; some manuscripts *since the sunrise has visited us*

57 give birth 출산하다, 낳다 58 show mercy 자비를 베풀다 59 circumcise 할례하다 62 inquire 묻다 64 immediately 즉시 tongue 혀 66 lay… up in one's heart …을 마음에 새기다 67 prophesy 예언하다 68 redeem 속량하다 69 salvation 구원 72 covenant 언약 73 oath 맹세 74 deliver from……에서 건지다 75 all one's days 일생 동안 78 tender 애정 어린 whereby 그래서, 그로써 79 give light 비치다 80 wilderness 광야, 황무지 appearance 출현, 등장

• MEMO •

06

월 일

예수님의 탄생

누가복음 2:1-7 • 새찬송 115장 | 통일 115장

• 말씀묵상 전에 성령님의 인도하심을 구하는 기도를 드리십시오.

본문요약 I 가이사 아구스도가 호적 등록을 하라는 명령을 내리자, 요셉은 나사렛 동네에서 자신의 고향인 베들레헴으로 떠난다. 당시에 마리아는 임신한 상태였는데 베들레헴까지 요셉과 동행한다. 베들레헴에서 마리아는 여관에 빈방이 없어 마구간에서 해산을 해야 했다. 마리아는 아기를 구유에 뉘었다.

1 그때에 가이사 아구스도가 영을 내려 천
하로 다 호적하라 하였으니
2 이 호적은 구레뇨가 수리아 총독이 되었
을 때에 처음 한 것이라
3 모든 사람이 호적하러 각각 고향으로 돌
아가매
4 요셉도 다윗의 집 족속이므로 갈릴리 나
사렛 동네에서 유대를 향하여 베들레헴이
라 하는 다윗의 동네로
5 그 약혼한 마리아와 함께 호적하러 올라
가니 마리아가 이미 잉태하였더라
6 거기 있을 그때에 해산할 날이 차서
7 첫아들을 낳아 강보로 싸서 구유에 뉘었
으니 이는 여관에 있을 곳이 없음이러라

1. 오늘 하나님께서 나에게 주신 깨달음은 무엇입니까?

2. 말씀을 어떻게 내 삶에 구체적으로 적용해야 합니까?

절별 해설

1 가이사 아구스도 본명은 가이우스 옥타비우스로, BC 27년 로마 원로원으로부터 '위대하고 지극히 숭배받는 자'라는 뜻의 '아우구스투스'라는 칭호를 받은 로마의 1대 황제다. 탁월한 통치와 행정 능력으로 오랜 기간 로마에 평화를 가져와서 '로마의 대부'로 불렸다(BC 27–AD 14년).

천하로 다 호적하라 당시의 인구 조사는 세금을 걷기 위한 목적으로 이루어졌다. 누가는 아구스도 황제가 예수님이 베들레헴에서 태어나는 데 영향을 미쳤음을 기록함으로, 역사의 주관자이신 하나님이 당시의 최고 지도자의 배후에서 역사하셨음을 보여준다.

2 구레뇨 로마의 장군이며 행정관으로 수리아[시리아](Syria)에서 총독의 역할을 했다.

이 호적은 구레뇨가 수리아 총독이 되었을 때에 처음 한 것이라 역사적인 기록에는 구레뇨가 AD 6–9년에 수리아 총독이었다고 되어 있다. 이는 두 가지로 설명된다. 첫 번째로, 구레뇨가 예수님이 태어나기 전에도 수리아 총독으로 잠깐 있었지만 역사 기록에는 생략되었다는 설명이다. 두 번째로, '처음'이라는 헬라어 단어는 '이전의'라고도 번역될 수 있기 때문에, 이 부분을 '구레뇨가 수리아 총독 되기 이전에'라고 번역하는 것이다.

3 고향으로 돌아가매 인구 조사는 각 사람의 고향에서 실시되었다. 이것은 거주지에서 인적 사항을 기록하던 로마의 방식을 따르지 않고, 조상의 혈통을 중시하는 유대인들의 호적 제도를 따른 것이었다.

4 베들레헴 '떡집'이라는 뜻으로, 다윗 왕이 태어나고 자란 고향이다. 베들레헴은 나사렛에서는 남쪽으로 약 144km 떨어져 있고, 예루살렘으로부터는 남쪽으로 약 7km 떨어진 곳에 위치했다. 구약에서는 '에브라다'로도 불린다. 미가 선지자는 베들레헴에서 메시아가 태어날 것을 예언했는데, 이것은 메시아가 다윗의 후손으로 오실 것과 연관된 것이다(미 5:2).

5 그 약혼한 마리아와 함께 호적하러 올라가니 당시에 유대에서는 약 1년 정도의 약혼 기간 후에 결혼식을 통해 남편이 아내를 집에 데려옴으로써 결혼이 성립되었다. 요셉은 이미 마리아를 집에 데려와 아내로 삼은 상태였다(마 1:24). 그러나 누가가 '약혼한 마리아'로 표현한 것은 아직 두 사람이 동침하지 않은 상태였기 때문에 결혼이 완성되지 않았음을 암시한 것이다(마 1:25). 결혼하기도 전에 잉태한 마리아에 대한 주변 사람들의 나쁜 소문 때문에 요셉은 일부러 마리아를 베들레헴까지 동반한 것으로 보인다.

7 첫아들 예수님은 마리아가 낳은 첫째 아들이었으며(8:19–20), 하나님께 바쳐진 거룩한 첫아들임을 보여준다(2:23–24). 또한 다윗의 왕권이 다윗 가문의 첫아들인 예수님께 주어짐을 암시한다.

쉬운성경

1 그때에 아구스도 황제가 내린 칙령에 따라 온 나라가 호적 등록을 하게 되었습니다.

2 이것은 구레뇨가 시리아의 총독으로 있을 때 행한 첫 번째 호적 등록이었습니다.

3 그래서 모든 사람들이 호적을 등록하러 고향으로 가게 되었습니다.

4 요셉도 다윗 가문의 자손이었으므로 갈릴리 나사렛을 떠나 유대 지방에 있는 다윗의 마을로 갔습니다. 이 마을은 베들레헴이라고 불렸습니다.

5 그는 약혼한 마리아와 함께 호적을 등록하러 갔습니다. 마리아는 그때에 임신 중이었습니다.

6 이들이 베들레헴에 있는 동안 아기를 낳을 때가 되었습니다.

7 마리아는 첫아들을 낳아 포대기에 싸서 구유에 눕혀 두었습니다. 그것은 여관에 이들이 들어갈 빈방이 없었기 때문입니다.

구유에 뉘었으니 메시아로 오신 예수님의 비천하고 초라한 출생의 모습이 묘사된다.
여관 '손님방'으로 주로 사용되는 다락방을 의미한다(22:12). 출산을 앞둔 아내를 위해 손님방조차 잡을 수 없었던 열악한 상황이었다.

저자의 묵상

하나님께서 예수님을 작은 마을 베들레헴에서 태어나도록 하셨던 하나님의 계획에는 두 가지 중요한 이유가 있다. 첫 번째 이유는 베들레헴이 다윗의 고향이기 때문이다. 구약성경은 여러 곳에서 예수님이 다윗의 후손으로 오실 것을 예언한다. 다윗이 이스라엘을 정의와 공의로 통치했던 것처럼, 예수님 또한 정의와 공의로 그의 백성들을 통치하실 왕으로 이 땅에 오실 것이기 때문에 예수님은 다윗처럼 베들레헴에서 태어나신 것이다. 두 번째 이유는 예수님이 가장 작은 자로 이 세상에 오셨기 때문이다. 세상의 왕과 통치자들은 세상의 강한 힘으로 사람들을 지배하고 다스리려고 했다. 그러나 하늘의 왕이신 예수님은 세상의 힘이 아닌 희생과 사랑으로 그의 백성들을 다스리셨다. 그렇기 때문에 예수님은 아주 작은 마을인 베들레헴에서 태어나심으로, 그가 세상과는 다른 통치를 행하는 왕으로 오셨음을 보여준다.

무릎 기도 하나님, 저 또한 예수님처럼 세상의 힘이 아닌 희생과 사랑으로 다른 사람들을 섬기는 자가 되게 하소서. 세상의 힘의 유혹을 믿음으로 이길 수 있는 자가 되게 해 주소서.

ESV - Luke 2

1 In those days a decree went out from Caesar Augustus that all the world should be registered.
2 This was the first registration when* Quirinius was governor of Syria.
3 And all went to be registered, each to his own town.
4 And Joseph also went up from Galilee, from the town of Nazareth, to Judea, to the city of David, which is called Bethlehem, because he was of the house and lineage of David,
5 to be registered with Mary, his betrothed,* who was with child.
6 And while they were there, the time came for her to give birth.
7 And she gave birth to her firstborn son and wrapped him in swaddling cloths and laid him in a manger, because there was no place for them in the inn.*

* 2:2 Or *This was the registration before*
* 2:5 That is, one legally pledged to be married
* 2:7 Or *guest room*

1 decree 칙령 register 등록하다 4 lineage 혈통, 가계 5 one's betrothed …의 약혼자 7 give birth to… (아이를) 낳다 firstborn 첫째, 맏이 wrap in… …으로 감싸다 swaddling cloth 강보 manger 구유 inn 여인숙, 여관

☐ 묵상 체크

07

월 일

구유에 누인 예수님을 찾아간 목자들

누가복음 2:8-21 • 새찬송 112장 | 통일 112장

• 말씀묵상 전에 성령님의 인도하심을 구하는 기도를 드리십시오.

본문요약 ㅣ 밤에 양 떼를 지키던 목자들에게 주의 사자가 나타나 구주가 태어나셨음을 알려 준다. 이에 목자들은 빨리 베들레헴으로 가서 천사로부터 전해 들은 소식을 확인하고자 한다. 그들은 천사가 표적으로 말한 대로 구유에 누인 아기를 보고는 사람들에게 천사의 말을 전하고 하나님을 찬양한다.

8 그 지역에 목자들이 밤에 밖에서 자기 양 떼를 지키더니
9 주의 사자가 곁에 서고 주의 영광이 그들을 두루 비추매 크게 무서워하는지라
10 천사가 이르되 무서워하지 말라 보라 내가 온 백성에게 미칠 큰 기쁨의 좋은 소식을 너희에게 전하노라
11 오늘 다윗의 동네에 너희를 위하여 구주가 나셨으니 곧 그리스도 주시니라
12 너희가 가서 강보에 싸여 구유에 뉘어 있는 아기를 보리니 이것이 너희에게 표적이니라 하더니
13 홀연히 수많은 천군이 그 천사와 함께 하나님을 찬송하여 이르되
14 지극히 높은 곳에서는 하나님께 영광이요 땅에서는 하나님이 기뻐하신 사람들 중에 평화로다
하니라
15 천사들이 떠나 하늘로 올라가니 목자가 서로 말하되 이제 베들레헴으로 가서 주께서 우리에게 알리신 바 이 이루어진 일을 보자 하고
16 빨리 가서 마리아와 요셉과 구유에 누인 아기를 찾아서
17 보고 천사가 자기들에게 이 아기에 대하여 말한 것을 전하니
18 듣는 자가 다 목자들이 그들에게 말한 것들을 놀랍게 여기되
19 마리아는 이 모든 말을 마음에 새기어 생각하니라
20 목자들은 자기들에게 이르던 바와 같이 듣고 본 그 모든 것으로 인하여 하나님께 영광을 돌리고 찬송하며 돌아가니라
21 할례할 팔 일이 되매 그 이름을 예수라 하니 곧 잉태하기 전에 천사가 일컬은 바러라

1. 오늘 하나님께서 나에게 주신 깨달음은 무엇입니까?

2. 말씀을 어떻게 내 삶에 구체적으로 적용해야 합니까?

절별 해설

8 목자들 당시의 목자는 아주 천한 직업으로 여겨졌다. 늘 밖에서 양을 돌보아야 했기 때문에 오물이나 짐승의 사체를 접하는 경우가 많았고, 종종 성전 제사에 참여하지 못했다. 또한 대부분의 목자들은 주인의 양을 맡아 치는 고용인들이었기 때문에 아주 가난했다. 그러나 이스라엘 사회에서 가장 천하게 여겨졌던 목자들은 복음을 최초로 들은 사람들이었고, 또한 그 복음을 최초로 전한 사람들이 되었다.

9 주의 영광 이곳의 '주의 영광'은 하나님의 임재하심이 가시적으로 드러난 것을 의미한다(시 26:8). 말라기 선지자 이후 이스라엘은 하나님의 임재가 떠난 영적 암흑기를 400여 년 동안 지났다. 목자들에게 나타난 주의 영광은 이제 하나님이 그의 백성과 다시 함께하심으로써, 하나님의 약속대로 그들을 회복시킬 것을 보여주는 것이다.

10 큰 기쁨의 좋은 소식 '큰 기쁨'은 신약성경에서 예수님의 탄생과 부활을 묘사할 때 주로 사용되었다(24:52; 마 2:10). '좋은 소식'은 흔히 '복음'으로 번역되는 단어로, 로마 시대에는 '나라 전체에 큰 영향력을 미칠 수 있는 승전이나 새로운 왕의 등극과 같은 소식'을 뜻했다. 예수님의 탄생은 인류 역사에 가장 큰 영향력을 미치는 사건일 뿐만 아니라, 놀라운 기쁨을 가져오는 일이었다.

11 구주, 그리스도 주 예수님에 관한 삼중적인 호칭이 한 번에 등장하는 유일한 구절이다. '구주'(Savior)는 구약성경에서는 원수로부터 구원하는 자라는 의미로 사용되었는데, 예수님이 죄로부터 그의 백성을 구원하시는 분임을 의미한다(마 1:21). '그리스도'(Christ)는 구약성경에서 기름부음을 받은 자라는 뜻의 '메시아'를 헬라어로 번역한 것으로, 예수님이 왕직, 제사장직, 선지자직을 가짐을 설명한다. '주'(the Lord)는 구약성경에서 하나님의 주권을 강조하던 호칭으로, 예수님의 주권과 능력을 의미한다.

12 강보에 싸여 구유에 뉘어 있는 아기 갓 태어나 옷감으로 싼 아기가 짐승의 먹이통에 누인 것은 아주 특별한 경우다. 그것이 그가 메시아임을 알아보게 하는 표시라는 말이다. 온 우주의 왕이신 예수님은 궁궐이 아닌 짐승 우리에서 태어나심으로 가장 약하고 비천한 자로 세상에 오셨다.

14 하나님께 영광 하나님의 성품과 능력이 나타났을 때, 그것이 하나님 것임을 고백하는 찬양을 말한다. 메시아를 보내시겠다는 하나님의 약속이 이루어짐으로 하나님의 신실하심과 능력이 드러난 것을 찬양하는 것이다.

쉬운성경

8 그 근처 들판에서 목자들이 밤에 양 떼를 지키고 있었습니다.

9 주님의 천사가 갑자기 이들 앞에 나타났습니다. 주님의 영광이 그들을 둘러 비추자, 이들은 몹시 두려워하였습니다.

10 천사가 그들에게 말했습니다. "두려워 마라. 보아라. 모든 백성을 위한 큰 기쁨의 소식을 가지고 왔다.

11 오늘 다윗의 마을에 너희를 위하여 구세주께서 태어나셨다. 그는 곧 그리스도 주님이시다.

12 포대기에 싸여 구유에 누워 있는 아기를 볼 것인데, 이것이 너희에게 주는 증거이다."

13 갑자기 그 천사와 함께 많은 하늘 군대가 나타나 하나님을 찬양하였습니다.

14 "높은 곳에서는 하나님께 영광, 땅에서는 하나님께서 기뻐하시는 사람들에게 평화."

15 천사들이 목자들에게서 떠나 하늘로 사라지자, 목자들이 서로 말했습니다. "베들레헴으로 어서 가서 주께서 우리에게 알려 주신 일이 일어났는지 확인합시다."

16 이들은 서둘러 가서 마리아와 요셉, 그리고 구유에 누인 아기를 보았습니다.

17 목자들이 확인하고 이 아이에 대하여 자기들이 들은 것을 그들에게 이야기해 주었습니다.

18 목자들의 말을 듣고 사람들은 모두 놀랐습니다.

19 그러나 마리아는 이 모든 말을 마음속에 소중히 간직하였습니다.

20 목자들은 돌아가면서 천사들이 일러 준 대로 자기들이 듣고 보았으므로 하나님께 영광을 돌리고 찬양을 드렸습니다.

절별 해설

사람들 중에 평화 예수님의 탄생으로 말미암아 죄로 인해 깨어졌던 하나님과 인간 사이의 관계가 회복되었음을 찬양하는 것이다.

19 마리아는 이 모든 말을 마음에 새기어 생각하니라 원어적으로 '새기어'는 '보호하다, (보물처럼) 간직하다'라는 뜻을 갖는데, '여러 가지 사건들을 종합하여 하나의 의미 있는 생각으로 만드는 행위'를 뜻한다. '생각하니라'는 '깊이 잘 생각하다'라는 뜻으로, 문법적으로 '마음속으로 계속해서 묵상하는 상태'를 의미한다. 같은 의미의 두 단어가 반복된 것은, 마리아가 목자들의 말을 아주 중요하게 여겨 잊지 않았음을 강조하기 위해서다.

21 태어난 지 팔 일째 되는 날에 아기는 할례를 받았고, 그 이름을 예수라고 하였습니다. 이 이름은 아기가 배 속에 있을 때에 천사가 일러준 것이었습니다.

저자의 묵상

예수님의 탄생에 관한 소식을 가장 먼저 듣고 전했던 사람들은 당시에 사회적으로 가장 비천하고 종교적으로 부정한 자들로 여겨졌던 목자들이었다. 목자들은 자신들이 천사로부터 전해 들었던 소식이 사실임을 확인하고 하나님께 영광을 돌리고 찬양했다. 그런데 목자들과는 정반대의 반응을 보였던 사람이 있다. 당시 이스라엘에서 가장 높은 자였던 헤롯 왕이었다. 헤롯은 동방에서 온 박사들을 통해 메시아의 탄생에 관해 알게 되자 오히려 예수님을 죽이려고 했다.

지금도 사람들은 예수님에 대해서 동일한 반응들을 보인다. 가난함과 겸손함을 가진 이들에게 예수님은 찬양과 기쁨의 대상이지만, 부요함과 교만함을 가진 이들에게 예수님은 대적해야 할 대상이다. 그렇기 때문에 하나님 나라가 임하기 위한 가장 첫째 조건이 바로 심령의 가난함이다(마 5:3).

무릎 기도 하나님, 저의 심령을 가난하고 겸손하게 만들어 주소서. 예수님을 제 마음의 중심에 왕으로 모심으로 제 영혼에 하나님 나라가 임하게 하소서.

ESV - Luke 2

8 And in the same region there were
shepherds out in the field, keeping watch
over their flock by night.
9 And an angel of the Lord appeared to
them, and the glory of the Lord shone
around them, and they were filled with
great fear.
10 And the angel said to them, "Fear not, for
behold, I bring you good news of great joy
that will be for all the people.
11 For unto you is born this day in the city of
David a Savior, who is Christ the Lord.
12 And this will be a sign for you: you will find
a baby wrapped in swaddling cloths and
lying in a manger."
13 And suddenly there was with the angel a
multitude of the heavenly host praising
God and saying,
14 "Glory to God in the highest, and on earth
peace among those with whom he is
pleased!"*
15 When the angels went away from them
into heaven, the shepherds said to one
another, "Let us go over to Bethlehem and
see this thing that has happened, which
the Lord has made known to us."
16 And they went with haste and found Mary
and Joseph, and the baby lying in a
manger.
17 And when they saw it, they made known
the saying that had been told them
concerning this child.
18 And all who heard it wondered at what the
shepherds told them.
19 But Mary treasured up all these things,
pondering them in her heart.
20 And the shepherds returned, glorifying and
praising God for all they had heard and
seen, as it had been told them.
21 And at the end of eight days, when he was
circumcised, he was called Jesus, the
name given by the angel before he was
conceived in the womb.

* 2:14 Some manuscripts *peace, good will among men*

8 region 지역 shepherd 목자 keep watch over… …을 지키다 12 manger 구유 13 suddenly 갑자기 a multitude of 다수의 host (집합적) 천군 14 pleased with… …을 기뻐하는 15 make known 알리다 17 concerning …에 관하여 18 wonder at… …에 놀라다 19 treasure up 마음에 새기다 ponder 깊이 생각하다 20 glorify 영광을 돌리다 21 circumcise 할례하다 conceive 잉태하다

• MEMO •

08

월 일

메시아를 만난 사람들

누가복음 2:22-40 • 새찬송 80장 | 통일 101장

• 말씀묵상 전에 성령님의 인도하심을 구하는 기도를 드리십시오.

본문요약 I 예수님의 부모는 정결 예식을 치르기 위해 예루살렘에 올라간다. 그때 메시아를 통한 구원을 오랫동안 기다리던 시므온은 성령의 지시대로 성전에 가서 아기 예수를 만나 그가 죽기 전에 메시아를 보게 하신 하나님을 찬양한다. 한편, 평생 과부로 살면서 금식과 기도로 예루살렘의 구원을 기다리던 여선지자 안나 또한 성전에서 아기 예수를 만나 하나님을 찬양한다.

22 [ㄱ]모세의 법대로 정결 예식의 날이 차매 아
기를 데리고 예루살렘에 올라가니
23 이는 주의 율법에 쓴 바 [ㄴ]첫 태에 처음 난
남자마다 주의 거룩한 자라 하리라 한 대
로 아기를 주께 드리고
24 또 주의 율법에 말씀하신 대로 [ㄷ]산비둘기
한 쌍이나 혹은 어린 집비둘기 둘로 제사
하려 함이더라
25 예루살렘에 시므온이라 하는 사람이 있으
니 이 사람은 의롭고 경건하여 이스라엘
의 위로를 기다리는 자라 성령이 그 위에
계시더라
26 그가 주의 그리스도를 보기 전에는 죽지
아니하리라 하는 성령의 지시를 받았더니
27 성령의 감동으로 성전에 들어가매 마침
부모가 율법의 관례대로 행하고자 하여
그 아기 예수를 데리고 오는지라
28 시므온이 아기를 안고 하나님을 찬송하여
이르되
29 주재여 이제는 말씀하신 대로 종을 평
안히 놓아주시는도다
30 내 눈이 주의 구원을 보았사오니
31 이는 만민 앞에 예비하신 것이요
32 이방을 비추는 빛이요 주의 백성 이스
라엘의 영광이니이다
하니
33 그의 부모가 그에 대한 말들을 놀랍게 여
기더라
34 시므온이 그들에게 축복하고 그의 어머니
마리아에게 말하여 이르되 보라 이는 이
스라엘 중 많은 사람을 패하거나 흥하게
하며 비방을 받는 표적이 되기 위하여 세
움을 받았고
35 또 칼이 네 마음을 찌르듯 하리니 이는 여
러 사람의 마음의 생각을 드러내려 함이
니라 하더라
36 또 아셀 지파 바누엘의 딸 안나라 하는 선
지자가 있어 나이가 매우 많았더라 그가
결혼한 후 일곱 해 동안 남편과 함께 살다
가
37 과부가 되고 팔십사 세가 되었더라 이 사
람이 성전을 떠나지 아니하고 주야로 금
식하며 기도함으로 섬기더니
38 마침 이때에 나아와서 하나님께 감사하고
예루살렘의 속량을 바라는 모든 사람에게
그에 대하여 말하니라
39 주의 율법을 따라 모든 일을 마치고 갈릴
리로 돌아가 본 동네 나사렛에 이르니라
40 아기가 자라며 강하여지고 지혜가 충만하
며 하나님의 은혜가 그의 위에 있더라

ㄱ. 레 12:2-6 ㄴ. 출 13:2, 12 ㄷ. 레 12:8; 5:11

1. 오늘 하나님께서 나에게 주신 깨달음은 무엇입니까?

2. 말씀을 어떻게 내 삶에 구체적으로 적용해야 합니까?

절별 해설

22 정결 예식의 날 아이를 낳은 어머니는 율법이 정한 때(남아 40일, 여아 80일)에 제사장에게 가서 번제와 속죄제를 드림으로 정결 예식을 치렀다(레 12:1-5). 왜냐하면 여인이 자녀를 출산하면 일정 기간 동안 부정한 상태로 여겨졌기 때문이다.

23 첫 태에 처음 난 남자마다 주의 거룩한 자라 하리라 율법은 하나님께 속한 장자들 대신에 레위인을 성별하여 하나님께 헌신하도록 했고, 전체 장자와 비교하여 모자란 수만큼 속전을 지불했다(민 3:41). 장자를 대신하여 레위인을 성별하도록 한 율법은, 장자로 태어나 그의 뒤를 따르는 자들을 대표하여 하나님께 거룩한 자로 바쳐질 예수님을 예표하기 위함이었다.

25 이스라엘의 위로를 기다리는 자라 오랫동안 어두운 상황 속에서도 메시아가 오셔서 이스라엘을 억압과 죄악으로부터 구원하실 것에 대한 구약의 약속을 기다렸다는 것이다.

30 내 눈이 주의 구원을 보았사오니 메시아를 본다는 것은 그를 통해 이루어질 하나님의 구원을 미리 보게 되는 것이다.

32 이방을 비추는 빛 '빛'은 죄와 사망에 빠진 자들에게 비추는 구원의 빛을 뜻한다. 예수님은 어둠 속의 모든 인류를 구원하여 생명으로 인도하시는 참빛이시다(요 1:9).

34 이는 이스라엘 중 많은 사람을 패하거나 흥하게 하며 메시아를 믿지 않는 자들에게는 그가 '걸림돌과 걸려 넘어지는 반석이 되실 것'(사 8:14)이지만, 그를 믿는 자는 '다급하게 되지 아니하리라'(사 28:16)고 예언한 이사야의 말씀이 성취될 것이란 뜻이다.
비방을 받는 표적 이사야가 메시아를 고난받는 종으로 묘사한 것(사 50:6; 53:4-12)처럼, 예수님이 유대인들과 이방인들로부터 모욕과 비방을 받으실 것을 의미한다.

35 또 칼이 네 마음을 찌르듯 하리니 '칼'은 트라키아인(Thracian)이 사용하던 아주 큰 칼을 말한다. 공생애 기간에 예수님을 향한 유대 종교지도자들의 핍박이 강해지면서 마리아의 고통도 점점 커졌을 것이다.
이는 여러 사람의 마음의 생각을 드러내려 함이니라 '드러나다'는 원어적으로 '베일이 벗겨지다'라는 뜻이다. 이제까지 종교적 허위와 허식으로 감추고 있던 인간의 죄악 된 모습이 폭로될 것을 예언한 것이다.

36 아셀 지파 바누엘의 딸 안나 시므온의 경우와는 달리, 안나는 그 지파의 소속까지 명확하게 제시된다. 그 이유는 안나가 하나님께 헌신된 경건한 가문 출신임을 보여주기 위해서다(참고. 빌 3:5-6). '바누엘'은 '하나님의 얼굴'이라는 뜻의 '브니엘'(창 32:30)의 헬라식 표기이고, '안나'는 '은혜'라는 뜻의

쉬운성경

22 모세의 율법에 따라 정결 예식을 치르는 때가 되었습니다. 마리아와 요셉은 예수님을 하나님께 드리려고 예루살렘으로 데리고 올라갔습니다.

23 이것은 주님의 율법에 다음과 같이 기록되어 있기 때문입니다. "첫 번째 태어나는 모든 남자 아이는 하나님께 거룩한 자로 불릴 것이다."

24 또 마리아와 요셉은 비둘기 두 마리나 어린 집비둘기 두 마리를 드려야 한다고 기록된, 하나님의 율법에 따라 희생 제물을 바치려고 예루살렘에 올라간 것입니다.

25 예루살렘에 시므온이라는 한 사람이 있었습니다. 이 사람은 의롭고 경건한 사람으로서, 하나님께서 이스라엘을 위로하실 때를 기다리고 있었습니다. 성령께서 이 사람과 함께하셨습니다.

26 성령께서 시므온에게 주 그리스도를 보기 전에는 결코 죽지 않을 것이라는 계시를 주셨습니다.

27 시므온은 성령으로 충만해져서 성전으로 왔습니다. 마침 마리아와 요셉이 율법의 규정대로 행하기 위해 어린 예수님을 성전으로 데리고 왔습니다.

28 시므온이 아이를 팔에 안고 하나님께 찬양하였습니다.

29 "주님, 이제 주님의 종을 주님의 말씀대로 평화롭게 떠날 수 있게 하셨습니다.

30 제 눈으로 주님의 구원하심을 보았습니다.

31 주님께서 이 구원을 모든 백성들 앞에 마련해 주셨습니다.

32 이는 이방 사람들에게는 계시의 빛이며, 주님의 백성 이스라엘에게는 영광입니다."

33 예수님의 아버지와 어머니는 시므온이 예수님에 대하여 말하는 것을 듣고 매우 놀랐습니다.

절별 해설

'한나'(삼상 1:2)의 헬라식 표기다.

선지자 안나는 신약성경의 유일한 여선지자로서, 구약의 드보라(삿 4:4)나 훌다(왕하 22:14)와 같이 하나님의 말씀을 전하는 역할을 했을 것이다.

37 과부가 되고 팔십사 세가 되었더라 '팔십사 세'는 과부가 된 이후의 기간으로 해석된다. 그렇다면 안나가 결혼한 지 7년 만에 남편을 잃었기에 14세 전후에 결혼을 했던 당시 관습대로 계산하면, 그때 안나의 나이는 약 105세였다.

주야로 금식하며 기도함으로 섬기더니 안나는 남편을 일찍 잃은 개인적 슬픔을 하나님 앞에서 금식과 기도로 승화시킨 여인이었다. 그녀가 성전을 떠나지 않고 기도했던 내용은 메시아를 통해 예루살렘이 속량되는 것이었다.

39 주의 율법을 따라 모든 일을 마치고 누가는 예수님이 태어나신 후부터 철저히 율법에 따른 삶을 사셨음을 자세하게 묘사한다(참고. 22,23,24,27절). 이것은 예수님이 율법의 마침이 되시고(롬 10:4), 율법 아래 있는 모든 자들을 구원하시기 위함이다(갈 4:4-5).

34 시므온은 그들을 축복하고, 아이의 어머니 마리아에게 말했습니다. "이 아이는 이스라엘의 많은 사람들을 넘어지게도 하고 일어서게도 할 것입니다. 또한 사람들의 비난을 받는 표적이 될 것입니다.

35 이 일 때문에 많은 사람들의 마음에 있는 생각이 드러날 것입니다. 그러나 당신의 마음은 칼로 쪼개듯이 아플 것입니다."

36 또 여자 예언자가 있었습니다. 이 사람은 아셀 지파의 바누엘의 딸인 안나였습니다. 그녀는 나이가 많았습니다. 결혼하고 칠 년 동안을 남편과 살았는데,

37 그 후로 과부가 되어 팔십사 세가 되었습니다. 그동안, 한 번도 성전을 떠나지 않고 밤낮으로 금식과 기도를 하여 하나님을 섬겼습니다.

38 바로 그때, 그녀가 와서 하나님께 감사를 드리고, 예루살렘의 구원을 기다리는 사람들에게 이 아이에 대해 이야기하였습니다.

39 아이는 주님의 율법에 따라 모든 일을 다 마치고 갈릴리에 있는 고향 나사렛으로 돌아왔습니다.

40 아이는 점점 자라고 튼튼해졌으며 지혜도 많아졌습니다. 하나님의 은혜가 아이와 함께하였습니다.

저자의 묵상

아기 예수님이 메시아임을 알아본 두 사람이 있었다. 시므온과 안나였다. 두 사람 다 메시아가 오시기를 간절히 기대하며 살았던 사람들이었다. 시므온은 예수님을 만난 뒤에야 자신이 평안을 얻을 것이라고 한다. 그는 이스라엘 백성들의 구원을 간절히 기도하던 사람이었다. 안나는 개인적으로는 불행한 삶이 주어졌지만 그것을 기회로 성전에서 하나님의 구원의 날을 선포하며 사람들을 위로하는 선지자의 삶을 살았다. 이들은 메시아로 오신 예수님을 만난 것이 그들의 기도에 대한 응답이었기 때문에 큰 위로와 기쁨을 경험했을 것이다.

시므온과 안나가 그토록 열망했던 메시아인 예수님이 세상에 오셔서 우리가 구원을 받았다. 이제 예수의 이름을 부르는 자들에게 예수님은 성령으로 오셔서 우리와 영원히 함께하신다. 그러나 구원을 간절히 원하고 그것을 간구해야 한다. 이러한 자만이 시므온과 안나처럼 '예수님이 오심'이 위로와 기쁨의 순간이 될 것이다.

무릎 기도 하나님, 제가 예수님을 통해 얻게 된 구원을 감사하며 기뻐하게 하소서. 제 마음을 겸손하게 만들어 주사 예수님을 만나게 된 것이 저의 인생의 가장 큰 위로이며 기쁨이 되게 하소서.

ESV - Luke 2

22 And when the time came for their
purification according to the Law of Moses,
they brought him up to Jerusalem to
present him to the Lord
23 (as it is written in the Law of the Lord,
"Every male who first opens the womb
shall be called holy to the Lord")
24 and to offer a sacrifice according to what is
said in the Law of the Lord, "a pair of
turtledoves, or two young pigeons."
25 Now there was a man in Jerusalem, whose
name was Simeon, and this man was
righteous and devout, waiting for the
consolation of Israel, and the Holy Spirit
was upon him.
26 And it had been revealed to him by the
Holy Spirit that he would not see death
before he had seen the Lord's Christ.
27 And he came in the Spirit into the temple,
and when the parents brought in the child
Jesus, to do for him according to the
custom of the Law,
28 he took him up in his arms and blessed
God and said,
29 "Lord, now you are letting your servant*
depart in peace, according to your word;
30 for my eyes have seen your salvation
31 that you have prepared in the presence of
all peoples,
32 a light for revelation to the Gentiles, and for
glory to your people Israel."
33 And his father and his mother marveled at
what was said about him.
34 And Simeon blessed them and said to
Mary his mother, "Behold, this child is
appointed for the fall and rising of many in
Israel, and for a sign that is opposed
35 (and a sword will pierce through your own
soul also), so that thoughts from many
hearts may be revealed."
36 And there was a prophetess, Anna, the
daughter of Phanuel, of the tribe of Asher.
She was advanced in years, having lived
with her husband seven years from when
she was a virgin,
37 and then as a widow until she was eighty-
four.* She did not depart from the temple,
worshiping with fasting and prayer night
and day.
38 And coming up at that very hour she began
to give thanks to God and to speak of him
to all who were waiting for the redemption
of Jerusalem.
39 And when they had performed everything
according to the Law of the Lord, they
returned into Galilee, to their own town of
Nazareth.
40 And the child grew and became strong,
filled with wisdom. And the favor of God
was upon him.

* 2:29 Or *bondservant*
* 2:37 Or *as a widow for eighty-four years*

22 purification 정결 예식 24 offer a sacrifice 제물을 바치다 turtledove 산비둘기 pigeon 비둘기 25 devout 경건한 consolation 위로 26 reveal 계시하다 27 custom 관습, 관례 30 salvation 구원 31 in the presence of··· ···앞에서 32 revelation 계시 gentile 이방인 33 marvel at··· ···에 놀라다 34 appoint 세우다 oppose 비방하다 35 pierce 찌르다 36 prophetess 여선지자 be advanced in years 나이가 지긋하다 37 widow 과부 depart 떠나다 fast 금식하다 38 redemption 속량

• MEMO •

09

월 일

성전에 홀로 남은 열두 살의 예수님

누가복음 2:41-52 • 새찬송 565장 | 통일 300장

• 말씀묵상 전에 성령님의 인도하심을 구하는 기도를 드리십시오.

본문요약 I 유대의 관습대로 해마다 유월절에 예수님의 가족은 예루살렘에 올라갔다. 돌아오는 길에 예수님이 없는 것을 발견한 부모는 다시 예루살렘으로 돌아가고, 사흘 후에 성전에서 예수님을 만났다. 예수님은 선생들 중에 앉아 그들과 대화하고 있었고, 사람들은 예수님의 지혜에 놀란다. 놀란 부모에게 예수님은 자신이 아버지 집에 있어야 될 줄을 알지 못하셨냐고 답한다.

41 그의 부모가 해마다 유월절이 되면 예루살렘으로 가더니

42 예수께서 열두 살 되었을 때에 그들이 이 절기의 관례를 따라 올라갔다가

43 그날들을 마치고 돌아갈 때에 아이 예수는 예루살렘에 머무셨더라 그 부모는 이를 알지 못하고

44 동행 중에 있는 줄로 생각하고 하룻길을 간 후 친족과 아는 자 중에서 찾되

45 만나지 못하매 찾으면서 예루살렘에 돌아갔더니

46 사흘 후에 성전에서 만난즉 그가 선생들 중에 앉으사 그들에게 듣기도 하시며 묻기도 하시니

47 듣는 자가 다 그 지혜와 대답을 놀랍게 여기더라

48 그의 부모가 보고 놀라며 그의 어머니는 이르되 아이야 어찌하여 우리에게 이렇게 하였느냐 보라 네 아버지와 내가 근심하여 너를 찾았노라

49 예수께서 이르시되 어찌하여 나를 찾으셨나이까 내가 [1)]내 아버지 집에 있어야 될 줄을 알지 못하셨나이까 하시니

50 그 부모가 그가 하신 말씀을 깨닫지 못하더라

51 예수께서 함께 내려가사 나사렛에 이르러 순종하여 받드시더라 그 어머니는 이 모든 [2)]말을 마음에 두니라

1) 또는 내 아버지의 일에 관계하여야 2) 또는 일을

52 예수는 지혜와 키가 자라가며 하나님과 사람에게 더욱 사랑스러워 가시더라

1. 본문에 나타난 예수님은 어떤 분이십니까?

2. 오늘 하나님께서 나에게 주신 깨달음은 무엇입니까?

3. 말씀을 어떻게 내 삶에 구체적으로 적용해야 합니까?

절별 해설

41 해마다 유월절이 되면 율법에 의하면, 유대 남자들은 유월절, 오순절, 초막절에 성전을 방문해야 했다(신 16:16). 그런데 바벨론 포로기 이후의 유대인들은 유월절에만 예루살렘을 방문했다. 평소에는 10만 명 정도였던 예루살렘의 인구가 그 기간에는 100만 명 이상이 되었으리라고 추정된다. 유대 역사가 요세푸스는 한 해 유월절에 사용된 희생양이 256,500마리에 달하며, 모인 사람의 수는 270만 명에 달했다고 과장적으로 기록했다.

42 예수께서 열두 살 되었을 때에 유대인들은 열세 살부터 부모와 관계없이 하나님 앞에서 독립적으로 책임을 질 나이라고 간주했다. 그러므로 이때 예수님은 부모의 책임 아래 있던 어린아이였다.

43 그날들을 마치고 유월절과 무교절 행사는 일주일간 계속되었다.

44 동행 중에 당시에는 여행객들을 노리는 강도나 들짐승이 공격할 위험이 많았기 때문에, 순례객들은 큰 무리를 지어서 움직였다. 친척과 이웃이 함께 움직이면 숙박이나 식사를 함께 해결하고 서로 보호받을 수 있었기 때문이다.

46-47 선생들 중에 앉으사 탈무드에 의하면, 랍비들이 성전 안뜰의 동남쪽에 있는 회당에서 율법을 강론했다고 전해진다. **듣는 자가 다 그 지혜와 대답을 놀랍게 여기더라** '놀랍게 여기다'는 의미적으로 '(도대체 이해할 수 없는 신비한 일을 만나서) 너무 놀라다'라는 뜻이며, 문법적으로는 반복적이고 계속적인 놀라움을 표현한다. 사람들은 아직 어린아이인 열두 살 소년이 율법의 전문가인 랍비들 사이에서 지혜로운 질문과 답을 주고받는 것을 이해할 수 없는 현상으로 여겼다.

49 내가 내 아버지 집에 있어야 될 줄을 알지 못하셨나이까 예수님이 하나님을 '내 아버지'라고 부르신 최초의 순간이다. 이것은 예수님이 자신의 신성을 드러내신 것으로, 예수님이 어린 시절부터 자신의 영적 정체성을 깨닫고 있었음을 보여준다. 원어적으로 이 구절은 '있어야만 한다'는 당위성을 표현한다. 이것은 예수님이 육신적 부모님보다 하나님의 뜻을 따르는 것에 우선권을 두고 있음을 보여준다. 또한 예수님이 행하는 일에 영적 목적으로 말미암은 당위성이 있음을 보여준다.

50 그 부모가 그가 하신 말씀을 깨닫지 못하더라 예수님의 부모는 예수님이 성전에 머물러야 하는 신적 당위성을 즉각 이해할 수 있는 영적 지혜가 없었다.

51 순종하여 받드시더라 예수님은 공생애를 시작하시기 전까지는 부모의 뜻과 반대되는 행위를 하지 않고 자녀로서 순종

쉬운성경

41 해마다 유월절이 되면, 예수님의 부모는 예루살렘으로 올라갔습니다.

42 예수님이 열두 살이 되었을 때에도 유월절 관습을 따라 예루살렘으로 올라갔습니다.

43 유월절이 끝나고 집으로 돌아오는데 소년 예수님은 예루살렘에 남아 있었습니다. 하지만 부모들은 이 사실을 몰랐습니다.

44 단지 그들은 예수님이 일행들 속에 있을 것으로만 생각하고 있었습니다. 그렇게 하루 정도 길을 간 후, 요셉과 마리아는 예수님을 친척들과 친지들 가운데서 찾기 시작했습니다.

45 그러나 예수님을 발견하지 못하자 예수님을 찾으러 다시 예루살렘으로 되돌아갔습니다.

46 삼 일 뒤에 그들은 성전에서 예수님을 발견하였습니다. 예수님은 성전에서 율법학자들 사이에 앉아서 듣기도 하고, 묻기도 하면서 계셨습니다.

47 그의 이야기를 듣는 모든 사람들이 예수님의 슬기와 대답에 놀라워했습니다.

48 예수님의 부모도 그를 보고는 매우 놀랐습니다. 어머니가 말했습니다. "아들아, 왜 이렇게 하였느냐? 네 아버지와 내가 걱정하며 너를 찾아다녔다."

49 그때, 예수님께서 대답했습니다. "왜 저를 찾으셨습니까? 제가 아버지 집에 있어야 할 것을 모르셨습니까?"

50 그러나 그들은 예수님이 하신 말씀을 이해하지 못했습니다.

51 예수님은 부모와 함께 나사렛으로 내려갔습니다. 그리고 부모에게 순종하였습니다. 마리아는 이 모든 일들을 마음속에 간직해 두었습니다.

52 예수님은 지혜와 키가 더욱 자랐고, 하나님과 사람들로부터 사랑을 받았습니다.

하는 평범한 삶을 사셨다.

52 하나님과 사람에게 더욱 사랑스러워 가시더라 소년 예수가 하나님과 사람들에게서 사랑을 받는 온전한 관계를 맺으며 성장했음을 의미한다.

저자의 묵상

어린 시절의 예수님은 부모의 말씀에 순종하고 지혜롭게 행동함으로 사랑을 받았을 것이다. 그런데 예수님이 부모를 심하게 걱정하게 만드는 사건이 일어났다. 그러나 이때 예수님은 자신이 부모에게 걱정을 끼친 것에 대해서는 언급하지 않고, 자신이 아버지의 집에 반드시 있어야 한다고 대답한다. 예수님의 이런 반응은, 예수님이 하나님의 뜻을 무엇보다 최우선 순위에 두셨음을 보여주는 것이다.

우리의 삶에서도 무엇을 선택해야 할지 고민하게 되는 경우가 많다. 사소한 것에서부터 중요한 일에 이르기까지, 하나님의 뜻을 선택할 것인가 아니면 주변 사람들의 기대를 만족시킬 것인가를 고민하게 된다. 때로는 부모나 배우자처럼 가장 가까운 사람들의 기대와 요구가 하나님의 뜻에 배치되는 경우가 있다. 그때 하나님의 뜻이 명확하다면 사람이 아닌 하나님을 기쁘시게 하는 선택을 하는 것이 신앙인으로서 성숙한 태도이다.

무릎 기도 하나님, 제 주변 사람들의 요구와 기대만을 만족시키고자 하고, 하나님의 뜻을 깊이 생각하지 않고 살아가는 저를 용서하소서. 하나님의 뜻을 더 담대하게 행하는 자가 되게 하소서.

ESV - Luke 2

41 Now his parents went to Jerusalem every year at the Feast of the Passover.
42 And when he was twelve years old, they went up according to custom.
43 And when the feast was ended, as they were returning, the boy Jesus stayed behind in Jerusalem. His parents did not know it,
44 but supposing him to be in the group they went a day's journey, but then they began to search for him among their relatives and acquaintances,
45 and when they did not find him, they returned to Jerusalem, searching for him.
46 After three days they found him in the temple, sitting among the teachers, listening to them and asking them questions.
47 And all who heard him were amazed at his understanding and his answers.
48 And when his parents* saw him, they were astonished. And his mother said to him, “Son, why have you treated us so? Behold, your father and I have been searching for you in great distress.”
49 And he said to them, “Why were you looking for me? Did you not know that I must be in my Father's house?”*
50 And they did not understand the saying that he spoke to them.
51 And he went down with them and came to Nazareth and was submissive to them. And his mother treasured up all these things in her heart.
52 And Jesus increased in wisdom and in stature* and in favor with God and man.

* 2:48 Greek *they*
* 2:49 Or *about my Father's business*
* 2:52 Or *years*

41 Passover 유월절 42 custom 관습 43 stay behind 뒤에 남다, 출발하지 않다 44 suppose 생각하다 journey 여정, 행로 search for… …를 찾다 acquaintance 아는 사람 48 astonished 깜짝 놀란 distress 걱정, 근심 51 submissive to… …에 순종적인 treasure up (교훈 등을) 명심하다 52 increase in… …에 있어서 증가하다 stature 키, 신장

10 월 일

예수님의 세례식

누가복음 3:1-22 • 새찬송 190장 | 통일 177장

• 말씀묵상 전에 성령님의 인도하심을 구하는 기도를 드리십시오.

본문요약 | 광야에 있던 세례 요한에게 하나님의 말씀이 임하고 그가 사역을 시작한다. 세례 요한은 회개의 세례와 세상에 임할 심판을 선포한다. 세례 요한은 자신이 그리스도가 아님을 밝힌다. 또 그리스도가 오셔서 심판의 사역을 하실 것을 전한다. 백성이 다 세례를 받을 때, 예수님도 요단강에서 요한에게 세례를 받으신다. 분봉왕 헤롯은 자신의 악행을 책망하는 요한을 옥에 가둔다.

1 디베료 황제가 통치한 지 열다섯 해 곧 본디오 빌라도가 유대의 총독으로, 헤롯이 갈릴리의 분봉왕으로, 그 동생 빌립이 이두래와 드라고닛 지방의 분봉왕으로, 루사니아가 아빌레네의 분봉왕으로,
2 안나스와 가야바가 대제사장으로 있을 때에 하나님의 말씀이 빈 들에서 사가랴의 아들 요한에게 임한지라
3 요한이 요단강 부근 각처에 와서 죄 사함을 받게 하는 회개의 [1]세례를 전파하니
4 선지자 이사야의 책에 쓴 바
[ㄱ]광야에서 외치는 자의 소리가 있어 이르되 너희는 주의 길을 준비하라 그의 오실 길을 곧게 하라
5 모든 골짜기가 메워지고 모든 산과 작은 산이 낮아지고 굽은 것이 곧아지고 험한 길이 평탄하여질 것이요
6 모든 육체가 하나님의 구원하심을 보리라
함과 같으니라
7 요한이 [1]세례 받으러 나아오는 무리에게 이르되 독사의 자식들아 누가 너희에게 일러 장차 올 진노를 피하라 하더냐
8 그러므로 회개에 합당한 열매를 맺고 속으로 아브라함이 우리 조상이라 말하지 말라 내가 너희에게 이르노니 하나님이 능히 이 돌들로도 아브라함의 자손이 되게 하시리라
9 이미 도끼가 나무뿌리에 놓였으니 좋은 열매 맺지 아니하는 나무마다 찍혀 불에 던져지리라
10 무리가 물어 이르되 그러면 우리가 무엇을 하리이까
11 대답하여 이르되 옷 두 벌 있는 자는 옷 없는 자에게 나눠 줄 것이요 먹을 것이 있는 자도 그렇게 할 것이니라 하고
12 세리들도 [1]세례를 받고자 하여 와서 이르되 선생이여 우리는 무엇을 하리이까 하매
13 이르되 부과된 것 외에는 거두지 말라 하고
14 군인들도 물어 이르되 우리는 무엇을 하리이까 하매 이르되 사람에게서 강탈하지 말며 거짓으로 고발하지 말고 받는 급료를 족한 줄로 알라 하니라
15 백성들이 바라고 기다리므로 모든 사람들이 요한을 혹 그리스도신가 심중에 생각하니
16 요한이 모든 사람에게 대답하여 이르되 나는 물로 너희에게 [1]세례를 베풀거니와 나보다 능력이 많으신 이가 오시나니 나는 그의 신발끈을 풀기도 감당하지 못하겠노라 그는 성령과 불로 너희에게 [1]세례를 베푸실 것이요
17 손에 키를 들고 자기의 타작마당을 정하게 하사 알곡은 모아 곳간에 들이고 쭉정이는 꺼지지 않는 불에 태우시리라
18 또 그 밖에 여러 가지로 권하여 백성에게 좋은 소식을 전하였으나

1) 헬, 또는 침례 ㄱ. 사 40:3 이하

19 분봉왕 헤롯은 그의 동생의 아내 헤로디
아의 일과 또 자기가 행한 모든 악한 일로
말미암아 요한에게 책망을 받고
20 그 위에 한 가지 악을 더하여 요한을 옥에
가두니라
21 백성이 다 [1]세례를 받을새 예수도 [1]세례를
받으시고 기도하실 때에 하늘이 열리며
22 성령이 비둘기 같은 형체로 그의 위에 강
림하시더니 하늘로부터 소리가 나기를 너
는 내 사랑하는 아들이라 내가 너를 기뻐
하노라 하시니라

1. 본문에 나타난 하나님은 어떤 분이십니까?

2. 오늘 하나님께서 나에게 주신 깨달음은 무엇입니까?

3. 말씀을 어떻게 내 삶에 구체적으로 적용해야 합니까?

절별 해설

1 디베료 황제가 통치한 지 열다섯 해 '디베료'(Tiberius)는 로마의 2대 황제(AD 14–37년)로, 그의 통치 십오 년은 AD 28–29년이다.

본디오 빌라도 유대의 제5대 총독으로 AD 26–36년까지 다스렸다.

2 하나님의 말씀이 빈 들에서 사가랴의 아들 요한에게 임한지라 '빈 들'은 서쪽으로는 유대 산지와 동남쪽으로는 사해, 그리고 동쪽으로는 요단강이 위치한 예루살렘 북쪽의 광야 지대다. 광야에서 하나님의 말씀이 임했다는 것은 이사야의 예언이 성취되었음을 보여준다(사 40:3).

3 죄 사함을 받게 하는 회개의 세례를 전파하니 '마음을 바꿈' 혹은 '돌이킴'이라는 뜻을 가진 '회개'는, 자신이 죄인임을 인정하며 하나님께로 돌이키기로 작정하는 것이다. '세례'를 통해 죄 사함을 받는 것은, 구약성경에서 '맑은 물을 뿌려서 모든 더러운 것과 모든 우상 숭배로부터 정결하게 한다'(겔 36:25)는 말씀에서 유래한 것으로, 유대인들의 정결 예식이 발전한 것이다. 회개는 눈으로 확인할 수 없는 내적인 영역에서의 반응이다. 그렇기 때문에 세례라는 외적인 영역에서의 예식을 통해 자신이 죄인임을 공개적으로 시인하고 죄 사함을 인정받는 것이다.

7 독사의 자식들 '독사'는 마귀를 상징하는 동물로, 구약성경에서는 하나님과 성도를 적대시하던 자들을 비유한다(시 58:3–5; 91:13). 요한은 세례를 받으러 온 바리새인들과 사두개인들과 같은 종교인들을 향해 '독사의 자식들'이라고 책

쉬운성경

1 디베료 황제가 다스린 지 십오 년째 되던 해에 본디오 빌라도가 유대의 총독이었고, 헤롯이 갈릴리의 분봉왕이었습니다. 또한 헤롯의 동생 빌립은 이두래와 드라고닛 지방의 분봉왕이었고, 루사니아는 아빌레네의 분봉왕이었습니다.

2 안나스와 가야바가 대제사장으로 있을 때에 하나님의 말씀이 광야에 있는 사가랴의 아들 요한에게 내렸습니다.

3 그는 요단강가의 모든 지역으로 다니면서 죄를 용서받게 하려고 회개의 세례를 전파하였습니다.

4 이것은 예언자 이사야의 책에 기록된 대로입니다.

"광야에서 외치는 사람의 소리가 있다.
'주님의 길을 예비하여라. 그분의 길을 곧게 하여라.
5 모든 골짜기가 메워질 것이고 모든 산과 언덕이 낮아질 것이다. 굽은 길은 곧게 펴질 것이고 험한 길은 평탄해질 것이다.
6 그리고 모든 사람들이 하나님의 구원을 볼 것이다.'"*

7 요한은 자기에게 세례를 받으려고 온, 많

* 3:4–6 사 40:3–5에 기록되어 있다.

절별 해설

망했다(마 3:7). 그 이유는 이들이 진정으로 회개한 것이 아니라 많은 무리가 세례를 받자 사람들의 시선과 호기심 때문에 세례를 받은 것이기 때문이었다. 세례 요한은 이들의 거짓 회개를 책망한 것뿐만 아니라 이들이 앞으로 메시아를 적대시하는 자들이 될 것을 지적한 것이다(요 8:44).

8 회개에 합당한 열매 성경에서 '열매'는 인간의 말과 행동을 통해 드러나는 내면의 결과물을 말한다(시 1:3; 마 21:43). 회개는 단순한 행위의 문제가 아니라 인격과 영혼의 변화다. 따라서 진정으로 회개한 자라면 그것에 합당한 결과물을 내놓아야 한다.

아브라함이 우리 조상이라 유대인들은 아브라함의 후손이라는 혈통적 이유와, 율법에 따라 할례를 받은 자들이라는 종교적 이유로 자신들이 당연히 구원받을 것이라고 착각하고 있었다. 이런 생각에 사로잡혀 있었기 때문에 유대인들은 악을 행하면서도 회개할 필요성을 느끼지 못했다.

11 세례 요한은 진정으로 회개한 자는 사랑과 정의를 실행해야 함을 구체적으로 말한다. 이웃 사랑의 계명은 구약에서부터 중요한 율법이었지만(레 19:18), 유대인들이 이 율법을 잘 지키지 않았기 때문에 선지자들은 이스라엘 백성의 이러한 죄악을 자주 책망했다. 마지막 선지자인 세례 요한 또한 백성의 이런 죄악을 지적하면서, 진정한 회개의 열매는 이웃 사랑으로 나타나야 함을 강조한다.

15 요한을 혹 그리스도신가 심중에 생각하니 로마에 나라를 빼앗기고 식민지 치하에 있는 유대 민족은 어느 때보다 메시아에 대한 갈망이 컸다. 따라서 백성들은 놀라운 사역을 하고 있는 요한이 구약이 약속한 그리스도가 아닐까 하는 생각을 하게 되었다.

16 나는 그의 신발끈을 풀기도 감당하지 못하겠노라 고대 팔레스타인 사람들은 샌들을 신었다. 그리하여 신발과 발에 먼지가 많이 묻었기 때문에 샌들의 끈을 풀고 묶는 일은 노예 중에서도 가장 신분이 낮은 노예가 맡았다. 세례 요한은 메시아 앞에서 자신이 가장 낮은 신분의 노예보다 못하다고 고백하는 것이다.

성령과 불로 너희에게 세례를 베푸실 것이요 '성령'과 '불'은 같은 의미다. 즉, '성령과 불로'는 불같이 임하여 더러운 것을 태우는 성령을 의미한다.

17 본절은 성령이 불처럼 더러운 죄악을 태우는 것을 추수에 비유한다. 농부가 키질하여 알곡은 곳간에 넣고 쭉정이는 불에 태우듯이, 예수님도 이렇게 자신을 믿는 자와 믿지

은 사람들에게 말했습니다. "너희 독사의 자식들아! 누가 너희에게 다가오는 하나님의 진노를 피하라고 경고해 주었느냐?

8 그러므로 너희는 회개에 알맞은 열매를 맺어라. 너희는 속으로 '아브라함이 우리의 아버지이다'라고 말하지 마라. 내가 말한다. 하나님은 이 돌로도 아브라함의 자녀를 만드실 수 있다.

9 도끼가 이미 나무뿌리에 놓여 있다. 그러므로 좋은 열매를 맺지 못하는 모든 나무는 잘려서 불 속에 던져질 것이다."

10 사람들이 요한에게 물었습니다. "그러면 우리가 어떻게 해야 합니까?"

11 요한이 그들에게 대답했습니다. "옷이 두 벌 있는 사람은 하나도 없는 사람에게 나누어 주고, 양식이 있는 사람도 이와 같이 하여라."

12 세리들도 세례를 받으러 왔습니다. 그들도 요한에게 물었습니다. "선생님, 우리는 어떻게 해야 합니까?"

13 요한이 그들에게 말했습니다. "세금을 거두도록 지시받은 액수 이상으로 거두지 마라."

14 군인들도 요한에게 물었습니다. "우리는 어떻게 해야 합니까?" 요한이 그들에게 말했습니다. "사람들로부터 강제로 돈을 뺏지 마라. 거짓으로 고발하지 마라. 그리고 임금으로 받는 돈을 만족하게 여겨라."

15 백성들은 그리스도를 기다리고 있었기에 혹시 요한이 그리스도일지도 모른다는 생각을 마음속으로 하였습니다.

16 요한이 모든 사람들에게 대답하였습니다. "나는 물로 세례를 주지만 나보다 더 능력 있으신 분이 오실 것이다. 나는 그의 신발끈을 풀기에도 부족하다. 그는 너희에게 성령과 불로 세례를 주실 것이다.

17 타작마당을 깨끗게 하고 알곡을 곳간에 저장하기 위해, 그분은 손에 키를 드셨다. 쭉정이는 꺼지지 않는 불에 태워 버릴 것이다."

절별 해설

않는 자를 분리하여 심판하실 것을 뜻한다.

19 분봉왕 헤롯 헤롯 안디바[안티파스](Herod Antipas)는 AD 26년경에 첫 번째 부인과 이혼하고, 자신의 배다른 동생인 빌립의 아내 헤로디아(Herodias)와 재혼했다. 이런 헤롯의 난잡한 결혼 생활은 유대 사회에서 비난의 대상이었지만, 그의 권력이 무서워 아무도 공개적으로 헤롯을 책망하지 못했다. 그러나 세례 요한은 권력자의 권세를 두려워하지 않고 헤롯의 악행을 지적함으로 옥에 갇혔다. 결국 헤로디아의 악한 계획으로 말미암아 요한은 죽임을 당한다(마 14:8-11).

21 예수도 세례를 받으시고 세례는 자신이 죄인임을 공개적으로 표명하는 행위였다. 예수님은 죄가 없으신 분이었다. 그러나 예수님은 죄악 된 인간들과 자신을 동일시함으로 인간의 죄악을 대표하고 대신하기 위해 세례를 받으신 것이다.

22 성령이 비둘기 같은 형체로 그의 위에 강림하시더니 비둘기는 구약성경에서 '죽음 가운데 생명을 전달하는 이미지'를 가지고 있다(창 8:11). 또한 '비둘기'라는 뜻을 가진 요나 선지자는 물고기 배 속에서 3일 만에 살아나는 부활의 모형이기도 했다(눅 11:29). 이처럼 예수님이 세례를 통해 물에 들어가 죽으시고 비둘기 같은 성령으로 말미암아 살아나는 모습은 십자가의 모형적인 모습이다.

너는 내 사랑하는 아들이라 하나님은 예수님이 사역을 시작하기 전에 이미 예수님을 향한 사랑과 격려를 표현하셨다. 이미 예수님과 하나님은 깊은 관계로 연합되어 있었고, 하나님은 예수님을 기뻐하셨다.

18 요한은 이외에도 많은 권면을 하면서 백성들에게 복음을 전파하였습니다.

19 헤롯 분봉왕은 헤로디아의 일과 그 외에도 그가 저지른 여러 가지 악한 일 때문에 요한에게 책망을 받았습니다.

20 거기에다가 헤롯은 한 가지 악을 더 저질렀습니다. 그것은 요한을 감옥에 가둔 것입니다.

21 모든 사람들이 세례를 받았을 때, 예수님께서도 세례를 받으셨습니다. 예수님이 기도하고 계실 때 하늘이 열렸습니다.

22 그리고 성령이 비둘기의 모습으로 예수님께 내려왔습니다. 하늘로부터 "너는 내 사랑하는 아들이다. 내가 너로 말미암아 기쁘다"라는 목소리가 들렸습니다.

저자의 묵상

예수님은 죄인들만 받는 세례를 받으실 필요가 없었지만 죄인처럼 되셔서 죄인들의 죄악을 담당하시기 위해서 세례를 받으셨다. 세례는 죄인에 대한 심판을 모형한다. 죄로 말미암아 심판을 받아야 할 죄인이 물에 들어가 죽고 다시 살아나는 것이다. 그렇기 때문에 생명을 상징하는 비둘기와 같은 모습으로 성령이 임하셔서 예수님 위에 머문 것이다. 세례의 모형은 십자가로 말미암아 완성되었다. 예수님은 온 인류의 죄악을 대신하여 죽임을 당하시고, 새 생명을 주시는 성령으로 말미암아 살아나셨다.

이제 우리가 예수님과 함께 십자가에 못 박혀 죽임을 당하면 우리 또한 성령으로 말미암아 새 생명을 얻어 살아나게 된다. 날마다 죄악 된 우리의 옛사람을 십자가에 못 박고 성령으로 말미암아 새 생명을 덧입을 때 우리는 죄악과 싸워 이기는 삶을 살 수 있다. 성령의 충만함으로 우리의 추악한 옛사람을 빨리 벗어 버릴 수 있기를 기도하자.

무릎 기도 하나님, 죄악으로 말미암아 심판을 받아 죽을 수밖에 없는 저를 예수님을 통해 살려 주셔서 감사를 드립니다. 십자가에서 죄가 죽고, 성령으로 새롭게 살아가는 제가 되게 하소서.

ESV - Luke 3

1 In the fifteenth year of the reign of Tiberius Caesar, Pontius Pilate being governor of Judea, and Herod being tetrarch of Galilee, and his brother Philip tetrarch of the region of Ituraea and Trachonitis, and Lysanias tetrarch of Abilene,

2 during the high priesthood of Annas and Caiaphas, the word of God came to John the son of Zechariah in the wilderness.

3 And he went into all the region around the Jordan, proclaiming a baptism of repentance for the forgiveness of sins.

4 As it is written in the book of the words of Isaiah the prophet, "The voice of one crying in the wilderness: 'Prepare the way of the Lord,* make his paths straight.

5 Every valley shall be filled, and every mountain and hill shall be made low, and the crooked shall become straight, and the rough places shall become level ways,

6 and all flesh shall see the salvation of God.'"

7 He said therefore to the crowds that came out to be baptized by him, "You brood of vipers! Who warned you to flee from the wrath to come?

8 Bear fruits in keeping with repentance. And do not begin to say to yourselves, 'We have Abraham as our father.' For I tell you, God is able from these stones to raise up children for Abraham.

9 Even now the axe is laid to the root of the trees. Every tree therefore that does not bear good fruit is cut down and thrown into the fire."

10 And the crowds asked him, "What then shall we do?"

11 And he answered them, "Whoever has two tunics* is to share with him who has none, and whoever has food is to do likewise."

12 Tax collectors also came to be baptized and said to him, "Teacher, what shall we do?"

13 And he said to them, "Collect no more than you are authorized to do."

14 Soldiers also asked him, "And we, what shall we do?" And he said to them, "Do not extort money from anyone by threats or by false accusation, and be content with your wages."

15 As the people were in expectation, and all were questioning in their hearts concerning John, whether he might be the Christ,

16 John answered them all, saying, "I baptize you with water, but he who is mightier than I is coming, the strap of whose sandals I am not worthy to untie. He will baptize you with the Holy Spirit and fire.

17 His winnowing fork is in his hand, to clear his threshing floor and to gather the wheat into his barn, but the chaff he will burn with unquenchable fire."

18 So with many other exhortations he preached good news to the people.

19 But Herod the tetrarch, who had been reproved by him for Herodias, his brother's wife, and for all the evil things that Herod had done,

20 added this to them all, that he locked up John in prison.

21 Now when all the people were baptized, and when Jesus also had been baptized and was praying, the heavens were opened,

22 and the Holy Spirit descended on him in bodily form, like a dove; and a voice came from heaven, "You are my beloved Son;* with you I am well pleased."*

* 3:4 Or *crying, Prepare in the wilderness the way of the Lord*

* 3:11 Greek *chiton*, a long garment worn under the cloak next to the skin

* 3:22 Or *my Son, my (or the) Beloved*

* 3:22 Some manuscripts *beloved Son; today I have begotten you*

1 tetrarch (속령의) 영주, 분봉왕 3 proclaim 선포하다 repentance 회개 5 crooked 구부러진 level 평탄한 7 baptize 세례를 주다 brood (경멸적) 무리 viper 독사 flee from… …에서 달아나다 wrath 진노 8 in keeping with… …에 알맞은 9 axe 도끼 11 tunic 웃옷, 예복 12 tax collector 세리 13 be authorized to do 권한이 있다 14 extort 착취하다 accusation 고발 be content with… …로 만족하다 wage 급료, 임금 15 in expectation 기대하고 question 의문을 가지다 16 mighty 전능한 strap 가죽끈 untie 풀다 17 winnow 키질하다 threshing floor 타작마당 barn 곳간 chaff 쭉정이 unquenchable 끌 수 없는 18 exhortation 권면, 훈계 preach 전도하다 19 reprove 꾸짖다 20 lock up… …을 가두다 prison 감옥 22 descend 내려오다

☐ 묵상 체크

11 예수님의 족보

월 일

누가복음 3:23-38 • 새찬송 292장 | 통일 415장

• 말씀묵상 전에 성령님의 인도하심을 구하는 기도를 드리십시오.

본문요약 I 예수님은 유대 사회에서 어른으로 인정을 받게 되는 삼십 세가 되어 공생애 사역을 시작하신다. 본문에서 누가는 마리아의 족보를 기록하고 있는데, 이것은 예수님이 요셉의 양자로서 법적으로 다윗의 후손일뿐만 아니라 혈통적으로도 다윗의 후손임을 보여주기 위한 목적 때문이다.

23 예수께서 가르치심을 시작하실 때에 삼십
세쯤 되시니라 사람들이 아는 대로는 요
셉의 아들이니 요셉의 위는 헬리요
24 그 위는 맛닷이요 그 위는 레위요 그 위는
멜기요 그 위는 얀나요 그 위는 요셉이요
25 그 위는 맛다디아요 그 위는 아모스요 그
위는 나훔이요 그 위는 에슬리요 그 위는
낙개요
26 그 위는 마앗이요 그 위는 맛다디아요 그
위는 서머인이요 그 위는 요섹이요 그 위
는 요다요
27 그 위는 요아난이요 그 위는 레사요 그 위
는 스룹바벨이요 그 위는 스알디엘이요
그 위는 네리요
28 그 위는 멜기요 그 위는 앗디요 그 위는
고삼이요 그 위는 엘마담이요 그 위는 에
르요
29 그 위는 예수요 그 위는 엘리에서요 그 위
는 요림이요 그 위는 맛닷이요 그 위는 레
위요
30 그 위는 시므온이요 그 위는 유다요 그 위
는 요셉이요 그 위는 요남이요 그 위는 엘
리아김이요
31 그 위는 멜레아요 그 위는 멘나요 그 위는
맛다다요 그 위는 나단이요 그 위는 다윗
이요
32 그 위는 이새요 그 위는 오벳이요 그 위는
보아스요 그 위는 살몬이요 그 위는 나손
이요
33 그 위는 아미나답이요 그 위는 아니요 그
위는 헤스론이요 그 위는 베레스요 그 위
는 유다요
34 그 위는 야곱이요 그 위는 이삭이요 그 위
는 아브라함이요 그 위는 데라요 그 위는
나홀이요
35 그 위는 스룩이요 그 위는 르우요 그 위는
벨렉이요 그 위는 헤버요 그 위는 살라요
36 그 위는 가이난이요 그 위는 아박삿이요
그 위는 셈이요 그 위는 노아요 그 위는
레멕이요
37 그 위는 므두셀라요 그 위는 에녹이요 그
위는 야렛이요 그 위는 마할랄렐이요 그
위는 가이난이요
38 그 위는 에노스요 그 위는 셋이요 그 위는
아담이요 그 위는 하나님이시니라

1. 오늘 하나님께서 나에게 주신 깨달음은 무엇입니까?

2. 말씀을 어떻게 내 삶에 구체적으로 적용해야 합니까?

절별 해설

23 삼십 세쯤 누가가 예수님의 나이를 기록한 이유는, 삼십 세가 제사장이 본격적으로 사역을 시작하는 나이면서(민 4:3), 유대 사회에서 어른으로 충분히 성숙했다는 인정을 받는 나이였기 때문이다.

요셉의 위는 헬리요 마태의 족보에 의하면, 요셉의 아버지는 야곱으로 기록되어 있다(마 1:16). 〈누가복음〉의 족보는 다윗의 아들 나단으로부터 족보가 내려오는데(31절), 〈마태복음〉의 족보는 다윗의 아들 솔로몬으로부터 내려온다(마 1:6). 그렇기 때문에 〈누가복음〉의 족보는 요셉의 족보가 아닌 마리아의 족보를 기록한 것이다. 그런데 여자는 유대 족보의 후손으로 기록되지 않았기 때문에, 누가는 마리아의 남편 요셉을 마리아의 자리에 대신 적어서 마치 남자의 족보를 기록한 것처럼 기술했다. 누가가 마리아의 족보를 기록한 이유는, 예수님이 혈통적으로도 다윗의 자손임을 보여주기 위함이다. 성령으로 잉태된 예수님은 요셉과는 혈통상 아무런 관계가 없다. 그러나 요셉의 아들로 입양되었기 때문에 법적으로 요셉의 족보에 예수님이 들어가면서 예수님이 법적으로 다윗의 후손이 되셨다. 그런데 누가는 법적으로뿐만 아니라 혈통상으로도 예수님이 다윗의 후손으로 오셨음을 보여주려 했다.

31 그 위는 나단이요 나단은 다윗의 셋째 아들로 예루살렘에서 출생했다(삼하 5:13-14). 다윗의 아들 나단을 기록한 것은, 이 족보가 마리아의 혈통을 기록한 것임을 보여주는 중요한 단서다. 왜냐하면 마태의 족보는 솔로몬으로부터 내려온 유다 왕의 혈통을 따라 요셉이 탄생했고, 그 집안에 예수님이 나셨음을 기록하고 있기 때문이다. 나단은 왕자이기는 했지만 그의 후손 가운데는 유다 왕의 자리에 오른 사람도 없고, 유다 역사에 중요한 역할을 한 사람도 없었다. 그러나 그를 통해 메시아의 혈통적 계보가 이어졌다.

그 위는 다윗이요 메시아가 다윗의 후손 가운데 태어날 것임은 성경의 여러 곳에 예언되어 있다(시 18:50; 사 9:7). 다윗은 법적으로뿐만 아니라 혈통적으로도 메시아의 선조가 되었다.

33 그 위는 베레스요 베레스는 유다와 그의 며느리 다말 사이에서 태어난 쌍둥이 아들 중에 첫째다.

그 위는 유다요 메시아가 유다 지파에서 태어날 것에 대한 예언이 성취되었음을 보여준다(창 49:8-10).

34 그 위는 아브라함이요 하나님은 아브라함을 믿음의 조상으로 부르시고 그의 후손을 통해 천하 만민이 복을 얻게 될 것을

쉬운성경

23 예수님께서 일을 시작하신 때는 삼십 세쯤이었습니다. 사람들은 예수님을 요셉의 아들로 여겼습니다. 요셉은 헬리의 아들입니다.

24 헬리는 맛닷의 아들이고, 맛닷은 레위의 아들입니다. 레위는 멜기의 아들이고, 멜기는 얀나의 아들입니다. 얀나는 요셉의 아들입니다.

25 요셉은 맛다디아의 아들이고, 맛다디아는 아모스의 아들입니다. 아모스는 나훔의 아들이고, 나훔은 에슬리의 아들입니다. 에슬리는 낙개의 아들입니다.

26 낙개는 마앗의 아들이고, 마앗은 맛다디아의 아들입니다. 맛다디아는 서머인의 아들이고, 서머인은 요섹의 아들입니다. 요섹은 요다의 아들입니다.

27 요다는 요아난의 아들이고, 요아난은 레사의 아들입니다. 레사는 스룹바벨의 아들이고, 스룹바벨은 스알디엘의 아들입니다. 스알디엘은 네리의 아들입니다.

28 네리는 멜기의 아들이고, 멜기는 앗디의 아들입니다. 앗디는 고삼의 아들이고, 고삼은 엘마담의 아들입니다. 엘마담은 에르의 아들입니다.

29 에르는 예수의 아들이고, 예수는 엘리에서의 아들입니다. 엘리에서는 요림의 아들이고, 요림은 맛닷의 아들입니다. 맛닷은 레위의 아들입니다.

30 레위는 시므온의 아들이고, 시므온은 유다의 아들입니다. 유다는 요셉의 아들이고, 요셉은 요남의 아들입니다. 요남은 엘리아김의 아들입니다.

31 엘리아김은 멜레아의 아들이고, 멜레아는 멘나의 아들입니다. 멘나는 맛다다의 아들이고, 맛다다는 나단의 아들입니다. 나단은 다윗의 아들입니다.

32 다윗은 이새의 아들이고, 이새는 오벳의 아들입니다. 오벳은 보아스의 아들이고, 보아스는 살몬의 아들입니다. 살몬은 나손의 아들입니다.

33 나손은 아미나답의 아들이고, 아미나답은 아드민의 아들입니다. 아드민은 아

절별 해설

약속하셨다. 그의 후손 중에 예수님이 오심으로 이 예언의 말씀이 성취되었다(창 18:18; 22:18).

38 그 위는 아담이요 그 위는 하나님이시니라 아담의 아버지를 하나님으로 기록하고 있다. 이것은 하나님이 아담을 직접 창조하셨을 뿐만 아니라, 아담을 그의 아들로 만드셨음을 보여준다. 하나님의 아들이었던 첫 아담은 죄를 짓고 실패했지만, 마지막 아담인 예수님은 죄의 문제를 해결하셨다(고전 15:45).

니의 아들이고, 아니는 헤스론의 아들입니다. 헤스론은 베레스의 아들이고, 베레스는 유다의 아들입니다.

34 유다는 야곱의 아들이고, 야곱은 이삭의 아들입니다. 이삭은 아브라함의 아들이고, 아브라함은 데라의 아들입니다. 데라는 나홀의 아들입니다.

35 나홀은 스룩의 아들이고, 스룩은 르우의 아들입니다. 르우는 벨렉의 아들이고, 벨렉은 헤버의 아들입니다. 헤버는 살라의 아들입니다.

36 살라는 가이난의 아들이고, 가이난은 아박삿의 아들입니다. 아박삿은 셈의 아들이고, 셈은 노아의 아들입니다. 노아는 레멕의 아들입니다.

37 레멕은 므두셀라의 아들이고, 므두셀라는 에녹의 아들입니다. 에녹은 야렛의 아들이고, 야렛은 마할랄렐의 아들입니다. 마할랄렐은 가이난의 아들입니다.

38 가이난은 에노스의 아들이고, 에노스는 셋의 아들입니다. 셋은 아담의 아들이고, 아담은 하나님의 아들이었습니다.

저자의 묵상

하나님은 예수님을 다윗의 후손으로 태어나게 하시기 위해 수백 년 동안 많은 사람들의 삶에 개입하셨다. 그 동안 이스라엘 역사 가운데 많은 전쟁을 겪고, 나라가 망해서 바벨론에 끌려가고, 여러 나라의 지배를 당하는 여러 가지 사건들이 일어났다. 이때에 하나님은 그 가운데서도 예수님이 법적이고 육적으로 다윗의 자손이 되도록 하시기 위해 이스라엘의 역사뿐만 아니라 개개인의 삶 가운데도 치밀하게 개입하셨다. 예수님이 다윗의 후손으로 오셔야 하는 가장 중요한 이유는, 예수님이 자기 백성들을 통치하실 수 있는 왕권을 합법적으로 소유하신 분이셔야 하기 때문이다.

하나님은 예수님을 통해 성도들 또한 왕 같은 제사장으로 임명하셨다. 그래서 이제 우리도 왕권을 부여받은 자들이 되었다. 하나님은 우리에게 하나님 나라의 왕권을 부여하시기 위해서 섭리적으로 우리의 인생에 개입하고 계신다. 이런 하나님의 섭리적 개입을 믿는 자는 어떤 불안한 상황 속에서도 견고함을 유지할 수 있다.

무릎 기도 하나님, 저의 인생 가운데 벌어지는 불안한 상황 속에서도 하나님의 보호하심과 섭리적 개입에 대해 신뢰하는 마음을 주소서. 하나님의 뜻을 이루는 왕 같은 제사장으로 이 세상을 살아가게 하소서.

ESV - Luke 3

23 Jesus, when he began his ministry, was
about thirty years of age, being the son (as
was supposed) of Joseph, the son of Heli,
24 the son of Matthat, the son of Levi, the son
of Melchi, the son of Jannai, the son of
Joseph,
25 the son of Mattathias, the son of Amos, the
son of Nahum, the son of Esli, the son of
Naggai,
26 the son of Maath, the son of Mattathias, the
son of Semein, the son of Josech, the son
of Joda,
27 the son of Joanan, the son of Rhesa, the
son of Zerubbabel, the son of Shealtiel,*
the son of Neri,
28 the son of Melchi, the son of Addi, the son
of Cosam, the son of Elmadam, the son of
Er,
29 the son of Joshua, the son of Eliezer, the
son of Jorim, the son of Matthat, the son of
Levi,
30 the son of Simeon, the son of Judah, the
son of Joseph, the son of Jonam, the son of
Eliakim,
31 the son of Melea, the son of Menna, the son
of Mattatha, the son of Nathan, the son of
David,
32 the son of Jesse, the son of Obed, the son
of Boaz, the son of Sala, the son of
Nahshon,
33 the son of Amminadab, the son of Admin,
the son of Arni, the son of Hezron, the son
of Perez, the son of Judah,
34 the son of Jacob, the son of Isaac, the son
of Abraham, the son of Terah, the son of
Nahor,
35 the son of Serug, the son of Reu, the son of
Peleg, the son of Eber, the son of Shelah,
36 the son of Cainan, the son of Arphaxad, the
son of Shem, the son of Noah, the son of
Lamech,
37 the son of Methuselah, the son of Enoch,
the son of Jared, the son of Mahalaleel, the
son of Cainan,
38 the son of Enos, the son of Seth, the son of
Adam, the son of God.

* 3:27 Greek *Salathiel*

23 ministry 사역, 가르침 suppose 간주하다, 생각하다

• MEMO •

☐ 묵상 체크

12 월 일

예수님이 받으신 시험

누가복음 4:1-13 • 새찬송 325장 | 통일 359장

• 말씀묵상 전에 성령님의 인도하심을 구하는 기도를 드리십시오.

본문요약 I 예수님은 성령에 이끌리어 광야에서 40일간 금식하시고 마귀에게 시험을 당하셨다. 첫 번째 시험은 돌로 떡을 만들어 보라는 것이다. 두 번째 시험은 마귀에게 절하면 세상 영광을 주겠다는 것이다. 마지막 시험은 성전 꼭대기에서 뛰어내려 하나님의 아들임을 증명하라는 것이다. 그러나 예수님은 하나님의 말씀으로 마귀의 모든 시험을 이기신다.

1 예수께서 성령의 충만함을 입어 요단강에서 돌아오사 광야에서 사십 일 동안 성령에게 이끌리시며

2 마귀에게 시험을 받으시더라 이 모든 날에 아무것도 잡수시지 아니하시니 날 수가 다하매 주리신지라

3 마귀가 이르되 네가 만일 하나님의 아들이어든 이 돌들에게 명하여 떡이 되게 하라

4 예수께서 대답하시되 기록된 바 [ㄱ]사람이 떡으로만 살 것이 아니라 하였느니라

5 마귀가 또 예수를 이끌고 올라가서 순식간에 천하만국을 보이며

6 이르되 이 모든 권위와 그 영광을 내가 네게 주리라 이것은 내게 넘겨준 것이므로 내가 원하는 자에게 주노라

7 그러므로 네가 만일 내게 절하면 다 네 것이 되리라

8 예수께서 대답하여 이르시되 기록된 바 [ㄴ]주 너의 하나님께 경배하고 다만 그를 섬기라 하였느니라

9 또 이끌고 예루살렘으로 가서 성전 꼭대기에 세우고 이르되 네가 만일 하나님의 아들이어든 여기서 뛰어내리라

10 기록되었으되

[ㄷ]하나님이 너를 위하여 그 사자들을 명하사 너를 지키게 하시리라

하였고

11 또한

그들이 손으로 너를 받들어 네 발이 돌에 부딪치지 않게 하시리라

하였느니라

12 예수께서 대답하여 이르시되 [ㄹ]주 너의 하나님을 시험하지 말라 하였느니라

13 마귀가 모든 시험을 다 한 후에 얼마 동안 떠나니라

ㄱ. 신 8:3 ㄴ. 신 6:13 ㄷ. 시 91:11, 12 ㄹ. 신 6:16

1. 본문에 나타난 예수님은 어떤 분이십니까?

2. 오늘 하나님께서 나에게 주신 깨달음은 무엇입니까?

3. 말씀을 어떻게 내 삶에 구체적으로 적용해야 합니까?

절별 해설

2 마귀에게 시험을 받으시더라 시험하는 자로 마귀가 선택된 이유는 예수님 자신의 죄나 욕심이 없으셨기 때문이다. 따라서 예수님은 내부적으로 시험을 받으실 수 없었다(약 1:14 참조). 예수님은 악의 근원적 세력인 마귀로부터 시험을 받으셨지만, 하나님의 말씀으로 모든 시험을 이기셨다.

주리신지라 예수님은 40일 금식 후에 육체적·정신적으로 가장 약해진 상태에서 마귀의 시험을 받으셨다. 즉, 예수님은 하나님의 능력으로 시험을 이기신 것이 아니라, 가장 약한 인간의 상태가 되셔서 시험을 이기신 것이다.

3 이 돌들에게 명하여 떡이 되게 하라 광야에서 이스라엘 백성은 배고파 죽겠다고 하나님을 원망한다(출 16:2–3). 그러나 하나님은 광야에서 만나와 메추라기를 주심으로 그들을 먹여 주셨다(출 16:13–14). 마귀는 육신적 결핍 때문에 하나님의 약속을 의심하고 하나님의 능력을 자신의 필요를 위해 사용하라고 예수님을 유혹한 것이다.

4 사람이 떡으로만 살 것이 아니라 신명기 8장 3절을 인용한 것이다. 하나님이 이스라엘 백성에게 만나를 먹이신 이유는, '사람이 떡으로만 사는 것이 아니요 여호와의 입에서 나오는 모든 말씀으로 사는 줄을 알게' 하기 위함이었다. 예수님이 돌을 떡으로 바꾸지 않으신 이유는 하나님의 말씀이 육신적 필요보다 우선했기 때문이다. 이스라엘 백성은 육신적 결핍 때문에 하나님이 그들을 살리신다는 약속을 믿지 못했지만, 예수님은 그 말씀이 참임을 믿으셨다.

8 주 너의 하나님께 경배하고 다만 그를 섬기라 신명기 6장 13절 말씀을 인용한 것으로, 하나님의 아들은 오직 하나님만을 경배하고 섬겨야 함을 말한다. 예수님은 하나님의 말씀대로 그분를 섬기셨기 때문에 영광을 얻기 위해 십자가 고난의 과정을 받아들이셨다.

9 예루살렘 〈마태복음〉과 〈누가복음〉은 두 번째 시험과 세 번째 시험의 순서가 반대다. 내용상으로는 〈마태복음〉이 원래 시험의 순서로 보인다. 누가는 광야와 높은 곳에 이어 예루살렘 성전에서 시험이 마무리되도록 재배열한 것으로 보인다.

성전 꼭대기 성전 남동쪽 벽은 절벽으로 연결되고 그 아래는 기드온 계곡이 펼쳐져 있다. 그 때문에 성전 꼭대기에서 아래까지는 137m에 달한다. 당시에 유대인들은 메시아가 오시면 성전 꼭대기에 설 것이라는 전설을 믿고 있었다. 따라서 예수님이 성전 꼭대기에 서실 뿐만 아니라 그곳에서 절벽 아래로 떨어지고도 살아날 수 있다면, 유대인들로부터 단번에 메시아

쉬운성경

1 예수님께서 성령이 충만하여 요단강에서 돌아오셨습니다. 그리고 성령에 이끌려 광야로 가셨습니다.

2 그리고 사십 일 동안 마귀에게 시험을 받으셨습니다. 그동안에 아무것도 드시지 않아 그 기간이 끝났을 때에 배가 매우 고프셨습니다.

3 마귀가 예수님께 말했습니다. "만약 당신이 하나님의 아들이거든 이 돌을 빵으로 만들어 보시오."

4 예수님께서 대답하셨습니다. "성경에 '사람이 빵으로만 살 것이 아니다'라고 쓰여 있다."

5 마귀는 예수님을 데리고 세계의 모든 나라들을 보여주었습니다.

6 마귀가 말했습니다. "내가 이 모든 권세와 영광을 주겠소. 이것은 모두 내게 넘어온 것이니, 내가 원하는 사람에게 줄 수 있소.

7 내게 엎드려 절하면, 이 모든 것이 당신의 것이 될 것이오."

8 예수님께서 대답하셨습니다. "성경에 '주 너의 하나님을 예배하고 오직 그분만을 섬겨라!'라고 쓰여 있다."

9 마귀가 예수님을 예루살렘으로 데리고 가서 성전 꼭대기에 세우고 말했습니다. "만일 당신이 하나님의 아들이거든 여기서 뛰어내리시오.

10 성경에 이렇게 쓰여 있소.
'그가 너를 위하여 천사에게 명령하여 너를 지킬 것이다.

11 그들의 손으로 너를 붙들어 네 발이 바위 위에 부딪히지 않게 할 것이다.'*"

* 4:10–11 시 91:11–12에 기록되어 있다.

절별 해설

로 추앙받을 수 있는 상황이었다. 마귀는 사람들의 인기와 영광을 단번에 얻을 수 있는 길을 제시한 것이다.

12 주 너의 하나님을 시험하지 말라 예수님은 신명기 6장 16절의 말씀으로 대답하셨다. 이스라엘 백성은 르비딤에서 물이 없자 하나님이 진정 자신들 가운데 계신지를 의심하며 하나님을 시험했다(출 17:1-7). 즉, 그들은 상황을 통해 하나님의 임재와 약속을 판단함으로 하나님을 시험한 것이다. 예수님은 하나님의 말씀을 믿으며, 하나님을 상황적으로 시험하지 말아야 함을 말씀하신다.

13 얼마 동안 떠나니라 이는 예수님이 세 가지 중요한 시험을 통과하셨다고 해서 마귀가 예수님을 완전히 떠난 것이 아니라, 그 이후에도 계속 따라다니며 예수님을 시험하고 유혹했음을 보여준다. 이것은 공생애 기간 동안 예수님이 수없이 많은 사람들의 반대와 핍박을 받으셨음을 통해 드러난다. 마귀는 사람들의 종교성과 완악함을 이용하여 예수님을 핍박하고 반대하도록 조종했다(4:28-30).

12 예수님께서 대답하셨습니다. "성경에 '주 너의 하나님을 시험하지 마라'고 쓰여 있다."

13 온갖 시험을 마친 마귀는 더 좋은 기회를 노리려고 잠시 동안, 예수님을 떠나갔습니다.

저자의 묵상

마귀가 예수님을 시험한 것처럼 지금도 마귀는 성도들을 시험한다. 마귀가 성도들을 시험하는 내용도 예수님의 시험의 내용과 동일하다. 왜냐하면 이 시험들이 성도의 정체성을 뒤흔들 수 있는 가장 보편적인 내용들이기 때문이다.

첫 번째로, 마귀는 우리가 생존에 매어 하나님의 뜻에 불순종하도록 유혹한다. 돈 때문에 하나님의 말씀에 불순종하며 자기의 욕망을 채우고 두려움을 피할 선택을 하고 있다면, 이 사람은 이미 유혹에 넘어간 것이다. 두 번째로, 마귀는 세상 영광을 얻기 위해 하나님이 아닌 다른 우상을 섬기도록 유혹한다. 돈, 명예, 권력을 추구하면 세상 영광을 얻게 될 것이라고 생각하는 교인들도 많다. 이들은 이미 마귀의 유혹에 넘어가 세상 사람처럼 살고 있는 것이다. 세 번째로, 마귀는 기적이 나타나야만 하나님의 사랑을 믿을 수 있다고 유혹한다. 하나님이 십자가를 통해 보이신 사랑으로 만족하지 못하고 현실에서의 기적을 구하고 있다면, 이 사람은 시험에 넘어진 것이다.

무릎기도 하나님, 저는 하나님의 말씀보다 생존의 문제를 더 중요시 여기고, 세상 영광을 추구하며, 십자가의 사랑만으로는 만족하지 못하여 기적을 바라는 연약한 자입니다. 저를 불쌍히 여기셔서 이 시험에서 벗어나게 하소서.

ESV - Luke 4

1 And Jesus, full of the Holy Spirit, returned
from the Jordan and was led by the Spirit in
the wilderness
2 for forty days, being tempted by the devil.
And he ate nothing during those days. And
when they were ended, he was hungry.
3 The devil said to him, "If you are the Son of
God, command this stone to become
bread."
4 And Jesus answered him, "It is written,
'Man shall not live by bread alone.'"
5 And the devil took him up and showed him
all the kingdoms of the world in a moment
of time,
6 and said to him, "To you I will give all this
authority and their glory, for it has been
delivered to me, and I give it to whom I will.
7 If you, then, will worship me, it will all be
yours."
8 And Jesus answered him, "It is written,
"'You shall worship the Lord your God, and
him only shall you serve.'"
9 And he took him to Jerusalem and set him
on the pinnacle of the temple and said to
him, "If you are the Son of God, throw
yourself down from here,
10 for it is written, "'He will command his
angels concerning you, to guard you,'
11 and "'On their hands they will bear you up,
lest you strike your foot against a stone.'"
12 And Jesus answered him, "It is said, 'You
shall not put the Lord your God to the test.'"
13 And when the devil had ended every
temptation, he departed from him until an
opportune time.

1 wilderness 광야 2 tempt 시험하다 devil 마귀 3 command 명령하다 5 in a moment of time 순식간에 6 authority 권위 9 set 세우다 pinnacle 꼭대기 temple 성전 throw oneself down 몸을 내던지다 10 guard 지키다, 보호하다 11 bear up 지탱하다 lest …하지 않도록 12 put… to the test …을 시험하다 13 temptation 시험 depart 떠나다 opportune 시의적절한

• MEMO •

☐ 묵상 체크

13 갈릴리에서 사역 시작

월 일

누가복음 4:14-44 • 새찬송 134장 | 통일 84장

• 말씀묵상 전에 성령님의 인도하심을 구하는 기도를 드리십시오.

본문요약 | 예수님은 성령의 능력으로 갈릴리에 돌아오셔서 사역을 시작하셨다. 예수님은 나사렛의 회당에서 말씀을 전하신 뒤에 고향 사람들의 불신과 완악함을 지적하신다. 예수님은 나사렛에서 배척을 당하신 뒤에 갈릴리의 가버나움에서 사역을 하신다. 예수님의 가르침은 권위가 있었기 때문에 사람들은 그의 말씀에 놀란다. 예수님은 많은 사람들의 병을 고쳐 주신다.

14 예수께서 성령의 능력으로 갈릴리에 돌아가시니 그 소문이 사방에 퍼졌고
15 친히 그 여러 회당에서 가르치시매 뭇사람에게 칭송을 받으시더라
16 예수께서 그 자라나신 곳 나사렛에 이르사 안식일에 늘 하시던 대로 회당에 들어가사 성경을 읽으려고 서시매
17 선지자 이사야의 글을 드리거늘 책을 펴서 이렇게 기록된 데를 찾으시니 곧
18 ㄱ주의 성령이 내게 임하셨으니 이는 가난한 자에게 복음을 전하게 하시려고 내게 기름을 부으시고 나를 보내사 포로 된 자에게 자유를, 눈먼 자에게 다시 보게 함을 전파하며 눌린 자를 자유롭게 하고
19 주의 은혜의 해를 전파하게 하려 하심이라
하였더라
20 책을 덮어 그 [1]맡은 자에게 주시고 앉으시니 회당에 있는 자들이 다 주목하여 보더라
21 이에 예수께서 그들에게 말씀하시되 이 글이 오늘 너희 귀에 응하였느니라 하시니
22 그들이 다 그를 증언하고 그 입으로 나오는 바 은혜로운 말을 놀랍게 여겨 이르되 이 사람이 요셉의 아들이 아니냐
23 예수께서 그들에게 이르시되 너희가 반드시 의사야 너 자신을 고치라 하는 속담을 인용하여 내게 말하기를 우리가 들은 바 가버나움에서 행한 일을 네 고향 여기서도 행하라 하리라
24 또 이르시되 내가 진실로 너희에게 이르노니 선지자가 고향에서는 환영을 받는 자가 없느니라
25 내가 참으로 너희에게 이르노니 엘리야 시대에 하늘이 삼 년 육 개월간 닫히어 온 땅에 큰 흉년이 들었을 때에 이스라엘에 많은 과부가 있었으되
26 엘리야가 그중 한 사람에게도 보내심을 받지 않고 오직 시돈 땅에 있는 사렙다의 한 과부에게 뿐이었으며
27 또 선지자 엘리사 때에 이스라엘에 많은 나병 환자가 있었으되 그중의 한 사람도 깨끗함을 얻지 못하고 오직 수리아 사람 나아만뿐이었느니라
28 회당에 있는 자들이 이것을 듣고 다 크게 화가 나서
29 일어나 동네 밖으로 쫓아내어 그 동네가 건설된 산 낭떠러지까지 끌고 가서 밀쳐 떨어뜨리고자 하되
30 예수께서 그들 가운데로 지나서 가시니라
31 갈릴리의 가버나움 동네에 내려오사 안식일에 가르치시매
32 그들이 그 가르치심에 놀라니 이는 그 말씀이 권위가 있음이러라
33 회당에 더러운 귀신 들린 사람이 있어 크게 소리 질러 이르되
34 아 나사렛 예수여 우리가 당신과 무슨 상관이 있나이까 우리를 멸하러 왔나이까

1) 헬, 사환에게 ㄱ. 사 61:1 이하 2) 어떤 사본에는, 유대

나는 당신이 누구인 줄 아노니 하나님의 거룩한 자니이다
35 예수께서 꾸짖어 이르시되 잠잠하고 그 사람에게서 나오라 하시니 귀신이 그 사람을 무리 중에 넘어뜨리고 나오되 그 사람은 상하지 아니한지라
36 다 놀라 서로 말하여 이르되 이 어떠한 말씀인고 권위와 능력으로 더러운 귀신을 명하매 나가는도다 하더라
37 이에 예수의 소문이 그 근처 사방에 퍼지니라
38 예수께서 일어나 회당에서 나가사 시몬의 집에 들어가시니 시몬의 장모가 중한 열병을 앓고 있는지라 사람들이 그를 위하여 예수께 구하니
39 예수께서 가까이 서서 열병을 꾸짖으신대 병이 떠나고 여자가 곧 일어나 그들에게 수종드니라
40 해 질 무렵에 사람들이 온갖 병자들을 데리고 나아오매 예수께서 일일이 그 위에 손을 얹으사 고치시니
41 여러 사람에게서 귀신들이 나가며 소리 질러 이르되 당신은 하나님의 아들이니이다 예수께서 꾸짖으사 그들이 말함을 허락하지 아니하시니 이는 자기를 그리스도인 줄 앎이러라
42 날이 밝으매 예수께서 나오사 한적한 곳에 가시니 무리가 찾다가 만나서 자기들에게서 떠나시지 못하게 만류하려 하매
43 예수께서 이르시되 내가 다른 동네들에서도 하나님의 나라 복음을 전하여야 하리니 나는 이 일을 위해 보내심을 받았노라 하시고
44 [2]갈릴리 여러 회당에서 전도하시더라

1. 오늘 하나님께서 나에게 주신 깨달음은 무엇입니까?

2. 말씀을 어떻게 내 삶에 구체적으로 적용해야 합니까?

절별 해설

15 친히 그 여러 회당에서 가르치시매 '회당'은 바벨론 포로 시대에 생겨난 것으로 여겨진다. 회당은 흩어진 유대인들을 위한 토라 교육과 기도의 장소로, 10명의 유대인이 있는 곳에 세워졌다. 예수님은 회당에 모여든 사람들에게 당시의 서기관들이나 랍비들이 갖지 못한 권위 있는 말씀을 가르치심으로 사람들의 인정과 관심을 받으셨다(마 7:29).

16 안식일에 늘 하시던 대로 예수님은 신실한 유대인으로 교육을 받으셨기 때문에, 안식일이면 항상 회당에서 말씀을 듣고 기도를 하셨을 것이다. 안식일에 사람들은 회당에 모여 구약성경을 히브리어, 아람어, 지역 방언으로 낭송하는 것을 듣고, 그 뒤에 청중 가운데 권위 있는 남자가 말씀을 해설하는 것을 들었다. 그 후 시편 말씀으로 함께 기도를 올리며 마무리했다.

18 기름을 부으시고 구약성경에서 기름부음을 받은 사람은 왕, 선지자, 제사장이었다. 이들은 메시아의 사역을 예표한 자들이

쉬운성경

14 예수님께서 성령의 능력을 가지고 갈릴리로 되돌아가셨습니다. 예수님에 대한 소문이 모든 지역에 퍼졌습니다.

15 예수님께서는 회당에서 가르치셨으며, 모든 사람들로부터 영광을 받으셨습니다.

16 예수님께서 자라나신 나사렛에 도착했습니다. 평소의 습관처럼 예수님께서 안식일에 회당으로 가셔서 성경을 읽으려고 일어나셨습니다.

17 예수님께서는 예언자 이사야의 책을 건네받으시고 책을 펴서 이렇게 기록된 곳을 찾아 읽으셨습니다.

18 "주님의 성령이 내게 내리셨다. 이것은 하나님께서 내게 기름을 부으

다. 성령으로 기름부음을 받으신 예수님은, 왕으로 오셔서 하나님 나라를 시작하시며, 선지자로 복음을 선포하시고, 제사장으로 인간의 죄 문제를 해결하시기 위해 이 땅에 오셨다.

19 주의 은혜의 해 본래 구약의 '희년'을 의미한다. 구약 율법은 7년마다 돌아오는 안식년이 7번 지난 후 50년째 되는 해를 희년으로 지키도록 했다(레 25:10). 희년에 히브리 종들은 자유를 얻고, 남에게 팔린 기업은 되돌려받게 되어 있었다. 희년에 선포되는 자유가 기쁨을 가져오듯이, 메시아의 사역은 종 된 자들을 자유하게 함으로 모든 풀려난 자들이 기뻐할 것을 말한다.

23 의사야 너 자신을 고치라 당시에 유행하던 속담으로 '남을 돕기 위해서는 먼저 자신을 도울 수 있음을 증명해야 한다'라는 뜻이다. 이는 예수님이 다른 지역에서 행하신 기적을 자신의 동네에서도 행할 때 믿겠다는 주장이다. 표적을 보이면 믿겠다는 사람들의 교만에 대해서 예수님은 부정적으로 반응하셨다.

24 선지자가 고향에서는 환영을 받는 자가 없느니라 하나님이 보내신 선지자들을 인간적으로 평가하고 반응하는 사람들의 보편적인 성향을 말씀하신 것뿐만 아니라, 자신이 구약의 선지자의 계보로 오신 분임을 말씀하신 것이다.

25-27 사렙다의 한 과부, 나아만 사렙다 과부는 믿음에 따라 엘리야의 말에 순종함으로써 약속된 복을 받았다(왕상 17:1-24). 아람 이방인이었던 나아만은 엘리사를 찾아와서 나병이 나았다(왕하 5:1-19). 사렙다의 한 과부와 나아만은 선지자를 통해 공급과 치유를 받은 이방인들이다. 당시의 이스라엘 백성은 완악했기 때문에 하나님의 능력을 경험할 수 없었다. 즉, 예수님의 고향 사람들도 과거의 이스라엘 백성과 같이 완악했기 때문에, 그들 또한 예수님을 통해 드러나는 하나님의 능력을 경험할 수 없음을 말씀하신 것이다.

31 가버나움 갈릴리 호수 주변의 대표적인 도시로, 나사렛에서 북동쪽으로 40km 떨어진 곳에 위치해 있다. 예수님은 공생애를 시작하시면서 나사렛을 떠나 가버나움으로 이사하셨다(마 4:13). 예수님은 이곳에서 많은 제자들을 부르시고 많은 사역을 하셨다. 그러나 가버나움의 유대인들은 예수님의 수많은 이적을 보고 그의 말씀을 들었음에도 회개하지 않았다. 그리하여 그 도시에 임할 화가 선포되기도 했다(마 11:23).

셔서 가난한 자에게 복음을 전파하게 하려는 것이다. 포로들에게 자유를 선포하고, 못 보는 자들에게 다시 볼 수 있음을 선포하고, 억눌린 사람들에게 해방을 선포하려고 나를 보내셨다.

19 주님의 은혜의 해를 선포하라고 하셨다."*

20 예수님께서 책을 덮으시고 시중드는 사람에게 되돌려주신 후 자리에 앉으셨습니다. 회당에 있던 모든 사람들의 눈이 예수님께로 쏠렸습니다.

21 예수님께서 그들에게 말씀하기 시작하셨습니다. "이 성경 말씀은 오늘 이 말씀을 듣는 사이에 이루어졌다!"

22 모든 사람들이 예수님에 대해 한 마디씩 말하였습니다. 그리고 예수님의 입에서 흘러나오는 은혜의 말씀을 이상하게 생각했습니다. 그러면서 "이 사람이 요셉의 아들이 아니냐?" 하고 말했습니다.

23 예수님께서 그들에게 말씀하셨습니다. "나는 당신들이 속담에 빗대어 나에 대해, '의사야, 네 자신이나 고쳐라. 당신이 가버나움에서 행한 일을 들었는데 여기 고향에서도 그 일을 한번 해 보아라!' 고 한 것을 안다.

24 내가 진정으로 너희에게 말한다. 예언자는 고향에서 환영받지 못한다.

25 내가 진정으로 너희에게 말한다. 엘리야 시대에 삼 년 육 개월 동안, 하늘이 닫혀 온 땅에 가뭄이 몹시 심했을 때 이스라엘에 많은 과부가 있었다.

26 그러나 엘리야는 이들 가운데 그 누구에게도 보냄을 받지 않았고 오직 시돈 지방의 사렙다에 있는 과부에게만 보내졌다.

27 또 엘리사 예언자 시대에 이스라엘에는 많은 문둥병 환자가 있었다. 그러나 시리아 사람 나아만 외에는 아무도 깨끗하게 되지 못했다."

* 4:18-19 사 61:1-2에 기록되어 있다.

절별 해설

32 이는 그 말씀이 권위가 있음이러라 〈마가복음〉의 병행 구절은 예수님의 말씀이 "권위 있는 자와 같고 서기관들과 같지 아니함"이라고 설명한다(막 1:22). 당시에 회당에서 가르치던 서기관들이나 랍비들은 선대의 랍비의 가르침을 인용하여 자신들의 가르침이 전통과 일치함을 보여줌으로써 권위를 세우려고 했다. 예수님은 이런 전통과는 별개로 새로운 영적 가르침을 주셨는데, 그것이 사람들에게 참으로 권위 있는 말씀으로 여겨졌다.

33 더러운 귀신 들린 사람 '귀신'이라고 번역된 헬라어 '프뉴마'는 흔히 '영'(spirit)으로 번역되는 단어다. '더러운 영'(unclean spirit)은 신약성경이 '성령'이라고 번역하는 '거룩한 영'(the Holy Spirit)과 정확하게 반대된다. '더러운 영'은 마귀가 인간을 지배하기 위해 사용하는 매개체다.

34 우리를 멸하러 왔나이까 더러운 영들은 예수님이 이 땅에 오시면 자신들이 활동할 때가 끝나고 무저갱에 들어가게 된다는 것을 이미 알고 있었다(8:31). 그 때문에 두려움에 떨며 자신들이 멸망을 당할 때가 되었는지를 묻는 것이다.

39 열병을 꾸짖으신대 병이 떠나고 '꾸짖다'는 예수님이 귀신을 꾸짖으셨을 때도 동일하게 사용된 단어다(35절). 예수님은 '바람과 바다'도 꾸짖으셨다(마 8:26). 예수님이 열병을 꾸짖으신 것은, 열병이 귀신과 같은 인격을 가진 존재이기 때문이 아니라, 예수님 말씀의 권세가 병에 미칠 정도로 전우주적인 것임을 보여주기 위함이다. 예수님의 말씀은 세상 모든 것이 복종할 정도로 강력하며 절대적이다.

40 해 질 무렵에 유대인의 안식일은 금요일 저녁부터 토요일 저녁까지를 말한다. 사람들이 해 질 무렵에 예수님께 찾아온 것은 그때까지가 안식일이었기 때문이다. 안식일에는 일정 거리 이상을 움직이거나 환자를 운반하는 행위 등이 전부 금지되어 있었다. 안식을 주시는 주님이 오셨지만, 율법의 규정에 매여 안식일이 끝날 때까지 안식을 얻지 못하는 사람들의 안타까운 모습이다.

일일이 그 위에 손을 얹으사 안수는 죄를 전가하거나(출 29:10) 성령을 전달하는 것(행 19:6)과 같은 전이의 의미가 있다. 예수님은 병자들에게 안수하심으로 그들의 죄를 스스로 담당하셨을 뿐만 아니라(벧전 2:24), 그들에게 성령의 능력을 전달하심으로 그들을 치유하셨다.

28 회당에 있던 모든 사람들이 이 말을 듣고 몹시 화를 냈습니다.

29 이 사람들은 들고 일어나 예수님을 마을 밖으로 쫓아냈습니다. 이들은 마을이 세워진 언덕의 벼랑까지 예수님을 끌고 가서 밑으로 밀쳐 떨어뜨리려고 하였습니다.

30 그러나 예수님께서는 사람들 사이를 지나 갈 길을 가셨습니다.

31 예수님께서는 갈릴리의 가버나움이란 마을로 내려가셔서 안식일에 사람들을 가르치셨습니다.

32 사람들은 예수님의 가르침에 놀랐습니다. 그것은 예수님의 말씀에 권위가 있었기 때문입니다.

33 회당에 더러운 귀신의 영에 사로잡힌 사람이 있었습니다. 그가 큰 소리로 외쳤습니다.

34 "나사렛 사람 예수님! 당신이 우리와 무슨 상관이 있습니까? 우리를 없애려고 오셨습니까? 나는 당신이 누군지 압니다. 당신은 하나님의 거룩한 자입니다."

35 예수님께서 그를 꾸짖으셨습니다. "조용히 하여라! 그리고 이 사람에게서 나와라!" 귀신이 그를 사람들 한가운데 쓰러뜨려 놓고 떠나갔는데, 그 사람에게 상처는 입히지 않았습니다.

36 사람들은 매우 놀라며 서로 말했습니다. "이것이 무슨 말씀인가? 권위와 능력을 가지고 더러운 귀신에게 명령을 하니 그것들이 나가는구나."

37 예수님에 관한 소문이 그 주위의 모든 지역에 점점 퍼져 나갔습니다.

38 예수님께서 회당을 떠나 시몬의 집으로 들어가셨습니다. 그런데 시몬의 장모가 높은 열로 심하게 앓고 있었습니다. 사람들이 그를 위해 예수님께 부탁을 드렸습니다.

39 예수님께서 시몬의 장모에게 가까이 다가가 보시고, 열병을 꾸짖으셨습니다. 그러자 열이 내리고 장모는 즉시 일어나

절별 해설

43 내가 다른 동네들에서도 하나님의 나라 복음을 전하여야 하리니 "하나님 나라"는 하나님의 통치다. "하나님의 나라 복음"은, 이제 예수님의 오심으로 하나님의 통치가 세상에 임했기 때문에, 마귀의 통치로부터 인간이 자유하게 될 수 있다는 복된 소식을 의미한다.

서 예수님과 제자들을 섬겼습니다.

40 해가 질 때, 사람들은 여러 가지 병을 앓고 있는 사람들을 예수님께로 데리고 왔습니다. 예수님께서 그들 모두에게 손을 얹으시고 고쳐 주셨습니다.

41 귀신들도 많은 사람에게서 떠나가며 소리를 질렀습니다. "당신은 하나님의 아들입니다." 그러나 예수님께서 귀신들을 꾸짖어 말하지 못하게 하였습니다. 그것은 이들이 예수님이 그리스도라는 것을 알고 있었기 때문이었습니다.

42 날이 밝자, 예수님께서 조용한 곳으로 가셨습니다. 사람들이 예수님을 찾아다니다가 결국 예수님께로 왔습니다. 사람들은 예수님을 자기들에게서 떠나시지 못하도록 곁에 모시려고 하였습니다.

43 그러나 예수님께서 그들에게 "나는 다른 마을에서도 하나님 나라를 전하여야 한다. 내가 이 목적으로 보내심을 받았다"고 말씀하셨습니다.

44 예수님은 회당에서 복음을 선포하셨습니다.

저자의 묵상

예수님이 치유와 자유를 선포하신 "가난하고, 포로되고, 눈 멀고, 눌린 자"(참고. 눅 4:18)는 죄악으로 말미암아 영적으로 마귀와 사망의 노예된 삶을 살아가는 모든 인간들을 의미한다. 인간은 아무리 많은 물질을 가져도 허무하고, 끊임없는 욕망의 포로가 되며, 영적인 것은 볼 수도 없는 장님된 상태이고, 끊임없이 두려움에 눌려 살아갈 수밖에 없다. 그렇기 때문에 대부분의 사람들이 자신의 영적 상태를 깨닫지 못하고, 세상의 힘으로 자신을 욕망을 채우려고 한다. 그러나 이런 행위는 더욱 비참하고 파괴적인 인생을 살게 만들 뿐이다.

죄악이 만들어 내는 이런 영적 노예 상태로부터 자유를 얻기 위해서는 오직 예수님을 통해 주어지는 성령의 능력이 필요하다. 하나님은 성도를 세상의 노예된 상태로부터 구원하시기 위해 때로는 세상에서 당하는 고통을 사용하실 때가 자주 있다. 이 사실을 빨리 깨닫고, 예수님을 의존하는 자만이 예수님이 주시는 참된 자유와 안식을 누릴 수 있다.

무릎기도 예수님, 저는 죄악으로 말미암아 영적으로 방황하며, 고통스러워 할 때가 많이 있습니다. 저를 성령의 능력으로 다스리셔서 죄악이 가져오는 영향력으로부터 자유하게 하소서.

ESV - Luke 4

14 And Jesus returned in the power of the Spirit to Galilee, and a report about him went out through all the surrounding country.

15 And he taught in their synagogues, being glorified by all.

16 And he came to Nazareth, where he had been brought up. And as was his custom, he went to the synagogue on the Sabbath day, and he stood up to read.

17 And the scroll of the prophet Isaiah was given to him. He unrolled the scroll and found the place where it was written,

18 "The Spirit of the Lord is upon me, because he has anointed me to proclaim good news to the poor. He has sent me to proclaim liberty to the captives and recovering of sight to the blind, to set at liberty those who are oppressed,

19 to proclaim the year of the Lord's favor."

20 And he rolled up the scroll and gave it back to the attendant and sat down. And the eyes of all in the synagogue were fixed on him.

21 And he began to say to them, "Today this Scripture has been fulfilled in your hearing."

22 And all spoke well of him and marveled at the gracious words that were coming from his mouth. And they said, "Is not this Joseph's son?"

23 And he said to them, "Doubtless you will quote to me this proverb, "'Physician, heal yourself.' What we have heard you did at Capernaum, do here in your hometown as well.'"

24 And he said, "Truly, I say to you, no prophet is acceptable in his hometown.

25 But in truth, I tell you, there were many widows in Israel in the days of Elijah, when the heavens were shut up three years and six months, and a great famine came over all the land,

26 and Elijah was sent to none of them but only to Zarephath, in the land of Sidon, to a woman who was a widow.

27 And there were many lepers* in Israel in the time of the prophet Elisha, and none of them was cleansed, but only Naaman the Syrian."

28 When they heard these things, all in the synagogue were filled with wrath.

29 And they rose up and drove him out of the town and brought him to the brow of the hill on which their town was built, so that they could throw him down the cliff.

30 But passing through their midst, he went away.

31 And he went down to Capernaum, a city of Galilee. And he was teaching them on the Sabbath,

32 and they were astonished at his teaching, for his word possessed authority.

33 And in the synagogue there was a man who had the spirit of an unclean demon, and he cried out with a loud voice,

34 "Ha!* What have you to do with us, Jesus of Nazareth? Have you come to destroy us? I know who you are-the Holy One of God."

35 But Jesus rebuked him, saying, "Be silent and come out of him!" And when the demon had thrown him down in their midst, he came out of him, having done him no harm.

36 And they were all amazed and said to one another, "What is this word? For with authority and power he commands the unclean spirits, and they come out!"

37 And reports about him went out into every place in the surrounding region.

38 And he arose and left the synagogue and entered Simon's house. Now Simon's mother-in-law was ill with a high fever, and

they appealed to him on her behalf.
39 And he stood over her and rebuked the
fever, and it left her, and immediately she
rose and began to serve them.
40 Now when the sun was setting, all those
who had any who were sick with various
diseases brought them to him, and he laid
his hands on every one of them and
healed them.
41 And demons also came out of many,
crying, "You are the Son of God!" But he
rebuked them and would not allow them to
speak, because they knew that he was the
Christ.
42 And when it was day, he departed and
went into a desolate place. And the people
sought him and came to him, and would
have kept him from leaving them,
43 but he said to them, "I must preach the
good news of the kingdom of God to the
other towns as well; for I was sent for this
purpose."
44 And he was preaching in the synagogues
of Judea.*

* 4:27 *Leprosy* was a term for several skin diseases; see Leviticus 13

* 4:34 Or *Leave us alone*

* 4:44 Some manuscripts *Galilee*

14 surrounding 인근의 15 synagogue 회당 16 bring up 기르다, 양육하다 18 anoint 기름을 붓다 recover 회복하다 oppress 억압하다 20 roll up a scroll 두루마리를 말다 attendant 수행원 21 scripture 성경 22 marvel at… …에 놀라다 23 doubtless 반드시 quote 인용하다 physician 의사 25 famine 기근 27 leper 나병 환자 29 drive out of… …에서 쫓아내다 brow 벼랑 끝 cliff 낭떠러지, 벼랑 32 be astonished at… …에 놀라다 possess 지니다, 가지다 authority 권위 33 demon 귀신, 악령 35 rebuke 꾸짖다 37 region 지역 38 fever 열 appeal to… …에 구하다 on one's behalf …를 위해 40 disease 질병 41 allow 허락하다 42 desolate 한적한 43 preach 전도하다 purpose 목적

• MEMO •

14 예수님이 베드로를 부르심

월 일

누가복음 5:1-11 • 새찬송 518장 | 통일 252장

• 말씀묵상 전에 성령님의 인도하심을 구하는 기도를 드리십시오.

본문요약 | 예수님은 게네사렛 호수에서 시몬 베드로의 배에 올라 사람들에게 말씀을 전하셨다. 예수님은 시몬에게 깊은 데로 가서 그물을 던지라고 말씀하셨고, 시몬은 상식에 어긋나는 말씀임에도 순종하여 많은 고기를 잡는다. 예수님은 자신의 죄인 됨을 인정하며 예수님 앞에 엎드린 시몬 베드로를 제자로 부르셨다. 베드로는 그의 동업자들과 함께 예수님을 따른다.

1 무리가 몰려와서 하나님의 말씀을 들을새 예수는 게네사렛 호숫가에 서서
2 호숫가에 배 두 척이 있는 것을 보시니 어부들은 배에서 나와서 그물을 씻는지라
3 예수께서 한 배에 오르시니 그 배는 시몬의 배라 육지에서 조금 떼기를 청하시고 앉으사 배에서 무리를 가르치시더니
4 말씀을 마치시고 시몬에게 이르시되 깊은 데로 가서 그물을 내려 고기를 잡으라
5 시몬이 대답하여 이르되 선생님 우리들이 밤이 새도록 수고하였으되 잡은 것이 없지마는 말씀에 의지하여 내가 그물을 내리리이다 하고
6 그렇게 하니 고기를 잡은 것이 심히 많아 그물이 찢어지는지라
7 이에 다른 배에 있는 동무들에게 손짓하여 와서 도와 달라 하니 그들이 와서 두 배에 채우매 잠기게 되었더라
8 시몬 베드로가 이를 보고 예수의 무릎 아래에 엎드려 이르되 주여 나를 떠나소서 나는 죄인이로소이다 하니
9 이는 자기 및 자기와 함께 있는 모든 사람이 고기 잡힌 것으로 말미암아 놀라고
10 세베대의 아들로서 시몬의 동업자인 야고보와 요한도 놀랐음이라 예수께서 시몬에게 이르시되 무서워하지 말라 이제 후로는 네가 사람을 [1]취하리라 하시니
11 그들이 배들을 육지에 대고 모든 것을 버려두고 예수를 따르니라

1) 헬, 사로잡으리라

1. 오늘 하나님께서 나에게 주신 깨달음은 무엇입니까?

2. 말씀을 어떻게 내 삶에 구체적으로 적용해야 합니까?

절별 해설

1 게네사렛 호숫가 갈릴리 호수의 다른 이름으로, 구약성경에서는 긴네렛(민 34:11) 또는 긴네롯(수 11:2), 신약성경에서는 디베랴(요 21:1) 등으로 나온다. 이 호수는 남북으로 20km, 동서로 12km 정도의 크기다.

2 어부들은 배에서 나와서 그물을 씻는지라 밤에 물고기를 잡은 어부들은 아침에 그물 손질을 해 놓아야 다음에 고기를 잡으러 갈 때 수월했다.

3 시몬 시몬은 이전에 안드레의 소개로 예수님을 만난 적이 있었는데, 그때 게바(베드로)라는 이름을 받기도 했다(요 1:40-42). 안드레는 예수님을 메시아로 소개했지만, 시몬은 그 사실을 받아들일 수 없었기 때문에 다시 생업으로 돌아온 것이다.
배에서 무리를 가르치시더니 사람들이 많아 서로 밀치는 상황이었기 때문에, 예수님은 사람들과 약간 거리를 두고 말씀을 전하시기 위해 배를 사용하셨다.

4 깊은 데로 가서 그물을 내려 고기를 잡으라 낮 시간에 물고기는 깊은 곳에서 쉰다. 그래서 그물로는 닿지 않는다. 또한 당시의 그물은 흰 세마포를 만드는 흰색 실로 만들었기 때문에, 낮에는 물고기들의 눈에 잘 띄어 사용할 수 없었다. 그런데 예수님은 평생 어부 일을 한 시몬에게 목수로서 명령하시는 것이었다.

5-6 말씀에 의지하여 내가 그물을 내리리이다 시몬 베드로는 자신의 상식과 연륜을 내려놓고 예수님의 말씀에 순종하였다. 그리고 그물이 찢어질 정도로 고기를 많이 잡게 되었다. 베드로와 사람들의 기대가 완전히 깨어지는 순간이다. 예수님은 물속의 물고기들까지도 초자연적으로 다스리고 주관하시는 분임을 보여주셨다.

8 주여 나를 떠나소서 5절에서는 '선생님'이었던 호칭이 이곳에서는 '주'로 변한다. 기적을 통해 시몬 베드로의 예수님에 대한 관점이 변한 것이다.
나는 죄인이로소이다 베드로는 예수님을 처음 만났을 때 그를 메시아로 인정할 수 없었다. 베드로의 눈에는 예수님이 평범하고 가난한 청년에 불과했기 때문이었다. 그러나 지금 베드로는 그의 경험으로는 이해할 수 없는 하나님의 신비 앞에서 자신의 죄인 됨을 자각하게 된다. 베드로는 예수님이 메시아임을 알아보지 못한 죄악뿐만 아니라, 예수님을 만난 이후에도 생업에 매달릴 수밖에 없는 자신의 일상적 죄악성을 보게 된 것이다.

10 이제 후로는 네가 사람을 취하리라 '취하다'는 원어적으로 '살아 있는 채로 잡다'라는 의미다. 물고기를 낚는 어부에서 이제는 사람을 낚는 어부로 베드로의 정체성이 변화되는 순간이다.

쉬운성경

1 사람들이 예수님께 몰려들어 하나님의 말씀을 듣고 있을 때였습니다. 예수님은 게네사렛 호숫가에 서 계셨습니다.

2 예수님께서 호숫가에 배 두 척이 놓여 있는 것을 보셨습니다. 어부들은 배에서 내려 그물을 씻고 있었습니다.

3 예수님께서 그 중 하나인 시몬의 배에 오르셨습니다. 예수님께서 시몬에게 배를 육지로부터 조금 떼어 놓으라고 하시고 배에 앉으셔서 사람들을 가르치셨습니다.

4 말씀을 다 마치시고 예수님께서 시몬에게 말씀하셨습니다. "깊은 데로 가서 그물을 내려 고기를 잡으라."

5 시몬이 대답하였습니다. "선생님, 우리가 밤새도록 수고하였지만 아무것도 잡지 못했습니다. 그러나 선생님의 말씀대로 그물을 내리겠습니다."

6 그대로 하니, 고기가 그물이 찢어질 정도로 많이 잡게 되었습니다.

7 그래서 다른 배에 있는 동료들에게 손짓을 하여 도와 달라고 하였습니다. 그들이 와서 고기를 두 배에 가득 채우니, 배가 가라앉을 지경이었습니다.

8 시몬 베드로가 이것을 보고 예수님의 무릎 앞에 엎드려 말했습니다. "주님, 제게서 떠나 주십시오. 저는 죄인입니다."

9 베드로와 그와 함께 있던 동료들은 자신들이 잡은 고기를 보고 놀랐던 것입니다.

10 세베대의 아들이면서 시몬의 동료인 야고보와 요한도 놀랐습니다. 예수님께서 시몬에게 말씀하셨습니다. "두려워하지 마라. 이제부터 너는 사람을 낚을 것이다."

11 그들은 육지에 배를 댄 후, 모든 것을 버려두고 예수님을 따라갔습니다.

11 모든 것을 버려두고 예수를 따르니라 베드로뿐만 아니라 야고보와 요한 그리고 베드로의 형제 안드레까지 자신의 생업을 버려두고 예수님을 따랐다. 이들은 이미 세례 요한을 따라다니던 제자들로서, 예수님과의 거듭된 만남과 기적을 통해 예수님이 메시아임을 확신한 것이다.

저자의 묵상

예수님은 물고기를 많이 잡는 기적을 보이셨는데, 어떻게 베드로는 자신이 죄인임을 깨닫게 된 것일까? 이때는 베드로가 예수님을 두 번째 만났을 때이다. 과거에 베드로는 예수님을 만났지만, 시골 마을의 목수에 불과한 청년이 메시아라는 사실을 믿을 수 없어서 예수님을 떠났다. 그런데 예수님이 베드로를 친히 찾아오셔서 놀라운 기적을 행하심으로 예수님 자신이 메시아이심을 보여주셨다. 그러자 베드로는 자신이 예수님을 눈으로만 판단함으로써 메시아로 인정하지 않고 실망하여 떠났던 죄를 회개하였다.

우리 또한 예수님을 믿을 때 자신이 기대하던 예수님과 다른 분임을 알게 되어 실망하는 경우가 많다. 가장 흔한 오해는 예수님을 자기 인생의 문제를 해결해 주는 해결사로 여기거나 자신을 높여 주는 우상으로 간주하는 것이다. 이런 왜곡된 시각이 깨어지는 순간이 우리가 예수님을 인격적으로 만나게 되는 때이다.

무릎 기도 하나님, 예수님을 단순히 문제 해결자로 여기며 또한 저를 높여 줄 우상으로 생각했던 죄악을 회개합니다. 예수님을 참 하나님으로 인정함으로 예수님과의 관계가 새로워지게 하소서.

ESV - Luke 5

1 On one occasion, while the crowd was pressing in on him to hear the word of God, he was standing by the lake of Gennesaret,

2 and he saw two boats by the lake, but the fishermen had gone out of them and were washing their nets.

3 Getting into one of the boats, which was Simon's, he asked him to put out a little from the land. And he sat down and taught the people from the boat.

4 And when he had finished speaking, he said to Simon, "Put out into the deep and let down your nets for a catch."

5 And Simon answered, "Master, we toiled all night and took nothing! But at your word I will let down the nets."

6 And when they had done this, they enclosed a large number of fish, and their nets were breaking.

7 They signaled to their partners in the other boat to come and help them. And they came and filled both the boats, so that they began to sink.

8 But when Simon Peter saw it, he fell down at Jesus' knees, saying, "Depart from me, for I am a sinful man, O Lord."

9 For he and all who were with him were astonished at the catch of fish that they had taken,

10 and so also were James and John, sons of Zebedee, who were partners with Simon. And Jesus said to Simon, "Do not be afraid; from now on you will be catching men."*

11 And when they had brought their boats to land, they left everything and followed him.

* 5:10 The Greek word *anthropoi* refers here to both men and women

1 on one occasion 어느 때 press 몰려들다 3 get into… …에 타다 put out 바다로 나가다 4 let down (아래로) 내리다 catch 잡기, 포획 5 toil 수고하다 6 enclose 에워싸다 7 signal 신호하다 so that (결과) 그래서 sink 가라앉다 8 knee 무릎 sinful 죄 많은 9 be astonished at… …에 놀라다 10 from now on 이제부터, 앞으로는

☐ 묵상 체크

15 나병 환자와 중풍병자를 고치신 예수님

월 일

누가복음 5:12-26 • 새찬송 305장 | 통일 405장

• 말씀묵상 전에 성령님의 인도하심을 구하는 기도를 드리십시오.

본문요약 I 한 나병 환자가 예수님을 찾아와, 예수님이 원하시면 자신을 깨끗하게 하실 수 있다고 고백한다. 예수님은 그에게 손을 대시며 나병을 치료해 주신다. 예수님이 종교지도자들과 함께 계실 때, 중풍병자를 침상에 메고 온 사람들이 예수님께 다가갈 수 없자 지붕을 뚫고 중풍병자를 집 안으로 들여보낸다. 예수님은 그들의 믿음을 보시고 중풍병자의 죄를 먼저 사하시고 그의 병을 치료하신다.

12 예수께서 한 동네에 계실 때에 온몸에 나병 들린 사람이 있어 예수를 보고 엎드려 구하여 이르되 주여 원하시면 나를 깨끗하게 하실 수 있나이다 하니
13 예수께서 손을 내밀어 그에게 대시며 이르시되 내가 원하노니 깨끗함을 받으라 하신대 나병이 곧 떠나니라
14 예수께서 그를 경고하시되 아무에게도 이르지 말고 가서 ㄱ제사장에게 네 몸을 보이고 또 네가 깨끗하게 됨으로 인하여 모세가 명한 대로 예물을 드려 그들에게 입증하라 하셨더니
15 예수의 소문이 더욱 퍼지매 수많은 무리가 말씀도 듣고 자기 병도 고침을 받고자 하여 모여 오되
16 예수는 물러가사 한적한 곳에서 기도하시니라
17 하루는 가르치실 때에 갈릴리의 각 마을과 유대와 예루살렘에서 온 바리새인과 율법교사들이 앉았는데 병을 고치는 주의 능력이 예수와 함께하더라
18 한 중풍병자를 사람들이 침상에 메고 와서 예수 앞에 들여놓고자 하였으나
19 무리 때문에 메고 들어갈 길을 얻지 못한지라 지붕에 올라가 기와를 벗기고 병자를 침상째 무리 가운데로 예수 앞에 달아 내리니
20 예수께서 그들의 믿음을 보시고 이르시되 이 사람아 네 죄 사함을 받았느니라 하시니

ㄱ. 레 14:2 이하

21 서기관과 바리새인들이 생각하여 이르되 이 신성모독 하는 자가 누구냐 오직 하나님 외에 누가 능히 죄를 사하겠느냐
22 예수께서 그 생각을 아시고 대답하여 이르시되 너희 마음에 무슨 생각을 하느냐
23 네 죄 사함을 받았느니라 하는 말과 일어나 걸어가라 하는 말이 어느 것이 쉽겠느냐
24 그러나 인자가 땅에서 죄를 사하는 권세가 있는 줄을 너희로 알게 하리라 하시고 중풍병자에게 말씀하시되 내가 네게 이르노니 일어나 네 침상을 가지고 집으로 가라 하시매
25 그 사람이 그들 앞에서 곧 일어나 그 누웠던 것을 가지고 하나님께 영광을 돌리며 자기 집으로 돌아가니
26 모든 사람이 놀라 하나님께 영광을 돌리며 심히 두려워하여 이르되 오늘 우리가 놀라운 일을 보았다 하니라

1. 오늘 하나님께서 나에게 주신 깨달음은 무엇입니까?

2. 말씀을 어떻게 내 삶에 구체적으로 적용해야 합니까?

절별 해설

12 나병 구약의 나병은 현대의 한센씨 병(Hansen's Disease) 뿐만 아니라 다양한 종류의 피부병을 의미했다. 구약성경에서 나병은 인간의 죄악을 대표적으로 상징하는 병이다. 그 이유는 첫째, 나병의 전염성 때문이다. 나병과 같이 죄악은 강력하게 다른 사람에게 퍼진다. 둘째, 나병은 인간의 감각을 마비시킨다. 나병에 걸리면 피부의 감각을 느끼는 세포들을 상실한다. 그 결과 피부가 감염이 되거나 잘라져도 고통을 느끼지 못한다. 이것은 죄악에 물든 사람이 점점 영적 감각을 상실하는 것과 같은 모습이다. 셋째, 나병은 죽음에 이르게 만든다. 이것은 죄악이 영적 죽음을 가져오는 것과 같다. 나병에 걸린 사람은 종교적 이유와 전염성 때문에 공동체에서 격리되어야만 했다. 나병에 걸린 사람은 '부정하다'고 제사장에 의해 판별 받고(레 13:8), 또한 자신의 부정함을 외치도록 한 율법(레 13:45)으로 미루어 나병이 영적 죄악의 상징임을 알 수 있다.

13 예수께서 손을 내밀어 그에게 대시며 이르시되 예수님은 말씀으로 나병 들린 사람을 고치실 수 있었지만, 일부러 그에게 손을 대셨다. 그의 부정함을 가져가시고 자신의 정결함을 그에게 대신 전해 주시기 위함이었다.

18-20 그들의 믿음을 보시고 예수님은 친구들의 믿음을 보시고 중풍병자를 고치셨다. 이것은 믿음이 없는 다른 사람을 위해 예수님께 간구하는 사람들의 믿음 또한 중요함을 보여준다.
네 죄 사함을 받았느니라 예수님은 일반적으로는 죄의 용서와 관계없이 병을 치료하셨다. 그러나 이 경우에는 특별히 죄 사함을 먼저 선포하신다. 예수님이 먼저 죄 사함을 선포하신 첫 번째 이유는, 이 사람이 죄의 결과로 중풍병에 걸렸기 때문에 그 원인을 먼저 제거하신 것이다. 두 번째 이유는, 이 기회를 통해 예수님이 죄를 사하실 수 있는 하나님이심을 보여주려 하신 것이다.

21 이 신성모독 하는 자가 누구냐 종교지도자들은 죄를 사하는 권세가 오직 하나님께만 있음을 알고 있었지만, 예수님이 그 권세를 가지신 하나님이심은 알지 못했다. 이런 영적 무지로 말미암아 그들은 하나님 편에 선다고 하면서 하나님을 대적하는 결과를 가져왔다.

23 네 죄 사함을 받았느니라 하는 말과 일어나 걸어가라 하는 말이 어느 것이 쉽겠느냐 예수님께 있어서는 병을 치유하시는 것이 훨씬 쉬운 일이었다. 단순히 병만 치료하면 예수님은 아무런 문제없이 사역을 하실 수 있었다. 그러나 죄를 사하시면 자신이 하나님과 같은 권세를 가진 분임을 드러내는 것이기 때문에, 그것은 종교지도자들의 심한 핍박과 공격을 받게

쉬운성경

12 예수님이 어떤 동네에 계실 때, 온몸에 문둥병이 걸린 사람이 있었습니다. 그가 예수님을 보고 머리를 숙여 간청하였습니다. "주님이 원하시면 저를 깨끗하게 하실 수 있습니다."

13 예수님께서 손을 내밀고 그에게 대시며 말씀하셨습니다. "내가 원한다. 깨끗하게 되어라." 그 즉시 문둥병이 그에게서 사라졌습니다.

14 예수님께서는 이 일을 아무에게도 말하지 말라고 이르셨습니다. 그리고 "가서 제사장에게 네 몸을 보여라. 또 모세가 명령한 대로 네가 깨끗하게 된 예물을 드려라. 그래서 사람들에게 증거를 삼아라" 고 말씀하셨습니다.

15 그런데도 예수님에 관한 소문은 더욱 더 멀리 퍼져 나갔습니다. 많은 사람들이 예수님의 말씀을 듣고 병을 고치기 위해 모여들었습니다.

16 그러나 예수님께서는 홀로 광야로 가셔서 기도하셨습니다.

17 어느 날, 예수님께서 가르치고 계실 때, 갈릴리와 유대의 모든 마을과 예루살렘에서 온 바리새파 사람과 율법학자들도 거기에 앉아 있었습니다. 주님의 능력이 예수님과 함께하셔서 사람들을 고쳤습니다.

18 그때, 어떤 사람들이 중풍병에 걸린 사람을 침상에 눕힌 채로 데려왔습니다. 이들은 병자를 데리고 가서 예수님 앞에 보이려고 했습니다.

19 그러나 사람들이 너무 많아서 예수님께 데리고 갈 방법을 찾을 수가 없었습니다. 그들은 지붕 위로 올라가서 지붕을 뚫고 환자를 침상에 누인 채 예수님 앞 한가운데로 매달아 내렸습니다.

20 그들의 믿음을 보시고 예수님께서 환자에게 말씀하셨습니다. "친구여, 네 죄가 용서받았다."

21 율법학자들과 바리새파 사람들이 속으로 생각하기 시작했습니다. "이 사람

절별 해설

하는 어려운 일이었다.

24 인자 '사람의 아들'이라는 의미이지만, 예수님 자신이 다니엘이 환상 중에 본 메시아임을 암시적으로 드러내는 말이다(단 7:13).

이 누구인데 하나님을 모독하는가? 하나님 외에 누가 죄를 용서할 수 있단 말인가?"

22 예수님께서 그들의 생각을 아시고 그들에게 대답하셨습니다. "왜 마음속에 그런 생각을 하느냐?

23 '네 죄가 용서받았다'라고 하는 것과 '일어나 걸어라'고 말하는 것 중에서 어느 것이 더 쉽겠느냐?

24 그러나 인자가 이 세상에서 죄를 용서하는 권세를 가지고 있다는 것을 알려 주려는 것이다." 예수님께서 중풍병자에게 말씀하셨습니다. "내가 말한다. 일어나 네 침상을 가지고 집으로 가거라."

25 그 즉시, 그 사람은 사람들 앞에서 일어났습니다. 그리고 자신이 누웠던 침상을 들고 하나님께 영광을 돌리며 집으로 돌아갔습니다.

26 사람들이 놀라움에 사로잡혔습니다. 사람들은 하나님께 영광을 돌리고 두려워하며 말했습니다. "오늘 우리가 신기한 일을 보았다."

저자의 묵상

구약성경은 다른 병보다 나병에 대해서 아주 자세하게 다루고 있다. 그 이유는 나병을 통해 눈에 보이지 않는 영적 죄악의 영향력을 생생하게 보여줄 수 있기 때문이다. 나병의 무서운 점은 피부의 통점과 압점 세포들을 죽여서 피부가 감각을 느끼지 못하게 만드는 것이다. 죄악은 인간의 영적 감각을 마비시켜 버린다. 따라서 죄악의 영향력이 깊을수록 영적으로 하나님께 반응하는 것이 불가능하게 된다. 영적 죄악이 깊은 사람은 하나님의 말씀을 들어도 전혀 반응할 수 없다. 그는 죄에 매여 살아가며 죄악을 확산하다가 결국 죽음에 이르게 된다.

이 시대에 영적 나병에 걸린 사람들이 많다. 자신이 죄인임을 인정하지 않고, 하나님의 말씀에도 무감각하게 반응하며, 다른 사람들에게 죄악을 전염시키며 살아가는 사람들을 주변에서 쉽게 찾아볼 수 있다. 영적 나병에서 벗어날 수 있는 유일한 길은 예수님께 나아와 치유를 간구하는 것이다.

무릎 기도 하나님, 저는 영적으로 나병 환자입니다. 저를 불쌍히 여기사 영적 무감각을 치료하여 주셔서 하나님의 말씀에 순종하며 살아가는 자가 되게 하소서.

ESV - Luke 5

12 While he was in one of the cities, there
came a man full of leprosy.* And when he
saw Jesus, he fell on his face and begged
him, "Lord, if you will, you can make me
clean."
13 And Jesus* stretched out his hand and
touched him, saying, "I will; be clean." And
immediately the leprosy left him.
14 And he charged him to tell no one, but "go
and show yourself to the priest, and make
an offering for your cleansing, as Moses
commanded, for a proof to them."
15 But now even more the report about him
went abroad, and great crowds gathered to
hear him and to be healed of their
infirmities.
16 But he would withdraw to desolate places
and pray.
17 On one of those days, as he was teaching,
Pharisees and teachers of the law were
sitting there, who had come from every
village of Galilee and Judea and from
Jerusalem. And the power of the Lord was
with him to heal.*
18 And behold, some men were bringing on a
bed a man who was paralyzed, and they
were seeking to bring him in and lay him
before Jesus,
19 but finding no way to bring him in, because
of the crowd, they went up on the roof and
let him down with his bed through the tiles
into the midst before Jesus.
20 And when he saw their faith, he said, "Man,
your sins are forgiven you."
21 And the scribes and the Pharisees began
to question, saying, "Who is this who
speaks blasphemies? Who can forgive
sins but God alone?"
22 When Jesus perceived their thoughts, he
answered them, "Why do you question in
your hearts?
23 Which is easier, to say, 'Your sins are
forgiven you,' or to say, 'Rise and walk'?
24 But that you may know that the Son of Man
has authority on earth to forgive sins"-he
said to the man who was paralyzed-"I say
to you, rise, pick up your bed and go
home."
25 And immediately he rose up before them
and picked up what he had been lying on
and went home, glorifying God.
26 And amazement seized them all, and they
glorified God and were filled with awe,
saying, "We have seen extraordinary
things today."

* 5:12 *Leprosy* was a term for several skin diseases; see Leviticus 13
* 5:13 Greek *he*
* 5:17 Some manuscripts *was present to heal them*

12 leprosy 나병 fall on one's face 엎드리다 beg 간청하다 will 원하다 14 charge 명령하다 proof 증거 15 infirmity 질병 16 withdraw to… …로 물러나다 17 pharisee 바리새인 18 paralyzed 마비된 19 tile 기와 21 scribe 서기관 blasphemy 신성모독 22 perceive 알아채다 24 have authority 권한을 가지고 있다 26 seize 사로잡다 awe 경외, 두려움 extraordinary 놀라운, 비범한

• MEMO •

☐ 묵상 체크

16 세리 마태를 제자로 부르심

월 일

누가복음 5:27-39 • 새찬송 279장 | 통일 337장

• 말씀묵상 전에 성령님의 인도하심을 구하는 기도를 드리십시오.

본문요약 I 예수님은 세리인 레위를 제자로 부르신다. 이에 레위는 큰 잔치를 열고 다른 세리 친구들을 초청하여 예수님을 영접한다. 그런데 이를 본 종교지도자들은 예수님을 공격한다. 이에 예수님은 자신이 신랑으로 오셨기 때문에 신랑과 함께 있을 때 손님들이 금식하지 않고 잔치를 즐긴다고 대답하신다. 또 비유를 통해 자신의 교훈이 질적으로뿐만 아니라 시간적으로도 완전히 새로운 가르침이라 말씀하신다.

27 그 후에 예수께서 나가사 레위라 하는 세리가 세관에 앉아 있는 것을 보시고 나를 따르라 하시니
28 그가 모든 것을 버리고 일어나 따르니라
29 레위가 예수를 위하여 자기 집에서 큰 잔치를 하니 세리와 다른 사람이 많이 함께 [1]앉아 있는지라
30 바리새인과 그들의 서기관들이 그 제자들을 비방하여 이르되 너희가 어찌하여 세리와 죄인과 함께 먹고 마시느냐
31 예수께서 대답하여 이르시되 건강한 자에게는 의사가 쓸데없고 병든 자에게라야 쓸데 있나니
32 내가 의인을 부르러 온 것이 아니요 죄인을 불러 회개시키러 왔노라
33 그들이 예수께 말하되 요한의 제자는 자주 금식하며 기도하고 바리새인의 제자들도 또한 그리하되 당신의 제자들은 먹고 마시나이다
34 예수께서 그들에게 이르시되 혼인집 손님들이 신랑과 함께 있을 때에 너희가 그 손님으로 금식하게 할 수 있느냐
35 그러나 그날에 이르러 그들이 신랑을 빼앗기리니 그날에는 금식할 것이니라
36 또 비유하여 이르시되 새 옷에서 한 조각을 찢어 낡은 옷에 붙이는 자가 없나니 만일 그렇게 하면 새 옷을 찢을 뿐이요 또 새 옷에서 찢은 조각이 낡은 것에 어울리지 아니하리라
37 새 포도주를 낡은 가죽부대에 넣는 자가 없나니 만일 그렇게 하면 새 포도주가 부대를 터뜨려 포도주가 쏟아지고 부대도 못쓰게 되리라
38 새 포도주는 새 부대에 넣어야 할 것이니라
39 묵은 포도주를 마시고 새 것을 원하는 자가 없나니 이는 묵은 것이 좋다 함이니라

1) 헬, 기대어 누워 있는지라 (유대인이 음식 먹을 때에 가지는 자세)

1. 오늘 하나님께서 나에게 주신 깨달음은 무엇입니까?

2. 말씀을 어떻게 내 삶에 구체적으로 적용해야 합니까?

절별 해설

27 나를 따르라 마태는 세리이기는 했지만, 자신이 하나님의 백성이면서 로마의 앞잡이 노릇을 하는 매국노의 상황을 내적으로 고민하고 있었을 것이다. 이런 마태를 예수님은 알아보시고 부르셨다.

28 그가 모든 것을 버리고 일어나 따르니라 예수님이 제자로 부르신 자들은 이렇게 모든 것을 단번에 버려두고 예수님을 따랐다. 이것은 예수님의 신적 권세가 담긴 부름이었기 때문이기도 했지만, 이런 부름의 자리에 도달하기까지 개인적으로 많은 고민과 기도의 과정이 쌓였기 때문이다.

32 죄인을 불러 회개시키러 왔노라 예수님이 불러 깨끗하게 하시고자 하는 죄인은 자신이 죄인임을 인정하는 자들이다. 세상의 모든 사람들은 죄인이지만, 스스로 자신의 죄악을 인정하는 자들만이 예수님을 통해 치유받고 구원을 받을 수 있다.

33 금식 당시 유대교에서 금식 기도는 일반적인 종교 행위였다. 구약의 율법에서는 대속죄일에 금식하도록 명하고 있었는데(레 16:29), 바벨론 포로 생활 이후에 자신들의 죄를 회개하는 의미에서 여러 금식일을 새롭게 만들었다. 그래서 성전이 불탄 날, 성전 포위 개시일, 성전 함락일 등과 같은 예루살렘의 멸망과 관련한 여러 날이 금식일로 지정되었다. 그 외에도 경건한 유대인들은 일주일에 이틀 정도 정기적으로 금식하며 자신의 경건을 과시했다.

36 새 옷, 낡은 옷 '새 옷'은 예수님의 새로운 교훈과 질서를, '낡은 옷'은 전통적인 유대주의와 그 체제를 비유한 것이다. 새 옷에서 한 조각을 찢어 내면 새 옷이 상한다. 또한 그 조각을 낡은 옷에 붙이면 서로 어울리지 않을 뿐만 아니라, 세탁을 하게 되면 헌 옷 또한 찢어진다. 따라서 예수님은 기존의 유대교가 만들어 낸 체계를 거부하고 새로운 질서가 기반이 된 교회를 통해 영적 생명을 전달하고자 하신 것이다.

38 새 포도주 헬라어에는 '새로움'을 의미하는 두 가지 단어가 존재한다. '새 옷'에서의 '새'는 '카이노스'를 번역한 것으로, '질적으로 새로운 것'을 의미한다. '새 포도주'에서의 '새'는 '네오스'를 번역한 것으로, '시간적으로 새로운 것'을 의미한다. 예수님이 '새 옷'과 '새 포도주'로 새로운 교훈을 설명하신 것은, 복음이 질적으로뿐만 아니라 시간적으로도 새로운 것이기 때문이다. 이것은 옛 언약과 새 언약의 차이를 보여준다.

'옛 언약'은 율법에 기반을 둔 것으로 '율법의 준수 여부에 따라 주어지는 상과 벌'이 그 핵심이었다. 유대교의 종교지도자들은 자신들이 율법을 잘 준수하고 있기 때문에 상을 받을

쉬운성경

27 그 후에 예수님께서 길을 가시다가 레위라는 세리가 세관에 앉아 있는 것을 보시고 그에게 말씀하셨습니다. "나를 따르라!"

28 레위는 모든 것을 버려두고 일어나 예수님을 따라갔습니다.

29 레위는 자기 집에서 예수님을 위해 큰 잔치를 베풀었습니다. 거기에는 많은 세리들과 그 밖의 사람들이 함께 음식을 먹고 있었습니다.

30 바리새파 사람들과 율법학자들이 예수님의 제자들을 비방하였습니다. "왜 당신들은 세리들과 죄인들과 더불어 먹고 마십니까?"

31 예수님께서 그들에게 대답하셨습니다. "의사가 필요한 사람은 건강한 사람이 아니라 병든 사람이다.

32 나는 의인을 부르려고 온 것이 아니라, 죄인을 불러 회개시키려고 왔다."

33 사람들이 예수님께 말했습니다. "요한의 제자들은 자주 금식하고 기도를 합니다. 바리새파 사람들도 이같이 합니다. 그런데 당신의 제자들은 항상 먹고 마시는군요."

34 예수님께서 이들에게 말씀하셨습니다. "신랑이 결혼 잔치의 손님들과 함께 있는데 이들에게 금식하라고 할 수 없지 않느냐?

35 그러나 그들이 신랑을 빼앗길 때가 올 텐데 그때는 금식할 것이다."

36 예수님께서 이들에게 비유를 말씀하셨습니다. "아무도 새 옷에서 한 조각을 떼어 내어 낡은 옷에 붙이지 않는다. 만일 그렇게 하면 새 옷은 찢어지고 새 옷에서 떼어 낸 그 조각이 낡은 옷에 어울리지도 않을 것이다.

37 아무도 새 포도주를 낡은 가죽부대에 넣지 않는다. 만일 그렇게 하면 새 포도주가 그 가죽부대를 터뜨려서 포도주는

절별 해설

것으로 생각했지만 정반대였다. 왜냐하면 옛 언약의 요구를 만족시키기 위해서는 '모든' 율법을 '항상' 완벽하게 지켜야 했기 때문이다(갈 3:10). 아무리 열심히 율법을 지켜도 심판을 받는 것이 옛 언약 아래 있는 자들의 운명이다. 그러나 이 율법의 요구를 예수님이 다 지키셨다. 그리고 예수님을 믿는 자들에게 그 의를 전가해 주시는 것이 바로 '새 언약'이다. 따라서 율법의 기준에 의하면 구원받을 자격이 없는 세리나 창기와 같은 자들도, 예수님을 믿기만 하면 새 언약에 의해 의로운 자가 될 수 있다. 이것은 질적으로도, 시간적으로도 완전하게 새로운 언약이다.

쏟아지고, 가죽부대도 망가질 것이다.

38 새 포도주는 새 가죽부대에 넣어야 한다.

39 아무도 묵은 포도주를 마시고 나서 새 포도주를 원하지 않는다. 왜냐하면 '묵은 포도주가 더 좋다'라고 하기 때문이다."

저자의 묵상

예수님 당시에 가장 종교적인 사람들은 바리새인과 서기관과 같은 종교지도자들이었다. 반면에 가장 세속적인 사람들은 세리와 창기였다. 그런데 예수님은 신실한 종교인들 가운데서가 아니라 가장 세속적인 세리 가운데서 제자를 삼으셨다. 예수님의 선택의 기준은 그가 자신을 죄인으로 인정하는가 하는 것이었다. 종교지도자들은 자신을 의인으로 여기고 있었기 때문에, 죄인을 구원하러 오신 예수님을 구원자로 받아들일 수 없었다. 반면에 세리들은 이 세상에서는 구원이 불가능한 죄인으로 자신을 인식하고 있었기 때문에, 예수님을 통해서 구원의 새로운 길이 열렸다는 사실이 그들에게는 복음이었다.

지금도 자신이 어떠한 죄인인가를 깊이 인식하고 인정하는 사람만이 예수님을 구원자로 만날 수 있다. 자신의 종교적 행위, 사회에서의 지위, 세상적 힘, 인격적인 모습 등을 자신의 선과 의로 여기는 교만한 자들은 죄인을 구원하러 오신 예수님을 구원자로 필요로 하지 않는다.

무릎 기도 하나님, 제 자신을 의롭다고 생각했던 저의 교만과 죄악을 회개합니다. 이 죄악에서 구원을 받고 예수님을 저의 구주로 받아들여 평생토록 예수님을 따르는 자가 되게 하소서.

ESV - Luke 5

27 After this he went out and saw a tax
collector named Levi, sitting at the tax
booth. And he said to him, "Follow me."
28 And leaving everything, he rose and
followed him.
29 And Levi made him a great feast in his
house, and there was a large company of
tax collectors and others reclining at table
with them.
30 And the Pharisees and their scribes
grumbled at his disciples, saying, "Why do
you eat and drink with tax collectors and
sinners?"
31 And Jesus answered them, "Those who
are well have no need of a physician, but
those who are sick.
32 I have not come to call the righteous but
sinners to repentance."
33 And they said to him, "The disciples of
John fast often and offer prayers, and so
do the disciples of the Pharisees, but yours
eat and drink."
34 And Jesus said to them, "Can you make
wedding guests fast while the bridegroom
is with them?
35 The days will come when the bridegroom
is taken away from them, and then they will
fast in those days."
36 He also told them a parable: "No one tears
a piece from a new garment and puts it on
an old garment. If he does, he will tear the
new, and the piece from the new will not
match the old.
37 And no one puts new wine into old
wineskins. If he does, the new wine will
burst the skins and it will be spilled, and the
skins will be destroyed.
38 But new wine must be put into fresh
wineskins.
39 And no one after drinking old wine desires
new, for he says, 'The old is good.'"*

* 5:39 Some manuscripts *better*

27 tax collector 세리 29 make a feast 잔치를 벌이다 recline 앉다 30 grumble at… …에게 불평하다 31 physician 의사 32 the righteous 의인들 repentance 회개 33 offer a prayer 기도하다 34 bridegroom 신랑 35 take away 빼앗다 36 parable 비유 tear 찢다 garment 옷 match 어울리다 37 wineskin 가죽 포도주 부대 burst 터뜨리다 spill 엎지르다

• MEMO •

☐ 묵상 체크

17 안식일의 주인이신 예수님

월 일

누가복음 6:1-11 • 새찬송 388장 | 통일 441장

• 말씀묵상 전에 성령님의 인도하심을 구하는 기도를 드리십시오.

본문요약 ㅣ 안식일에 예수님의 제자들이 밀밭 사이로 지나가다가 이삭을 잘라 먹자 바리새인들은 제자들의 행위를 비난한다. 예수님은 다윗을 예로 들어 안식일의 참 의미를 말씀하신다. 또 다른 안식일에 예수님은 회당에서 가르치시다가 손 마른 사람을 공개적으로 불러내어 치료해 주신다. 이 일로 말미암아 예수님에 대한 종교지도자들의 분노가 격해진다.

1 안식일에 예수께서 밀밭 사이로 지나가실새 제자들이 이삭을 잘라 손으로 비비어 먹으니
2 어떤 바리새인들이 말하되 어찌하여 안식일에 하지 못할 일을 하느냐
3 예수께서 대답하여 이르시되 [ㄱ]다윗이 자기 및 자기와 함께한 자들이 시장할 때에 한 일을 읽지 못하였느냐
4 그가 하나님의 전에 들어가서 다만 제사장 외에는 먹어서는 안 되는 진설병을 먹고 함께한 자들에게도 주지 아니하였느냐
5 또 이르시되 인자는 안식일의 주인이니라 하시더라
6 또 다른 안식일에 예수께서 회당에 들어가사 가르치실새 거기 오른손 마른 사람이 있는지라
7 서기관과 바리새인들이 예수를 고발할 증거를 찾으려 하여 안식일에 병을 고치시는가 엿보니
8 예수께서 그들의 생각을 아시고 손 마른 사람에게 이르시되 일어나 한가운데 서라 하시니 그가 일어나 서거늘
9 예수께서 그들에게 이르시되 내가 너희에게 묻노니 안식일에 선을 행하는 것과 악을 행하는 것, 생명을 구하는 것과 죽이는 것, 어느 것이 옳으냐 하시며
10 무리를 둘러보시고 그 사람에게 이르시되 네 손을 내밀라 하시니 그가 그리하매 그 손이 회복된지라
11 그들은 노기가 가득하여 예수를 어떻게 할까 하고 서로 의논하니라

ㄱ. 삼상 21:6

1. 본문에 나타난 예수님은 어떤 분이십니까?

2. 오늘 하나님께서 나에게 주신 깨달음은 무엇입니까?

3. 말씀을 어떻게 내 삶에 구체적으로 적용해야 합니까?

절별 해설

1 안식일에 안식일에 유대인들은 노동과 관련한 39가지 범주의 율법을 지켰다. 이것은 "안식일을 기억하여 거룩하게 지키라"(출 20:8)라는 십계명의 제4계명과, 안식일에 노동을 금지하는 율법들(출 31:14; 35:2)을 확대시킨 조항들이다. 이런 안식일 규정에는 일상에서 일어날 수 있는 모든 일들을 39가지로 범주화하고 또 각각의 범주에 세분화된 규칙들을 만들었다. **제자들이 이삭을 잘라 손으로 비비어 먹으니** 이것은 39가지 범주 가운데 '추수하기'와 '타작하기'를 범한 것이다. 안식일에는 떨어진 열매를 모으거나 그것을 그릇에 넣는 것이 금지되어 있었고, 모든 껍질로부터 음식을 분리시키는 것도 금지되어 있었다. 제자들은 이런 행위가 안식일에 금지된다는 것을 알면서도 "너무 배가 고파서"(마 12:1_쉬운성경) 그 일을 했다.

3 다윗이 … 시장할 때에 한 일을 읽지 못하였느냐 이것은 다윗이 사울을 피해 달아날 때 놉에 있는 제사장 아히멜렉에게 가서 제사장만 먹을 수 있게 허용된 진설병을 먹은 일이다(삼상 21:1-6). 예수님의 이 말씀은 율법의 규정보다 그 본질인 사랑과 자비가 더 중요함을 의미한다. 그 때문에 예수님은 〈마태복음〉에서 "나는 자비를 원하고 제사를 원하지 아니하노라"(마 12:7)라는 구약 말씀(호 6:6)을 인용하여 설명하셨다.

4 진설병을 먹고 대제사장은 안식일마다 순금으로 입힌 상에 떡 열두 개를 한 줄에 여섯 개씩 두 줄로 차려 놓았다. 이 떡을 진설병(陳設餠)이라 불렀다(출 25:30; 레 24:5-9). 이 떡은 일주일 동안 상 위에 놓았다가 제사장들이 거룩한 곳으로 가져가서 먹었다. 이 열두 덩이의 떡은 이스라엘 열두 지파를 상징한다(레 24:8). 영적인 의미로는 하나님 백성의 '생명의 떡'이신 예수 그리스도를 상징한다(요 6:35). 다윗이 진설병을 먹었어도 유대인들이 율법을 어긴 것으로 생각하지 않은 이유는, 그가 하나님의 기름부음을 받은 자였기 때문이다. 예수님 또한 기름부음을 받은 분(4:18)이셨기 때문에 안식일 율법을 어긴 것이 아무 문제가 없었다.

7 예수를 고발할 증거를 찾으려 하여 안식일에 병을 고치시는가 엿보니 안식일 규례에 의하면, 안식일에는 생명이 위독한 경우가 아니면 병을 치료하지 못하게 되어 있었다. '엿보다'는 원어적으로 '옆에서 바라보다'라는 뜻이며, 문법적으로는 미완료형으로 '계속적으로 바라보고 있는 상태'를 의미한다. 즉, 종교 지도자들은 예수님이 언제 잘못을 하는지를 찾기 위해 계속해서 예수님 옆에 붙어서 관찰하고 있었던 것이다.

8 일어나 한가운데 서라 예수님은 손 마른 사람을 향해 모든 사람이 볼 수 있는 자리에 서도록 명하신다. 이것은 몰래 예

쉬운성경

1 안식일에 예수님께서 밀밭 사이로 지나가셨습니다. 제자들이 밀 이삭을 잘라 손으로 비벼서 먹었습니다.

2 그러자 몇몇 바리새파 사람들이 말했습니다. "어찌하여 당신들은 안식일에 해서는 안 되는 일을 합니까?"

3 예수님께서 그들에게 대답하셨습니다. "너희들은 다윗과 그 부하들이 굶주렸을 때, 다윗이 한 일을 읽어 보지 못했느냐?

4 다윗은 하나님의 집에 들어가서 제사장들 외에는 그 누구도 먹어서는 안 되는 진설병을 먹고 자기 부하들에게도 주지 않았느냐?"

5 예수님께서 바리새파 사람들에게 말했습니다. "인자는 안식일의 주인이다."

6 또 다른 안식일에 예수님께서 회당에 가셔서 가르치고 계셨습니다. 거기에 오른손이 오그라든 사람이 있었습니다.

7 율법학자들과 바리새파 사람들이 예수님께서 안식일에 사람을 고치시는지 보기 위해 살피고 있었습니다. 그들은 예수님을 고소할 거리를 찾으려고 하였습니다.

8 예수님께서 그들의 생각을 아시고 손이 오그라든 사람에게 말씀하셨습니다. "일어나 앞으로 나오너라." 그러자 그 사람이 일어나 앞으로 나왔습니다.

9 예수님께서 말씀하셨습니다. "너희에게 묻겠다. 안식일에 선한 일을 하는 것이 옳으냐, 악한 일을 하는 것이 옳으냐? 생명을 살리는 것이 옳으냐, 죽이는 것이 옳으냐?"

10 예수님께서 주위에 있는 사람들을 둘러보신 후, 그 사람에게 말씀하셨습니다. "네 손을 내밀어라." 그 사람이 그렇게 하니, 그의 손이 회복되었습니다.

절별 해설

수님을 '엿보고' 있던 종교지도자들과는 반대되는 모습이다. 예수님은 손 마른 자를 안식일에 공개적으로 치유하심으로, 안식일이 어떤 목적을 위해 주어진 것인가를 구체적으로 보여주기 원하셨다.

9 선을 행하는 것 손 마른 사람의 병이 심각하지 않다고 해서 치료하지 않는 것은 율법의 근본정신인 사랑에 위배되는 것이다. 이것은 생명을 구하는 것이기 때문에 하나님의 선이다.

11 그러자 그들은 화가 나서 예수님을 어떻게 처리할까 하고 서로 의논하였습니다.

저자의 묵상

유대인들이 많은 율법 가운데 안식일 율법에 집착했던 이유가 있다. 안식일 율법은 사람들이 그것을 지키는지를 구체적이고 다양하게 점검하는 것이 가능하기 때문이다. 예를 들어, "살인하지 말라"와 같은 율법을 어기는 사람은 아주 소수이고, 이런 율법은 얼마나 많이 살인한 사람인지, 적게 살인한 사람인지로 구분하는 것이 불가능하다. 그러나 안식일 율법은 39가지 항목으로 세부 항목을 나누고 그 아래 수백 가지의 더 많은 세부 항목으로 구체화되어 있다. 그렇기 때문에 그 세세한 항목을 다 점검하다 보면, 모든 사람을 안식일 율법을 가장 잘 지킨 사람부터 가장 잘못 지킨 사람까지 나눌 수 있다. 유대인들은 안식일 율법을 통해 비교 의식을 느끼고, 자신의 의를 구체적으로 확인하고자 한 것이다.

안식은 율법을 지켜서 얻게 되는 것이 아니다. 안식일은 예수님을 통해 주어질 '쉼'(마 11:28)을 모형한 것이다. 예수님과 연합하여 살아가며 예수님의 온유와 겸손을 배우게 될 때, 우리 마음은 참된 안식을 얻게 되는 것이다.

무릎 기도 하나님, 사람들의 시선을 의식하며, 사람들 사이에서 비교 의식을 갖게 만드는 모든 행위를 내려놓게 하소서. 예수님만을 따라감으로 참된 안식을 맛보는 제가 되게 하소서.

ESV - Luke 6

1 On a Sabbath,* while he was going through the grainfields, his disciples plucked and ate some heads of grain, rubbing them in their hands.
2 But some of the Pharisees said, "Why are you doing what is not lawful to do on the Sabbath?"
3 And Jesus answered them, "Have you not read what David did when he was hungry, he and those who were with him:
4 how he entered the house of God and took and ate the bread of the Presence, which is not lawful for any but the priests to eat, and also gave it to those with him?"
5 And he said to them, "The Son of Man is lord of the Sabbath."
6 On another Sabbath, he entered the synagogue and was teaching, and a man was there whose right hand was withered.
7 And the scribes and the Pharisees watched him, to see whether he would heal on the Sabbath, so that they might find a reason to accuse him.
8 But he knew their thoughts, and he said to the man with the withered hand, "Come and stand here." And he rose and stood there.
9 And Jesus said to them, "I ask you, is it lawful on the Sabbath to do good or to do harm, to save life or to destroy it?"
10 And after looking around at them all he said to him, "Stretch out your hand." And he did so, and his hand was restored.
11 But they were filled with fury and discussed with one another what they might do to Jesus.

* 6:1 Some manuscripts *On the second first Sabbath* (that is, on the second Sabbath after the first)

1 Sabbath 안식일 grainfield 곡식밭 pluck 뽑다, 따다 rub 비비다 2 lawful 율법에 맞는 6 synagogue 회당 withered 마른 7 accuse 고발하다 9 do harm 악을 행하다 10 look around 둘러보다 stretch out one's hand 손을 뻗다 restore 회복하다 11 be filled with fury 노기가 가득하다 discuss with··· ···와 의논하다

• MEMO •

☐ 묵상 체크

18

월 일

열두 제자를 세우시고 가르침을 주시는 예수님

누가복음 6:12-26 • 새찬송 455장 | 통일 507장

• 말씀묵상 전에 성령님의 인도하심을 구하는 기도를 드리십시오.

본문요약 I 예수님은 기도로 열두 제자를 선택하셔서 사도라고 부르셨다. 또 예수님은 제자들에게 새로운 법을 말씀해 주셨다. 이제 복의 실체이신 예수님을 구주로 믿는 자들은 겸손함으로 하나님의 통치를 누리고, 의를 갈망함으로 채움을 받는다. 그들은 죄악에 대해 울기 때문에 위로를 받고, 예수님 때문에 핍박을 당함으로 하늘에서 상급을 얻게 된다.

12 이때에 예수께서 기도하시러 산으로 가사
밤이 새도록 하나님께 기도하시고
13 밝으매 그 제자들을 부르사 그중에서 열
둘을 택하여 사도라 칭하셨으니
14 곧 베드로라고도 이름을 주신 시몬과 그
의 동생 안드레와 야고보와 요한과 빌립
과 바돌로매와
15 마태와 도마와 알패오의 아들 야고보와
[1]셀롯이라는 시몬과
16 야고보의 아들 유다와 예수를 파는 자 될
가룟 유다라
17 예수께서 그들과 함께 내려오사 평지에
서시니 그 제자의 많은 무리와 [2]예수의 말
씀도 듣고 병 고침을 받으려고 유대 사방
과 예루살렘과 두로와 시돈의 해안으로부
터 온 많은 백성도 있더라
18 더러운 귀신에게 고난받는 자들도 고침을
받은지라
19 온 무리가 예수를 만지려고 힘쓰니 이는
능력이 예수께로부터 나와서 모든 사람을
낫게 함이러라
20 예수께서 눈을 들어 제자들을 보시고 이
르시되 너희 가난한 자는 복이 있나니 하
나님의 나라가 너희 것임이요
21 지금 주린 자는 복이 있나니 너희가 배부
름을 얻을 것임이요 지금 우는 자는 복이
있나니 너희가 웃을 것임이요
22 인자로 말미암아 사람들이 너희를 미워하
며 멀리하고 욕하고 너희 이름을 악하다
하여 버릴 때에는 너희에게 복이 있도다
23 그 날에 기뻐하고 뛰놀라 하늘에서 너희
상이 큼이라 그들의 조상들이 선지자들에
게 이와 같이 하였느니라
24 그러나 화 있을진저 너희 부요한 자여 너
희는 너희의 위로를 이미 받았도다
25 화 있을진저 너희 지금 배부른 자여 너희
는 주리리로다 화 있을진저 너희 지금 웃
는 자여 너희가 애통하며 울리로다
26 모든 사람이 너희를 칭찬하면 화가 있도
다 그들의 조상들이 거짓 선지자들에게
이와 같이 하였느니라

1) 열심당원
2) 사본에 따라 이 구절은 18절 상반절에 나타날 수도 있음.

1. 본문에 나타난 예수님은 어떤 분이십니까?

2. 오늘 하나님께서 나에게 주신 깨달음은 무엇입니까?

3. 말씀을 어떻게 내 삶에 구체적으로 적용해야 합니까?

절별 해설

12 예수께서 기도하시러 산으로 가사 밤이 새도록 하나님께 기도하시고 예수님이 밤새도록 기도하신 이유는 첫째, 종교지도자들의 박해가 심해지는 상황 속에서 하나님의 도우심과 용기를 얻기 위해서였다. 둘째, 예수님의 죽음 이후에 교회를 맡길 제자들을 선택하기 위해 하나님의 인도하심을 구한 것이다.

13–16 제자 '제자'는 '배우는 자'라는 뜻을 가지고 있는데, 스승의 가르침과 삶을 그대로 따르는 자들을 의미한다. 열두 제자들의 목록은 〈마태복음〉(10:1–4), 〈마가복음〉(3:16–19), 〈사도행전〉(1:13)에도 나온다.

열둘을 택하여 사도라 칭하셨으니 열두 사도는 구약의 열두 지파와 같이 신약의 교회를 상징한다. 열둘은 하나님의 숫자인 '3'과 온 세상을 의미하는 네 방위의 숫자인 '4'의 곱으로 만들어진 수다. '사도'는 '보냄을 받은 자'라는 의미로, 예수님께로부터 권세를 받고 보내심을 받은 자들이다.

20 가난한 자는 복이 있나니 구약의 복은 '부요함, 장수, 많은 자식들'과 같은 풍요함으로 묘사되었다. 그러나 복의 실체이신 예수님이 오셨기 때문에 그림자에 불과한 세상의 풍요함은 더 이상 복이 아니다(엡 1:3 참조). 하나님의 백성은 환경에 관계없이 예수님으로 말미암아 하나님 나라를 소유한 자가 된다. 그래서 '가난'은 예수님만을 의존할 수밖에 없는 영적 겸손함을 의미한다. '하나님 나라'는 하나님의 통치로 이 땅의 환경과 관계없이 하늘의 부요함을 누릴 수 있게 만든다.

21 지금 주린 자는 복이 있나니 성도는 그 갈망의 대상이 육체적인 것이 아니라 '의'와 같은 영적인 것으로 바뀌게 된다(마 5:6). 이 땅의 불의를 보며 의를 갈망하는 자는 채움을 받는다.

지금 우는 자는 복이 있나니 성도는 자신의 신세 때문이 아닌 자신과 세상의 죄악으로 인해 울게 된다. 이렇게 우는 자에게는 성령의 위로가 주어지기 때문에 웃을 수 있다(마 5:4).

22 인자로 말미암아 사람들이 너희를 미워하며 예수님의 이름으로 말미암는 핍박은 성도에게 선택이 아닌 필수다. 왜냐하면 세상과 마귀는 예수님을 싫어하고 대적하기에, 예수님을 믿는 성도들을 핍박하는 것이 당연하기 때문이다. 세상의 핍박은 그가 진짜 성도인가를 보여주는 중요한 증거이며, 하나님의 능력을 보여주는 증거이기 때문에 축복이다(마 5:10–12).

쉬운성경

12 그때, 예수님께서 기도하러 산으로 올라가셨습니다. 예수님께서 밤을 지새며 하나님께 기도하였습니다.

13 날이 밝자, 예수님께서 제자들을 부르셨습니다. 그리고 그들 중에서 열두 명을 뽑아 사도라고 부르셨습니다.

14 이들은 예수님께서 베드로라는 이름을 지어 주신 시몬과 그의 동생 안드레, 그리고 야고보와 요한, 그리고 빌립과 바돌로매,

15 그리고 마태와 도마, 알패오의 아들 야고보와 열심파*라고 불리는 시몬,

16 야고보의 아들 유다와 배반자가 된 가룟 유다였습니다.

17 예수님께서 제자들과 함께 산에서 내려와 평지에 서 계셨습니다. 거기에는 제자들이 많이 있었고, 온 유대와 예루살렘과 두로와 시돈 해안 지방에서 온 사람들도 많이 있었습니다.

18 그들은 예수님의 말씀도 듣고 자신들의 병도 치료받으려고 왔습니다. 더러운 귀신으로 고생하는 사람들이 다 나았습니다.

19 사람들은 예수님을 만져 보려고 애썼습니다. 그것은 능력이 예수님에게서 나와 그들을 모두 낫게 하였기 때문입니다.

20 예수님께서 눈을 들어 제자들을 보시고 말씀하셨습니다. "가난한 사람들은 복이 있다. 그것은 하나님 나라가 저희들의 것이기 때문이다.

21 지금 굶주린 사람들은 복이 있다. 그것은 너희가 배부르게 될 것이기 때문이다. 지금 우는 사람들은 복이 있다. 그것은 너희가 웃게 될 것이기 때문이다.

22 인자 때문에 사람들이 너희를 미워하고 너희를 배척하고 욕하고 누명을 씌울 때 너희에게 복이 있다.

* 6:15 열심당

절별 해설

23 그 날에 기뻐하고 뛰놀라 핍박을 당할 때 즐거워해야 할 두 가지 이유가 제시된다. 첫째는, 이 땅의 핍박으로 말미암아 하늘에서의 상급이 주어지기 때문이다. 둘째는, 핍박이 성도가 신실한 선지자들과 같이 하나님의 뜻대로 말씀을 전하고 있다는 증거이기 때문이다.

26 모든 사람이 너희를 칭찬하면 화가 있도다 세상의 칭찬을 얻으려면 결국 세상이 요구하고 원하는 방법을 따라 살아가야 한다. 세상을 사랑하는 자는 하나님의 사랑에서 멀어질 수밖에 없다(요일 2:15).

23 그 날에 기뻐하고 뛰어놀아라. 이는 하늘에서 너희의 상이 크기 때문이다. 그들의 조상들도 예언자들을 그렇게 대하였다.

24 그러나 너희 부자들은 화가 있다. 너희는 이미 위로를 다 받았다.

25 지금 배부른 너희들은 화가 있다. 너희가 굶주리게 될 것이다. 지금 웃는 사람들은 화가 있다. 너희가 슬퍼하며 울게 될 것이다.

26 모든 사람들이 너희를 칭찬할 때에 화가 있다. 그들의 조상들도 거짓 예언자들을 그렇게 대하였다."

저자의 묵상

가난하고, 굶주리고, 우는 것이 어떻게 복의 조건이 될 수 있을까? 바로 예수님을 만난 자들에게는 이런 조건이 불행과 저주가 아니라 행복과 축복의 조건이 된다. 가난한 자들만이 영적 갈망을 가지고 예수님을 찾을 수 있다. 배고픈 자들만이 하늘의 생명이 되시는 예수님으로 배부를 수 있다. 우는 자들만이 하늘의 위로를 얻을 수 있다. 즉, 세상에서는 불행의 조건인 이런 모습들이 예수님을 진심으로 만나게 만드는 조건들이 되기 때문에 궁극적으로 축복이 되는 것이다.

이 세상의 것으로 부요함을 추구하려는 자, 이 세상의 쾌락과 만족으로 배부르려고 하는 자, 다른 사람들을 울리면서 자기 유익을 취하는 자들은 예수님을 필요로 하지 않는다. 이런 사람들은 자신이 하나님이 되고 싶어 하기 때문에 예수님을 자신의 주님과 왕으로 인정할 수 없다. 그렇기에 세상적으로 불행해 보이는 상황이 오히려 영적으로는 축복의 조건인 것이다.

무릎 기도 하나님, 저의 인생 가운데 예수님을 찾을 수밖에 없는 여러 조건들을 허락해 주셔서 감사합니다. 제가 세상의 부요와 쾌락이 아닌 예수님이 주시는 생명의 복을 더 갈망하게 하소서.

ESV - Luke 6

12 In these days he went out to the mountain
to pray, and all night he continued in prayer
to God.
13 And when day came, he called his
disciples and chose from them twelve,
whom he named apostles:
14 Simon, whom he named Peter, and
Andrew his brother, and James and John,
and Philip, and Bartholomew,
15 and Matthew, and Thomas, and James the
son of Alphaeus, and Simon who was
called the Zealot,
16 and Judas the son of James, and Judas
Iscariot, who became a traitor.
17 And he came down with them and stood
on a level place, with a great crowd of his
disciples and a great multitude of people
from all Judea and Jerusalem and the
seacoast of Tyre and Sidon,
18 who came to hear him and to be healed of
their diseases. And those who were
troubled with unclean spirits were cured.
19 And all the crowd sought to touch him, for
power came out from him and healed them
all.
20 And he lifted up his eyes on his disciples,
and said: "Blessed are you who are poor,
for yours is the kingdom of God.
21 "Blessed are you who are hungry now, for
you shall be satisfied. "Blessed are you
who weep now, for you shall laugh.
22 "Blessed are you when people hate you
and when they exclude you and revile you
and spurn your name as evil, on account of
the Son of Man!
23 Rejoice in that day, and leap for joy, for
behold, your reward is great in heaven; for
so their fathers did to the prophets.
24 "But woe to you who are rich, for you have
received your consolation.
25 "Woe to you who are full now, for you shall
be hungry. "Woe to you who laugh now, for
you shall mourn and weep.
26 "Woe to you, when all people speak well of
you, for so their fathers did to the false
prophets.

13 apostle 사도　16 traitor 배반자　17 level 평탄한　18 heal of… …을 고치다　trouble 괴롭히다　cure 치료하다　21 weep 울다　22 exclude 배척하다　revile …을 욕하다　spurn 냉대하다　on account of… … 때문에　23 leap for joy 기뻐 날뛰다　reward 보상　24 woe to… …에게 화 있을진저　consolation 위로　25 mourn 슬퍼하다

• MEMO •

☐ 묵상 체크

19 새로운 법: 이웃에 대한 태도

월 일

누가복음 6:27-38 • 새찬송 220장 | 통일 278장

• 말씀묵상 전에 성령님의 인도하심을 구하는 기도를 드리십시오.

본문요약 I 예수님은 제자들에게 이웃과의 관계에 대한 새로운 태도를 가르치신다. 예수님은 원수를 마음으로 사랑하고, 미워하는 자를 선대하며, 저주하는 자는 말로 축복하라고 명령하신다. 예수님은 이웃에 대한 여러 가르침을 주시며, 이런 사랑의 행위를 통해 예수님의 제자의 길을 가게 됨을 가르치신다.

27 그러나 너희 듣는 자에게 내가 이르노니 너희 원수를 사랑하며 너희를 미워하는 자를 선대하며
28 너희를 저주하는 자를 위하여 축복하며 너희를 모욕하는 자를 위하여 기도하라
29 너의 이 뺨을 치는 자에게 저 뺨도 돌려대며 네 겉옷을 빼앗는 자에게 속옷도 거절하지 말라
30 네게 구하는 자에게 주며 네 것을 가져가는 자에게 다시 달라 하지 말며
31 남에게 대접을 받고자 하는 대로 너희도 남을 대접하라
32 너희가 만일 너희를 사랑하는 자만을 사랑하면 칭찬받을 것이 무엇이냐 죄인들도 사랑하는 자는 사랑하느니라
33 너희가 만일 선대하는 자만을 선대하면 칭찬받을 것이 무엇이냐 죄인들도 이렇게 하느니라
34 너희가 받기를 바라고 사람들에게 꾸어 주면 칭찬 받을 것이 무엇이냐 죄인들도 그만큼 받고자 하여 죄인에게 꾸어 주느니라
35 오직 너희는 원수를 사랑하고 선대하며 [1)]아무것도 바라지 말고 꾸어 주라 그리하면 너희 상이 클 것이요 또 지극히 높으신 이의 아들이 되리니 그는 은혜를 모르는 자와 악한 자에게도 인자하시니라
36 너희 아버지의 자비로우심같이 너희도 자비로운 자가 되라

1) 어떤 사본에, 아무에게도 실망하지 말고

37 비판하지 말라 그리하면 너희가 비판을 받지 않을 것이요 정죄하지 말라 그리하면 너희가 정죄를 받지 않을 것이요 용서하라 그리하면 너희가 용서를 받을 것이요
38 주라 그리하면 너희에게 줄 것이니 곧 후히 되어 누르고 흔들어 넘치도록 하여 너희에게 안겨 주리라 너희가 헤아리는 그 헤아림으로 너희도 헤아림을 도로 받을 것이니라

1. 오늘 하나님께서 나에게 주신 깨달음은 무엇입니까?

2. 말씀을 어떻게 내 삶에 구체적으로 적용해야 합니까?

절별 해설

27 너희 원수를 사랑하며 '원수 사랑'은 적대적인 이웃을 향한 성도의 내적 태도를 의미한다. '원수'는 극단적으로 깨어진 관계를 말한다. 그런데 이 원수는 개인적인 원한이나 미움으로 인한 것이 아니라, 예수님을 믿어 새로운 하늘의 질서를 따라 살아가는 자가 받는 세상의 미움과 핍박이다(딤후 3:12). 원수들은 무지와 죄악으로 예수님을 따라 사는 성도를 핍박한다. 따라서 빛이 어둠을 이기는 방법은 예수님과 같이 사랑과 용서를 베푸는 것이다.

너희를 미워하는 자를 선대하며 '나를 미워하는 자에게 잘해 주는 것'은 적대적인 이웃을 향한 성도의 구체적인 사랑의 행위를 말한다. 이런 선대의 행위는 29-31절에 구체적으로 설명된다.

29 너의 이 뺨을 치는 자에게 저 뺨도 돌려대며 '뺨'을 치는 행위는 육체적 폭력을 넘어서 인격 모독의 행위다. 〈마태복음〉에서는 '오른편 뺨'이라고 나오는데, 이것은 상대가 오른손등으로 쳤을 때의 상황이다(마 5:39). 유대인들은 오른손등으로 상대의 오른뺨을 내려치는 것을 가장 큰 모욕으로 여겼다. 즉, 예수님은 상대의 육체적이고 인격적인 모독조차도 받아낼 뿐 아니라 더 큰 것까지도 용납하라고 말씀하신다.

31 남에게 대접을 받고자 하는 대로 너희도 남을 대접하라 '황금률'(the Golden Rule)이라고 불리는 구절이다. 황금률은 이기적 욕심이 가득한 사람은 지킬 수 없는 법이다. 이것은 예수님으로 인해 마음의 주인이 바뀐 자만이 따라 행할 수 있다.

33 칭찬받을 것이 무엇이냐 '칭찬'이라고 번역된 헬라어 '카리스'는 흔히 '은혜' 혹은 '선물'이라고 번역된다. 이 구절을 마태는 "무슨 상이 있으리요"(마 5:46)라고 표현했다. 즉, 마태가 말하는 '상'은 하나님이 그리스도를 통해 은혜로 주시는 구원을 말한다. 즉, 원수를 사랑하지 못하는 자는 하나님의 은혜와 관계없는 자임을 보여주는 증거라는 것이다.

35 지극히 높으신 이의 아들이 되리니 '지극히 높으신 이'는 하나님을 의미하며, '지극히 높으신 이의 아들'은 예수님을 의미한다(1:32). 즉, 원수까지 사랑하는 자가 되면 예수님과 같은 자로 인정을 받게 된다는 뜻이다. 이것은 우리의 행위로 하나님의 아들로서의 신분을 얻게 된다는 의미가 아니다. 하나님의 아들이라면 당연히 해야 할 '원수 사랑'의 행위를 우리 또한 하게 될 때, 우리의 신분이 외적으로도 확인될 수 있다는 뜻이다.

그는 은혜를 모르는 자와 악한 자에게도 인자하시니라 하나님의 은혜롭고 자비한 성품을 보여준다. 하나님은 그의 자비의 대상이 되는 자들이 선한 자인가 악한 자인가를 구분하지 않으신다. '은혜'라는 말 자체가 '받을 자격이 없고, 갚을 자격

쉬운성경

27 "내 말을 듣는 너희에게 말한다. 너희 원수를 사랑하고, 너희를 미워하는 사람들에게 잘해 주어라.

28 너희를 저주하는 사람들을 축복하고, 너희를 모욕하는 사람을 위해 기도하여라.

29 누가 네 뺨을 치거든 다른 뺨도 돌려대라. 누가 네 겉옷을 빼앗거든 속옷도 거절하지 마라.

30 달라는 사람은 누구에게든지 주어라. 네 것을 빼앗는 사람에게 돌려 달라고 하지 마라.

31 너희는 다른 사람이 네게 해 주길 바라는 대로 다른 사람에게 해 주어라.

32 너희가 만일 너희를 사랑하는 사람만 사랑한다면 칭찬받을 것이 무엇이냐? 죄인들도 자기를 사랑해 주는 사람은 사랑한다.

33 너희가 만일 너희에게 잘해 주는 사람에게만 잘해 준다면 칭찬받을 것이 무엇이냐? 죄인들도 그렇게는 한다.

34 너희가 만일 되돌려받을 수 있겠다고 생각하는 사람에게 꾸어 준다면 칭찬받을 것이 무엇이냐? 죄인들도 그대로 돌려받을 생각으로 죄인들에게 꾸어 준다.

35 너희는 원수를 사랑하고 좋게 대하며 되돌려받을 생각을 하지 말고 꾸어 주어라. 그러면 너희의 상이 클 것이고, 가장 높으신 분의 아들이 될 것이다. 이는 하나님께서는 은혜를 모르는 사람과 악한 사람에게도 자비로우시기 때문이다.

36 너희의 아버지가 자비로우신 것처럼 자비로워져라."

37 "비판하지 마라. 그러면 너희도 비판을 받지 않을 것이다. 비난하지 마라. 그러면 너희도 비난을 받지 않을 것이다. 용서하여라. 그러면 너희도 용서받을 것이다.

절별 해설

이 없는 자들에게 부어지는 호의와 선함'이라는 의미다. 성도는 성령으로 말미암아 살아가야 한다. 그렇기 때문에 세상 사람은 불가능한 하나님의 성품을 드러내는 사랑을 성도만이 보일 수 있다.

37 비판하지 말라 '비판하다'라고 번역된 원어는 '판결하다', '심판하다'라는 뜻을 가진다. 이곳에서의 비판은 다른 사람의 잘못에 대한 지적을 말하는 것이 아니라 하나님의 판결을 대신하는 종교적인 판단을 의미한다. 심판과 정죄는 완전하신 하나님의 고유의 권한이다. 이를 불완전한 인간이 대신하려는 행위는 하나님처럼 되려는 죄악이다.

38 주어라. 그러면 너희에게도 주어질 것이다. 되를 누르고 흔들어 넘치도록 재어서 너희의 품에 안겨 주실 것이다. 너희가 남에게 줄 때에 잰 분량만큼 너희가 도로 받을 것이다."

저자의 묵상

'원수를 사랑하라'는 예수님의 말씀은 순종하기가 불가능하다. 이 말씀은 어떤 사람이나 상황에 관계없이 지켜야 하는 절대적 명령이다. 이 명령대로 진짜 순종하려고 하면, 이 말씀을 순종하는 것이 불가능함을 깨닫게 된다.

왜 예수님은 우리에게 이런 불가능한 명령을 하신 것일까? 첫째는, 우리의 본성으로는 원수를 사랑하는 것이 불가능함을 깨닫도록 하시기 위해서이다. 원수는커녕 가족이나 친구조차 온전히 사랑하기 어려운 것이 우리의 실체이다. 그런데 원수는 이미 미움과 분노가 가득한 대상이기 때문에 사랑하는 것이 불가능하다. 우리의 본성으로는 이런 사랑이 불가능함을 인정하도록 하시고자 예수님은 우리에게 이런 명령을 주신 것이다. 둘째는, 성령으로 말미암아 새롭게 태어난 새사람만이 이 명령을 순종할 수 있다. 즉, 우리의 옛사람으로서는 불가능하다는 것을 인정한 사람은, 새사람이 이 명령에 순종하더라도 그것을 자신의 의로 여기지 않고 하나님의 은혜와 능력으로 인정하게 된다.

무릎 기도 하나님, 저는 원수는커녕 가족과 이웃조차도 사랑하는 것이 불가능합니다. 제 안에 원수까지 사랑할 수 있는 하나님의 능력을 더하셔서 제가 온전한 사랑을 하는 자가 되게 하소서.

ESV - Luke 6

27 "But I say to you who hear, Love your
enemies, do good to those who hate you,
28 bless those who curse you, pray for those
who abuse you.
29 To one who strikes you on the cheek, offer
the other also, and from one who takes
away your cloak do not withhold your tunic*
either.
30 Give to everyone who begs from you, and
from one who takes away your goods do
not demand them back.
31 And as you wish that others would do to
you, do so to them.
32 "If you love those who love you, what
benefit is that to you? For even sinners
love those who love them.
33 And if you do good to those who do good
to you, what benefit is that to you? For
even sinners do the same.
34 And if you lend to those from whom you
expect to receive, what credit is that to
you? Even sinners lend to sinners, to get
back the same amount.
35 But love your enemies, and do good, and
lend, expecting nothing in return, and your
reward will be great, and you will be sons
of the Most High, for he is kind to the
ungrateful and the evil.
36 Be merciful, even as your Father is
merciful.
37 "Judge not, and you will not be judged;
condemn not, and you will not be conde-
mned; forgive, and you will be forgiven;
38 give, and it will be given to you. Good
measure, pressed down, shaken together,
running over, will be put into your lap. For
with the measure you use it will be
measured back to you."

* 6:29 Greek *chiton*, a long garment worn under the cloak next to the skin

28 curse 저주하다 abuse 모욕하다 29 cheek 뺨 take away 빼앗다 cloak 겉옷 withhold 주는 것을 보류하다 tunic 속옷 30 beg 부탁하다 goods 재산, 소유물 demand 요구하다 32 benefit 이득 35 in return 보답으로 ungrateful 은혜를 모르는 36 merciful 자비로운 37 condemn 비난하다 38 press down 꽉 누르다 shake together 잘 흔들어서 채우다 run over 넘치다

• MEMO •

☐ 묵상 체크

20

월 일

우리 자신과 예수님 말씀에 대한 태도

누가복음 6:39-49 • 새찬송 449장 | 통일 377장

• 말씀묵상 전에 성령님의 인도하심을 구하는 기도를 드리십시오.

본문요약 | 예수님은 비유를 들어, 인간 자신이 의롭고 선한 존재라고 교만하게 생각하지 않도록 가르치셨다. 영적으로 무지한 자는 다른 사람들을 바른길로 인도할 수 없다. 바른 스승의 가르침을 온전하게 배워야 그 스승과 같이 될 수 있다. 또 예수님은 그를 주님으로 부르면서도 실제로는 예수님의 가르침을 따르지 않는 자들에게 경고하셨다.

39 또 비유로 말씀하시되 맹인이 맹인을 인
도할 수 있느냐 둘이 다 구덩이에 빠지지
아니하겠느냐
40 제자가 그 선생보다 높지 못하나 무릇 온
전하게 된 자는 그 선생과 같으리라
41 어찌하여 형제의 눈 속에 있는 티는 보고
네 눈 속에 있는 들보는 깨닫지 못하느냐
42 너는 네 눈 속에 있는 들보를 보지 못하
면서 어찌하여 형제에게 말하기를 형제여
나로 네 눈 속에 있는 티를 빼게 하라 할
수 있느냐 외식하는 자여 먼저 네 눈 속에
서 들보를 빼라 그 후에야 네가 밝히 보고
형제의 눈 속에 있는 티를 빼리라
43 못된 열매 맺는 좋은 나무가 없고 또 좋은
열매 맺는 못된 나무가 없느니라
44 나무는 각각 그 열매로 아나니 가시나무
에서 무화과를, 또는 찔레에서 포도를 따
지 못하느니라
45 선한 사람은 마음에 쌓은 선에서 선을 내
고 악한 자는 그 쌓은 악에서 악을 내나니
이는 마음에 가득한 것을 입으로 말함이
니라
46 너희는 나를 불러 주여 주여 하면서도 어
찌하여 내가 말하는 것을 행하지 아니하
느냐
47 내게 나아와 내 말을 듣고 행하는 자마다
누구와 같은 것을 너희에게 보이리라
48 집을 짓되 깊이 파고 주추를 반석 위에 놓
은 사람과 같으니 큰물이 나서 탁류가 그
집에 부딪치되 잘 지었기 때문에 능히 요
동하지 못하게 하였거니와
49 듣고 행하지 아니하는 자는 주추 없이 흙
위에 집 지은 사람과 같으니 탁류가 부딪
치매 집이 곧 무너져 파괴됨이 심하니라
하시니라

1. 오늘 하나님께서 나에게 주신 깨달음은 무엇입니까?

2. 말씀을 어떻게 내 삶에 구체적으로 적용해야 합니까?

절별 해설

39 맹인이 맹인을 인도할 수 있느냐 팔레스타인의 지형은 바위가 많고 길이 험했다. 또한 우기 때 갑자기 내리는 비 때문에 길 주변에는 구덩이가 많았다. 따라서 맹인이 맹인을 인도한다면 둘 다 구덩이에 빠지는 것은 당연했다. 예수님은 이 비유를 통해 영적 맹인들인 서기관들과 바리새인들을 언급하신 것이다(마 15:14). 이들은 어둠 가운데 있으면서도 스스로 영적 지혜가 있다고 착각했기 때문에 빛으로 오신 예수님을 핍박했다(요 3:19). 그러나 다른 사람을 가르치고자 하는 자는 자신이 영적으로 무지하다는 사실을 인정하고, 예수님의 인도하심을 따라야 한다.

40 무릇 온전하게 된 자는 그 선생과 같으리라 본절은 바리새인들의 교만을 경계하는 맥락에서 나온 것이다. 스스로 진리를 알고 있다고 생각하며 예수님을 따르지 않는 자들은, 아무리 애써도 영적으로 무지한 바리새인과 같은 수준까지밖에 이를 수 없다. 이것은 인간 수준의 온전함으로는 하나님 앞에서 불완전하다는 평가를 받음을 의미한다.

43 못된 열매 맺는 좋은 나무가 없고 또 좋은 열매 맺는 못된 나무가 없느니라 '나무'는 마음과 인격을 비유한 것이고, '열매'는 겉으로 드러나는 말과 행동을 말한다. 인간의 영적 본질을 눈으로 볼 수는 없지만, 그 내면은 말과 행동을 통해서 유추할 수 있다는 것이다. 즉, 원수 사랑의 열매는커녕 다른 사람을 비판하고 정죄하는 자들은, 자신이 하나님의 은혜를 입은 자가 아님을 드러내는 것이다. 다른 사람을 비판하고 정죄하는 자들은 자신이 의로운 자라고 생각한다. 그러나 이런 사람으로부터는 좋은 열매가 맺어지지 않는다.

46 어찌하여 내가 말하는 것을 행하지 아니하느냐 예수님은 제자들에게 하나님의 뜻을 가르치셨다. 그 때문에 예수님의 가르침을 따르지 않는 것은 하나님의 뜻과 반대되는 삶을 사는 것이다. 예수님을 주님이라고 부르면서 하나님의 뜻을 행하지 않는 자들의 예로, "주의 이름으로 선지자 노릇 하며, 주의 이름으로 귀신을 쫓아내며, 주의 이름으로 많은 권능을 행했다"라고 주장하는 무리가 〈마태복음〉에 등장한다(마 7:22). 예수님은 이들을 "불법을 행하는 자들"이라고 부르시는데, 그 이유는 이들의 행위가 하나님의 뜻과는 관계없었기 때문이다(마 7:23). 하나님의 뜻은 예수님을 따르는 사람들, 곧 그리스도인들이 '아름다운 열매를 맺는 것'으로서, 이것은 원수까지 사랑하는 사랑의 열매를 의미한다.

쉬운성경

39 그리고 예수님께서 이런 비유를 그들에게 말씀하셨습니다. "보지 못하는 자가 보지 못하는 자를 안내할 수 있느냐? 둘 다 구덩이에 빠지지 않겠느냐?

40 학생이 선생보다 더 나을 수 없다. 그러나 누구든지 다 배우고 나면 선생과 같아질 것이다.

41 어찌하여 너는 형제의 눈에 있는 작은 티는 보면서, 네 눈 속에 있는 큰 통나무는 보지 못하느냐?

42 네가 자신의 눈 속에 있는 큰 통나무는 보지 못하면서, 어떻게 형제에게 '형제여, 네 눈 속의 티를 빼어 주마'라고 말할 수 있느냐? 위선자여, 우선 네 눈 속에 있는 통나무나 빼내라. 그런 다음에야 네 눈이 잘 보여서 형제의 눈 속에 있는 티를 뺄 수 있을 것이다."

43 "좋은 나무가 나쁜 열매를 맺을 수 없고, 또 나쁜 나무가 좋은 열매를 맺을 수 없다.

44 나무마다 그 열매로 안다. 가시나무에서 무화과를 얻을 수 없고, 가시덤불에서 포도를 딸 수 없다.

45 선한 사람은 그 마음속에 선한 것을 쌓았다가 선한 것을 내고, 악한 사람은 그 마음속에 악한 것을 쌓았다가 악한 것을 낸다. 왜냐하면 사람은 그의 마음속에 쌓여 있는 것을 말하기 때문이다."

46 "너희는 나에게 '주여, 주여' 하면서 왜 내가 말한 것은 행하지 않느냐?

47 누구든지 내게 와서 내 말을 듣고 그대로 하는 사람이 어떠한 사람과 같은지 너희에게 보여주겠다.

48 그는 땅을 깊이 파고 바위 위에 기초를 놓고 집을 짓는 사람과 같다. 홍수가 나서 물이 세차게 들이치나 그 집을 넘어뜨릴 수 없다. 그것은 집이 잘 지어졌기 때문이다.

49 그러나 내 말을 듣고도 그대로 행하

절별 해설

48 주추를 반석 위에 놓은 사람 예수님의 말씀을 지키는 사람은 말씀을 지키지 않는 사람과 평소에는 별 차이가 없어 보인다. 그러나 인생에 위기가 닥치면 예수님의 말씀을 행하는 자만이 견고할 수 있다. 요동하는 환경이나 불완전한 자신이 아닌 영원하신 예수님의 말씀이 그 사람의 기초이기 때문이다.

49 주추 없이 흙 위에 집 지은 사람 팔레스타인의 건기의 기후는 아주 건조하다. 그러나 우기 때는 단기간의 집중적인 호우로 갑자기 홍수가 나는 경우가 많았다. 석회암 성분으로 이루어진 산 위의 흙들은 홍수가 나면 골짜기 아래로 떠내려간다. 이렇게 쌓인 석회질 성분의 모래는 건기의 뜨거운 태양 아래 잠시 단단해진 듯 보인다. 그러나 집을 짓기에는 이런 모래땅이 쉽지만, 비가 오면 이곳에 지은 집은 홍수에 무너지게 되어 있다.

지 않는 사람은 기초 없이 땅 위에 집을 지은 사람과 같다. 물이 들이치자 그 집이 즉시 무너졌고, 피해가 컸다."

저자의 묵상

어떤 열매를 맺느냐에 따라서 그 나무가 어떤 나무인가를 알 수 있다. 또한 좋은 나무라면 반드시 좋은 열매를 맺게 되어 있다. 즉, 나무의 본질은 열매를 통해서 드러나는 것이다. 성도가 좋은 열매를 맺을 수 있는 유일한 길은 좋은 나무이신 예수님에게 붙어 있는 것이다. 예수님을 떠나서는 좋은 열매를 맺을 수 없다(요 15:4). 하나님이 요구하시는 좋은 열매는 우리가 만들어 내는 세상적인 업적이나 성공이 아니다. 하나님이 원하시는 대표적인 열매는 바로 원수까지도 사랑하게 되는 사랑의 열매이다.

사랑의 열매는 자기중심성이 사라진 사람만이 맺을 수 있다. 자기중심성은 인간의 본성이기 때문에, 사랑의 열매를 맺기 위해서는 옛사람의 본성이 죽임을 당해야 한다. 그리고 예수님을 통해 새로운 생명을 얻어야 한다. 이 과정은 우리의 인생 전체를 통해 서서히 이루어지게 된다. 옛사람이 죽고 예수님을 더 깊이 의존하여 이기성을 벗어난 만큼 우리는 더 풍성한 열매를 맺을 수 있다.

무릎 기도 하나님, 이기성이 가득한 저의 옛사람이 죽임을 당하고 예수님을 더 깊이 의존함으로 더 풍성한 열매를 맺게 하소서. 하나님을 기쁘시게 하고, 이웃을 더욱 사랑하는 사람이 되게 하소서.

ESV - Luke 6

39 He also told them a parable: "Can a blind
man lead a blind man? Will they not both
fall into a pit?
40 A disciple is not above his teacher, but
everyone when he is fully trained will be
like his teacher.
41 Why do you see the speck that is in your
brother's eye, but do not notice the log that
is in your own eye?
42 How can you say to your brother, 'Brother,
let me take out the speck that is in your
eye,' when you yourself do not see the log
that is in your own eye? You hypocrite, first
take the log out of your own eye, and then
you will see clearly to take out the speck
that is in your brother's eye.
43 "For no good tree bears bad fruit, nor again
does a bad tree bear good fruit,
44 for each tree is known by its own fruit. For
figs are not gathered from thornbushes,
nor are grapes picked from a bramble
bush.
45 The good person out of the good treasure
of his heart produces good, and the evil
person out of his evil treasure produces
evil, for out of the abundance of the heart
his mouth speaks.
46 "Why do you call me 'Lord, Lord,' and not
do what I tell you?
47 Everyone who comes to me and hears my
words and does them, I will show you what
he is like:
48 he is like a man building a house, who dug
deep and laid the foundation on the rock.
And when a flood arose, the stream broke
against that house and could not shake it,
because it had been well built.*
49 But the one who hears and does not do
them is like a man who built a house on the
ground without a foundation. When the
stream broke against it, immediately it fell,
and the ruin of that house was great."

* 6:48 Some manuscripts *founded upon the rock*

39 parable 비유 fall into a pit 구덩이에 빠지다 41 speck 티 notice 알아채다 log 통나무, 들보 42 hypocrite 위선자 take out 빼다 43 bear fruit 열매를 맺다 44 fig 무화과 thornbush 가시덤불 bramble 가시나무 bush 관목, 덤불 45 abundance 풍부 48 dig deep 깊이 파다 lay the foundation 기초 공사를 하다 stream 흐름 49 ruin 파괴됨

• MEMO •

☐ 묵상 체크

21 병든 자를 고치시고 죽은 자를 살리시는 예수님

월 일

누가복음 7:1-17 • 새찬송 357장 | 통일 397장

• 말씀묵상 전에 성령님의 인도하심을 구하는 기도를 드리십시오.

본문요약 I 로마의 어떤 백부장이 자신의 사랑하는 종이 병들어 위독하게 되자 유대인의 장로들을 예수님께 보내어 도움을 요청한다. 백부장은 예수님께 말씀만으로 종을 낫게 해 주시기를 간구한다. 예수님은 백부장의 믿음에 놀라시며 종을 고쳐 주신다. 또 예수님은 나인 성에서 과부의 아들이 죽은 것을 보시고 불쌍히 여기시어 살려 주신다.

1 예수께서 모든 말씀을 백성에게 들려주시기를 마치신 후에 가버나움으로 들어가시니라
2 어떤 백부장의 사랑하는 종이 병들어 죽게 되었더니
3 예수의 소문을 듣고 유대인의 장로 몇 사람을 예수께 보내어 오셔서 그 종을 구해 주시기를 청한지라
4 이에 그들이 예수께 나아와 간절히 구하여 이르되 이 일을 하시는 것이 이 사람에게는 합당하니이다
5 그가 우리 민족을 사랑하고 또한 우리를 위하여 회당을 지었나이다 하니
6 예수께서 함께 가실새 이에 그 집이 멀지 아니하여 백부장이 벗들을 보내어 이르되 주여 수고하시지 마옵소서 내 집에 들어 오심을 나는 감당하지 못하겠나이다
7 그러므로 내가 주께 나아가기도 감당하지 못할 줄을 알았나이다 말씀만 [1]하사 내 하인을 낫게 하소서
8 나도 남의 수하에 든 사람이요 내 아래에도 병사가 있으니 이더러 가라 하면 가고 저더러 오라 하면 오고 내 종더러 이것을 하라 하면 하나이다
9 예수께서 들으시고 그를 놀랍게 여겨 돌이키사 따르는 무리에게 이르시되 내가 너희에게 이르노니 이스라엘 중에서도 이만한 믿음은 만나 보지 못하였노라 하시더라
10 보내었던 사람들이 집으로 돌아가 보매 종이 이미 나아 있었더라
11 그 후에 예수께서 나인이란 성으로 가실새 제자와 많은 무리가 동행하더니
12 성문에 가까이 이르실 때에 사람들이 한 죽은 자를 메고 나오니 이는 한 어머니의 독자요 그의 어머니는 과부라 그 성의 많은 사람도 그와 함께 나오거늘
13 주께서 과부를 보시고 불쌍히 여기사 울지 말라 하시고
14 가까이 가서 그 관에 손을 대시니 멘 자들이 서는지라 예수께서 이르시되 청년아 내가 네게 말하노니 일어나라 하시매
15 죽었던 자가 일어나 앉고 말도 하거늘 예수께서 그를 어머니에게 주시니
16 모든 사람이 두려워하며 하나님께 영광을 돌려 이르되 큰 선지자가 우리 가운데 일어나셨다 하고 또 하나님께서 자기 백성을 돌보셨다 하더라
17 예수께 대한 이 소문이 온 유대와 사방에 두루 퍼지니라

1) 어떤 사본에, 하소서 그리하면 내 하인이 낫겠나이다

1. 오늘 하나님께서 나에게 주신 깨달음은 무엇입니까?

2. 말씀을 어떻게 내 삶에 구체적으로 적용해야 합니까?

절별 해설

2 백부장 100명의 로마 군인들을 지휘하는 하급 장교다. 백부장은 군인들로부터 지도력과 인격을 인정받은 자들 중 선출되었다.

사랑하는 종 로마 시대 때 노예는 주인의 소유물과 같은 존재였다. 그러나 이 구절을 통해 백부장이 자신의 노예를 사랑하고 인격적으로 대우하는 사람이었음이 드러난다.

3 유대인의 장로 몇 사람을 예수께 보내어 백부장이 유대인의 장로들을 예수님께 대신 보낸 이유는 자신이 이방인이었기 때문이다. 팔레스타인에 사는 이방인들은 유대인들이 자신들과의 접촉을 꺼린다는 사실을 알고 있었다. 특별히 종교지도자들의 경우에는 이런 규례에 더욱 철저함을 백부장은 알고 있었을 것이다. 백부장은 예수님을 유대교의 탁월한 영적 지도자로 생각한 것 같다. 그 때문에 예수님께 부탁하기 위해 유대교의 장로들을 대신 보낸 것이다.

4–5 그들이 예수께 나아와 간절히 구하여 이르되 장로들이 예수님께 와서 이방인이며 점령군인 로마 군대 장교의 부탁을 간절히 구한 이유는, 이 백부장이 유대인들에게 큰 호의를 베풀었기 때문이다. 장로들은 백부장이 유대 민족을 사랑하고 그들을 위하여 회당을 지어 주었다고 예수님께 설명한다. 백부장은 자신의 종뿐 아니라 유대인들에게도 사랑을 베푼 인격자였다.

8 나도 남의 수하에 든 사람이요 원어를 직역하면 "나도 남의 권세 아래 있는 사람입니다"라는 말이다. 백부장은 군인이었기 때문에 권세 있는 사람의 말에 어떤 능력이 있는지 잘 알고 있었다. 군대에서는 상관의 말에 절대 복종해야만 하기 때문이다. 따라서 예수님이 병에 대한 권세를 가지신 분이라면, 말씀만으로 그 권세가 이루어질 수 있다고 백부장은 생각했다.

12 이는 한 어머니의 독자요 그의 어머니는 과부라 예수님 당시의 과부는 일할 수 없었기 때문에 경제적으로 비참한 생활을 했다. 또 과부 어머니에게 있어 독자가 죽었다는 것은 모든 소망과 미래가 사라진 것 같은 충격이었을 것이다. 마을 사람들은 이 여인의 안타까운 상황에 공감했기 때문에 많은 사람들이 장례에 참여했다.

13 불쌍히 여기사 원어적으로 '창자가 요동하다'라는 의미가 있다. 다른 사람의 아픔을 자신의 가장 깊은 내장이 요동하는 것 같은 아픔으로 공감한다는 뜻이다. 예수님은 인간의 고통과 아픔을 체휼하시는 하나님이다(히 4:15).

쉬운성경

1 예수님께서 이 모든 말씀을 백성들에게 하신 후, 가버나움으로 가셨습니다.

2 어떤 백부장이 소중하게 여기는 종이 있었는데 병들어 죽게 되었습니다.

3 백부장은 예수님에 관한 소문을 듣고 몇몇 유대의 장로들을 예수님께 보내어, 자기의 종을 고쳐 달라고 부탁하였습니다.

4 그들은 예수님께 와서 간청하였습니다. "이 사람은 선생님께서 부탁을 들어줘도 될 만한 사람입니다.

5 이 사람은 우리 민족을 사랑합니다. 그는 우리에게 회당을 지어 주었습니다."

6 예수님께서 그들과 함께 가셨습니다. 예수님께서 백부장의 집 가까이에 이르렀을 때, 백부장이 친구들을 보내 예수님께 말하였습니다. "주님, 수고하실 필요가 없습니다. 저는 선생님을 집에 모실만한 자격이 없습니다.

7 그래서 제가 주님께 나올 자격도 없다고 생각했습니다. 말씀만 하십시오. 그러면 제 종이 나을 것입니다.

8 저도 다른 사람 아래에 있고, 제 밑에도 부하들이 있습니다. 제가 이 사람더러 가라 하면 가고, 저 사람더러 오라 하면 옵니다. 또 제 종에게 이것을 하라 하면 그대로 합니다."

9 예수님께서 이 말을 들으시고 놀라시며 따라오던 사람들에게 말씀하셨습니다. "내가 너희에게 말한다. 이스라엘에서도 이처럼 큰 믿음을 본 적이 없다."

10 백부장이 보냈던 사람들이 집으로 돌아가 보니, 그 종이 나아 있었습니다.

11 조금 뒤에 예수님께서 나인이라는 마을로 가셨습니다. 제자들과 많은 사람들도 예수님을 따라 함께 갔습니다.

12 예수님께서 성문 가까이 이르렀을 때, 죽은 사람이 실려 나오고 있었습니다. 그는 과부의 하나밖에 없는 아들이었습니다. 마을 사람들이 그 과부와 함께 있었습니다.

절별 해설

14 그 관에 손을 대시니 구약 율법에 따르면, 죽은 자나 그의 물건에 접촉한 사람은 일주일 동안 부정하게 되었다(민 19:11). 죽음이 죄의 가장 현저한 결과이기 때문이다. 그러나 예수님은 자신을 죽은 자와 동일시하시기 위해 일부러 관에 손을 대셨다. 생명의 근원이신 예수님이 죽은 자와 같이 부정하게 되신 것이다. 이것을 바울은 "하나님이 죄를 알지도 못하신 이를 우리를 대신하여 죄로 삼으셨다"(고후 5:21)라고 설명한다. 죽은 자가 살아나게 된 것은 단순히 예수님의 능력이 부어졌기 때문이 아니라, 예수님이 죽은 자의 죄를 대신 담당하셨기 때문이다(사 53:5).

청년아 내가 네게 말하노니 일어나라 예수님은 죽은 자를 살리실 때 항상 말씀으로 명령하셨다(8:54; 요 11:43). 이것은 예수님의 권세가 죽은 자들까지 순종하게 하는 절대적인 권위임을 보여준다.

13 주께서 그를 보시고 불쌍하게 여기셨습니다. 예수님께서 아이의 어머니에게 말씀하셨습니다. "울지 마라."

14 그리고 관에 손을 대시니 관을 메고 가던 사람들이 걸음을 멈추었습니다. 예수님께서 말씀하셨습니다. "소년아, 내가 네게 말한다. 일어나라!"

15 그러자 죽었던 사람이 일어나 앉아서 말하기 시작하였습니다. 예수님께서 그를 어머니에게 보냈습니다.

16 사람들 모두가 두려움에 휩싸였습니다. 사람들은 하나님께 영광을 돌렸습니다. "위대한 예언자가 우리 가운데 나타났다! 하나님께서 당신의 백성들을 돌보아 주셨다!"

17 예수님에 대한 이 이야기는 온 유대와 그 근방에 두루 퍼져 나갔습니다.

저자의 묵상

로마의 백부장은 군대 내에서 권세가 '말'을 통해 행사됨을 명확히 알고 있었다. 그렇기 때문에 예수님이 병을 치료하실 수 있는 신적 능력을 가진 분이시라면, 그분이 직접 오시지 않아도 말씀만으로 그 권세를 행사하실 수 있다는 놀라운 믿음을 드러냈다.

우리는 하나님을 믿는다고 말하면서도, 하나님이 세상의 모든 것을 좌우하실 수 있는 가장 높은 권세를 가진 분이심을 믿지는 못한다. 세상에서는 하나님이 아니라 돈과 사람들의 권세가 가장 높다고 생각하며 살아간다. 그렇기 때문에 하나님을 의지하기보다는 당장 눈에 보이는 돈과 사람을 의지하는 것이다. 하나님의 그 크고 높은 권세를 정말 믿는다면, 우리는 세상 속에서 계속 경험하는 많은 불안으로부터 벗어날 수 있다. 하나님의 권세를 믿는 자는 하나님의 뜻을 행할 때 돈과 사람의 도움이 부족하더라도 낙심하지 않고 계속 담대하게 행할 수 있다.

무릎 기도 | 하나님의 권세를 믿지 못하는 저의 불신앙을 용서하소서. 제게 믿음을 주셔서 하나님이 온 세상에서 가장 큰 권세와 능력을 가진 분이심을 믿게 하소서.

ESV - Luke 7

1 After he had finished all his sayings in the hearing of the people, he entered Capernaum.

2 Now a centurion had a servant* who was sick and at the point of death, who was highly valued by him.

3 When the centurion* heard about Jesus, he sent to him elders of the Jews, asking him to come and heal his servant.

4 And when they came to Jesus, they pleaded with him earnestly, saying, "He is worthy to have you do this for him,

5 for he loves our nation, and he is the one who built us our synagogue."

6 And Jesus went with them. When he was not far from the house, the centurion sent friends, saying to him, "Lord, do not trouble yourself, for I am not worthy to have you come under my roof.

7 Therefore I did not presume to come to you. But say the word, and let my servant be healed.

8 For I too am a man set under authority, with soldiers under me: and I say to one, 'Go,' and he goes; and to another, 'Come,' and he comes; and to my servant, 'Do this,' and he does it.

9 When Jesus heard these things, he marveled at him, and turning to the crowd that followed him, said, "I tell you, not even in Israel have I found such faith."

10 And when those who had been sent returned to the house, they found the servant well.

11 Soon afterward* he went to a town called Nain, and his disciples and a great crowd went with him.

12 As he drew near to the gate of the town, behold, a man who had died was being carried out, the only son of his mother, and she was a widow, and a considerable crowd from the town was with her.

13 And when the Lord saw her, he had compassion on her and said to her, "Do not weep."

14 Then he came up and touched the bier, and the bearers stood still. And he said, "Young man, I say to you, arise."

15 And the dead man sat up and began to speak, and Jesus* gave him to his mother.

16 Fear seized them all, and they glorified God, saying, "A great prophet has arisen among us!" and "God has visited his people!"

17 And this report about him spread through the whole of Judea and all the surrounding country.

* 7:2 Or *bondservant*; also verses 3, 8, 10
* 7:3 Greek *he*
* 7:11 Some manuscripts *The next day*
* 7:15 Greek *he*

2 centurion 백부장 at the point of… …하려는 순간 3 Jew 유대인 4 plead with… …에게 간청하다 earnestly 진심으로 5 synagogue 회당 7 presume …라고 생각하다 8 authority 권위 12 draw near 다가오다 widow 과부 considerable 많은, 상당한 13 have compassion on… …을 측은히 여기다 weep 울다 14 bier 관 bearer 상여꾼 16 seize 사로잡다 prophet 선지자

• MEMO •

22

월 일

세례 요한과 예수님

누가복음 7:18-35 • 새찬송 304장 | 통일 404장

• 말씀묵상 전에 성령님의 인도하심을 구하는 기도를 드리십시오.

본문요약 I 감옥에 갇혀 있던 세례 요한에게 그의 제자들이 예수님의 행적을 전한다. 요한은 제자들을 보내어 예수님께 메시아이신지를 묻는다. 예수님은 자신이 행하시는 일들이 구약에 예언된 것임을 말씀하시면서, 자신 때문에 실족하지 말아야 한다고 말씀하신다. 예수님은 세례 요한이 구약의 선지자들과 같이 메시아의 오심을 선포한 자임을 말씀하신다.

18 요한의 제자들이 이 모든 일을 그에게 알
리니
19 요한이 그 제자 중 둘을 불러 주께 보내어
이르되 오실 그이가 당신이오니이까 우리
가 다른 이를 기다리오리이까 하라 하매
20 그들이 예수께 나아가 이르되 [1]세례 요한
이 우리를 보내어 당신께 여쭈어보라고
하기를 오실 그이가 당신이오니이까 우리
가 다른 이를 기다리오리이까 하더이다
하니
21 마침 그때에 예수께서 질병과 고통과 및
악귀 들린 자를 많이 고치시며 또 많은 맹
인을 보게 하신지라
22 예수께서 대답하여 이르시되 너희가 가
서 보고 들은 것을 요한에게 알리되 맹인
이 보며 못 걷는 사람이 걸으며 나병 환자
가 깨끗함을 받으며 귀먹은 사람이 들으
며 죽은 자가 살아나며 가난한 자에게 복
음이 전파된다 하라
23 누구든지 나로 말미암아 실족하지 아니하
는 자는 복이 있도다 하시니라
24 요한이 보낸 자가 떠난 후에 예수께서 무
리에게 요한에 대하여 말씀하시되 너희가
무엇을 보려고 광야에 나갔더냐 바람에
흔들리는 갈대냐
25 그러면 너희가 무엇을 보려고 나갔더냐
부드러운 옷 입은 사람이냐 보라 화려한
옷을 입고 사치하게 지내는 자는 왕궁에
있느니라

1) 헬, 또는 침례 ㄱ. 말 3:1

26 그러면 너희가 무엇을 보려고 나갔더냐
선지자냐 옳다 내가 너희에게 이르노니
선지자보다도 훌륭한 자니라
27 기록된 바
[ㄱ]보라 내가 내 사자를 네 앞에 보내노
니 그가 네 앞에서 네 길을 준비하리라
한 것이 이 사람에 대한 말씀이라
28 내가 너희에게 말하노니 여자가 낳은 자
중에 요한보다 큰 자가 없도다 그러나 하
나님의 나라에서는 극히 작은 자라도 그
보다 크니라 하시니
29 모든 백성과 세리들은 이미 요한의 [1]세례
를 받은지라 이 말씀을 듣고 하나님을 의
롭다 하되
30 바리새인과 율법교사들은 그의 [1]세례를
받지 아니함으로 그들 자신을 위한 하나
님의 뜻을 저버리니라
31 또 이르시되 이 세대의 사람을 무엇으로
비유할까 무엇과 같은가
32 비유하건대 아이들이 장터에 앉아 서로
불러 이르되 우리가 너희를 향하여 피리
를 불어도 너희가 춤추지 않고 우리가 곡
하여도 너희가 울지 아니하였다 함과 같
도다
33 [1]세례 요한이 와서 떡도 먹지 아니하며 포
도주도 마시지 아니하매 너희 말이 귀신
이 들렸다 하더니
34 인자는 와서 먹고 마시매 너희 말이 보라
먹기를 탐하고 포도주를 즐기는 사람이요
세리와 죄인의 친구로다 하니

35 지혜는 자기의 모든 자녀로 인하여 옳다 함을 얻느니라

1. 본문에 나타난 예수님은 어떤 분이십니까?

2. 오늘 하나님께서 나에게 주신 깨달음은 무엇입니까?

3. 말씀을 어떻게 내 삶에 구체적으로 적용해야 합니까?

절별 해설

18 요한의 제자들 세례 요한은 헤롯이 동생의 아내인 헤로디아와 불륜을 저지른 것을 책망하다가 감옥에 갇힌 상태였다. 이때에 세례 요한의 제자들 가운데 많은 수가 예수님을 따랐다. 그중에는 안드레와 빌립과 같이 예수님의 열두 제자가 된 경우도 있었지만, 여전히 자신을 세례 요한의 제자로 생각하는 자들도 있었다. 이들은 예수님의 행적을 감옥에 있는 세례 요한에게 자주 알렸다.

19 오실 그이가 당신이오니이까 "오실 그이"는 구약이 약속한 메시아를 말한다. 세례 요한은 메시아가 오시면 불의하고 악한 세상이 심판을 받고, 하나님 나라가 능력 있게 펼쳐질 것이라 생각했을 것이다. 그러나 예수님이 활동을 시작하신 이후에도 부패한 정치권력과 로마의 압제는 변하지 않았고, 자신은 여전히 감옥에 갇혀 있으며, 예수님은 종교지도자들로부터 핍박을 받으셨다. 세례 요한이 기대하던 메시아의 모습과 예수님의 모습에 차이가 있었던 것이다. 그때까지 특별히 세례 요한을 따르던 사람들은 의심 섞인 눈으로 예수님의 행적을 바라보았고, 그런 내용을 세례 요한에게 전달했을 것이다.

세례 요한은 예수님이 메시아로 오셨다는 사실을 성령을 통해 알고 있었다. 그리고 예수님께 세례를 줄 때 성령이 임하는 것을 보고, 하늘의 음성을 들었다. 그런데도 세례 요한까지 그런 의심을 했다는 것은 당시 사람들의 메시아관이 어떠했는지를 보여준다. 그들은 정치적·군사적·경제적 메시아를 기다리고 있었던 것이다. 구약의 메시아에 대한 예언들은 마치 유대인들의 기대와 같이 구원받게 될 것으로 오해할 수도 있게끔 쓰여 있다. 그러나 그 예언들은 예수님으로 말미암아 궁극적으로 임할 하나님 나라의 완성된 모습을 보여준다.

21 마침 그때에 세례 요한의 제자들이 예수님이 메시아이신지를 물으러 왔을 때다. 예수님은 질병과 악귀 들린 자를 치료하

쉬운성경

18 요한의 제자들이 이 모든 소식을 요한에게 알렸습니다. 요한은 제자 가운데 두 사람을 불렀습니다.

19 그리고 주님께 그들을 보내어 "선생님이 오실 그분이십니까? 아니면 우리가 다른 사람을 기다려야 합니까?"라고 물어보게 하였습니다.

20 그 사람들이 예수님께 와서 말했습니다. "세례자 요한이 우리들에게 선생님을 뵙고 여쭈어보라고 하였습니다. '선생님이 오실 그분이십니까? 아니면 우리가 다른 사람을 기다려야 합니까?'"

21 그때, 예수님께서 질병과 고통과 악한 영에 시달리는 많은 사람들을 고쳐 주셨습니다. 또 보지 못하는 사람들도 볼 수 있게 하셨습니다.

22 예수님께서 요한의 제자들에게 말씀하셨습니다. "가서 요한에게 너희들이 보고 들은 것을 알려라. 보지 못하는 사람이 보고, 다리를 저는 사람이 걷고, 문둥병 환자가 깨끗해지며, 듣지 못하는 사람이 듣고, 죽었던 자가 살아나며, 가난한 사람들에게 복음이 전파된다고 하여라.

23 나를 의심하지 않는 사람은 복이 있다."

24 요한의 심부름을 왔던 사람들이 떠나가자, 예수님께서 사람들에게 요한에 대해 말했습니다. "너희는 무엇을 보려고 광야에 나갔느냐? 바람에 흔들리는 갈대냐?

절별 해설

심으로, 자신이 죄로 인해 불완전하고 고통받는 자들을 온전케 하시는 분임을 보여주셨다.

22 너희가 가서 보고 들은 것을 요한에게 알리되 예수님이 행하신 것은 구약에서 메시아가 오셔서 행하실 일들로 기록된 내용들이다(사 29:18; 35:6; 61:1). 따라서 예수님은 자신이 메시아라는 사실을 의심하지 말라고 말씀하신다.

23 나로 말미암아 실족하지 아니하는 자는 복이 있도다 '실족하다'는 '함정에 빠지다', '걸려 넘어지다'라는 원어적인 의미를 가진다. 예수님 당시의 유대인들은, 메시아가 임하여 새 왕국을 세우시면 그가 이방 나라들을 굴복시키고 이스라엘 백성들이 만국을 다스릴 것이라고 생각하던 민속 메시아 사상을 가지고 있었다. 그런데 예수님은 자신을 이런 민속 메시아로 오해함으로 실족하지 말 것을 말씀하신 것이다.

24 바람에 흔들리는 갈대냐 "바람에 흔들리는 갈대"는 세상 권력과 종교의 힘 앞에서 흔들리는 사람들을 비유한 것이다. 예수님은 사람들이 광야까지 세례 요한을 찾아간 이유가 요한이 세상 풍조에 관계없이 하나님 말씀을 견고하게 선포했기 때문임을 말씀하신 것이다.

25 부드러운 옷 입은 사람이냐 '부드러운 옷'은 부자들이 입었던 값비싼 옷이다. 세례 요한은 거친 낙타 털옷을 입었다. 이것은 그가 이 세상의 부요함을 추구하던 지도자들과는 전혀 다른 삶을 살았음을 보여준다. 사람들이 세례 요한에게 모여들었던 이유도, 그가 세상의 가치와는 다른 하나님 나라의 영원한 가치를 선포하는 삶을 살았기 때문이다.

26 선지자보다도 훌륭한 자 이스라엘은 말라기 선지자 이후 400여 년 동안이나 선지자가 끊어진 상황이었다. 그래서 광야에서 하나님의 말씀을 들을 수 있다는 소문이 퍼지자, 많은 무리가 광야로 몰려갔다. 예수님이 세례 요한을 선지자보다도 훌륭한 자라고 말씀하신 첫 번째 이유는, 그가 메시아의 길을 준비하는 특별한 사명을 가진 자이기 때문이다(사 40:3). 두 번째 이유는, 세례 요한이 메시아를 직접 목격하고 세례를 준 선지자이기 때문이다.

28 하나님의 나라에서는 극히 작은 자라도 그보다 크니라 세례 요한은 구약의 마지막 선지자로, 예수님의 죽음과 부활로 시작된 하나님 나라를 경험하지 못했다. 그러나 신약의 성도는 성령을 받았다. 이제 성도 안에는 예수님의 영이 마음에 내주하시기 때문에 예수님과 같은 자들로 취급을 받게 된다. 이 때문에 세례 요한보다 더 큰 자로 인정받는 것이다.

25 아니면 무엇을 보러 나갔느냐? 화려한 옷을 입은 사람이냐? 멋지고 호사스런 옷을 입고 호화롭게 사는 사람은 궁전에 있다.

26 그러면 너희는 무엇을 보려고 나갔느냐? 예언자냐? 그렇다, 내가 너희에게 말한다. 예언자보다 더 위대한 사람이다.

27 이 사람은 성경에 기록된 자이다.

> '보아라. 내가 네 앞에 사자를 보낸다. 그가 네 길을 너보다 앞서 준비할 것이다.'*

28 내가 너희에게 말한다. 여자에게서 태어난 사람 중에 요한보다 더 위대한 사람이 없다. 그러나 하나님 나라에서는 가장 작은 자가 요한보다 더 위대하다."

29 모든 백성들이, 또한 세리들이 이 말씀을 듣고, 하나님은 의로우시다고 고백했습니다. 이들은 요한의 세례를 받았기 때문입니다.

30 하지만 바리새파 사람들과 율법학자들은 자신들을 향한 하나님의 계획을 거부하였습니다. 이들은 요한에게서 세례를 받지 않았기 때문입니다.

31 "이 세대의 사람들을 무엇에 비교할 수 있겠느냐? 그들은 무엇과 같은가?

32 이들은 시장에 앉아 서로 부르며 '우리가 너희를 위해 피리를 불어도 너희가 춤추지 않았다. 우리가 울어도 너희가 울지 않았다'라고 말하는 아이들과 같다.

33 세례자 요한이 와서 빵도 먹지 않고, 포도주도 마시지 않았다. 그러자 너희들은 '저 사람은 귀신이 들렸다'라고 말한다.

34 인자가 와서 먹고 마셨다. 그러자 너희들은 '봐, 저 사람은 먹보요, 술꾼이며 세리와 죄인의 친구로구나'라고 말한다.

35 그러나 지혜는 그것을 따르는 자들에 의해서 옳다는 것이 증명된다."

* 7:27 말 3:1에 기록되어 있다.

31 이 세대의 사람 세례 요한의 회개 요청과 예수님의 구원을 거부한 당시의 세대를 의미한다. 이런 대표적인 사람들은 바리새인들이나 서기관들과 같은 종교지도자들이었다.

32 당시 아이들은 장터에 모여 어른들을 흉내 내며 잔치와 장례식 놀이를 했다. '피리를 부는 아이들'은 결혼식 등의 잔치 장면을 나타낸다. 한 편이 피리를 부는 흉내를 내면 다른 편은 춤을 추며 마치 잔치에 참여한 것같이 놀이를 했다. 또한 장례식 놀이를 할 때는, 한 편이 곡을 하면 다른 편 아이들이 그 곡에 맞추어서 우는 흉내를 냈다. 그런데 한 편이 시작한 놀이를 다른 편이 따라 하지 않는다면 그 놀이가 재미있을 리 없다. 예수님은 세례 요한과 자신이 피리를 불고 곡을 하며 다른 편의 동참을 호소했는데, 바리새인들은 그것을 따라 하지 않고 오히려 비난했다고 비유하신 것이다. 바리새인들이 세례 요한과 예수님의 말씀을 따르지 않고 거부한 것은, 자신들이 지키는 율법의 의만이 옳다고 생각했기 때문이다.

34 인자는 와서 먹고 마시매 예수님은 세례 요한과 같이 금욕적인 생활을 하지 않으시고, 사람들 사이에서 떡과 포도주를 마시며 잔치에 참여하셨다. 그런데 바리새인들은 세례 요한이 금욕적인 삶을 산다고 비난하더니, 예수님은 먹기를 탐하고 포도주를 즐기는 자라고 비난했다. 이것은 그들이 일관된 기준을 가진 것이 아니라 세례 요한과 예수님을 비난하기 위해 억지를 부렸음을 보여준다.

저자의 묵상

모태에서부터 성령 충만했으며, 예수님의 오실 길을 예비했던 위대한 선지자였던 세례 요한도 예수님의 메시아 되심을 의심할 때가 있었다. 왜냐하면 예수님의 모습은 당시의 사람들이 기대하던 강력한 심판자의 모습이 아니었기 때문이다. 메시아인 예수님이 오셨지만 이스라엘은 여전히 로마의 속국이었고, 악인들은 심판을 받지 않고, 고통받는 현실은 변하지 않았다.

세례 요한도 예수님의 메시아 되심을 의심했을 정도이니 우리들이 종종 예수님을 의심하는 것은 자연스러운 일이다. 심지어 우리는 예수님을 눈으로 보고 확인할 수 없다. 예수님을 믿어도 당장에 우리의 현실이 달라지지 않는다. 그러나 예수님이 오신 이유가 우리의 현실을 더 풍요하게 바꾸어 주시기 위한 것이 아니다. 예수님은 가장 약한 자처럼 되셔서 십자가에 죽으심으로 우리의 죄를 사해 주시기 위해 이 땅에 오셨다. 지금은 세상의 힘을 추구하는 우리들이 예수님과 같은 모습으로 살아가도록 만드심으로 우리를 하나님 노릇 하려는 죄악으로부터 우리를 구원하고 계신 것이다.

무릎 기도 하나님, 예수님을 믿어 저의 현실의 문제들만을 해결 받으려 했던 어리석음을 용서하여 주소서. 예수님이 저의 죄악을 해결하심으로 예수님과 같은 자가 되게 하심을 믿게 하소서.

ESV - Luke 7

18 The disciples of John reported all these
things to him. And John,
19 calling two of his disciples to him, sent
them to the Lord, saying, "Are you the one
who is to come, or shall we look for
another?"
20 And when the men had come to him, they
said, "John the Baptist has sent us to you,
saying, 'Are you the one who is to come, or
shall we look for another?'"
21 In that hour he healed many people of
diseases and plagues and evil spirits, and
on many who were blind he bestowed
sight.
22 And he answered them, "Go and tell John
what you have seen and heard: the blind
receive their sight, the lame walk, lepers*
are cleansed, and the deaf hear, the dead
are raised up, the poor have good news
preached to them.
23 And blessed is the one who is not offended
by me."
24 When John's messengers had gone,
Jesus* began to speak to the crowds
concerning John: "What did you go out into
the wilderness to see? A reed shaken by
the wind?
25 What then did you go out to see? A man
dressed in soft clothing? Behold, those
who are dressed in splendid clothing and
live in luxury are in kings' courts.
26 What then did you go out to see? A
prophet? Yes, I tell you, and more than a
prophet.
27 This is he of whom it is written, "'Behold, I
send my messenger before your face, who
will prepare your way before you.'
28 I tell you, among those born of women
none is greater than John. Yet the one who
is least in the kingdom of God is greater
than he."
29 (When all the people heard this, and the
tax collectors too, they declared God just,*
having been baptized with the baptism of
John,
30 but the Pharisees and the lawyers rejected
the purpose of God for themselves, not
having been baptized by him.)
31 "To what then shall I compare the people of
this generation, and what are they like?
32 They are like children sitting in the
marketplace and calling to one another,
"'We played the flute for you, and you did
not dance; we sang a dirge, and you did
not weep.'
33 For John the Baptist has come eating no
bread and drinking no wine, and you say,
'He has a demon.'
34 The Son of Man has come eating and
drinking, and you say, 'Look at him! A
glutton and a drunkard, a friend of tax
collectors and sinners!'
35 Yet wisdom is justified by all her children."

* 7:22 *Leprosy* was a term for several skin diseases; see Leviticus 13
* 7:24 Greek *he*
* 7:29 Greek *they justified God*

19 look for… …을 찾다, 기대하다 20 John the Baptist 세례 요한 21 disease 질병 plague 전염병 evil spirit 악한 영 bestow 주다 22 lame 절름발이의 leper 나병 환자 deaf 청각 장애의 preach 전파하다 23 offend 실족케 하다 24 concerning …에 대하여 wilderness 광야 reed 갈대 25 splendid 화려한 in luxury 사치스럽게 28 born of woman 여자에게서 태어난 29 baptize 세례를 주다 30 lawyer 율법학자 reject 거절하다 31 compare 비유하다 32 marketplace 시장 dirge 장송가, 애도가 33 demon 귀신, 악령 34 glutton (경멸적) 대식가 drunkard 술고래 35 justify 옳다고 하다

• MEMO •

23 향유를 부은 죄인

월 일

누가복음 7:36-50 • 새찬송 211장 | 통일 346장

• 말씀묵상 전에 성령님의 인도하심을 구하는 기도를 드리십시오.

본문요약 | 시몬이라는 바리새인이 예수님을 자신의 집에 초대한다. 한편, 그 동네에서 죄인으로 취급받는 한 여자가 예수님을 찾아온다. 그녀는 눈물로 예수님의 발을 적시고 자기 머리털로 닦고 발에 입 맞추고 향유를 부었다. 시몬은 그녀의 행위를 보고 예수님이 참 선지자가 아니라고 생각했다. 이에 예수님은 시몬의 예의 없고 불친절한 행위와 여자의 헌신적인 사랑을 대조하여 말씀하신다.

36 한 바리새인이 예수께 자기와 함께 잡수시기를 청하니 이에 바리새인의 집에 들어가 [1]앉으셨을 때에
37 그 동네에 죄를 지은 한 여자가 있어 예수께서 바리새인의 집에 [1]앉아 계심을 알고 향유 담은 옥합을 가지고 와서
38 예수의 뒤로 그 발 곁에 서서 울며 눈물로 그 발을 적시고 자기 머리털로 닦고 그 발에 입 맞추고 향유를 부으니
39 예수를 청한 바리새인이 그것을 보고 마음에 이르되 이 사람이 만일 선지자라면 자기를 만지는 이 여자가 누구며 어떠한 자 곧 죄인인 줄을 알았으리라 하거늘
40 예수께서 대답하여 이르시되 시몬아 내가 네게 이를 말이 있다 하시니 그가 이르되 선생님 말씀하소서
41 이르시되 빚 주는 사람에게 빚진 자가 둘이 있어 하나는 오백 [2]데나리온을 졌고 하나는 오십 [2]데나리온을 졌는데
42 갚을 것이 없으므로 둘 다 탕감하여 주었으니 둘 중에 누가 그를 더 사랑하겠느냐
43 시몬이 대답하여 이르되 내 생각에는 많이 탕감함을 받은 자니이다 이르시되 네 판단이 옳다 하시고
44 그 여자를 돌아보시며 시몬에게 이르시되 이 여자를 보느냐 내가 네 집에 들어올 때 너는 내게 발 씻을 물도 주지 아니하였으되 이 여자는 눈물로 내 발을 적시고 그 머리털로 닦았으며

1) 5:29 난하주를 보라 2) 은전의 명칭

45 너는 내게 입 맞추지 아니하였으되 그는 내가 들어올 때로부터 내 발에 입 맞추기를 그치지 아니하였으며
46 너는 내 머리에 감람유도 붓지 아니하였으되 그는 향유를 내 발에 부었느니라
47 이러므로 내가 네게 말하노니 그의 많은 죄가 사하여졌도다 이는 그의 사랑함이 많음이라 사함을 받은 일이 적은 자는 적게 사랑하느니라
48 이에 여자에게 이르시되 네 죄 사함을 받았느니라 하시니
49 함께 [1]앉아 있는 자들이 속으로 말하되 이가 누구이기에 죄도 사하는가 하더라
50 예수께서 여자에게 이르시되 네 믿음이 너를 구원하였으니 평안히 가라 하시니라

1. 오늘 하나님께서 나에게 주신 깨달음은 무엇입니까?

2. 말씀을 어떻게 내 삶에 구체적으로 적용해야 합니까?

절별 해설

36 한 바리새인이 예수께 자기와 함께 잡수시기를 청하니 당시는 예수님과 바리새인들 사이에 갈등이 증폭되던 상황이었다. 이 바리새인이 예수님을 청한 것은 온 유대에 퍼진 예수님에 대한 소문을 확인하고 싶은 것(7:17)과 비난거리를 찾기 위한 것으로 보인다(39절). 그렇기 때문에 그는 예수님을 환대하지 않았을 뿐더러 집주인으로서 손님에게 베풀어야 하는 기본적인 섬김도 하지 않았다(44-46절).

38 자기 머리털로 닦고 유대인들의 관습에 의하면, 여자가 사람들 앞에서 머리를 푸는 것은 수치스러운 일이었다. 그러나 죄인인 한 여자는 예수님이 바리새인의 집에서 발을 씻을 물도 제공받지 못하셨다는 사실을 발견했기 때문에 자신의 머리털로 예수님의 발을 닦은 것이다. 당시 발을 닦는 일은 가장 낮은 신분인 노예들이 행하던 일이다. 즉, 이 여자는 자신이 예수님 앞에서 가장 낮은 자임을 행동으로 고백한 것이다.
그 발에 입 맞추고 향유를 부으니 일반적으로 향유는 머리에 붓는 것인데, 이 여자는 자신이 향유를 예수님의 머리에 부을 자격조차도 없는 자라고 생각했다. 그 때문에 대신 예수님의 발에 향유를 부었다.

39 이 사람이 만일 선지자라면 자기를 만지는 이 여자가 누구며 어떠한 자 곧 죄인인 줄을 알았으리라 이 바리새인은 예수님이 참 선지자가 아니라는 단서를 발견했다고 생각했다. 참 선지자라면 죄인이 자신을 만지도록 허락하지 않을 것이라고 여겼기 때문이다. 그렇기에 시몬은 예수님이 그것을 분별할 수 없는 자라고 생각했다.

43 내 생각에는 많이 탕감함을 받은 자니이다 예수님이 물어보신 질문은 상식을 가진 사람이면 쉽게 대답할 수 있는 수준의 내용이었다. 그런데 시몬은 '내 생각에는'이라는 단서를 붙인다. 그럼으로써 자신이 책잡힐 것을 피하려고 주의 깊게 대답한다.

44 내가 네 집에 들어올 때 너는 내게 발 씻을 물도 주지 아니하였으되 팔레스타인에서 사람들은 샌들을 신고 먼지가 많은 길을 다녔다. 그렇기 때문에 집주인은 손님에게 발 씻을 물을 준비해 주는 것이 관례였다. 그러나 시몬은 예수님께 이 기본적인 예의조차도 갖추지 않았다.

45 너는 내게 입 맞추지 아니하였으되 유대인들은 남자끼리도 존경과 친근함을 표시하기 위해 입맞춤으로 인사했다(창 27:26). 그러나 시몬은 손님에게 마땅히 했어야 하는 환영의 입맞춤을 예수님께 하지 않았다. 즉, 그가 예수님을 초

쉬운성경

36 어떤 바리새파 사람이 예수님께 함께 식사를 하자고 권하였습니다. 그래서 예수님께서 그 바리새파 사람의 집에 가셔서 식사 자리에 앉으셨습니다.

37 그런데 그 마을에 죄인인 한 여자가 있었습니다. 예수님께서 바리새파 사람의 집에서 식사하신다는 소식을 듣고 향유병을 가지고 갔습니다.

38 그는 예수님의 뒤쪽으로 가서 예수님의 발 곁에 서서 울며 눈물로 그의 발을 씻겼습니다. 그리고 자신의 머리카락으로 발을 닦고, 입을 맞추고 향유를 부었습니다.

39 예수님을 초대한 바리새파 사람이 이것을 보고 속으로 생각했습니다. "만일 이 사람이 예언자라면 지금 자신을 만지는 이 여인이 죄인이라는 것을 알았을 것이다."

40 예수님께서 그에게 대답하셨습니다. "시몬아, 네게 할 말이 있다." 시몬이 대답했습니다. "선생님, 말씀하십시오."

41 "어떤 채권자에게 두 사람의 채무자가 있었다. 한 사람은 오백 데나리온*을 빚졌고 다른 사람은 오십 데나리온을 빚졌다.

42 이 두 사람이 다 빚을 갚을 수 없어서 채권자가 모두 빚을 없던 것으로 해 주었다. 그러면 둘 중에 누가 더 채권자를 고맙게 여기겠느냐?"

43 시몬이 대답했습니다. "더 많은 돈을 면제받은 사람입니다." 예수님께서 시몬에게 말씀하셨습니다. "네가 옳게 판단했다."

44 예수님께서 그 여자를 돌아보시며 시몬에게 말씀하셨습니다. "이 여인이 보이느냐? 내가 네 집에 들어왔을 때, 너는 나에게 발 씻을 물도 주지 않았다. 그러나 이 여인은 자신의 눈물로 내 발을 적시고 자신의 머리털로 닦아 주었다.

45 너는 내게 입 맞추지도 않았지만, 이 여인은 내가 들어왔을 때부터 내 발에 입 맞추기를 쉬지 않았다.

* 7:41 1데나리온은 하루 품삯에 해당된다.

절별 해설

대하기 전부터 부정적이고 비판적인 생각을 가지고 있었음을 알 수 있다.

47 그의 많은 죄가 사하여졌도다 예수님이 '많은 죄'라고 말씀하신 것은 그녀가 행한 많은 죄악을 강조하시기 위해서가 아니다. 이 여자가 행한 죄악이 많더라도 그것이 전부 용서받았음을 강조하기 위함이다.

이는 그의 사랑함이 많음이라 '이는'에 해당하는 접속사 헬라어 '호티'는 원인이 아닌 결과를 나타내는 의미다. 따라서 그녀가 먼저 예수님을 많이 사랑해서 큰 용서를 받은 것이 아니라, 예수님의 큰 용서를 받아서[받았기 때문에] 예수님을 많이 사랑하게 되었다는 말이다.

사함을 받은 일이 적은 자 자기 의 때문에 자신에게는 용서받을 일이 없다고 생각하는 바리새인을 의미한다. 그는 자기 의 때문에 하나님의 용서를 받지 못함으로 감동과 사랑을 누리지 못하는 것이다.

46 너는 내 머리에 기름도 붓지 않았지만, 이 여인은 향유를 내 발에 부었다.

47 그러므로 내가 네게 말한다. 이 여자의 많은 죄가 용서되었다. 이는 이 여자가 많이 사랑하였기 때문이다. 적게 용서받은 사람은 적게 사랑한다."

48 예수님께서 여자에게 말씀하셨습니다. "네 죄가 용서되었다."

49 예수님과 식사 자리에 앉아 있던 사람들이 속으로 말했습니다. "이 사람이 누구이기에 죄를 용서해 준다고 하는가?"

50 예수님께서 그 여자에게 말씀하셨습니다. "네 믿음이 너를 구원하였다. 평안히 가거라."

저자의 묵상

예수님 당시의 바리새인들은 종교적으로 하나님처럼 되고자 하는 전형적인 죄악을 표출하던 자들이었다. 그렇기 때문에 자신들만이 지킬 수 있는 상세한 율법을 만들고 그것을 열심히 지키면서, 그 기준에 부합하지 않은 사람들을 죄인으로 비난하며 자신들은 의인이라고 착각하고 있었다.

선악과를 따 먹은 아담의 죄악으로 말미암아 모든 인간은 하나님처럼 되고자 하는 죄성을 공유하게 되었다. 세상에서 하나님처럼 되는 길은, 세상의 힘을 가져서 남보다 강한 자가 되거나 또는 자기 의를 쌓아서 남보다 도덕적, 종교적으로 우위에 서는 것이다. 세상에서 부유하고 성공한 사람들은 자기가 가진 세상 힘으로 하나님 노릇을 한다. 그러나 이런 힘을 갖지 못한 사람들일수록 도덕적이거나 종교적인 기준으로 자신이 다른 사람보다 나은 존재라고 생각하고자 한다. 가장 큰 문제는, 종교적 자기 의가 큰 사람은 하나님께서 가장 싫어하시는 모습을 가지고 있으면서도 자신이 하나님께 가장 인정받는 자라고 착각한다는 것이다.

무릎 기도 하나님, 다른 사람들과 저를 비교하여 제 자신을 그들보다 나은 존재로 생각하려는 자기 의를 회개합니다. 자기 의를 내려놓고 오직 예수님만을 의존하는 겸손한 자가 되게 하소서.

ESV - Luke 7

36 One of the Pharisees asked him to eat with
him, and he went into the Pharisee's house
and reclined at table.
37 And behold, a woman of the city, who was
a sinner, when she learned that he was
reclining at table in the Pharisee's house,
brought an alabaster flask of ointment,
38 and standing behind him at his feet,
weeping, she began to wet his feet with her
tears and wiped them with the hair of her
head and kissed his feet and anointed
them with the ointment.
39 Now when the Pharisee who had invited
him saw this, he said to himself, "If this
man were a prophet, he would have known
who and what sort of woman this is who is
touching him, for she is a sinner."
40 And Jesus answering said to him, "Simon, I
have something to say to you." And he
answered, "Say it, Teacher."
41 "A certain moneylender had two debtors.
One owed five hundred denarii, and the
other fifty.
42 When they could not pay, he cancelled the
debt of both. Now which of them will love
him more?"
43 Simon answered, "The one, I suppose, for
whom he cancelled the larger debt." And
he said to him, "You have judged rightly."
44 Then turning toward the woman he said to
Simon, "Do you see this woman? I entered
your house; you gave me no water for my
feet, but she has wet my feet with her tears
and wiped them with her hair.
45 You gave me no kiss, but from the time I
came in she has not ceased to kiss my
feet.
46 You did not anoint my head with oil, but
she has anointed my feet with ointment.
47 Therefore I tell you, her sins, which are
many, are forgiven-for she loved much. But
he who is forgiven little, loves little."
48 And he said to her, "Your sins are forgiven."
49 Then those who were at table with him
began to say among* themselves, "Who is
this, who even forgives sins?"
50 And he said to the woman, "Your faith has
saved you; go in peace."

* 7:49 Or *to*

36 Pharisee 바리새인 recline 앉다 37 alabaster flask 옥합 ointment 연고, 향유 38 at one's feet 발밑에 wipe 닦다 anoint with… …을 바르다 39 say to oneself 마음속에서 생각하다 41 moneylender 빚 주는 자 debtor 빚진 자 owe 빚지고 있다 43 suppose 추측하다 judge 판단하다 45 cease 멈추다

• MEMO •

24

월 일

예수님을 도운 여자들과 씨 뿌리는 자의 비유

누가복음 8:1-15 • 새찬송 188장 | 통일 180장

• 말씀묵상 전에 성령님의 인도하심을 구하는 기도를 드리십시오.

본문요약 | 예수님은 하나님 나라의 모형을 보여주시기 위해 병을 고치시고 귀신들을 쫓아내셨다. 그렇게 악한 영과 병에서 고침을 받은 막달라 마리아나 요안나 같은 여자들이 헌신적으로 예수님을 섬겼다. 또 예수님은 '씨 뿌리는 자'의 비유로, 길가와 바위 위와 가시떨기 사이에 떨어진 씨들은 열매 맺지 못하지만, 좋은 땅에 떨어진 씨는 풍성한 결실을 얻음을 말씀하시며, 그 뜻도 알려 주신다.

1 그 후에 예수께서 각 성과 마을에 두루 다
니시며 하나님의 나라를 선포하시며 그
복음을 전하실새 열두 제자가 함께하였고
2 또한 악귀를 쫓아내심과 병 고침을 받은
어떤 여자들 곧 일곱 귀신이 나간 자 막달
라인이라 하는 마리아와
3 헤롯의 청지기 구사의 아내 요안나와 수
산나와 다른 여러 여자가 함께하여 자기
들의 소유로 그들을 섬기더라
4 각 동네 사람들이 예수께로 나아와 큰 무
리를 이루니 예수께서 비유로 말씀하시되
5 씨를 뿌리는 자가 그 씨를 뿌리러 나가서
뿌릴새 더러는 길가에 떨어지매 밟히며
공중의 새들이 먹어 버렸고
6 더러는 바위 위에 떨어지매 싹이 났다가
습기가 없으므로 말랐고
7 더러는 가시떨기 속에 떨어지매 가시가
함께 자라서 기운을 막았고
8 더러는 좋은 땅에 떨어지매 나서 백배의
결실을 하였느니라 이 말씀을 하시고 외
치시되 들을 귀 있는 자는 들을지어다
9 제자들이 이 비유의 뜻을 물으니
10 이르시되 하나님 나라의 비밀을 아는 것
이 너희에게는 허락되었으나 다른 사람에
게는 비유로 하나니 이는 그들로 보아도
보지 못하고 들어도 깨닫지 못하게 하려
함이라
11 이 비유는 이러하니라 씨는 하나님의 말
씀이요
12 길가에 있다는 것은 말씀을 들은 자니 이
에 마귀가 가서 그들이 믿어 구원을 얻지
못하게 하려고 말씀을 그 마음에서 빼앗
는 것이요
13 바위 위에 있다는 것은 말씀을 들을 때에
기쁨으로 받으나 뿌리가 없어 잠깐 믿다
가 시련을 당할 때에 배반하는 자요
14 가시떨기에 떨어졌다는 것은 말씀을 들은
자이나 지내는 중 이생의 염려와 재물과
향락에 기운이 막혀 온전히 결실하지 못
하는 자요
15 좋은 땅에 있다는 것은 착하고 좋은 마음
으로 말씀을 듣고 지키어 인내로 결실하
는 자니라

1. 오늘 하나님께서 나에게 주신 깨달음은 무엇입니까?

2. 말씀을 어떻게 내 삶에 구체적으로 적용해야 합니까?

절별 해설

1 하나님의 나라, 복음 예수님의 사역은 하나님 나라의 복음을 선포하고 적용하신 것으로 요약된다(4:43). '하나님의 나라 복음'은 죄와 사망의 노예로 살던 자들이 하나님의 통치로 자유와 구원을 얻게 되었음을 알려 주는 복음이다.

2 악귀를 쫓아내심과 병 고침 예수님은 하나님 나라의 복음을 이 땅에 적용하시기 위해서 병을 고치시고 귀신들을 쫓아내셨다. 병은 죽음을 가져오는 원인이다. 예수님이 병을 치료하신 것은, 자신이 인간을 온전케 하시는 분임을 보여 주기 위함이었다. 귀신은 죄인들을 영적 노예로 삼아 고통스럽게 하고 죽음으로 이끄는 마귀의 졸개들이다. 예수님은 귀신들을 쫓아내심으로 하나님의 통치가 회복과 자유를 주는 것임을 보여주고자 하셨다.

3 헤롯의 청지기 구사의 아내 요안나 이 여자는 나중에 예수님의 부활에 관한 소식을 천사들에게서 듣는다(24:10). '헤롯'은 세례 요한을 처형한 헤롯 안디바[안티파스]를 말하며, '청지기'는 재산 관리인을 말한다. 즉, 요안나의 남편은 상당한 고위직이었다. 이 사실은 예수님을 섬긴 여자들의 다양한 신분을 보여준다.

4-15 씨 뿌리는 자의 비유와 그에 대한 예수님의 직접적인 해석이다.

10 하나님 나라의 비밀 '비밀'은 헬라어 '미스테리온'을 번역한 것으로, 흔히 '신비'(mystery)로 번역된다. 일반적인 '비밀'(secret)은 그것을 듣거나 보면 누구나 그 내용을 알 수 있다. 그러나 '신비로서의 비밀'은 하나님의 계시(revelation)가 없이는 듣거나 보아도 그것이 무엇을 의미하는지 알 수 없다. 예수님이 하나님 나라에 관해서 비유로 말씀하신 것은, 계시를 받은 자 외에는 그 내용을 알 수 없게 하기 위함이었다.

11 씨는 하나님의 말씀이요 예수님과 관련하여 '씨'는 예수님이 전하신 '하나님 나라의 복음'을 말한다. 즉, 하나님 나라는 예수님 말씀에 어떻게 반응하는지의 여부에 따라 열매가 결정된다는 것이다.

12 길가에 있다는 것 같은 씨가 뿌려졌지만, 그 말씀에 반응하는 자들의 마음 상태에 따라 열매를 맺는지, 맺지 못하는지가 갈린다. '길가에 있다는 것'은 예수님 말씀에 대해서 냉담하고 큰 관심을 기울이지 않는 태도라고 할 수 있다. 이런 마음의 태도를 가진 자는 마귀에게 말씀을 빼앗기기 때

쉬운성경

1 그 후에 예수님께서 여러 성과 마을을 두루 다니시면서 하나님 나라에 관한 좋은 소식을 전하셨습니다. 열두 제자들도 예수님과 함께 다녔습니다.

2 악한 영과 병에서 고침을 받은 몇몇 여자들도 함께 있었습니다. 이들은 일곱 귀신이 들렸던 막달라라고 하는 마리아와

3 헤롯의 신하인 구사의 아내 요안나와 수산나, 그리고 그 밖의 다른 여자들이 많이 있었습니다. 이들은 자신의 재산으로 예수님과 제자들을 섬겼습니다.

4 많은 사람들이 모여들고 여러 마을에서 온 사람들이 예수님께 나아오자, 예수님께서 비유로 말씀하셨습니다.

5 "씨를 뿌리는 사람이 씨를 뿌리러 나갔다. 그가 씨를 뿌렸는데, 어떤 씨들은 길가에 떨어져 발에 밟히기도 했고, 하늘의 새들이 와서 먹어 버리기도 했다.

6 어떤 씨들은 바위 위에 떨어져 자라다가 물이 없어서 시들어 죽었다.

7 어떤 씨들은 가시덤불에 떨어져 가시덤불이 함께 자라서 자라지 못하게 했다.

8 어떤 씨들은 좋은 땅에 떨어져 자라나서 백배의 열매를 맺었다." 이 말씀을 마치시고 예수님께서 외치셨습니다. "들을 귀 있는 자는 들어라!"

9 제자들이 이 비유가 무슨 뜻인지를 예수님께 물었습니다.

10 예수님께서 말씀하셨습니다. "너희에게는 하나님 나라의 비밀을 아는 것이 허락되었다. 그러나 다른 사람들에게는 비유로 말하였다. 이는 '그들이 보아도 보지 못하고 들어도 깨닫지 못하게'* 하려는 것이다."

11 "이 비유는 이것이다. 씨는 하나님의 말씀이다.

* 8:10 사 6:9에 기록되어 있다.

절별 해설

문에, 말씀을 들었지만 구원을 받을 수 없다.

14 가시떨기에 떨어졌다는 것 이런 마음을 가진 자는 말씀을 듣고 그 말씀에 반응하여 일정 시간 동안 신앙생활을 한다. 그러나 '가시떨기'와 같은 강력한 힘으로 세상 염려와 물질과 쾌락이 그 사람의 신앙을 억누르고 관심과 열정을 빼앗아 가기 때문에, 열매 맺지 못하는 자와 같은 결국을 맞이하게 된다.

15 착하고 좋은 마음 '착한'의 헬라어인 '칼로스'는 '주어진 목적에 적합한 결과를 가져오는'의 의미다. 예를 들어, 무엇을 베려고 할 때 칼이 날카로우면 '칼로스'다. 즉, 하나님 말씀에 잘 반응함으로써 열매를 맺는 마음이 '착한' 마음이다. '좋은'의 헬라어인 '아가쏘스'는 '높은 가치를 가진 유익한 것'의 의미다. 즉, 세상의 염려와 유혹에 빠지지 않고 영적 가치를 추구함으로써 유익한 결과를 만들어 내는 삶을 의미한다.

12 길가에 떨어진 것은 하나님의 말씀을 들었으나 마귀가 와서 그 마음에 있던 말씀을 빼앗아 간 사람들이다. 이들은 믿지 못하여, 구원을 받지 못한다.

13 바위 위에 떨어진 것은 하나님의 말씀을 듣고 기쁨으로 받지만 뿌리가 없는 사람들이다. 이들은 잠시 동안, 믿으나 시험받을 때에 넘어진다.

14 가시덤불에 떨어진 것은 말씀을 듣지만 살아가는 동안, 재물에 대한 염려와 인생의 향락에 사로잡혀 열매를 맺는 데까지 자라지 못하는 사람들이다.

15 좋은 땅에 떨어진 것은 정직하고 선한 마음으로 하나님의 말씀을 듣고 그 말씀을 굳게 지켜서 좋은 열매를 맺는 사람들이다."

저자의 묵상

하나님 나라의 좋은 열매를 맺기 위한 방법은 두 가지이다. 첫째는, 하나님의 말씀이 우리의 마음에 많이 뿌려져야 한다. 다양한 방법으로 말씀이 우리 마음에 뿌리를 내리도록 해야 한다. 하나님의 말씀을 통독하거나, 암송하며, 설교 말씀을 듣는 것은 일차적인 씨뿌리기이다. 말씀을 묵상하며 그것을 적용하여 실천하려고 애쓰는 것은 더 효과적인 씨뿌리기이다. 둘째는, 우리의 마음이 좋은 마음 밭이 되어야 한다. 우리의 마음이 좋은 밭이 되도록 하는 것은 우리가 할 수 있는 일이 아니다. 마음에 있는 단단한 길, 커다란 바위, 뾰족한 가시떨기는 하나님이 우리의 마음을 쟁기와 낫으로 기경하실 때 비로소 부드럽고 좋은 흙으로 바뀔 수 있다. 따라서 우리의 마음을 말씀이 뿌리 내리기에 좋은 밭이 되도록 하나님이 쟁기와 낫으로 기경해 주시길 간절히 기도해야 한다. 우리 마음에서 바위와 가시떨기를 발견했다면 그것을 제거해 달라고 구체적으로 구해야 한다. 결국, 말씀과 기도를 통해 우리는 풍성한 하나님 나라의 열매를 맺을 수 있다.

무릎 기도 하나님, 제 마음 안에 가득한 바위와 가시떨기를 제거하시고 제 마음을 기경하여 주소서. 제 마음에 말씀으로 씨 뿌려 하나님 나라의 풍성한 열매를 맺게 하소서.

ESV - Luke 8

1 Soon afterward he went on through cities
and villages, proclaiming and bringing the
good news of the kingdom of God. And the
twelve were with him,
2 and also some women who had been
healed of evil spirits and infirmities: Mary,
called Magdalene, from whom seven
demons had gone out,
3 and Joanna, the wife of Chuza, Herod's
household manager, and Susanna, and
many others, who provided for them* out of
their means.
4 And when a great crowd was gathering
and people from town after town came to
him, he said in a parable,
5 "A sower went out to sow his seed. And as
he sowed, some fell along the path and
was trampled underfoot, and the birds of
the air devoured it.
6 And some fell on the rock, and as it grew
up, it withered away, because it had no
moisture.
7 And some fell among thorns, and the
thorns grew up with it and choked it.
8 And some fell into good soil and grew and
yielded a hundredfold." As he said these
things, he called out, "He who has ears to
hear, let him hear."
9 And when his disciples asked him what this
parable meant,
10 he said, "To you it has been given to know
the secrets of the kingdom of God, but for
others they are in parables, so that 'seeing
they may not see, and hearing they may
not understand.'
11 Now the parable is this: The seed is the
word of God.
12 The ones along the path are those who
have heard; then the devil comes and
takes away the word from their hearts, so
that they may not believe and be saved.
13 And the ones on the rock are those who,
when they hear the word, receive it with
joy. But these have no root; they believe for
a while, and in time of testing fall away.
14 And as for what fell among the thorns, they
are those who hear, but as they go on their
way they are choked by the cares and
riches and pleasures of life, and their fruit
does not mature.
15 As for that in the good soil, they are those
who, hearing the word, hold it fast in an
honest and good heart, and bear fruit with
patience.

* 8:3 Some manuscripts *him*

1 proclaim 선포하다 2 infirmity 질병 3 provide for… …를 섬기다 means 재산, 소유 4 parable 비유 5 sow seed 씨를 뿌리다 trample underfoot 발로 짓밟다 devour 먹어 치우다 6 wither 시들다 7 choke 말려 죽이다 8 yield 내다, 산출하다 hundredfold 100배 9 disciple 제자 12 take away 빼앗다 13 fall away 저버리다 14 thorn 가시덤불 riches 재산, 재물 mature 성숙하다, 결실하다

• MEMO •

25 세상을 밝히는 신자의 빛과 바다를 잔잔하게 하신 예수님

월 일

누가복음 8:16-25 • 새찬송 524장 | 통일 313장

• 말씀묵상 전에 성령님의 인도하심을 구하는 기도를 드리십시오.

본문요약 | 등불을 켜는 사람은 그 등불을 높은 곳에 두어 사람들이 그 빛을 보게 한다. 이처럼 성도 안에서 말씀으로 시작된 하나님 나라는 반드시 드러나게 되어 있다. 어느 날, 예수님과 제자들이 갈릴리 동편으로 배를 타고 가는데 갑작스러운 광풍이 분다. 배에 물이 가득 차 위급한 상황이 되자, 제자들은 주무시는 예수님을 깨운다. 이에 예수님은 바람과 바다를 꾸짖어 잠잠하게 하시고 제자들의 믿음 없음을 책망하신다.

16 누구든지 등불을 켜서 그릇으로 덮거나
평상 아래에 두지 아니하고 등경 위에 두
나니 이는 들어가는 자들로 그 빛을 보게
하려 함이라
17 숨은 것이 장차 드러나지 아니할 것이 없
고 감추인 것이 장차 알려지고 나타나지
않을 것이 없느니라
18 그러므로 너희가 어떻게 들을까 스스로
삼가라 누구든지 있는 자는 받겠고 없는
자는 그 있는 줄로 아는 것까지도 빼앗기
리라 하시니라
19 예수의 어머니와 그 [1]동생들이 왔으나 무
리로 인하여 가까이 하지 못하니
20 어떤 이가 알리되 당신의 어머니와 [1]동생
들이 당신을 보려고 밖에 서 있나이다
21 예수께서 대답하여 이르시되 내 어머니와
내 [1]동생들은 곧 하나님의 말씀을 듣고 행
하는 이 사람들이라 하시니라
22 하루는 제자들과 함께 배에 오르사 그들
에게 이르시되 호수 저편으로 건너가자
하시매 이에 떠나
23 행선할 때에 예수께서 잠이 드셨더니 마
침 광풍이 호수로 내리치매 배에 물이 가
득하게 되어 위태한지라
24 제자들이 나아와 깨워 이르되 주여 주여
우리가 죽겠나이다 한대 예수께서 잠을
깨사 바람과 물결을 꾸짖으시니 이에 그
쳐 잔잔하여지더라

1) 또는 형제들

25 제자들에게 이르시되 너희 믿음이 어디
있느냐 하시니 그들이 두려워하고 놀랍게
여겨 서로 말하되 그가 누구이기에 바람
과 물을 명하매 순종하는가 하더라

1. 본문에 나타난 예수님은 어떤 분이십니까?

2. 오늘 하나님께서 나에게 주신 깨달음은 무엇입니까?

3. 말씀을 어떻게 내 삶에 구체적으로 적용해야 합니까?

절별 해설

16 그 빛을 보게 하려 〈마태복음〉에서는 등경 위의 등불 비유 전에 "너희는 세상의 빛이라"(마 5:14)라는 말씀이 나온다. 여기서 '빛'은 하나님의 백성을 통해 드러나는 하나님 나라의 영광이다. 하나님 나라는 감추기 위한 것이 아니라 드러내기 위한 것이다. 하나님 나라는 말씀에서 시작하고 성도의 내면에서 확장되어 결국에는 세상을 밝히는 등불과 같이 드러나게 되어 있다. 예수님이 '등불 비유'를 사용하신 것은, 하나님 나라가 세상에 드러나 어둠 속에 사는 세상 사람들을 빛으로 인도해야 함을 보여주기 위함이다.

17 숨은 것, 감추인 것 이 둘은 성도의 마음에서부터 은밀하게 시작된 하나님 나라를 의미한다. 하나님 나라는 말씀의 작은 씨앗으로 시작하기 때문에 숨겨지고 감추어진 것처럼 보인다. 그러나 그 말씀이 성도의 내면에서 성장하게 되면, 그것은 반드시 성도의 말과 행동을 통해 밖으로 드러나게 된다.

18 있는 자는 받겠고 이미 말씀을 간절하게 받은 자는 그 말씀을 통해 열매를 맺는다. 이렇게 열매를 맺은 자는 하나님 나라의 풍성한 축복을 누리는 자다. 이런 복을 맛본 자는 계속해서 착하고 선한 마음으로 말씀을 받기 때문에 더 풍성한 열매를 누리게 된다.

21 하나님의 말씀을 듣고 행하는 이 사람들 말씀을 듣고 행하는 자만이 하나님 나라의 열매를 맺는 자들이다. 이런 자들은 하나님 나라의 빛을 세상에 밝히는 자다. 이처럼 하나님의 한 가족으로 인정을 받기 위해서는 말씀을 따라 사는 삶이 뒷받침되어야 한다.

23 예수께서 잠이 드셨더니 예수님은 배를 타시기 전까지 말씀을 전하시고 사역을 계속 하셨기 때문에 아주 피곤하셨을 것이다. 복음서 기자들은 예수님이 바다 한가운데서 주무시는 이 장면을 의도적으로 기록한다. 성경에서 '잠을 자는 것'은 '죽음'의 비유로 자주 사용된다(고전 11:30). 또한 '바다'는 하나님을 적대시하는 마귀 세력의 중심지로 비유된다(시 65:7). 예수님은 마치 죽은 자와 같이 깊은 잠을 주무시다가 깨어나셔서 제자들을 위협하는 바다를 잠잠하게 하셨다. 이것은 앞으로 죽으셨다가 부활하셔서 성도들을 위협하는 마귀와 죽음을 잠잠하게 하실 예수님의 모습을 모형적으로 보여준다.

24 우리가 죽겠나이다 제자들 가운데 여러 명이 갈릴리 호수의 어부였다. 그러나 이번 광풍은 그들이 대처할 수 있는

쉬운성경

16 "그 누구도 등불을 켜서 그것을 그릇으로 덮어 두거나 침대 밑에 두지 않는다. 등불은 등잔 위에 놓아 들어오는 사람들이 그 빛을 보게 한다.

17 감추어진 것 중에 드러나지 않을 것이 없고, 비밀 가운데 밝히 알려지지 않을 것이 없다.

18 그러므로 너희가 듣는 것을 조심하여라. 가진 사람은 더 많이 받을 것이고, 가지지 못한 사람은 가졌다고 생각하는 것마저 빼앗길 것이다."

19 예수님의 어머니와 동생들이 예수님께 왔습니다. 그러나 많은 사람들 때문에 예수님께 가까이 갈 수 없었습니다.

20 어떤 사람이 예수님께 말씀드렸습니다. "선생님의 어머니와 동생들이 밖에 서서 선생님을 만나 뵙기 원하십니다."

21 예수님께서 사람들에게 대답하셨습니다. "내 어머니와 형제들은 하나님의 말씀을 듣고 그대로 행하는 사람들이다."

22 어느 날, 예수님께서 제자들과 함께 배에 오르셨습니다. 예수님께서 말씀하셨습니다. "호수 건너편으로 가자." 그래서 그들이 떠났습니다.

23 가는 동안, 예수님은 잠이 드셨고, 사나운 바람이 호수로 불어 닥쳤습니다. 배에 물이 가득 차서 위험에 빠졌습니다.

24 제자들이 예수님을 깨우며 "선생님! 선생님! 우리가 죽습니다"라고 말했습니다. 그러자 예수님께서 일어나셔서 바람과 성난 파도를 꾸짖으셨습니다. 그러자 그 즉시, 바람이 멈추고 호수가 다시 잔잔해졌습니다.

25 예수님께서 제자들에게 말씀하셨습니다. "너희의 믿음이 어디 있느냐?" 제자들은 두렵고 놀라서 "도대체 이분이 누구시길

절별 해설

한계를 넘어선 것이었다. 제자들은 예수님을 깨워 자신들을 구원해 달라고 요청한다. 마태는 "주여 구원하소서 우리가 죽겠나이다"(마 8:25)라고 기록함으로 간절히 간구하는 태도를 보여주며, 마가는 "선생님이여 우리가 죽게 된 것을 돌보지 아니하시나이까"(막 4:38)라고 기록함으로 제자들의 불평하는 태도를 기록한다.

25 너희 믿음이 어디 있느냐 제자들은 예수님이 귀신을 쫓아내시고, 병든 자들을 고치시며, 죽은 자를 살리시는 것을 목격했다. 이것은 예수님이 죽음과 생명을 주관하는 하나님이심을 보여주는 증거였다. 그럼에도 제자들은 예수님과 함께 있으면 어떤 상황에 있어도 안전하다는 사실을 믿지 못했다.

래 바람과 물에게 호령하시고 바람과 물이 이분에게 순종하는가?"라고 서로 말하였습니다.

저자의 묵상

성도의 인생은 폭풍이 치는 바다 위의 제자들의 모습과 유사하다. 우리 인생 가운데도 제자들처럼 두려워서 죽을 것처럼 힘든 순간들이 얼마나 많은가! 그런데 우리의 불신앙도 제자들의 모습과 똑같다. 예수님과 함께하면서도 예수님을 믿지 못하고 불안해하는 제자들의 모습은 바로 우리의 모습이기도 하다.

물론, 우리와 함께하시는 예수님은 눈에 보이시지 않는다. 그러나 예수님은 성령으로 우리와 영원토록 떠나지 않고 함께하시겠다고 약속을 하셨다. 성도가 받은 성령은 바로 이 약속이 성취된 것이다. 성령이 성도와 함께하시기 때문에 성도는 예수님을 구주로 믿고, 하나님을 아버지라고 고백하며, 하나님의 말씀이 진리라고 생각하는 것이다. 그러나 인생의 위기가 닥칠 때마다 제자들처럼 두려움에 사로잡히는 경우가 많다. 이런 우리의 모습은 우리가 얼마나 믿음이 아닌 감각에 의존해 살아가는 존재인가를 보여준다. 우리의 믿음 없음이 폭로될 때마다 예수님을 믿는 믿음을 달라고 간절히 기도해야 할 것이다.

무릎 기도 하나님, 약속하신 대로 성령으로 임하셔서 저와 동행하심을 믿지 못함을 회개합니다. 제가 눈으로 보는 것만을 의지하지 않고 하나님의 말씀을 온전히 신뢰하는 자가 되게 하소서.

ESV - Luke 8

16 "No one after lighting a lamp covers it with
a jar or puts it under a bed, but puts it on a
stand, so that those who enter may see the
light.
17 For nothing is hidden that will not be made
manifest, nor is anything secret that will not
be known and come to light.
18 Take care then how you hear, for to the
one who has, more will be given, and from
the one who has not, even what he thinks
that he has will be taken away."
19 Then his mother and his brothers* came to
him, but they could not reach him because
of the crowd.
20 And he was told, "Your mother and your
brothers are standing outside, desiring to
see you."
21 But he answered them, "My mother and
my brothers are those who hear the word
of God and do it."
22 One day he got into a boat with his
disciples, and he said to them, "Let us go
across to the other side of the lake." So
they set out,
23 and as they sailed he fell asleep. And a
windstorm came down on the lake, and
they were filling with water and were in
danger.
24 And they went and woke him, saying,
"Master, Master, we are perishing!" And he
awoke and rebuked the wind and the
raging waves, and they ceased, and there
was a calm.
25 He said to them, "Where is your faith?" And
they were afraid, and they marveled,
saying to one another, "Who then is this,
that he commands even winds and water,
and they obey him?"

* 8:19 Or *brothers and sisters*. In New Testament usage, depending on the context, the plural Greek word *adelphoi* (translated "brothers") may refer either to *brothers* or to *brothers and sisters*; also verses 20, 21

16 jar 그릇 17 manifest 드러내다 come to light 알려지다, 밝혀지다 18 take care 조심하다 take away 빼앗다 19 reach …에 닿다 20 desire 원하다, 바라다 22 get into… …에 타다 set out 출발하다 23 fall asleep 잠이 들다 windstorm 폭풍 24 perish 죽다 rebuke 꾸짖다 raging waves 거친 물결 25 marvel 놀라다 command 명령하다

• MEMO •

26 거라사의 광인

월 일

누가복음 8:26-39 • 새찬송 585장 | 통일 384장

• 말씀묵상 전에 성령님의 인도하심을 구하는 기도를 드리십시오.

본문요약 | 예수님은 거라사인의 땅에 가셔서 귀신 들린 자를 만나셨다. 그가 예수님의 발 앞에 엎드려 자신을 괴롭히지 말아 달라고 부탁하나, 예수님은 더러운 귀신에게 그 사람으로부터 나오라고 명령하신다. 귀신들은 돼지 떼에게 들어가게 해 달라고 예수님께 간구한다. 이에 예수님이 허락하시고, 돼지 떼에 들어간 귀신들은 그 돼지들을 호수로 몰아 몰살시킨다.

26 그들이 갈릴리 맞은편 거라사인의 땅에
이르러
27 예수께서 육지에 내리시매 그 도시 사람
으로서 귀신 들린 자 하나가 예수를 만나
니 그 사람은 오래 옷을 입지 아니하며 집
에 거하지도 아니하고 무덤 사이에 거하
는 자라
28 예수를 보고 부르짖으며 그 앞에 엎드려
큰 소리로 불러 이르되 지극히 높으신 하
나님의 아들 예수여 당신이 나와 무슨 상
관이 있나이까 당신께 구하노니 나를 괴
롭게 하지 마옵소서 하니
29 이는 예수께서 이미 더러운 귀신을 명하
사 그 사람에게서 나오라 하셨음이라 (귀
신이 가끔 그 사람을 붙잡으므로 그를 쇠
사슬과 고랑에 매어 지켰으되 그 맨 것을
끊고 귀신에게 몰려 광야로 나갔더라)
30 예수께서 네 이름이 무엇이냐 물으신즉
이르되 [1)]군대라 하니 이는 많은 귀신이 들
렸음이라
31 무저갱으로 들어가라 하지 마시기를 간구
하더니
32 마침 그곳에 많은 돼지 떼가 산에서 먹고
있는지라 귀신들이 그 돼지에게로 들어가
게 허락하심을 간구하니 이에 허락하시니
33 귀신들이 그 사람에게서 나와 돼지에게로
들어가니 그 떼가 비탈로 내리달아 호수
에 들어가 몰사하거늘
34 치던 자들이 그 이루어진 일을 보고 도망
하여 성내와 마을에 알리니
35 사람들이 그 이루어진 일을 보러 나와서
예수께 이르러 귀신 나간 사람이 옷을 입
고 정신이 온전하여 예수의 발치에 앉아
있는 것을 보고 두려워하거늘
36 귀신 들렸던 자가 어떻게 구원받았는지를
본 자들이 그들에게 이르매
37 거라사인의 땅 근방 모든 백성이 크게 두
려워하여 예수께 떠나가시기를 구하더라
예수께서 배에 올라 돌아가실새
38 귀신 나간 사람이 함께 있기를 구하였으
나 예수께서 그를 보내시며 이르시되
39 집으로 돌아가 하나님이 네게 어떻게 큰
일을 행하셨는지를 말하라 하시니 그가
가서 예수께서 자기에게 어떻게 큰일을
행하셨는지를 온 성내에 전파하니라

1) 헬, 레기온. 로마 군대의 여단 규모

1. 오늘 하나님께서 나에게 주신 깨달음은 무엇입니까?

2. 말씀을 어떻게 내 삶에 구체적으로 적용해야 합니까?

절별 해설

27 그 사람은 오래 옷을 입지 아니하며 마가는 이 귀신 들린 사람이 늘 소리를 지르며 돌로 자기의 몸을 해하였다고 기록한다(막 5:5). 옷을 벗은 것은 이런 폭력적인 성향 때문이었을 것이다. 사람들은 그를 쇠사슬과 쇠고랑으로 묶어 두었으나 아무 소용이 없었다.

무덤 사이에 거하는 자 영적으로 죽은 자와 같은 비참함을 보여줄 뿐만 아니라, 사람들과의 모든 관계가 끊어지고 고립된 모습을 보여준다.

28 예수를 보고 부르짖으며 그 앞에 엎드려 귀신 들린 자는 예수님을 보고 극도로 두려워한다. 그는 예수님의 권세 앞에서 무기력한 모습으로 엎드러진다. 그 이유는 귀신들이 예수님을 하나님의 아들로 알아보았기 때문이다. 귀신들은 하나님의 아들이 오시면 그들을 심판하실 것을 알고 있었다(마 8:29). 그래서 두려워한 것이다.

30 군대 '군대'는 헬라어 '레기온'을 번역한 것으로, 로마의 한 개 군단 병력이다. 로마의 한 개 군단은 5,500~6,000명으로 이루어진 완전 무장 보병이었다. 이 군단은 한 지역을 완전히 지배할 수 있는 강력한 군사력이었다. 예수님이 이들의 이름을 물어보신 것은, 제자들에게 마귀와의 영적 전쟁이 얼마나 힘든 것인지를 보여주기 위해서였다. 그러나 이런 군대 귀신도 예수님의 권세 아래서는 아무런 힘을 발휘하지 못했다.

32 귀신들이 그 돼지에게로 들어가게 허락하심을 간구하니 귀신들이 돼지에게 들어가게 해 달라고 간구한 이유는 세 가지다. 첫째, 이런 간구를 하지 않았다가 예수님이 그들에게 무저갱으로 들어가라고 갑자기 명령하실 것을 두려워했기 때문이다. 둘째, 일단 돼지 떼에 들어갔다가 그들을 몰살시킨 뒤에 다시 나와서 그 지역에 계속해서 머물려고 했기 때문이다(막 5:10). 셋째, 그 지역 사람들에게 경제적으로 큰 피해를 주어 사람들이 예수님에 대한 반감을 가지도록 하기 위함이었다.

33 그 떼가 비탈로 내리달아 호수에 들어가 몰사하거늘 예수님은 귀신들이 돼지들을 몰살시킬 것을 미리 아셨다. 그런데도 귀신들의 간구를 허락하신 이유는 다음과 같다. 첫째, 돼지들이 깊은 물에 빠져 몰사하는 모습은 마지막 때에 귀신들이 모두 무저갱에 들어가 멸망할 모습임을 보여주고자 하셨기 때문이다. 당시 사람들은 무저갱이 깊은 바닷속에 있다고 믿었다. 둘째, 예수님을 통해 구원받지 못한 자들

쉬운성경

26 예수님과 제자들은 갈릴리 건너편 거라사 사람들의 마을에 닿았습니다.

27 예수님께서 배에서 내리시니 그 마을에 사는 귀신 들린 사람이 예수님께 다가왔습니다. 그는 오랫동안, 아무 옷도 입지 않았으며 집에서 살지도 않고 무덤에서 살고 있었습니다.

28 그는 예수님을 보고 소리를 지르며, 예수님 앞에 엎드렸습니다. 그리고 큰 소리로 말했습니다. "가장 높으신 하나님의 아들이신 예수님, 당신이 저와 무슨 상관이 있습니까? 제발 저를 괴롭히지 마십시오."

29 이는 예수님께서 더러운 영에게 그 사람에게서 떠나라고 명령하셨기 때문입니다. 더러운 귀신이 그 사람을 여러 번 사로잡았기 때문에 사람들은 쇠사슬과 쇠고랑으로 그를 묶어 감시하였습니다. 그러나 그는 쇠사슬을 끊고 귀신이 이끄는 대로 광야로 뛰쳐나가곤 하였습니다.

30 예수님께서 그에게 물으셨습니다. "네 이름이 무엇이냐?" 그러자 그가 대답했습니다. "레기온*입니다." 이는 많은 귀신이 그에게 들어갔기 때문입니다.

31 귀신들은 예수님께 자신들을 지옥으로 쫓아내지 말아 달라고 간청하였습니다.

32 그때, 언덕에는 많은 돼지 떼가 풀을 먹고 있었습니다. 귀신들은 예수님께 자기들을 그 돼지 떼에게 들어가게 해 달라고 간청하였습니다. 예수님께서 그렇게 허락하셨습니다.

33 그러자 귀신들은 그 사람에게서 나와 돼지 떼 속으로 들어갔습니다. 순간 그 돼지들은 비탈을 내리달아 호수로 들어가 빠져 죽었습니다.

34 돼지를 치던 사람들이, 일어난 일을 보고 도망쳐 이 사실을 성과 마을 사람들에게 전하였습니다.

35 사람들이 일어난 일을 보려고 예수님께 다가갔습니다. 그리고 귀신이 나간 사람이

* 8:30 개역성경에는 '군대'라고 표기되어 있다. 로마 군대의 한 사단을 의미하고 약 3,000–6,000명으로 이루어져 있다.

절별 해설

은 이처럼 귀신들과 함께 결국 영원한 멸망에 들어가게 됨을 모형적으로 보여주기 위해서다. 마가는 죽은 돼지가 2천 마리나 되는 많은 수였다고 기록한다(막 5:13). 이렇게 많은 돼지가 있었던 것은 그 지역이 우상 숭배를 많이 하던 지역이었음을 보여준다. 우상 신전에서는 돼지고기로 희생제사를 드리는 것이 일반적이었다(사 66:17). 귀신들이 그 지역을 떠나지 않으려고 했던 이유도 바로 그 지역에 우상을 섬기는 자들이 많았기 때문이다.

37 예수께 떠나가시기를 구하더라 거라사인의 땅 근방 모든 백성이 이렇게 간구한 이유는 첫째, 예수님이 그들에게 경제적인 손실을 끼쳤기 때문이다. 그들에게는 귀신 들렸던 자가 구원받는 것은 별로 중요하지 않았다. 혹시 돼지 떼보다 더 많은 경제적 손해가 올까 봐 두려워한 것이다. 둘째, 예수님이 그들이 알지 못하던 신적 능력을 보여주셨기 때문이다. 그들이 섬기던 우상은 귀신을 쫓아낼 능력이 없었는데, 예수님은 그 귀신들을 제어하는 신비한 능력을 보이셨다. 그러자 그들은 예수님의 정체를 알지 못하기 때문에 큰 두려움에 사로잡혔다.

옷을 입고 제정신으로 예수님 발 앞에 앉아 있는 것을 보았습니다. 그들은 두려운 생각이 들었습니다.

36 이 일을 목격한 사람들이 귀신 들린 사람이 어떻게 온전하게 되었는지를 사람들에게 말해 주었습니다.

37 거라사와 그 주변에 사는 모든 사람들이, 예수님께서 자기들로부터 떠나 줄 것을 간청했습니다. 이는 그들이 무서움에 사로잡혔기 때문이었습니다. 그래서 예수님께서 배를 타고 돌아가셨습니다.

38 귀신이 나간 사람이 예수님을 따를 수 있게 해 달라고 예수님께 간청하였습니다. 그러나 예수님께서 그를 돌려보내며 말씀하셨습니다.

39 "집으로 돌아가서 하나님께서 너에게 하신 일에 대해 사람들에게 말해라." 그래서 그는 모든 마을을 다니며 예수님께서 자기에게 얼마나 큰일을 행하셨는지에 대해 전하였습니다.

저자의 묵상

돈은 세상을 지배하는 가장 강력한 우상이다. 그렇기 때문에 세상 사람들이 가장 두려워하는 것은 경제적으로 손해를 보는 것이다. 귀신들이 돼지 떼를 몰살시킨 것은 사람들에게 경제적 피해를 크게 입혀서 예수님이 그 지역을 떠나시도록 하기 위함이었다.

교회를 다니다가 경제적으로 손해를 보거나 어려운 일이 생겼을 때, 교회를 떠나는 사람들이 있다. 그들은 예수님을 믿으면 경제적으로 이익을 보고 어려운 일이 해결될 것이라고 생각했던 사람들이다. 이런 사람들은 예수님을 믿은 것이 아니라 결국 예수님을 자기 이익을 위한 우상 중의 하나로 여겼을 뿐이다. 참 신자와 거짓 신자는 이런 상황에서 갈라진다. 참 신자는 예수님을 통해 얻게 된 놀라운 은혜에 감격하여 예수님을 위해 어떤 희생도 감수할 수 있다. 그러나 거짓 신자는 예수님을 통해 자기 이익만을 추구하다가 그것이 좌절되면 예수님을 얼마든지 버릴 수 있는 자이다. 결국, 신자에게 경험되는 경제적 어려움은 참 신자로서의 정체성을 증명하는 시험이기도 하다.

무릎 기도 하나님, 저의 이익을 위해서만 예수님을 따르는 자가 되지 않게 하소서. 하나님의 은혜에 감격하여, 제가 손해를 보는 상황에서도 끝까지 예수님을 버리지 않고 따르게 하소서.

ESV - Luke 8

26 Then they sailed to the country of the
Gerasenes,* which is opposite Galilee.
27 When Jesus* had stepped out on land,
there met him a man from the city who had
demons. For a long time he had worn no
clothes, and he had not lived in a house
but among the tombs.
28 When he saw Jesus, he cried out and fell
down before him and said with a loud
voice, "What have you to do with me,
Jesus, Son of the Most High God? I beg
you, do not torment me."
29 For he had commanded the unclean spirit
to come out of the man. (For many a time it
had seized him. He was kept under guard
and bound with chains and shackles, but
he would break the bonds and be driven by
the demon into the desert.)
30 Jesus then asked him, "What is your
name?" And he said, "Legion," for many
demons had entered him.
31 And they begged him not to command
them to depart into the abyss.
32 Now a large herd of pigs was feeding there
on the hillside, and they begged him to let
them enter these. So he gave them
permission.
33 Then the demons came out of the man and
entered the pigs, and the herd rushed
down the steep bank into the lake and
drowned.
34 When the herdsmen saw what had
happened, they fled and told it in the city
and in the country.
35 Then people went out to see what had
happened, and they came to Jesus and
found the man from whom the demons had
gone, sitting at the feet of Jesus, clothed
and in his right mind, and they were afraid.
36 And those who had seen it told them how
the demon-possessed* man had been
healed.
37 Then all the people of the surrounding
country of the Gerasenes asked him to
depart from them, for they were seized with
great fear. So he got into the boat and
returned.
38 The man from whom the demons had
gone begged that he might be with him, but
Jesus sent him away, saying,
39 "Return to your home, and declare how
much God has done for you." And he went
away, proclaiming throughout the whole
city how much Jesus had done for him.

* 8:26 Some manuscripts *Gadarenes*; others *Gergesenes*; also verse 37

* 8:27 Greek *he*; also verses 38, 42

* 8:36 Greek *daimonizomai* (demonized); elsewhere rendered *oppressed by demons*

26 sail to… …로 항해하다 opposite …의 맞은편에 27 step out on… …로 나가다 28 do with… …와 관계가 있다 beg 간청하다 torment 괴롭히다 29 many a time 여러 번, 자주 be kept under guard 감시를 당하다 shackle 쇠고랑 bond 묶은 것 30 legion 군대 31 abyss 무저갱 33 rush 돌진하다 steep 비탈진, 가파른 drown 물에 빠져 죽다 34 herdsman 목동 39 declare 분명히 말하다 proclaim 전파하다

• MEMO •

27

월 일

혈루증 여인과 야이로의 딸

누가복음 8:40-56 • 새찬송 407장 | 통일 465장

• 말씀묵상 전에 성령님의 인도하심을 구하는 기도를 드리십시오.

본문요약 | 회당장 야이로는 예수님께 죽어가는 자신의 외동딸을 고쳐 달라고 간구한다. 그런데 예수님이 그의 집으로 가시는 중에 열두 해 동안 혈루증을 앓던 여자가 몰래 예수님의 옷 가를 만짐으로써 병 고침을 받는다. 그때 야이로는 자신의 딸이 죽었다는 소식을 듣는다. 예수님은 야이로에게 자신을 믿으라고 말씀하신 후 그의 집으로 속히 가셔서 아이를 살려 주신다.

40 예수께서 돌아오시매 무리가 환영하니 이
는 다 기다렸음이러라
41 이에 회당장인 야이로라 하는 사람이 와
서 예수의 발아래에 엎드려 자기 집에 오
시기를 간구하니
42 이는 자기에게 열두 살 된 외딸이 있어 죽
어감이러라
예수께서 가실 때에 무리가 밀려들더라
43 이에 열두 해를 혈루증으로 앓는 중에 [1]아
무에게도 고침을 받지 못하던 여자가
44 예수의 뒤로 와서 그의 옷 가에 손을 대니
혈루증이 즉시 그쳤더라
45 예수께서 이르시되 내게 손을 댄 자가 누
구냐 하시니 다 아니라 할 때에 [2]베드로가
이르되 주여 무리가 밀려들어 미나이다
46 예수께서 이르시되 내게 손을 댄 자가 있
도다 이는 내게서 능력이 나간 줄 앎이로
다 하신대
47 여자가 스스로 숨기지 못할 줄 알고 떨며
나아와 엎드리어 그 손 댄 이유와 곧 나은
것을 모든 사람 앞에서 말하니
48 예수께서 이르시되 딸아 네 믿음이 너를
구원하였으니 평안히 가라 하시더라
49 아직 말씀하실 때에 회당장의 집에서 사
람이 와서 말하되 당신의 딸이 죽었나이
다 선생님을 더 괴롭게 하지 마소서 하거
늘

1) 어떤 사본에는, 의사들에게 그 가산을 다 허비하였으되 아무에게도
2) 어떤 사본에는, 베드로와 및 함께 있는 자들이

50 예수께서 들으시고 이르시되 두려워하지
말고 믿기만 하라 그리하면 딸이 구원을
얻으리라 하시고
51 그 집에 이르러 베드로와 요한과 야고보
와 아이의 부모 외에는 함께 들어가기를
허락하지 아니하시니라
52 모든 사람이 아이를 위하여 울며 통곡하
매 예수께서 이르시되 울지 말라 죽은 것
이 아니라 잔다 하시니
53 그들이 그 죽은 것을 아는 고로 비웃더라
54 예수께서 아이의 손을 잡고 불러 이르시
되 아이야 일어나라 하시니
55 그 영이 돌아와 아이가 곧 일어나거늘 예
수께서 먹을 것을 주라 명하시니
56 그 부모가 놀라는지라 예수께서 경고하사
이 일을 아무에게도 말하지 말라 하시니
라

1. 본문에 나타난 예수님은 어떤 분이십니까?

2. 오늘 하나님께서 나에게 주신 깨달음은 무엇입니까?

3. 말씀을 어떻게 내 삶에 구체적으로 적용해야 합니까?

절별 해설

41 회당장 "회당장"은 회당의 관리뿐 아니라 회당에서의 모임을 주관하고 책임지는 자다. 유대교에 헌신된 자만이 회당장이 될 수 있었다. 당시 유대 종교지도자들은 예수님을 비난하고 핍박하는 상황이었다. 회당장인 야이로가 딸이 거의 죽게 된 상황에서 예수님을 찾아온 것은 그의 회당장으로서의 신분 때문이었을 것이다. 그러나 야이로는 절박감으로 종교적 장벽을 뛰어넘어 예수님 앞에 나아왔다.

42 무리가 밀려들더라 예수님을 에워싼 많은 사람들이 야이로의 딸의 치료를 방해하는 첫 번째 요소다. 딸이 죽어 가는 긴급한 상황에서, 예수님께 밀려드는 무리 때문에 야이로의 마음은 매우 안타까웠을 것이다.

43 열두 해를 혈루증으로 앓는 중에 이 여자의 혈루증은 자궁 이상으로 출혈이 멈추지 않는 유출병으로 보인다. 율법에 의하면, 유출병이 있는 자는 부정하기 때문에 공동체로부터 격리시키도록 했다(레 15:1-12).

44 예수의 뒤로 와서 그의 옷 가에 손을 대니 이 여자는 부정했기 때문에 다른 사람들과의 접촉이 금지되어 있었다. 그 때문에 그녀는 사람들에게 들키지 않기 위해서 예수님의 뒤로 다가온 것이다. '옷 가'는 유대인들의 겉옷에 달린 술을 의미한다. 유대인들은 하나님의 말씀대로 살아야 함을 기억하기 위해 그들의 옷자락의 네 귀퉁이[옷단 귀]에 술을 매달았다(민 15:37-41). 또한 이 술은 권위의 상징이기도 했다(삼상 24:4 참조). 여자가 예수님의 옷단 술을 만진 것은 바로 예수님의 권위를 믿는 믿음의 행위였다.

45 내게 손을 댄 자가 누구냐 예수님은 누가 자신에게 손을 댔는지 바로 아셨다. 그러나 그녀를 공개적으로 드러내셔서 구원의 확신과 평강의 말씀을 주시기 위해 이렇게 말씀하셨다. 또한 불안해하는 야이로에게 믿음을 더하시기 위한 목적으로 이 여자가 치유받은 것을 드러내셨다.

47 이 여자의 고백으로 말미암아 예수님의 놀라운 능력이 모든 사람 앞에서 증거되었다. 이것은 특별히 야이로가 말로만 들었던 예수님의 능력을 직접 확인하는 계기였다.

48 딸아 네 믿음이 너를 구원하였으니 평안히 가라 혈루증을 앓는 부정한 여자가 예수님께 손을 대었기 때문에 예수님이 부정해지셨다. 그러나 예수님은 그 여자를 '딸'이라고 부르심으로 그녀를 안심시키신다. 또한 예수님의 옷자락만 만져도 병이 낫게 될 것이라고 믿은 그녀의 믿음을 칭찬하셨다.

쉬운성경

40 예수님께서 돌아오시자, 많은 사람들이 예수님을 환영하였습니다. 이들은 예수님을 기다리고 있었습니다.

41 야이로라는 사람이 앞으로 나왔습니다. 그는 회당장이었습니다. 그가 예수님의 발 앞에 엎드려, 자기 집으로 와 주실 것을 간청하였습니다.

42 야이로에게는 열두 살 된 외동딸이 있었는데, 그가 죽어 가고 있었습니다. 예수님께서 야이로의 집으로 가시는데, 많은 사람들이 예수님께 바짝 붙어서 밀어댔습니다.

43 그 중에는 십이 년 동안이나 혈루증을 앓고 있던 여자가 있었습니다. 의사에게 많은 돈을 썼지만 그 누구도 그 병을 고칠 수가 없었습니다.

44 그가 예수님 뒤로 와서 옷깃을 만졌습니다. 그러자 즉시 피가 그쳤습니다.

45 예수님께서 말씀하셨습니다. "누가 나를 만졌느냐?" 사람들은 모두 만지지 않았다고 말하였습니다. 베드로가 말했습니다. "선생님, 많은 사람들이 에워싸면서 밀어대고 있습니다."

46 예수님께서 말씀하셨습니다. "누군가 나를 분명히 만졌다. 내게서 능력이 나간 것을 안다."

47 숨길 수 없다는 것을 안 그 여자는 떨며 나아와 예수님 앞에 엎드렸습니다. 그리고 사람들 앞에서 왜 자기가 예수님을 만졌는지, 또 어떻게 즉시 병이 나았는지를 말씀드렸습니다.

48 예수님께서 그에게 말씀하셨습니다. "딸아, 네 믿음이 너를 구원하였다. 평안히 가거라."

49 예수님의 말씀이 끝나기도 전에, 회당장의 집에서 온 어떤 사람이 회당장에게 말했습니다. "따님이 죽었습니다. 그러니 선생님을 더 이상 괴롭히지 마십시오."

50 예수님께서 이 말을 들으시고 대답하셨

절별 해설

49 당신의 딸이 죽었나이다 야이로가 예수님이 불치의 병을 고치실 수 있는 분이라는 사실을 눈으로 확인하고 믿음을 갖게 된 순간 가장 큰 시련이 찾아온다. 바로 자신의 딸이 죽었다는 소식이다. 이처럼 온전한 믿음을 갖기 위해서는 큰 시련을 통과해야 한다.

50 두려워하지 말고 믿기만 하라 믿음이 약했던 야이로는 그 믿음의 근거를 예수님께 온전히 두지 않았기 때문에 상황에 따라 믿음을 완전히 포기할 수도 있었다. 그러나 예수님은 그 순간에 개입하셔서 야이로의 믿음을 붙들어 주신다.

52 울지 말라 죽은 것이 아니라 잔다 야이로의 외동딸의 죽음은 모든 집안사람들을 슬픔에 빠트렸다. 특히 야이로는 딸의 죽음 때문에 우는 가족들의 모습을 보고 딸이 정말로 죽었다는 사실을 확인했을 것이다. 그러나 예수님이 야이로의 딸이 "죽은 것이 아니라 잔다"고 말씀하신 것은, 야이로가 예수님에 대한 믿음을 포기하지 않게 하기 위함이다. 야이로의 딸은 이미 완전히 죽은 상태였지만(53절), 예수님이 명령하셨을 때 그 영이 돌아와서 다시 살아났다(55절).

54 아이야 일어나라 마가는 예수님이 말씀하신 아람어 '달리다굼'을 그대로 기록했다(막 5:41). 예수님은 이미 죽은 소녀의 시체를 잡고 말씀하셨다. 예수님은 혈루증 여자의 부정함뿐 아니라 이 소녀의 죽음까지도 친히 동일시하신 것이다.

55 그 영이 돌아와 이는 죽음이란 육체로부터 영이 떠난 결과임을 보여준다. 예수님은 인간의 육체뿐 아니라 영혼까지도 주관하시는 하나님이심이 드러난다.

습니다. "두려워하지 말고 믿기만 하여라. 그러면 살게 될 것이다."

51 그 집에 이르러, 예수님께서는 베드로와 요한과 야고보, 그리고 소녀의 아버지와 어머니 외에는 아무도 함께 들어가지 못하게 하셨습니다.

52 사람들이 소녀를 위해 슬피 울고 있었습니다. 예수님께서 "울음을 그쳐라. 그는 죽은 것이 아니라 자고 있다"라고 말씀하셨습니다.

53 그러자 사람들은 예수님을 비웃었습니다. 그것은 소녀가 죽었다는 것을 알고 있었기 때문입니다.

54 예수님께서 소녀의 손을 잡고 불렀습니다. "아이야, 일어나라!"

55 그러자 영혼이 돌아와서 소녀는 즉시 일어났습니다. 예수님께서 그에게 먹을 것을 주라고 명하셨습니다.

56 그 소녀의 부모들은 놀랐습니다. 그런데 예수님께서는 일어난 일을 아무에게도 말하지 말라고 지시하셨습니다.

저자의 묵상

당시의 종교지도자들은 예수님을 미워하여 죽이려고까지 했다. 이런 상황 속에서 유대교에 헌신했던 회당장 야이로가 예수님을 찾은 것은 딸의 절박한 상황이 아니었더라면 불가능했을 것이다. 그러나 딸이 아파서 죽어 가자 그는 자신의 종교적 신분과 체면을 다 내려놓고 예수님 앞에 나아와 딸의 구원을 간구했다.

우리 인생 가운데서도 예수님을 만나게 된 경험은 야이로와 같은 절박한 상황을 통한 경우가 많다. 교회를 오래 다니고 있더라도 예수님을 깊이 만나게 되는 경험은 자신의 힘으로는 해결할 수 없는 고난의 상황을 통한 경우가 많다. 이런 이유로 하나님은 때로는 우리의 인생에 존재하는 고난을 우리가 원하는 만큼 빨리 해결해 주시지 않으신다. 고난의 과정이 길고 방해물이 많은 만큼 우리의 믿음은 그 과정을 통해 더욱 견고해지기 때문이다. 야이로도 많은 대중과 혈루증을 앓는 여인과 같은 방해가 있었지만 예수님의 도우심으로 결국 예수님이 죽은 자도 살리실 수 있다는 믿음을 얻게 된 것이다.

무릎기도 하나님, 저의 인생 가운데 찾아오는 다양한 고난들을 통해 제가 예수님이 하나님이심을 믿는 믿음을 가지게 하소서. 상황 때문에 낙심하지 않고 믿음으로 그 상황들을 뛰어넘게 하소서.

ESV - Luke 8

40 Now when Jesus returned, the crowd
welcomed him, for they were all waiting for
him.
41 And there came a man named Jairus, who
was a ruler of the synagogue. And falling at
Jesus' feet, he implored him to come to his
house,
42 for he had an only daughter, about twelve
years of age, and she was dying. As Jesus
went, the people pressed around him.
43 And there was a woman who had had a
discharge of blood for twelve years, and
though she had spent all her living on
physicians,* she could not be healed by
anyone.
44 She came up behind him and touched the
fringe of his garment, and immediately her
discharge of blood ceased.
45 And Jesus said, "Who was it that touched
me?" When all denied it, Peter* said,
"Master, the crowds surround you and are
pressing in on you!"
46 But Jesus said, "Someone touched me, for
I perceive that power has gone out from
me."
47 And when the woman saw that she was
not hidden, she came trembling, and falling
down before him declared in the presence
of all the people why she had touched him,
and how she had been immediately
healed.
48 And he said to her, "Daughter, your faith
has made you well; go in peace."
49 While he was still speaking, someone from
the ruler's house came and said, "Your
daughter is dead; do not trouble the
Teacher any more."
50 But Jesus on hearing this answered him,
"Do not fear; only believe, and she will be
well."
51 And when he came to the house, he
allowed no one to enter with him, except
Peter and John and James, and the father
and mother of the child.
52 And all were weeping and mourning for
her, but he said, "Do not weep, for she is
not dead but sleeping."
53 And they laughed at him, knowing that she
was dead.
54 But taking her by the hand he called,
saying, "Child, arise."
55 And her spirit returned, and she got up at
once. And he directed that something
should be given her to eat.
56 And her parents were amazed, but he
charged them to tell no one what had
happened.

* 8:43 Some manuscripts omit *and though she had spent all her living on physicians*

* 8:45 Some manuscripts add *and those who were with him*

41 ruler 지배자, 통치자 synagogue 회당 fall at one's feet 발밑에 엎드리다 implore 간청하다 42 press 몰려들다 43 discharge of blood 혈루병 physician 의사 44 fringe 가장자리 garment 옷 cease 멎다, 그치다 45 deny 부인하다 46 perceive 알아채다 47 tremble 떨다 in the presence of… …의 면전에서 52 weep 울다 mourn for… …을 애도하다 53 laugh at… …를 비웃다 54 take… by the hand …의 손을 잡다 55 at once 즉시 direct 명령하다 56 amazed 깜짝 놀란 charge 명령하다

• MEMO •

28

월 일

열두 제자의 파송

누가복음 9:1-9 • 새찬송 31장 | 통일 46장

• 말씀묵상 전에 성령님의 인도하심을 구하는 기도를 드리십시오.

본문요약 | 예수님은 제자들에게 귀신을 쫓아내고 병을 고치는 권능을 주심으로 그들이 예수님을 대신하여 하나님 나라를 전파할 수 있게 하셨다. 이런 사역을 감당하는 데 있어서 환경적인 조건에 얽매이지 말고 하나님의 도우심만을 구할 것을 제자들에게 가르치셨다. 한편, 예수님의 사역이 확장되자, 헤롯은 자신이 죽인 세례 요한이 다시 살아났을까 봐 두려워하여 예수님을 만나 보려 한다.

1 예수께서 열두 제자를 불러 모으사 모든 귀신을 제어하며 병을 고치는 능력과 권위를 주시고

2 하나님의 나라를 전파하며 앓는 자를 고치게 하려고 내보내시며

3 이르시되 여행을 위하여 아무것도 가지지 말라 지팡이나 배낭이나 양식이나 돈이나 두 벌 옷을 가지지 말며

4 어느 집에 들어가든지 거기서 머물다가 거기서 떠나라

5 누구든지 너희를 영접하지 아니하거든 그 성에서 떠날 때에 너희 발에서 먼지를 떨어 버려 그들에게 증거를 삼으라 하시니

6 제자들이 나가 각 마을에 두루 다니며 곳곳에 복음을 전하며 병을 고치더라

7 분봉왕 헤롯이 이 모든 일을 듣고 심히 당황하니 이는 어떤 사람은 요한이 죽은 자 가운데서 살아났다고도 하며

8 어떤 사람은 엘리야가 나타났다고도 하며 어떤 사람은 옛 선지자 한 사람이 다시 살아났다고도 함이라

9 헤롯이 이르되 요한은 내가 목을 베었거늘 이제 이런 일이 들리니 이 사람이 누군가 하며 그를 보고자 하더라

1. 오늘 하나님께서 나에게 주신 깨달음은 무엇입니까?

2. 말씀을 어떻게 내 삶에 구체적으로 적용해야 합니까?

절별 해설

1 모든 귀신을 제어하며 병을 고치는 능력과 권위 예수님이 오심으로 이 세상에 하나님 나라가 시작되었다. 예수님은 이를 보여주기 위해서 귀신을 쫓아내고 병을 고치셨다[8:2 절별 해설 참조]. 예수님은 이러한 권세를 제자들에게도 나누어 주셨다. 열두 제자는 새 이스라엘의 상징으로 신약의 교회를 의미한다. 이들이 예수님의 능력과 권세를 받은 것은, 교회가 이 땅에 하나님 나라를 세우고 확장하는 도구이기 때문이다.

2 하나님의 나라를 전파하며 귀신을 쫓아내고 병을 고치는 것은 하나님 나라가 이 세상에 임했음을 전파하기 위한 것이다. 당시의 유대인들은, 메시아가 오셔서 하나님 나라가 임하면 유대인들이 세상을 통치하는 민족주의적 해방이 올 것으로 기대했다(행 1:6). 그러나 하나님 나라는 죄와 마귀와 죽음으로부터 자유하게 되는 영적인 해방임을 보여주시기 위해, 예수님은 귀신을 쫓아내며 병을 고치셨다.

3 본절에 구체적으로 언급된 내용들은 전도 여행을 위한 필수품들이었다. 이런 명령은 하나님의 사명을 감당하는 데 있어서 현실적 조건에 얽매이지 말고 전적으로 하나님을 의존하라는 것이다.

4 거기서 머물다가 거기서 떠나라 전도 여행을 할 때 조건이 좋은 곳을 찾아다니지 말고, '전도'라는 주어진 사명에 충실하라는 충고다.

5 유대인들은 이방 지역을 통과한 뒤에 이스라엘 지역에 들어왔을 때, 이방 지역에서 묻은 먼지를 떨어냈다. 이것은 부정한 것이 이스라엘로 들어오지 못하게 하려는 관습이었다. 예수님은 전도자를 영접하지 않는 집의 먼지를 떨어 버려 그들에게 증거를 삼으라고 말씀하셨다. 제자들의 이런 행동은 그들이 하나님 나라와 관계없는 부정한 자들로서 심판을 당하게 될 것임을 상징적으로 보여주기 위한 것이었다.

6 제자들이 나가 오순절 이후에 성령이 임하여 신약의 교회가 시작되었다. 예수님은 그 전에 제자들에게 미리 하나님 나라를 전파하는 훈련을 시키셨다.

7 분봉왕 헤롯 BC 4년–AD 39년까지 갈릴리와 베레아의 분봉왕이었던 헤롯 안디바[안티파스](Herod Antipas)를 가리킨다. **어떤 사람은 요한이 죽은 자 가운데서 살아났다고도 하며** 헤롯이 세례 요한의 목을 베어 죽였다. 그런데 예수님의 사역에 대한 소문이 퍼지자, 이를 죽은 요한이 살아나 사역하는 것이라고 생각하는 사람들도 있었다.

8 엘리야 세례 요한의 정체에 대해서 사람들이 궁금해했던 것

쉬운성경

1 예수님께서 열두 제자를 부르시고, 이들에게 귀신을 이기고 병을 고치는 능력과 권세를 주셨습니다.

2 그리고 하나님 나라를 전하고 병을 치료하라고 이들을 보내셨습니다.

3 예수님께서 말씀하셨습니다. "여행을 위해 아무것도 챙기지 마라. 지팡이나 가방이나 또는 빵이나 돈이나 챙기지 마라. 옷도 두 벌을 준비하지 마라.

4 어느 집에 들어가든지 떠날 때까지 그 집에 머물러라.

5 만일 너희를 받아들이지 않으면 그 마을에서 나올 때에 네 발에서 먼지를 털어 버려라. 이것이 그들에게 경고하는 증거가 될 것이다."

6 제자들이 떠나, 온 마을을 두루 다니면서 복음을 전파하고 가는 곳마다 사람들을 고쳐 주었습니다.

7 분봉왕 헤롯은 일어나는 모든 일을 듣고 매우 혼란스러웠습니다. 그것은 어떤 사람들은 세례자 요한이 죽었다가 다시 살아났다고 말하고,

8 어떤 사람들은 엘리야가 나타났다고도 하고, 또 어떤 사람들은 옛 예언자 중의 하나가 다시 살아났다고도 하였기 때문이었습니다.

9 헤롯이 말했습니다. "내가 요한의 머리를 잘랐는데, 이런 소문이 들리는 그 사람은 누구인가?" 헤롯은 예수님을 한번 만나 보려고 하였습니다.

처럼(요 1:19-27), 사람들은 예수님의 정체에 대해서도 여러 가지 생각들을 가지고 있었다. 그중 대표적인 생각은, 예수님이 구약성경이 예언한 엘리야라는 것이다(말 4:5).

9 헤롯이 … 이 사람이 누군가 하며 그를 보고자 하더라 헤롯은 세례 요한을 죽인 일에 양심의 가책을 받고 있었다. 그 때문에 헤롯은 예수님이 세례 요한의 환생인지 확인하고자 한다.

저자의 묵상

예수님이 귀신을 쫓아내신 사역을 보고, 지금도 개인에게서 귀신을 쫓아내는 축사 사역이 교회의 주요 사역인 것처럼 오해하는 사람들이 있다. 그러나 예수님이 귀신을 쫓아내신 것은 하나님의 나라가 임했음을 눈에 보이는 형태로 보여주기 위한 목적 때문이었다. 하나님의 나라는 눈에 보이지 않는 영적 통치이다. 영적으로 하나님의 통치가 임하면, 마귀의 지배를 받던 자들이 마귀로부터 자유를 얻게 되고, 그들의 삶과 관계에서 변화가 나타난다. 귀신은 마귀의 영적 지배력을 사람들에게 행사하는 매개체이다. 예수님은 귀신을 쫓아내심으로 그들이 마귀로부터 영적으로 자유를 얻게 되었음을 보여주시고자 한 것이다.

지금 우리가 할 일은, 마귀와 싸워서 승리하는 것이 아니라, 예수님이 마귀의 권세로부터 우리를 자유하게 하셨음을 선포하는 일이다. 마귀의 세력은 이미 십자가에서 패배했다. 따라서 성도는 예수님의 승리를 믿고 그 믿음 안에서 살아가야 한다(요일 5:4-5).

무릎 기도 하나님, 마귀의 세력을 두려워하지 않고, 예수님이 십자가에서 이루신 승리를 믿는 믿음을 주소서. 예수님을 믿음으로 마귀와 세상의 핍박과 유혹을 잘 이길 수 있도록 도우소서.

ESV - Luke 9

1 And he called the twelve together and gave them power and authority over all demons and to cure diseases,
2 and he sent them out to proclaim the kingdom of God and to heal.
3 And he said to them, "Take nothing for your journey, no staff, nor bag, nor bread, nor money; and do not have two tunics.*
4 And whatever house you enter, stay there, and from there depart.
5 And wherever they do not receive you, when you leave that town shake off the dust from your feet as a testimony against them."
6 And they departed and went through the villages, preaching the gospel and healing everywhere.
7 Now Herod the tetrarch heard about all that was happening, and he was perplexed, because it was said by some that John had been raised from the dead,
8 by some that Elijah had appeared, and by others that one of the prophets of old had risen.
9 Herod said, "John I beheaded, but who is this about whom I hear such things?" And he sought to see him.

* 9:3 Greek *chiton*, a long garment worn under the cloak next to the skin

1 authority over··· ···에 대한 권위 cure 고치다 2 proclaim 선포하다 5 shake off the dust 먼지를 털다 testimony 증거 6 preach 전파하다 gospel 복음 7 tetrarch 영주, 분봉왕 perplexed 당황한 raise from the dead 부활하다 9 behead 목을 베다

29 월 일

오병이어의 기적

누가복음 9:10-17 • 새찬송 198장 | 통일 284장

• 말씀묵상 전에 성령님의 인도하심을 구하는 기도를 드리십시오.

본문요약 I 예수님은 제자들과 벳새다라는 고을로 이동하셨는데, 무리가 그곳까지 따라왔다. 예수님은 그들에게 말씀을 가르치시고 병을 고쳐 주셨다. 저녁이 되자 예수님은 떡 다섯 개와 물고기 두 마리를 들고 하늘을 우러러보며 감사 기도를 하시고 떼어 무리를 먹이셨다. 이것으로 먹은 사람이 남자만 오천 명에 이르렀다.

10 사도들이 돌아와 자기들이 행한 모든 것
을 예수께 여쭈니 데리시고 따로 벳새다
라는 고을로 떠나가셨으나
11 무리가 알고 따라왔거늘 예수께서 그들을
영접하사 하나님 나라의 일을 이야기하시
며 병 고칠 자들은 고치시더라
12 날이 저물어 가매 열두 사도가 나아와 여
짜오되 무리를 보내어 두루 마을과 촌으
로 가서 유하며 먹을 것을 얻게 하소서 우
리가 있는 여기는 빈 들이니이다
13 예수께서 이르시되 너희가 먹을 것을 주
라 하시니 여짜오되 우리에게 떡 다섯 개
와 물고기 두 마리밖에 없으니 이 모든 사
람을 위하여 먹을 것을 사지 아니하고서
는 할 수 없사옵나이다 하니
14 이는 남자가 한 오천 명 됨이러라 제자들
에게 이르시되 떼를 지어 한 오십 명씩 앉
히라 하시니
15 제자들이 이렇게 하여 다 앉힌 후
16 예수께서 떡 다섯 개와 물고기 두 마리를
가지사 하늘을 우러러 축사하시고 떼어
제자들에게 주어 무리에게 나누어 주게
하시니
17 먹고 다 배불렀더라 그 남은 조각을 열두
바구니에 거두니라

1. 본문에 나타난 예수님은 어떤 분이십니까?

2. 오늘 하나님께서 나에게 주신 깨달음은 무엇입니까?

3. 말씀을 어떻게 내 삶에 구체적으로 적용해야 합니까?

절별 해설

10 따로 벳새다라는 고을로 떠나가셨으나 '벳새다'는 '고기 잡는 집'이라는 뜻으로, 갈릴리 호수 북동쪽의 어촌이다. 이곳은 베드로와 안드레와 빌립의 고향이기도 하다(요 1:44). 예수님은 제자들과 배를 타고 벳새다로 이동하셨다(막 6:32). 예수님이 한적한 곳으로 이동하신 것은, 사람들이 너무 많이 몰려들어서 제자들을 가르치고 기도할 시간이 없으셨기 때문이다.

11 무리가 알고 따라왔거늘 예수님을 만나고자 했던 무리들은 걸어서 가버나움에서 벳새다로 이동했다. 예수님은 그들을 영접하셨다. '영접하다'는 누가만 사용한 표현으로, 목자 없는 양같이 유리방황하는 무리를 예수님이 따뜻하게 품어 받아 주시는 모습이 담겨 있다.

12 먹을 것을 얻게 하소서 사람들은 먹을 것을 준비하지 않고 예수님을 따라왔기 때문에 빈 들에서 온종일 주렸다. '빈 들'은 광야의 다른 표현이다. 구약의 이스라엘 백성들이 광야에서 굶주렸던 장면을 연상하게 한다.

13 떡 다섯 개와 물고기 두 마리 이 떡은 '보리떡'(요 6:9)으로 아주 가난한 사람들만이 먹던 음식이었다. '물고기'는 떡을 먹을 때 목이 막히지 않게 반찬처럼 먹었던 소금에 절인 작은 생선을 말한다. 예수님이 광야에서 무리를 먹이신 사건은 두 번 등장한다. 본문의 이 사건은 떡 다섯 개로 오천 명을 먹이시고 열두 바구니가 남은 경우이며, 다른 사건은 떡 일곱 개로 사천 명을 먹이시고 일곱 광주리가 남은 경우다(마 15:32-39). '5'는 구약의 모세오경, '12'는 구약의 열두 지파의 숫자다. 즉 '5'와 '12'는 유대인을 상징한다. 또한 '4'는 온 세상의 네 방위를, '7'은 가나안 일곱 족속의 숫자다. 즉 '4'와 '7'은 이방인을 상징한다. 따라서 이 두 사건은 예수님이 유대인과 이방인 모두를 풍성한 '생명의 떡'(요 6:35)으로 먹이시는 주님이심을 상징적으로 보여준다.

14 남자가 한 오천 명 유대인들은 남자의 숫자만 세었다. 여자와 어린아이들까지 합하면 만 명이 넘는 큰 무리였을 것이다. **떼를 지어 한 오십 명씩 앉히라** 마가는 '떼로 백 명씩 또는 오십 명씩' 앉았다고 기록한다(막 6:40).

16 하늘을 우러러 축사하시고 공관복음서 모두에 공통적으로 등장하는 구절이다. 예수님은 식사를 앞두고 하나님의 공급하심과 은혜에 감사하는 기도를 하셨다.

17 먹고 다 배불렀더라 예수님이 공급하시는 하늘의 생명이 풍성하게 넘침을 보여준다. 예수님은 이 기적을 통해 예수님이 하늘로부터 온 생명의 양식임을 깨닫게 하셨다(요 6:33-35).

쉬운성경

10 사도들이 돌아와서 자기들이 했던 모든 일들을 예수님께 말씀드렸습니다. 예수님께서 제자들을 데리고 벳새다라고 불리는 마을로 가셨습니다.

11 사람들이 이 사실을 알고 예수님을 따라왔습니다. 예수님께서 이들을 반기시며 하나님 나라에 대해 말씀하셨습니다. 또한 치료받아야 할 사람들을 치료해 주셨습니다.

12 날이 저물기 시작할 때, 열두 제자들이 예수님께 와서 말했습니다. "우리가 있는 곳은 빈 들이니까 사람들을 보내십시오. 그래서 근처 마을과 농가로 가서 잠잘 곳을 찾고, 먹을 것을 얻게 하십시오."

13 예수님께서 제자들에게 말씀하셨습니다. "너희가 사람들에게 먹을 것을 주어라." 제자들이 대답했습니다. "우리에겐 단지 다섯 개의 빵과 생선 두 마리밖에 없습니다. 가서 이 모든 사람들을 위해 음식을 사지 않으면 안되겠습니다."

14 사람들은 남자들의 수만 약 오천 명 정도 되었습니다. 예수님께서 제자들에게 "사람들을 오십 명씩 무리지어 앉게 하여라" 하고 말씀하셨습니다.

15 제자들이 예수님의 말씀대로 사람들을 앉게 하였습니다.

16 예수님께서 빵 다섯 개와 생선 두 마리를 들고 하늘을 우러러보며 감사 기도를 하셨습니다. 그런 후에 제자들에게 떼어 주며 사람들 앞에 내놓도록 하셨습니다.

17 사람들이 모두 먹고 배가 불렀습니다. 또한 남겨진 조각들을 모으니 열두 바구니에 가득 찼습니다.

저자의 묵상

출애굽한 이스라엘 백성들은 광야에서 하나님이 주신 떡[만나]과 고기[메추라기]를 먹었다. 예수님 또한 광야에서 이스라엘 백성들에게 떡과 물고기를 풍성하게 주심으로 자신이 하나님이심을 증거하셨다. 또한 예수님은 이 기적을 통해 예수님 자신이 우리의 참된 영적 생명이 되심을 보여주시고자 하셨다. 그렇기 때문에 자신을 따르는 무리들에게 자신이 '생명의 떡'이 되심을 말씀하셨다(요 6:35). 그러나 예수님을 통해 세상적인 부귀영화를 꿈꾸며 따르던 많은 자들은 예수님의 이 말씀이 걸림돌이 되어 예수님을 떠나고 말았다(요 6:66).

지금도 예수님을 믿는다고 하면서 예수님을 통해 얻게 될 세상적인 축복만을 추구하는 자들이 많다. 이런 사람들은, 예수님만이 우리의 영적 생명이시며 예수님이 주실 것이 세상 축복이 아니라는 사실을 알게 되면, 예수님을 떠나 자신의 욕망을 만족시켜 줄 다른 우상을 찾는다.

무릎 기도 하나님, 예수님 자신이 아닌 예수님을 통해 얻게 될 세상적인 축복만을 원했던 저의 우상 숭배를 용서하소서. 예수님이 주시는 참된 영적 생명을 간절히 사모하는 자가 되게 하소서.

ESV - Luke 9

10 On their return the apostles told him all that they had done. And he took them and withdrew apart to a town called Bethsaida.
11 When the crowds learned it, they followed him, and he welcomed them and spoke to them of the kingdom of God and cured those who had need of healing.
12 Now the day began to wear away, and the twelve came and said to him, "Send the crowd away to go into the surrounding villages and countryside to find lodging and get provisions, for we are here in a desolate place."
13 But he said to them, "You give them something to eat." They said, "We have no more than five loaves and two fish—unless we are to go and buy food for all these people."
14 For there were about five thousand men. And he said to his disciples, "Have them sit down in groups of about fifty each."
15 And they did so, and had them all sit down.
16 And taking the five loaves and the two fish, he looked up to heaven and said a blessing over them. Then he broke the loaves and gave them to the disciples to set before the crowd.
17 And they all ate and were satisfied. And what was left over was picked up, twelve baskets of broken pieces.

10 apostle 사도 withdraw to… …로 떠나가다 11 have need of… …을 필요로 하다 12 wear (시간이) 경과하다 surrounding 인근의 countryside 시골, 지방 lodging 숙소 provisions 식량, 양식 desolate 빈 13 loaf 빵 한 덩이 14 disciple 제자 in groups 떼를 지어 17 be left over (필요한 것을 쓰고 난 뒤) 남다

30

월 일

베드로의 신앙 고백과 예수님의 첫 번째 수난 예고

누가복음 9:18-27 • 새찬송 600장 | 통일 242장

• 말씀묵상 전에 성령님의 인도하심을 구하는 기도를 드리십시오.

본문요약 I 자신을 누구라고 생각하느냐는 예수님의 질문에 제자들은 당시 사람들의 말을 전한다. 이에 예수님은 제자들의 생각을 물어보시고, 베드로는 예수님이 하나님의 아들 그리스도시라고 대답한다. 예수님은 자신이 수난과 죽임을 당할 것을 예고하시고, 제자의 세 가지 길을 알려 주신다.

18 예수께서 따로 기도하실 때에 제자들이
주와 함께 있더니 물어 이르시되 무리가
나를 누구라고 하느냐
19 대답하여 이르되 [1]세례 요한이라 하고 더
러는 엘리야라, 더러는 옛 선지자 중의 한
사람이 살아났다 하나이다
20 예수께서 이르시되 너희는 나를 누구라
하느냐 베드로가 대답하여 이르되 하나님
의 그리스도시니이다 하니
21 경고하사 이 말을 아무에게도 이르지 말
라 명하시고
22 이르시되 인자가 많은 고난을 받고 장로
들과 대제사장들과 서기관들에게 버린 바
되어 죽임을 당하고 제삼 일에 살아나야
하리라 하시고
23 또 무리에게 이르시되 아무든지 나를 따
라오려거든 자기를 부인하고 날마다 제
십자가를 지고 나를 따를 것이니라
24 누구든지 제 목숨을 구원하고자 하면 잃
을 것이요 누구든지 나를 위하여 제 목숨
을 잃으면 구원하리라
25 사람이 만일 온 천하를 얻고도 자기를 잃
든지 빼앗기든지 하면 무엇이 유익하리요
26 누구든지 나와 내 말을 부끄러워하면 인
자도 자기와 아버지와 거룩한 천사들의
영광으로 올 때에 그 사람을 부끄러워하
리라
27 내가 참으로 너희에게 이르노니 여기 서
있는 사람 중에 죽기 전에 하나님의 나라
를 볼 자들도 있느니라

1) 헬, 또는 침례

1. 본문에 나타난 예수님은 어떤 분이십니까?

2. 오늘 하나님께서 나에게 주신 깨달음은 무엇입니까?

3. 말씀을 어떻게 내 삶에 구체적으로 적용해야 합니까?

절별 해설

20 너희는 나를 누구라 하느냐 제자들은 상당 기간 예수님과 함께 하면서 가르침을 받았고 기적을 경험했으며 권세를 위임받기도 했다. 이런 과정을 통해서 그들이 예수님을 개인적으로 어떻게 고백하는지를 물으신 것이다.

하나님의 그리스도시니이다 공관복음은 각각 베드로의 말을 다르게 표현한다(막 8:29; 요 6:69). 그중에 마태가 기록한 "주는 그리스도시요 살아계신 하나님의 아들"(마 16:16)이라는 표현이 가장 상세하다. '그리스도'는 기름부음을 받은 자라는 뜻으로, 구약의 '메시아'의 헬라어 표현이다. 이는 예수님께서 구약성경이 약속한 메시아인 하나님이시라는 신앙고백이다. 〈마태복음〉에는 이런 고백을 한 베드로를 예수님이 칭찬하시고, 그 견고한 신앙고백 위에 교회를 세우겠다고 약속하시는 내용이 추가되어 있다(마 16:17-19). 베드로의 고백이 곧 교회의 신앙고백이다. 또 이것을 고백하는 자들에게 하나님이 약속하신 성령을 부어 주심으로 옛 언약이 파기되고 새 언약의 시대가 시작되는 것이다.

22 인자가 많은 고난을 받고 본서에서 예수님은 네 번에 걸쳐서 수난 예고를 하셨다(9:22,44; 18:31-34; 22:21-23). 이것은 그 첫 번째 예고인데, 베드로의 신앙고백 이후에 하신 것으로 미루어, 예수님이 어떤 목적을 위해 세상에 오셨는지를 명확하게 보여준다.

23 아무든지 나를 따라오려거든 예수님을 따르고자 하는 모든 제자에게 요구되는 말씀이다. 본절은 예수님을 따르는 제자들의 길인 '제자도'에 관한 가장 핵심적인 성경 구절이다.

자기를 부인하고 제자도의 첫 번째 조건인 자기 부인은, 자신 안에 아무런 구원의 가능성이 없음을 철저하게 인정하고 오직 예수님만을 붙드는 태도를 의미한다. 자기 부인이 되지 않은 사람은 결국 세상의 힘으로 자기를 구원하려 한다. 그러나 제자는 자기 힘이 아니라 예수님이 공급하시는 하늘 생명으로 살아가는 사람이다. 따라서 자기 부인은 믿음의 다른 표현이다. 예수님을 믿는다는 것은, 자신에게 믿음을 둘 수 있는 근거가 없음을 고백하며 예수님을 전적으로 의존하는 것이다.

날마다 제 십자가를 지고 제자도의 두 번째 조건은 자기 십자가를 지는 것이다. 십자가는 예수님의 길이 고난의 길임을 보여준다. 세상의 길은 풍요를 약속한다. 하지만 그것은 일시적이기에 결국 천하를 얻어도 목숨은 얻지 못하는 모순이 발생한다. 그러나 예수님을 따르는 것이 세상에서는 낮아짐과 고난의 길일지라도, 그 길은 영생을 얻는 길이다. 이런 십자가의 길이 '각자마다' 주어져 있기 때문에 '자기[제]' 십자가라고 표현한 것이며, 이런 길을 '매일' 조금씩 걸어가야 하기 때문에 '날마다'라고 표현한 것이다.

나를 따를 것이니라 제자도의 세 번째 조건은 예수님을 계속해서 따라가는 것이다. 이것은 한번 예수님을 따르기 시작하면 지속적으로 예수님의 인도와 말씀에 순종하는 삶을 말한다. 예수님의 말

쉬운성경

18 예수님께서 홀로 기도하고 계실 때였습니다. 예수님께서 함께 있는 제자들에게 물으셨습니다. "사람들이 나를 누구라고 하느냐?"

19 제자들이 대답하였습니다. "세례자 요한이라고 합니다. 어떤 사람들은 엘리야라고도 합니다. 또 어떤 사람들은 옛 예언자 중의 하나가 다시 살아났다고 합니다."

20 예수님께서 제자들에게 말씀하셨습니다. "그러면 너희는 나를 누구라고 하느냐?" 베드로가 "하나님의 아들 그리스도이십니다"라고 대답했습니다.

21 예수님께서 제자들에게 이 사실을 아무에게도 말하지 말라고 엄히 말씀하셨습니다.

22 "인자가 많은 고통을 받고 장로들과 대제사장들과 율법학자들에게 배척을 받아야 한다. 또한 죽임을 당한 후, 삼 일째 되는 날에 다시 살아날 것이다."

23 예수님께서 모두에게 말씀하셨습니다. "누구든지 나를 따라오려거든 자기를 부인하고 매일 자기 십자가를 지고 나를 따르라.

24 자기의 생명을 건지려고 하는 사람은 잃을 것이다. 그러나 나를 위해 자기 생명을 잃는 사람은 자기 생명을 건질 것이다.

25 만일 이 세상을 모두 얻고도, 자기를 잃거나 빼앗기면 무슨 유익이 있느냐?

26 누구든지 나와 내 말을 부끄러워하면, 인자도 자신의 영광과 아버지의 영광과 거룩한 천사의 영광으로 올 때, 그를 부끄러워할 것이다.

27 내가 진정으로 말한다. 여기 서 있는 사람 중에 몇 사람은 죽기 전에 하나님의 나라를 볼 것이다."

씀대로 살아가는 자는 결국 예수님과 같은 자로 인정받는 영광의 자리에 이르게 된다.

24 누구든지 제 목숨을 구원하고자 하면 잃을 것이요 제자가 아닌 자들은 자신의 목숨을 보존하기 위해 세상의 힘을 의존한다. 그러나 이것은 영생을 얻을 수 없는 일시적인 삶에 불과하다.

27 여기 서 있는 사람 중에 죽기 전에 하나님의 나라를 볼 자들도 있느니라 이는 앞으로 제자들이 변화산에서 하나님의 영광스러운 임재를 체험하게 될 것을 의미한다(28-36절). 이것은 제자의 길이 결국은 영광의 길임을 보여준다.

저자의 묵상

예수님의 제자가 되기 위해서는 가장 먼저 자기 부인을 해야 한다. 그런데 세상의 힘을 의존하고 살아가던 자가 그것을 포기하는 일은 죽기보다 더 힘든 일이다. 사람마다 부인해야 할 대상이 다르다. 그러나 일반적으로 사람들이 가장 부인하기 어려운 대상은 돈과 사람이다. 돈은 세상에서의 쾌락과 안정으로 행복을 줄 것처럼 속인다. 그러나 인간의 영혼은 돈과 같은 물질로는 절대로 채워질 수도 없고 행복하게 될 수도 없다. 따라서 물질을 의지하는 사람은 결국 허무하게 된다. 사람은 사랑을 받고 의지함으로 행복하게 해 줄 것처럼 속인다. 그러나 이기적이고 연약한 인간은 다른 사람을 온전히 사랑할 수도, 또한 의존의 대상이 될 수도 없다. 그래서 사람을 의지하면 낙심하게 된다. 결국, 돈과 사람이 우리가 의존할 대상이 아님을 깨달은 자들만이 그 의존의 대상들을 부인하고 예수님을 의존하게 되는 것이다.

무릎기도 하나님, 돈과 사람을 저의 의존의 대상으로 삼고 살아갔던 죄악을 회개합니다. 돈과 사람에 대한 의존을 내려놓고 오직 예수님만을 의지하며 십자가를 지고 예수님을 따르게 하소서.

ESV - Luke 9

18 Now it happened that as he was praying alone, the disciples were with him. And he asked them, "Who do the crowds say that I am?"
19 And they answered, "John the Baptist. But others say, Elijah, and others, that one of the prophets of old has risen."
20 Then he said to them, "But who do you say that I am?" And Peter answered, "The Christ of God."
21 And he strictly charged and commanded them to tell this to no one,
22 saying, "The Son of Man must suffer many things and be rejected by the elders and chief priests and scribes, and be killed, and on the third day be raised."
23 And he said to all, "If anyone would come after me, let him deny himself and take up his cross daily and follow me.
24 For whoever would save his life will lose it, but whoever loses his life for my sake will save it.
25 For what does it profit a man if he gains the whole world and loses or forfeits himself?
26 For whoever is ashamed of me and of my words, of him will the Son of Man be ashamed when he comes in his glory and the glory of the Father and of the holy angels.
27 But I tell you truly, there are some standing here who will not taste death until they see the kingdom of God."

21 strictly 엄히 charge 명령하다 22 suffer 겪다, 당하다 reject 버리다 elder 장로 scribe 서기관 23 deny oneself 자기를 버리다 24 for one's sake …를 위하여 25 profit 득이 되다 forfeit 빼앗기다 26 ashamed of… …을 부끄러워하여

☐ 묵상 체크

31 변화산 사건

월 일

누가복음 9:28-36 • 새찬송 27장 | 통일 27장

• 말씀묵상 전에 성령님의 인도하심을 구하는 기도를 드리십시오.

본문요약 I 예수님은 베드로, 요한, 야고보를 데리고 산에 올라가 기도하셨다. 그곳에서 예수님은 영광스럽게 변화되셨고, 모세와 엘리야가 나타나 함께 예수님의 수난과 죽음에 대해서 말씀을 나눈다. 베드로는 그곳에 계속 있고 싶다는 인간적인 바람을 표현했다. 이때 하나님께서 구름 속에 직접 오셔서 예수님을 '나의 아들'이라 부르시고, 제자들에게 그의 말을 들으라고 명령하셨다.

28 이 말씀을 하신 후 팔 일쯤 되어 예수께서
베드로와 요한과 야고보를 데리고 기도하
시러 산에 올라가사
29 기도하실 때에 용모가 변화되고 그 옷이
희어져 광채가 나더라
30 문득 두 사람이 예수와 함께 말하니 이는
모세와 엘리야라
31 영광중에 나타나서 장차 예수께서 예루살
렘에서 별세하실 것을 말할새
32 베드로와 및 함께 있는 자들이 깊이 졸다
가 온전히 깨어나 예수의 영광과 및 함께
선 두 사람을 보더니
33 두 사람이 떠날 때에 베드로가 예수께 여
짜오되 주여 우리가 여기 있는 것이 좋사
오니 우리가 초막 셋을 짓되 하나는 주를
위하여, 하나는 모세를 위하여, 하나는 엘
리야를 위하여 하사이다 하되 자기가 하
는 말을 자기도 알지 못하더라
34 이 말 할 즈음에 구름이 와서 그들을 덮는
지라 구름 속으로 들어갈 때에 그들이 무
서워하더니
35 구름 속에서 소리가 나서 이르되 이는 나
의 아들 곧 택함을 받은 자니 너희는 그의
말을 들으라 하고
36 소리가 그치매 오직 예수만 보이더라 제
자들이 잠잠하여 그 본 것을 무엇이든지
그때에는 아무에게도 이르지 아니하니라

1. 본문에 나타난 예수님은 어떤 분이십니까?

2. 오늘 하나님께서 나에게 주신 깨달음은 무엇입니까?

3. 말씀을 어떻게 내 삶에 구체적으로 적용해야 합니까?

절별 해설

28 예수께서 … 기도하시러 산에 올라가사 예수님은 야이로의 딸을 살리셨을 때처럼 이번에도 베드로와 요한과 야고보만을 데리고 산으로 기도하러 가셨다.

29 기도하실 때에 용모가 변화되고 그 옷이 희어져 광채가 나더라 마태는 예수님의 얼굴이 해같이 빛났다고 표현했다(마 17:2). 예수님의 변화된 모습은 예수님의 신적 모습의 영광을 보여준다. 예수님이 빛나는 모습을 제자들에게 보이신 이유는, 예수님을 따르는 삶의 결국이 어떠한지를 보여주기 위함이다. 즉, 이 땅에서 예수님과 같이 십자가의 삶을 살아가면, 그 결국도 예수님과 같이 영화롭게 변화될 것을 말씀하신 것이다.

30 모세와 엘리야 '모세'는 구약 율법의 대표자며, '엘리야'는 구약 선지자들의 대표다. 이들이 나타나 예수님과 대화한 것은 구약의 율법과 선지자가 예언한 모든 것이 예수님에게서 성취될 것이기 때문이다. 구약의 모든 말씀과 사역은 예수님을 위한 준비 과정이었다.

31 별세 '별세'라는 낱말은 헬라어 '엑소더스'를 번역한 것이다[죽음_쉬운성경 ‖ 떠나가심_새번역]. '엑소더스'(exodus)는 '출발'·'탈출'·'밖으로 나감'·'떠나감' 등을 뜻한다. 이것은 이스라엘 백성들의 출애굽을 의미하는 헬라어와 같은 단어다. 예수님의 죽음으로 하나님의 백성들이 노예 됨으로부터 자유롭게 되는 출애굽, 즉 출(出)죽음이 가능하게 된다는 것이다.

33 우리가 초막 셋을 짓되 베드로는 예수님과 모세와 엘리야가 나눈 '예수님의 수난과 죽음'에 관한 대화를 제대로 깨닫지 못했다. 베드로는 단순히, 영광스럽게 변화된 예수님의 모습이 좋았기 때문에 그곳에 계속 머무르고자 초막을 짓겠다고 한다.

34 구름이 와서 그들을 덮는지라 구약성경에서 구름은 하나님의 임재를 상징한다(출 16:10). 이제 하나님이 구름 속에 직접 오셔서 말씀하신다.
그들이 무서워하더니 하나님의 임재 앞에서 인간은 두려워하게 되어 있다. 이는 거룩하신 하나님 앞에서의 죄악 된 인간의 모습과 또한 무한하신 하나님 앞에서의 유한성에서 비롯된 두려움이다.

35 이는 나의 아들 곧 택함을 받은 자니 이 음성은 예수님이 세례 요한에게 세례를 받으실 때 들으셨던 음성과 유사하다. 이를 통해 베드로가 예수님을 하나님의 아들 그리스도로 고백한 것이 올바른 것이었음이 확증되었다. 성경에서 다른 사람이 들을 수 있게 하나님께서 예수님께 직접 말씀하신 것이 세 번 나온다. 사역 전에 세례를 받을 때와(3:22) 변화산상에서,

쉬운성경

28 이 말씀을 하신 지 팔 일 뒤에 예수님께서 베드로와 야고보와 요한을 데리고 기도하러 산으로 올라가셨습니다.

29 예수님께서 기도하시는 동안, 얼굴 모습이 변하고 옷이 하얗게 빛났습니다.

30 그때, 두 사람이 예수님과 함께 이야기를 하고 있었습니다. 이들은 모세와 엘리야였습니다.

31 그들은 영광스러운 모습으로 나타나 예루살렘에서 이루실 예수님의 죽음에 대해 말씀을 나누고 있었습니다.

32 베드로와 같이 있던 다른 제자들이 잠을 이기지 못하고 졸다가 깨어났습니다. 그리고 예수님의 영광을 목격하고, 다른 두 사람이 예수님과 함께 서 있는 것을 보았습니다.

33 모세와 엘리야가 떠나려고 하자, 베드로가 예수님께 말씀드렸습니다. "선생님, 우리가 여기 있는 것이 좋겠습니다. 저희들이 천막 셋을 세우겠습니다. 하나는 선생님을 위하여, 하나는 모세를 위하여, 또 하나는 엘리야를 위하여 말입니다." 베드로는 자기가 무슨 말을 하는지도 알지 못했습니다.

34 베드로가 이 말을 하고 있을 때, 구름이 일어나서 그들을 뒤덮었습니다. 제자들이 구름 속으로 들어가게 되자 두려워하였습니다.

35 구름 속에서 소리가 났습니다. "이는 내 아들, 내가 택한 자이다. 그의 말을 들어라."

36 소리가 들릴 때, 예수님만 홀로 서 계셨습니다. 제자들은 입을 다물고, 자신들이 본 것에 대해 아무에게도 말하지 않았습니다.

그리고 예루살렘 입성 후에 헬라인들이 방문했을 때다(고난 주간_요 12:28). 이것은 하나님이 예수님과 처음부터 끝까지 함께하시며 그를 인정하셨음을 보여준다.

저자의 묵상

예수님이 제자들에게 하나님의 영광을 맛보게 하신 이유는, 제자들이 이 땅에서는 십자가를 따르는 고난의 삶을 통과해야 하기 때문이었다. 성도가 십자가의 삶을 살아가는 것은 지루하고 힘든 과정이다. 그렇기 때문에 참된 제자의 삶을 살기보다는 세상적인 쾌락과 영광을 포기하지 못하는 사람들이 많다.

하나님께서 성도가 십자가의 삶을 통과해야 영광을 얻도록 하시는 중요한 이유가 있다. 그 이유는 하나님이 주실 영광을 누릴 자격을 성도에게 갖추도록 하시기 위함이다. 하나님이 주실 영광은 성도의 헌신과 섬김에 대한 보상이 아니다. 하나님이 주실 영광은, 자기 부인이 된 성도가 예수님의 뜻대로 십자가의 길을 순종할 때, 하나님 자신이 성도와 함께하심으로 하나님의 영광을 드러내시는 그것이다. 그렇기 때문에 자기 부인을 하고 십자가의 길을 걸어가면서, 성도는 오직 예수님만을 의지하고 따르는 겸손하고 온유한 자로 변화되며, 그 결과로 영광이 주어지는 것이다.

무릎 기도 하나님, 십자가를 통과하지 않고 영광만을 얻고자 하는 저의 교만함을 회개합니다. 이 땅에서 십자가의 삶을 온유함으로 받아들임으로써 하나님과 함께하는 자로 지어져 가게 하소서.

ESV - Luke 9

28 Now about eight days after these sayings
he took with him Peter and John and
James and went up on the mountain to
pray.
29 And as he was praying, the appearance of
his face was altered, and his clothing
became dazzling white.
30 And behold, two men were talking with
him, Moses and Elijah,
31 who appeared in glory and spoke of his
departure,* which he was about to
accomplish at Jerusalem.
32 Now Peter and those who were with him
were heavy with sleep, but when they
became fully awake they saw his glory and
the two men who stood with him.
33 And as the men were parting from him,
Peter said to Jesus, "Master, it is good that
we are here. Let us make three tents, one
for you and one for Moses and one for
Elijah"—not knowing what he said.
34 As he was saying these things, a cloud
came and overshadowed them, and they
were afraid as they entered the cloud.
35 And a voice came out of the cloud, saying,
"This is my Son, my Chosen One;* listen to
him!"
36 And when the voice had spoken, Jesus
was found alone. And they kept silent and
told no one in those days anything of what
they had seen.

* 9:31 Greek *exodus*
*9:35 Some manuscripts *my Beloved*

29 appearance 모습, 용모 alter (형상 등을) 바꾸다 clothing 옷 be dazzling white 눈부시게 희다 31 appear 나타나다 departure (고어) 죽음 accomplish 이루다 32 heavy with sleep 졸린 33 part from… (모여 있던 사람들이) …를 떠나다 34 overshadow 가리다 36 keep silent 잠잠하다

32 귀신 들린 아이의 치유와 두 번째 수난 예고

월 일

누가복음 9:37-45 • 새찬송 294장 | 통일 416장

• 말씀묵상 전에 성령님의 인도하심을 구하는 기도를 드리십시오.

본문요약 | 예수님이 변화산에 계실 때에 산 아래서는 제자들이 귀신 들린 아이를 고치지 못하고 있었다. 예수님은 그런 제자들을 믿음이 없고 패역하다고 꾸짖으시고 귀신을 쫓아내신다. 이는 자기 부인을 하지 않고 자기 영광을 추구하려 했던 제자들을 꾸짖으신 것이다. 예수님은 그들에게 자신이 수난을 당하실 것을 다시 한 번 가르치신다.

37 이튿날 산에서 내려오시니 큰 무리가 맞
을새
38 무리 중의 한 사람이 소리 질러 이르되 선
생님 청컨대 내 아들을 돌보아 주옵소서
이는 내 외아들이니이다
39 귀신이 그를 잡아 갑자기 부르짖게 하고
경련을 일으켜 거품을 흘리게 하며 몹시
상하게 하고야 겨우 떠나가나이다
40 당신의 제자들에게 내쫓아 주기를 구하였
으나 그들이 능히 못하더이다
41 예수께서 대답하여 이르시되 믿음이 없고
패역한 세대여 내가 얼마나 너희와 함께
있으며 너희에게 참으리요 네 아들을 이
리로 데리고 오라 하시니
42 올 때에 귀신이 그를 거꾸러뜨리고 심한
경련을 일으키게 하는지라 예수께서 더러
운 귀신을 꾸짖으시고 아이를 낫게 하사
그 아버지에게 도로 주시니
43 사람들이 다 하나님의 위엄에 놀라니라
그들이 다 그 행하시는 모든 일을 놀랍게
여길새 예수께서 제자들에게 이르시되
44 이 말을 너희 귀에 담아 두라 인자가 장차
사람들의 손에 넘겨지리라 하시되
45 그들이 이 말씀을 알지 못하니 이는 그들
로 깨닫지 못하게 숨긴 바 되었음이라 또
그들은 이 말씀을 묻기도 두려워하더라

1. 오늘 하나님께서 나에게 주신 깨달음은 무엇입니까?

2. 말씀을 어떻게 내 삶에 구체적으로 적용해야 합니까?

절별 해설

38 청컨대 내 아들을 돌보아 주옵소서 '돌보아 주다'는 원어적으로 '관심을 가지고 자세히 살펴보다'라는 의미다. 아들에 대한 이 아버지의 간절함이 표현되어 있다.

39 귀신이 그를 잡아 마태는 이 아이의 상태를 간질병이라고 표현하며(마 17:15), 마가는 말 못하게 하는 귀신에 들렸다고 설명한다(막 9:17). 또한 마태는 이 아이가 자주 불과 물에 넘어져 자신을 상하게 한다고 설명한다. 이것은 군대 귀신 들렸던 사람이 돌로 자신의 몸을 상하게 했던 것처럼, 귀신 들린 사람의 자기 파괴적인 모습을 드러냄을 보여준다(막 5:5).

40 그들이 능히 못하더이다 예수님이 변화산에 올라가셨을 때, 산 아래 있던 제자들은 그 귀신을 내쫓기 위해 애썼다. 그러나 그들은 결코 할 수 없었다. 예수님은 산 위에서 영광스럽게 변화되신 반면에, 여러 제자들이 산 아래서 귀신 들린 아이 하나를 고치지 못한 모습은 매우 대조적이다.

41 믿음이 없고 패역한 세대여 예수님은 귀신을 내쫓지 못한 제자들을 강하게 책망하신다. 그 이유는 그들이 자기 부인이 아닌 자기 영광을 추구했기 때문이다. 제자들은 예수님이 산 위에 올라가신 동안에 사람들에게 자신들의 능력을 나타내고자 했을 것이다. 이것은 자기를 부인하고 십자가를 지는 낮아짐의 길이 아니었다. 오히려 예수님의 능력을 이용해 자신들이 영광을 얻으려는 세상적인 방법이었다. 예수님은 이런 제자들을 향해 '패역하다'라고 책망의 말씀을 하셨다. 예수님이 자신의 가르침과 삶을 통해 제자도를 가르치셨는데, 제자들은 예수님이 잠시 그들을 떠나시자 곧바로 세상의 길을 추구했기 때문이다.

42 귀신이 그를 거꾸러뜨리고 심한 경련을 일으키게 하는지라 귀신은 예수님을 두려워했기 때문에 그 아이에게 심한 경련이 나게 한다. 그로 말미암아 예수님이 자신을 쫓아내지 못하게 하려 한 것이다.

44 인자가 장차 사람들의 손에 넘겨지리라 본서의 두 번째 수난 예고다(9:22,44; 18:31–34; 22:21–23). 예수님은 십자가의 길을 추구하지 않고 세상의 길을 따른 제자들에게 다시 자신이 걸어가실 길이 십자가의 길임을 가르치신다. '넘겨지리라'는 수동태 표현으로, 예수님이 가룟 유다에 의해서 종교지도자들에게 팔리게 될 것을 보여준다.

45 그들이 이 말씀을 알지 못하니 이 구절은 인간의 선입견과 죄악이 얼마나 깊은지를 보여준다. 예수님의 반복되는 수난 예고에도 불구하고, 제자들은 여전히 예수님이 십자가

쉬운성경

37 다음 날, 산에서 내려왔을 때, 많은 사람들이 예수님을 맞이했습니다.

38 그 사람들 중에 한 사람이 예수님께 외쳤습니다. "선생님 제 아들의 병을 고쳐 주십시오. 하나뿐인 아들입니다.

39 악한 영이 아이를 사로잡으면 갑자기 아이가 소리를 지릅니다. 또 아이에게 경련을 일으켜 입에 거품을 물게 합니다. 그리고 아이에게 상처를 입히며 여간해서 떠나려고 하지 않습니다.

40 제가 선생님의 제자들에게 쫓아 달라고 간청하였지만, 그들은 할 수 없었습니다."

41 예수님께서 대답하셨습니다. "아, 믿음이 없고 비뚤어진 세대여, 내가 얼마나 오랫동안 너희와 함께 있으면서 참아야 하겠느냐? 네 아들을 이리 데리고 오너라."

42 소년이 올 때, 마귀가 그를 넘어뜨려 경련을 일으키게 하였습니다. 예수님께서 더러운 영을 꾸짖으시고 소년을 고쳐 주셨습니다. 그리고 그 아버지에게 돌려보냈습니다.

43 사람들은 모두 하나님의 위대하심에 놀랐습니다. 사람들이 모두 예수님이 하신 일을 보고 놀라고 있을 때, 예수님께서 제자들에게 말씀하셨습니다.

44 "너희는 이 말을 귀담아들어라. 인자가 사람들의 손에 넘겨질 것이다."

45 그러나 제자들은 이러한 예수님의 말씀을 이해하지 못하였습니다. 제자들이 이해하지 못하도록 그 뜻이 감추어져 있었습니다. 또한 제자들은 이 말씀에 대해 예수님께 묻기를 두려워하였습니다.

없이 영광을 얻으실 것이라고 착각하고 있었다. 이런 영적 무지 때문에 제자들은 예수님이 잡히시자 전부 도망을 쳤고, 예수님이 십자가에 달려 죽으시자 완전히 낙심하게 되었다. 제자들은 예수님의 부활을 목격한 다음에야 예수님의 수난과 죽음의 의미를 바르게 이해하게 된다.

저자의 묵상

제자들은 이전에 귀신을 쫓아낸 적이 있었다. 그렇기 때문에 예수님이 변화산에 올라가셨을 때도 자신들의 힘으로 귀신 들린 아이를 치료할 수 있을 줄 알았을 것이다. 또한 예수님이 안 계실 때 이런 기적을 행하면, 많은 사람들 사이에서 큰 영광을 얻게 될 것이라고 생각했을 것이다. 그러나 예수님은 그들을 패역하고 믿음 없는 자라고 책망하셨다. 왜냐하면 예수님이 아닌 자기 힘을 의지하여 자기 영광을 추구하는 것 자체가 무서운 우상 숭배의 죄악이기 때문이다.

모세가 시내산에 올라갔을 때도 이스라엘 백성들은 산 아래에서 금송아지 우상을 섬기며 자기 쾌락과 영광을 추구했다. 그리고 그들 또한 패역한 자들이라는 책망을 들었다. 성도들 또한 순간순간 자기 힘으로 자기 영광을 추구하려는 유혹에 빠져든다. 그런데 이것이 무서운 우상 숭배의 죄악임을 깨닫고 빨리 회개해야 한다.

무릎 기도 하나님, 예수님을 믿지 않고 저의 힘을 의지하여 저의 영광을 추구하는 우상 숭배를 회개합니다. 순간순간 예수님을 의지하게 하셔서 우상 숭배의 죄악으로부터 벗어나게 하소서.

ESV - Luke 9

37 On the next day, when they had come down from the mountain, a great crowd met him.
38 And behold, a man from the crowd cried out, "Teacher, I beg you to look at my son, for he is my only child.
39 And behold, a spirit seizes him, and he suddenly cries out. It convulses him so that he foams at the mouth, and shatters him, and will hardly leave him.
40 And I begged your disciples to cast it out, but they could not."
41 Jesus answered, "O faithless and twisted generation, how long am I to be with you and bear with you? Bring your son here."
42 While he was coming, the demon threw him to the ground and convulsed him. But Jesus rebuked the unclean spirit and healed the boy, and gave him back to his father.
43 And all were astonished at the majesty of God.
But while they were all marveling at everything he was doing, Jesus* said to his disciples,
44 "Let these words sink into your ears: The Son of Man is about to be delivered into the hands of men."
45 But they did not understand this saying, and it was concealed from them, so that they might not perceive it. And they were afraid to ask him about this saying.

* 9:43 Greek *he*

38 beg 간청하다 39 seize 사로잡다 convulse 경련을 일으키다 foam at the mouth 입에 거품을 물다 shatter 상처를 입히다 40 cast out 내쫓다 41 faithless 믿음이 없는 bear with… …을 참다 42 throw… to the ground …를 거꾸러뜨리다 rebuke 꾸짖다 43 astonished at… …에 놀란 majesty 위엄 marvel at… …에 놀라다 44 sink 마음에 새겨지다 deliver 넘겨주다 45 conceal 숨기다 perceive 깨닫다

33 천국에서 높은 자와 하나님 나라 사명에 합당하지 않은 자

월 일

누가복음 9:46-62 • 새찬송 347장 | 통일 382장

• 말씀묵상 전에 성령님의 인도하심을 구하는 기도를 드리십시오.

본문요약 I 제자들이 서로 누가 큰 자인가를 놓고 싸우자, 예수님은 한 어린아이를 예로 들어 천국에서는 모든 사람 중에 가장 작은 그가 큰 자라고 말씀하신다. 또 예수님은 하나님 나라의 영광스러운 사역은 영적으로 살아난 자가 해야 하며, 하나님 나라를 전파하기 위해서는 목적의식이 분명해야 함을 말씀하신다.

46 제자 중에서 누가 크냐 하는 변론이 일어나니

47 예수께서 그 마음에 변론하는 것을 아시고 어린아이 하나를 데려다가 자기 곁에 세우시고

48 그들에게 이르시되 누구든지 내 이름으로 이런 어린아이를 영접하면 곧 나를 영접함이요 또 누구든지 나를 영접하면 곧 나를 보내신 이를 영접함이라 너희 모든 사람 중에 가장 작은 그가 큰 자니라

49 요한이 여짜오되 주여 어떤 사람이 주의 이름으로 귀신을 내쫓는 것을 우리가 보고 우리와 함께 따르지 아니하므로 금하였나이다

50 예수께서 이르시되 금하지 말라 너희를 반대하지 않는 자는 너희를 위하는 자니라 하시니라

51 예수께서 승천하실 기약이 차가매 예루살렘을 향하여 올라가기로 굳게 결심하시고

52 사자들을 앞서 보내시매 그들이 가서 예수를 위하여 준비하려고 사마리아인의 한 마을에 들어갔더니

53 예수께서 예루살렘을 향하여 가시기 때문에 그들이 받아들이지 아니 하는지라

54 제자 야고보와 요한이 이를 보고 이르되 주여 우리가 불을 명하여 하늘로부터 내려 저들을 멸하라 하기를 원하시나이까

55 예수께서 돌아보시며 꾸짖으시고[1)]

1) 어떤 고대 사본에는, 55절 끝에 다음 말이 있음. '이르시되 너희는 무슨 정신으로 말하는지 모르는구나 인자는 사람의 생명을 멸망시키러 온 것이 아니요 구원하러 왔노라 하시고'

56 함께 다른 마을로 가시니라

57 길 가실 때에 어떤 사람이 여짜오되 어디로 가시든지 나는 따르리이다

58 예수께서 이르시되 여우도 굴이 있고 공중의 새도 집이 있으되 인자는 머리 둘 곳이 없도다 하시고

59 또 다른 사람에게 나를 따르라 하시니 그가 이르되 나로 먼저 가서 내 아버지를 장사하게 허락하옵소서

60 이르시되 죽은 자들로 자기의 죽은 자들을 장사하게 하고 너는 가서 하나님의 나라를 전파하라 하시고

61 또 다른 사람이 이르되 주여 내가 주를 따르겠나이다마는 나로 먼저 내 가족을 작별하게 허락하소서

62 예수께서 이르시되 손에 쟁기를 잡고 뒤를 돌아보는 자는 하나님의 나라에 합당하지 아니하니라 하시니라

1. 오늘 하나님께서 나에게 주신 깨달음은 무엇입니까?

2. 말씀을 어떻게 내 삶에 구체적으로 적용해야 합니까?

절별 해설

46 제자 중에서 누가 크냐 하는 변론이 일어나니 예수님은 자신의 수난을 거듭 예고하셨지만, 제자들의 관심은 예수님이 세우실 새로운 왕국에서 누가 높은 자리를 차지할 것인가에 있었다. 왜냐하면 당시의 유대인들은 메시아가 임하여 왕국을 세우면, 이방 나라들을 굴복시키고 이스라엘 백성이 만국을 다스릴 것이라고 생각했기 때문이다. 제자들 또한 이런 민족적인 메시아 사상에 깊이 물들어 있었기 때문에 예수님의 수난 예고에 전혀 귀 기울이지 않았던 것이다.

48 누구든지 내 이름으로 이런 어린아이를 영접하면 곧 나를 영접함이요 '어린아이'는 사회적으로 가장 약자에 해당한다. 이런 약자를 배려하고 영접할 수 있는 사람은 세상적인 힘을 기준으로 사람들을 대하지 않는 사람이다. 약자에 대한 태도가 예수님에 대한 태도와 동일하게 여겨지는 이유는, 예수님 또한 힘을 갖지 못한 약자처럼 세상에 오셨기 때문이다.

53 그들이 받아들이지 아니 하는지라 유대인과 사마리아인들 사이에는 깊은 갈등이 있었다. 왜냐하면 유대인들은 북이스라엘 백성과 이방 민족 사이에서 혼혈로 태어난 사마리아인들을 짐승과 같이 여겼기 때문이다(왕하 17:24–41). 본절에 나타난 사마리아인들의 부정적인 태도는 앞으로 예루살렘에서 있을 예수님의 수난을 암시하는 역할을 한다(요 4:39 참고).

57–58 인자는 머리 둘 곳이 없도다 예수님은 한 서기관이 예수님의 제자가 되겠다고 한 의도를 파악하시고 이런 대답을 하셨다(마 8:20). 서기관은 예수님을 따르면 남보다 더 좋은 의식주는 물론이고 영광과 권세까지도 얻게 될 것이라고 착각했던 것이다. 그러나 예수님은 자신의 제자가 된다는 것은, 예수님처럼 때로는 기초적인 삶의 조건조차도 보장받을 수 없는 삶임을 말씀하신다. 이에 출세욕에 사로잡혀 예수님을 따르려고 했던 이 서기관은 예수님의 말씀을 듣고 포기했을 것이다.

59 그가 이르되 나로 먼저 가서 내 아버지를 장사하게 허락하옵소서 가족의 장례는 성전 제사, 할례, 절기 참여보다도 우선시되었기 때문에, 이 사람이 아버지 장례를 먼저 치르겠다고 말한 것은 당연한 것처럼 보인다. 그러나 이 사람의 아버지가 지금 돌아가신 상황은 아니었다. '아버지의 장례를 치르고 나서 어떤 일을 하겠다'라는 표현은, 당시에 관용적으로 어떤 제의를 거부할 때 사용하던 말이었다.

쉬운성경

46 제자들 사이에 누가 가장 큰 자인가를 놓고 말다툼이 일어났습니다.

47 예수님께서 제자들이 마음속으로 무엇을 생각하는지를 아시고 한 어린이를 옆에 세우셨습니다.

48 그리고 말씀하셨습니다. "누구든지 내 이름으로 이런 어린이 하나를 맞아들이는 사람은 나를 맞아들이는 것이다. 또한 누구든지 나를 맞아들이는 사람은 곧 나를 보내신 분을 맞아들이는 것이다. 너희 중에 가장 작은 자가 가장 큰 사람이다."

49 요한이 대답했습니다. "선생님, 어떤 사람이 선생님의 이름으로 마귀를 내쫓는 것을 보았는데, 그 사람이 우리와 함께 다니지 않으므로 그렇게 못하게 막았습니다."

50 예수님께서 요한에게 "그를 막지 마라. 너희를 반대하지 않는 사람은 너희를 이롭게 하는 사람이다"라고 말씀하셨습니다.

51 예수님께서 하늘로 올라가실 때가 가까워 오자, 예수님께서는 예루살렘에 올라가기로 하셨습니다.

52 예수님께서 사람들을 미리 보냈습니다. 그들은 가서, 예수님을 모실 준비를 하려고 어떤 사마리아 마을로 들어갔습니다.

53 그런데 마을 사람들이 예수님께서 예루살렘을 향하여 가시는 것을 반기지 않았습니다.

54 이것을 보고 예수님의 제자인 야고보와 요한이 말했습니다. "불이 하늘에서 내려와 이 사람들을 모두 태워 버리라고 하면 어떻겠습니까?"

55 그러나 예수님께서 그들을 꾸짖으셨습니다.

56 그리고 다른 마을로 가셨습니다.*

* 9:55–56 어떤 사본에는 다음과 같은 구절이 있다. "너희는 어떤 영에 속해 있는지 모른다. 인자가 온 것은 사람의 생명을 멸하기 위해서가 아니라 구원하러 왔다."

절별 해설

60 죽은 자들로 자기의 죽은 자들을 장사하게 하고 앞의 '죽은 자들'은 영적으로 죽은 사람들을 말하며, 뒤의 '죽은 자들'은 육체적으로 죽은 사람들을 말한다. 이 말은 영적으로 죽어 세상일만을 신경 써야 하는 사람들로 하여금 세상의 일을 책임지게 하라는 의미다.

62 손에 쟁기를 잡고 뒤를 돌아보는 자는 하나님의 나라에 합당하지 아니하니라 쟁기를 잡은 자는 밭에 고랑을 똑바로 내기 위한 목적이 있다. 이 사람이 뒤를 돌아본다면 고랑이 똑바로 파질 수 없다. 이처럼 하나님 나라의 부름을 받은 자가 이 목적 외에 다른 것에 한눈팔면 안 된다는 뜻이다.

57 그들이 길을 가고 있을 때, 어떤 사람
이 예수님께 말했습니다. "선생님이 어디
를 가시든지 저도 따라가겠습니다."

58 예수님께서 그에게 말씀하셨습니다.
"여우도 굴이 있고, 하늘의 새들도 둥지
가 있다. 그러나 인자는 머리를 둘 곳이
없다."

59 예수님께서 또 다른 사람에게 말씀하
셨습니다. "나를 따라오너라!" 그러자 그
사람이 말했습니다. "먼저 제 아버지의
장례를 치르게 해 주십시오."

60 예수님께서 그에게 말씀하셨습니다.
"죽은 사람들에게 죽은 자를 묻게 하고,
너는 가서 하나님 나라를 전파하여라."

61 또 다른 사람이 말했습니다. "주님, 저
는 따라가겠습니다. 다만 먼저 가족들에
게 작별 인사를 하게 해 주십시오."

62 예수님께서 그에게 말씀하셨습니다.
"누구든지 쟁기를 잡고 뒤를 돌아보는 사
람은 하나님 나라에 알맞지 않다."

저자의 묵상

예수님은 자신의 제자가 되기를 원하는 자들에게 다음과 같은 자격 조건을 요구하셨다. 첫 번째로, 세속적 욕망을 버리는 것이다. 그렇기 때문에 세속적 욕망을 채움 받을 수 없다고 생각한 서기관은 예수님을 떠났다. 두 번째로, 영적으로 죽은 세상 사람들의 일에 얽매이지 않는 것이다. 영적으로 죽은 사람들은 이 세상에서의 생존이 주요한 관심사이다. 그러나 예수님의 제자들은 영적 생명을 전파하는 일이 그들의 중요한 우선순위가 되어야 한다. 마지막으로, 하나님 나라의 목적을 방해하는 사사로운 일을 추구하는 것을 그만두어야 한다. 하나님의 나라를 확장하는 제자로의 부르심은 아주 중요하기 때문에, 그 목적을 이루는 중에 다른 것에 한눈팔아서는 안 된다. 예수님은 따르는 사람들을 모두 제자로 받아들이지는 않으셨다. 그만큼 예수님의 제자로의 부름은 중요하고 영광스러운 일이기 때문이다.

무릎 기도 하나님, 예수님의 제자로 부름을 받은 자로 그 부름에 합당한 삶을 살지 못하는 모습을 회개합니다. 예수님의 제자다운 삶을 살아갈 수 있는 능력을 더하소서.

ESV - Luke 9

46 An argument arose among them as to
which of them was the greatest.
47 But Jesus, knowing the reasoning of their
hearts, took a child and put him by his side
48 and said to them, "Whoever receives this
child in my name receives me, and
whoever receives me receives him who
sent me. For he who is least among you all
is the one who is great."
49 John answered, "Master, we saw someone
casting out demons in your name, and we
tried to stop him, because he does not
follow with us."
50 But Jesus said to him, "Do not stop him, for
the one who is not against you is for you."
51 When the days drew near for him to be
taken up, he set his face to go to
Jerusalem.
52 And he sent messengers ahead of him,
who went and entered a village of the
Samaritans, to make preparations for him.
53 But the people did not receive him,
because his face was set toward
Jerusalem.
54 And when his disciples James and John
saw it, they said, "Lord, do you want us to
tell fire to come down from heaven and
consume them?"*
55 But he turned and rebuked them.*
56 And they went on to another village.
57 As they were going along the road,
someone said to him, "I will follow you
wherever you go."
58 And Jesus said to him, "Foxes have holes,
and birds of the air have nests, but the Son
of Man has nowhere to lay his head."
59 To another he said, "Follow me." But he
said, "Lord, let me first go and bury my
father."
60 And Jesus* said to him, "Leave the dead to
bury their own dead. But as for you, go and
proclaim the kingdom of God."
61 Yet another said, "I will follow you, Lord, but
let me first say farewell to those at my
home."
62 Jesus said to him, "No one who puts his
hand to the plow and looks back is fit for
the kingdom of God."

* 9:54 Some manuscripts add as *Elijah did*
* 9:55 Some manuscripts add *And he said, "You do not know what manner of spirit you are of; for the Son of Man came not to destroy people's lives but to save them"*
* 9:60 Greek *he*

46 argument 논쟁 47 reason 판단하다 49 cast out··· ···을 내쫓다 demon 귀신, 악령 51 set one's face to··· ···쪽을 향하다 52 messenger 사자 ahead of··· ···보다 앞서 Samaritan 사마리아인 make preparation for··· ···의 준비를 하다 54 consume 소멸시키다 55 rebuke 꾸짖다 60 proclaim 선포하다 61 say farewell to··· ···에게 작별을 고하다 62 plow 쟁기 look back 뒤를 돌아보다 fit 알맞은

• MEMO •

34 칠십 인 제자 파송

월 일

누가복음 10:1-24 • 새찬송 213장 | 통일 348장

• 말씀묵상 전에 성령님의 인도하심을 구하는 기도를 드리십시오.

본문요약 | 예수님은 칠십 명의 전도대에게 할 일과 하지 말아야 할 일들을 명령하시며 하나님 나라를 선포할 것을 명하신다. 또한 예수님은 심판의 날이 다가왔는데도 회개하지 않는 고을들은 무서운 심판을 받게 될 것을 말씀하신다. 70인의 전도대가 돌아와서, 자신들이 복음을 전했을 때 귀신이 복종하였음을 고백하지만, 예수님은 그들이 하나님 나라의 백성이 된 것으로 기뻐하라고 말씀하신다.

1 그 후에 주께서 따로 칠십 인을 세우사 친
히 가시려는 각 동네와 각 지역으로 둘씩
앞서 보내시며
2 이르시되 추수할 것은 많되 일꾼이 적으
니 그러므로 추수하는 주인에게 청하여
추수할 일꾼들을 보내 주소서 하라
3 갈지어다 내가 너희를 보냄이 어린 양을
이리 가운데로 보냄과 같도다
4 전대나 배낭이나 신발을 가지지 말며 길
에서 아무에게도 문안하지 말며
5 어느 집에 들어가든지 먼저 말하되 이 집
이 평안할지어다 하라
6 만일 [1]평안을 받을 사람이 거기 있으면 너
희의 평안이 그에게 머물 것이요 그렇지
않으면 너희에게로 돌아오리라
7 그 집에 유하며 주는 것을 먹고 마시라 일
꾼이 그 삯을 받는 것이 마땅하니라 이 집
에서 저 집으로 옮기지 말라
8 어느 동네에 들어가든지 너희를 영접하거
든 너희 앞에 차려 놓는 것을 먹고
9 거기 있는 병자들을 고치고 또 말하기를
하나님의 나라가 너희에게 가까이 왔다
하라
10 어느 동네에 들어가든지 너희를 영접하지
아니하거든 그 거리로 나와서 말하되
11 너희 동네에서 우리 발에 묻은 먼지도 너
희에게 떨어 버리노라 그러나 하나님의
나라가 가까이 온 줄을 알라 하라
12 내가 너희에게 말하노니 그날에 소돔이
그 동네보다 견디기 쉬우리라
13 화 있을진저 고라신아, 화 있을진저 벳새
다야, 너희에게 행한 모든 권능을 두로와
시돈에서 행하였더라면 그들이 벌써 베옷
을 입고 재에 앉아 회개하였으리라
14 심판 때에 두로와 시돈이 너희보다 견디
기 쉬우리라
15 가버나움아 네가 하늘에까지 높아지겠느
냐 음부에까지 낮아지리라
16 너희 말을 듣는 자는 곧 내 말을 듣는 것
이요 너희를 저버리는 자는 곧 나를 저버
리는 것이요 나를 저버리는 자는 나 보내
신 이를 저버리는 것이라 하시니라
17 칠십 인이 기뻐하며 돌아와 이르되 주여
주의 이름이면 귀신들도 우리에게 항복하
더이다
18 예수께서 이르시되 사탄이 하늘로부터 번
개 같이 떨어지는 것을 내가 보았노라
19 내가 너희에게 뱀과 전갈을 밟으며 원수
의 모든 능력을 제어할 권능을 주었으니
너희를 해칠 자가 결코 없으리라
20 그러나 귀신들이 너희에게 항복하는 것으
로 기뻐하지 말고 너희 이름이 하늘에 기
록된 것으로 기뻐하라 하시니라
21 그때에 예수께서 성령으로 기뻐하시며 이
르시되 천지의 주재이신 아버지여 이것을
지혜롭고 슬기 있는 자들에게는 숨기시고
어린아이들에게는 나타내심을 감사하나
이다 옳소이다 이렇게 된 것이 아버지의
뜻이니이다

1) 헬, 평안의 아들이

22 내 아버지께서 모든 것을 내게 주셨으니
아버지 외에는 아들이 누구인지 아는 자
가 없고 아들과 또 아들의 소원대로 계시
를 받는 자 외에는 아버지가 누구인지 아
는 자가 없나이다 하시고
23 제자들을 돌아보시며 조용히 이르시되 너
희가 보는 것을 보는 눈은 복이 있도다
24 내가 너희에게 말하노니 많은 선지자와
임금이 너희가 보는 바를 보고자 하였으
되 보지 못하였으며 너희가 듣는 바를 듣
고자 하였으되 듣지 못하였느니라

1. 본문에 나타난 예수님은 어떤 분이십니까?

2. 오늘 하나님께서 나에게 주신 깨달음은 무엇입니까?

3. 말씀을 어떻게 내 삶에 구체적으로 적용해야 합니까?

절별 해설

1 주께서 따로 칠십 인을 세우사 70인을 세우신 것은 구약성경이 노아의 아들들의 후예로서 세계의 민족들을 설명하면서 70개의 민족들을 언급했기 때문이다(창 10장). 따라서 70인 전도대는 교회가 온 세상의 모든 민족에게 복음을 전파할 사명이 있음을 암시하는 숫자다.

2 추수할 것은 많되 일꾼이 적으니 '추수할 것'은 복음을 듣고 구원받아야 할 자들이고, '일꾼'은 복음을 전할 사역자를 말한다. 구약성경에서 추수는 하나님의 심판의 때를 비유한다(욜 3:13). 예수님이 오심으로 세상에서 본격적으로 심판과 구원의 사역이 시작되었다. 복음을 받아들이는 자는 구원을, 거부하는 자는 심판을 받는다.

4 전대나 배낭이나 신발을 가지지 말며 이것들은 여행에 필요한 최소한의 필수품들이다. 복음을 전파할 때는 하나님만을 전적으로 의지하라고 말씀하신 것이다.
길에서 아무에게도 문안하지 말며 팔레스타인에서는 아는 사람을 길에서 만나면 정중히 인사하며 가족들 모두의 안부를 상세하게 묻고 답하며 오랜 시간을 보내는 것이 일반적이었다. 즉, 일반적인 인사법도 지키지 않을 만큼 복음 전파의 시급성을 강조한 것이다.

6 평안을 받을 사람 원어적으로 '평화의 아들'(a son of peace)이라는 히브리 표현으로, 그 사람이 본래 '평화'를 간직하고 있거나 '평화를 받기에 합당한 자'임을 말한다. 즉, 제자들의 평화의 선포를 받을 자는 하나님이 이미 선택하신 자녀임을 보여준다.

8 너희 앞에 차려 놓는 것을 먹고 유대인의 식사 규례가 율법

쉬운성경

1 이후에 주께서 칠십 명*을 임명하시고, 예수님께서 친히 가시려는 모든 마을과 고장으로 미리 둘씩 보내셨습니다.

2 예수님께서 이들에게 말씀하셨습니다. "추수할 것은 많은데 일꾼이 적다. 그러므로 추수하는 주인에게 추수밭으로 일꾼을 보내 달라고 간청하여라.

3 가거라. 내가 어린 양을 늑대들 사이로 보내는 것같이 너희를 보낸다.

4 지갑이나 가방이나 신발을 챙기지 마라. 가는 길에 아무에게도 인사하지 마라.

5 어느 집에 들어가든지 먼저 '이 집에 평화가 있기를 빕니다'라고 말하여라.

6 만일 평화의 사람이 있으면, 네 평화가 그에게 머무를 것이요, 그렇지 않으면 그 평화가 네게로 돌아올 것이다.

7 그 집에 머물러라. 거기서 네게 주는 것을 먹고 마셔라. 일꾼은 자기 품삯을 받을 자격이 있다. 이 집 저 집으로 옮겨 다니지 마라.

8 어떤 마을에 들어가든지 너희를 환영

* 10:1 어떤 사본에는 '칠십이 인'이라고 표기되어 있다.

절별 해설

적으로 엄격했고 율법이 정한 음식의 재료와 종교적 규례에 따라 만들어진 음식만을 먹었다. 그러나 그런 관습에 매이지 말 것을 명령하신 것이다.

10 너희를 영접하지 아니하거든 '영접하다'는 원어적으로 '(사신들이나 사신들의 문서를) 적극적으로 환영하다'라는 뜻이다. 복음을 전하는 자들은 하나님의 대사이기 때문에, 개인의 자격이 아니라 하나님께 부여받은 권위로 하나님의 말씀을 전파하라는 것이다(고후 5:20). 따라서 만일에 사람들이 복음 전하는 자들을 거부하면, 그것은 하나님을 거부하는 것임을 보여준다.

11 우리 발에 묻은 먼지도 너희에게 떨어 버리노라 먼지를 떨어 버리는 행위는, 여행을 마치고 유대 땅으로 돌아오던 유대인들이 이방 땅에서 묻은 부정한 것을 떨어 버리던 행위에서 유래한다. 이 행위는 그 동네 사람들과 제자들이 아무런 관계가 없음을 보여주는 것이다.

13 고라신, 벳새다 "고라신"은 갈릴리 지방의 가버나움에서 북서쪽으로 약 4km 떨어진 작은 성읍이다. "벳새다"는 갈릴리 호수 북동쪽 해안의 작은 마을로 베드로, 안드레, 빌립의 고향이다(요 1:44). 예수님이 여기에서 어떤 사역을 하셨는지 구체적으로 나오지는 않지만, 이 두 곳은 복음을 거부하여 심판이 예정된 고을의 대표가 되었다(마 11:20-21).
그들이 벌써 베옷을 입고 재에 앉아 회개하였으리라 유대인들은 회개를 할 때 베옷을 입고 재를 덮어 썼다(단 9:3). 이런 행동은 애통하고 회개하는 마음을 행위로 표현한 것이다.

16 나를 저버리는 자는 나 보내신 이를 저버리는 것이라 제자들의 사역은 예수님이 임명하신 것이며, 하나님의 권위를 덧입은 것이다. 따라서 제자들을 거부하면, 예수님과 하나님을 거부하는 것과 같다.

18 사탄이 하늘로부터 번개같이 떨어지는 것을 내가 보았노라 70인 전도대가 하나님 나라를 선포했을 때 사탄이 패배한 것을 예수님이 영적으로 보셨다는 것이다. 사탄의 완전한 패배는 십자가 사건에서 이루어질 것이지만(요 12:31-32), 사탄의 패배는 예수님이 사역을 시작하신 때부터 시작되었다.

20 그러나 귀신들이 너희에게 항복하는 것으로 기뻐하지 말고 너희 이름이 하늘에 기록된 것으로 기뻐하라 본절은 제자들의 사역의 목적이 어디에 있는지를 강조하신 말씀이다. 귀신을 쫓아내는 기적을 행하더라도 그 자신이 하나님 나라에

하면, 네 앞에 차려진 것을 먹어라.

9 그곳의 환자들을 고쳐 주고 그들에게 '하나님 나라가 너희에게 가까이 왔다'고 말하여라.

10 그러나 어느 마을에 들어가든지 그들이 너희를 맞이하지 않으면, 그 마을의 거리로 나와서 이렇게 말하여라.

11 '우리 발에 묻은 너희 마을의 먼지를 털고 간다. 하나님 나라가 가까이 왔다는 것을 명심하여라.'

12 내가 너희에게 말한다. 심판의 날에 소돔이 그 마을보다 더 견디기 쉬울 것이다."

13 "고라신아! 네게 화가 미칠 것이다. 벳새다야! 네게 화가 미칠 것이다. 만일 너희에게서 행했던 기적을 두로와 시돈에서 행했더라면, 그들은 베옷을 입고 재를 뒤집어쓰고, 오래전에 회개하였을 것이다.

14 심판 때에 두로와 시돈이 너희보다 더 견디기 쉬울 것이다.

15 너 가버나움아! 네가 하늘까지 높아지겠느냐? 오히려 지옥까지 떨어질 것이다.

16 너희의 말을 듣는 사람은 내 말을 듣는 사람이다. 너희를 배척하는 사람은 나를 배척하는 것이다. 또한 나를 배척하는 것은 나를 보내신 분을 배척하는 것이다."

17 칠십 명의 제자들이 기뻐하며 돌아와 말했습니다. "주님, 심지어 마귀들도 주님의 이름 앞에서 우리에게 굴복하였습니다."

18 예수님께서 그들에게 말씀하셨습니다. "하늘에서 사탄이 번개처럼 떨어지는 것을 보았다.

19 보아라! 내가 너희에게 뱀과 전갈을 밟고 원수의 능력을 막을 권세를 주었다.

절별 해설

들어가지 못할 수도 있기 때문이다(마 7:22-23).

22 내 아버지께서 모든 것을 내게 주셨으니 "모든 것"은 하나님께서 예수님에게 주신 전적인 권세와 완전한 계시를 의미한다. 이것은 예수님의 권세가 하나님의 권세와 동일함을 말한다.

아들의 소원대로 계시를 받는 자 예수님은 창세전에 택함을 받은 자들에게 하나님이 누구신지를 계시하셔서 하나님과 관계를 맺도록 하신다(엡 1:4).

23 너희가 보는 것 좁은 의미로는, 하나님 나라가 임하여 귀신들이 쫓겨남을 목격한 것이다. 넓은 의미로는, 예수님으로 말미암아 하나님을 알게 되는 구원의 시대가 열린 것이다.

24 선지자와 임금 "선지자"는 가장 영적인 사람이며, "임금"은 가장 신분이 높은 사람이다. 이런 사람들도 하나님 나라를 보고 듣기를 열망했다. 그런데 놀랍게도 이제 영적이지도 않고 신분도 높지 않은 평범한 사람들이 예수님을 통해 임한 하나님 나라를 보게 된 것이다.

아무도 너희를 해치지 못할 것이다.

20 그러나 마귀들이 너희에게 굴복한 것으로 기뻐할 것이 아니라 너희의 이름이 하늘에 기록된 것으로 기뻐하여라."

21 그때, 예수님께서 성령으로 크게 기뻐하시며 말씀하셨습니다. "하늘과 땅의 주인이신 아버지, 이런 일을 지혜롭고, 똑똑한 사람들에게는 숨기시고 어린아이들에게는 나타내셨으니 감사합니다. 그렇습니다. 아버지, 이것이 아버지의 은혜로 우신 뜻입니다.

22 내 아버지께서 모든 것을 제게 넘기셨습니다. 아버지 외에는 아들이 누구인지 아무도 모르며, 아들과 또 아들이 알려 주고자 하는 사람 외에는 아버지가 누구인지 아무도 모릅니다."

23 예수님께서 제자들에게 돌아서서 따로 말씀하셨습니다. "너희가 지금 보는 것을 보는 눈은 복이 있다.

24 내가 너희에게 말한다. 많은 예언자들과 왕들이 지금 너희가 보는 것을 보고자 했으나 보지 못했다. 또한 지금 너희가 듣는 것을 듣고자 했으나 듣지 못했다."

저자의 묵상

복음을 전하는 것은 하나님 나라를 확장하는 대표적인 행위이다. 따라서 복음을 전할 때는 영적 싸움이 벌어지게 되어 있다. 70인의 제자들은 복음을 전할 때 귀신이 쫓겨나는 것과 같은 기적에 기뻐했지만 예수님은 그 이면에서 벌어지고 있는 마귀가 쫓겨나는 영적 현상을 말씀하셨다. 즉, 하나님 나라가 확장되는 것은 눈에 보이지 않는 영역에서 마귀의 권세가 무너지는 것을 의미하는 것이기 때문이다.

우리도 복음을 전함으로 하나님 나라를 확장할 수 있다. 믿지 않는 자가 복음을 듣고 받아들이면 그들을 다스리고 있던 마귀의 권세가 무너지고 하나님의 통치가 그들의 삶에 임하게 된다. 이때 마귀의 영적 통치로 말미암았던 악이 파괴되며 하나님의 통치로 말미암은 평화와 기쁨 그리고 자유가 임하게 되는 것이다. 그렇기 때문에 복음을 전하는 것은 한 사람을 교회로 이끄는 것을 넘어서 마귀에게 지배받던 자가 하나님의 백성이 되는 영광을 선사하는 것이다.

무릎 기도 하나님, 저를 통해 마귀에게 노예 된 자들이 구원을 얻게 되는 놀라운 일들이 일어나게 하소서. 복음을 전할 때 영적 싸움이 있을지라도 담대하게 싸워 하나님의 나라를 확장하게 하소서.

ESV - Luke 10

1 After this the Lord appointed seventy-two*
others and sent them on ahead of him, two
by two, into every town and place where he
himself was about to go.
2 And he said to them, "The harvest is
plentiful, but the laborers are few. Therefore
pray earnestly to the Lord of the harvest to
send out laborers into his harvest.
3 Go your way; behold, I am sending you out
as lambs in the midst of wolves.
4 Carry no moneybag, no knapsack, no
sandals, and greet no one on the road.
5 Whatever house you enter, first say, 'Peace
be to this house!'
6 And if a son of peace is there, your peace
will rest upon him. But if not, it will return to
you.
7 And remain in the same house, eating and
drinking what they provide, for the laborer
deserves his wages. Do not go from house
to house.
8 Whenever you enter a town and they
receive you, eat what is set before you.
9 Heal the sick in it and say to them, 'The
kingdom of God has come near to you.'
10 But whenever you enter a town and they do
not receive you, go into its streets and say,
11 'Even the dust of your town that clings to
our feet we wipe off against you.
Nevertheless know this, that the kingdom of
God has come near.'
12 I tell you, it will be more bearable on that
day for Sodom than for that town.
13 "Woe to you, Chorazin! Woe to you,
Bethsaida! For if the mighty works done in
you had been done in Tyre and Sidon, they
would have repented long ago, sitting in
sackcloth and ashes.
14 But it will be more bearable in the judgment
for Tyre and Sidon than for you.
15 And you, Capernaum, will you be exalted to
heaven? You shall be brought down to
Hades.
16 The one who hears you hears me, and the
one who rejects you rejects me, and the
one who rejects me rejects him who sent
me."
17 The seventy-two returned with joy, saying,
"Lord, even the demons are subject to us in
your name!"
18 And he said to them, "I saw Satan fall like
lightning from heaven.
19 Behold, I have given you authority to tread
on serpents and scorpions, and over all the
power of the enemy, and nothing shall hurt
you.
20 Nevertheless, do not rejoice in this, that the
spirits are subject to you, but rejoice that
your names are written in heaven."
21 In that same hour he rejoiced in the Holy
Spirit and said, "I thank you, Father, Lord of
heaven and earth, that you have hidden
these things from the wise and under-
standing and revealed them to little
children; yes, Father, for such was your
gracious will.*
22 All things have been handed over to me by
my Father, and no one knows who the Son
is except the Father, or who the Father is
except the Son and anyone to whom the
Son chooses to reveal him."
23 Then turning to the disciples he said
privately, "Blessed are the eyes that see
what you see!
24 For I tell you that many prophets and kings
desired to see what you see, and did not
see it, and to hear what you hear, and did
not hear it."

* 10:1 Some manuscripts *seventy*; also verse 17
* 10:21 Or *for so it pleased you well*

1 appoint 임명하다 be about to …하려고 하다 2 harvest 추수 plentiful 많은 laborer 일꾼 earnestly 진정으로 3 in the midst of… …가운데에 4 moneybag 전대 knapsack 배낭 6 rest upon… …에 머물다 7 deserve 받을 만하다 wage 임금, 삯 11 cling to… …에 묻다 wipe off the dust 먼지를 털어내다 12 bearable 견딜 수 있는 13 woe to… …에게 화 있을진저 mighty works 기적 repent 회개하다 sackcloth 굵은 베(옷) ash 재 15 exalt 높이다 17 subject 복종하는 18 lightning 번개 19 authority 권능 tread 밟다 serpent 뱀 scorpion 전갈 21 reveal 나타내다 gracious 자비로운 23 privately 내밀히 24 desire 원하다, 바라다

35 선한 사마리아 사람의 비유

월 일

누가복음 10:25-37 • 새찬송 539장 | 통일 483장

• 말씀묵상 전에 성령님의 인도하심을 구하는 기도를 드리십시오.

본문요약 I 어떤 율법교사가 예수님을 시험하기 위해 자신이 무엇을 해야 영생을 얻을 수 있는지를 여쭙는다. 그의 의도를 아신 예수님이 그에게 율법이 무엇을 가르치는지를 물으시자, 율법교사는 하나님을 사랑하고 또한 이웃을 사랑하는 것이라고 대답한다. 이에 예수님은 '사마리아 사람의 비유'를 들어 모든 사람이 우리의 이웃임을 가르치신다.

25 어떤 율법교사가 일어나 예수를 시험하여
이르되 선생님 내가 무엇을 하여야 영생
을 얻으리이까
26 예수께서 이르시되 율법에 무엇이라 기록
되었으며 네가 어떻게 읽느냐
27 대답하여 이르되 ㄱ네 마음을 다하며 목숨
을 다하며 힘을 다하며 뜻을 다하여 주 너
의 하나님을 사랑하고 또한 ㄴ네 이웃을 네
자신같이 사랑하라 하였나이다
28 예수께서 이르시되 네 대답이 옳도다 이
를 행하라 그러면 살리라 하시니
29 그 사람이 자기를 옳게 보이려고 예수께
여짜오되 그러면 내 이웃이 누구니이까
30 예수께서 대답하여 이르시되 어떤 사람이
예루살렘에서 여리고로 내려가다가 강도
를 만나매 강도들이 그 옷을 벗기고 때려
거의 죽은 것을 버리고 갔더라
31 마침 한 제사장이 그 길로 내려가다가 그
를 보고 피하여 지나가고
32 또 이와 같이 한 레위인도 그곳에 이르러
그를 보고 피하여 지나가되
33 어떤 사마리아 사람은 여행하는 중 거기
이르러 그를 보고 불쌍히 여겨
34 가까이 가서 기름과 포도주를 그 상처에
붓고 싸매고 자기 짐승에 태워 주막으로
데리고 가서 돌보아 주니라
35 그 이튿날 그가 주막 주인에게 [1]데나리온
둘을 내어 주며 이르되 이 사람을 돌보아
주라 비용이 더 들면 내가 돌아올 때에 갚
으리라 하였으니
36 네 생각에는 이 세 사람 중에 누가 강도
만난 자의 이웃이 되겠느냐
37 이르되 자비를 베푼 자니이다 예수께서
이르시되 가서 너도 이와 같이 하라 하시
니라

1) 은전의 명칭 ㄱ. 신 6:5 ㄴ. 레 19:18

1. 오늘 하나님께서 나에게 주신 깨달음은 무엇입니까?

2. 말씀을 어떻게 내 삶에 구체적으로 적용해야 합니까?

절별 해설

25 선생님 내가 무엇을 하여야 영생을 얻으리이까 율법교사는 자신이 율법을 잘 지켰기 때문에 당연히 영생을 얻을 것이라고 생각했다. 그러나 율법은 죄를 깨달아 예수님을 믿게 하려고 주신 것이다(롬 3:20). 그는 하나님이 율법을 주신 목적을 오해하고 있었다.

27 네 마음을 다하며 목숨을 다하며 힘을 다하며 뜻을 다하여 주 너의 하나님을 사랑하고 이 구절은 신명기 6장 5절을 인용한 것인데, 신명기 6장 4-9절은 흔히 '쉐마'라고 불린다. '마음'은 인간의 지정의[지성·감정·의지]를 담고 있는 내적이며 정신적인 영역이다. '목숨'은 흔히 '영혼, 생명'으로 번역되는 단어로, 인간 존재의 영적 근원을 의미한다. '힘'은 인간의 육체와 정신의 능력을 말한다. '뜻'은 '지성'이라고 번역될 수 있으며, 계시된 말씀에 근거를 둔 사랑이다.

네 이웃을 네 자신같이 사랑하라 이 구절은 레위기 19장 18절의 인용으로, 십계명의 제5계명부터 제10계명까지의 이웃과의 관계에 대한 율법을 요약한 것이다. 이웃 사랑을 위해서 '네 자신[네 몸]'이 기준이 되는 이유는 인간이 자기중심적이기 때문이다. 모든 사람은 자신을 가장 사랑하기 때문에 그것이 이웃 사랑의 기준이 된다.

30 예루살렘에서 여리고로 내려가다가 예루살렘은 해발 760m의 고지대이며, 여리고는 해수면에서 250m 아래의 저지대였다. 이 두 도시를 잇는 길은 가파르고 암석이 많아서 도적 떼가 많이 나타났다.

31 제사장 이 제사장은 예루살렘 성전에서 희생 제물을 바치는 의무봉사 기간을 마치고 여리고의 집으로 돌아가고 있었을 것이다. 제사장은 율법에 따라 시체를 가까이 하면 안 되기 때문에 시체처럼 보인 사람을 피했을 것이다.

33 사마리아 사람 사마리아 사람은 유대인들과는 민족과 종교가 달랐기 때문에 이들은 서로 상종을 하지 않았다. 게다가 유대인들은 사마리아인을 동등한 인격체로 생각하지 않았다.

34 기름과 포도주 '기름'은 상처의 통증을 완화시키며, '포도주'는 상처를 살균한다.

쉬운성경

25 어떤 율법학자가 일어나 예수님을 시험하려고 말했습니다. "선생님, 제가 무엇을 하여야 영생을 얻을 수 있습니까?"

26 예수님께서 그에게 물으셨습니다. "율법에 무엇이라고 기록되어 있느냐? 너는 어떻게 읽었느냐?"

27 율법학자가 대답하였습니다. "'네 모든 마음과 모든 목숨과 모든 힘과 모든 뜻을 다해 주 네 하나님을 사랑하라'고 하였고, 또한 '네 이웃을 네 몸같이 사랑하라'고 하였습니다."

28 예수님께서 그에게 말씀하셨습니다. "네 대답이 옳다. 이것을 행하여라. 그러면 살 것이다."

29 이 사람이 자기를 옳게 보이고 싶어서, 예수님께 말했습니다. "그러면 누가 제 이웃입니까?"

30 예수님께서 대답하셨습니다. "어떤 사람이 예루살렘에서 여리고로 내려가고 있었다. 그런데 도중에 강도를 만났다. 강도들은 이 사람의 옷을 벗기고 때려서 거의 죽은 채로 버려두고 갔다.

31 마침 한 제사장이 그 길을 내려가다가 그 사람을 보고는 길 반대편으로 피해서 지나갔다.

32 어떤 레위인도 그곳에 와서 그 사람을 보고는 길 반대편으로 피해서 지나갔다.

33 이번에는 어떤 사마리아 사람이 그 길을 여행하다가 그가 있는 곳에 이르렀다. 사마리아 사람이 그를 보고 불쌍하게 여겼다.

34 그래서 그 사람에게로 가서 그의 상처에 올리브기름과 포도주를 붓고 붕대로 감쌌다. 그리고 그를 자기의 짐승에 태우고 여관으로 데리고 가서 그를 정성껏 보살펴 주었다.

35 다음 날, 그는 은화 두 개를 여관 주인에게 주면서 말했다. '이 사람을 잘 보살펴

절별 해설

36 네 생각에는 이 세 사람 중에 누가 강도 만난 자의 이웃이 되겠느냐 자신의 이웃을 제한한 율법교사와는 달리, 예수님은 모든 사람의 이웃이 되어야 진정으로 이웃을 사랑하는 것이 아니냐고 반문하신 것이다.

37 자비를 베푼 자니이다 율법교사는 차마 자신의 입으로 사마리아 사람이 유대인의 이웃이 되었다고 말할 수 없었기 때문에 그를 '자비를 베푼 사람'이라고 지칭한다.

주세요. 만일 돈이 더 들면 내가 돌아올 때 갚겠습니다.'

36 너는 이 세 사람들 중에 누가 강도 만난 자의 이웃이라고 생각하느냐?"

37 율법학자가 대답했습니다. "그에게 자비를 베풀어 준 사람입니다." 그러자 예수님께서 그에게 말씀하셨습니다. "가서 똑같이 하여라!"

저자의 묵상

율법교사는 자신이 이웃이라고 정해 놓은 사람들은 사랑하고 있었다. 그러나 그의 이웃의 기준에 벗어난 자들은 개나 짐승과 같은 존재로 여겼다. 그렇기 때문에 그는 이웃을 사랑하라는 하나님의 율법을 자신이 잘 지키고 있다고 착각했다. 율법교사의 이런 모습은 선악을 스스로 판단하여 자신의 선의 기준에 부합한 자만을 이웃으로 여기는 인간의 무서운 죄악을 보여준다.

우리 또한 주변 사람들을 자신의 기준으로 판단하는 경우가 많다. 이런 기준들은 종교적인 것만이 아니다. 개인적 선호도에 따라서 다양한 기준을 가지고 있다. 그런데 이렇게 자신의 기준으로 남을 판단하는 이유는, 자신의 기준에 맞지 않는 사람을 미워하는 것을 합당하게 여기기 위함이다. 그가 나쁜 사람이기 때문에 자신이 그를 미워하고 사랑하지 않는 것이 당연하다고 생각하는 것이다. 그러나 예수님이 우리에게 주신 기준은 '원수까지 사랑하는 것'이다. 따라서 성도는 사랑할 사람만을 정해 놓고 사랑한다고 착각하는 죄악에서 벗어나야 한다.

무릎 기도 하나님, 저는 하나님의 말씀대로 이웃을 온전히 사랑할 수 없는 자임을 회개합니다. 예수님의 사랑을 받은 자로 저도 예수님과 같이 이웃을 내 몸과 같이 사랑하게 하소서.

ESV - Luke 10

25 And behold, a lawyer stood up to put him
to the test, saying, "Teacher, what shall I do
to inherit eternal life?"
26 He said to him, "What is written in the
Law? How do you read it?"
27 And he answered, "You shall love the Lord
your God with all your heart and with all
your soul and with all your strength and
with all your mind, and your neighbor as
yourself."
28 And he said to him, "You have answered
correctly; do this, and you will live."
29 But he, desiring to justify himself, said to
Jesus, "And who is my neighbor?"
30 Jesus replied, "A man was going down
from Jerusalem to Jericho, and he fell
among robbers, who stripped him and beat
him and departed, leaving him half dead.
31 Now by chance a priest was going down
that road, and when he saw him he passed
by on the other side.
32 So likewise a Levite, when he came to the
place and saw him, passed by on the other
side.
33 But a Samaritan, as he journeyed, came to
where he was, and when he saw him, he
had compassion.
34 He went to him and bound up his wounds,
pouring on oil and wine. Then he set him
on his own animal and brought him to an
inn and took care of him.
35 And the next day he took out two denarii*
and gave them to the innkeeper, saying,
'Take care of him, and whatever more you
spend, I will repay you when I come back.'
36 Which of these three, do you think, proved
to be a neighbor to the man who fell
among the robbers?"
37 He said, "The one who showed him
mercy." And Jesus said to him, "You go,
and do likewise."

* 10:35 A *denarius* was a day's wage for a laborer

25 lawyer 율법교사 inherit 얻다, (물려)받다 eternal life 영생 27 neighbor 이웃 29 justify 옳다고 하다 30 robber 강도 strip 벗기다 beat 때리다 31 by chance 우연히 priest 제사장 33 compassion 동정, 연민 34 bind up 붕대로 매다 wound 상처 pour 붓다 inn 주막 take care of… …를 돌보다 35 repay 갚다 37 mercy 자비

• MEMO •

36

월 일

마르다와 마리아의 서로 다른 선택

누가복음 10:38-11:4 • 새찬송 364장 | 통일 482장

• 말씀묵상 전에 성령님의 인도하심을 구하는 기도를 드리십시오.

본문요약 | 마르다는 집에 예수님과 제자들을 초청해 음식을 준비하는 일로 바빴으나, 마리아는 예수님의 발치에 앉아 예수님의 말씀을 들었다. 이에 화가 난 마르다는 예수님께 마리아에 대해 원망하는 말을 한다. 예수님은 더 좋은 것을 선택한 마리아가 그것을 빼앗기지 않을 것이라고 대답하신다. 한편, 예수님은 어떤 곳에서 기도를 마치신 후 제자들의 요청에 따라 그들에게 기도를 가르쳐 주신다.

38 그들이 길 갈 때에 예수께서 한 마을에 들
어가시매 마르다라 이름하는 한 여자가
자기 집으로 영접하더라
39 그에게 마리아라 하는 동생이 있어 주의
발치에 앉아 그의 말씀을 듣더니
40 마르다는 [1]준비하는 일이 많아 마음이 분
주한지라 예수께 나아가 이르되 주여 내
동생이 나 혼자 일하게 두는 것을 생각하
지 아니하시나이까 그를 명하사 나를 도
와주라 하소서
41 주께서 대답하여 이르시되 마르다야 마르
다야 네가 많은 일로 염려하고 근심하나
42 [2]몇 가지만 하든지 혹은 한 가지만이라도
족하니라 마리아는 이 좋은 편을 택하였
으니 빼앗기지 아니하리라 하시니라
1 예수께서 한 곳에서 기도하시고 마치시매
제자 중 하나가 여짜오되 주여 요한이 자
기 제자들에게 기도를 가르친 것과 같이
우리에게도 가르쳐 주옵소서
2 예수께서 이르시되 너희는 기도할 때에
이렇게 하라 아버지여 이름이 거룩히 여
김을 받으시오며 나라가 임하시오며
3 우리에게 날마다 일용할 양식을 주시옵고
4 우리가 우리에게 [3]죄 지은 모든 사람을 용
서하오니 우리 죄도 사하여 주시옵고 우
리를 시험에 들게 하지 마시옵소서 하라

1) 헬, 봉사하는
2) 최근의 본문(GNT 4판)에는 '한 가지만으로도 족하니라'로 되었음
3) 헬, 빚진 모든

1. 본문에 나타난 예수님은 어떤 분이십니까?

2. 오늘 하나님께서 나에게 주신 깨달음은 무엇입니까?

3. 말씀을 어떻게 내 삶에 구체적으로 적용해야 합니까?

절별 해설

38-39 마르다, 마리아 '마르다'는 '여주인'이라는 뜻이다. '마리아'는 예수님이 십자가에 달리시기 전에 예수님의 발에 향유를 붓고, 자기 머리털로 예수님의 발을 닦았다(요 12:1-8).

주의 발치에 앉아 그의 말씀을 듣더니 마리아와 예수님의 관계는 항상 마리아가 예수님의 '발 아래'서 어떤 행동을 하는 모습으로 묘사된다. 마리아는 예수님의 발 아래서 말씀을 들었고, 죽은 나사로를 위해서는 예수님의 발 아래에 엎드려 간구했으며(요 11:32), 예수님의 장사를 준비하기 위해서 예수님의 발 아래에 앉아 그에게 향유를 부었다(요 12:3). 이런 마리아의 태도는 예수님께 대한 순종과 헌신을 보여준다.

40 주여 내 동생이 나 혼자 일하게 두는 것을 생각하지 아니하시나이까 음식 준비로 바쁜 마르다는 자신을 돕지 않고 예수님의 말씀을 듣는 동생과, 그것을 그냥 두시는 예수님께도 원망이 생겼다. 그것은 마르다가 예수님을 위한 음식 준비를 통해 예수님의 인정과 칭찬을 얻고 싶었기 때문이다.

42 마리아는 이 좋은 편을 택하였으니 빼앗기지 아니하리라 마르다의 관심은 예수님을 대접하여 칭찬을 얻는 데 있었고, 마리아의 관심은 예수님의 말씀을 듣는 데 있었다. 예수님은 말씀을 듣는 것이 좋은 것이기 때문에 마리아가 그것을 빼앗기지 않을 것이라고 말씀하신다.

1 주여 요한이 자기 제자들에게 기도를 가르친 것과 같이 우리에게도 가르쳐 주옵소서 요한과 안드레와 같은 자들은 전에 세례 요한을 따르던 자들이었다(요 1:35-37). 그들은 당시의 전통대로 요한으로부터 기도문을 배웠을 것이다. 그 때문에 이제 예수님께도 기도를 가르쳐 달라고 요청한다.

2 아버지여 당시 유대인들은 높고 위대하신 하나님을 감히 '아버지'라고 부르지 못했다. 그러나 예수님은 기도의 첫마디를 '아버지'로 시작하심으로, 예수님을 통해 하나님과 인간이 이제 아버지와 자녀로서 특별한 관계를 맺게 되었음을 보여주신다.

나라가 임하시오며 하나님 나라는 하나님의 통치에 대한 간구다. 예수님은 죄악과 죽음이 다스리는 세상 가운데 오셔서 죄와 사망의 문제를 해결하심으로, 성령으로 하나님 나라가 시작되게 하셨다. 따라서 이 간구는 하나님 백성이 성령으로 하나님의 완전한 통치 가운데 살아가게 해 달라는 뜻이다.

3 우리에게 날마다 일용할 양식을 주시옵고 예수님을 통해서 얻게 되는 생명의 양식을 매일 채워 달라는 간구다. 예수님은 자신이 하늘의 양식(요 6:33-35)이시니, 무엇을 먹고

쉬운성경

38 예수님과 제자들이 여행을 하다가 어떤 마을로 들어갔습니다. 마르다라는 여인이 예수님을 자기 집에 모셔 들였습니다.

39 마르다에게는 마리아라는 여동생이 있었습니다. 마리아는 예수님의 발치에 앉아서 말씀을 듣고 있었습니다.

40 마르다는 여러 가지 접대하는 일로 분주하였습니다. 그러다가 예수님께 다가가서 말했습니다. "주님, 저 혼자 이 모든 접대를 하는데 제 동생이 저를 거들지 않는 것을 아무렇지도 않게 생각하십니까? 저를 도우라고 말씀해 주십시오."

41 그러나 주께서 마르다에게 말씀하셨습니다. "마르다야, 마르다야! 너는 너무 많은 일 때문에 걱정하며 안절부절 못하는구나.

42 그러나 필요한 일은 오직 한 가지뿐이다. 마리아는 그 좋은 쪽을 선택했으니 빼앗기지 않을 것이다."

1 예수님께서 어떤 곳에서 기도하고 계셨을 때입니다. 예수님께서 기도를 마치시자, 제자들 가운데 하나가 와서 말했습니다. "주님, 요한이 자기 제자들에게 기도하는 것을 가르쳐 준 것처럼 우리에게도 가르쳐 주십시오."

2 예수님께서 제자들에게 말씀하셨습니다. "너희는 기도할 때 이렇게 하여라. '아버지여, 아버지의 이름이 거룩하게 여김을 받으소서. 아버지의 나라가 오게 하소서.

3 날마다 우리에게 필요한 양식을 주시고

4 우리가 우리에게 빚진 모든 사람을 용서하오니, 우리의 죄도 용서하여 주소서. 그리고 우리를 시험에 빠지지 않게 하소서.'"

마실까를 걱정하지 말라고 명령하셨다(마 6:31). 이런 걱정은 하나님과 관계없는 이방인들이나 하는 행위이기 때문이다(마 6:32). 또한 물질적 공급보다 더 중요한 영적 생명을 간구하는 것이 중요하다.

저자의 묵상

예수님이 가르쳐 주신 기도는 당시의 유대인들에게는 충격적이었다. 왜냐하면 당시의 유대인들은 아무도 하나님을 '아버지'라고 직접 부르지 않았기 때문이다. 그러나 예수님은 마치 어린 자녀가 아빠를 부르듯이 '아바'로 부르며 기도하라고 가르쳐 주셨다. 기도는 자녀 된 성도가 아버지 하나님을 향해 친밀하게 나아가며 관계를 맺는 중요한 수단이다.

하나님을 심판하시는 무서운 신으로만 생각하는 사람들이 있다. 그래서 사람들 중에는 신약의 예수님을 사랑이 많은 분으로 생각해서, 기도할 때 하나님이 아닌 예수님께 기도한다는 사람들도 있다. 그러나 기도는 하나님께 드리는 것이다. 예수님을 통해 십자가의 큰 사랑을 우리에게 보이신 분이 하나님이시다. 하나님을 사랑의 하나님으로 생각하지 않는 사람은 하나님을 오해하고 있는 것이다. 기도할 때 하나님을 '아빠'라고 부르며 기도해 보자. 우리의 왜곡된 느낌이 아닌 예수님이 가르쳐 주신 대로 하나님께 나아가 보자.

무릎기도 하나님, 저를 사랑하시는 아버지가 되심을 믿지 못하고 두려운 마음을 가졌던 것을 회개합니다. 두려운 마음이 아니라 감사하고 기쁜 마음으로 하나님 앞에 나아가게 하소서.

ESV - Luke 10-11

38 Now as they went on their way, Jesus* entered a village. And a woman named Martha welcomed him into her house.

39 And she had a sister called Mary, who sat at the Lord's feet and listened to his teaching.

40 But Martha was distracted with much serving. And she went up to him and said, "Lord, do you not care that my sister has left me to serve alone? Tell her then to help me."

41 But the Lord answered her, "Martha, Martha, you are anxious and troubled about many things,

42 but one thing is necessary.* Mary has chosen the good portion, which will not be taken away from her."

1 Now Jesus* was praying in a certain place, and when he finished, one of his disciples said to him, "Lord, teach us to pray, as John taught his disciples."

2 And he said to them, "When you pray, say: "Father, hallowed be your name. Your kingdom come.

3 Give us each day our daily bread,*

4 and forgive us our sins, for we ourselves forgive everyone who is indebted to us. And lead us not into temptation."

* 10:38 Greek *he*
* 10:42 Some manuscripts *few things are necessary,* or *only one*
* 11:1 Greek *he*
* 11:3 Or *our bread for tomorrow*

40 distract (마음이) 분주하다 do not care 염두에 두지 않다 41 anxious 불안한, 염려하는 trouble about… …에 대해 걱정을 끼치다 42 necessary 필요한 portion 편, 부분 take away 빼앗다 2 hallow 거룩하게 하다 4 indebted 빚진 temptation 시험

☐ 묵상 체크

37 간절한 기도에 대한 비유

월 일

누가복음 11:5-13 • 새찬송 361장 | 통일 480장

• 말씀묵상 전에 성령님의 인도하심을 구하는 기도를 드리십시오.

본문요약 | 예수님은 간절한 기도를 가르치시기 위해 두 가지 비유를 주신다. 첫 번째는, 벗이 찾아왔는데 대접할 떡이 없어 이웃에게 가서 간청하는 '주인의 비유'다. 두 번째는, 아들이 아버지에게 먹을 것을 달라고 하면 악한 아버지라도 좋은 것을 준다는 '아버지와 자식의 비유'다. 예수님은 이 비유를 통해 하나님께서 간구하는 자에게 성령을 주신다고 가르치셨다.

5 또 이르시되 너희 중에 누가 벗이 있는데
밤중에 그에게 가서 말하기를 벗이여 떡
세 덩이를 내게 꾸어 달라
6 내 벗이 여행 중에 내게 왔으나 내가 먹일
것이 없노라 하면
7 그가 안에서 대답하여 이르되 나를 괴롭
게 하지 말라 문이 이미 닫혔고 아이들이
나와 함께 침실에 누웠으니 일어나 네게
줄 수가 없노라 하겠느냐
8 내가 너희에게 말하노니 비록 벗됨으로
인하여서는 일어나서 주지 아니할지라도
그 간청함을 인하여 일어나 그 요구대로
주리라
9 내가 또 너희에게 이르노니 구하라 그러
면 너희에게 주실 것이요 찾으라 그러면
찾아낼 것이요 문을 두드리라 그러면 너
희에게 열릴 것이니
10 구하는 이마다 받을 것이요 찾는 이는 찾
아낼 것이요 두드리는 이에게는 열릴 것
이니라
11 너희 중에 아버지 된 자로서 누가 아들이
[1]생선을 달라 하는데 생선 대신에 뱀을 주
며
12 알을 달라 하는데 전갈을 주겠느냐
13 너희가 악할지라도 좋은 것을 자식에게
줄 줄 알거든 하물며 너희 하늘 아버지께
서 구하는 자에게 성령을 주시지 않겠느
냐 하시니라

1) 어떤 사본에, 떡을 달라 하면 돌을 주며 생선을

1. 본문에 나타난 하나님은 어떤 분이십니까?

2. 오늘 하나님께서 나에게 주신 깨달음은 무엇입니까?

3. 말씀을 어떻게 내 삶에 구체적으로 적용해야 합니까?

절별 해설

5 벗이여 떡 세 덩이를 내게 꾸어 달라 '떡 세 덩이'는 한 사람을 대접하는 데 필요한 양이다. 당시는 먹을 만큼의 떡만 매일 아침에 구웠기 때문에, 떡이 떨어지면 이웃에게 빌릴 수밖에 없었다.

6 내 벗이 여행 중에 내게 왔으나 팔레스타인에서는 낮 동안에는 날이 너무 덥기 때문에, 사람들은 해가 떨어진 이후에 종종 여행을 했다. 고대 팔레스타인에서는 주인이 집에 찾아온 손님을 잘 대접하는 것이 관습이었다.

7 아이들이 나와 함께 침실에 누웠으니 당시의 일반적인 농가는 1층에는 가축우리가 있었고, 2층의 방에는 온 가족이 함께 사용하는 침실이 있었다. 일반적으로 어른이 입는 겉옷을 펼쳐서 이불로 사용했다. 그 때문에 주인이 일어나면 온 가족이 함께 일어나야만 하는 상황이었다.

8 그 간청함을 인하여 '간청하다'는 원어적으로 '부끄러움에도 불구하고 계속해서 간구하는 것'을 뜻한다. 여기서는 친구의 요청에 바로 응하지 않았던 집주인과 적극적으로 자녀의 요구에 응답하시는 하나님의 모습이 대조된다. 이는 또한 응답이 바로 주어지지 않아도 계속해서 기도해야 함을 가르친다(살전 5:17).

9 구하라, 찾으라, 두드리라 이 세 동사는 문법적으로 지속적인 행위를 뜻한다. 따라서 멈추지 말고 계속 구하고, 찾고, 두드리라는 의미다.

10 구하는 이마다 받을 것이요 예수님은 기도하면 반드시 응답될 것임을 가르치신다. 따라서 기도할 때는 하나님의 응답에 대한 절대적인 믿음을 가져야 한다.

11–12 예수님은 하나님 아버지가 우리의 기도에 좋은 것으로 응답하실 것을 육신의 아버지와 아들의 관계를 통해 설명하신다. 세상의 악한 아버지라도 아들에게 좋은 것을 주는데, 하늘에 계신 선하신 아버지가 가장 좋은 것을 반드시 주실 것을 믿으라는 것이다.

13 구하는 자에게 성령을 주시지 않겠느냐 '성령'은 하나님 아버지가 그의 자녀들에게 주실 수 있는 가장 좋은 것이다. 왜냐하면 성령은 죄로 인해 영혼이 죽은 자들을 살릴 수 있는 하나님의 생명이기 때문이다(요 16:7). 성령을 주신다는 것은 하나님이 함께하신다는 약속이며, 하나님이 다스리심으로 모든 죄에서 구원해 주실 것을 약속하시는 것이다.

쉬운성경

5 예수님께서 제자들에게 말씀하셨습니다. "너희 중 한 사람에게 친구가 있어, 한밤중에 찾아와서 말했다. '친구, 내게 빵 세 개만 빌려주게.

6 내 친구가 여행하여 내게로 왔는데 그에게 차려 줄 것이 하나도 없다네.'

7 그런 경우에, '나를 괴롭히지 말게! 문이 이미 잠겼고, 내 아이들이 나와 함께 침대에 누웠다네. 일어나서 자네에게 줄 수 없네'하고 대답하겠느냐?

8 내가 너희에게 말한다. 친구라는 것만으로는 일어나 주지 않을지라도 끈질기게 조르기 때문에 일어나 필요한 만큼 줄 것이다."

9 "그러므로 내가 너희에게 말한다. 구하라. 그러면 너희에게 주어질 것이다. 찾아라. 그러면 찾을 것이다. 두드려라. 그러면 문이 너희에게 열릴 것이다.

10 구하는 사람마다 받을 것이다. 찾는 사람은 찾을 것이다. 두드리는 사람에게는 문이 열릴 것이다.

11 너희 가운데 어떤 아버지가 아들이 생선을 달라는데 생선을 주지 않고 뱀을 주겠느냐?

12 또 계란을 달라는데 전갈을 주겠느냐?

13 너희가 악하더라도 좋은 것을 자녀에게 주려고 한다. 하물며 하늘에 계신 아버지께서 간구하는 자에게 성령을 주시지 않겠느냐?"

저자의 묵상

좋으신 하나님이 그의 자녀들에게 주시는 최고의 선물은 성령이다. 성령은 구약에서 사람들이 받기를 원했던 축복의 원천이기도 하다. 신약성경에서는 더 이상 축복이라는 단어가 잘 사용되지 않는 이유도 성도들이 성령을 통해 영적 생명을 선사받기 때문이다.

성령이 가장 좋은 선물인 이유는, 성령이 인간을 전인적으로 온전하게 만들기 때문이다. 원래 인간은 성령으로 말미암은 영적 생명이 있어야 온전하게 기능하는 존재로 지어졌다. 이런 상태의 인간을 성경은 '생령' 즉 '살아 있는 영'이라고 부른다(창 2:7). 그러나 죄로 말미암아 영적 생명이 인간을 떠나면서, 인간은 영적 생명의 흔적만을 가진 존재가 되었다. 그렇게 텅 빈 인간의 영 때문에 깊은 공허와 불행이 시작된 것이다. 그러나 이제 성령이 오셔서 인간의 영을 축복, 즉 영적 생명으로 채우신다. 이 영적 생명이 충만한 사람은 상황에 관계없는 만족과 행복을 누릴 수 있다. 그래서 성령이 가장 큰 축복의 선물이다.

무릎 기도 하나님, 저에게 성령을 충만하게 부어 주소서. 내 영혼의 끝이 없는 공허와 불만족을 성령이 주시는 영적 생명으로 채우셔서 이 땅에서도 하늘의 충만함과 만족을 경험하게 하소서.

ESV - Luke 11

5 And he said to them, "Which of you who
has a friend will go to him at midnight and
say to him, 'Friend, lend me three loaves,
6 for a friend of mine has arrived on a
journey, and I have nothing to set before
him';
7 and he will answer from within, 'Do not
bother me; the door is now shut, and my
children are with me in bed. I cannot get up
and give you anything'?
8 I tell you, though he will not get up and give
him anything because he is his friend, yet
because of his impudence* he will rise and
give him whatever he needs.
9 And I tell you, ask, and it will be given to
you; seek, and you will find; knock, and it
will be opened to you.
10 For everyone who asks receives, and the
one who seeks finds, and to the one who
knocks it will be opened.
11 What father among you, if his son asks for*
a fish, will instead of a fish give him a
serpent;
12 or if he asks for an egg, will give him a
scorpion?
13 If you then, who are evil, know how to give
good gifts to your children, how much more
will the heavenly Father give the Holy Spirit
to those who ask him!"

* 11:8 Or *persistence*
* 11:11 Some manuscripts insert *bread, will give him a stone; or if he asks for*

5 lend 빌려주다 loaf 덩어리 7 from within 안쪽에서 bother 괴롭히다 be shut 닫히다 8 impudence 뻔뻔스러움 9 seek 찾다 11 instead of… …대신에 serpent 뱀 12 scorpion 전갈 13 Holy Spirit 성령

38 능력으로 임하는 하나님 나라

월 일

누가복음 11:14-26 • 새찬송 348장 | 통일 388장

• 말씀묵상 전에 성령님의 인도하심을 구하는 기도를 드리십시오.

본문요약 I 예수님이 귀신 들린 자를 자유하게 하시자, 유대 종교지도자들은 예수님이 귀신의 힘으로 그런 일을 한다고 비난한다. 예수님은 같은 편끼리 싸운다면 그의 나라가 세워질 수 없다는 논리로 그들의 주장을 반박하신다. 또 자신이 하나님의 능력으로 귀신을 쫓아낸 것이기 때문에, 이제 마귀에게 속한 자들을 자유하게 하는 하나님 나라가 임했다고 선포하신다.

14 예수께서 한 말 못하게 하는 귀신을 쫓아
내시니 귀신이 나가매 말 못하는 사람이
말하는지라 무리들이 놀랍게 여겼으나
15 그중에 더러는 말하기를 그가 귀신의 왕
바알세불을 힘입어 귀신을 쫓아낸다 하고
16 또 더러는 예수를 시험하여 하늘로부터
오는 [1]표적을 구하니
17 예수께서 그들의 생각을 아시고 이르시되
스스로 분쟁하는 나라마다 황폐하여지며
스스로 분쟁하는 집은 무너지느니라
18 너희 말이 내가 바알세불을 힘입어 귀신
을 쫓아낸다 하니 만일 사탄이 스스로 분
쟁하면 그의 나라가 어떻게 서겠느냐
19 내가 바알세불을 힘입어 귀신을 쫓아내면
너희 아들들은 누구를 힘입어 쫓아내느냐
그러므로 그들이 너희 재판관이 되리라
20 그러나 내가 만일 하나님의 [2]손을 힘입어
귀신을 쫓아낸다면 하나님의 나라가 이미
너희에게 임하였느니라
21 강한 자가 무장을 하고 자기 집을 지킬 때
에는 그 소유가 안전하되
22 더 강한 자가 와서 그를 굴복시킬 때에는
그가 믿던 무장을 빼앗고 그의 [3]재물을 나
누느니라
23 나와 함께하지 아니하는 자는 나를 반대
하는 자요 나와 함께 모으지 아니하는 자
는 헤치는 자니라
24 더러운 귀신이 사람에게서 나갔을 때에
물 없는 곳으로 다니며 쉬기를 구하되 얻
지 못하고 이에 이르되 내가 나온 내 집으
로 돌아가리라 하고
25 가서 보니 그 집이 청소되고 수리되었거
늘
26 이에 가서 저보다 더 악한 귀신 일곱을 데
리고 들어가서 거하니 그 사람의 나중 형
편이 전보다 더 심하게 되느니라

1) 또는 이적 2) 헬, 손가락을 3) 헬, 노략물을

1. 오늘 하나님께서 나에게 주신 깨달음은 무엇입니까?

2. 말씀을 어떻게 내 삶에 구체적으로 적용해야 합니까?

절별 해설

15 귀신의 왕 바알세불 '바알세불'은 구약성경의 '바알세붑'에서 유래된 것으로 보이며, '파리의 왕[신]'이라는 뜻이다(왕하 1:2). 유교 종교지도자들은 당시 귀신들의 왕으로 여겨지던 바알세불이 예수님의 능력의 원인이라고 비난하며, 예수님을 마귀와 같은 세력으로 취급했다.

16 하늘로부터 오는 표적 유대 종교지도자들은 귀신을 쫓아내고 병든 자가 낫는 것을 하나님이 주신 증거로 인정하지 않았다. 그들은 엘리야가 하늘에서 불을 내린 것과 같은 증거를 보기 원한 것 같다(왕상 18:38).

17 스스로 분쟁하는 집은 무너지느니라 만일에 예수님이 마귀의 힘으로 귀신을 쫓아낸 것이라면, 마귀가 스스로 자기 부하와 싸운 것이 된다. 마귀가 자신의 부하들인 귀신과 싸운다면 그의 나라는 금방 멸망하게 된다. 이처럼 종교지도자들의 주장은 논리에 맞지 않았다.

18 만일 사탄이 스스로 분쟁하면 그의 나라가 어떻게 서겠느냐 사탄은 하나님께 대적하여 자신의 나라를 세우고자 한다. 그 때문에 마귀의 세력은 스스로 싸우지 않는다. 싸움은 마귀 세력과 하나님 세력 사이에만 존재한다.

19 그러므로 그들이 너희 재판관이 되리라 그 당시 유대 지도자들을 따르던 사람들 중에도 귀신을 쫓아내던 자들이 있었다. 만일에 예수님이 마귀의 편이라면 그들도 마귀 편이라는 것이다. 따라서 이는 유대 지도자들 또한 스스로 마귀에게 속했음을 증거하는 것이라는 뜻이다.

20 하나님의 손 하나님의 능력, 혹은 하나님의 성령을 의미하는 표현이다(출 9:3; 마 12:28).

23 이미 하나님 나라가 임하여 사탄과의 전쟁이 시작되었기 때문에, 더 이상 중립적인 자리는 없고 누군가에게 속해야 한다는 것이다.

24 내가 나온 내 집으로 돌아가리라 귀신이 쫓겨 나갔으나, 그가 성령에 의해 다스림을 받지 않으면 다시 귀신의 소유가 될 수 있음을 비유한다.

쉬운성경

14 예수님께서 말 못하게 하는 마귀를 쫓아내셨습니다. 마귀가 나가자, 말 못하던 사람이 곧 말을 하였습니다. 많은 사람들이 매우 놀랐습니다.

15 그중에 어떤 사람들이 말했습니다. "이 사람이 마귀의 왕인 바알세불에게 빌어서 마귀를 쫓아낸다."

16 또 어떤 사람들은 예수님을 시험하려고 하늘로부터 오는 증거를 보여 달라고 하였습니다.

17 예수님께서 그들의 생각을 아시고 그들에게 말했습니다. "어느 나라든지 서로 자기들끼리 편이 갈라지면 망한다. 그리고 자기들끼리 싸우는 가정도 무너진다.

18 내가 바알세불에게 빌어서 마귀를 쫓아낸다고 하는데, 만일 사탄도 서로 자기들끼리 갈리면 사탄의 나라가 어떻게 서 있겠느냐?

19 만일 내가 바알세불에게 빌어서 마귀를 쫓아내면, 너희 자녀들은 무엇을 가지고 마귀를 쫓아내느냐? 그러므로 그들이 너희의 말이 틀렸다는 것을 증명하고 있다.

20 만일 내가 하나님의 손가락의 능력으로 마귀를 쫓아낸다면, 하나님 나라가 너희에게 와 있는 것이다.

21 힘센 사람이 온갖 무장을 하고 자기의 집을 지킬 때, 그 재산은 안전할 것이다.

22 그러나 이 사람보다 더 힘센 사람이 와서 그를 공격하여 이기면, 무기를 빼앗고 그의 재물도 빼앗아 나눌 것이다.

23 나와 함께하지 않는 사람은 나를 반대하는 사람이다. 나와 함께 모으지 않는 사람은 흩어 버리는 사람이다."

24 "더러운 영이 어떤 사람에게서 나와서 쉴 곳을 찾아 물이 없는 곳을 헤매고 다니다가 찾지 못하면 '내가 나왔던 집으로 다시 돌아가야겠다'라고 말한다.

절별 해설

26 저보다 더 악한 귀신 일곱을 데리고 들어가서 거하니 이는 쫓겨 나갔던 귀신이 자기 힘만으로는 그 영혼을 지배할 수 없다고 생각했기 때문이다. 이 말씀은 세례 요한의 선포를 듣고 회개했던 자들이 예수님을 거부하자 더 악한 영에 사로잡히게 된 상황을 비유한다.

25 돌아와서 보니, 전에 있던 곳이 깨끗하게 청소되고 잘 정리되어 있다.

26 이에 그 더러운 영이 나가서 자기보다 더 악한 영 일곱을 데리고 와서 거기에 들어와 산다. 결국 그 사람의 나중 상태가 처음보다 더 나빠게 된다."

저자의 묵상

예수님이 오셔서 귀신을 쫓아내신 것은 하나님의 나라가 임하였음을 보여주시고자 한 것이다. 마귀의 통치 아래 있는 자들은 모든 자유를 잃어버리고 마귀가 시키는 대로 살 수밖에 없다. 마귀는 사람들이 우상을 섬기며, 서로를 파괴하는 인생을 살도록 만든다. 바로 본문에 나오는 종교지도자들처럼 예수님을 비난하며 공격하는 모습으로 살아간다. 이런 자들의 모습이 바로 일곱 귀신이 들어가 마귀의 영적 노예가 되어 살아가는 자들이다.

예수님만이 마귀의 통치 아래 있는 자들을 자유하게 하실 수 있다. 왜냐하면 마귀는 죄를 지은 자들을 합법적으로 다스릴 수 있기 때문에, 이제 예수님이 죄인들의 죄를 속량하심으로 의인이 되도록 만드시기 때문이다. 예수님의 피로 죄를 씻고 의인이 된다는 것은, 마귀의 지배로부터 벗어나 성령의 다스림 즉, 하나님 나라 안에서 살게 되는 것이다.

무릎기도 하나님, 평생 마귀의 노예가 되어 마귀와 같은 모습으로 살았을 저를 예수님을 통해 구원해 주셔서 감사합니다. 성령을 충만하게 부어 주셔서 하나님의 강력한 통치 아래 살게 하소서.

ESV - Luke 11

14 Now he was casting out a demon that was
mute. When the demon had gone out, the
mute man spoke, and the people
marveled.
15 But some of them said, "He casts out
demons by Beelzebul, the prince of
demons,"
16 while others, to test him, kept seeking from
him a sign from heaven.
17 But he, knowing their thoughts, said to
them, "Every kingdom divided against itself
is laid waste, and a divided household falls.
18 And if Satan also is divided against
himself, how will his kingdom stand? For
you say that I cast out demons by
Beelzebul.
19 And if I cast out demons by Beelzebul, by
whom do your sons cast them out?
Therefore they will be your judges.
20 But if it is by the finger of God that I cast
out demons, then the kingdom of God has
come upon you.
21 When a strong man, fully armed, guards
his own palace, his goods are safe;
22 but when one stronger than he attacks him
and overcomes him, he takes away his
armor in which he trusted and divides his
spoil.
23 Whoever is not with me is against me, and
whoever does not gather with me scatters.
24 "When the unclean spirit has gone out of a
person, it passes through waterless places
seeking rest, and finding none it says, 'I will
return to my house from which I came.'
25 And when it comes, it finds the house
swept and put in order.
26 Then it goes and brings seven other spirits
more evil than itself, and they enter and
dwell there. And the last state of that
person is worse than the first."

14 cast out… …를 내쫓다 mute 말 못하는 marvel 놀라다 17 be laid waste 황폐해 있다 household 가정 18 be divided against itself 내분이 일어나다 19 judge 재판관 21 (be) fully armed 완전무장을 하다 guard 지키다 goods 재산, 소유 22 overcome 이기다 take away 빼앗다 spoil 약탈품 23 scatter 흩어지다 25 sweep 청소하다 put in order 정돈하다 26 dwell 살다

• MEMO •

39 요나의 표적과 마음의 빛

월 일

누가복음 11:27-36 • 새찬송 441장 | 통일 498장

• 말씀묵상 전에 성령님의 인도하심을 구하는 기도를 드리십시오.

본문요약 I 예수님은 하나님의 말씀에 순종하는 것이 복되다고 말씀하신다. 또 예수님을 믿지 않는 유대인들에게 요나의 표적밖에는 보일 표적이 없다고 말씀하신다. 예수님의 말씀을 듣고 순종하는 자는 마음에 어둠이 전혀 없으나, 그 말씀을 거부하는 자는 어둠에서 벗어날 수 없다.

27 이 말씀을 하실 때에 무리 중에서 한 여자
가 음성을 높여 이르되 당신을 밴 태와 당
신을 먹인 젖이 복이 있나이다 하니
28 예수께서 이르시되 오히려 하나님의 말씀
을 듣고 지키는 자가 복이 있느니라 하시
니라
29 무리가 모였을 때에 예수께서 말씀하시되
이 세대는 악한 세대라 [1]표적을 구하되 요
나의 [1]표적 밖에는 보일 [1]표적이 없나니
30 요나가 니느웨 사람들에게 [1]표적이 됨과
같이 인자도 이 세대에 그러하리라
31 심판 때에 남방 여왕이 일어나 이 세대 사
람을 정죄하리니 이는 그가 솔로몬의 지
혜로운 말을 들으려고 땅끝에서 왔음이거
니와 솔로몬보다 더 큰 이가 여기 있으며
32 심판 때에 니느웨 사람들이 일어나 이 세
대 사람을 정죄하리니 이는 그들이 요나
의 전도를 듣고 회개하였음이거니와 요나
보다 더 큰 이가 여기 있느니라
33 누구든지 등불을 켜서 움 속에나 말 아래
에 두지 아니하고 등경 위에 두나니 이는
들어가는 자로 그 빛을 보게 하려 함이라
34 네 몸의 등불은 눈이라 네 눈이 [2]성하면
온몸이 밝을 것이요 만일 나쁘면 네 몸도
어두우리라
35 그러므로 네 속에 있는 빛이 어둡지 아니
한가 보라
36 네 온몸이 밝아 조금도 어두운 데가 없으
면 등불의 빛이 너를 비출 때와 같이 온전
히 밝으리라 하시니라

1) 또는 이적 2) 헬, 순전하면

1. 오늘 하나님께서 나에게 주신 깨달음은 무엇입니까?

2. 말씀을 어떻게 내 삶에 구체적으로 적용해야 합니까?

절별 해설

28 오히려 하나님의 말씀을 듣고 지키는 자가 복이 있느니라 예수님이 종교지도자들에게 답변하신 말씀에 감탄하는 것보다 하나님의 말씀을 듣고 지키는 것이 더 중요하다는 말이다(8:21 참조). 그래야 삶의 변화를 경험할 수 있기 때문에 참 복을 누리려면 하나님의 말씀에 순종하라는 말씀이다.

30 인자도 이 세대에 그러하리라 요나가 물고기 배 속에서 사흘 만에 구원을 받아 니느웨 성에 회개를 촉구했던 것처럼, 예수님도 사흘 만에 죽었다가 부활하심으로 회개의 표적이 될 것을 말씀하신 것이다.

31 남방 여왕 솔로몬을 찾아왔던 스바의 여왕을 의미한다(왕상 10:1-13). 스바는 남부 아라비아에 위치한 현대의 예멘 지역으로, 유대 땅으로부터 약 2천km 떨어져 있다. 그토록 먼 곳에서 솔로몬의 지혜의 말을 듣기 위해 찾아온 스바 여왕의 열정과 대비되는 유대인들의 완악함을 꾸짖으신 것이다.

32 심판 때에 니느웨 사람들이 일어나 이 세대 사람을 정죄하리니 니느웨 사람들은 극심한 죄인들이었지만, 요나의 회개의 선포를 듣고 회개하였다. 그런데 요나보다 크신 예수님이 회개의 선포를 하는데도 듣지 않고 거부하는 유대인들의 악함을 지적하신 것이다.

33 그 빛을 보게 하려 함이라 예수님은 자신의 말씀을 어두운 곳을 비추는 빛으로 비유하신다. 빛이 어둠을 밝혀 사람들에게 유익을 주듯이, 예수님의 말씀 또한 사람들을 생명과 진리로 인도하기 위해 주어진 것임을 의미한다.

34 네 몸의 등불은 눈이라 눈은 진리를 분별할 수 있는 도구를 의미한다. 즉, 등불이 있어야 어두운 곳을 볼 수 있듯이, 영적인 눈이 열려야 진리를 분별할 수 있다는 뜻이다.

35 네 속에 있는 빛 예수님의 말씀을 받아들이고 순종하는 자는 영혼에 빛을 가진 것이다. 마음에 예수님의 말씀이 있는 자는 눈으로 진리를 제대로 분별할 수 있다.

36 온전히 밝으리라 마음에 예수님의 말씀이 있는가의 여부에 따라 그 존재가 온전히 빛 가운데 있는지, 아니면 어둠의 영향력 가운데 있는지가 달라진다.

쉬운성경

27 예수님께서 이 말씀을 하고 계실 때, 한 여인이 무리들 속에서 목소리를 높여 외쳤습니다. "당신을 낳아서 기른 당신의 어머니는 참 복이 있습니다."

28 예수님께서는 "오히려 하나님의 말씀을 듣고 지키는 사람이 복이 있는 사람이다"라고 말씀하셨습니다.

29 사람들이 더 모여들 때, 예수님께서 말씀하셨습니다. "이 세대는 악한 세대이다. 이 세대가 증거를 달라고 하지만, 요나의 증거 외에는 아무 증거도 받지 못할 것이다.

30 니느웨 사람들에게 요나가 증거가 된 것처럼 인자도 이 세대에게 증거가 될 것이다.

31 심판의 때에 남쪽 나라 여왕이 이 시대의 사람들과 일어나서 그들을 죄인으로 심판할 것이다. 이는 그가 솔로몬의 지혜를 들으려고 땅끝에서 찾아왔기 때문이다. 그러나 솔로몬보다 더 큰 사람이 여기 있다.

32 심판의 때에 니느웨 사람들이 이 시대의 사람들과 일어나 그들을 심판할 것이다. 이는 그들이 요나의 선포를 듣고 회개하였기 때문이다. 그러나 요나보다 더 큰 사람이 여기 있다."

33 "누구든지 등불을 켜서 지하실에 두거나 됫박 아래 두지 않고, 등잔대 위에 올려놓아 들어오는 사람들이 빛을 볼 수 있게 한다.

34 네 눈은 몸의 등불이다. 만약 네 눈이 성하면, 네 온몸이 빛으로 가득 찰 것이다. 그러나 네 눈이 성하지 않으면, 네 온몸이 어두움으로 가득 찰 것이다.

35 그러므로 네 안에 있는 빛이 어둡지 않게 조심하여라.

36 만일 네 온몸이 빛으로 가득 차고 어두움이 없다면, 등불이 그 빛으로 너를 비출 때처럼 온전히 밝게 빛날 것이다."

저자의 묵상

요나의 표적은 요나가 물고기 배 속에 들어가 삼일 만에 살아난 것이다. 이처럼 예수님도 십자가에 달려 죽으셨다가 삼일 만에 살아나시는 것이 표적이 될 것이라고 말씀하셨다. 예수님이 죽으셨다가 살아나신 것은, 예수님이 죽음을 이기신 생명의 하나님이심을 증거하는 것이다. 이것을 믿지 못하는 자는 어떤 다른 표적으로도 예수님이 하나님이시며 구원자가 되심을 받아들일 수 없다.

지금 우리에게도 예수님의 죽음과 부활은 어떤 무엇보다 확실한 표적이다. 이것을 믿는 자는 예수님의 부활의 능력에 동참하게 되어 영원한 생명을 선물로 받게 된다. 그러나 이 표적을 믿지 않는 자는 영원한 죽음에서 벗어날 수 없다. 이 표적을 믿는 자는 다른 모든 하나님의 약속 또한 믿음으로 받아들일 수 있다. 결국, 믿음이 약한 자는 예수님이 죽음을 이기신 생명의 하나님이 되심부터 확실히 믿어야 한다.

무릎 기도 하나님, 예수님이 죽었다가 부활하신 하나님이 되심을 확실히 믿게 하소서. 믿음으로 예수님의 부활의 능력에 동참하여 영적 어두움이 가득한 세상 속에서 하나님의 영광을 드러내게 하소서.

ESV - Luke 11

27 As he said these things, a woman in the
crowd raised her voice and said to him,
"Blessed is the womb that bore you, and
the breasts at which you nursed!"
28 But he said, "Blessed rather are those who
hear the word of God and keep it!"
29 When the crowds were increasing, he
began to say, "This generation is an evil
generation. It seeks for a sign, but no sign
will be given to it except the sign of Jonah.
30 For as Jonah became a sign to the people
of Nineveh, so will the Son of Man be to
this generation.
31 The queen of the South will rise up at the
judgment with the men of this generation
and condemn them, for she came from the
ends of the earth to hear the wisdom of
Solomon, and behold, something greater
than Solomon is here.
32 The men of Nineveh will rise up at the
judgment with this generation and
condemn it, for they repented at the
preaching of Jonah, and behold,
something greater than Jonah is here.
33 "No one after lighting a lamp puts it in a
cellar or under a basket, but on a stand, so
that those who enter may see the light.
34 Your eye is the lamp of your body. When
your eye is healthy, your whole body is full
of light, but when it is bad, your body is full
of darkness.
35 Therefore be careful lest the light in you be
darkness.
36 If then your whole body is full of light,
having no part dark, it will be wholly bright,
as when a lamp with its rays gives you
light."

27 raise one's voice 언성을 높이다 womb 태 breast 젖 nurse 젖을 먹다 29 generation 세대 30 as…, so~ …와 마찬가지로 ~하다 31 condemn 정죄하다 32 repent 회개하다 preaching 전도 33 cellar 지하 저장실 so that… (목적) …하기 위하여 34 be full of… …로 가득 차다 35 be careful 조심하다 lest …하지 않도록 36 ray 빛 give light 비치다

□ 묵상 체크

40 바리새인에 대한 예수님의 비판

월 일

누가복음 11:37-54 • 새찬송 528장 | 통일 318장

• 말씀묵상 전에 성령님의 인도하심을 구하는 기도를 드리십시오.

본문요약 l 예수님은 외적인 형식만을 지키기에 힘쓰고 내면의 욕심과 죄악에는 관심이 없는 바리새인들을 책망하신다. 예수님은 교만과 명예욕에 사로잡혀 사람들을 타락시키는 바리새인들이 당할 심판을 안타깝게 여기신다. 예수님의 질책에 율법교사들까지 반발한다. 예수님은 그들이 자신은 지키지도 못할 종교적인 짐을 사람들에게 지게 하는 자들이라고 책망하신다.

37 예수께서 말씀하실 때에 한 바리새인이 자기와 함께 점심 잡수시기를 청하므로 들어가 [1]앉으셨더니
38 잡수시기 전에 손 씻지 아니하심을 그 바리새인이 보고 이상히 여기는지라
39 주께서 이르시되 너희 바리새인은 지금 잔과 대접의 겉은 깨끗이 하나 너희 속에는 탐욕과 악독이 가득하도다
40 어리석은 자들아 겉을 만드신 이가 속도 만들지 아니하셨느냐
41 그러나 그 안에 있는 것으로 구제하라 그리하면 모든 것이 너희에게 깨끗하리라
42 화 있을진저 너희 바리새인이여 너희가 박하와 운향과 모든 채소의 십일조는 드리되 공의와 하나님께 대한 사랑은 버리는도다 그러나 이것도 행하고 저것도 버리지 말아야 할지니라
43 화 있을진저 너희 바리새인이여 너희가 회당의 높은 자리와 시장에서 문안받는 것을 기뻐하는도다
44 화 있을진저 너희여 너희는 [2]평토장한 무덤 같아서 그 위를 밟는 사람이 알지 못하느니라
45 한 율법교사가 예수께 대답하여 이르되 선생님 이렇게 말씀하시니 우리까지 모욕하심이니이다
46 이르시되 화 있을진저 또 너희 율법교사여 지기 어려운 짐을 사람에게 지우고 너희는 한 손가락도 이 짐에 대지 않는도다

1) 5:29 난하주를 보라 2) 헬, 보이지 않는

47 화 있을진저 너희는 선지자들의 무덤을 만드는도다 그들을 죽인 자도 너희 조상들이로다
48 이와 같이 그들은 죽이고 너희는 무덤을 만드니 너희가 너희 조상의 행한 일에 증인이 되어 옳게 여기는도다
49 그러므로 하나님의 지혜가 일렀으되 내가 선지자와 사도들을 그들에게 보내리니 그 중에서 더러는 죽이며 또 박해하리라 하였느니라
50 창세 이후로 흘린 모든 선지자의 피를 이 세대가 담당하되
51 곧 아벨의 피로부터 제단과 성전 사이에서 죽임을 당한 사가랴의 피까지 하리라 내가 너희에게 이르노니 과연 이 세대가 담당하리라
52 화 있을진저 너희 율법교사여 너희가 지식의 열쇠를 가져가서 너희도 들어가지 않고 또 들어가고자 하는 자도 막았느니라 하시니라
53 거기서 나오실 때에 서기관과 바리새인들이 거세게 달려들어 여러 가지 일을 따져 묻고
54 그 입에서 나오는 말을 책잡고자 하여 노리고 있더라

1. 오늘 하나님께서 나에게 주신 깨달음은 무엇입니까?

2. 말씀을 어떻게 내 삶에 구체적으로 적용해야 합니까?

절별 해설

38 잡수시기 전에 손 씻지 아니하심을 그 바리새인이 보고 이상히 여기는지라 유대인들은 세상의 부정한 것이 묻은 채로 음식을 먹으면 자신들 또한 부정해진다고 생각했기 때문에 식사 전에 손을 씻는 정결 예식을 반드시 행했다(막 7:3).

39 너희 바리새인은 지금 잔과 대접의 겉은 깨끗이 하나 식사 전에 그릇을 씻는 것도 정결 예식 가운데 하나였다(막 7:4). 이것은 바리새인들이 외적인 행위에만 관심을 기울이는 것을 의미한다.

41 그 안에 있는 것으로 구제하라 '안에 있는 것'은 깨끗한 마음에서 나오는 사랑과 긍휼을 의미한다. 바리새인들의 마음속에는 탐욕이 가득했기 때문에, 그들은 이익이 될 때만 구제를 했다.

42 화 있을진저 이 선포는 앞으로 임할 무서운 심판에 대한 고통과 괴로움을 의미한다.
박하와 운향과 모든 채소의 십일조 '박하'는 좋은 향기를 풍기는 식용 허브며, '운향'은 회녹색의 잎과 노란 꽃을 가진 향료다. 바리새인들은 음식에 넣는 향신료까지 십일조를 뗄 정도로 철저하게 율법을 지켰지만, 율법의 근본정신을 잃어버리고 형식에만 집착했다.

43 너희가 회당의 높은 자리와 시장에서 문안받는 것을 기뻐하는도다 바리새인들의 탐욕은 구체적으로 사람들 사이에서 높아지고자 하는 교만과 자신의 명성을 드러내고자 하는 명예욕으로 드러났다.

44 너희는 평토장한 무덤 같아서 율법에 의하면 무덤에 닿는 사람은 7일간 부정했다(민 19:16). 평토장(平土葬)은 봉분을 만들지 않고 평평하게 매장하는 것을 말한다. 시체를 묻은 곳에 아무 표시가 없으면 다른 사람들이 부지중에 밟고 부정하게 된다. 이처럼 바리새인들은 다른 사람들을 부정하게 만드는 악을 퍼트리는 자들이라는 뜻이다.

46 너희 율법교사여 지기 어려운 짐을 사람에게 지우고 율법교사들은 율법과 장로들의 전통에 대해서 자신들만의 해석을 더했다. 그들은 모세의 율법 외에도 613개의 조항을 만들었다. 각 조항마다 세부 항목들이 따로 있었기 때문에 이것들을 알지도 못하고 지킬 수도 없는 일반 백성들은 종교적 열등감과 죄책감에 사로잡혔다.

47 너희는 선지자들의 무덤을 만드는도다 율법교사들은 선지자들의 무덤을 다시 쌓고 비석을 세워서 선지자들의 정신을 기리는 것처럼 행동했다. 이것으로 자신들이 선지자들의 후계자들인 것처럼 보이고자 했다(마 23:29-30).

쉬운성경

37 예수님께서 말씀하실 때, 바리새파 사람이 자기와 함께 식사하자고 청하자, 예수님께서 식사 자리에 가서 앉으셨습니다.

38 예수님께서 식사하시기 전에 손을 씻지 않는 모습을 보고 바리새파 사람이 이상하게 생각했습니다.

39 그러자 주님께서 그에게 말씀하셨습니다. "너희 바리새파 사람들은 잔과 접시의 겉은 깨끗하게 씻는다. 그러나 그 속에는 욕심과 악한 것이 가득 차 있다.

40 어리석은 사람들아, 겉을 만드신 분이 속도 만들지 않으셨느냐?

41 속에 있는 것으로 자비를 베풀어라. 그러면 모든 것이 너희에게 깨끗해질 것이다.

42 너희 바리새파 사람들에게 화가 있을 것이다. 너희는 박하와 운향과 온갖 채소의 십일조를 드린다. 그러나 하나님의 정의와 사랑은 무시한다. 어느 한 가지만 하지 말고 이 모두를 함께 해야 한다.

43 너희 바리새파 사람들에게 화가 있을 것이다. 너희는 회당의 앞자리를 좋아하고, 시장터에서 인사받기를 좋아한다.

44 너희에게 화가 있을 것이다. 너희는 숨겨진 무덤과 같다. 사람들은 무엇인지도 모르고 그 위를 걸어 다닌다."

45 율법학자 중 한 사람이 예수님께 말했습니다. "선생님, 이런 말씀을 하시는 것은 우리를 모독하는 것입니다."

46 예수님께서 말씀하셨습니다. "너희 율법학자들에게 화가 있을 것이다. 너희는 견디기 힘든 짐을 사람들에게 지우고 있다. 그러면서 너희 자신들은 손가락 하나도 그 짐에 대려고 하지 않는다.

47 너희에게 화가 있을 것이다. 너희는 너희 조상들이 죽인 예언자들의 무덤을 만들고 있다.

48 결국 너희는 조상들이 행한 것에 대

절별 해설

48 너희가 너희 조상의 행한 일에 증인이 되어 예수님은 선지자들의 무덤을 다시 만드는 행위는 과거에 선지자들을 죽인 자들의 행위와 같은 것이라고 말씀하신다. 과거에 선지자들을 죽인 자들은 선지자들이 그들의 탐욕을 지적하고 회개를 선포했기 때문에 선지자들을 죽여 무덤에 묻었다. 그런데 지금 율법교사들 또한 자신들의 탐욕을 위해 선지자들의 무덤을 만들기 때문이다.

49 하나님의 지혜가 일렀으되 하나님의 지혜가 담긴 구약성경이 의미하는 바를 말한다. 구약성경에서는 선지자들이 죽고 박해당한 경우를 자주 묘사하는데, 이것은 앞으로 계속 해서 벌어질 일들을 예표한 것이라는 말씀이다(대하 24:20-21; 렘 7:25-26).

50 창세 이후로 흘린 모든 선지자의 피를 이 세대가 담당하되 모든 선지자들과 의인들은 메시아의 모형이었다. 이 세대는 선지자들과 의인들의 실체로 오신 예수님을 십자가에 못 박아 죽임으로 모든 세대의 죄악을 총체적으로 담당하게 되었다.

51 아벨의 피, 사가랴의 피 유대인들은 구약성경의 첫 책으로는 〈창세기〉를, 마지막 책은 〈역대하〉로 분류했다. 아벨은 첫 번째 의인의 죽음(창 4:8)이며, 사가랴는 마지막 의인의 죽음(대하 24:20-22)을 의미한다.

52 너희가 지식의 열쇠를 가져가서 율법교사들은 성경 해석의 권리를 독점하고는 일반 사람들이 성경을 해석하는 것을 금지했다. 그 결과 이들은 사람들을 구원에 이르게 하지 못하는 악을 행했다.

한 증인이 되고 거기에 동조한다. 그것은 너희 조상들은 죽였고 너희는 무덤을 만들기 때문이다.

49 그러므로 지혜로우신 하나님께서 말씀하셨다. '내가 예언자들과 사도들을 그들에게 보낼 것이다. 사람들이 그들의 일부는 죽이고, 일부는 박해할 것이다.'

50 세상이 만들어진 이후로 예언자들의 흘린 피에 대하여 이 세대에게 책임을 물을 것이다.

51 그렇다. 너희에게 말한다. 아벨의 피로부터 제단과 성소 사이에서 죽임을 당한 사가랴의 피에 이르기까지 이 세대에게 책임을 물을 것이다.

52 너희 율법학자들에게 화가 있을 것이다. 너희는 지식의 열쇠를 가로챘다. 그러면서 너희 자신들도 들어가려고 하지 않고, 들어가려고 하는 다른 사람들도 막았다."

53 예수님께서 거기서 떠나실 때, 율법학자들과 바리새파 사람들이 예수님에 대해 앙심을 품고 여러 가지 질문으로 몰아댔습니다.

54 그들은 예수님께서 말씀하시는 것에 트집을 잡으려고 애썼습니다.

저자의 묵상

예수님 당시에 예수님의 책망을 가장 많이 받았던 사람들은 바리새인들이었다. 그러나 실제로 이들은 당시 유대 사회에서 가장 존경을 받던 사람들이었다. 종교적 가치가 가장 중요한 사회였기 때문에 종교적 규례를 철저하게 지키던 바리새인들은 사람들의 인정과 존경을 받았다. 바로 이 점 때문에 예수님은 그들을 비판하신 것이다. 바리새인들이 종교적 열심을 냈던 진짜 이유는 하나님에 대한 사랑으로 율법을 지키려고 했던 것이 아니라 사람들에 대한 인정을 받으려고 했던 것이기 때문이다.

인간의 가장 근원적 죄악은 스스로 하나님처럼 되려고 하는 것이다. 바리새인들은 종교적인 의를 쌓아서 다른 사람보다 자신이 더 높은 존재가 됨으로 하나님처럼 되려고 했기 때문에 예수님의 책망을 받았다. 우리도 다른 사람보다 높아지고자 다양한 노력을 하는 경우가 많다. 종교적인 영역뿐 아니라 세상에서도 스스로 하나님처럼 높아지려고 애쓰는 모습이 무엇인가 돌아보아야 할 것이다.

무릎 기도 하나님, 다른 사람보다 높아지고자 애쓰는 저의 하나님 노릇을 회개합니다. 저를 겸손하게 만들어 주셔서 다른 사람보다 낮아지는 것을 부끄러워하지 않게 하소서.

ESV - Luke 11

37 While Jesus* was speaking, a Pharisee asked him to dine with him, so he went in and reclined at table.

38 The Pharisee was astonished to see that he did not first wash before dinner.

39 And the Lord said to him, "Now you Pharisees cleanse the outside of the cup and of the dish, but inside you are full of greed and wickedness.

40 You fools! Did not he who made the outside make the inside also?

41 But give as alms those things that are within, and behold, everything is clean for you.

42 "But woe to you Pharisees! For you tithe mint and rue and every herb, and neglect justice and the love of God. These you ought to have done, without neglecting the others.

43 Woe to you Pharisees! For you love the best seat in the synagogues and greetings in the marketplaces.

44 Woe to you! For you are like unmarked graves, and people walk over them without knowing it."

45 One of the lawyers answered him, "Teacher, in saying these things you insult us also."

46 And he said, "Woe to you lawyers also! For you load people with burdens hard to bear, and you yourselves do not touch the burdens with one of your fingers.

47 Woe to you! For you build the tombs of the prophets whom your fathers killed.

48 So you are witnesses and you consent to the deeds of your fathers, for they killed them, and you build their tombs.

49 Therefore also the Wisdom of God said, 'I will send them prophets and apostles, some of whom they will kill and persecute,'

50 so that the blood of all the prophets, shed from the foundation of the world, may be charged against this generation,

51 from the blood of Abel to the blood of Zechariah, who perished between the altar and the sanctuary. Yes, I tell you, it will be required of this generation.

52 Woe to you lawyers! For you have taken away the key of knowledge. You did not enter yourselves, and you hindered those who were entering."

53 As he went away from there, the scribes and the Pharisees began to press him hard and to provoke him to speak about many things,

54 lying in wait for him, to catch him in something he might say.

* 11:37 Greek *he*

37 Pharisee 바리새인 dine 식사하다 recline 앉다 39 greed 탐욕 41 alms 구호품 42 woe to… …에게 화 있을진저 tithe 십일조를 바치다 rue 운향 neglect 무시하다 ought to do 마땅히 …해야 한다 43 synagogue 회당 44 unmarked 눈에 띄지 않는 grave 무덤 45 lawyer 율법학자 insult 모욕하다 46 load 지우다 burden 짐, 부담 48 consent to… …에 동의하다 deed 행위 49 apostle 사도 persecute 박해하다 50 shed (피·눈물을) 흘리다 charge …의 탓으로 돌리다 51 perish 죽다 altar 제단 sanctuary 성전 52 hinder 막다 53 scribe 서기관 provoke… to do …을 자극하여 ~시키다 54 lie in wait for… …을 숨어서 노리다

• MEMO •

□ 묵상 체크

41 하나님만을 두려워하고 담대하라

월 일

누가복음 12:1-12 • 352장 | 통일 390장

• 말씀묵상 전에 성령님의 인도하심을 구하는 기도를 드리십시오.

본문요약 | 예수님은 바리새인들의 외식적인 행위와 말이 결국 밝히 드러나 심판받게 될 것을 말씀하신다. 또한 제자들에게 세상 권세가 몸은 죽일 수 있어도 영혼을 죽이지는 못함을 가르치신다. 따라서 어떤 위험한 상황에서도 영혼을 보호하시는 하나님을 믿고 예수님을 사람들 앞에서 시인해야 함을 가르치신다. 이때 성령이 도우셔서 마땅히 할 말을 주실 것이다.

1 그동안에 무리 수만 명이 모여 서로 밟힐 만큼 되었더니 예수께서 먼저 제자들에게 말씀하여 이르시되 바리새인들의 누룩 곧 외식을 주의하라
2 감추인 것이 드러나지 않을 것이 없고 숨긴 것이 알려지지 않을 것이 없나니
3 이러므로 너희가 어두운 데서 말한 모든 것이 광명한 데서 들리고 너희가 골방에서 귀에 대고 말한 것이 지붕 위에서 전파되리라
4 내가 내 친구 너희에게 말하노니 몸을 죽이고 그 후에는 능히 더 못하는 자들을 두려워하지 말라
5 마땅히 두려워할 자를 내가 너희에게 보이리니 곧 죽인 후에 또한 지옥에 던져 넣는 권세 있는 그를 두려워하라 내가 참으로 너희에게 이르노니 그를 두려워하라
6 참새 다섯 마리가 두 [1]앗사리온에 팔리는 것이 아니냐 그러나 하나님 앞에는 그 하나도 잊어버리시는 바 되지 아니하는도다
7 너희에게는 심지어 머리털까지도 다 세신 바 되었나니 두려워하지 말라 너희는 많은 참새보다 더 귀하니라
8 내가 또한 너희에게 말하노니 누구든지 사람 앞에서 나를 시인하면 인자도 하나님의 사자들 앞에서 그를 시인할 것이요
9 사람 앞에서 나를 부인하는 자는 하나님의 사자들 앞에서 부인을 당하리라
10 누구든지 말로 인자를 거역하면 사하심을 받으려니와 성령을 모독하는 자는 사하심을 받지 못하리라
11 사람이 너희를 회당이나 위정자나 권세 있는 자 앞에 끌고 가거든 어떻게 무엇으로 대답하며 무엇으로 말할까 염려하지 말라
12 마땅히 할 말을 성령이 곧 그때에 너희에게 가르치시리라 하시니라

1) 동전의 명칭

1. 오늘 하나님께서 나에게 주신 깨달음은 무엇입니까?

2. 말씀을 어떻게 내 삶에 구체적으로 적용해야 합니까?

절별 해설

1 바리새인들의 누룩 곧 외식 '누룩'은 악과 부패를 상징하는데, 악이 누룩처럼 은밀하게 퍼져 전체에 큰 영향을 미치는 효과에 대한 은유적인 표현이다. '외식'은 본래 '무대에서 가면을 쓰고 연기하는 배우'라는 뜻에서 파생된 단어로, '자기가 가지고 있지 않은 자질을 마치 가진 것처럼 꾸미는 외적 행위'를 말한다. '바리새인들의 누룩'은 예수님께서 앞에서 지적하신 유대 종교지도자들의 외식을 의미한다(11:42-52). 바리새인들은 경건과 생명을 가진 것처럼 행세했지만, 실제로는 사람들이 구원을 받지 못하도록 악한 영향력을 끼쳤다.

2-3 바리새인들의 외식적인 행동(2절)과 말(3절)은 반드시 드러나 심판받게 됨을 보여준다.

4 몸을 죽이고 그 후에는 능히 더 못하는 자들을 두려워하지 말라 세상 권세는 몸을 죽일 수는 있지만 인간에게 정말로 중요한 영혼에는 손댈 수 없다. 예수님은 제자들에게, 진정으로 두려워해야 할 대상은 영혼을 주관하시는 하나님이심을 믿고 담대할 것을 가르치신 것이다.

6 앗사리온 한 앗사리온은 한 드라크마의 10분의 1이며, 한 데나리온의 16분의 1에 해당하는 아주 적은 돈이었다. 참고로, 한 데나리온은 당시 노동자의 하루 품삯에 해당되는 돈이었다.

7 너희에게는 심지어 머리털까지도 다 세신 바 되었나니 예수님을 따르는 제자들을 향한 하나님의 세밀한 관심을 의미한다. 하나님의 이런 관심과 사랑을 받는 제자들은 세상에서 두려워할 것이 아무것도 없다는 것이다.

8 본절은 이 땅에서 예수님을 담대하게 증거해야 하나님의 심판대 앞에서 예수님의 변호를 받게 됨을 의미한다.

10 성령을 모독하는 자는 사하심을 받지 못하리라 예수님을 따르는 제자들까지도 예수님이 하나님의 아들로 오신 메시아이심을 처음부터 믿지는 못했다. 왜냐하면 예수님은 유대인들이 기대했던 영광스럽고 강력한 메시아의 모습으로 오시지 않았기 때문이다. 따라서 예수님을 오해하여 거역하는 것은 용서받을 수 있다. 그러나 예수님이 부활하시어 하나님의 아들이며 메시아임이 확실히 증거되었음에도 성령을 모독하는 자는 이제 구원을 받을 기회를 놓치게 된다. 따라서 이런 자는 용서가 불가능하다는 것이다(마 12:31-32).

12 마땅히 할 말을 성령이 곧 그때에 너희에게 가르치시리라 예수님을 그리스도로 믿는 제자들의 마음에 오신 성령은, 예수님이 주님이며 그리스도임을 담대하게 전하도록 그들을 도우신다.

쉬운성경

1 수만 명의 사람들이 몰려들어서 서로 밟힐 지경이 되었습니다. 예수님께서 먼저 제자들에게 말씀하셨습니다. "바리새파 사람들의 누룩을 조심하여라. 그들은 위선자이다.

2 덮어 둔 것은 드러나고, 숨겨진 것은 알려질 것이다.

3 그러므로 어두운 데서 한 말이 밝은 데서 들릴 것이며, 안방에서 속삭인 말이 지붕 위에서 선포될 것이다."

4 "내가 너희에게 말한다. 나의 친구들아, 몸은 죽여도 그 이상 아무것도 할 수 없는 사람들을 두려워하지 마라.

5 너희가 누구를 두려워해야 할지 알려 주겠다. 죽인 후에 지옥으로 던질 권세를 가진 분을 두려워하여라. 그렇다. 내가 너희에게 말한다. 그분을 두려워하여라.

6 참새 다섯 마리가 두 앗사리온*에 팔리지 않느냐? 그러나 그 가운데 하나도 하나님께서 잊으신 것은 없다.

7 하나님께서는 네 머리카락까지도 다 세고 계신다. 두려워하지 마라. 너희는 많은 참새들보다 훨씬 더 귀하다."

8 "내가 너희에게 말한다. 사람들 앞에서 나를 고백하는 사람은 누구든지 인자도 하나님의 천사들 앞에서 그를 인정할 것이다.

9 사람들 앞에서 나를 부인하는 사람은 하나님의 천사들 앞에서 부인당할 것이다.

10 인자에 대하여 나쁘게 말하는 사람은 용서받을 수도 있다. 그러나 성령을 모욕하는 사람은 용서받지 못할 것이다.

11 사람들이 너희를 회당이나 통치자, 권력자 앞에 끌고 갈 때, 무엇을 어떻게 대답하고 또 무엇을 말해야 할지를 염려하지 마라.

12 그때에 성령께서 너희에게 무엇을 말해야 할지를 가르쳐 주실 것이다."

* 12:6 앗사리온은 로마의 화폐 단위로 소액 동전을 나타내며, 1데나리온의 1/16에 해당된다.

저자의 묵상

성령을 모독하는 죄는 사함을 받지 못한다는 말씀을 오해하는 사람들이 많다. 예수님을 오해하여 거역하는 것은 용서받을 수 있다고 했다. 그 이유는, 예수님이 사람들이 기대하던 모습과는 너무나 다르게 이 세상에 오셨기 때문에 심지어 제자들과 세례 요한으로부터도 오해를 받으셨기 때문이다. 예수님의 겉모습만 보고 오해하여, 예수님이 하나님의 아들이심을 알지 못하고 예수님을 거역했던 자들은 용서를 받을 수 있다는 것이다. 그러나 성령을 모독하는 행위는, 하나님의 역사가 아니면 나타날 수 없는 여러 증거들이 있음에도 불구하고 의도적으로 성령을 모독함으로 하나님의 나라가 확장되지 못하도록 방해하는 죄악을 의미한다. 예수님 당시의 종교지도자들은 하나님의 능력이 아니면 나타날 수 없는 귀신이 쫓겨남과 같은 기적을 보고도, 예수님에 대한 시기와 미움에 사로잡혀 성령의 역사를 귀신의 역사로 오도하는 죄악을 저질렀다. 이런 죄악을 행하는 것은 그들이 결국 용서받지 못할 마귀의 시종들임을 증거하는 행위였다.

무릎 기도 | 하나님, 제가 예수님을 오해하여 저의 욕망을 이루어 줄 우상처럼 믿어 왔던 것을 회개합니다. 이제 우상 숭배를 버리고, 예수님을 저의 주인으로 온전하게 따르게 하소서.

ESV - Luke 12

1 In the meantime, when so many thousands of the people had gathered together that they were trampling one another, he began to say to his disciples first, "Beware of the leaven of the Pharisees, which is hypocrisy.
2 Nothing is covered up that will not be revealed, or hidden that will not be known.
3 Therefore whatever you have said in the dark shall be heard in the light, and what you have whispered in private rooms shall be proclaimed on the housetops.
4 "I tell you, my friends, do not fear those who kill the body, and after that have nothing more that they can do.
5 But I will warn you whom to fear: fear him who, after he has killed, has authority to cast into hell.* Yes, I tell you, fear him!
6 Are not five sparrows sold for two pennies?* And not one of them is forgotten before God.
7 Why, even the hairs of your head are all numbered. Fear not; you are of more value than many sparrows.
8 "And I tell you, everyone who acknowledges me before men, the Son of Man also will acknowledge before the angels of God,
9 but the one who denies me before men will be denied before the angels of God.
10 And everyone who speaks a word against the Son of Man will be forgiven, but the one who blasphemes against the Holy Spirit will not be forgiven.
11 And when they bring you before the synagogues and the rulers and the authorities, do not be anxious about how you should defend yourself or what you should say,
12 for the Holy Spirit will teach you in that very hour what you ought to say."

* 12:5 Greek *Gehenna*
* 12:6 Greek *two assaria*; an *assarion* was a Roman copper coin worth about 1/16 of a *denarius* (which was a day's wage for a laborer)

1 in the meantime 그 사이에 trample 짓밟다 beware of··· ···에 주의하라 leaven 누룩, 효모 hypocrisy 위선, 외식 2 reveal 나타내다 3 whisper 속삭이다 5 authority 권세 있는 자 6 sparrow 참새 7 of value 귀중한 8 acknowledge 인정하다, 시인하다 9 deny 부인하다 10 blaspheme 신성을 모독하다 11 synagogue 회당 ruler 위정자

42 어리석은 부자의 비유

월 일

누가복음 12:13-21 • 새찬송 298장 | 통일 35장

• 말씀묵상 전에 성령님의 인도하심을 구하는 기도를 드리십시오.

본문요약 | 어떤 사람이 예수님을 '랍비'(선생)라고 부르며 유산 분배의 문제를 해결해 주기를 바랐다. 예수님은 그의 요청을 거절하시면서 '한 어리석은 부자에 관한 비유'를 말씀하셨다. 어떤 부자가 많은 곡식을 수확한 뒤에 더 큰 곳간을 짓고 그 재산으로 자기 쾌락과 안락을 위한 삶을 살기로 결정한다. 그러나 이 부자는 하나님이 그날 밤에 그의 영혼을 데려가실 것을 알지 못하는 미련한 자였다.

13 무리 중에 한 사람이 이르되 선생님 내 [1]형을 명하여 유산을 나와 나누게 하소서 하니
14 이르시되 이 사람아 누가 나를 너희의 재판장이나 물건 나누는 자로 세웠느냐 하시고
15 그들에게 이르시되 삼가 모든 탐심을 물리치라 사람의 생명이 그 소유의 넉넉한 데 있지 아니하니라 하시고
16 또 비유로 그들에게 말하여 이르시되 한 부자가 그 밭에 소출이 풍성하매
17 심중에 생각하여 이르되 내가 곡식 쌓아 둘 곳이 없으니 어찌할까 하고
18 또 이르되 내가 이렇게 하리라 내 곳간을 헐고 더 크게 짓고 내 모든 곡식과 물건을 거기 쌓아 두리라
19 또 내가 내 영혼에게 이르되 영혼아 여러 해 쓸 물건을 많이 쌓아 두었으니 평안히 쉬고 먹고 마시고 즐거워하자 하리라 하되
20 하나님은 이르시되 어리석은 자여 오늘 밤에 네 영혼을 도로 찾으리니 그러면 네 준비한 것이 누구의 것이 되겠느냐 하셨으니
21 자기를 위하여 재물을 쌓아 두고 하나님께 대하여 부요하지 못한 자가 이와 같으니라

1) 또는 동생

1. 오늘 하나님께서 나에게 주신 깨달음은 무엇입니까?

2. 말씀을 어떻게 내 삶에 구체적으로 적용해야 합니까?

절별 해설

13 선생님 내 형을 명하여 유산을 나와 나누게 하소서 율법은 유산 분배에 대해서 장남에게는 두 몫을, 차남에게는 한 몫을 주도록 가르친다(신 21:15-17). 그러나 장남이 모든 유산을 차지하고 동생들에게 유산을 나누기를 거부하는 경우가 종종 있었기 때문에, 랍비가 그 중재자 역할을 맡았다.

14 누가 나를 너희의 재판장이나 물건 나누는 자로 세웠느냐 예수님은 인간을 탐욕과 죄악에서 구원하려는 더 중요한 목적을 위해 오셨기 때문에, 개인의 사사로운 다툼에 개입하지 않겠다고 이를 거절하신다.

15 삼가 모든 탐심을 물리치라 탐심은 인간이 하나님과 단절되어 영적 생명에서 끊어졌기 때문에 나타난 결과로, 죄악을 만들어 내는 대표적인 원인이다. 예수님은 인간에게 물질적 풍요를 가져다주기 위해서가 아니라 그들의 마음이 탐심에서 자유를 얻게 하기 위해 오셨다.

사람의 생명이 그 소유의 넉넉한 데 있지 아니하니라 예수님의 근본적인 관심은 영적 생명에 있었다. 죄악 때문에 영적으로 눈이 멀게 된 인간은 물질을 소유하는 데만 관심을 갖게 되었다. 그러나 영혼을 가진 인간에게 가장 중요한 것은 영적 생명이다.

17 내가 곡식 쌓아 둘 곳이 없으니 어찌할까 이 부자는 이미 소유하고 있는 곳간에 보관하는 것이 불가능할 정도로 너무나 많은 수확을 거두었다.

19 평안히 쉬고 먹고 마시고 즐거워하자 이 부자는 많은 재산을 가지고 쾌락을 즐기기로 결정한다. 그러나 그는 하나님께 대한 감사나 이웃에 대한 긍휼의 태도를 조금도 보이지 않는다. 예수님은 그의 자기중심적이고 쾌락 지향적인 삶을 비난하신 것이다.

20 오늘 밤 부자는 '여러 해'를 준비하고자 했다(19절). 그러나 하나님은 '오늘 밤'에 그의 생명을 거두어 가실 것을 계획하셨다. 아무리 많은 재물이 있어도, 그것은 단 하루의 생명도 더 연장시킬 수 없는 무력한 것임이 강조된다.

21 하나님께 대하여 부요하지 못한 자 많은 물질 때문에 자기 자신밖에는 생각하지 못하는 이기적인 태도는 하나님과 이웃과의 관계를 깨트린다. 그 때문에 이 사람은 영적으로 가난한 자로 여겨지는 것이다.

쉬운성경

13 무리 중에 있던 한 사람이 예수님께 말했습니다. "선생님, 제 형에게 유산을 저에게 나누어 주라고 말씀해 주십시오."

14 예수님께서 그에게 말씀하셨습니다. "누가 나를 너희의 판사나 중개자로 세웠느냐?"

15 이어서 예수님께서 사람들에게 말씀하셨습니다. "온갖 욕심을 경계하고 주의하여라. 재산이 아무리 많더라도 사람의 생명이 거기에 달려 있지 않다."

16 예수님께서 사람들에게 비유를 말씀해 주셨습니다. "어떤 부자의 밭에서 수확이 많이 나왔다.

17 그 부자는 속으로 생각했다. '내 곡식을 저장해 둘 곳이 없으니 어떻게 할까?'

18 그는 말했다. '이렇게 해야겠다. 내 곳간을 헐고 더 큰 곳간을 세워 거기에 내 모든 곡식과 물건을 저장하겠다.'

19 그리고 자기 자신에게 말할 것이다. '인생아, 여러 해 동안 쓰기에 넉넉한 많은 재산을 가졌으니 편히 쉬고 먹고 마시며 인생을 즐겨라.'

20 그러나 하나님께서 그 사람에게 말했다. '어리석은 사람아! 오늘 밤 네 영혼을 가져갈 것이다. 그러면 네가 준비한 것을 누가 가져가겠느냐?'

21 이런 사람은 자신을 위해 재물을 쌓고 하나님께 대하여 부요하지 못한 사람이다."

저자의 묵상

영적 생명이 단절된 인간은 반드시 욕망과 두려움을 가지게 된다. 욕망과 두려움을 가진 인간이 가장 쉽게 의존하는 대상 중의 하나는 돈이다. 돈이 많으면 자신이 원하는 것을 이룰 수 있고, 또한 자신이 두려워하는 것을 피할 수 있다고 생각하기 때문이다. 그러나 아무리 돈이 많아도 모든 욕망을 이룰 수는 없고, 죽음을 피할 수도 없다. 또한 아무리 돈이 많아도 돈으로 행복, 사랑, 기쁨, 만족을 살 수 없다. 결국, 돈으로 얻을 수 있는 것은 육신적 쾌락과 생활의 편리 정도이다. 그럼에도 불구하고, 영적 생명이 고갈된 인간은, 그것이 마치 행복이며 만족인 것처럼 모든 관심과 노력을 기울이며 더 많은 돈을 얻고자 몸부림친다. 하나님은 이런 인생들을 향해 '어리석은 자여!'라고 외치신다. 돈이 하나님인 것처럼 속이는 이 세상 속에서 참된 지혜를 가지고 무엇보다 영적 생명을 가치 있게 구하는 자들이 되어야겠다.

무릎 기도 하나님, 돈을 사랑하고 의지해 왔던 저의 우상 숭배의 죄악을 회개합니다. 돈에 대한 의존을 버리고 하나님을 저의 모든 힘과 뜻을 다해 사랑하고 의존하게 하소서.

ESV - Luke 12

13 Someone in the crowd said to him,
"Teacher, tell my brother to divide the
inheritance with me."
14 But he said to him, "Man, who made me a
judge or arbitrator over you?"
15 And he said to them, "Take care, and be on
your guard against all covetousness, for
one's life does not consist in the
abundance of his possessions."
16 And he told them a parable, saying, "The
land of a rich man produced plentifully,
17 and he thought to himself, 'What shall I do,
for I have nowhere to store my crops?'
18 And he said, 'I will do this: I will tear down
my barns and build larger ones, and there I
will store all my grain and my goods.
19 And I will say to my soul, "Soul, you have
ample goods laid up for many years; relax,
eat, drink, be merry."'
20 But God said to him, 'Fool! This night your
soul is required of you, and the things you
have prepared, whose will they be?'
21 So is the one who lays up treasure for
himself and is not rich toward God."

13 divide 나누다 inheritance 유산 14 arbitrator 중재인 15 on one's guard 주의[경계]하여 covetousness 탐심 consist in… …에 있다 abundance 풍부 possession 소유 16 parable 비유 plentifully 풍성하게 17 think to oneself 마음속으로 생각하다 18 tear down (건물 등을) 헐다 barn 곳간 19 ample 충분한, 풍부한 lay up… …을 모으다, 비축하다 20 require 요구하다

☐ 묵상 체크

43 하나님 나라를 먼저 구하라

월 일

누가복음 12:22-34 • 새찬송 70장 | 통일 79장

• 말씀묵상 전에 성령님의 인도하심을 구하는 기도를 드리십시오.

본문요약 I 물질주의에 사로잡힌 사람들은 진정 중요한 것에는 관심을 두지 않는다. 하나님이 성도의 목숨을 보호하시고 그것을 위한 필요를 공급하신다는 믿음이 있는 자는 하나님 나라를 추구하는 삶을 살게 된다. 이런 삶을 살기 위해, 구제하는 자는 하늘에 없어지지 않는 재물을 쌓게 되며 하나님 나라를 누리게 된다.

22 또 제자들에게 이르시되 그러므로 내가
너희에게 이르노니 너희 목숨을 위하여
무엇을 먹을까 몸을 위하여 무엇을 입을
까 염려하지 말라
23 목숨이 음식보다 중하고 몸이 의복보다
중하니라
24 까마귀를 생각하라 심지도 아니하고 거두
지도 아니하며 골방도 없고 창고도 없으
되 하나님이 기르시나니 너희는 새보다
얼마나 더 귀하냐
25 또 너희 중에 누가 염려함으로 그 [1]키를
한 자라도 더할 수 있느냐
26 그런즉 가장 작은 일도 하지 못하면서 어
찌 다른 일들을 염려하느냐
27 백합화를 생각하여 보라 실도 만들지 않
고 짜지도 아니하느니라 그러나 내가 너
희에게 말하노니 솔로몬의 모든 영광으로
도 입은 것이 이 꽃 하나만큼 훌륭하지 못
하였느니라
28 오늘 있다가 내일 아궁이에 던져지는 들
풀도 하나님이 이렇게 입히시거든 하물며
너희일까보냐 믿음이 작은 자들아
29 너희는 무엇을 먹을까 무엇을 마실까 하
여 구하지 말며 근심하지도 말라
30 이 모든 것은 세상 백성들이 구하는 것이
라 너희 아버지께서는 이런 것이 너희에
게 있어야 할 것을 아시느니라
31 다만 너희는 그의 나라를 구하라 그리하
면 이런 것들을 너희에게 더하시리라

1) 혹 목숨을 한 시간이라도 연장할 수 있느냐

32 적은 무리여 무서워 말라 너희 아버지께
서 그 나라를 너희에게 주시기를 기뻐하
시느니라
33 너희 소유를 팔아 구제하여 낡아지지 아
니하는 배낭을 만들라 곧 하늘에 둔 바 다
함이 없는 보물이니 거기는 도둑도 가까
이 하는 일이 없고 좀도 먹는 일이 없느니
라
34 너희 보물 있는 곳에는 너희 마음도 있으
리라

1. 본문에 나타난 하나님은 어떤 분이십니까?

2. 오늘 하나님께서 나에게 주신 깨달음은 무엇입니까?

3. 말씀을 어떻게 내 삶에 구체적으로 적용해야 합니까?

절별 해설

22 너희 목숨을 위하여 무엇을 먹을까 몸을 위하여 무엇을 입을까 염려하지 말라 '목숨'과 '몸'을 먹고 입는 것만으로 보호할 수 있다고 생각하는 것이 물질주의다. 예수님은 물질적 소유로 인간의 안전이 보장되는 것이 아님을 가르치신다.

24 너희는 새보다 얼마나 더 귀하냐 하나님께 귀히 여김을 받는 성도들은 세상 사람들처럼 물질적 풍요만을 추구하는 것을 멈추고 영적인 것을 추구해야 한다. 그때에 하나님이 정말로 중요한 부분을 보호하시며 필요한 것을 전부 공급하신다는 것이다.

25 누가 염려함으로 그 키를 한 자라도 더할 수 있느냐 '키'는 '생명', '목숨', '수명', '나이'라고도 번역되는 단어다. '생명'이나 '키'는 인간의 걱정으로는 조금도 더하는 것이 불가능하다. 문맥상 '인간이 아무리 염려해도 생명을 조금도 연장할 수 없다'라는 의미다.

26 가장 작은 일도 하지 못하면서 키를 크게 하거나 생명을 연장하는 것은, 하나님께는 작은 일이지만 인간에게는 불가능한 일이다. 이처럼 인간의 철저한 무능력함을 인정해야 하나님께 의존하는 믿음으로 사는 법을 배울 수 있다.

28 믿음이 작은 자들아 인간과 비교할 때 별 가치가 없는 꽃도 하나님의 섭리적 은혜 안에 있는데, 택함을 받은 성도가 하나님을 믿지 못하고 생존의 문제에 매여 살아가는 것을 질책하시는 말씀이다.

31 너희는 그의 나라를 구하라 이제까지의 부정적인 금지 명령이 아닌 적극적인 행위 명령이 주어진다. '하나님 나라를 구하는 것'은 하나님의 통치가 이 땅에도 임하여 자기 생존만을 위해 살아가던 자들이 하나님의 의를 추구하며 살고자 애쓰는 것이다(마 6:33).

33 너희 소유를 팔아 구제하여 예수님은 하나님 나라를 구하는 삶의 구체적인 모습으로 구제를 가르치신다. 이는 생존에 대한 욕망에서 벗어난 믿음을 가진 자들만이 할 수 있는 일이다.

쉬운성경

22 예수님께서 제자들에게 말씀하셨습니다. "그러므로 내가 너희에게 말한다. 목숨을 위하여 무엇을 먹을까, 몸을 위하여 무엇을 입을까, 염려하지 마라.

23 목숨이 음식보다 중요하고, 몸이 옷보다 중요하다.

24 까마귀를 생각하여 보아라. 까마귀는 씨를 뿌리지도 않고, 거두어들이지도 않는다. 그들에게는 곳간이나 창고도 없다. 그러나 하나님께서 먹이신다. 그런데 너희는 새들보다 훨씬 더 귀하지 않느냐?

25 또 너희 중에 누가 염려하여 그 생명을 조금이라도 늘릴 수 있느냐?

26 너희가 아주 작은 것도 못하면서 왜 다른 것들을 염려하느냐?

27 백합꽃이 어떻게 자라는가 생각하여 보아라. 백합은 수고도 하지 않고, 길쌈도 하지 않는다. 그러나 내가 너희에게 말한다. 솔로몬이 온갖 영화를 누렸어도 이 꽃만큼 아름다운 옷을 입어 보지 못하였다.

28 하나님께서 오늘 들판에 있다가 내일 아궁이에 던져질 풀도 이렇게 입혀 주시는데 하물며 너희야 더 잘 입혀 주시지 않겠느냐? 믿음이 적은 사람들아!

29 그러므로 먹을 것과 마실 것을 구하지 말고 염려하지 마라.

30 이런 것들은 모두 세상 사람들이 구하는 것이다. 너희 아버지께서 너희에게 이런 것들이 필요하다는 것을 알고 계신다.

31 너희는 하나님 나라를 구하여라. 그러면 이 모든 것을 너희에게 더하여 주실 것이다.

32 두려워하지 마라. 어린 양들아, 너희 아버지께서는 하나님 나라를 너희에게 주시기를 기뻐하신다.

절별 해설

34 너희 보물 있는 곳에는 너희 마음도 있으리라 '보물'은 궁극적인 관심의 대상이며, '마음'은 인격의 중심을 말한다. 물질과 하나님 나라 중에 어떤 것에 궁극적인 관심을 두냐에 따라서 삶의 중심이 달라진다.

33 너희 소유를 팔아 자선을 베풀어라. 그리고 너희를 위하여 낡지 않는 지갑을 만들고, 하늘에 없어지지 않을 재물을 쌓아라. 거기는 도둑이 접근할 수 없고, 좀도 먹는 일이 없다.

34 너희의 재물이 있는 곳에 너희의 마음도 있다."

저자의 묵상

예수님은 무엇을 먹을까, 무엇을 입을까를 구하지도 걱정하지도 말라고 말씀하셨는데, 우리는 늘 이런 의식주와 생존에 대한 걱정을 하며 살아간다. 이러한 우리의 모습은 하나님을 믿지 않는 불신자들의 모습과 같다. 예수님의 약속과 같이, 우리가 하나님의 나라를 구하며 살아가면, 하나님은 우리의 모든 생존의 필요를 채워 주신다. 그러나 우리가 생존의 필요만을 위해 살아가면, 우리는 더 많은 걱정과 불안을 경험하게 된다.

하나님은 자기 자녀들이 전능하고 전지하신 하나님을 믿음으로 이 세상에서 하나님의 자녀다운 삶을 살아가기를 원하신다. 믿음이 없는 자는 세상 사람들처럼 자기 자신의 육적 생명을 위한 관심과 고민만을 하게 된다. 결국, 이런 삶을 살아갈수록 영혼은 피폐해져 가며 걱정과 두려움은 커져만 간다. 그러나 하나님 나라를 구하며 사는 자의 삶은 영혼이 풍성해져서 기쁨과 만족을 누리게 된다.

무릎 기도 하나님, 불신자들과 같이 늘 저의 생존의 필요만을 걱정하며 구하였던 죄악을 회개합니다. 저에게도 믿음을 더하셔서 두려움과 걱정에서 벗어나 하나님 나라를 구하는 자가 되게 하소서.

ESV - Luke 12

22 And he said to his disciples, “Therefore I
tell you, do not be anxious about your life,
what you will eat, nor about your body,
what you will put on.
23 For life is more than food, and the body
more than clothing.
24 Consider the ravens: they neither sow nor
reap, they have neither storehouse nor
barn, and yet God feeds them. Of how
much more value are you than the birds!
25 And which of you by being anxious can
add a single hour to his span of life?*
26 If then you are not able to do as small a
thing as that, why are you anxious about
the rest?
27 Consider the lilies, how they grow: they
neither toil nor spin,* yet I tell you, even
Solomon in all his glory was not arrayed
like one of these.
28 But if God so clothes the grass, which is
alive in the field today, and tomorrow is
thrown into the oven, how much more will
he clothe you, O you of little faith!
29 And do not seek what you are to eat and
what you are to drink, nor be worried.
30 For all the nations of the world seek after
these things, and your Father knows that
you need them.
31 Instead, seek his* kingdom, and these
things will be added to you.
32 “Fear not, little flock, for it is your Father's
good pleasure to give you the kingdom.
33 Sell your possessions, and give to the
needy. Provide yourselves with moneybags
that do not grow old, with a treasure in the
heavens that does not fail, where no thief
approaches and no moth destroys.
34 For where your treasure is, there will your
heart be also.

* 12:25 Or *a single cubit to his stature; a cubit* was about 18 inches or 45 centimeters

* 12:27 Some manuscripts *Consider the lilies; they neither spin nor weave*

* 12:31 Some manuscripts *God's*

24 raven 까마귀 reap 수확하다 storehouse 창고 25 span of life 수명 27 toil 수고하다 spin 잣다, 방적하다 array 차려입히다 28 clothe 옷을 입히다 throw into… …에 던져 넣다 30 seek after… …을 구하다 31 be added to… …에 더하다 32 flock 무리 33 possession 소유 the needy 가난한 사람들 provide oneself with… …을 가지다 approach 접근하다 moth 좀먹음 destroy 손상시키다

• MEMO •

☐ 묵상 체크

44

월 일

종과 청지기의 비유

누가복음 12:35-48 • 새찬송 326장 | 통일 368장

• 말씀묵상 전에 성령님의 인도하심을 구하는 기도를 드리십시오.

본문요약 | 예수님은 언제라도 돌아올 주인을 위해 깨어 있어야 하는 종의 비유를 들어, 제자들에게 항상 깨어 있어 재림하실 주님을 맞을 준비를 해야 함을 가르치셨다. 또 특별히 다른 제자들을 책임질 지도자의 역할을 맡은 제자는 지혜로움과 신실함으로 섬겨야 한다고 가르치신다.

35 허리에 띠를 띠고 등불을 켜고 서 있으라
36 너희는 마치 그 주인이 혼인집에서 돌아
와 문을 두드리면 곧 열어 주려고 기다리
는 사람과 같이 되라
37 주인이 와서 깨어 있는 것을 보면 그 종들
은 복이 있으리로다 내가 진실로 너희에
게 이르노니 주인이 띠를 띠고 그 종들을
자리에 [1]앉히고 나아와 수종들리라
38 주인이 혹 이경에나 혹 삼경에 이르러서
도 종들이 그같이 하고 있는 것을 보면 그
종들은 복이 있으리로다
39 너희도 아는 바니 집주인이 만일 도둑이
어느 때에 이를 줄 알았더라면 그 집을 뚫
지 못하게 하였으리라
40 그러므로 너희도 준비하고 있으라 생각하
지 않은 때에 인자가 오리라 하시니라
41 베드로가 여짜오되 주께서 이 비유를 우
리에게 하심이니이까 모든 사람에게 하심
이니이까
42 주께서 이르시되 지혜 있고 진실한 청지
기가 되어 주인에게 그 집 종들을 맡아 때
를 따라 양식을 나누어 줄 자가 누구냐
43 주인이 이를 때에 그 종이 그렇게 하는 것
을 보면 그 종은 복이 있으리로다
44 내가 참으로 너희에게 이르노니 주인이
그 모든 소유를 그에게 맡기리라
45 만일 그 종이 마음에 생각하기를 주인이
더디 오리라 하여 남녀종들을 때리며 먹
고 마시고 취하게 되면
46 생각하지 않은 날 알지 못하는 시각에 그
종의 주인이 이르러 [2]엄히 때리고 신실하
지 아니한 자의 받는 벌에 처하리니
47 주인의 뜻을 알고도 준비하지 아니하고
그 뜻대로 행하지 아니한 종은 많이 맞을
것이요
48 알지 못하고 맞을 일을 행한 종은 적게 맞
으리라 무릇 많이 받은 자에게는 많이 요
구할 것이요 많이 맡은 자에게는 많이 달
라 할 것이니라

1) 5:29 난하주를 보라 2) 헬, 쪼개어 내고

1. 오늘 하나님께서 나에게 주신 깨달음은 무엇입니까?

2. 말씀을 어떻게 내 삶에 구체적으로 적용해야 합니까?

절별 해설

35 허리에 띠를 띠고 등불을 켜고 서 있으라 '허리에 띠를 띠는 것'은 긴 옷을 고정하여 자유롭게 활동하거나 여행하기 위한 자세다(출 12:11). '등불을 켜는 것'은 어두운 곳에서 활동할 수 있는 준비를 갖춘 것이다. 이것은 예수님을 언제라도 맞을 수 있게 준비된 제자들의 태도다.

37 종들이 해야 할 일은 밤늦게 올 주인을 기다리며 깨어 있는 것이다. 그러면 주인이 오히려 종들을 섬길 것이라고 말씀하신다. 이것은 재림 때에 예수님뿐 아니라 모든 성도가 왕처럼 서로를 섬기고 높이게 될 것을 의미한다.

39 만일 도둑이 어느 때에 이를 줄 알았더라면 예기치 않은 때에 재림이 갑자기 일어남을 설명하기 위해, 성경은 예수님의 재림을 도둑의 침입으로 자주 비유한다(살전 5:2; 벧후 3:10).

42 지혜 있고 진실한 청지기 이곳의 '청지기'는 종들을 관리하는 관리 자격의 종을 말한다. 이 말씀은 제자들 가운데 특별히 지도자 위치에 있는 자들에게 하신 말씀이다. '지혜 있고'는 '신중하고 사려가 깊은'의 의미며, '진실한'은 '(맡은 책임을 잘 감당하여) 믿을 수 있는'의 의미다. 이 자질들은 다른 종들을 책임지고 그들에게 양식을 공급하는 역할과 관계된 것이다.

44 주인이 그 모든 소유를 그에게 맡기리라 이 땅에서 청지기직을 잘 감당한 자에게는, 예수님이 재림하셨을 때에 영원한 하나님 나라의 권세를 주실 것이라는 약속이다(마 19:28).

46 엄히 때리고 원어적으로 '두 부분으로 자르다', '두 동강을 내다'라는 뜻으로, 제물을 각을 뜰 때[여러 조각으로 잘라낼 때] 사용하는 용어다(출 29:17). 혹은 본절에서처럼 '심하게 채찍질하다', '엄히 때리다'라는 의미로 사용되기도 한다(마 24:51). 이 단어는 사람을 톱으로 켜서 죽이는 참혹한 처형을 묘사할 때 사용되는 단어이기도 했다. 무서운 심판을 실감나게 묘사하는 단어다.

쉬운성경

35 "허리에 띠를 매고 등불을 밝혀라!

36 주인이 결혼 잔치에서 돌아와서 문을 두드릴 때, 곧 열어 주려고 기다리는 사람과 같이 되어라.

37 주인이 와서 볼 때, 깨어 있는 종은 복이 있다. 내가 진정으로 너희에게 말한다. 주인이 스스로 허리를 동이고, 종들을 식사 자리에 앉힌 다음 곁에 와서 종들을 섬길 것이다.

38 주인이 밤중이나 새벽에 오더라도, 깨어 있는 종들이 있다면, 그 종들에게 복이 있을 것이다.

39 이것을 기억하여라. 만일 집주인이 도둑이 드는 시간을 안다면, 집에 도둑이 들지 못하도록 할 것이다.

40 너희도 준비하여라. 인자는 너희가 생각지도 않은 때에 올 것이다."

41 베드로가 말했습니다. "주님, 이 비유는 우리를 위해 말씀하신 것입니까? 모든 사람에게 하신 것입니까?"

42 주님께서 말씀하셨습니다. "누가 신실하고 지혜로운 종이겠느냐? 주인이 그 종에게 다른 종들을 맡기면, 제때에 양식을 나누어 줄 일꾼이 누구겠느냐?

43 주인이 돌아와서 볼 때에, 맡겨진 일을 하고 있는 종은 복이 있다.

44 내가 진정으로 너희에게 말한다. 주인이 자신의 모든 재산을 그에게 맡길 것이다.

45 그러나 만일 종이 속으로 주인이 돌아오려면 멀었다고 생각하고 남녀종들을 때리고, 먹고 마시며 술에 취해 있다면,

46 미처 생각지도 않고 알지도 못한 때에, 그 주인이 돌아와 그를 몹시 때리고 믿음이 없는 자들이 있는 곳으로 보낼 것이다.

절별 해설

47 주인의 뜻을 알고도 준비하지 아니하고 그 뜻대로 행하지 아니한 종은 많이 맞을 것이요 청지기는 큰 직무를 맡아 이미 주인의 뜻이 무엇인지를 알고 있는 자다. 그런 종이 자기 책임을 등한시했기 때문에 더 무서운 심판을 받게 된다는 것이다.

48 많이 받은 자에게는 많이 요구할 것이요 성도들을 섬길 지도자로 택함을 받은 자들의 책임이 엄중함을 말한다.

47 주인의 뜻을 알고도 그 뜻에 따라 준비하지도, 행하지도 않는 종은 많이 맞을 것이다.

48 그러나 알지 못하고 매 맞을 짓을 한 사람은 적게 맞을 것이다. 많이 받은 사람에게는 많은 책임이 요구되고, 많은 것이 맡겨진 사람에게는 많은 것이 요청된다."

저자의 묵상

예수님이 다시 오실 것을 확실하게 믿는 성도는 다른 사람들과 구별된 삶을 살게 되어 있다. 확실한 재림 신앙을 가진 사람은 첫 번째로, 예수님의 오심을 항상 준비하는 영적 긴장감을 놓치지 않는다. 예수님은 예측하지 못한 때에 갑자기 오실 것이다. 그렇기 때문에 예수님의 오심을 준비하는 자는 영적으로 깨어 있는 삶을 살게 된다. 두 번째로, 하나님의 심판의 확실함을 믿기 때문에 죄악을 피하고자 애를 쓴다. 예수님이 다시 오실 때는 강한 심판주로 임하실 것이다. 그 심판의 엄중함을 아는 자는 죄악을 피하고 하나님의 선을 이루고자 애쓴다. 세 번째로, 각자에게 주어진 사명을 충실하게 이루고자 한다. 하나님은 성도에게 각자의 사명을 맡겨 주셨다. 예수님이 언제 오실지 관심이 없는 자는 결국 자기 욕망만을 이루고자 하기에 하나님의 사명에는 관심이 없다. 그러나 예수님이 곧 오실 것임을 확신하면 하나님의 사명에 충실할 수 있다.

무릎기도 하나님, 예수님의 다시 오심을 잊어버리고 살았던 저의 모습을 회개합니다. 예수님의 다시 오심을 믿고 영적 긴장감을 유지함으로 죄악을 피하고, 사명을 이루는 삶을 살도록 도우소서.

35 "Stay dressed for action* and keep your lamps burning,
36 and be like men who are waiting for their master to come home from the wedding feast, so that they may open the door to him at once when he comes and knocks.
37 Blessed are those servants* whom the master finds awake when he comes. Truly, I say to you, he will dress himself for service and have them recline at table, and he will come and serve them.
38 If he comes in the second watch, or in the third, and finds them awake, blessed are those servants!
39 But know this, that if the master of the house had known at what hour the thief was coming, he* would not have left his house to be broken into.
40 You also must be ready, for the Son of Man is coming at an hour you do not expect."
41 Peter said, "Lord, are you telling this parable for us or for all?"
42 And the Lord said, "Who then is the faithful and wise manager, whom his master will set over his household, to give them their portion of food at the proper time?
43 Blessed is that servant* whom his master will find so doing when he comes.
44 Truly, I say to you, he will set him over all his possessions.
45 But if that servant says to himself, 'My master is delayed in coming,' and begins to beat the male and female servants, and to eat and drink and get drunk,
46 the master of that servant will come on a day when he does not expect him and at an hour he does not know, and will cut him in pieces and put him with the unfaithful.
47 And that servant who knew his master's will but did not get ready or act according to his will, will receive a severe beating.
48 But the one who did not know, and did what deserved a beating, will receive a light beating. Everyone to whom much was given, of him much will be required, and from him to whom they entrusted much, they will demand the more.

* 12:35 Greek *Let your loins stay girded*; compare Exodus 12:11
* 12:37 Or *bondservants*
* 12:39 Some manuscripts add *would have stayed awake and*
* 12:43 Or *bondservant*; also verses 45, 46, 47

36 feast 잔치 37 awake 깨어 있는 recline 앉다 38 watch (고대의 시간 단위) 경 39 thief 도둑 break into… …에 침입하다 41 parable 비유 42 household 가정 portion 몫 44 possession 소유 45 get drunk 취하다 47 severe 호된, 모진 beating 채찍질 48 deserve …해야 마땅하다 require 요구하다 entrust 맡기다 demand 요구하다

• MEMO •

45 불을 던지러 오신 예수님

월 일

누가복음 12:49-59 • 새찬송 368장 | 통일 486장

• 말씀묵상 전에 성령님의 인도하심을 구하는 기도를 드리십시오.

본문요약 I 예수님은 온 세상에 성령의 불이 붙기를 원하신다. 성령이 임하시면 세상엔 갈등이 시작되나, 이는 궁극적 평화를 가져오기 위한 것이다. 또한 예수님은 시대의 상황을 잘 분별해 바른 선택을 할 것을 유대인들에게 촉구하시는데, 이는 너무 늦으면 하나님과 화해할 기회를 잃기 때문이다.

49 내가 불을 땅에 던지러 왔노니 이 불이 이미 붙었으면 내가 무엇을 원하리요
50 나는 받을 [1]세례가 있으니 그것이 이루어지기까지 나의 답답함이 어떠하겠느냐
51 내가 세상에 화평을 주려고 온 줄로 아느냐 내가 너희에게 이르노니 아니라 도리어 분쟁하게 하려 함이로라
52 이 후부터 한 집에 다섯 사람이 있어 분쟁하되 셋이 둘과, 둘이 셋과 하리니
53 아버지가 아들과, 아들이 아버지와, 어머니가 딸과, 딸이 어머니와, 시어머니가 며느리와, 며느리가 시어머니와 분쟁하리라 하시니라
54 또 무리에게 이르시되 너희가 구름이 서쪽에서 이는 것을 보면 곧 말하기를 소나기가 오리라 하나니 과연 그러하고
55 남풍이 부는 것을 보면 말하기를 심히 더우리라 하나니 과연 그러하니라
56 외식하는 자여 너희가 천지의 기상은 분간할 줄 알면서 어찌 이 시대는 분간하지 못하느냐
57 또 어찌하여 옳은 것을 스스로 판단하지 아니하느냐
58 네가 너를 고발하는 자와 함께 법관에게 갈 때에 길에서 화해하기를 힘쓰라 그가 너를 재판장에게 끌어가고 재판장이 너를 옥졸에게 넘겨주어 옥졸이 옥에 가둘까 염려하라
59 네게 이르노니 한 푼이라도 남김이 없이 갚지 아니하고서는 결코 거기서 나오지 못하리라 하시니라

1) 헬, 또는 침례

1. 오늘 하나님께서 나에게 주신 깨달음은 무엇입니까?

2. 말씀을 어떻게 내 삶에 구체적으로 적용해야 합니까?

49 내가 불을 땅에 던지러 왔노니 '불'은 본서에서 성령과 심판의 이미지로 사용된다(3:16-17). 성령이 성도들에게 부어지면 그들의 죄악이 태워지고 정결한 자로 변화된다. 반면에 성령이 불신자에게 부어지면 그들은 영원한 심판을 받게 된다. '땅에 던져진 불'은 성령으로 말미암은 구원과 심판의 시대가 시작됨을 의미한다.

50 나는 받을 세례가 있으니 그것이 이루어지기까지 나의 답답함이 어떠하겠느냐 여기서 '세례'는 예수님의 십자가 죽음을 의미한다(막 10:38). 예수님이 십자가에서 죽으심으로 죄 문제를 해결하셔야 성령이 성도에게 오실 수 있다. 그렇기 때문에 예수님은 그 일이 아직 일어나지 않은 것을 답답하게 여기신 것이다.

51 도리어 분쟁하게 하려 함이로라 예수님이 오신 목적은 궁극적인 평화를 가져오기 위해서다. 그러나 이 평화가 이루어지려면 악에 대한 심판이 먼저 이루어져야 한다. 성령이 임하면 진리와 비진리, 선과 악에 대한 구분이 더욱 명확해진다. 이것은 필연적으로 진리와 비진리의 싸움을 일으킨다.

52 예수님은 성령으로 말미암아 생명을 얻은 자와 그렇지 않은 자의 갈등이 한 집안에서도 벌어질 것을 말씀하신다. 혈연관계마저도 갈등의 대상이 된다는 것은, 성령이 가져오는 구원과 심판의 심각성을 보여준다.

54 구름이 서쪽에서 이는 것을 보면 … 소나기가 오리라 팔레스타인의 서쪽에는 지중해가 있다. 지중해의 높은 습도를 가진 구름이 나타나면 비가 올 것을 알 수 있다.

55 남풍이 부는 것을 보면 말하기를 심히 더우리라 팔레스타인의 서남쪽에는 네게브 광야가, 동남쪽에는 아라비아 사막이 있다. 그래서 이곳으로부터 뜨거운 바람이 불면 날이 더울 것을 알 수 있다.

56 어찌 이 시대는 분간하지 못하느냐 '이 시대'는 예수님이 오심으로써 구원과 심판의 다른 길이 선명하게 나타난 시대를 말한다. 하나님과 영적인 일에 관심이 있다고 말하면서도, 실제로는 예수님이 하나님께서 보내신 구원자임을 받아들이지 않는 자들의 외식적인 모습을 책망하신 것이다.

58 네가 너를 고발하는 자와 함께 법관에게 갈 때에 길에서 화해하기를 힘쓰라 재판이 벌어진 뒤에는 화해가 불가능하다. 이처럼 재판장이신 하나님 앞에 서서 심판을 받으면 하나님과의 화해가 불가능하기 때문에, 지금이 바로 하나님과 화해할 때라는 것이다.

쉬운성경

49 "나는 세상에 불을 놓으려고 왔다. 불이 이미 붙었으면 더 바랄 것이 없다.

50 그러나 나는 받아야 할 세례가 있다. 이것이 이루어질 때까지, 내가 얼마나 괴로움을 당하겠느냐!

51 내가 세상에 평화를 주러 왔다고 생각하느냐? 내가 너희에게 말한다. 그렇지 않다! 오히려 분열을 일으키러 왔다.

52 지금부터 한 가정에서 다섯 식구가 서로 나누어질 것이다. 셋이 둘을, 둘이 셋을 대적할 것이다.

53 아버지와 아들이 나누어질 것이며 아들이 아버지를, 어머니는 딸을, 딸은 어머니를, 시어머니가 며느리를, 며느리가 시어머니를 대적할 것이다."

54 예수님께서 사람들에게 말씀하셨습니다. "너희가 서쪽에서부터 구름이 이는 것을 볼 때, 비가 곧 오겠다고 말하면 그대로 된다.

55 너희가 남풍이 부는 것을 보고 날이 덥겠다고 말하면, 그대로 된다.

56 위선자들아! 너희가 땅과 하늘의 날씨는 분별할 줄 알면서 왜 이 시대는 분별할 줄 모르느냐?"

57 "어찌하여 너희는 무엇이 옳은지를 스스로 판단하지 못하느냐?

58 너를 고소하는 사람과 함께 법정으로 갈 때에 너는 도중에 그 사람과의 문제를 해결하여라. 그렇지 않으면 그 사람이 너를 재판관에게 데려가고, 또 재판관이 너를 집행관에게 넘겨주어 너를 감옥에 가둘 것이다.

59 내가 네게 말한다. 마지막 한 푼까지 갚기 전에는, 네가 거기서 나오지 못할 것이다."

저자의 묵상

예수님이 땅에 던져 붙이시고자 했던 불은 성령이다. 성령은 구원받은 성도들을 거룩하게 만드는 능력이 있지만, 구원받지 못한 자들에게는 심판의 도구가 된다. 따라서 예수님이 화평이 아닌 분쟁을 일으키러 오셨다고 말씀하신 것이다. 성령을 받은 성도는 비진리에 대해서 타협할 수 없고 또한 죄악을 용납할 수 없다. 그렇기 때문에 비진리와 죄악을 붙들고 있는 자들과는 심지어는 가족이라고 해도 분열이 일어나는 것이다. 그러나 성령을 받은 성도가 싸워야 할 대상은 사람이 아니다. 원수까지도 사랑하라는 예수님의 말씀과 같이, 성도는 핍박하는 자를 위해 기도하고 용서하는 사랑을 보여야 한다. 성도가 싸워야 할 대상은 비진리와 죄악 그리고 그것을 확산하려고 하는 마귀의 영적 세력이다. 성도가 이 싸움의 대상을 명확하게 분별하지 못하면 마귀의 유혹에 넘어가 사랑해야 할 사람들과 싸움을 하는 잘못을 범하게 된다.

무릎기도 하나님, 성령을 받은 제가 더욱 더 진리를 사랑하고 죄악을 미워하게 하소서. 구원받지 못한 자들을 용서하고 사랑하는 마음을 부어 주셔서 사랑으로 진리를 전하게 하소서.

ESV - Luke 12

49 "I came to cast fire on the earth, and would that it were already kindled!
50 I have a baptism to be baptized with, and how great is my distress until it is accomplished!
51 Do you think that I have come to give peace on earth? No, I tell you, but rather division.
52 For from now on in one house there will be five divided, three against two and two against three.
53 They will be divided, father against son and son against father, mother against daughter and daughter against mother, mother-in-law against her daughter-in-law and daughter-in-law against mother-in-law."
54 He also said to the crowds, "When you see a cloud rising in the west, you say at once, 'A shower is coming.' And so it happens.
55 And when you see the south wind blowing, you say, 'There will be scorching heat,' and it happens.
56 You hypocrites! You know how to interpret the appearance of earth and sky, but why do you not know how to interpret the present time?
57 "And why do you not judge for yourselves what is right?
58 As you go with your accuser before the magistrate, make an effort to settle with him on the way, lest he drag you to the judge, and the judge hand you over to the officer, and the officer put you in prison.
59 I tell you, you will never get out until you have paid the very last penny."*

* 12:59 Greek *lepton*, a Jewish bronze or copper coin worth about 1/128 of a *denarius* (which was a day's wage for a laborer)

49 kindle 불을 붙이다 50 baptism 세례 distress 괴로움 51 division 분쟁 53 mother-in-law 시어머니 daughter-in-law 며느리 55 blow 불다 scorching 몹시 더운 56 hypocrite 위선자 interpret 해석하다 appearance 형세, 징후 58 magistrate 법관 make an effort 애쓰다, 힘쓰다 settle with… …와 화해하다 drag to… 무리하게 …에 데리고 가다 hand… over ~을 넘겨주다 put… in prison 옥에 가두다 59 the very last 맨 나중

권별주삶

아가페

주삶 GBS

• 1주(1회–5회) _ 누가복음 1:26–38
가브리엘의 수태고지와 마리아의 반응

• 2주(6회–10회) _ 누가복음 2:8–21
온 우주에 가득 찬 기쁘고 좋은 소식

• 3주(11회–15회) _ 누가복음 4:1–13
광야에서 시험을 이기신 예수님

• 4주(16회–20회) _ 누가복음 5:27–35
참된 신앙은 주님을 기뻐하는 것입니다

• 5주(21회–25회) _ 누가복음 7:36–50
더 많이 사랑하는 이유

• 6주(26회–30회) _ 누가복음 9:18–27
고난을 위한 부르심

• 7주(31회–35회) _ 누가복음 10:25–37
행하라! 그러면 살리라

• 8주(36회–40회) _ 누가복음 10:38–42
한 가지만이라도 족하니라

• 9주(41회–45회) _ 누가복음 12:13–21
하나님께 대하여 부요한 자

* GBS 해설서는 뒷면에 있습니다

가브리엘의 수태고지와 마리아의 반응

누가복음 1:26-38 | 새찬송 101장 • 통일 106장

주간 말씀묵상 나눔

지난 한 주간 말씀을 묵상한 것이나 삶에 적용한 것이 있으면 돌아가며 간단히 나누어 봅시다.

• 오늘의 성경공부 목표

말씀이나 기도를 통해서 만나거나 알게 되는 하나님이 때로는 이해가 되지 않거나 당황스러울 때가 있습니다. 그때 우리는 어떻게 반응해야 하는지 배워 봅시다.

26 여섯째 달에 천사 가브리엘이 하나님의 보내심을 받아 갈릴리 나사렛이란 동네에 가서
27 다윗의 자손 요셉이라 하는 사람과 약혼한 처녀에게 이르니 그 처녀의 이름은 마리아라
28 그에게 들어가 이르되 은혜를 받은 자여 평안할지어다 주께서 너와 함께하시도다 하니
29 처녀가 그 말을 듣고 놀라 이런 인사가 어찌함인가 생각하매
30 천사가 이르되 마리아여 무서워하지 말라 네가 하나님께 은혜를 입었느니라
31 보라 네가 잉태하여 아들을 낳으리니 그 이름을 예수라 하라
32 그가 큰 자가 되고 지극히 높으신 이의 아들이라 일컬어질 것이요 주 하나님께서 그 조상 다윗의 왕위를 그에게 주시리니
33 영원히 야곱의 집을 왕으로 다스리실 것이며 그 나라가 무궁하리라
34 마리아가 천사에게 말하되 나는 남자를 알지 못하니 어찌 이 일이 있으리이까
35 천사가 대답하여 이르되 성령이 네게 임하시고 지극히 높으신 이의 능력이 너를 덮으시리니 이러므로 나실 바 거룩한 이는 하나님의 아들이라 일컬어지리라
36 보라 네 친족 엘리사벳도 늙어서 아들을 배었느니라 본래 임신하지 못한다고 알려진 이가 이미 여섯 달이 되었나니
37 대저 하나님의 모든 말씀은 능하지 못하심이 없느니라
38 마리아가 이르되 주의 여종이오니 말씀대로 내게 이루어지이다 하매 천사가 떠나가니라

• **함께 읽어보기**

세례 요한의 수태고지는 유대의 수도인 예루살렘, 그리고 그곳에서도 가장 중요한 장소인 성전에서 제사장인 사가랴에게 전달되었습니다. 이와는 대조적으로 예수님의 수태고지는 유대인들이 무시하는 갈릴리에서도 작은 도시인 나사렛에 사는 여자인 마리아에게 전해졌습니다. 예수님은 탄생의 고지부터가 초라하고 볼품없었습니다. 은혜는 이렇듯 보잘것없는 장소에서 작은 자에게 주어집니다. 그러나 가브리엘의 말을 의심했던 사가랴와는 다르게, 시골 마을의 보잘것없어 보이는 마리아는 처녀의 몸으로 아들을 낳을 것이라고 가브리엘이 전한 하나님의 말씀을 믿고 신뢰했습니다. 결혼식도 올리지 않은 처녀로서 아들을 낳는다는 것은 상식을 벗어난 일일 뿐만 아니라 수치스러운 일이 될 수도 있었습니다. 하지만 마리아는 말씀을 듣고 생각했고, 하나님의 말씀은 능하지 못하심이 없다는 가브리엘의 말에 아멘으로 반응하였습니다.

도입 질문

1 하나님의 말씀을 믿고 받아들이는 것이 세상의 상식에서는 비정상적으로 느껴진 경험이 있었습니까?

함께 나누기

2 가브리엘이 마리아에게 찾아왔을 때 마리아는 요셉과 어떤 관계였습니까? 27절

3 〈누가복음〉은 마리아의 상태에 대하여 반복적으로 어떻게 표현하고 있습니까? 27, 29, 34절

4 가브리엘의 인사를 받은 마리아의 반응은 어떠했습니까? 29절

5 마리아의 말씀에 대한 태도를 보면서 우리가 배워야 할 점은 무엇이라고 생각합니까? 29절

6 가브리엘은 예수님이 누구라고 말하고 있습니까? 32, 35절

7 가브리엘이 예수님을 통해 구약의 예언이 성취됨을 보여주는 부분을 찾아보십시오. 32, 33절

8 가브리엘의 말에 반응하는 마리아의 대답을 보면서 하나님의 말씀에 어떻게 반응해야 하는지 생각해 보십시오.

9 오늘 성경공부를 통해 나누고 싶거나 깨달은 것이 있으면 이야기해 봅시다.

온 우주에 가득 찬 기쁘고 좋은 소식

누가복음 2:8-21 | 새찬송 108장 • 통일 113장

주간 말씀묵상 나눔

지난 한 주간 말씀을 묵상한 것이나 삶에 적용한 것이 있으면 돌아가며 간단히 나누어 봅시다.

• 오늘의 성경공부 목표

예수님이 누구를 위해서 또 무엇을 위해서 이 땅에 오셨는지 알아봅시다.

8 그 지역에 목자들이 밤에 밖에서 자기 양 떼를 지키더니
9 주의 사자가 곁에 서고 주의 영광이 그들을 두루 비추매 크게 무서워하는지라
10 천사가 이르되 무서워하지 말라 보라 내가 온 백성에게 미칠 큰 기쁨의 좋은 소식을 너희에게 전하노라
11 오늘 다윗의 동네에 너희를 위하여 구주가 나셨으니 곧 그리스도 주시니라
12 너희가 가서 강보에 싸여 구유에 뉘어 있는 아기를 보리니 이것이 너희에게 표적이니라 하더니
13 홀연히 수많은 천군이 그 천사와 함께 하나님을 찬송하여 이르되
14 지극히 높은 곳에서는 하나님께 영광이요 땅에서는 하나님이 기뻐하신 사람들 중에 평화로다
하니라
15 천사들이 떠나 하늘로 올라가니 목자가 서로 말하되 이제 베들레헴으로 가서 주께서 우리에게 알리신 바 이 이루어진 일을 보자 하고
16 빨리 가서 마리아와 요셉과 구유에 누인 아기를 찾아서
17 보고 천사가 자기들에게 이 아기에 대하여 말한 것을 전하니
18 듣는 자가 다 목자들이 그들에게 말한 것들을 놀랍게 여기되
19 마리아는 이 모든 말을 마음에 새기어 생각하니라
20 목자들은 자기들에게 이르던 바와 같이 듣고 본 그 모든 것으로 인하여 하나님께 영광을 돌리고 찬송하며 돌아가니라
21 할례할 팔 일이 되매 그 이름을 예수라 하니 곧 잉태하기 전에 천사가 일컬은 바러라

• 함께 읽어보기

누가복음은 예수님이 태어났을 때 목격한 자들을 목자들이라고 기록하고 있습니다. 그리고 목자들에게 예수님의 탄생을 알려 준 자는 하늘의 천사입니다. 예수님이 이 땅에 오신 사건은 온 우주가 들어야 할 만한 기쁜 소식이며 좋은 소식이었습니다. 왜냐하면 예수님은 당신의 백성들을 구원하시기 위해서 그리고 구원받은 백성을 통치하시기 위해서 오셨기 때문입니다. 그분은 로마의 왕궁에서 태어난 것이 아니라 말구유에서 강보에 쌓여서 태어나심으로 이 땅에서 가장 가난한 자들과 함께하셨습니다. 그분은 하나님이셨지만 자기를 비우심으로 우리가 사는 땅에 내려오셔서, 먼저는 태어나실 방이 없는 빈곤함과 결핍을 경험하셨습니다. 그분은 우리가 하나님과의 평화를 누리게 하기 위해서 오셨습니다. 그러나 그것은 모두에게 주어지는 것이 아니라 목자들이나 마리아 그리고 요셉같이 그분의 말씀을 듣고 순종하는 무리에게 주어지는 평화입니다.

도입 질문

1 살면서 모든 사람들에게 이야기하고 싶어서 견딜 수 없을 만큼 좋은 일이 있었는지, 그래서 내 주위의 사람들에게 어떻게 그 이야기를 전달했는지 생각해 봅시다.

함께 나누기

2 천사가 예수님의 탄생을 알린 사람들은 누구입니까? 8절

3 두려움에 떨고 있는 목자들에게 천사가 전해 준 소식은 어떤 것이었습니까? 10절

4 천사가 태어나실 아기 예수님에 대하여 표현한 세 가지를 말해 보십시오. 11절

5 그분의 명칭을 생각해 볼 때, 우리는 예수님을 어떤 태도로 바라봐야 하며 무엇을 구해야 합니까? 11절

6 천군 천사들이 찬양하며 누구에게 평화가 임한다고 하였습니까? 14절

7 태어난 아기를 찾을 수 있는 표적이 무엇이었습니까? 12, 16절

8 목자와 예수님의 부모의 행동에서 나타난 공통점은 무엇입니까? 15–16절, 21절 우리는 그들의 행동에서 무엇을 배울 수 있습니까?

9 오늘 성경공부를 통해서 나누고 싶거나 깨달은 것이 있으면 서로 이야기해 봅시다.

주간 그룹성경공부 • GBS

3주차 (11회~15회)

광야에서 시험을 이기신 예수님

누가복음 4:1-13 | 새찬송 160장 • 통일 150장

주간 말씀묵상 나눔

지난 한 주간 말씀을 묵상한 것이나 삶에 적용한 것이 있으면 돌아가며 간단히 나누어 봅시다.

• 오늘의 성경공부 목표

예수님이 이 땅에서 하시는 일에 대하여 이해하고, 아담이 실패한 마귀의 유혹을 어떻게 이길 수 있는지 살펴봅시다.

1 예수께서 성령의 충만함을 입어 요단강
에서 돌아오사 광야에서 사십 일 동안 성
령에게 이끌리시며
2 마귀에게 시험을 받으시더라 이 모든 날
에 아무것도 잡수시지 아니하시니 날 수
가 다하매 주리신지라
3 마귀가 이르되 네가 만일 하나님의 아들
이어든 이 돌들에게 명하여 떡이 되게 하
라
4 예수께서 대답하시되 기록된 바 사람이
떡으로만 살 것이 아니라 하였느니라
5 마귀가 또 예수를 이끌고 올라가서 순식
간에 천하만국을 보이며
6 이르되 이 모든 권위와 그 영광을 내가
네게 주리라 이것은 내게 넘겨준 것이므
로 내가 원하는 자에게 주노라
7 그러므로 네가 만일 내게 절하면 다 네
것이 되리라
8 예수께서 대답하여 이르시되 기록된 바
주 너의 하나님께 경배하고 다만 그를 섬
기라 하였느니라
9 또 이끌고 예루살렘으로 가서 성전 꼭대
기에 세우고 이르되 네가 만일 하나님의
아들이어든 여기서 뛰어내리라
10 기록되었으되
하나님이 너를 위하여 그 사자들을 명
하사 너를 지키게 하시리라
하였고
11 또한
그들이 손으로 너를 받들어 네 발이
돌에 부딪치지 않게 하시리라
하였느니라

12 예수께서 대답하여 이르시되 주 너의 하나님을 시험하지 말라 하였느니라

13 마귀가 모든 시험을 다 한 후에 얼마 동안 떠나니라

• **함께 읽어보기**

예수님이 사역을 시작하시기 전 먼저 마귀에게 시험을 받습니다. 그러나 예수님은 마귀에게 수동적으로 끌려가시는 것이 아니라 오히려 성령에 이끌려 광야에서 시험을 받으십니다. 첫 인간인 아담과 하와도 마귀의 시험을 받았습니다. 그때 그들은 마귀의 시험을 이기지 못하고 죄를 범하여 이 땅에 죄가 들어오게 됩니다. 예수님은 그때 실패한 마귀의 시험에 맞서서 이기시고 마귀는 떠나가게 됩니다. 예수님이 마귀를 떠나보내는 비결은 바로 하나님의 말씀이었습니다. 예수님은 아담이 실패한 순종을 온전히 이루시고 우리에게 의를 주시기 위해서 이 땅에 오셨습니다. 우리도 예수님 안에 있을 때 말씀을 배우고 확신에 거하게 되어, 우리를 유혹하고 왜곡하는 마귀를 쫓아내고 하나님의 은혜로 살아가는 의로운 삶을 살 수 있습니다.

도입 질문

1 살면서 죄의 유혹이 있을 때 이겨 본 경험이 있습니까? 어떻게 극복할 수 있었습니까?

함께 나누기

2 누가 예수님을 광야로 이끌었습니까? 1절

3 예수님께서 마귀의 시험을 이기시면서 공통적으로 마귀에게 대항했던 말은 무엇입니까? 4, 8절

4 마귀의 첫 번째 시험은 예수님의 어떤 상태를 알았기 때문입니까? 2절

5 마귀가 자주 공격하는 나의 약점은 어떤 것들이 있을 수 있습니까?

6 마귀가 한 첫 번째 시험의 질문 중에서 잘못된 가정이 있다면 찾아보십시오. 3절

7 마지막 시험에서 마귀가 인용한 것은 무엇이었습니까? 10, 11절

8 마귀의 세 가지 시험 중에서 당신을 공격한 것이 있었습니까? 우리는 어떻게 나를 공격하는 마귀의 시험을 이겨 낼 수 있습니까?

9 오늘 성경공부를 통해 나누고 싶거나 깨달은 것이 있으면 이야기해 봅시다.

참된 신앙은 주님을 기뻐하는 것입니다

누가복음 5:27-35 | 새찬송 300장 • 통일 406장

주간 말씀묵상 나눔

지난 한 주간 말씀을 묵상한 것이나 삶에 적용한 것이 있으면 돌아가며 간단히 나누어 봅시다.

• 오늘의 성경공부 목표

형식적인 종교생활과 참된 신앙의 차이를 알아봅시다.

27 그 후에 예수께서 나가사 레위라 하는 세
리가 세관에 앉아 있는 것을 보시고 나를
따르라 하시니
28 그가 모든 것을 버리고 일어나 따르니라
29 레위가 예수를 위하여 자기 집에서 큰 잔
치를 하니 세리와 다른 사람이 많이 함께
앉아 있는지라
30 바리새인과 그들의 서기관들이 그 제자
들을 비방하여 이르되 너희가 어찌하여
세리와 죄인과 함께 먹고 마시느냐
31 예수께서 대답하여 이르시되 건강한 자
에게는 의사가 쓸데없고 병든 자에게라
야 쓸데 있나니
32 내가 의인을 부르러 온 것이 아니요 죄인
을 불러 회개시키러 왔노라
33 그들이 예수께 말하되 요한의 제자는 자
주 금식하며 기도하고 바리새인의 제자
들도 또한 그리하되 당신의 제자들은 먹
고 마시나이다
34 예수께서 그들에게 이르시되 혼인집 손
님들이 신랑과 함께 있을 때에 너희가 그
손님으로 금식하게 할 수 있느냐
35 그러나 그날에 이르러 그들이 신랑을 빼
앗기리니 그날에는 금식할 것이니라

• 함께 읽어보기

예수님이 가시는 곳에는 늘 잔치가 있었습니다. 그리고 그 잔치에는 항상 세리와 같은 죄인이나 사회적으로 지탄을 받던 사람들이 있었습니다. 바리새인들과 서기관들은 그런 사람들과 함께 먹거나 이야기를 나누거나 하지 않았습니다. 왜냐하면 그들은 죄인이었기 때문입니다. 그러나 예수님은 자신이 이 땅에 오신 이유가 죄인을 불러 회개시키기 위함이라고 하셨습니다. 그리고 예수님을 만난 죄인들은 회개와 함께 죄의 길에서 돌이켰습니다. 세리는 자신의 안정적인 직업을 버리고 예수님을 따랐습니다. 설령 그것이 생계와 연관되더라도, 그들은 불법과 올바르지 않은 일들을 버리고 예수님을 따라갔습니다. 그런데 그렇게 한 그들에게는 늘 기쁨이 있었습니다. 바리새인들과 서기관들의 종교생활과는 다른 기쁨이 그들의 신앙의 핵심이었습니다. 자신들이 가진 기쁨을 잃어버리고 종교적인 형식에만 매여 있는 바리새인들과 서기관들은, 예수님을 따르는 제자들을 비난할 뿐만 아니라 예수님도 정죄하고 죽이려고까지 했습니다.

도입 질문

1 평소에 무척 존경하거나 좋아하는 사람이 여러분을 찾아온다면 같이 무엇을 하고 싶습니까?

함께 나누기

2 예수님 당시에 세금을 걷어서 로마에 바쳤던 사람을 가리켜 무엇이라고 했습니까? 27절

3 레위는 예수님을 따라가서 무엇을 했습니까? 29절

4 예수님의 제자들을 비방한 무리들은 누구입니까? 30, 33절

5 교회 공동체 안에서 사람들이 마땅히 해야 할 것들에 성실하지 않거나 또는 무엇을 지키지 않아서 마음이 불편해진 적이 있었습니까? 그래서 직접 비난하거나 단죄했던 적이 있었습니까?

6 예수님은 누구를 위해서 오셨다고 말씀하십니까? 31, 32절

7 혼인집 손님들은 여기에서 누구라고 말할 수 있습니까? 29, 33절

8 당신은 잔치를 벌이고 즐기는 자입니까? 아니면 꼬박꼬박 금식을 하는 바리새인의 제자입니까?

9 오늘 성경공부를 통해 나누고 싶거나 깨달은 것이 있으면 이야기해 봅시다.

주간 그룹성경공부 • GBS

5주차 (21회~25회)

더 많이 사랑하는 이유

누가복음 7:36-50 | 새찬송 211장 • 통일 346장

주간 말씀묵상 나눔

지난 한 주간 말씀을 묵상한 것이나 삶에 적용한 것이 있으면 돌아가며 간단히 나누어 봅시다.

• 오늘의 성경공부 목표

하나님을, 예수님을 더욱 사랑하는 그리스도인이 되도록 합니다.

36 한 바리새인이 예수께 자기와 함께 잡수
시기를 청하니 이에 바리새인의 집에 들
어가 앉으셨을 때에
37 그 동네에 죄를 지은 한 여자가 있어 예
수께서 바리새인의 집에 앉아 계심을 알
고 향유 담은 옥합을 가지고 와서
38 예수의 뒤로 그 발 곁에 서서 울며 눈물
로 그 발을 적시고 자기 머리털로 닦고
그 발에 입 맞추고 향유를 부으니
39 예수를 청한 바리새인이 그것을 보고 마
음에 이르되 이 사람이 만일 선지자라면
자기를 만지는 이 여자가 누구며 어떠한
자 곧 죄인인 줄을 알았으리라 하거늘
40 예수께서 대답하여 이르시되 시몬아 내
가 네게 이를 말이 있다 하시니 그가 이
르되 선생님 말씀하소서
41 이르시되 빚 주는 사람에게 빚진 자가 둘
이 있어 하나는 오백 데나리온을 졌고 하
나는 오십 데나리온을 졌는데
42 갚을 것이 없으므로 둘 다 탕감하여 주었
으니 둘 중에 누가 그를 더 사랑하겠느냐
43 시몬이 대답하여 이르되 내 생각에는 많
이 탕감함을 받은 자니이다 이르시되 네
판단이 옳다 하시고
44 그 여자를 돌아보시며 시몬에게 이르시
되 이 여자를 보느냐 내가 네 집에 들어
올 때 너는 내게 발 씻을 물도 주지 아니
하였으되 이 여자는 눈물로 내 발을 적시
고 그 머리털로 닦았으며
45 너는 내게 입 맞추지 아니하였으되 그는
내가 들어올 때로부터 내 발에 입 맞추기
를 그치지 아니하였으며
46 너는 내 머리에 감람유도 붓지 아니하였
으되 그는 향유를 내 발에 부었느니라

47 이러므로 내가 네게 말하노니 그의 많은
죄가 사하여졌도다 이는 그의 사랑함이
많음이라 사함을 받은 일이 적은 자는 적
게 사랑하느니라
48 이에 여자에게 이르시되 네 죄 사함을 받
았느니라 하시니
49 함께 앉아 있는 자들이 속으로 말하되 이
가 누구이기에 죄도 사하는가 하더라
50 예수께서 여자에게 이르시되 네 믿음이
너를 구원하였으니 평안히 가라 하시니
라

• 함께 읽어보기

박종호 장로님이 불렀던 "눈물로 씻은 발"이라는 곡은 오늘 우리가 함께 읽은 이야기를 그 배경으로 합니다. 그리고 곡의 가사는 오늘 본문에 등장하는 한 여자의 마음을 잘 그려 냅니다. "드릴 것이 없어 눈물로 나아가네/ 죄인의 향유로 그 발이라도/ 그 발이라도 씻을 수 있다면/ 옥합처럼 내 마음도 깨뜨려/ 그분 발아래 그 발에서 깼네/ 향유보다 많은 눈물로/ 나는 수의 발을 씻고/ 눈물보다 많은 피 흘려/ 주는 내 죄를 씻네." 죄인으로 낙인이 찍혀 동네 사람들에게조차 멸시받던 한 여자는 왜 예수님의 발을 적실 만큼 많이 울었을까요? 무엇 때문에 그녀는 체면도 차리지 않고 예수님의 발에 계속 입을 맞추었을까요? 예수님은 그녀의 죄가 용서받았기 때문이라고 말씀하셨습니다. 자신의 죄에 대해 깊이 슬퍼하고 애통해 본 경험이 있는 사람만이 예수님이 피 흘려 이루신 용서의 가치를 알 수 있습니다. 오늘 만나게 될 한 여자의 눈물과 사랑이 우리에게도 있기를 소망합니다.

도입 질문

1 우리가 지금까지 살아온 것은 다 하나님의 도우심과 은혜입니다. 그런 하나님의 사랑이, 예수님의 사랑이 너무 감사해서 울어 본 적이 있습니까?

함께 나누기

2 예수님이 한 바리새인의 집에 들어가 앉으셨을 때, 누가 무엇을 가지고 예수님께 왔습니까? 37절

3 그 여자는 예수님께 어떤 행동을 하였습니까? 38절

4 예수님을 초대했던 바리새인 시몬은 마음속에 어떤 생각을 하였습니까? 39절

5 예수님은 시몬에게 어떤 질문을 던지셨습니까? 시몬은 어떻게 대답하였습니까? 41-43절

6 예수님께서 자신을 대하는 시몬과 여자의 태도를 비교하시면서 언급하셨던 세 가지는 무엇입니까? 44-46절

7 죄를 지은 한 여자는 왜 예수님께 그런 행동을 하였을까요? 47절

8 우리는 어쩌면 "그녀가 얼마나 큰 죄를 지었을까?", "얼마나 비싼 향유를 가지고 왔을까?"를 궁금해할지도 모릅니다. 그러나 본문의 저자 누가는 그녀가 어떤 죄를 지었는지에 대해 언급하지 않을뿐더러 그녀가 가지고 온 향유가 얼마나 값비싼 것인지도 언급하지 않습니다. 그 이유는 무엇일까요? 각자의 생각을 말해 봅시다.

9 오늘 성경공부를 통해 나누고 싶거나 깨달은 것이 있으면 이야기해 봅시다.

주간 그룹성경공부 • GBS

6주차 (26회~30회)

고난을 위한 부르심

누가복음 9:18-27 | 새찬송 461장 • 통일 519장

주간 말씀묵상 나눔

지난 한 주간 말씀을 묵상한 것이나 삶에 적용한 것이 있으면 돌아가며 간단히 나누어 봅시다.

• 오늘의 성경공부 목표

우리가 그리스도인으로서 감당해야 할 고난의 몫이 있음을 배우도록 합니다.

18 예수께서 따로 기도하실 때에 제자들이
주와 함께 있더니 물어 이르시되 무리가
나를 누구라고 하느냐
19 대답하여 이르되 세례 요한이라 하고 더
러는 엘리야라, 더러는 옛 선지자 중의
한 사람이 살아났다 하나이다
20 예수께서 이르시되 너희는 나를 누구라
하느냐 베드로가 대답하여 이르되 하나
님의 그리스도시니이다 하니
21 경고하사 이 말을 아무에게도 이르지 말
라 명하시고
22 이르시되 인자가 많은 고난을 받고 장로
들과 대제사장들과 서기관들에게 버린
바 되어 죽임을 당하고 제삼 일에 살아나
야 하리라 하시고
23 또 무리에게 이르시되 아무든지 나를 따
라오려거든 자기를 부인하고 날마다 제
십자가를 지고 나를 따를 것이니라
24 누구든지 제 목숨을 구원하고자 하면 잃
을 것이요 누구든지 나를 위하여 제 목숨
을 잃으면 구원하리라
25 사람이 만일 온 천하를 얻고도 자기를 잃
든지 빼앗기든지 하면 무엇이 유익하리
요
26 누구든지 나와 내 말을 부끄러워하면 인
자도 자기와 아버지와 거룩한 천사들의
영광으로 올 때에 그 사람을 부끄러워하
리라
27 내가 참으로 너희에게 이르노니 여기 서
있는 사람 중에 죽기 전에 하나님의 나라
를 볼 자들도 있느니라

• 함께 읽어보기

"예수 믿고 구원받으세요!", "예수 믿고 복 받으세요!", "예수 믿고 형통한 삶을 누리세요!", "예수 믿고 참된 행복을 경험해 보세요!" 그리스도인들이 복음을 전할 때 자주 사용하는 말입니다. 모두가 맞는 말입니다. 바로 예수 그리스도 안에 구원과 형통함과 행복이 있기 때문입니다. 그러나 그것만이 전부는 아닙니다. 오늘 본문은 예수 그리스도 안에 고난도 있음을 분명히 가르쳐 줍니다. 예수님은 자신이 얼마 후 십자가를 지고 고난을 겪게 될 것이라 말씀하십니다. 그리고 제자들을 향해서도 '자기 십자가를 지라'고 말씀하십니다. 그리고 그것이 참된 제자의 길임을 알려 주십니다. 제자들을 향한 예수님의 부르심은 단지 복과 형통함만을 위한 부르심이 아니라 고난을 위한 부르심이기도 했던 것입니다. 오늘은 함께 모인 지체들에게 이렇게 인사해 봅시다. "예수 믿고 고난받으세요!"

도입 질문

1 그리스도인으로서 믿음으로 사는 것이 힘들다고 느껴질 때가 있었습니까? 각자의 이야기를 나누어 봅시다.

함께 나누기

2 예수님이 따로 기도하실 때에 함께 있던 제자들에게 물으셨던 질문은 무엇입니까? 18절

3 예수님께서 제자들에게 한 가지 질문을 더 하셨습니다. 그것은 무엇입니까? 20절

4 베드로는 예수님의 질문에 어떤 대답을 하였습니까? 20절

5 베드로의 대답을 들은 후 예수님께서는 무엇에 대해 말씀하셨습니까? 21-22절

6 예수님을 따르려는 자들에게 요구되는 것은 무엇입니까? 23절

7 "누구든지 제 목숨을 구원하고자 하면 잃을 것이요 누구든지 나를 위하여 제 목숨을 잃으면 구원하리라" 24절 라는 예수님의 말씀은 어떤 가르침을 담고 있을까요? 각자의 생각을 말해 봅시다.

8 오늘 본문의 말씀은 예수님을 따르기 위해서는 그분이 걸으셨던 희생과 섬김의 길을 걷기 위해 목숨을 내놓을 수 있는 헌신이 필요하다는 것을 가르쳐 줍니다. 그럼에도 불구하고 예수님의 제자로 살기 원하십니까?

9 오늘 성경공부를 통해 나누고 싶거나 깨달은 것이 있으면 이야기해 봅시다.

주간 그룹성경공부 • GBS

7주차 (31회~35회)

행하라! 그러면 살리라

누가복음 10:25-37 | 새찬송 218장 • 통일 369장

주간 말씀묵상 나눔

지난 한 주간 말씀을 묵상한 것이나 삶에 적용한 것이 있으면 돌아가며 간단히 나누어 봅시다.

• 오늘의 성경공부 목표

우리가 아는 것을 행함으로 실천하는 그리스도인이 되도록 합니다.

25 어떤 율법교사가 일어나 예수를 시험하
여 이르되 선생님 내가 무엇을 하여야 영
생을 얻으리이까
26 예수께서 이르시되 율법에 무엇이라 기
록되었으며 네가 어떻게 읽느냐
27 대답하여 이르되 네 마음을 다하며 목숨
을 다하며 힘을 다하며 뜻을 다하여 주
너의 하나님을 사랑하고 또한 네 이웃을
네 자신같이 사랑하라 하였나이다
28 예수께서 이르시되 네 대답이 옳도다 이
를 행하라 그러면 살리라 하시니
29 그 사람이 자기를 옳게 보이려고 예수께
여짜오되 그러면 내 이웃이 누구니이까
30 예수께서 대답하여 이르시되 어떤 사람
이 예루살렘에서 여리고로 내려가다가
강도를 만나매 강도들이 그 옷을 벗기고
때려 거의 죽은 것을 버리고 갔더라
31 마침 한 제사장이 그 길로 내려가다가 그
를 보고 피하여 지나가고
32 또 이와 같이 한 레위인도 그곳에 이르러
그를 보고 피하여 지나가되
33 어떤 사마리아 사람은 여행하는 중 거기
이르러 그를 보고 불쌍히 여겨
34 가까이 가서 기름과 포도주를 그 상처에
붓고 싸매고 자기 짐승에 태워 주막으로
데리고 가서 돌보아 주니라
35 그 이튿날 그가 주막 주인에게 데나리온
둘을 내어 주며 이르되 이 사람을 돌보아
주라 비용이 더 들면 내가 돌아올 때에
갚으리라 하였으니
36 네 생각에는 이 세 사람 중에 누가 강도
만난 자의 이웃이 되겠느냐
37 이르되 자비를 베푼 자니이다 예수께서
이르시되 가서 너도 이와 같이 하라 하시
니라

• **함께 읽어보기**

말로는 뭐든지 다 해 줄 것처럼 이야기하지만, 실제로는 아무것도 하지 않는 사람을 종종 만날 수 있습니다. 그런 사람을 두고 "말만 번지르르하다"라고 표현합니다. 1세기의 초대교회에도 그런 사람들이 있었습니다. 야고보 사도는 이렇게 말합니다. "너희 중에 누구든지 그에게 이르되 평안히 가라, 덥게 하라, 배부르게 하라 하며 그 몸에 쓸 것을 주지 아니하면 무슨 이익이 있으리요"(약 2:16). 그런데 오늘 본문은 "지식만 번지르르했던" 한 사람을 소개합니다. 그는 유대인의 율법교사였는데, 예수님께서도 그가 가진 지식이 옳다고 인정하실 만큼 율법의 가르침에 정통한 사람이었습니다. 그러나 그에게는 부족한 것 한 가지가 있었습니다. 그것은 다름 아닌 "행함"이었습니다. 그는 율법교사로서 율법에 관해 많은 것을 알고 있었지만, 아는 만큼 행하지 않았습니다. 그는 말 그대로 "지식만 번지르르한" 사람이었던 것입니다.

도입 질문

1 이웃을 돌아보며 사는 것이 성경의 가르침인 것을 알면서도, 막상 삶 속에서 그것을 실천하기가 쉽지 않은 이유는 무엇일까요?

함께 나누기

2 어떤 율법교사가 예수님을 시험하기 위해 던진 질문은 무엇입니까? 25절

3 예수님께서 율법에는 어떻게 기록되어 있는지 되물으셨을 때, 율법교사는 어떤 대답을 하였습니까? 27절

4 예수님은 그 율법교사에게 무엇이라고 말씀하셨습니까? 28절

5 그 율법 교사가 자기를 옳게 보이려고 예수님께 던진 질문은 무엇입니까? 29절

6 강도 만난 자의 비유에 등장하는 세 종류의 사람은 누구입니까? 누가 강도 만난 자를 도와주었습니까? 30–35절

7 비유를 마친 예수님은 율법교사에게 어떤 질문을 하셨습니까? 36절

8 예수님은 율법교사에게 "이를 행하라" 28절, "가서 너도 이와 같이 하라" 37절라고 말씀해 주셨습니다. 예수님의 이 두 번의 대답은 오늘 본문의 중요한 주제를 담고 있습니다. 그것은 무엇일까요? 각자의 생각을 나누어 봅시다.

9 오늘 성경공부를 통해 나누고 싶거나 깨달은 것이 있으면 이야기해 봅시다.

주간 그룹성경공부 • GBS

8주차 (36회~40회)

한 가지만이라도 족하니라

누가복음 10:38-42 | 새찬송 80장 • 통일 101장

주간 말씀묵상 나눔

지난 한 주간 말씀을 묵상한 것이나 삶에 적용한 것이 있으면 돌아가며 간단히 나누어 봅시다.

• 오늘의 성경공부 목표

신앙생활에서 우선순위로 두어야 할 것이 무엇인가에 대해 생각해 보도록 합니다.

38 그들이 길 갈 때에 예수께서 한 마을에
들어가시매 마르다라 이름하는 한 여자
가 자기 집으로 영접하더라
39 그에게 마리아라 하는 동생이 있어 주의
발치에 앉아 그의 말씀을 듣더니
40 마르다는 준비하는 일이 많아 마음이 분
주한지라 예수께 나아가 이르되 주여 내
동생이 나 혼자 일하게 두는 것을 생각하
지 아니하시나이까 그를 명하사 나를 도
와주라 하소서
41 주께서 대답하여 이르시되 마르다야 마
르다야 네가 많은 일로 염려하고 근심하
나
42 몇 가지만 하든지 혹은 한 가지만이라도
족하니라 마리아는 이 좋은 편을 택하였
으니 빼앗기지 아니하리라 하시니라

• **함께 읽어보기**

오늘 본문에 등장하는 한 여인은 예수님이 자기 마을에 오신다는 소식을 듣고 마중을 나갑니다. 기쁨으로 예수님을 영접하고 집에 모셔옵니다. 예수님은 그녀에게 특별한 손님이었고, 그녀는 좀 더 특별한 대접을 해드리고 싶었던 것 같습니다. 그런데 안타깝게도 이것저것 많은 것을 준비하느라 신경이 예민해진 그녀는 자신을 돕지 않고 예수님의 말씀만 듣고 있던 동생에 대한 원망이 생겼습니다. 심지어 동생과 함께 있던 예수님께 원망의 말을 쏟아놓습니다. 그녀의 이름은 마르다입니다. 예수님을 잘 대접하고 싶은 마음에 많은 것을 준비했던 그녀의 섬김은 귀한 것이었지만, 안타깝게도 기쁘게 시작했던 많은 일은 오히려 그녀에게 염려와 근심거리가 되었습니다. 그 이유가 무엇일까요? 함께 말씀을 나누어 봅시다.

도입 질문

1 삶의 우선순위를 정하는 것이 중요한 이유는 무엇일까요? 각자의 생각을 나누어 봅시다.

함께 나누기

2 예수님께서 한 마을에 들어가셨을 때 누가 자기 집으로 예수님을 영접했습니까? 38절

3 마르다의 동생의 이름은 무엇입니까? 그녀는 무엇을 하고 있었습니까? 39절

4 마르다의 마음이 분주했던 이유는 무엇입니까? 40a절

5 마르다는 예수님께 무엇이라 부탁했습니까? 40b절

6 많은 일로 인하여 염려하고 근심하는 마르다에게 예수님이 하신 말씀은 무엇입니까? 42a절

7 마리아의 행동에 관하여 예수님이 하신 말씀은 무엇입니까? 42b절

8 본문에 기록된 마르다의 일화가 오늘날 우리의 신앙생활에 주는 교훈은 무엇일까요? 각자의 의견을 나누어 봅시다.

9 오늘 성경공부를 통해 나누고 싶거나 깨달은 것이 있으면 이야기해 봅시다.

주간 그룹성경공부 • GBS

9주차 (41회~45회)

하나님께 대하여 부요한 자

누가복음 12:13-21 | 새찬송 393장 • 통일 447장

주간 말씀묵상 나눔

지난 한 주간 말씀을 묵상한 것이나 삶에 적용한 것이 있으면 돌아가며 간단히 나누어 봅시다.

• 오늘의 성경공부 목표

하나님께 삶의 목표를 두는 그리스도인이 되도록 합니다.

13 무리 중에 한 사람이 이르되 선생님 내
형을 명하여 유산을 나와 나누게 하소서
하니
14 이르시되 이 사람아 누가 나를 너희의 재
판장이나 물건 나누는 자로 세웠느냐 하
시고
15 그들에게 이르시되 삼가 모든 탐심을 물
리치라 사람의 생명이 그 소유의 넉넉한
데 있지 아니하니라 하시고
16 또 비유로 그들에게 말하여 이르시되 한
부자가 그 밭에 소출이 풍성하매
17 심중에 생각하여 이르되 내가 곡식 쌓아
둘 곳이 없으니 어찌할까 하고
18 또 이르되 내가 이렇게 하리라 내 곳간을
헐고 더 크게 짓고 내 모든 곡식과 물건
을 거기 쌓아 두리라
19 또 내가 내 영혼에게 이르되 영혼아 여러
해 쓸 물건을 많이 쌓아 두었으니 평안히
쉬고 먹고 마시고 즐거워하자 하리라 하
되
20 하나님은 이르시되 어리석은 자여 오늘
밤에 네 영혼을 도로 찾으리니 그러면 네
준비한 것이 누구의 것이 되겠느냐 하셨
으니
21 자기를 위하여 재물을 쌓아 두고 하나님
께 대하여 부요하지 못한 자가 이와 같으
니라

• **함께 읽어보기**

"재테크"(財tech)라는 말을 많이 들어보셨을 것입니다. 재물을 뜻하는 한자 "재(財)"와 기술을 뜻하는 영어 "technology"를 합성하여 만든 '재무 테크놀로지'를 줄여 이르는 말입니다. 재테크는 개인 혹은 기업의 재산을 안전하고 효과적으로 증식시키기 위한 다양한 방법들을 모두 포함합니다. 인터넷 포털 사이트에 "재테크"라는 검색어를 입력해 보면, 얼마나 많은 사람이 재테크에 관심이 있는지를 금방 알 수 있습니다. 흥미로운 것은 예수님께서도 이천 년 전에 이미 재테크 비법을 남겨 놓으셨다는 것입니다. "너희 소유를 팔아 구제하여 낡아지지 아니하는 배낭을 만들라 곧 하늘에 둔 바 다함이 없는 보물이니…"(눅 12:33). 쉽게 이해해 보자면, 예수님은 소유를 팔아 가난한 자들을 구제하는 것이 하나님 나라에서 가장 확실한 재테크 비법이라고 말씀하시는 것입니다. 그리스도인들은 영생을 소망하며 사는 사람들입니다. 그렇다면 영원한 삶을 위한 재테크에도 신경을 좀 써야 하지 않겠습니까?

도입 질문

1 예수님은 왜 "재물이 있는 자는 하나님의 나라에 들어가기가 심히 어렵도다"라고 말씀하셨을까요? 막 10:23 참조

함께 나누기

2 무리 중에 한 사람이 예수님을 찾아와 어떤 요청을 했습니까? 13절

3 예수님께서 그 요청에 어떤 대답을 해 주셨습니까? 15절

4 예수님의 비유에 등장하는 한 부자는 풍성한 밭의 소출을 보고 심중에 어떤 생각을 하였습니까? 17–18절

5 한 부자가 자신의 영혼에게 한 말은 무엇입니까? 19절

6 하나님께서 그 부자에게 어리석은 자라고 하신 이유는 무엇입니까? 20절

7 예수님께서는 그 부자를 가리켜 어떤 종류의 사람이라고 말씀하십니까? 21절

8 이 땅에 재물을 쌓아 두면서 동시에 하나님께 대하여 부요한 자가 될 수는 없을까요? 각자의 생각을 말해 봅시다.

9 오늘 성경공부를 통해 나누고 싶거나 깨달은 것이 있으면 이야기해 봅시다.

권 별 주 삶

아가페

주삶 GBS 해설서

- 1주(1회–5회) _ 누가복음 1:26–38
  가브리엘의 수태고지와 마리아의 반응
- 2주(6회–10회) _ 누가복음 2:8–21
  온 우주에 가득 찬 기쁘고 좋은 소식
- 3주(11회–15회) _ 누가복음 4:1–13
  광야에서 시험을 이기신 예수님
- 4주(16회–20회) _ 누가복음 5:27–35
  참된 신앙은 주님을 기뻐하는 것입니다
- 5주(21회–25회) _ 누가복음 7:36–50
  더 많이 사랑하는 이유
- 6주(26회–30회) _ 누가복음 9:18–27
  고난을 위한 부르심
- 7주(31회–35회) _ 누가복음 10:25–37
  행하라! 그러면 살리라
- 8주(36회–40회) _ 누가복음 10:38–42
  한 가지만이라도 족하니라
- 9주(41회–45회) _ 누가복음 12:13–21
  하나님께 대하여 부요한 자

1 가이드》 복음의 시작은 처녀인 마리아가 아들을 낳았다는 것과, 예수님이 사람이면서도 하나님이라는 사실로부터 시작합니다. 이것은 이 세상의 상식으로는 설명할 수 없습니다. 기독교는 이렇게 이 세상의 지식과 경험으로는 이해가 불가능한 신비로운 이야기로 시작합니다. 신앙의 삶은 상식으로는 이해되지 않는 것을 이렇게 믿음으로 받아들여야 할 때가 종종 있습니다.

2 답》 약혼한 사이

해설》 이스라엘에서는 결혼까지 두 단계를 거치게 되는데 먼저 약혼을 합니다. 약혼을 통해서 그들은 공적인 결혼서약을 하고 예물을 교환합니다. 그리고 1년 후에 결혼식을 하고 신랑이 신부를 데려옵니다. 마리아는 요셉과 약혼한 사이지만 아직 결혼식을 올리지는 않았습니다.

3 답》 처녀

해설》 〈누가복음〉은 마리아를 처녀라고 반복해서 말하고 있습니다. 예수님이 남녀의 성관계로 인한 생물학적 탄생이 아닌 하나님의 창조로 인하여 신비롭게 태어나셨다는 것을 강조하고 있는 것입니다. 성경은 구약에서부터 '처녀가 잉태하여 아들을 낳을 것'(사 7:14)이라고 예언하고 있고, 〈마태복음〉에서도 그 말씀을 인용하고 있습니다(마 1:23).

4 답》 마리아는 듣고 놀라고 생각했다.

해설》 마리아는 천사의 말을 들었습니다. 그러나 갑작스런 천사의 출현과 인사에 놀랐습니다. 아마도 그것은 자연스러운 반응이었을 것입니다. 이곳에서 사용된 단어는 사가랴가 놀란(1:12) 것보다 더 크게 놀랐을 때 사용됩니다. 하지만 마리아는 놀라는 것에 그치지 않고 생각하였습니다. 여기에서의 생각은 깊이 숙고했다는 뜻입니다. 즉, 마리아는 말씀을 듣고 그 말씀을 깊이 묵상하며 생각해 보았습니다.

5 가이드》 하나님과의 관계에서 가장 중요한 것은 듣는 것입니다. 말씀을 들을 때뿐만 아니라 기도를 할 때도, 말하는 것보다 중요한 것은 듣는 것입니다. 그런데 하나님의 말씀을 들을 때 우리는 놀랄 때가 있습니다. 그것은 단지 깜짝 놀란다는 뜻만이 아니라 내 상식으로 이해가 되지 않는 순간들이 있습니다. 그럴 때 우리는 우리의 생각이나 감정에 묻히거나 또는 즉각적으로 떠오르는 영감에 의지하는 것이 아니라 하나님의 말씀을 깊이 묵상하고 생각하는 것이 필요합니다.

6 답》 지극히 높으신 이의 아들, 하나님의 아들

해설》 가브리엘은 마리아를 통해서 태어날 아들이 다윗의 후손일 뿐만 아니라 '지극히 높으신 이의 아들', 즉 '하나님의 아들'이라고 말합니다. 당시 유대인들은 메시아를 기다리고 있었는데, 가브리엘은 그 메시아가 하나님의 아들이라고 이야기합니다. 반면에 세례 요한은 '지극히 높으신 이의 선지자'라 불립니다(1:76).

7 답》 다윗의 왕위를 그에게 주심, 그 나라가 영원토록 무궁함.(삼하 7:12-13,16; 대상 17:11-14)

해설》 하나님은 다윗에게 그의 아들을 통해서 한 나라를 세워서 그 나라를 영원토록 견고하게 하실 것을 약속하셨습니다. 유대인은 그 약속을 통해서 오실 메시아를 기다렸습니다. 〈누가복음〉은 다윗의 자손, 메시아가 바로 마리아를 통해서 낳을 아이, 예수님이라는 것을 이야기하고 있습니다.

8 가이드》 마리아는 처녀가 잉태하여 아들을 낳는다는 말에 의문을 가졌습니다. 하지만 하나님의 모든 말씀은 능하지 못하심이 없다는 가브리엘의 설명에 마리아는 하나님과 자신의 관계를 올바르게 이해합니다. 우리는 종종 우리가 주인이 되어서 하나님을 종처럼 부릴 때가 있습니다. 그러나 마리아는 누가 주인이고 누가 종인지를 바로 보고 있습니다. 그렇기에 마리아는 순종하며 아멘으로 받아들입니다.

*서로 기도 제목을 나누면서 뒤에 있는 기도 노트를 활용하십시오(p.221-223).

1 가이드》 우리는 살면서 슬픈 일을 겪을 때도 있지만 종종 좋은 일도 만나게 됩니다. 그리고 그중에는 나 혼자 간직하기에는 너무 아까워서 주위에 있는 사람들에게 이야기하고 싶은 것도 있습니다. 또 어떤 일은 내가 알고 있는 모든 사람들에게 전해 주고 싶을 만큼 멋지고 좋은 일도 있을 것입니다. 예수님의 탄생 소식이 바로 그러하였습니다. 성경은 이 소식이 모든 사람들이 들어야 하는 가장 기쁜 소식이라고 말씀하고 있습니다.

2 답》 목자들

해설》 천사들은 피조물 가운데 가장 뛰어난 자들이며 하늘에 있는 존재들입니다. 목자들은 땅에서 가장 낮은 자들 중 하나입니다. 주의 천사가 예수님의 탄생을 이 땅의 가장 낮은 자들에게 전합니다. 예수님의 탄생은 가장 높은 곳에서 가장 낮은 곳까지 모든 곳에서 모두가 들어야 하는 기쁜 소식이기 때문입니다.

3 답》 온 백성에게 미칠 큰 기쁨의 좋은 소식

해설》 이스라엘 사람들은 하나님 또는 그의 사자를 만나게 되면 죽는다고 생각하였습니다(삿 13:22). 하나님을 거역하는 자들에게 하나님은 가장 무서운 분이십니다. 그러나 주의 사자가 지금 목자들에게 오신 이유는 하나님이 우리를 사랑하심으로 당신의 아들을 이 땅에 보내셨기 때문입니다. 그분은 우리를 심판하기 위해서 오신 것이 아니라 우리를 사랑하심으로 구원하러 오셨기 때문에 우리는 그분을 두려워할 필요가 없습니다.

4 답》 구주, 그리스도, 주

해설》 예수님은 먼저 우리를 구원하시기 위해서 오셨습니다. '예수'라는 이름의 뜻이 '그가 자기 백성을 그들의 죄에서 구원할 자'입니다(마 1:21). 그리고 그분은 하나님이 구약에서 약속하셨던 메시아, 즉 그리스도이십니다. 온 이스라엘은 그들의 구원자이신 메시아를 기다려 왔습니다. 그리고 그분이 우리의 왕이자 주님으로 오십니다. 그분은 우리를 영원토록 다스리실 것입니다.

5 가이드》 우리는 예수님에 대하여 많은 부분을 오해하는데, 예수님을 우리 삶의 계획에 있어 조언자나 지지자로 전락시킬 때가 많이 있습니다. 예수님은 우리의 죄를 구원하기 위해서 오셨습니다. 우리의 삶을 더 잘 살게 하기 위해 오신 것이 아니라 죄로 인해 그대로 두면 망할 수밖에 없는 우리를 구원하시기 위해 오셨습니다. 그분이 없으면 엉망일 수밖에 없는 우리 인생의 주인으로 오셔서 우리를 다스리시는 우리의 주님이 바로 예수님이십니다.

6 답》 하나님이 기뻐하신 사람들

해설》 분명히 예수 그리스도의 성육신은 '온 백성'에게 기쁜 소식입니다(10절). 그러나 그분의 탄생은 '하나님이 기뻐하시는 사람들' 즉, 그 소식을 듣고 기뻐하는 사람들에게만 평화입니다. 평화는 죄를 지어서 원수가 될 수밖에 없는 사람들이 예수 그리스도를 통해서 하나님과 화해함으로 얻어진 평화입니다. 하나님이 우리를 사랑하셔서 보내 주신 예수 그리스도와 그분을 믿게 하도록 일하시는 성령님을 모독하는 자들은 심판이 있습니다(12:10).

7 답》 강보에 싸여 구유에 뉘어 있는 아기

해설》 예수님은 이 땅에 권력이나 부나 뛰어난 능력을 가지고 태어난 것이 아니라 방 하나 없이 마구간의 말구유에서 강보에 싸여서 태어났습니다. 예수님의 영광은 사람들이 부러워하는 것에 있지 않고 오히려 가장 낮은 자와 함께하려는 삶에서 드러납니다.

8 가이드》 목자들은 천사의 말을 듣고 베들레헴으로 가서 아기를 보았습니다. 예수님의 부모는 천사가 전해 준 대로 아기의 이름을 예수라고 지었습니다. 그들은 천사들을 통해서 전달된 하나님의 말씀을 그대로 순종하였습니다. 예수 그리스도는 순종하는 백성들을 통해서 일하십니다.

1 가이드》 우리는 구원을 받은 이후에도 여전히 죄의 유혹을 받으며 살고 있습니다. 마귀는 우리를 삼키려고 호시탐탐 기회를 노리고 있습니다. 예수님이 광야에서 마귀를 떠나가게 한 사건은 아담과 하와의 실패를 떠올리게 하면서, 그 실패를 어떻게 극복하고 하나님께 순종할 수 있는지를 보여줍니다.

2 답》 성령

해설》 예수님을 광야로 이끈 것은 마귀가 아니라 놀랍게도 성령이었습니다. 예수님이 이 땅에서 보여준 사역 중 하나는 아담과 하와의 실패를 되돌려 놓는 것이었습니다. 그래서 우리에게 순종을 통한 의의 옷을 입혀 주시는 것이 예수님의 사역의 큰 부분입니다. 예수님이 시험을 받는 이야기는 수동적으로 마귀에게 끌려가는 것이 아니라 마귀의 계략을 무너뜨리는 하나님의 적극적인 활동이었습니다.

3 답》 기록된 바

해설》 아담과 하와는 뱀의 꼬임에 넘어갔습니다. 뱀이 하나님의 말씀을 왜곡하면서 그들을 유혹했기 때문이었습니다. 예수님은 마귀의 시험을 오로지 말씀으로 무너뜨리고 있습니다. 예수님의 첫마디는 '기록된 바', 즉 기록된 하나님의 말씀이었습니다. 그리고 그 말씀을 아주 정확히 사용하셨습니다.

4 답》 예수님은 당시 아무것도 잡수시지 않아 주리셨다.

해설》 마귀의 첫 번째 시험은 돌을 떡덩이가 되게 하라는 유혹이었습니다. 그것은 예수님이 오랫동안 아무것도 잡수시지 않아서 배가 고프셨기 때문입니다. 마귀는 항상 우리의 연약한 상태를 알고 공격해 옵니다. 그래서 우리의 배고픔, 돈 없음, 외로움, 무기력함을 알고 공격해 옵니다. 그때마다 우리가 이길 수 있는 방법은 하나님의 말씀을 정확히 마음에 새기는 것입니다.

5 가이드》 위의 질문과 답처럼, 마귀는 우리의 연약함을 잘 알고 있습니다. 우리는 먼저 우리의 연약함을 잘 알고 있어야 합니다. 그렇다면 그때 우리의 마음이나 상황을 공격하는 것이 바로 마귀의 짓이라는 것을 알게 될 것입니다. 그러나 우리가 연약한 점이 있다고 해서 무너지는 것은 아닙니다. 우리가 마귀에게 지는 것은 바로 우리가 하나님의 말씀에 대한 확신이 없거나 이해가 부족하여 흔들리기 때문입니다.

6 답》 네가 만일 하나님의 아들이어든

해설》 마귀의 시험은 만약 돌이 떡이 되지 않는다면 너는 하나님의 아들이 아니라는 것입니다. 마귀의 시험은 만일 우리의 상황이 개선되지 않는다면, 즉 너의 배고픔이 해결되지 않는다면, 질병이 낫지 않는다면, 외로움이 해결되지 않는다면 그리고 너의 경제적인 상황이 나아지지 않는다면, 너는 하나님의 자식이 아니라고 거짓말하는 것입니다. 하지만 우리는 그것과 상관없이 하나님의 아들이고 딸입니다.

7 답》 말씀(시 91:11–12)

해설》 마귀는 때로는 하나님의 말씀을 가지고 시험을 합니다. 그러나 잘못된 배경과 지식으로 그 말씀을 왜곡해서 이야기합니다. 많은 이단들도 하나님의 말씀이라고 주장하며 가르칩니다. 잘못된 말씀은 올바른 말씀으로 이겨야 합니다. 마귀를 떠나보낼 수 있는 유일한 방법은 하나님의 말씀을 바로 아는 것과 말씀의 확신 속에 살아가는 것입니다.

8 가이드》 마귀는 첫 인간인 아담과 하와의 때부터 하나님의 말씀을 왜곡하고 유혹합니다. 그리고 우리로 하여금 죄를 짓게 하여 하나님으로부터 멀어지게 만듭니다. 마귀는 예수님께 사용하였던 시험을 여전히 우리에게도 사용합니다. 특별히 우리의 연약한 부분을 집요하게 공격합니다. 그러나 이제 우리는 예수 그리스도 안에서 그분의 말씀을 가지고 확신에 거할 때 시험을 이길 수 있습니다.

1 가이드》 존경하거나 좋아하는 사람을 만날 때, 우리는 같이 즐거운 대화를 나누거나 맛있는 것을 함께 먹고 싶어 할 것입니다. 우리와 예수님의 관계도 그런 즐거운 사람과의 만남과 같은지 생각해 봅시다.

2 답》 세리

해설》 예수님 당시 세리는 로마를 대신해서 유대인들에게 세금을 걷어서 로마에 납부하는 사람이었습니다. 당시 세리들은 보통 더 많이 걷어서 자신의 재산으로 착복하는 사람들이었기 때문에 유대인들로부터 죄인 취급을 받던 자들이었습니다. 여기에 나온 레위는 마태를 가리킵니다. 레위 역시 돈은 많았지만, 동족들에게 매국노 취급을 당하며 외롭게 살았을 것입니다. 그래서 세리들은 자신이 죄인이라는 사실을 빨리 받아들일 수 있었습니다.

3 답》 큰 잔치를 베풀었다.

해설》 레위는 예수님이 찾아오시자 너무 기쁜 나머지 다른 세리와 사람들을 불러 모아 큰 잔치를 베풀었습니다. 그러나 그것은 바리새인들과 서기관들에게 예수님이 비난을 받는 이유가 되었습니다.

4 답》 바리새인과 서기관들

해설》 유대인들 중에는 바벨론에 나라가 망한 이후에 그들이 하나님의 율법을 지키지 않아서 하나님의 심판을 받았다고 생각하고 철저하게 율법을 지키려는 자들이 나타났습니다. 그들이 바리새인들이었습니다. 서기관들은 그 율법을 필사하거나 가르치는 사람들이었습니다.

5 가이드》 바리새인들과 서기관들은 꼭 특정한 사람들의 그룹만을 가리키는 것은 아닙니다. 죄 된 인간의 본성에는 남을 판단하고 정죄하는 습성이 늘 도사리고 있습니다. 우리는 내가 옳다고 생각하는 규범을 남이 지키지 않을 때 강한 거부감을 가지고 그를 교정해 주고 싶어 하는 마음이 있습니다. 그러나 바리새인들과 서기관들은 예수님과 함께하는 기쁨이 없었습니다. 그들은 심지어 예수님마저 정죄하고 교정하려 하였습니다.

6 답》 병든 자, 죄인

해설》 예수님은 병든 자를 치료하러 오신 의사이며 죄인을 불러 회개시키러 왔다고 말씀하십니다. 그런데 여기에서 바리새인과 서기관이 건강한 자를 의미하는 것은 아닙니다. 그들의 문제는 자신들이 아프다는 사실을 모른다는 것입니다. 그렇기에 결과적으로 세리와 죄인들은 병의 고침을 받았는데, 정작 자신이 아픈 줄 모르는 사람들은 여전히 병들어 있다는 것입니다.

7 답》 예수님의 제자들

해설》 혼인집 손님들은 예수님의 제자들입니다. 그리고 이들은 예수님과 함께 먹고 마셨던 세리와 죄인들과 연결되기도 합니다. 이들은 모두 잔치 속에 있습니다. 그리고 그들의 잔치에는 신랑인 예수님이 함께 있습니다. 그들은 예수님이 함께 있는 것이 좋아서 잔치를 베풀고 즐거워합니다.

8 가이드》 진정한 신앙은 바리새인들처럼 규율을 지키고 안 지키는 데 있는 것이 아닙니다. 진정한 신앙은 잔치를 즐기는 사람들처럼 예수님이 함께 있을 때 그분을 즐거워하는 것이고, 예수님이 그들을 떠날 때 슬퍼하며 그분의 임재를 바라고 금식하며 기도하는 것입니다. 우리의 신앙은 무엇을 지키고 안 지키는 데서 의미를 찾고 있는지, 아니면 예수님을 바라고 즐거워하는지 돌아봅시다.

*서로 기도 제목을 나누면서 뒤에 있는 기도 노트를 활용하십시오(p.221-223).

1 가이드》 우리의 삶은 어떤 의미에서 하나님과의, 예수님과의 사랑 이야기입니다. 하나님의 사랑에 반응하여 그분의 자녀가 되었고, 지금까지도 그 사랑 안에 살고 있기 때문입니다. 돌아보면 한 번쯤은 그분의 사랑에 감격해서 눈물을 흘려 본 경험이 있을 것입니다. 각자의 소중한 추억을 나누어 봅시다.

2 답》 죄를 지은 한 여자 / 향유 담은 옥합

해설》 그 여자가 어떤 죄를 지었는지는 알 수 없지만, 과거에 지은 죄로 인해 "죄를 지은 한 여자"라는 수식어가 마치 별명처럼 그녀를 따라다녔던 것으로 보입니다. 당시 "옥합"은 보통 값비싼 향유를 담는 용기로 사용되었을 뿐만 아니라 그 자체로도 귀한 물건이었습니다.

3 답》 예수님의 그 발 곁에 서서 울며 눈물로 그 발을 적시고 자기 머리털로 닦고 그 발에 입 맞추고 향유를 부었다.

해설》 누가는 물론이고 그 자리에 있던 사람들도 그녀가 죄인인 것을 알고 있었습니다. 죄인으로 낙인이 찍혔던 그녀가 사람들의 시선을 무릅쓰고 예수님 앞에 나오기까지 큰 용기가 필요했을 것입니다. 마음 깊은 곳에서 자신을 괴롭히던 죄에 대한 애통함 때문이었는지 그녀는 울기 시작했고, 자신이 할 수 있는 가장 겸손한 모습으로 예수님의 발을 닦고 향유를 부었습니다.

4 답》 "만일 이 사람이 선지자라면 자기를 만지는 이 여자가 누구며 어떠한 자 곧 죄인인 줄을 알았으리라"

해설》 당시 바리새인들은 죄인들과의 접촉을 피했습니다. 죄인을 만지면 곧 자신도 부정하게 된다고 믿었기 때문입니다. 시몬은 예수님이 정말 선지자라면 그 여자가 죄인인 줄 미리 알고 만지지 못하게 해야 했다고 생각했습니다. 당시 바리새인들은 종교적 지도자로서 백성들을 선도하고 돌보아야 할 위치에 있었음에도, 죄인으로 낙인찍힌 한 백성을 불쌍히 여기고 돕기는커녕 정죄하고 멀리했던 것입니다.

5 답》 오백 데나리온의 빚을 탕감받은 자와 오십 데나리온의 빚을 탕감받은 자 중에 누가 빚을 탕감하여 준 그 사람을 더 사랑하겠는가? / 많이 탕감받은 자

해설》 "탕감하여 주었다"에 해당하는 헬라어 "에카리사토"는 은혜를 뜻하는 "카리스"를 어원으로 합니다. 다시 말해, 빚을 탕감해 주었다는 것은 값없이 은혜를 베풀어 주었음을 의미합니다.

6 답》 발 씻을 물을 주지 않았다. / 입 맞추지 않았다. / 감람유도 붓지 않았다.

해설》 유대인들은 귀한 손님을 집에 초청하였을 때 손님에게 평화를 기원하는 입맞춤을 하고, 발을 씻겨 주고, 머리에 향유를 부어 발라 주었지만, 평범한 손님이 방문했을 때에는 그런 절차를 따르지 않았습니다. 그러므로 시몬이 예수님을 평범한 손님으로 여겼다면 이러한 영접 인사를 하지 않았다는 것이 원칙적으로 잘못된 것은 아닙니다. 그러나 죄를 지은 한 여자가 했던 행동들은 그녀가 예수님을 귀한 손님으로 여기고 있었다는 것을 말해 줍니다.

7 답》 그의 많은 죄를 용서받았기 때문에

해설》 그 여자는 죄인들을 용납해 주시는 예수님에 대한 소식을 듣고 마음속에 소망을 가졌을 것입니다. 그녀가 죄 사함을 바라는 간절한 마음으로 향유가 담긴 옥합을 준비해서 예수님 앞에 나왔을 때, 예수님은 이미 그녀의 죄를 용서하셨습니다. 그러므로 눈물로 예수님의 발을 씻고, 그 발에 입을 맞추고, 옥합을 깨뜨려 향유를 부었던 그녀의 행동은, 용서를 받기 위한 노력이 아니라 용서받은 한 죄인의 감사와 사랑의 표현이었던 것입니다.

8 가이드》 어떤 죄를 지었는가에 상관없이 하나님 앞에 우리는 모두 죄인입니다. 그리고 하나님은 우리가 얼마나 비싼 것을 가지고 그분을 향한 우리의 사랑을 표현하는가를 보시지 않습니다. 하나님이 보시는 것은 우리의 마음입니다. 마찬가지로, 누가의 관심 역시 여인의 죄명이나 향유의 값이 아닌, 죄인임을 깨닫고 애통하는 마음, 옥합을 깨뜨렸던 사랑의 마음에 있었습니다.

1 가이드》 믿음으로 사는 것이 힘들지 않았다고 말할 수 있는 그리스도인은 아마 없을 것입니다. 믿음으로 살기로 마음먹은 그 순간부터 포기해야 할 것들, 바라보지 말아야 할 것들이 생기기 때문입니다. 힘들었다면 노력했다는 증거입니다. 각자의 간증을 나누어 봅시다.

2 답》 "무리가 나를 누구라고 하느냐"

해설》 예수님은 군중들의 생각이 궁금하셨다기보다 제자들의 생각을 듣기 위한 목적으로 질문을 시작하셨을 것입니다. 사람들은 예수님을 세례 요한, 엘리야, 선지자 중의 한 사람이라고 생각했을 뿐, 예수님이 메시아일 것이라고는 생각하지 않았습니다. 예수님이 따로 시간을 내어 기도하셨다는 것은 주목할 만한 일입니다. 예수님과 제자들이 바쁘고 고된 사역을 잘 감당할 수 있었던 힘의 원천은 바로 기도였습니다. 기도는 시간이 있을 때 하는 것이 아니라 시간을 내서 하는 것입니다.

3 답》 "너희는 나를 누구라 하느냐"

해설》 어쩌면 제자들은 예수님이 행하셨던 능력, 그분이 전하셨던 신선한 메시지에 매료되어 그분을 따랐을지도 모릅니다. 그러나 제자가 된다는 것은 단지 누군가의 팬이 되는 것이 아닙니다. 예수님은 자신이 누구인지, 자신의 제자가 되기 위해서는 어떤 것들을 감수해야 하는지에 대해 알려 주시기 위해 제자들에게 질문하셨을 것입니다.

4 답》 "하나님의 그리스도시니이다"

해설》 베드로의 신앙 고백은 누가복음 전체의 구조에서 클라이맥스에 해당합니다. 누가는 귀신을 쫓아내고, 질병을 고치고, 심지어 풍랑을 명하여 잠잠하게 하셨던 예수님의 신적인 능력을 여러 차례 기록하며, 예수님이 메시아라는 사실을 암시합니다. "그리스도"라는 호칭은 "기름부음을 받은 자" 즉, 메시아를 뜻합니다. 베드로의 신앙 고백은 예수님이 누구이신가에 대한 가장 정확한 대답이었습니다.

5 답》 예수님의 죽음과 부활

해설》 베드로의 신앙 고백을 통해 예수님이 메시아라는 사실을 알게 된 제자들에게, 예수님께서 하신 말씀은 그분의 고난, 죽음, 부활에 관한 것이었습니다. 예수님은 탁월한 정치적 혹은 군사적 능력으로 이스라엘을 구원해 줄 현세적인 영광의 메시아가 아니었습니다. 자신의 고난과 죽음을 통해 자기 백성을 그들의 죄에서 구원할 메시아였습니다(마 1:21).

6 답》 자기를 부인하고 날마다 제 십자가를 지고 예수님을 따를 것

해설》 자기를 부인한다는 것은 자신이 살아왔던 이전의 삶의 방식을 버리고 예수님의 삶의 방식대로 사는 것을 의미합니다. 날마다 제 십자가를 진다는 것은, 삶의 자리에서 자신이 그리스도인이기 때문에 겪게 될 고난을 당당히 마주하는 삶의 태도를 의미합니다.

7 가이드》 "목숨"이라고 번역된 헬라어 '프쉬케'는 생명(life)을 의미합니다. 그리스도인들에게 생명이란 단지 이 땅에서 죽음 이전의 삶만을 의미하지 않습니다. 이 땅에서의 삶이 전부인 줄 알고 그것만을 위해 애쓰는 사람은 결국 영원한 생명을 얻지 못하게 되겠지만, 예수님의 길을 가기 위해 이 땅에서의 생명을 희생하는 자들은 결국 영원한 생명, 즉 구원을 얻게 될 것이라는 가르침으로 이해할 수 있을 것입니다.

8 가이드》 예수님의 제자로 살겠다는 고백은 말로 하는 것이 아니라 삶으로 하는 것입니다. 헌신된 삶, 고난까지도 감수하는 삶을 통해 내가 예수님의 제자라는 것을 증명해 내겠다는 각오가 각자에게 있는지 확인해 보는 시간을 가져 봅시다.

*서로 기도 제목을 나누면서 뒤에 있는 기도 노트를 활용하십시오(p.221-223).

1 가이드》 우리의 삶이 너무 바쁘기 때문입니다. 돈을 벌어야 하고, 경쟁에서 뒤처지지 말아야 하고, 내 가족과 자녀들을 돌봐야 하고, 노후를 준비해야 합니다. 이것은 피할 수 없는 현실입니다. 이런 현실에도 불구하고 이웃 사랑을 행하는 그리스도인으로 살고 싶다면, 바쁜 와중에도 틈틈이 이웃을 돌아보는 법을 배우는 수밖에 없을 것입니다. 어떻게 배울지는 각자의 몫이겠지요.

2 답》 "내가 무엇을 하여야 영생을 얻으리이까"

해설》 누가가 기록하고 있는 예수님과 율법교사와의 대화와 유사한 이야기가 〈마가복음〉에도 기록되어 있습니다. 그런데 마가는 율법교사라는 호칭 대신 "서기관"이라는 단어를 사용합니다(막 12:28-34). "시험하여"라는 표현은 악의적으로 흠을 잡으려는 의도라기보다는 예수님께서 정말 율법에 대해 잘 알고 있는지 확인해 보려는 의도로 이해하는 것이 적당할 것입니다.

3 답》 "네 마음을 다하며 목숨을 다하며 힘을 다하며 뜻을 다하여 주 너의 하나님을 사랑하고 또한 네 이웃을 네 자신같이 사랑하라 하였나이다"

해설》 오늘 등장하는 율법교사는 율법의 가장 중요한 가르침 두 가지를 정확히 알고 있었습니다. 그 첫째는 하나님을 사랑하는 것입니다(신 6:5 참고). 유대교는 유일신이자 세상의 창조주이신 하나님에 대한 전인격적 사랑(마음과 목숨과 힘을 다하는 사랑)을 근본으로 하는 종교입니다. 둘째는 이웃을 사랑하는 것입니다(레 19:18 참고).

4 답》 "네 대답이 옳도다 이를 행하라 그러면 살리라"

해설》 율법은 하나님에 대한 올바른 지식을 전해 주는 것을 그 목적으로 합니다. 그런 의미에서 율법교사의 대답은 흠잡을 데가 없었습니다. 그러나 예수님은 그에게 '알고 있다면 이제 가서 행하라'고 말씀하십니다. 율법을 통해 얻은 바른 지식은 반드시 바른 행함을 통해 완성되어야 한다는 가르침을 주셨던 것입니다.

5 답》 "내 이웃이 누구니이까"

해설》 당시 유대인들은 이방인을 이웃이라 생각하지 않았습니다. 그들에게 이방인은 단지 "죄인"이었기 때문입니다. "우리는 본래 유대인이요 이방 죄인이 아니로되"(갈 2:15 참고). 내 이웃이 누구인가를 묻는 율법교사의 질문은 오늘 일화에서 아주 중요한 역할을 합니다. 이 질문에 대답하시기 위해 예수님은 '선한 사마리아인의 비유'를 들려주십니다. 그리고 이방인도 이웃이 될 수 있다는 중요한 가르침을 주십니다.

6 답》 제사장, 레위인, 사마리아 사람 / 사마리아 사람

해설》 제사장과 레위인은 강도를 만나 죽을 지경에 이른 사람을 보고 피하여 지나갔습니다. 시체를 만지는 것을 금지하는 율법의 조항 때문이었을 것입니다(레 21:1 참고). 그들이 열심히 배운 율법이 이웃 사랑을 가로막는 걸림돌이 되어 버린 것입니다. 그러나 유대인에게 죄인 취급을 받던 어떤 사마리아 사람은 강도 만난 자를 불쌍히 여깁니다. 사마리아 사람은 율법의 전문가는 아니었지만, 율법의 둘째가는 가르침인 이웃 사랑을 몸소 실천합니다. 백 가지를 알고 하나도 실천하지 않는 사람보다, 한 가지를 알더라도 그것을 실천하는 사람이 참된 신앙인입니다.

7 답》 "네 생각에는 이 세 사람 중에 누가 강도 만난 자의 이웃이 되겠느냐"

해설》 율법교사는 이렇게 대답합니다. "자비를 베푼 자니이다." 율법교사는 "내 이웃이 누구니이까?"라고 물었지만, 비유를 마친 예수님은 "누가 강도 만난 자의 이웃이 되겠느냐?"라고 되물으십니다. 예수님은 내가 이웃이 되어 주는 모든 사람이 나의 이웃이라는 가르침을 주십니다. 종종 사회적, 경제적, 종교적 차이로 인해 이웃이 되기가 꺼려지는 사람을 만날 때가 있습니다. 그러나 그들에게 이웃이 되어 줄 수 없다면, 이방인을 죄인 취급하던 유대인들과 내가 다를 바가 무엇이겠습니까?

8 가이드》 "행함"입니다. 요즘은 대부분의 교회에서 성경공부 과정을 제공할 뿐만 아니라, 가까운 서점에만 가더라도 성경과 하나님에 대한 지식을 담고 있는 다양한 책을 만날 수 있습니다. 이러한 지식의 풍요 가운데 우리가 살고 있지만, 우리의 많은 지식이 과연 행함으로 실천되는가에 대해서는 여전히 아쉬움이 남습니다. "가서 너도 이와 같이 하라"는 예수님의 말씀을 귀담아들어야 할 때입니다.

1 가이드》 바쁜 일상을 살다 보면 처리해야 할 많은 일이 생깁니다. 그런데 눈앞에 놓인 급한 일에 정신을 빼앗긴 나머지, 꼭 해야 하는 중요한 일을 놓치는 경우가 종종 있습니다. 삶의 우선순위를 정해놓고, 그것을 놓치지 않으려고 애쓴다면 좀 더 후회 없는 삶을 살 수 있을 것입니다.

2 답》 마르다

해설》 "한 마을"은 예루살렘에서 약 2km 정도 거리에 있는 베다니를 가리킵니다(요 11:1). "마르다"라는 이름의 뜻이 "여주인"인 것으로 보아 그녀는 집의 주인이었을 것입니다. 마르다는 나사로의 누이였는데, 이들 남매는 예수님과는 무척 각별한 사이였습니다. "예수께서 본래 마르다와 그 동생과 나사로를 사랑하시더니"(요 11:5).

3 답》 마리아/ 주의 발치에 앉아 말씀을 듣고 있었다.

해설》 "발치에 앉아"라는 구절은 랍비(스승)의 가르침을 듣는 제자의 행동을 묘사하기 위한 표현입니다. 예수님 당시에는 여자가 남자와 같은 공간에 앉아 랍비의 가르침을 듣는 것에 대해 관대하지 않았습니다. 마리아는 당시의 그러한 사회적 통념에도 불구하고 예수님의 발치에 앉아서 말씀을 들었습니다. 이것은 매우 적극적인 행동이었고, 마리아가 예수님의 말씀을 얼마나 사모했는가를 잘 보여줍니다.

4 답》 예수님을 대접하기 위해 준비하는 일이 많았기 때문에

해설》 "준비하는 일"이 많았다는 것은 마르다가 예수님과 제자들을 잘 대접하기 많은 신경을 쓰고 있었다는 것을 암시합니다. "분주한지라"라고 번역된 헬라어 '페리에스파토'에는 '끌려다녔다'라는 의미가 담겨 있습니다. 마르다가 "많은 일"에 마음을 빼앗겨 끌려다니게 되었다는 것을 암시합니다.

5 답》 "그(마리아)를 명하사 나(마르다)를 도와주라 하소서"

해설》 "많은 일"로 인한 분주함에 압도되었던 마르다는 결국 예수님께 원망의 말을 쏟아놓게 됩니다. 예수님을 섬기기 위해 시작했던 "많은 일"이 도리어 예수님을 원망하는 이유가 되어버렸던 것입니다.

6 답》 "몇 가지만 하든지 혹은 한 가지만이라도 족하니라"

해설》 예수님의 이 말씀에 관해 두 가지 해석을 살펴볼 수 있습니다. (1)한 가지가 꼭 필요하다. 이는 '(마리아가 선택한) 한 가지가 꼭 필요한 것이다'라고 해석할 수 있습니다. (2)몇 가지, 혹은 한 가지만 필요하다. '몇 가지(음식), 혹은 한 가지(음식)만 있어도 충분하다'라고 해석할 수 있습니다. 두 가지 해석 모두 가능하지만, 뒤따르는 구절에서 마리아의 선택에 관한 예수님의 칭찬이 언급되고 있다는 것을 고려했을 때 첫 번째 해석이 더 적절할 것입니다.

7 답》 "마리아는 이 좋은 편을 택하였으니 빼앗기지 아니하리라"

해설》 마리아는 언니를 돕는 것 대신 말씀을 듣는 쪽을 택했습니다. 둘 중 어떤 선택을 했어도 괜찮았겠지만, 마리아는 우선순위를 예수님께 두었던 것입니다. 예수님은 마리아가 "이 좋은 편"을 택했다고 말씀하십니다. 예수님의 말씀에 귀 기울이는 것이 바로 그리스도인이 가장 우선시해야 할 "좋은 것"입니다.

8 가이드》 우리는 종종 "많은 일"로 인한 분주함 때문에 가장 중요한 "한 가지"인 예수님께 집중하지 못할 때가 있습니다. 예수님께 우선순위를 두기 위해 "많은 일"을 내려놓을 줄 아는 신앙의 지혜를 배워야 할 것입니다.

*서로 기도 제목을 나누면서 뒤에 있는 기도 노트를 활용하십시오(p.221-223).

1 가이드》 초대교회의 역사를 살펴보면, 재력을 가진 신앙인들이 큰 역할을 했던 경우를 볼 수 있고(행 4:36–37), 바울 사도 역시 종종 부유한 동역자들의 도움을 받기도 했습니다(행 16:14). 재물을 소유하는 것 자체가 나쁜 것은 아닙니다. 예수님의 말씀은, 재물이 많아질수록 하나님보다 재물을 더 의지하게 되는 인간의 악한 본성에 대한 경고로 이해할 수 있을 것입니다.

2 답》 형에게 명하여 자신과 유산을 나누게 해 달라고 요청했다.

해설》 오늘날에도 재산 상속에 관한 분쟁들이 많이 있듯이, 예수님 당시에도 그런 일들이 있었습니다. 보통은 이런 경우에 랍비를 찾아갔습니다. 예수님을 찾아왔던 그 사람은 예수님을 랍비로 생각했던 것입니다. 상속에 관한 율법의 규례는 구약성경에도 명시되어 있습니다(신 21:15–17).

3 답》 "모든 탐심을 물리치라 사람의 생명이 그 소유의 넉넉한 데 있지 아니하니라"

해설》 탐심으로 번역된 헬라어 단어 '플레오넥시아'는 자신에게 허락된 양보다 더 많은 것을 소유하고 싶어 하는 인간의 끝없는 욕망을 가리킵니다. 예수님은 재산의 배분과 관련된 분쟁의 중심에 탐심이 있다는 것을 지적하시면서, 인간의 소유물이 그의 생명을 보장해 주는 것이 아님을 가르쳐 주십니다.

4 답》 곳간을 더 크게 짓고 모든 곡식과 물건을 그곳에 쌓아 둘 생각을 하였다.

해설》 넘쳐 나는 재물로 인해 고민하는 한 부자의 모습은 참 역설적입니다. 그는 더 큰 곳간을 지어 자신의 소유를 쌓아 둘 생각을 합니다. 한 가지 분명한 것은, 그 부자는 새로 지은 곳간을 가득 채우려고 다시 애를 쓸 것이고, 그곳이 가득 채워질 때 같은 고민을 반복하게 될 것입니다. 그 부자에게 우리의 모습이 있지는 않습니까?

5 답》 "내 영혼아 여러 해 쓸 물건을 많이 쌓아 두었으니 평안히 쉬고 먹고 마시고 즐거워하자"

해설》 부자의 말은 그가 추구해 왔던 인생의 목적이 무엇이었는지 알게 해 줍니다. 그의 관심은 온통 "나"와 "이 땅에서의 삶"에 있었습니다. 그는 이 땅에서 사는 동안 평안히 쉬고, 먹고, 마시고, 즐길 수 있으면 그것으로 충분하다고 생각했습니다. 세상의 눈으로 볼 때, 그 부자의 삶은 현명하고 성공한 인생일 것입니다. 그러나 신앙의 눈으로 볼 때, 그의 삶은 어리석은 인생임이 분명합니다. 그 이유는 그가 영원한 삶을 준비하지 않았기 때문입니다.

6 답》 하나님께서 그의 영혼을 거두어 가시면 그가 쌓아 둔 재물이 아무 소용이 없기 때문에

해설》 "네 영혼을 도로 찾으리니"라는 말씀을 통해, 우리는 인간의 생명은 하나님이 주신 것이고 언젠가 때가 되면 그 생명을 도로 취하실 것이라는 사실을 알 수 있습니다. 하나님이 생명을 취하실 그 순간 우리가 얼마나 많은 재물을 쌓아 두었는가를 보실까요? 아닙니다. 하나님 나라를 위해 나의 소유를 얼마나 현명하게 사용하였는가를 보실 것입니다. 하나님께 보여 드릴 것이 평생 쌓아 둔 재물밖에 없다면 그 얼마나 부끄럽고 어리석은 삶이겠습니까?

7 답》 자기를 위하여 재물을 쌓아 두고 하나님께 대하여 부요하지 못한 자

해설》 하나님께 대하여 부요한 자는 누구일까요? 그는 바로 하늘에 보물을 쌓아 둔 자입니다. 예수님은 이렇게 말씀하십니다. "오직 너희를 위하여 보물을 하늘에 쌓아 두라"(마 6:20). 보물을 하늘에 쌓아 두라는 말은 헌금을 많이 하라는 말이 아닙니다. 내가 가진 재물을 하나님 나라의 가치를 위해 사용하라는 말입니다. 가난한 자들을 돕는 것이 그 한 예가 될 수 있을 것입니다.

8 가이드》 그리스도인들도 풍요로운 삶을 얻기 위해 열심히 노력합니다. 겉으로 보기에는 다른 세상 사람들과 아무런 차이가 없습니다. 그렇다면 언제 그 차이가 드러날까요? 필요 이상의 풍요로움이 허락되었을 때입니다. 하나님께 대하여 참으로 부요한 자라면 자신을 위해 더 쌓아 두는 선택을 하지 않을 것입니다. 예수님은 분명히 말씀하십니다. "한 사람이 두 주인을 섬기지 못할 것이니 혹 이를 미워하고 저를 사랑하거나 혹 이를 중히 여기고 저를 경히 여김이라 너희가 하나님과 재물을 겸하여 섬기지 못하느니라"(마 6:24).

기도 노트 *Prayer Note*

● 하나님께서 기도에 응답하셨으면 'Yes', 거절하셨으면 'No', 보류 중이시면 'Wait'에 체크해 보세요. 시간이 흐른 뒤 하나님의 세심한 인도하심을 느낄 수 있습니다.

날짜 Date	기도 대상 Who	기도 제목 Title	응답 여부 Yes	응답 여부 No	응답 여부 Wait

Prayer Note

날짜 Date	기도 대상 Who	기도 제목 Title	응답 여부 Yes	 No	 Wait

Prayer Note

날짜 Date	기도 대상 Who	기도 제목 Title	응답 여부 Yes	 No	 Wait

권별주삶

아가페 주삶

누가복음(상)

초판 1쇄 발행 2020년 02월 28일

지은이 김일승

펴낸이 곽성종
기획편집 김한나, 홍주미
디자인 박지영, 정육남

펴낸곳 ㈜아가페출판사
등록 제21-754호(1995년 4월 12일)
주소 (06698) 서울시 서초구 효령로8길 5 (방배동)
전화 584-4835(본사)
팩스 586-3078(본사)
홈페이지 www.iagape.co.kr

ISBN 978-89-537-1944-6 (04230)
ISBN 978-89-537-1934-7 (세트)

이 도서의 국립중앙도서관 출판시도서목록(CIP)은 서지정보유통지원시스템 홈페이지(http://seoji.nl.go.kr)와 국가자료공동목록시스템(http://nl.go.kr/kolisnet)에서 이용하실 수 있습니다. (CIP제어번호: CIP2020004822)

아가페 출판사

하나님의 말씀과

온마음 쓰기성경®

장, 절이 인쇄되어 있는 혁신적인 쓰기성경!

〈실제 본문 사진〉

1. 신·구약 성경을 자유롭게 선택, 이동하며 쓸 수 있는 장점이 있습니다.
2. 언제든지 자유롭게 다시 시작할 수 있어서 연속성이 있습니다.
3. 가능한 만큼만 쓰시다 보면 어느새 말씀들로 채워집니다.

전국 기독교 서점에서 만나볼 수 있습니다.

인터넷 서점에서 만나보세요. (※낱권 구매도 가능합니다.)

바인더형	프리미엄 온마음 쓰기성경
실속형	구약, 신약